समान नागरिक संहिता

चुनौतियाँ और समाधान

अनूप बरनवाल

अनूप बरनवाल का जन्म 15 जुलाई 1973 को जिला आजमगढ़ (यू.पी.) के एक छोटे से कस्बा ठेकमॉ बाजार में हुआ। आपके पिता का नाम श्री मदन मोहन एवं माता का नाम स्वर्गीय श्रीमती उर्मिला देवी है। आप तिलकधारी महाविद्यालय, जौनपुर से बी. एस-सी. व एल-एल. बी. की पढ़ाई की और एल-एल. बी. में विश्वविद्यालय स्तर पर सर्वोच्च स्थान हासिल कर गोल्ड मेडल प्राप्त किया। आप वर्ष 1998 से इलाहाबाद हाईकोर्ट में वकालत कर रहे हैं।

वकालत के साथ आप एकेडमिक रुचि भी रखते हैं। आपने विधिक पत्रिका 'वायस आफ लॉ एण्ड जस्टिस' प्रारम्भ किया और इसके सम्पादन का दायित्व निभा रहे हैं। आप इलाहाबाद हाईकोर्ट द्वारा निकाले जा रहे इण्डियन लॉ रिपोर्टर के सम्पादन समूह के सदस्य हैं। आप द्वारा संवैधानिक महत्त्व की कई जनहित याचिकायें दाखिल की गयी है, जिसमें सुप्रीम कोर्ट के समक्ष 'भारत के निर्वाचन आयोग' की चयन प्रक्रिया में सुधार हेतु दाखिल याचिका प्रमुख है। आप द्वारा समान नागरिक संहिता को लागू करने के लिए 'मिशन अनुच्छेद 44 : एक राष्ट्र, एक सिविल कानून' चलाया जा रहा है।

आप द्वारा लिखित पुस्तक 'प्रिन्सिपुल एण्ड प्रैक्टिस ऑफ रिट जुरिस्डिक्शन' (2004); 'निर्माण-पुरुष डॉ. अम्बेडकर की संविधान यात्रा' (2017); भारतीय सिविल संहिता का सिद्धान्त (2017) एवं तीन तलाक की मीमांसा (2018) प्रकाशित हुई हैं।

सम्मान – उ. प्र. हिन्दी संस्थान द्वारा आचार्य परशुराम चतुर्वेदी पुरस्कार

ई. मेल - baranwal.anoop@gmail.com,

भारत रत्न
बाबा साहेब डॉ. भीमराव अम्बेडकर

इस देश में धार्मिक विचार इतने विस्तृत हैं कि वह जन्म से लेकर मृत्यु तक, जीवन के सभी क्षण को प्रभावित कर लेता है। ऐसा कुछ भी नहीं है जहाँ धर्म न हो और यदि हम व्यक्तिगत कानून को बचाते हैं तो मैं इस बारे में निश्चित हूँ कि सामाजिक मामलों पर हम ठहराव की स्थिति में आ जायेंगे। मैं नहीं सोचता हूँ कि यह स्थिति स्वीकार करना सम्भव है।

ऐसा कहना असाधारण नहीं है कि हमें धर्म की परिभाषा को सीमित करने का प्रयास इस तरह से करना चाहिए कि शिष्टाचार से जुड़े विश्वास और रीतियाँ जो आवश्यक रूप से धार्मिक ही हैं, से आगे नहीं बढ़ेंगे।

यह आवश्यक नहीं है कि कानून, जैसे किरायेदारी के कानून या उत्तराधिकार के कानून, धर्म द्वारा संचालित हों। यूरोप में ईसाइयत है, लेकिन ईसाइयत का अर्थ यह नहीं होता है कि ईसाई पूरे विश्व या यूरोप में जहाँ भी रहते हैं, उत्तराधिकार के समान व्यवस्था रखेंगे। ऐसी किसी चीज का अस्तित्व नहीं होता है। मैं व्यक्तिगत रूप से नहीं समझता हूँ कि धर्म को इतना विस्तृत और व्यापक क्षेत्र क्यों दिया जाना चाहिए जो सम्पूर्ण जीवन पर कब्जा कर ले और विधायिका को इन क्षेत्रों में हस्तक्षेप करने से रोके।

– डॉ. भीमराव अम्बेडकर (**संविधान-सभा में**)

अनूप बरनवाल

समान नागरिक संहिता

चुनौतियाँ और समाधान

लोकभारती पेपरबैक्स

प्रथम पेपरबैक संस्करण : 2019

लोकभारती पेपरबैक्स : उत्कृष्ट साहित्य के लोकप्रिय संस्करण

लोकभारती प्रकाशन
पहली मंजिल, दरबारी बिल्डिंग, महात्मा गाँधी मार्ग,
प्रयागराज-211001

वेबसाइट : www.lokbhartiprakashan.com
ईमेल : info@lokbhartiprakashan.com

शाखाएँ : 1-बी, नेताजी सुभाष मार्ग, दरियागंज, नई दिल्ली-110 002
अशोक राजपथ, साइंस कॉलेज के सामने, पटना-800 006 (बिहार)
36-ए, शेक्सपियर सरणी, कोलकाता-700 017 (प. बंगाल)

आस्था पेपर कन्वर्टर
प्रयागराज द्वारा मुद्रित

मूल्य : ₹ 275

SAMAAN NAGRIK SANHITA :
CHUNAUTIYA AUR SAMADHAN
by Sri Anoop Baranwal

ISBN : 978-93-89742-30-5

भारत शिरोमणि

नेताजी सुभाषचन्द्र बोस

को

समर्पित

दीर्घ अवधि तक ब्रिटिश औपनिवेशिक सत्ता के अधीन रहकर भारत हीन भावना से कभी उबर नहीं पायेगा। जब तक यह देश ब्रिटिश साम्राज्य का अंश बना रहेगा, ब्रिटिश स्वार्थ का प्रतिरोध उसके लिए अत्यन्त कठिन होगा। भारत की दुर्बलताओं का अचूक उपचार केवल 'स्वराज' है और स्वराज के योग्य बनने के लिए आजादी हासिल करने की लगन जरूरी है।

- सुभाषचन्द्र बोस

अनुक्रम

आभार

संविधान–निर्माण विषय पर पुस्तक लिखने के दौरान अनुच्छेद 44 का प्रावधान एक महत्त्वपूर्ण पड़ाव था। इस प्रावधान के सम्बन्ध में डॉ. अम्बेडकर एवं अन्य संविधान–निर्माताओं द्वारा व्यक्त किये गये विचारों एवं तर्कों से प्रेरित होकर पुस्तक 'भारतीय सिविल संहिता के सिद्धान्त : अनुच्छेद 44 के क्रियान्वयन की दिशा में' लिखा। इस पुस्तक में समान नागरिक संहिता को व्यापकता प्रदान करने के साथ–साथ उन सभी बिन्दुओं पर समाधान देने का प्रयास किया गया है जिसे लेकर अलग–अलग धर्म–आधारित व्यक्तिगत कानूनों के मध्य अन्तर्विरोध है।

उक्त पुस्तक के प्रकाशनोपरान्त समान नागरिक संहिता के सम्बन्ध में चार प्रमुख घटनाएँ घटी हैं। पहला 'तीन तलाक' विषय पर सुप्रीम कोर्ट द्वारा 22 अगस्त, 2017 को निर्णय दिया गया; दूसरा तीन तलाक पर केन्द्र सरकार द्वारा विधेयक/अध्यादेश लाया गया और तीसरा विधि आयोग द्वारा समान नागरिक संहिता के खिलाफ 31 अगस्त, 2018 को परामर्श–पत्र प्रस्तुत किया गया और चौथा 13 सितम्बर, 2019 को वसीयत के विसंगति को लेकर पैदा जोस पाॅलो कौटिन्हो के मामले में सुप्रीम कोर्ट द्वारा समान नागरिक संहिता के पक्ष में टिप्पणी किया गया।

शायरा बानो के निर्णय में सुप्रीम कोर्ट द्वारा न केवल तीन तलाक को असंवैधानिक घोषित किया गया, बल्कि इसको व्यापक दृष्टि प्रदान करते हुए यथोचित कानून बनाने की भी अपील की गयी है। इस निर्णय के बाद तीन तलाक के विषय को व्यापकता प्रदान कर एक धर्मनिरपेक्ष सर्वग्राही कानून/संहिता बनाने की आवश्यकता थी। किन्तु इसके बजाय केन्द्र सरकार द्वारा तीन तलाक को आपराधिक घोषित कर इसके सम्बन्ध में एक सीमित विधेयक/अध्यादेश लाया गया। इसी समयकाल के दौरान विधि आयोग द्वारा अपने परामर्श–पत्र के माध्यम से यह निष्कर्ष निकाला गया है कि वर्तमान समय में समान नागरिक संहिता का बनाया जाना न तो देश के लिए आवश्यक है और न वांछनीय।

सुप्रीम कोर्ट का निर्णय हो या केन्द्र सरकार का विधेयक/अध्यादेश या विधि आयोग का परामर्श–पत्र, इन सभी के माध्यम से समान नागरिक संहिता के सन्दर्भ में कई सकारात्मक एवं नकारात्मक पहलुओं का विश्लेषणात्मक अध्ययन करने का अवसर मिला। इस कारण पुस्तक के इस नये संस्करण को और व्यापक बनाने में मदद मिली। इन सभी संवैधानिक एवं वैधानिक संस्थाओं के प्रति मैं आभार प्रदान करता हूँ।

मैं श्री राम नाईक, पूर्व राज्यपाल उत्तर प्रदेश के प्रति अत्यन्त कृतज्ञ हूँ, जिन्होंने पुस्तक के पहले संस्करण का प्राक्कथन लिखकर सम्बल प्रदान करने की कृपा की।

समान नागरिक संहिता विषय पर 'मिशन आर्टिकिल 44 : एक राष्ट्र, एक सिविल कानून' द्वारा समय-समय पर किये गये सेमिनार एवं कार्यक्रमों के माध्यम से न्यायमूर्ति अरुण टण्डन, न्यायमूर्ति शशिकान्त गुप्ता, न्यांयमूर्ति रामसूरत मौर्या, न्यायमूर्ति विजय लक्ष्मी, न्यायमूर्ति राजेश टण्डन, कुलपति प्रो. राजेन्द्र प्रसाद, पूर्व कुलपति प्रो. जी.. सी. त्रिपाठी, विधि संकायाध्यक्ष प्रो. सिद्धनाथ, प्रो. हरबंश दीक्षित, वरिष्ठ अधिवक्ता श्री धर्मपाल सिंह, श्री दिलीप कुमार, श्री अशोक मेहता, श्री आर.के. ओझा, श्री पी. के. जैन, श्रीमती सुभाष राठी, श्री धर्मेन्द्र सिंहल, श्री एस. एफ. ए. नकवी, श्री डी. आर. चौधरी, श्री प्रदीप वर्मा, वरिष्ठ पत्रकार श्री जगदीश जोशी द्वारा व्यक्त किये गये विचार इस पुस्तक के लिए मूल्यवान् रहे हैं। मैं आप सबके प्रति आभार व्यक्त करता हूँ।

शोधकार्य के दौरान नैतिक सम्बल प्रदान करने के लिए मैं व्यक्तिगत तौर पर श्री पी. एल. बरनवाल एवं श्री अनूप कुमार 'मुन्ना' का भी दिल से आभारी हूँ।

'मिशन आर्टिकिल 44 : एक राष्ट्र, एक सिविल कानून' द्वारा चलाये जा रहे जनजागरूकता अभियान के दौरान बड़े भाई ज्ञानेन्द्र श्रीवास्तव, डॉ. डी. के. तिवारी, नित्य प्रकाश तिवारी, मनोज सिंह, सतीश सिंह, सुशील तिवारी, रमेश द्विवेदी, आनन्द गौतम, रीतेश सिंह, पवन सिंह, अशोक गुप्ता सहित सभी लोक सर्वोदय फाउण्डेशन एवं राष्ट्रीय स्वराज परिषद् के साथी सदस्यों से प्राप्त नैतिक सम्बल ने भी इस पुस्तक को लिखने में सहयोग प्रदान किया है। मैं आप सभी के प्रति आभार व्यक्त करता हूँ।

इस पुस्तक का प्रकाशन करने के लिए लोकभारती प्रकाशन के संरक्षक श्री रमेश ग्रोवर और राजकमल प्रकाशन के मुख्य कार्याधिकारी श्री आमोद महेश्वरी का विशेष आभारी हूँ। इस पुस्तक का प्रुफ-रीडिंग करने वाले श्री रमेश उपाध्याय एवं धीरेन्द्र कुमार, कम्प्यूटर कंपोजिंग करने वाले श्री सन्तोष माथुर और लोकभारती प्रकाशन के समस्त प्रकाशन-सहयोगियों के प्रति भी आभार व्यक्त करता हूँ।

02 अक्टूबर, 2019

- अनूप बरनवाल

राम नाईक
राज्यपाल, उत्तर प्रदेश

राज भवन
लखनऊ - 226027

प्राक्कथन

'भारत का संविधान' के भाग- 4 में राज्य के मार्ग दर्शन के लिए नीति निर्देशक तत्त्वों की व्यवस्था की गयी है। संविधान का अनुच्छेद- 44 राज्य को भारत के समस्त राज्य क्षेत्र में नागरिकों के लिए एक समान सिविल संहिता प्राप्त कराने का प्रयास करने हेतु निर्देशित करता है। माननीय उच्चतम न्यायालय द्वारा भी मो. अहमद खान बनाम शाह बानो बेगम (1985) 2 एससीसी 556 के निर्णय में एक समान सिविल संहिता की आवश्यकता पर बल दिया गया है। समान सिविल संहिता सम्बन्धी कानून विवाह, सम्पत्ति, विरासत, तलाक, उत्तराधिकार एवं अन्य पारिवारिक मामलों में धर्म के आधार पर उपलब्ध भिन्नताओं को दूर करने में सहायक होगा। विश्व के अधिकतर आधुनिक देशों में ऐसे कानून लागू किये गये हैं। अतः समान सिविल संहिता भारतीय समाज की सांस्कृतिक एवं वैधानिक आवश्यकता है जिसके सम्बन्ध में लेखक द्वारा रचित इस पुस्तक के माध्यम से किया गया प्रयास सराहनीय है।

लेखक द्वारा अपनी पुस्तक में समान सिविल संहिता के सम्बन्ध में भारत में ब्रिटिश शासन के समय की वैधानिक स्थिति एवं संविधान-सभा में सिविल संहिता के सम्बन्ध में किये गये विचार सहित भारत के संविधानोत्तर शासन में समान सिविल संहिता की स्थिति का मूल्यांकन किया गया है। यथास्थान माननीय उच्चतम न्यायालय द्वारा निर्णीत न्यायिक निर्णयों का उल्लेख करते हुए समान सिविल संहिता के वैश्विक दृष्टिकोण का भी उल्लेख किया गया है। समान सिविल संहिता से सम्बन्धित अड़चनों का उल्लेख करते हुए लेखक द्वारा विभिन्न महत्त्वपूर्ण विधिक पहलुओं यथा- न्यास, वक्फ, विवाह, विवाह-विच्छेद, जनकता, दत्तक ग्रहण, अवयस्कता, संरक्षकत्व, भरण-पोषण, उत्तराधिकार, वसीयत व वसीयती अधिकार, बँटवारा एवं पारिवारिक समझौता सहित बौद्धिक सम्पदा अधिकार से सम्बन्धित सारगर्भित एवं विवेचनापूर्ण प्रस्तुतीकरण किया गया है जो सम्बन्धित विषय के पाठकों व शोधकर्त्ताओं के लिए उपयुक्त सिद्ध होगा।

श्री अनूप बरनवाल द्वारा इस पुस्तक के माध्यम से किया गया प्रयास सराहनीय है जिसके लिए मैं उन्हें हार्दिक बधाई और शुभकामनाएँ देता हूँ।

दिनांक : 21 अप्रैल, 2017

राम नाईक
राज्यपाल, उत्तर प्रदेश

न्यायमूर्ति रामसूरत मौर्या
न्यायाधीश

इलाहाबाद हाईकोर्ट
प्रयागराज, उ.प्र.

अग्रसारित

अनुच्छेद 44 के प्रावधान पर बहस करने के दौरान **श्री के. एम. मुन्शी** ने एक महत्त्वपूर्ण बात कही थी कि 'ब्रिटिश शासन के अधीन रहने के दौरान हमने इस तरह का दिमाग बना लिया है कि व्यक्तिगत कानून धर्म का भाग है। इसे ब्रिटिश लोगों और ब्रिटिश न्यायालयों द्वारा पोषित भी किया गया है। हमें निश्चय ही इससे ऊपर उठना होगा।' श्री मुन्शी आगे कहते हैं कि 'जितना ही जल्दी हम जीवन के पृथक्करणीय दृष्टिकोण को भूल जायेंगे, देश के लिए उतना ही अच्छा होगा। धर्म उस परिधि तक सीमित होना चाहिए जो नियमत: धर्म की तरह दिखता है और बाकी जीवन अवश्य ही इस तरह से विनियमित, एकीकृत और संशोधित होना चाहिए कि हम जितनी जल्दी सम्भव हो, एक मजबूत एवं एकीकृत राष्ट्र के रूप में निखर सकें।'

संविधान-निर्माता **डॉ. बी. आर. अम्बेडकर** ने भी समान नागरिक संहिता बनाये जाने और लागू करने की वकालत करते हुए कहा है कि 'व्यावहारिक रूप से इस देश में एक सिविल संहिता है, जिसके प्रावधान सर्वमान्य हैं और एक समान रूप से पूरे देश पर लागू हैं। जिस क्षेत्र में यूनिफॉर्म सिविल कानून लागू नहीं होता है, वह विवाह और उत्तराधिकार का क्षेत्र है। यह एक छोटा-सा क्षेत्र है जिस पर हम समान कानून नहीं बना सके हैं और यह इच्छा है कि अनुच्छेद 35 (संविधान का अनुच्छेद 44) को संविधान का भाग बनाकर बदलाव लाना चाहते हैं। इसलिए यह तर्क कि क्या हमें इस दिशा में प्रयास करना चाहिए, हमें भूल-सा लगता है क्योंकि हम इस देश में लगभग सभी क्षेत्रों को यूनिफॉर्म सिविल संहिता के अन्तर्गत ला चुके हैं।'

समान नागरिक संहिता का विषय मूलत: देश की एकता और लैंगिक समानता का विषय है। किन्तु इसे इस तरह समस्या के रूप में प्रस्तुत किया जाता है, ताकि यह धर्म का विषय बनकर रह जाय और इसके बहाने इसे लागू न किया जा सके। जबकि समान नागरिक संहिता बनने से धर्म एवं धार्मिक अधिकार कहीं से भी प्रभावित नहीं होनेवाला है। हाँ, राज्य एवं कानून के स्तर से धर्म एवं लिंग के आधार पर नागरिकों के मध्य जो भेदभाव हो रहे हैं, वह समान नागरिक संहिता लागू होने से अवश्य ही समाप्त हो जायेगा।

यह इस देश का दुर्भाग्य है कि संविधान लागू होने के 66 वर्ष तक इसी संविधान के अनुच्छेद 44 पर किसी भी केन्द्र सरकार द्वारा कोई सार्थक एवं गम्भीर कदम नहीं उठाया जा सका। पहली बार 17 जून, 2016 को नरेन्द्र मोदी सरकार द्वारा विधि आयोग से समान नागरिक संहिता पर रिपोर्ट माँगी गयी। यह देश के लिए बहुत बड़ा अवसर था कि हम समान नागरिक संहिता को बनाने एवं लागू करने की दिशा में आगे बढ़ते और ठोस प्रयास करते। किन्तु दुर्भाग्य से ऐसा नहीं हो सका और 31 अगस्त, 2018 को दिये गये अपने रिपोर्ट में विधि आयोग द्वारा समान नागरिक संहिता को अनावश्यक और अप्रासंगिक बता दिया गया।

इलाहाबाद हाईकोर्ट के अधिवक्ता श्री अनूप बरनवाल द्वारा यह शोध पुस्तक 'समान नागरिक संहिता पर विधि आयोग की नकारात्मकता' लिखा गया है। इस पुस्तक में उन सभी बिन्दुओं पर विस्तार से अध्ययन एवं अनुसन्धान किया गया है, जिसे विधि आयोग ने अपने रिपोर्ट में आधार बनाया है।

विधि आयोग की उक्त रिपोर्ट आने के बाद समान नागरिक संहिता जैसे ज्वलन्त विषय के सन्दर्भ में जो कानूनी रुकावट एवं रिक्तता पैदा हुई है, उसे समाप्त करने में यह पुस्तक बहुत ही महत्त्वपूर्ण एवं उपयोगी है। राष्ट्रीय स्वराज परिषद् संचालित अभियान – 'मिशन आर्टिकिल 44 : एक राष्ट्र, एक सिविल कानून' द्वारा समान नागरिक संहिता हेतु गम्भीर प्रयास किये जा रहे हैं, इसके लिए मैं ढेर-सारी शुभकामनाएँ देता हूँ।

31 मई, 2019

न्यायमूर्ति रामसूरत मौर्या
न्यायाधीश, इलाहाबाद हाईकोर्ट

भूमिका

अभी कुछ दिन पहले 7 जुलाई, 2018 को आल इण्डिया मुस्लिम पर्सनल लॉ बोर्ड (मुस्लिम बोर्ड) द्वारा घोषणा की गयी कि वह देश के प्रत्येक जिले में शरीया अदालतों (दार-उल-कजा) को स्थापित करेगा एवं इन शरीया अदालतों को ज्यादा प्रभावशाली और व्यापक बनाने की दिशा में कार्य करने के लिए वह तफहीम-ए-शरीयत समिति को सक्रिय भी करेगा। इसी के साथ उसने भारत के मुसलमानों से यह अपील भी की है कि वे अपने मामलों को इन शरीया अदालतों के माध्यम से निपटायें। मुस्लिम बोर्ड की यह घोषणा मीडिया में काफी चर्चा का विषय रही। कहीं इसे एक निजी समानान्तर न्यायिक व्यवस्था स्थापित करने की कोशिश के रूप में एवं इसके माध्यम से सांविधानिक न्यायिक-प्रशासन के लिए चुनौती खड़ा करते हुए देखा गया तो कहीं इसे आजाद भारत में पृथक्-इस्लामिकवाद के उदय के रूप में एवं इसके माध्यम से देश की लोकतान्त्रिक शासन-व्यवस्था के समक्ष एक चुनौती पेश करते हुए देखा गया।

मुस्लिम बोर्ड की उक्त घोषणा को लेकर लोगों में कुछ भी धारणा बनी हो, किन्तु एक सम्प्रभु देश में एक निजी गैर-सरकारी संस्था द्वारा इस हद तक पँहुचने का दुस्साहस एकदम से एक दिन में नहीं किया जा सकता है। ब्रिटिश हुकूमत द्वारा 1937 में निर्मित जिस कानून– मुस्लिम व्यक्तिगत कानून (शरीयत) अनुप्रयोग अधिनियम– को संविधान लागू होने के बाद अनुच्छेद 44 के अनुक्रम में समान नागरिक संहिता बनाकर 1950 के दशक में ही समाप्त कर देनी चाहिए थी, उसे इसी धर्म-निरपेक्ष लोकतान्त्रिक व्यवस्था में 23 वर्ष बाद 1973 में शरीयत कानून को सुरक्षित करने के नाम पर आल इण्डिया मुस्लिम पर्सनल लॉ बोर्ड जैसी एक निजी संस्था को स्थापित करने की इजाजत देकर सुदृढ़ किया गया और बाद के दिनों में ऐसी संस्था के पीछे की अपवित्र सोच को पाल-पोसकर संविधान के अनुच्छेद 44 के पीछे की पवित्र सोच को धूमिल किया गया।

एक निजी संस्था द्वारा शरीया अदालत जैसी एक निजी समानान्तर न्यायिक व्यवस्था को प्रभावशाली एवं व्यापक बनाने की घोषणा करना कोई अस्वाभाविक-सी घटना नहीं है, बल्कि ऐसी घोषणा का दुस्साहस 1937 के शरीयत कानून के बने रहने का एक स्वाभाविक परिणाम है। इसलिए सोचने का विषय यह नहीं है कि मुस्लिम बोर्ड द्वारा इस तरह का दुस्साहस किया गया है, बल्कि सोचने का विषय यह है कि आखिर हमारे नीति-निर्माता इन 68 वर्षों के दौरान धर्म-आधारित पृथक्तावादी व्यक्तिगत कानूनों को समाप्त करने और देश के लिए समान नागरिक संहिता का निर्माण करने की मजबूत इच्छाशक्ति क्यों नहीं

दिखा पाये हैं? सवाल यह भी पैदा होता है कि इस देश का आम जनमानस समान नागरिक संहिता के अभाव के कारण हो रहे असमानता के व्यवहार को सहते रहने के लिए क्यों मजबूर रहता है?

आत्ममन्थन का विषय यह भी है कि क्या हमारे संविधान-निर्माताओं द्वारा कभी यह सोचा गया रहा होगा कि मात्र 23 वर्ष में ही वोटबैंक की राजनीति हमारे नीति-निर्माताओं के मन-मस्तिष्क में इस कदर हावी हो जायेगी कि वे इस देश की एकता और अखण्डता के प्रति निष्प्राण हो जायेंगे और व्यक्तिगत कानून को बढ़ावा देने के नाम पर मुस्लिम बोर्ड जैसी संस्था को प्राणवान् करने लगेंगे। सबसे बड़ा दुर्भाग्य यह है कि देश की एकता एवं अखण्डता के प्रति निष्प्राणवान् होते रहने और धर्म-आधारित पृथक्तावादी सोच को प्राणवान् करते रहने की प्रवृत्ति को लेकर इस देश के जनमानस का सहज एवं अभ्यस्त होते जाना है। ऐसी नकारात्मक घटनाओं को लेकर देश के जनमानस का सहज एवं अभ्यस्त होते जाना ही आल इण्डिया मुस्लिम पर्सनल लॉ बोर्ड को शरीया अदालत जैसी समानान्तरण निजी न्यायिक व्यवस्था का ईजाद करने का दुस्साहस प्रदान करते हैं।

मुस्लिम बोर्ड के ऐसे दुस्साहस के आगे शासन एवं समाज का नतमस्तक होना इस देश को कहाँ ले जायेगा, इसका जवाब तो समय के गर्भ में है, किन्तु इस देश के लिए समान नागरिक संहिता की प्रासंगिकता संविधान का निर्माण करते समय क्यों थी और 68 वर्षों की अवधि के बाद आज भी क्यों बनी हुई है, इसे समझना आवश्यक है।

व्यापक रूप से कानून के दो क्षेत्र – 'सिविल' एवं 'अपराध' हैं। इन दोनों क्षेत्रों से सम्बन्धित कानूनों में एकरूपता एवं इनकी सर्वस्वीकार्यता न केवल शासन व न्याय-प्रशासन के सुगम संचालन के लिए, बल्कि किसी देश की एकता व अखण्डता के लिए भी आवश्यक होता है। मानव व्यवहार के ये दोनों कानूनी क्षेत्र वृहद् रूप से दो तरह के कानूनों से विनियमित होते हैं– एक मौलिक कानून और दूसरा प्रक्रियात्मक कानून।

संविधान-निर्माण के समय भारत में सिविल और अपराध क्षेत्र के लिए यूनिफॉर्म प्रक्रियात्मक कानून– 'सिविल प्रक्रिया संहिता' एवं 'आपराधिक प्रक्रिया संहिता' निर्मित होकर लागू थे। इसी तरह अपराध क्षेत्र के लिए यूनिफॉर्म मौलिक कानून– 'भारतीय दण्ड संहिता' भी लागू किया जा चुका था। किन्तु सिविल क्षेत्र के लिए एक यूनिफॉर्म मौलिक कानून नहीं बनाया जा सका था और यह क्षेत्र अलग-अलग धर्मों के लिए लागू अलग-अलग व्यक्तिगत कानूनों से संचालित होता रहा। यह स्थिति कहीं से भी देश की एकता और अखण्डता के लिए खतरनाक था। इसलिए हमारे संविधान-निमार्ताओं द्वारा सिविल क्षेत्र के लिए मौलिक कानून – 'सिविल संहिता' के निर्माण एवं क्रियान्वयन को शिद्दत से महसूस किया गया और इस उद्देश्य को सांविधानिक महत्त्व का विषय मानते हुए अनुच्छेद 44 का प्रावधान बनाया गया।

इस देश के लिए एक समान नागरिक संहिता (यूनिफॉर्म सिविल संहिता) निर्मित होकर लागू होनी चाहिए या नहीं, इस विषय पर किसी तरह की चर्चा करने के पूर्व हम यह कल्पना करें कि यदि आजादी मिलने के पहले इस देश में अपराध क्षेत्र के लिए यूनिफॉर्म दण्ड संहिता के रूप में 'भारतीय दण्ड संहिता' नहीं लागू हो पायी होती या यूनिफॉर्म प्रक्रियात्मक संहिता के रूप में 'आपराधिक प्रक्रिया संहिता' या 'सिविल प्रक्रिया संहिता' नहीं लागू हो पायी होती या सम्पत्ति के सम्बन्ध में यूनिफॉर्म कानून 'सम्पत्ति अन्तरण अधिनियम' या दायित्व के सम्बन्ध में यूनिफॉर्म कानून 'भारतीय संविदा अधिनियम' नहीं लागू हो पाये होते और यदि इन यूनिफॉर्म संहिताओं/कानूनों को बनाकर लागू करने की जिम्मेदारी हमारे संविधानोत्तर नीति-निर्माताओं पर होती, तो इनकी स्थिति क्या होती? क्या हमारे इन नीति-निर्माताओं की स्थिति उस भयावह स्थिति से बेहतर होती, जो यूनिफॉर्म 'सिविल संहिता' यानी समान नागरिक संहिता को लेकर बना हुआ है?

एक कल्पना और करते हैं। कल्पना यह करते हैं कि यदि हमारे संविधान-निर्माताओं द्वारा इस व्यवस्था को स्वीकार कर लिया गया होता कि ब्रिटिश हुकूमत के दौरान निर्मित सभी कानून निरस्त समझे जायेंगे और सम्बन्धित विषय पर संसद् द्वारा निर्मित किये जानेवाले या मान्य किये गये कानून ही संविधानोत्तर देश में लागू होंगे, तब इस देश की स्थिति क्या होती? यदि सचमुच में ऐसी व्यवस्था स्वीकार कर ली जाती तो क्या सम्भव था कि यह देश अपने संविधानोत्तर नीति-निर्माताओं के भरोसे 'भारतीय दण्ड संहिता' या 'सिविल प्रक्रिया संहिता' या 'आपराधिक प्रक्रिया संहिता' या 'सम्पत्ति अन्तरण अधिनियम' या 'भारतीय संविदा अधिनियम' जैसे यूनिफॉर्म धर्म-निरपेक्ष संहिताओं/कानूनों से संचालित हो पाता? इस सवाल का जवाब ईमानदारी से खोजना आवश्यक है। कम-से-कम हमारे नीति-निर्माताओं को इस सवाल का जवाब अवश्य देना चाहिए कि आजादी के बाद वे ऐसी कौन-सी अनुकूल परिस्थिति बना पाते जब वे एकीकृत शासन, समरूप न्याय-प्रशासन और अखण्ड देश के लिए इन धर्म-निरपेक्ष संहिताओं/कानूनों का निर्माण करने में सफल रहते? खासतौर से तब जब यह साबित है कि इन 68 वर्षों के दौरान समान नागरिक संहिता के लिए ऐसी कोई अनुकूल परिस्थिति बनाने में वे पूर्णतया विफल रहे हैं।

ब्रिटिश हुकूमत के दौरान बने कानूनों की स्थिति संविधान लागू होने के बाद क्या हो, यह सवाल संविधान-सभा के समक्ष भी उठाया गया था। यह भी सुझाव आया था कि इन कानूनों को तब तक लागू नहीं करने की व्यवस्था बनायी जाय, जब तक कि वह संसद् द्वारा पारित नहीं हो जाती है। उस दौरान ब्रिटिश हुकूमत के खिलाफ ऐसा माहौल था कि ऐसे सवाल एवं कदम को अस्वाभाविक नहीं कहा जा सकता है। संविधान के अनुच्छेद 19 में प्रयोग किये गये शब्द 'विद्यमान कानून' पर चर्चा के दौरान 1 दिसम्बर, 1949 को पण्डित ठाकुरदास भार्गव ने संविधान-सभा में कहा कि 'इस संविधान में ऐसे कई प्रावधान हैं, जिसके माध्यम से मौजूदा कानूनों (ब्रिटिश हुकूमत के दौरान बने कानूनों) को जीवित

रखने का हर सम्भव प्रयास किया गया है। अनुच्छेद 8 (संविधान का अनुच्छेद 13) ऐसा पहला प्रयास है।' इस तरह के आरोपों का जवाब देने के क्रम में डॉ. अम्बेडकर द्वारा जो विचार व्यक्त किया गया, वह देश की भावी समस्याओं को समझने के प्रति उनकी दूरदृष्टि का एक अनूठा उदाहरण है। अपने जवाब में डॉ. अम्बेडकर ने कहा–

'... अब मेरे मित्र पण्डित ठाकुरदास भार्गव, मसौदा-समिति के विरुद्ध निन्दासूचक वाक्यों का प्रयोग करते हुए आरोपित करते हैं कि मसौदा-समिति 'विद्यमान विधि' का बचाव करने के लिए अपने रास्ते से भटक गयी है। मैं नहीं जानता हूँ कि वे मसौदा-समिति से क्या चाहते हैं? क्या वह चाहते हैं कि हम सीधे-सीधे कह दें कि संविधान के अस्तित्व में आते ही सभी 'विद्यमान विधि' समाप्त हो जाय।...

'जैसा मैंने कहा है कि 'विद्यमान विधि' उस मात्रा तक जितना यह मूल अधिकारों से असंगत है, शून्य हो जायेगी। निश्चित रूप से देश का प्रशासन आज लागू कानूनों पर निर्भर है। यदि हम सभी 'विद्यमान विधि' को पूरी तरह समाप्त कर दें तो पूरा प्रशासन बिखर जायेगा।

'अब मैं अनुच्छेद 307 (संविधान का अनुच्छेद 372) पर आता हूँ। वे शिकायत करते हैं कि हमने ऐसा प्रावधान बनाया है कि 'विद्यमान विधि' जब तक संशोधित न हो जाय, जारी रहेगा। मैं सोचता हूँ कि एक व्यक्ति जो कानून को समझता है, वह इसे महसूस करेगा कि संविधान के अस्तित्व में आने के बाद देश में कानून बनाने की अनन्य शक्ति या तो संसद् के पास है या अपने-अपने क्षेत्राधिकार में स्थानीय विधायिकाओं को है। यदि आप यह सिद्धान्त अपनाते हैं कि कोई कानून तब तक लागू नहीं होगा जब तक संसद् द्वारा पारित नहीं हो जाता है, तो स्थिति क्या होगी? स्थिति यह होगी कि सभी कानून जो पूर्व की विधायिकाओं चाहे केन्द्रीय विधायिकाओं या प्रान्तीय विधायिकाओं द्वारा बनाये गये हैं, तुरन्त समाप्त हो जायेंगे क्योंकि संसद् या क्षेत्रीय विधायिकाओं द्वारा पारित न होने के कारण कोई बल नहीं रखेंगे। इसलिए यह आवश्यक है कि संविधान में ऐसा प्रावधान हो जो यह कहे कि कोई कानून, जो पहले बनाये गये हैं, केवल इस कारण समाप्त नहीं माना जायेगा क्योंकि वह संसद् द्वारा पारित नहीं किया गया है। यही कारण है कि अनुच्छेद 307 को संविधान में अंगीकृत किया गया है।'

डॉ. अम्बेडकर के उक्त विचार के महत्त्व को देश के लिए यूनिफॉर्म संहिता/कानून के सन्दर्भ में अवश्य ही देखा जाना चाहिए। खासकर तब जब हमारे नीति-निर्मातागण 68 वर्ष बाद भी देश के लिए एक यूनिफॉर्म 'सिविल संहिता' का निर्माण करने में विफल रहे हैं। यह विफलता मात्र इसलिए है, क्योंकि कुछ फिरकापरस्त लोगों द्वारा यूनिफॉर्म सिविल संहिता यानी 'समान नागरिक संहिता' के विषय को धार्मिक अस्मिता का विषय बना दिया

जाता है। यदि आजादी के पहले ही यूनिफॉर्म 'भारतीय दण्ड संहिता' या 'सिविल प्रक्रिया संहिता' या 'आपराधिक प्रक्रिया संहिता' या 'सम्पत्ति अन्तरण कानून' या 'भारतीय संविदा अधिनियम' नहीं निर्मित किये जा सके होते और इन कानूनों का निर्माण करने की जिम्मेदारी संविधानोत्तर नीति-निर्माताओं पर होती तो यह कहना मुश्किल है कि इस स्थिति में फिरकापरस्त लोगों द्वारा धार्मिक अस्मितावाले सवाल नहीं उठाये जाते या तब इन कानूनों के निर्माण के विषय को भी धार्मिक नजरीये से देखने का प्रयास नहीं किया जाता या तब यह आरोप नहीं लगाया जाता कि ऐसा करके उनके धर्म एवं धार्मिक आस्था पर हमला किया जा रहा है या तब हमारे नीति-निर्माता इन यूनिफॉर्म कानूनों का निर्माण करते समय ऐसे फिरकापरस्त लोगों के धार्मिक हमलों की उपेक्षा कर डटकर खड़े हो पाने में सफल रहते। कम-से-कम समान नागरिक संहिता के हश्र को देखते हुए यह मुश्किल तो असम्भव-सा दिखता है।

तो क्या इस स्थिति में, न केवल मौलिक सिविल कानून क्षेत्र के सम्बन्ध में, बल्कि अन्य सभी क्षेत्रों के सन्दर्भ में भी यह देश 'स्मृति कानून' से या 'शरीयत कानून' से या खाप-कानूनों से या फिर टुकड़ों-टुकड़ों में अलग-अलग धर्म/सम्प्रदाय-आधारित व्यक्तिगत कानूनों से संचालित होता? कल्पना करें यदि ऐसा होता तो इस देश की तस्वीर क्या होती?

देश के लिए एक समान नागरिक संहिता बनाकर लागू किया जाये, इस विषय का संविधानोत्तर काल में जितना राजनीतीकरण हुआ है और इस विषय को जिस तरह देशहित का विषय न मानकर धर्म के आईने में वोटबैंक की नजरीये से देखने का प्रयास किया गया है और इस कारण यह देश 68 वर्ष बाद भी समान नागरिक संहिता द्वारा संचालित होने से वंचित रहा है, उससे इस निष्कर्ष पर पहुँचने में कोई कठिनाई नहीं होनी चाहिए कि आजाद भारत में यूनिफॉर्म 'भारतीय दण्ड संहिता' या यूनिफॉर्म 'सिविल प्रक्रिया संहिता' या यूनिफॉर्म 'आपराधिक प्रक्रिया संहिता' या यूनिफॉर्म 'सम्पत्ति अन्तरण अधिनियम' या यूनिफॉर्म 'भारतीय संविदा अधिनियम' के निर्माण का विषय भी देशहित का विषय होने के बजाय धार्मिक अस्मिता का विषय बनकर रह जाता और समान नागरिक संहिता की तरह ये भी हमारे संविधानोत्तर नीति-निर्माताओं की राजनीतिक खेती को उर्वरा कर रही होतीं।

तब इस देश की स्थिति क्या होती? स्वाभाविक है कि तब यह देश 'शरीयत-कानून' से संचालित हो रहा होता या 'स्मृति-कानून' से या फिर खाप कानूनों से? न केवल पारिवारिक क्षेत्र के सन्दर्भ में बल्कि दूसरे सिविल क्षेत्रों एवं आपराधिक क्षेत्र के सन्दर्भ में भी हम अलग-अलग धार्मिक एवं साम्प्रदायिक समूहों में बँटकर अलग-अलग धर्म/सम्प्रदाय-आधारित व्यक्तिगत कानूनों से संचालित हो रहे होते। या फिर थोड़ा-सा असंयमित होने पर इन कानूनों के मध्य वर्चस्व की जंग लड़ रहे होते। हम सभी को इस स्थिति का और इसके परिणाम का अन्दाजा अवश्य ही लगाना चाहिए, क्योंकि इसके बिना एक देश के रूप में

बने रहने के सम्बन्ध में हम सभी को अपनी वास्तविक स्थिति को लेकर भारी गलतफहमी बनी रहेगी।

इस दावे में सच्चाई हो सकती है कि ब्रिटिश हुकूमत द्वारा 'भारतीय दण्ड संहिता' या 'सिविल प्रक्रिया संहिता' या 'आपराधिक प्रक्रिया संहिता' या 'सम्पत्ति अन्तरण अधिनियम' या 'भारतीय संविदा अधिनियम' जैसे कानून इसलिए बनाये गये क्योंकि ऐसा करने में उनका अपना स्वार्थ था। इस सच्चाई को भी नकारा नहीं जा सकता कि ब्रिटिश हुकूमत यदि ऐसा करने में सफल रहा है तो इसमें उनके निरंकुश चाबुक का बड़ा योगदान था। तो क्या इसे यह देश अपना दुर्भाग्य माने कि ब्रिटिश हुकूमत को यूनिफॉर्म 'सिविल संहिता' के निर्माण में अपना स्वार्थ क्यों नहीं नजर आया? या इसे यह देश अपना सौभाग्य माने कि चाबुक से ही सही, कम-से-कम ब्रिटिश हुकूमत ने इन यूनिफॉर्म धर्म-निरपेक्ष संहिताओं का निर्माण तो कर दिया। अन्यथा शायद ही इस देश का 'एक' होने और 'एक' जैसा दिखने का खोखलापन छिपा रह पाता।

तो क्या इस देश को ब्रिटिश हुकूमत के निरंकुश चाबुक का हमेशा एहसानमन्द बने रहना चाहिए?

शायद हमारे नीति-निर्मातागण यूनिफॉर्म धर्म-निरपेक्ष कानूनों के निर्माण के सम्बन्ध में अपनी वास्तविक स्थिति के बारे में ईमानदारी से समीक्षा कर पायें। लेकिन यह एक सच्चाई है कि यदि इस देश के लिए यूनिफॉर्म धर्म-निरपेक्ष कानून/संहिता के निर्माण का मामला समान नागरिक संहिता तक सीमित नहीं होता, तब आज हम कुछ बड़े गम्भीर सवालों से जूझ रहे होते। आज हमारे सामने यह सवाल खड़ा रहता कि क्या कुछ वर्षों के बाद या एकाध-दो पीढ़ी के उपरान्त यह देश एक व अखण्ड बना रह सकेगा? आज चिन्ता इस बात की भी होती कि यह देश एक एवं अखण्ड होने के खोखलेपन को कितना दिन और ढका रख सकेगा? इन सब सवालों का ईमानदारी से जवाब जानने के लिए अनुच्छेद 44 के प्रावधान के हश्र को जानना ही पर्याप्त है।

ब्रिटिश हुकूमत के दौरान बने संहिताओं/कानूनों को बनाये रखा जाय या नहीं और बनाये रखा जाय तो किस सीमा तक बनाये रखा जाय, इन सवालों पर निर्णय लेने में डॉ. अम्बेडकर की भूमिका अग्रणी रही है। इस सन्दर्भ में डॉ. अम्बेडकर की उस भूमिका एवं दूरदर्शिता का यहाँ पर उल्लेख करना आवश्यक है, जो यूनिफॉर्म धर्म-निरपेक्ष 'सिविल संहिता' के अभाव के कारण रूढ़ियों एवं प्रथाओं को लेकर पैदा होनेवाली समस्या एवं इसके निदान के सम्बन्ध में था।

संविधान के अनुच्छेद 13 का प्रावधान मूल अधिकार से असंगत होने पर किसी कानून को शून्य घोषित करता है। कानून की परिभाषा में रूढ़ियों एवं प्रथाओं को भी शामिल किया जाना चाहिए या नहीं, यह विषय इसलिए महत्त्वपूर्ण था क्योंकि भारतीय समाज में ऐसी बहुत-सी रूढ़ि एवं प्रथाएँ प्रचलित थीं, जिन्हें मूल अधिकारों से असंगत होने पर शून्य

घोषित किया जाना आवश्यक था। इस महत्त्वपूर्ण विषय पर सोचने और इसका निवारण निकालने का श्रेय यदि किसी एक व्यक्ति को जाता है तो वह डॉ. अम्बेडकर ही हैं। समाज में प्रचलित सभी रूढ़ियों एवं प्रथाओं को कानून की परिभाषा के दायरे में लाने के लिए डॉ. अम्बेडकर स्वयं संविधान-सभा के समक्ष प्रस्ताव लेकर आये। यद्यपि तकनीकी आधार पर डॉ. अम्बेडकर के इस संवैधानिक पहल का संविधान-सभा में विरोध किया गया था, किन्तु अन्ततः डॉ. अम्बेडकर के तर्क को संविधान-सभा ने स्वीकार कर लिया। कानून की परिभाषा के दायरे में रूढ़ियों एवं प्रथाओं के आ जाने का प्रभाव यह हुआ कि जो भी रूढ़ि एवं प्रथाएँ भारतीय समाज में किसी-न-किसी रूप में प्रचलित रही हैं, मूल अधिकारों से असंगत होने पर वे शून्य मानी जाती हैं। पुरुषप्रधान सोच की सभी नकारात्मक उपज, चाहे वे पंचायती तलाक या तीन तलाक की कुप्रथा के रूप में हों या देवदासिनी या हलाला जैसी अमानवीय रूढ़ियों के रूप में हों, ये सभी संविधान के अनुच्छेद 13 के प्रावधान के दायरे के बाहर नहीं हैं। सवाल पैदा होता है स्पष्ट सांविधानिक व्यवस्था होने के बावजूद ऐसी अनैतिक एवं अमानवीय रूढ़ियाँ एवं प्रथाएँ जब-तब हमारे तन्त्र को मुँह चिढ़ाने में क्यों और कैसे सफल रहती हैं?

68 वर्ष बाद आज जब भारत जैसे लोकतान्त्रिक एवं धर्म-निरपेक्ष देश के लिए एक धर्म-निरपेक्ष समान नागरिक संहिता का निर्माण नहीं हो पाया है, इस बात की सम्भावना बलवती हुई है कि शायद ही यह देश संविधानोत्तर नीति-निर्माताओं के भरोसे दूसरे अन्य धर्म-निरपेक्ष यूनिफॉर्म कानूनों से संचालित हो पाता। यदि ऐसा है तो हम देशवासी क्यों न यह सोचें कि देश के लिए धर्म-निरपेक्ष यूनिफॉर्म संहिताओं/कानूनों के सन्दर्भ में ऐसा कोई कारक नहीं है, जिसके आधार पर हम अपने संविधानोत्तर नीति-निर्माताओं एवं संसद् पर गर्व महसूस कर सकें?

समान नागरिक संहिता के अभाव के कारण न केवल लोगों को अन्याय का जीवन गुजारना पड़ता है, बल्कि क्षण-क्षण, पल-पल इस देश को और इस देश के प्रत्येक संवेदनशील नागरिक को अंग्रेजों का इस बात के लिए एहसानमन्द बने रहने के लिए मजबूर करता है कि उन्होंने अपने निरंकुश-शासन के दौरान अपने चाबुक के दम पर ही सही, कम-से-कम इस देश के लिए 'भारतीय दण्ड संहिता', 'सिविल प्रक्रिया संहिता', 'आपराधिक प्रक्रिया संहिता', 'सम्पत्ति अन्तरण कानून', 'भारतीय संविदा अधिनियम' जैसे यूनिफॉर्म धर्म-निरपेक्ष कानूनों को बनाकर लागू तो कर दिया था। अन्यथा आज हम मंगलयान बनाने के बजाय अपने ही अन्दर दूसरे अलग-अलग पाकिस्तान के टापू बना रहे होते। कुछ हिन्दू-पाकिस्तान के टापू होते, कुछ मुस्लिम-पाकिस्तान के और कुछ ईसाई-पाकिस्तान के टापू। थोड़ा-सा और असंयमित होने पर यह भी सम्भव था कि आज हम वैष्णव-पाकिस्तान या शैव-पाकिस्तान या सिक्ख-पाकिस्तान या बौद्ध-पाकिस्तान या जैन-पाकिस्तान या दलित-पाकिस्तान के टापू भी बना रहे होते।

आजादी के बाद इस देश की तीसरी पीढ़ी ने जन्म ले लिया है और चौथी पीढ़ी दस्तक देने जा रही है, किन्तु देश के लिए एक समान नागरिक संहिता के निर्माण की दिशा में किसी तरह का कोई सकारात्मक कदम नहीं उठाया जा सका है। समय बीतने के साथ समान नागरिक संहिता के निर्माण का रास्ता दिन-प्रति-दिन और कठिन ही होता जा रहा है। क्या आनेवाली पीढ़ी से यह उम्मीद करना बुद्धिमानी होगी कि समान नागरिक संहिता का निर्माण करने के लिए वे अपने-अपने धार्मिक दुराग्रह एवं धार्मिक जड़ता को पीछे छोड़कर हम सब की तुलना में ज्यादा सहिष्णु व धैर्यशील बनेंगे और संविधान-निर्माताओं के सपने को पूरा करके देश की एकता व अखण्डता के स्वच्छ चेहरे से धार्मिक विसंगतिवाले व्यक्तिगत कानूनों के काले धब्बों को मिटायेंगे? क्या भावी पीढ़ी से ऐसी उम्मीद करना अपनी जिम्मेदारियों से विमुख होने और अपने नकारेपन को छिपाने के लिए बहाना खोजने जैसा नहीं है?

इसलिए समान नागरिक संहिता के सन्दर्भ में क्या-क्या भ्रान्तियाँ एवं चुनौतियाँ हैं और इसके समाधान के रास्ते क्या हैं, इन विषयों को व्यापक परिप्रेक्ष्य में जानना-समझना इस पुस्तक का मूल विषय है।

●

1

संविधान-सभा का विश्वास

एक नागरिक के सिविल व्यवहार से जुड़े उन तत्त्वों को, जिनका धर्म से प्रत्यक्ष या अप्रत्यक्ष कोई सम्बन्ध नहीं होता है, राज्य द्वारा अलग करके, इन्हें न्यायसंगत एवं समानता पर आधारित बनाकर विनियमित करने की आवश्यकता संविधान-निर्माताओं द्वारा महसूस की गयी। इस दिशा में एक समग्र एवं सर्वस्वीकार्य धर्म-निरपेक्ष सिविल संहिता बनाने हेतु राज्य को निर्देश देने के लिए संविधान में अनुच्छेद 44 का प्रावधान शामिल किया गया। अनुच्छेद 44 के अनुसार 'राज्य नागरिकों के लिए यूनिफॉर्म सविल संहिता (समान नागरिक संहिता) प्राप्त करने का प्रयास करेगा।'

अनुच्छेद 44 (प्रारूप अनुच्छेद 35) के सम्बन्ध में संविधान-सभा के समक्ष कौन से संशोधन-प्रस्ताव लाये गये थे और इस सम्बन्ध में संविधान-सभा सदस्यों द्वारा क्या बहस की गयी, इसका यहाँ पर उल्लेख करना समीचीन है, ताकि हम इस प्रावधान के सम्बन्ध में संविधान-सभा के उन तर्कों एवं विचारों को समझ सकें, जिसने संविधान-सभा को अनुच्छेद 44 का प्रावधान पारित करने के लिए एकमत किया।

प्रारूप अनुच्छेद 35 के प्रावधान से धर्म-आधारित (धर्म आच्छादित) व्यक्तिगत कानूनों को अप्रभावित बनाये रखने के सम्बन्ध में संविधान-सभा के समक्ष तीन अलग-अलग संशोधन-प्रस्ताव प्रस्तुत किये गये थे। इन तीनों संशोधनों के माध्यम से प्रारूप अनुच्छेद 35 में 'परन्तुक' जोड़ने का प्रस्ताव लाया गया था। पहला संशोधन-प्रस्ताव मि. मोहम्मद इस्माइल साहिब द्वारा लाया गया था। मि. साहिब द्वारा प्रस्तावित परन्तुक के अनुसार 'लोगों के किसी समूह, भाग या समुदाय को अपनी व्यक्तिगत कानूनों, यदि ऐसा कानून है, को छोड़ने के लिए विवश नहीं किया जायेगा।' मि. साहिब का तर्क था कि अपने व्यक्तिगत कानून को मानने और उससे बँधे रहने का अधिकार मूल अधिकार है। ऐसे कानून को मानना किसी व्यक्ति के जीवन का तरीका हो जाता है। यह उसके धर्म का अंग होता है, यह उसकी संस्कृति का अंग होता है। यदि ऐसे व्यक्तिगत कानूनों को प्रभावित करनेवाला कोई काम होता है तो यह उन लोगों के जीवनपथ में हस्तक्षेप करने के समान है। एक धर्म-निरपेक्ष राज्य में ऐसा कुछ भी नहीं किया जाना चाहिए जो लोगों के जीवनपथ और धर्म में हस्तक्षेप करता हो। ... इसलिए महोदय, मेरा निवेदन है कि इस देश में परस्पर

सौहार्द पैदा करने और बढ़ाने के लिए यह आवश्यक नहीं है कि लोगों को अपने व्यक्तिगत कानून को त्यागने के लिए बाध्य किया जाय।

इसके बाद मि. नजरुद्दीन अहमद द्वारा भी एक अलग 'परन्तुक' जोड़ने के लिए संशोधन-प्रस्ताव लाया गया। उनके इस प्रस्तावित परन्तुक में उपबन्ध था कि 'किसी समुदाय के व्यक्तिगत कानून, जो किसी विधान द्वारा गारण्टी किया गया है, में बदलाव उस समुदाय की पूर्व सहमति के बिना नहीं किया जायेगा।' अपने संशोधन-प्रस्ताव के समर्थन में मि. नजरुद्दीन अहमद ने तर्क दिया कि यह संशोधन सिर्फ मुसलमानों की दृष्टि से नहीं लाया गया है। अन्य सभी धर्मों के कुछ-न-कुछ अपने धार्मिक कानून हैं और इन सभी के कुछ ऐसे सिविल कानून हैं जिनको उनके धार्मिक विश्वास से अलग नहीं किया जा सकता है। मि. नजरुद्दीन अहमद का दूसरा तर्क था कि यह प्रावधान इसी प्रारूप-संविधान के अनुच्छेद 19 (संविधान का अनुच्छेद 25) के प्रावधान के खिलाफ है, जो सभी नागरिकों को लोक-व्यवस्था, नैतिकता एवं स्वास्थ्य के अधीन अन्तःकरण की आजादी और धर्म को अबाध रूप से मानने, आचरण करने एवं प्रचार करने के मूल अधिकार की गारण्टी देता है।

तीसरा संशोधन-प्रस्ताव मि. महबूब अली बेग साहिब बहादुर द्वारा लाया गया था। इस प्रस्ताव के माध्यम से प्रस्तावित 'परन्तुक' में कहा गया था कि 'इस अनुच्छेद का कोई प्रावधान नागरिक के व्यक्तिगत कानून को प्रभावित नहीं करेगा।' मि. महबूब अली का तर्क था कि अनुच्छेद 35 में प्रयोग किया गया शब्द 'सिविल संहिता' किसी नागरिक के व्यक्तिगत कानून को अपने में समायोजित नहीं करता है। मुझे आशा है कि ऐसा इस अनुच्छेद के निर्माता भी सोचते होंगे। 'सिविल संहिता' सम्पत्ति कानून, संविदा कानून, साक्ष्य कानून जैसे कानूनों को ही समायोजित करता है न कि व्यक्तिगत कानूनों को, इसको स्पष्ट करने के लिए प्रस्तावित परन्तुक जोड़ा जाना आवश्यक है। मि. बहादुर ने यह भी तर्क दिया कि मुसलमान का जहाँ तक सवाल है उनके उत्तराधिकार, विरासत, विवाह, विवाह-विच्छेद के कानून उनके धर्म पर पूरी तरह निर्भर हैं।

संशोधन-प्रस्ताव प्रस्तुत करने के बाद आम बहस में भाग लेते हुए श्री बी. पोकर साहिब बहादुर ने मि. मोहम्मद इस्माइल साहिब के संशोधन-प्रस्ताव का समर्थन करते हुए कहा कि इस संशोधन को केवल मुसलमान समुदाय के नजरीये से न देखा जाये, बल्कि इस देश में विद्यमान सभी समुदायों, जो भिन्न-भिन्न कानून की संहिताओं का पालन कर रहे हैं, के नजरीये से देखा जाये। मि. साहिब के संशोधन-प्रस्ताव का समर्थन करते हुए श्री बी. पोकर ने अपने सम्बोधन में कहा–

> 'अनुच्छेद 35 पर यह बहुत ही सन्तुलित एवं तार्किक संशोधन है। अब मैं सदन से इस संशोधन पर केवल मुस्लिम समुदाय के दृष्टिकोण से ही नहीं, बल्कि दूसरे अन्य समुदाय, जो इस देश में हैं और जो विरासत, विवाह, उत्तराधिकार, विवाह-विच्छेद, विन्यास और ऐसे तमाम मामलों के सम्बन्ध में अपने अलग-

अलग कानून-संहिता का पालन करते हैं, के दृष्टिकोण से विचार करने के लिए निवेदन करूँगा। ब्रिटिश इस देश को पराजित कर इसके प्रशासन को पिछले 150 वर्षों से ज्यादा समय से चलाने में सफल हो पाये, इसका एक कारण यह है उन्होंने इस देश में सभी समुदायों को अपने व्यक्तिगत कानूनों से संचालित होने की गारण्टी दिये हुए थे। यह सफलता का एक रहस्य है और न्याय-प्रशासन का आधार है, जिस पर यहाँ तक कि विदेशी शासन भी आधारित था। महोदय, मैं पूछना चाहता हूँ कि क्या हम आजादी, जिसे हमने प्राप्त किया है, के द्वारा अन्तःकरण की आजादी, धार्मिक क्रियाकलाप की आजादी और व्यक्तिगत कानून को मानने की आजादी को छोड़ने जा रहे हैं और सिविल कानूनों की एक संहिता, इसका चाहे जो भी मतलब हो, चाहे इसमें सभी सिविल कानून की शाखाएँ जैसे विवाह कानून, उत्तराधिकार कानून, तलाक कानून शामिल हो, बनाकर हम उसे सम्पूर्ण देश पर लागू करने का प्रयास कर रहे हैं? ...

'यदि यह संस्था धार्मिक अधिकार एवं क्रियाकलाप में हस्तक्षेप करती है, यह भयावह होगा। इन संस्थाओं (हिन्दू संस्थाओं) ने मेरी तुलना में ज्यादा कठोर भाषा का प्रयोग किया है। इसलिए महोदय, मैं सदन से निवेदन करूँगा कि जो मैंने कहा है, उसे केवल मुस्लिम समुदाय के दृष्टिकोण से विचार न करें। मैं जानता हूँ कि हिन्दू समुदाय के विभिन्न मतों के मध्य विरासत के कानून और अन्य मामलों में बहुत मतभिन्नताएँ हैं। क्या यह सदन इन सभी विभिन्नताओं को समाप्त करने और उनमें समानता लाने जा रहा है? मैं पूछता हूँ कि 'यूनिफॉर्म' से आपका क्या तात्पर्य है और किस विशेष कानून को और किस विशेष समुदाय के कानून को आप आदर्श बनाने जा रहे हैं? इस तरह के प्रावधान को बनाने में आप अपने मस्तिष्क में क्या रखे हैं? यहाँ 'मिताक्षरा' और 'दायभाग' व्यवस्थाएँ हैं; और भी अन्य व्यवस्थाएँ हैं, जो अलग-अलग समुदायों द्वारा मान्य किया जाता है। वह क्या है, जिसको आप आधार बना रहे हैं? क्या हमारे लिये कुछ भी करने के लिए खुला है? इस एक प्रावधान से आप सम्पूर्ण देश को और पूरी व्यवस्था को चक्कर में डाल रहे हैं। ऐसा करने की कोई आवश्यकता नहीं है।...

'ऐसे बहुत-सारे समुदाय हैं, जो सैकड़ों-हजारों वर्षों से अलग-अलग प्रथाओं को मानते आ रहे हैं। कलम के एक झोंके से आप इनको समाप्त करना चाहते हैं और समानता लाना चाहते हैं। क्या लक्ष्य हासिल होगा? लोगों के अन्तःकरण की हत्या करने और उनके धार्मिक अधिकार एवं क्रियाकलाप को कुचलने का अनुभव कराने के सिवाय इस समानता से आप कौन-सा लक्ष्य हासिल करेंगे? ऐसे भयावह प्रावधान को संविधान में स्थान नहीं मिलना चाहिए। मेरा निवेदन है महोदय, हिन्दू समुदाय में भी कई ऐसे वर्ग हैं, जो इसका विरोध कर रहे हैं। ...'

मि. हुसैन इमाम ने भी प्रारूप अनुच्छेद 35 (अनुच्छेद 44) के प्रावधान का विरोध करते हुए कहा कि इतने बड़े एवं विशाल जनसंख्यावाले देश में यह लगभग असम्भव है कि आप एक तरह के किसी चीज को उस पर थोप दें। उत्तर दिशा में हम अति-शीत हैं तो दक्षिण में अति-उष्ण हैं, आसाम में अति-वर्षा होती है तो राजस्थान में मरुस्थल है। ऐसी विभिन्नतावाले देश के लिए सिविल कानून समान रूप से लागू करना असम्भव है।...धर्म-निरपेक्ष राष्ट्र का मतलब धर्मविरुद्ध होना नहीं है। इसलिए यह सुझाव है कि मसौदा-समिति के सदस्यों के लिए यह उत्तम नीति होगी कि वह इस प्रावधान में ऐसी सुरक्षात्मक व्यवस्था लायें जिससे लोगों की सभी आशंकाएँ दूर हो सकें और मुझे विश्वास है कि डॉ. अम्बेडकर की प्रतिभा इसका समाधान खोजने में अवश्य सफल होगी।

इसके बाद प्रारूप अनुच्छेद 35 पर आम बहस में भाग लेने के लिए श्री के. एम. मुन्शी को बुलाया गया। श्री मुन्शी ने देशहित में जीवन के पृथक्करणीय दृष्टिकोण को छोड़ने की और धर्म को उन्हीं विषयों तक सीमित रखने की, जहाँ तक वह तार्किक रूप से धार्मिक दिखता है और व्यक्तिगत कानूनों के धर्म-निरपेक्ष भाग को विनियमित, एकीकृत और संशोधित करने की आवश्यकता पर बल देते हुए कहा–

> 'इस प्रावधान पर पहली बार बहस नहीं हो रहा है। इसके पहले कई समितियों में इस पर चर्चा की जा चुकी है। आज इस प्रावधान के विरुद्ध मुख्यतः दो आधार लिये जा रहे हैं। पहला यह कि इसके प्रावधान अनुच्छेद 19 में प्रदत्त मूल अधिकारों का अतिक्रमण करते हैं और दूसरा यह कि यह अल्पसंख्यकों के लिए निर्दयी है।
>
> 'अनुच्छेद 19 (संविधान का अनुच्छेद 25) के सम्बन्ध में इस सदन ने इसे स्वीकार किया है और बिलकुल स्पष्ट किया है कि– 'इस अनुच्छेद की कोई बात किसी ऐसी विद्यमान विधि के प्रवर्तन पर प्रभाव नहीं डालेगी या राज्य को धार्मिक आचरण से सम्बद्ध ... अन्य धर्म-निरपेक्ष क्रियाकलापों को; (ख) सामाजिक कल्याण और सुधार के लिए ... विनियमित या निर्बन्धित करने के लिए कोई ऐसा कानून बनाने से नहीं रोकेगी।' इसलिए इस सदन ने पहले ही इस सिद्धान्त को स्वीकार कर लिया है कि यदि एक धार्मिक आचरण, धर्म-निरपेक्ष-क्रियाकलाप या सामाजिक सुधार या सामाजिक कल्याण के दायरे में आता है तो यह संसद् के लिए खुला है कि वह अल्पसंख्यकों के मूल अधिकार का अतिक्रमण किये बिना इस बारे में कानून बनाये। यह याद रखना चाहिए कि यदि इस प्रावधान को न भी बनाया जाय तो इसका मतलब यह नहीं है कि संसद् भविष्य में सिविल संहिता पर कानून बनाने का अधिकार नहीं रखेगा। इस अधिकार पर केवल एकमात्र निर्बन्धन प्रारूप अनुच्छेद 19 होगा और मैं पहले ही कह चुका हूँ कि अनुच्छेद 19, जिसे इस सदन द्वारा सर्वसम्मति से स्वीकार किया जा चुका है, धर्म-निरपेक्ष क्रियाकलापों पर

कानून बनाने की अनुमति देता है। इस अनुच्छेद का एकमात्र उद्देश्य है कि जब भी संसद् उचित समझे या संसद् में बहुमत जब भी उचित समझे, वह देश के व्यक्तिगत कानून का एकीकरण करने का प्रयास कर सकता है।'

सिविल संहिता का अल्पसंख्यकों के खिलाफ निर्दयी होने के आरोपों का जवाब देते हुए श्री मुन्शी ने आगे कहा–

'एक और तर्क दिया गया है कि सिविल संहिता का निर्माण अल्पसंख्यकों के लिए निर्दयी होगा। क्या वास्तव में यह निर्दयी है? किसी भी प्रगतिशील मुस्लिम देश में अल्पसंख्यकों के व्यक्तिगत कानूनों को इस तरह मान्यता नहीं दिया गया है, जो सिविल संहिता के निर्माण को रोकता हो। टर्की या मिस्र का उदाहरण लें। इन देशों में अल्पसंख्यकों को ऐसा अधिकार रखने की अनुमति नहीं है। लेकिन मैं इससे आगे जाता हूँ। जब शरीयत कानून पारित किया गया था या जब प्राचीन शासन-व्यवस्था में केन्द्रीय विधायिका में केन्द्रीय कानून पारित किया गया था तो 'खोजा' और 'कुच्ची मेमन्स' बहुत ही असन्तुष्ट थे।

'तब वे हिन्दू मान्यताओं को मानते थे। ... वे शरीयत को स्वीकार नहीं करना चाहते थे और तब भी कुछ मुस्लिम सदस्य, जो शरीयत कानून को सभी समुदायों पर थोपना चाहते थे, केन्द्रीय विधायिका के कानून के माध्यम से ऐसा करने में सफल रहे। बहुत अनचाहे मन से 'खोजा' और 'कुच्ची मेमन्स' को झुकना पड़ा। तब अल्पसंख्यकों के अधिकार कहाँ थे? जब आप किसी समुदाय को एकीकृत करते हैं तब आपको उन हितों का ध्यान देना पड़ता है, जो समस्त समुदाय को लाभ दे सकें न कि इसके किसी एक भाग के मान्यताओं को। इसलिए यह कहना उचित नहीं है कि इस तरह का अनुच्छेद बहुसंख्यकों का आतंक है। यदि आप यूरोप के उन देशों को देखेंगे, जिनके पास सिविल संहिता है, विश्व के जिस भी भाग से जो लोग वहाँ पर गये, उन्हें और प्रत्येक अल्पसंख्यकों को सिविल संहिता को स्वीकार करना पड़ता है। इसे अल्पसंख्यकों के प्रति निर्दयी नहीं कहा जाता है।

'इसलिए विषय यह है कि क्या हम अपने व्यक्तिगत कानूनों को इस तरह एकीकृत और एक समान करने जा रहे हैं जिससे कालक्रम में पूरे देश का जीवनपथ एक समान और धर्म-निरपेक्ष हो सके। हम धर्म को व्यक्तिगत कानूनों से, जिसे सामाजिक सम्बन्ध कहा जा सकता है या उत्तराधिकार या विरासत से सम्बन्धित पक्षकारों के अधिकारों से अलग करना चाहते हैं। इन सब चीजों का धर्म से क्या सम्बन्ध है। मैं वास्तव में नहीं समझ पाता हूँ। ... हम सब एक प्रगतिशील समाज हैं। हम सब इस दौर में हैं, जहाँ धार्मिक क्रियाकलापों में हस्तक्षेप किये बिना हमें देश को अवश्य ही एकीकृत करना चाहिए। यदि बीते दिनों में धार्मिक क्रियाकलाप ने जीवन के सभी क्षेत्रों को अपने दायरे में ले लिया है, हमें ऐसा करने से मना करने

का निर्णय लेना पड़ेगा और कहना होगा कि ये मामले धार्मिक नहीं हैं, ये पूरी तरह धर्म-निरपेक्ष कानून के विषय हैं। इसी बात पर यह अनुच्छेद बल देता है।

'अब उन नुकसान पर ध्यान करते हैं, जिसे सिविल संहिता न होने के कारण उठाना होगा। हिन्दुओं का उदाहरण लेते हैं। हमारे पास भारत के कुछ भागों में लागू होनेवाला मयुखा का कानून है; दूसरे भागों के लिए मिताक्षरा है; और बंगाल में दायभाग का कानून हमारे पास है। इस तरह हिन्दुओं में भी पृथक्-पृथक् कानून हैं और बहुत-से हमारे प्रान्तों एवं राज्यों ने अपने लिये पृथक् हिन्दू कानूनों को बनाना प्रारम्भ भी कर दिया है। क्या हम ऐसे अलग-अलग कानूनों को इस आधार पर अनुमति देने जा रहे हैं कि यह देश के व्यक्तिगत कानून को प्रभावित करता है? इसलिए यह मात्र अल्पसंख्यकों का सवाल नहीं है, बल्कि यह बहुसंख्यकों को भी प्रभावित करता है।

'मैं जानता हूँ कि बहुत-से हिन्दू भी यूनिफॉर्म सिविल संहिता को नहीं पसन्द करते हैं क्योंकि वे भी उसी तरह का विचार रखते हैं, जैसा कि पूर्व में बोलनेवाले माननीय मुस्लिम सदस्यों ने व्यक्त किया है। वे भी मानते हैं कि विरासत, उत्तराधिकार का कानून उनके धर्म का भाग है। यदि ऐसा है तो आप कभी भी महिलाओं को समानता का अधिकार नहीं दे सकते हैं। किन्तु आपने पहले ही इस सम्बन्ध में मूल अधिकार को पारित कर चुके हैं और आपके पास एक अनुच्छेद है, जो लिंग के आधार पर भेदभाव को मना करता है। हिन्दू कानून को देखते हैं। आप महिलाओं के विरुद्ध बहुत-से भेदभाव पायेंगे और यदि यह हिन्दू धर्म या हिन्दू धार्मिक क्रियाकलाप का भाग है, तो आप एक ऐसा कानून नहीं पारित कर सकते हैं, जो हिन्दू महिलाओं की स्थिति को पुरुषों के बराबरी पर लाये। इसलिए कोई कारण नहीं है कि क्यों पूरे भारत भूभाग के लिए सिविल संहिता नहीं होनी चाहिए।

'एक महत्त्वपूर्ण विचार जो हमें अपने दिमाग में रखना है और मैं अपने मुस्लिम मित्रों को अहसास कराना चाहता हूँ कि जितना ही जल्दी हम जीवन के पृथक्करणीय दृष्टिकोण को भूल जायेंगे, देश के लिए उतना ही अच्छा होगा। धर्म उस परिधि तक सीमित होना चाहिए जो नियमतः धर्म की तरह दिखता है और बाकी जीवन अवश्य ही इस तरह से विनियमित, एकीकृत और संशोधित होना चाहिए कि हम जितनी जल्दी सम्भव हो, एक मजबूत एवं एकीकृत राष्ट्र के रूप में निखर सकें। देश में राष्ट्रीय एकता को मजबूत करना हमारी पहली समस्या और सबसे महत्त्वपूर्ण समस्या है। हम सोचते हैं कि हमने राष्ट्रीय एकता पा लिया है। किन्तु बहुत-से ऐसे कारक हैं— महत्त्वपूर्ण कारक हैं, जो अभी भी हमारे राष्ट्रीय एकीकरण के लिए गम्भीर खतरा बने हुए हैं और यह बहुत आवश्यक है कि हमारे सम्पूर्ण जीवन, जो धर्म-निरपेक्षता के दायरे में आते हैं को अवश्य ही, जितना जल्दी हो

सके, एकीकृत किया जाय ताकि हम पूरे क्षमता के साथ कह सकें कि हम केवल कहने के लिए एक राष्ट्र नहीं हैं बल्कि जिस तरह हम अपने एकीकृत व्यक्तिगत कानूनों द्वारा संचालित होते हैं हम एक मजबूत और एकीकृत राष्ट्र हैं।...

'ब्रिटिश शासन के अधीन रहने के दौरान हमने इस तरह का दिमाग बना लिया है कि व्यक्तिगत कानून धर्म का भाग है। इसे ब्रिटिश लोगों और ब्रिटिश न्यायालयों द्वारा पोषित भी किया गया है। हमें निश्चय ही इससे ऊपर उठना होगा।... अलाउद्दीन खिलजी, जो यद्यपि मुस्लिम सल्तनत की स्थापना करनेवाला पहला शासक था, ने बहुत-सारे ऐसे बदलाव किये जो शरीयत कानून के खिलाफ थे। जब उसके द्वारा किये गये इस सुधार का दिल्ली के काजियों द्वारा विरोध किया गया तो उसने जवाब दिया कि 'मैं एक अज्ञानी आदमी हूँ और मैं इस देश में इसकी भलाई के लिए शासन कर रहा हूँ। मैं निश्चिन्त हूँ कि मेरी अज्ञानता और अच्छे आशय को देखते हुए अल्लाह मुझे माफ करेगा, जब वह पायेगा कि मैंने शरीयत के अनुसार कार्य नहीं किया है।' यदि अलाउद्दीन खिलजी यह नहीं स्वीकार कर सका, तो फिर क्या आधुनिक सरकार ऐसी स्थिति स्वीकार कर सकता है कि धार्मिक अधिकार के अन्तर्गत व्यक्तिगत कानून या बहुत-सारे वे मामले जिन्हें हम दुर्भाग्य से अपने धर्म का भाग बताने का प्रयास करते हैं, आते हैं।'

इसके उपरान्त श्री अल्लादी कृष्णास्वामी अय्यर ने भी श्री मुन्शी के विचारों से सहमति व्यक्त करते हुए अनुच्छेद 35 के प्रावधान का समर्थन किया और कहा–

'एक सिविल संहिता, जैसा कि कहा जा चुका है, सिविल सम्बन्धों के प्रत्येक विभाग, संविदा के कानून के, सम्पत्ति के कानून के, उत्तराधिकार के कानून के, विवाह के कानून के और समान मामलों के सम्बन्ध में है। इस सामान्य अवधारणा कि राज्य भारत भूभाग के लिए एक यूनिफॉर्म सिविल संहिता बनाने का प्रयास करेगा, पर कैसे आपत्ति की जा सकती है?

'दूसरी आपत्ति थी कि यदि एक यूनिफॉर्म सिविल संहिता बन जायेगा तो धर्म खतरे में होगा और समुदाय मैत्रीयता के साथ नहीं रह सकते हैं। इस अनुच्छेद का उद्देश्य ही मैत्रीयता लाना है। यह मैत्रीयता को समाप्त नहीं करता है। विचार यह है कि उत्तराधिकार या अन्य मामलों की पृथक् व्यवस्थाएँ ऐसे कारक हैं, जो भारत के तमाम लोगों में भिन्नता पैदा करता है। इसका उद्देश्य है कि ऐसे मामलों में एक समान सहमति तक पहुँचने का प्रयास करना है। यह ऐसा नहीं है कि एक विधिक व्यवस्था दूसरी विधिक व्यवस्था को प्रभावित नहीं कर रही है या दूसरी विधिक व्यवस्था से प्रभावित नहीं हो रही है। आज बहुत-सारे मामलों में हिन्दू संहिता के प्रावधान में केवल हिन्दू कानून की ही नहीं बल्कि दूसरी अन्य व्यवस्थाओं की अच्छी बातों को ग्रहण किया गया है। उत्तराधिकार कानून रोमन और इंग्लिश दोनों

व्यवस्थाओं पर आधारित है। इसलिए यदि किसी व्यवस्था को अपने में विकास के तत्त्व को बनाये रखना है तो इसे खुद को परिपूर्ण मानने से बचना होता है। हमारे पूर्वज एक-दूसरे से जुड़े हुए लोकतान्त्रिक एकीकृत राष्ट्र के बारे में नहीं सोच सके। हमेशा अपने अतीत से चिपके रहना उपयोगी नहीं है। हम अपने इस अतीत से आगे बढ़कर एक ऐसा भारत चाहते हैं जो एक राष्ट्र के रूप में एक-दूसरे से जुड़ा हुआ और एकीकृत हो। क्या हम एक राष्ट्र के रूप में एक-दूसरे को जुड़ा रखनेवाले कारकों का सहयोग कर रहे हैं या इस देश को एक प्रतियोगी समुदायों की कड़ी के रूप में बनाये रखना चाहते हैं? यह विचार करने का विषय है।

'...जब ब्रिटिश देश की सत्ता पर काबिज हुए तो उन्होंने कहा कि हम इस देश में सभी नागरिकों, चाहे अंग्रेज हों या हिन्दू हों या मुस्लिम हों, पर समान रूप से लागू होनेवाले एक आपराधिक कानून को लागू करने जा रहे हैं। क्या तब मुस्लिम अपवाद बने रह पाये थे और क्या वे आपराधिक कानून की एक व्यवस्था को लागू करने के लिए ब्रिटिश हुकूमत के खिलाफ विद्रोह कर सके थे? इसी तरह हमारे पास संविदा कानून है, जो मुसलमान और हिन्दू के बीच या मुसलमान और मुसलमान के बीच होनेवाले अन्तरण पर लागू होता है। वे कुरान के कानून द्वारा नहीं बल्कि निरपवाद रूप से ऐंग्लो-इण्डियन विधिशास्त्र द्वारा संचालित होते हैं। इसी तरह अन्तरण के कानून में तमाम सिद्धान्त ऐसे हैं, जो इंग्लिश विधिशास्त्र से लिये गये हैं।...

'यूरोपीय देशों में मुस्लिम हैं, हिन्दू हैं, कैथोलिक हैं, ईसाई हैं, पारसी हैं। मैं मि. पोकर से जानना चाहता हूँ कि क्या फ्रान्स में, जर्मनी में, इटली में या अन्य यूरोपीय देशों में भिन्न-भिन्न व्यक्तिगत कानून बना रह पाया है? क्या वहाँ पर उत्तराधिकार के कानून एकीकृत नहीं हैं? उन्हें मुस्लिम विधिशास्त्र पर विस्तारपूर्वक अध्ययन करना चाहिए और पता करना चाहिए कि क्या इन देशों में एक समान कानून लागू है या भिन्न-भिन्न कानून।...'

प्रारूप अनुच्छेद 35 के सम्बन्ध में लाये गये संशोधन-प्रस्तावों के पक्ष में किये गये बहस में प्रारूप-प्रावधान का मुख्यतः तीन आधारों पर विरोध किया गया था, जो निम्न हैं–

1. पहला यह कि भारत में मुसलमानों का व्यक्तिगत कानून अपरिवर्तनीय रहा है और बहुत पहले से समान रूप से लागू है।
2. दूसरा यह कि व्यक्तिगत कानून पूर्णतया धार्मिक मामला है, इसमें किसी तरह का हस्तक्षेप धर्म-निरपेक्षता के सिद्धान्त के विरुद्ध और धार्मिक स्वतन्त्रता के अधिकार का उल्लंघन है।
3. तीसरा यह कि सिविल संहिता के निर्माण के दौरान अन्ततः अल्पसंख्यकों को ही अपने व्यक्तिगत कानून से समझौता करना पड़ेगा, इसलिए प्रारूप अनुच्छेद के

माध्यम से राज्य को सिविल संहिता बनाने और थोपने की छूट देना अल्पसंख्यकों के प्रति निर्दयतापूर्ण होगा।

प्रारूप अनुच्छेद 35 पर सभी पक्षों का बहस हो जाने के बाद अन्त में जवाब देने के लिए डॉ. अम्बेडकर को बुलाया गया। अपने जवाब में डॉ. अम्बेडकर ने प्रारूप-प्रावधान को लेकर पैदा हुए भ्रम को दूर करने का सफल प्रयास किया। उन्होंने ऐसे कई कानूनों का दृष्टान्त दिया, जो न केवल इस देश के सभी धर्मों पर समान रूप से लागू हैं, बल्कि इसे सभी धर्मों द्वारा स्वीकार भी किया गया है। उन्होंने तर्क देते हुए इस विचार को भी नकार दिया कि भारत में मुसलमानों का व्यक्तिगत कानून अपरिवर्तनीय रहा है और बहुत पहले से समान रूप से लागू हैं। डॉ. अम्बेडकर ने यह भी तर्क दिया कि प्रारूप-प्रावधान के अन्तर्गत संसद् के पास यह भी विकल्प होगा कि वह यूनिफॉर्म 'सिविल संहिता' के सम्बन्ध में बनाये गये प्रावधान को लागू करते समय इसे वैकल्पिक बनाये रखे। उनके इस तर्क ने संविधान-सभा के सदस्यों, खासतौर से अल्पसंख्यक-सदस्यों के मन में उपजे सभी भ्रम को लगभग समाप्त कर दिया। डॉ. अम्बेडकर द्वारा प्रारूप-प्रावधान के बचाव का यह तरीका अनोखा था। प्रारूप-प्रावधान का बचाव करते हुए डॉ. अम्बेडकर ने कहा–

'उपाध्यक्ष महोदय, मैं इस अनुच्छेद पर रखे गये संशोधनों को स्वीकार नहीं कर सकता। इस विषय पर बोलते हुए मैं इस प्रश्न के मेरिट को नहीं छूता हूँ कि इस देश में 'यूनिफॉर्म सिविल संहिता' की आवश्यकता होनी चाहिए या नहीं। इस विषय पर मेरे मित्र मि. मुन्शी जी और श्री अल्लादी कृष्णास्वामी अय्यर ने भरपूर प्रकाश डाला है। जब मूल अधिकार पर संशोधन रखा जायेगा, उस समय इस विषय पर पूर्ण बयान देना मेरे लिये सम्भव होगा। इसलिए इस विषय पर यहाँ बात नहीं करूँगा।

'मेरे मित्र मि. हुसैन इमाम ने संशोधन-प्रस्तावों का समर्थन करते हुए पूछा कि क्या इतने विशाल देश के लिए कानूनों की एक सर्वमान्य संहिता प्राप्त करना सम्भव और वांछनीय है? अब मुझे अवश्य ही स्वीकारना चाहिए कि मुझे इस बयान पर बहुत आश्चर्य था। इसका सीधा-सा कारण है कि मानवीय सम्बन्ध से जुड़े लगभग सभी क्षेत्रों के सन्दर्भ में इस देश में समान कानून संहिताएँ हैं। हमारे पास 'दण्ड संहिता' और 'आपराधिक प्रक्रिया संहिता' के रूप में एक समान और पूर्ण आपराधिक संहिता है जो पूरे देश में लागू होता है। हमारे पास 'सम्पत्ति अन्तरण कानून' है जो सम्पत्ति के सम्बन्ध में पूरे देश में लागू है। 'परक्राम्य लिखत कानून' है और ऐसे अनेक कानूनों को मैं गिना सकता हूँ जो सिद्ध करते हैं कि व्यावहारिक रूप से इस देश में एक सिविल संहिता है, जिसके प्रावधान सर्वमान्य हैं और एक समान रूप से पूरे देश पर लागू हैं। जिस क्षेत्र में यूनिफॉर्म सिविल कानून लागू नहीं होता है, वह विवाह और उत्तराधिकार का क्षेत्र है। यह एक छोटा-सा क्षेत्र है जिस

पर हम समान कानून नहीं बना सके हैं और यह इच्छा है कि अनुच्छेद 35 को संविधान का भाग बनाकर बदलाव लाना चाहते हैं। इसलिए यह तर्क कि क्या इस दिशा में प्रयास करना चाहिए, हमें भूल-सी लगती है क्योंकि हम इस देश में लगभग सभी क्षेत्रों को यूनिफॉर्म सिविल संहिता के अन्तर्गत ला चुके हैं। इसलिए अब यह पूछना कि क्या हम ऐसा कर सकते हैं, बहुत देर से पूछा गया सवाल है। जैसा मैं कहता हूँ हम पहले ही ऐसा कर चुके हैं।

'संशोधन के बारे में आता हूँ। इस सम्बन्ध में दो बात मैं कहना चाहता हूँ। मुझे पहली बात उन सदस्यों से कहना है जो इन संशोधनों के माध्यम से कहते हैं कि मुस्लिम व्यक्तिगत कानून, जहाँ तक इस देश का सम्बन्ध है, अपरिवर्तनीय है और सम्पूर्ण भारत में समान रहा है। मैं इस कथन को चुनौती देना चाहता हूँ। मैं सोचता हूँ कि इस संशोधन पर बोलनेवाले मेरे बहुत-से मित्र बिलकुल भूल चुके हैं कि 1935 तक नार्थ-वेस्ट फ्राण्टियर प्रान्त में शरीयत कानून लागू नहीं थे। गोद लेने और दूसरे अन्य मामलों में इन पर हिन्दू कानून ही लागू होते थे। 1939 में केन्द्रीय विधायिका ने नार्थ-वेस्ट फ्राण्टियर प्रान्त में मुसलमानों पर से हिन्दू कानून को हटाया और शरीयत कानून को लागू किया। इतना ही नहीं है। मेरे आदरणीय मित्र भूल चुके हैं कि नार्थ-वेस्ट फ्राण्टियर प्रान्त के अलावा 1937 तक शेष भारत के विभिन्न भागों, जैसे संयुक्त प्रान्त, मध्य प्रान्त और बम्बई में मुसलमान, एक बड़ी हद तक उत्तराधिकार के मामले में हिन्दू कानून से संचालित होते थे। इनमें समानता के धरातल पर लाने के लिए विधायिका को 1937 में हस्तक्षेप करना पड़ा और कानून लाकर शेष भारत के उन मुसलमानों के लिए, जो शरीयत कानून मानते थे, शरीयत कानून लागू किया गया।

'मेरे मित्र मा. करुणाकर मेनन ने मुझे सूचना दी है कि उत्तरी मालाबार में 'मरुमक्कथयम कानून' न केवल हिन्दुओं पर बल्कि सभी मुसलमानों पर लागू होता था। यह याद रहना चाहिए कि मरुमक्कथयम कानून एक मातृप्रधान कानून है, न कि पितृप्रधान कानून।

'उत्तरी मालाबार में मुसलमान अब तक मरुमक्कथयम कानून को मान रहे थे। इसलिए यह कहने का कोई औचित्य नहीं है कि मुस्लिम कानून, जिसको वे प्राचीन समय से मानते रहे हैं, वह एक अपरिवर्तनीय कानून है। वह कानून जो कुछ भागों में लागू नहीं था, उन पर वह दस वर्ष पूर्व लागू हुआ है। इसलिए यह अनिवार्य पाया गया कि एक ऐसे सिविल संहिता का विकास किया जाय, जो धर्म से निरपेक्ष रहकर सभी नागरिकों पर समान रूप से लागू हो। हिन्दू कानून का कुछ भाग, इसलिए नहीं कि यह हिन्दू कानून में है बल्कि इसलिए कि वह सबसे उपयुक्त है, अनुच्छेद 35 द्वारा प्रस्तावित किये गये नये सिविल संहिता में शामिल किये जायेंगे। इस बात को

लेकर मैं निश्चिन्त हूँ कि मुसलमानों के लिए खुला नहीं होगा कि वह कह सकें कि 'सिविल संहिता' के निर्माताओं ने मुस्लिम समुदाय की भावनाओं को गम्भीर चोट पहुँचायी है।

'मेरी दूसरी बात इन सदस्यों को विश्वास दिलाना है। मैं इस मामले में उनकी भावनाओं को पूरी तरह महसूस करता हूँ। लेकिन मैं समझता हूँ कि उन्होंने अनुच्छेद 35 को बहुत ज्यादा पढ़ा है जो मात्र प्रस्ताव करता है कि राज्य देश के नागरिकों के लिए एक सिविल संहिता बनाने का प्रयास करेगा। ऐसा नहीं कहा गया है कि संहिता के निर्माण के बाद राज्य इसे नागरिकों पर इसलिए लागू कर देगा क्योंकि वे नागरिक हैं। यह पूरी तरह सम्भव है कि भावी संसद् शुरुआत करते समय यह प्रावधान बनाये कि संहिता उन लोगों पर लागू होगा जो इससे शासित होने की घोषणा करते हैं ताकि शुरू में कानून का लागू होना स्वयं की इच्छा पर निर्भर हो। संसद् ऐसे किसी तरीके से इसके आधार का पता लगा सकता है। यह कोई नयी बात नहीं है। ऐसा तरीका शरीयत ऐक्ट के सन्दर्भ में 1937 में अपनाया गया था और इसको नार्थ-वेस्ट फ्राण्टियर प्रान्त के अलावा अन्य भागों में लागू किया गया था। कानून कहता है कि यहाँ एक शरीयत कानून है जो उन मुसलमानों पर लागू होना चाहिए जो यह चाहते हैं कि उन्हें शरीयत कानून से बँधना चाहिए और वे इसके लिए राज्य के एक अधिकारी के पास जाकर यह घोषणा करें कि वह इससे शासित होने के इच्छुक हैं और ऐसी घोषणा के बाद यह कानून उन पर और उनकी पीढ़ियों पर लागू होगा। इस तरह का प्रावधान बनाना संसद् के लिए पूरी तरह सम्भव होगा। मेरे मित्रों का भय अब समाप्त हो जायेगा। इसलिए मेरा निवेदन है कि इन संशोधनों में कोई सार नहीं है। मैं इनका विरोध करता हूँ।'

डॉ. अम्बेडकर के उक्त सम्बोधन के बाद संविधान-सभा ने सर्वसम्मति से 23 नवम्बर, 1948 को प्रारूप अनुच्छेद 35 (संविधान का अनुच्छेद 44) पर लाये गये सभी संशोधन-प्रस्तावों को अस्वीकार कर दिया और इस विश्वास के साथ मूल प्रारूप-प्रावधान को अंगीकृत कर लिया कि भावी नीति-निर्माताగण अपनी इच्छाशक्ति दिखाते हुए सिविल कानूनों के सन्दर्भ में भी धर्म-आधारित पृथक्तावादी सोच को समाप्त कर देश के लिए एक धर्म-निरपेक्ष समान नागरिक संहिता बनायेंगे।

2

न्यायपालिका की सक्रियता

68 वर्ष का समय कोई कम नहीं होता है। किन्तु संविधान-निर्माताओं की मन्शा के अनुरूप समान नागरिक संहिता के निर्माण को लेकर हमारे नीति-निर्माताओं ने इस देश को निराश किया है। हम देशवासियों को यह सवाल हमेशा परेशान करता रहता है कि 68 वर्षों के दौरान हमारे संविधानोत्तर नीति-निर्मातागण समान नागरिक संहिता का निर्माण करने में क्यों विफल रहे हैं? कई कारण हो सकते हैं। क्षमता व आत्मविश्वास की कमी हो सकती है या यह हो सकता है कि दलगत राजनीति के अधीन कार्य करने के लिए मजबूर संविधानोत्तर नीति-निर्माताओं के लिए दलीय स्वार्थ पहले और देशहित बाद में होता है या फिर यह हो सकता है कि इन नीति-निर्माताओं द्वारा यह गलतफहमी पाल ली गयी हो कि अनुच्छेद 44 के सन्दर्भ में संविधान-निर्माताओं एवं सुप्रीम कोर्ट के विचारों को उपेक्षित करना इसलिए उचित है क्योंकि इन पर सत्ता की जिम्मेदारी नहीं रही है, जबकि उन पर सत्ता की जिम्मेदारी रहती है और सत्ता के लिए दलीय हित में तुरन्त लाभ देनेवाले कारक महत्त्वपूर्ण होते हैं न कि देशहित में दूरगामी परिणाम देनेवाले कारक। कारण जो भी हों किन्तु यह याद रखना चाहिए कि समय की गति के साथ हम ज्यों-ज्यों आगे बढ़ रहे हैं, समान नागरिक संहिता के अभाव के कारण हम एक देश के रूप में बने रहने के अपने हक को कमजोर करते जा रहे हैं।

एक ऐसे समाज की कल्पना, जहाँ कोई विवाद न हो, एक पूर्ण आदर्श स्थिति है। ऐसी आदर्श स्थिति प्रत्येक देश के लिए महत्त्वपूर्ण होती है। किन्तु समाज मे विवाद पैदा नहीं होगा, यह सोचना भी अतिशयोक्ति है। 'विधि के शासन' में विश्वास करनेवाले किसी भी राज्य (देश) के लिए यह आवश्यक होता है कि वह ऐसे सभी सम्भावित विवादों का उपाय स्पष्ट, पारदर्शी एवं प्रभावशाली कानून के माध्यम से करे। समाज में पैदा होनेवाले एक-एक विवाद मुकदमे के रूप में निपटने के लिए न्यायपालिका के समक्ष आयें, इसकी तुलना में बेहतर होता है कि इस तरह का स्पष्ट एवं पारदर्शी कानून बनाया जाये, ताकि स्वयं पक्षकारों को निर्णय लेने में आसानी हो। इसके कारण बहुत-सारे विवाद अपने-आप ही सुलझ जाते हैं और न्यायालयीय बोझ भी कम होता है। 'विधि के शासन' के लिए यह आदर्श स्थिति है और संविधान के अनुच्छेद 44 के अन्तर्गत लक्षित 'समान नागरिक

संहिता' की अवधारणा ऐसी ही आदर्श स्थिति को प्राप्त करने की दिशा में एक प्रभावशाली कदम है। किन्तु दुर्भाग्य से हमारे संविधानोत्तर नीति-निर्माताओं द्वारा कभी भी इसे महत्त्व नहीं दिया गया। महत्त्व देने की बात दूर, कई बार, कभी तीन तलाक जैसी कुप्रथा को संसदीय कानून के माध्यम से मान्यता देकर तो कभी भरण-पोषण के नैतिक सवाल पर धर्म-आधारित खाई को और चौड़ा करके, अनुच्छेद 44 के प्रावधान को कुन्द करने का ही प्रयास किया गया है।

सम्भवतः हमारे संविधान-निर्माताओं को इस बात का अनुमान था कि समान नागरिक संहिता के निर्माण को लेकर फिरकापरस्त लोगों द्वारा बाधा पहुँचायी जा सकती है और इन बाधाओं के समक्ष हमारे भावी नीति-निर्मातागण नतमस्तक भी हो सकते हैं। हमारे संविधान-निर्माताओं को इसका भी अहसास था कि अलग-अलग धर्मों के लिए भिन्न-भिन्न व्यक्तिगत कानूनों के लागू होने से पैदा होनेवाली विसंगतियों के कारण देश की जनता को अन्याय का सामना करना पड़ेगा। देश की जनता को ऐसे अन्याय से बचाने के लिए संविधान-निर्माताओं ने संविधान में 'समान एवं स्थिर न्याय प्रशासन' की अवधारणा को स्वीकार किया। दलगत निष्ठा एवं वैचारिक प्रतिबद्धताओं के अधीन रहनेवाली कार्यपालिका और विधायिका जब भी कभी संविधान की अपेक्षाओं पर खरा न उतर पाये, ऐसे समय में संविधान के विश्वास के साथ खड़ा रहने की जिम्मेदारी 'न्याय प्रशासन' की होती है। यह स्थिर 'न्याय प्रशासन' ही होता है, जो किसी भी विपरीत परिस्थिति में जनमानस को देश एवं संविधान के प्रति विश्वास की राह पर बनाये रखता है और उन्हें शासन के खिलाफ अराजकता के रास्ते पर जाने से रोकता है।

समान नागरिक संहिता के अभाव से उपजी कानूनी अस्पष्टता के कारण या एक देश में एक ही विषय पर अलग-अलग धर्मों के लिए भिन्न-भिन्न कानून होने और इन कानूनों में व्याप्त अन्तर्विरोधों के कारण समाज में किस तरह से और कितने अनावश्यक विवाद पैदा होते हैं; ऐसे अभाव या अस्पष्टता या अन्तर्विरोध का नाजायज फायदा उठाकर कितने विवाद न्यायालयों तक पहुँचने के पहले ही दब जाते हैं या दबा दिये जाते हैं; ऐसे अभाव या अस्पष्टता या अन्तर्विरोध के कारण किस तरह से लोगों को न्यायालयों में मानसिक पीड़ा सहनी पड़ती है; ऐसे अभाव या अस्पष्टता या अन्तर्विरोध से उपजे भ्रम का न्यायालयों के निर्णयों पर कितना दुष्प्रभाव पड़ता है, इन सबको जानना और इनका विश्लेषण करना एक गहन शोध का विषय है।

इस अध्याय के माध्यम से हम यह जानने का प्रयास करेंगे कि किन परिस्थितियों में सुप्रीम कोर्ट द्वारा समय-समय पर समान नागरिक संहिता की आवश्यकता महसूस की जाती रही है? इस सवाल का जवाब जानने के लिए शाहबानो बेगम (1985), मिस जॉर्डान डेंगडेह (1985), सरला मुद्गल (1995), लिली थामस (2000), जॉन वलामत्तम (2003) और शायरा बानो (2017) के मामलों की पृष्ठभूमि और इनके माध्यम से सुप्रीम

कोर्ट द्वारा समान नागरिक संहिता की आवश्यकता के सम्बन्ध में व्यक्त किये गये विचारों को समझना आवश्यक है।

शाहबानो बेगम (1985) का मामला

तलाकशुदा मुस्लिम महिलाओं के भरण-पोषण के प्रति पूर्व-पति के दायित्व के सम्बन्ध में धर्म-निरपेक्ष कानून– आपराधिक प्रक्रिया संहिता (सी.आर.पी.सी.) की धारा 125 का प्रावधान लागू होगा या नहीं, यह सवाल पहली बार सुप्रीम कोर्ट के समक्ष शाहबानो बेगम मामले (मोहम्मद अहमद खान बनाम शाहबानो बेगम) में तय होने के लिए आया।

आपराधिक प्रक्रिया संहिता की धारा 125 का प्रावधान धर्म-निरपेक्ष रूप से सभी धर्मों को माननेवाले भारतीयों पर लागू होता है। किन्तु इस कानून को मुस्लिम धर्म के एक वर्ग द्वारा स्वीकार नहीं किया जाता था। इसके पीछे इनका तर्क रहता है कि मुस्लिम कानून में विवाह (निकाह) एक संविदा है, इसके लिए मेहर पहले से ही तय हो जाता है और पति द्वारा तलाकोपरान्त इद्दत की अवधि तक मेहर का भुगतान कर देने के बाद उसका तलाकशुदा पत्नी का भरण-पोषण करने का दायित्व समाप्त हो जाता है। चूँकि मुस्लिम धर्म में विवाह और विवाह-विच्छेद (खासतौर से तीन तलाक) के विषय व्यक्तिगत कानून से संचालित होते रहे हैं, इसलिए मुस्लिम-पति इसकी आड़ में धारा 125 में उल्लिखित भरण-पोषण के दायित्व से स्वयं को अलग कर लेने में सफल हो जाते थे।

मुस्लिम कानून के अन्तर्गत विवाह के सम्बन्ध में प्रचलित 'संविदा' एवं 'मेहर' की अवधारणा के सकारात्मक पहलू भी हैं। अन्य संविदाओं की तरह वैवाहिक-संविदा को भी लिखित एवं पंजीकृत होना आवश्यक बनाया जा सकता है। ऐसे लिखित वैवाहिक-संविदा में मेहर के व्यापक स्वरूप को स्वीकार कर इसमें यह भी प्रावधान बनाया जा सकता है कि दाम्पत्य-अवधि के दौरान अर्जित की गयी सम्पत्ति में पति और पत्नी दोनों को समान अधिकार प्राप्त होंगे। यह कोई नया या अनोखा अधिकार नहीं है। बहुत-सारे देशों में, यहाँ तक कि टर्की जैसे दूसरे मुस्लिम देशों में भी महिलाओं के इस अधिकार को मान्य किया गया है। इस संविदा के माध्यम से महिला को पुत्री के रूप में माँ-बाप की सम्पत्ति में पुत्रों के समान उत्तराधिकार में मिलनेवाले अंश को भी सुरक्षित किया जा सकता है। यदि हम महिलाओं के इन दोनों अधिकारों को सुरक्षित कर लेते हैं, तो शायद तलाकशुदा पत्नी के लिए भरण-पोषण के सन्दर्भ में किसी कानून की कोई आवश्यकता ही नहीं रह जायेगी। इस दृष्टि से मुस्लिम कानून की यह अवधारणा कि विवाह एक संविदा है और विवाह के समय ही मेहर की राशि एवं सम्पत्ति से सम्बन्धित सभी शर्तें तय कर ली जाती हैं, को व्यापक रूप में स्वीकार कर इसे धर्म-निरपेक्ष स्वरूप प्रदान किया जा सकता है। इस विषय पर विस्तार से चर्चा अगले अध्याय

'संयुक्त दाम्पत्य सम्पत्ति' में की जायेगी। यहाँ पर इतना ही कहना उचित होगा कि जब तक महिलाओं को प्रत्येक स्तर पर सम्पत्ति में बराबरी का अधिकार नहीं दे दिया जाता है, तलाकशुदा अक्षम महिलाओं का भरण-पोषण पाने के अधिकार को नकारना किसी समाज की निम्नतम वैचारिक स्थिति कहा जा सकता है।

संविधान लागू होने के बाद 1985 तक मुस्लिम तलाकशुदा महिलाओं के भरण-पोषण के सम्बन्ध में कानूनी अस्पष्टता का बने रहना दुर्भाग्यपूर्ण है और किसी लोकतान्त्रिक देश के लिए शर्मसार होनेवाली बात हो सकती है। यह शाहबानो बेगम नामक महिला थी, जिसने इस समाज की जड़ता को तोड़ते हुए कोर्ट का दरवाजा खटखटाया; यह शाहबानो बेगम नामक महिला थी, जिसने मुस्लिम पतियों द्वारा तीन तलाक का किये जा रहे दुरुपयोग की तरफ देशव्यापी स्तर पर लोगों का ध्यान आकृष्ट कराया और जिसने मुस्लिम तलाकशुदा महिलाओं का अपने पूर्व-पति से उसी तरह भरण-पोषण पाने के अधिकार पर न्यायालयीय मुहर लगवाने में सफलता प्राप्त की, जिस तरह दूसरे धर्म की तलाकशुदा महिलाओं को धारा 125 के अन्तर्गत प्राप्त होता है। मुकदमा के दौरान शाहबानो बेगम पर व्यक्तिगत एवं सामाजिक स्तर पर तमाम तरह के दबाव भी डाले गये रहे होंगे, वह हताश हो सकती थी, निराश हो सकती थी, किन्तु इस महिला ने सामाजिक अन्धकारों में रहनेवाली न जाने कितनी मुस्लिम महिलाओं, खासतौर से तीन तलाक से पीड़ित महिलाओं को इस लोकतान्त्रिक देश के 35 वर्ष के लोकतान्त्रिक इतिहास में पहली बार न्याय पाने की उम्मीद की रोशनी दिखायी।

शाहबानो मामले में विवाद के दोनों पक्ष 43 वर्ष की अवधि तक पति-पत्नी के रूप में साथ-साथ रहकर वैवाहिक जीवन गुजारे थे। इस दौरान तीन पुत्र और दो पुत्रियाँ भी पैदा हुईं। 43 वर्ष की इस वैवाहिक जीवन के बाद पत्नी को सी.आर.पी.सी. की धारा 125 के अन्तर्गत पति के खिलाफ यह आरोप लगाते हुए भरण-पोषण का दावा करना पड़ा कि उसे पति द्वारा घर से बाहर निकाल दिया गया है। भरण-पोषण के दायित्व से बचने के लिए पति द्वारा कोर्ट के समक्ष कहा गया कि उसने नवम्बर, 1978 में (अर्थात् पत्नी द्वारा दावा करने के 7 महीने बाद) पत्नी को तीन तलाक दे दिया है, इद्दत अवधि के अन्दर उसने 3,000/- रुपये मेहर की धनराशि को कोर्ट में जमा भी कर दिया है, इस तरह याची अब उसकी पत्नी नहीं रह गयी है और न ही मुस्लिम कानून के अन्तर्गत भरण-पोषण पाने की अधिकारिणी ही है। पति, जिसकी स्वीकृत रूप से मासिक आमदनी लगभग 60,300/- रुपये प्रति महीना थी, के खिलाफ मजिस्ट्रेट ने 25/- रुपये प्रति महीना की अल्प राशि भरण-पोषण के रूप में पत्नी को देने का आदेश पारित किया। भरण-पोषण की इस धनराशि को बाद में मध्यप्रदेश हाईकोर्ट द्वारा बढ़ाकर 179/- रुपये कर दिया गया। तलाकशुदा पत्नी को भरण-पोषण देने के लिए पारित इन आदेशों को पति द्वारा सुप्रीम कोर्ट के समक्ष चुनौती दी गयी थी।

इस मामले में सुप्रीम कोर्ट के समक्ष प्रमुख रूप से दो तथ्य निकलकर आया था। पहला यह कि पति द्वारा अपनी सहूलियत के अनुसार पत्नी को तीन तलाक दे दिया गया और अपनी सुविधानुसार 3,000/- रुपये मेहर की राशि को कोर्ट में जमा कर तीन तलाक के पूर्ण हो जाने का दावा किया गया था। इसी के साथ सुप्री . कोर्ट के समक्ष दूसरा प्रमुख तथ्य यह निकलकर आया कि तीन तलाक को आधार बनाकर मुस्लिम पति द्वारा भरण-पोषण करने के अपने दायित्व से मुक्त होने का बचाव किया गया था।

उक्त दोनों तथ्यों के आलोक में सुप्रीम कोर्ट द्वारा मुख्यतः दो बिन्दुओं पर निर्णय लिया जाना था। कानूनी दृष्टिकोण से महत्त्वपूर्ण और मानवीय दृष्टिकोण से संवेदनशील पहला बिन्दु यह था कि पति के साथ 43 वर्ष का दाम्पत्य जीवन बिताने के बाद क्या एक औरत की हैसियत मात्र 3,000/- रुपये की रह जाती है, वह भी तब जब पति की कमाई स्वीकृत रूप से 60,000/- रुपये प्रति माह की रही हो? जीवन-भर पत्नी द्वारा किये गये त्याग का इतना तुच्छ मूल्यांकन करना क्या मानवता को कलंकित करने जैसा नहीं था? और दूसरा बिन्दु यह था कि क्या एक सभ्य समाज में तीन तलाक की व्यवस्था स्वीकरणीय है? इन दोनों बिन्दुओं के अलावा सुप्रीम कोर्ट के समक्ष निर्णय लेने के लिए तीसरा महत्त्वपूर्ण बिन्दु यह पैदा हुआ कि संविधान के अनुच्छेद 44 के प्रावधान को लागू न किये जाने का क्या प्रभाव है?

देश के न्यायिक इतिहास में शाहबानो का मामला सम्भवतः पहला मामला था, जिसमें सुप्रीम कोर्ट के पाँच न्यायाधीशों की सांविधानिक पीठ के समक्ष यूनिफॉर्म 'सिविल संहिता' के अभाव के कारण पैदा होनेवाली विसंगतियों का सवाल पैदा हुआ था। सांविधानिक पीठ की ओर से तत्कालीन मुख्य न्यायाधीश न्यायमूर्ति वाई. वी. चन्द्रचूड़ ने अपने ऐतिहासिक निर्णय में यूनिफॉर्म 'सिविल संहिता' की आवश्यकता पर विचार व्यक्त करते हुए कहा–

1. ... सामान्य सिविल व फौजदारी कानूनों से उपजे कुछ सवाल समाज के उस बड़े भाग के लिए अतिमहत्त्वपूर्ण हैं, जिनके साथ परम्परागत रूप से अन्यायपूर्ण व्यवहार किया जाता रहा है। महिलाएँ ऐसी ही एक भाग हैं। कानून-प्रदाता मनु कहते हैं- 'न स्त्री स्वातन्त्र्य मर्हति' अर्थात् महिलाएँ आजादी के लायक नहीं हैं। और ऐसा कहा जाता है कि इस्लाम में सबसे खतरनाक बिन्दु है महिलाओं की गिरावट (सेलेक्शन फ्रॉम कुरान- एडवर्ड विलियम लेन 1843 पुनर्मुद्रित 1982, पृष्ठ सं0 90, इण्ट्रोडक्शन)। ऐसे आरोप गलत दिखते हैं, जब पैगम्बर कहते हैं- 'नारी वक्र-पसली से बनायी गयी है और यदि तुम सीधे-सीधे मोड़ने की कोशिश करोगे तो यह टूट जायेंगी, इसलिए अपनी पत्नी के साथ दयालु व्यवहार करें। ...

3. क्या मुस्लिम कानून, पति पर अपनी तलाकशुदा पत्नी का भरण-पोषण करने का दायित्व नहीं सौंपता है? निःसन्देह, एक मुस्लिम पति, जब भी चाहे, अच्छे, बुरे

या अपक्षपाती कारणों से या बिना किसी कारण के अपनी पत्नी को छोड़ देने की सुविधा का भोग करता है। लेकिन क्या इद्दत अवधि के दौरान पारिश्रमिक का अल्पांश इस सुविधा का मूल्य है? और क्या कानून असमानता को लेकर इतना निर्दयी हो सकता है कि वह इसका ध्यान ही न दे कि पति अपनी तलाकशुदा पत्नी को इद्दत अवधि के दौरान कितना भरण-पोषण देता है। और केवल यह तथ्य कि उसने कुछ भी भुगतान कर दिया है, चाहे यह कितना भी कम क्यों न हो, क्या उसे हमेशा के लिए उस दायित्व से मुक्त कर देता है जो पत्नी को पर्याप्त रूप से अपने शरीर और आत्मा को साथ रख सके? तब ऐसी स्थिति में क्या मुस्लिम व्यक्तिगत कानून में ऐसा कोई प्रावधान नहीं है जिसमें पत्नी को तलाक पर पर्याप्त धनराशि का भुगतान की जा सके? ऐसे कुछ महत्त्वपूर्ण किन्तु पीड़ादायक सवाल हैं, जिन पर हमें निर्णय करना है। ...

32. यह भी दुःख का विषय है कि हमारे संविधान का अनुच्छेद 44 मृत अक्षर बनकर रह गया है। यह प्रावधानित करता है कि 'राज्य नागरिकों के लिए यूनिफॉर्म सिविल संहिता प्राप्त करने का प्रयास करेगा।' कॉमन सिविल संहिता को बनाने के लिए राज्यस्तर पर प्रयास किये जाने का कोई साक्ष्य नहीं है। लगता है कि ऐसा विश्वास कर लिया गया है कि यह मुस्लिम समुदाय के लिए है कि वह अपने व्यक्तिगत कानूनों में सुधार के लिए आगे बढ़ें। कॉमन सिविल संहिता विरोधाभासी विचारोंवाले कानूनों के प्रति पृथक्करणीय भक्तिभाव को समाप्त कर राष्ट्रीय अखण्डता के लक्ष्य को प्राप्त करने में सहयोग करेगा।... यह राज्य के लिए है कि वह देश के सभी नागरिकों के लिए एक यूनिफॉर्म सिविल संहिता का निर्माण करने के लिए अपने कर्त्तव्य का निर्वहन करे। और निःसन्देह ऐसा करना विधिक क्षमता के अन्दर है। इस मामले में एक अधिवक्ता ने जोर देकर कहा कि विधिक क्षमता एक बात है और इस क्षमता का प्रयोग करने के लिए राजनीतिक इच्छाशक्ति होना दूसरी बात है। अलग-अलग विश्वास रखनेवालों को एक प्लेटफॉर्म पर लाने में होनेवाली कठिनाई को हम समझते हैं। किन्तु संविधान के इस प्रावधान को अर्थपूर्ण बनाने के लिए प्रारम्भ करना ही है। अपरिहार्यतः एक सुधारक की भूमिका न्यायालय को ही निभाना पड़ेगा, क्योंकि यह एक विवेकशील मस्तिष्क की सहनशीलता के बाहर की बात है कि वह उस अन्याय को होने दे, जो पूरी तरह प्रत्यक्ष है। लेकिन न्यायालय का शान्तिमय प्रयास उन व्यक्तिगत कानूनों के मध्य दरार को भरना है, जो कॉमन सिविल संहिता का स्थान नहीं ले सकते। एक-एक मामले में न्याय देने की तुलना में एक साथ सभी को न्याय देना ज्यादा सन्तोषजनक है।

33. डॉ. ताहिर महमूद अपनी पुस्तक 'मुस्लिम पर्सनल लॉ (1977 संस्करण, पृष्ठ सं0 200-202)' में सभी भारतीयों के लिए यूनिफॉर्म 'सिविल संहिता' बनाने के लिए मजबूती से पैरवी की है। वह कहते हैं– 'धर्म-निरपेक्षता के लक्ष्य के अनुक्रम में राज्य द्वारा धर्म-आधारित व्यक्तिगत कानूनों के संचालन को अवश्य ही बन्द कर देना चाहिए।' वह चाहते हैं कि बहुसंख्यक समुदाय की तरफ से नेतृत्व आगे आये, लेकिन हमें सोचना चाहिए कि नेतृत्व हो या न हो, राज्य को अवश्य ही कार्य करना चाहिए। लेखक द्वारा मुस्लिम समुदाय से की गयी अपील को यहाँ पर उद्धृत करना उपयोगी है–

'अपने परम्परागत व्यक्तिगत कानून के लिए 'छूट' पाने हेतु राज्य विधायिका के क्षेत्राधिकार से सुरक्षित किये जाने के लिए धार्मिक और राजनीतिक दबाव का प्रयास करने में ऊर्जा खर्च करने के बजाय मुसलमान इसका आविष्कार एवं प्रदर्शन करके और अच्छा कर पायेगा कि कालदोषयुक्त एवं घिसी-पिटी व्याख्या से दोषमार्जित सच्चा इस्लामिक कानून कैसे भारत में कॉमन सिविल संहिता को और ज्यादा मूल्यवान् बना सकता है।'

डिपार्टमेण्ट ऑफ इस्लामिक एण्ड कम्परेटिव लॉ, इण्डियन इन्स्टीच्यूट ऑफ इस्लामिक स्टडीज, नयी दिल्ली के बैनर तले 18 अक्टूबर, 1980 को हुए एक सेमिनार में भी उन्होंने मुस्लिम समुदाय से विवाह और तलाक के बारे में इस्लामिक विचार की सही अवधारणा को अपने व्यवहार से प्रदर्शित करने की अपील किया था। (इस्लामिक एण्ड कम्परेटिव लॉ क्वार्टर्ली, अप्रैल-जून, 1981, पृष्ठ सं0 146 देखें)

34. निष्कर्ष निकालने के पूर्व हम 'विवाह एवं पारिवारिक कानून आयोग', जिसकी नियुक्ति पाकिस्तान सरकार द्वारा अपने प्रस्ताव दिनांक 4 अगस्त, 1955 के माध्यम से किया गया था, की रिपोर्ट की तरफ ध्यान देना चाहेंगे। सवाल नं. 5 पर कमीशन द्वारा दिया गया जवाब (रिपोर्ट का पृष्ठ सं. 1215) है कि–

बहुत-सारी संख्या में मध्य आयु की ऐसी महिलाएँ हैं, जिन्हें बिना किसी कारण के तलाक दे दिया गया है, इनके सिर को बिना छत के और उनको एवं उनके बच्चों को बिना जीविकोपार्जन का साधन दिये गलियों में नहीं फेंक देना चाहिए।

रिपोर्ट में इस तरह निष्कर्ष निकाला गया है–

अलामा इकबाल के शब्दों में,

'मुस्लिम देशों को भविष्य में जिस सवाल का सामना करना है, वह यह है कि क्या इस्लामिक कानून में क्रमागत विकास करने की क्षमता है– एक ऐसा सवाल, जिस पर बहुत ज्यादा बौद्धिक प्रयास

किया जाना अपेक्षित है और जिसका जवाब अवश्य ही सकारात्मक में दिया जाना है।'

मिस जॉर्डान डेंगडेह (1985) का मामला

यह संयोग था कि मुस्लिम कानून के सम्बन्ध में जब सुप्रीम कोर्ट शाहबानो के मामले की सुनवायी कर रहा था, ठीक उसी समय ईसाई धर्म पर लागू होनेवाले भारतीय विवाह-विच्छेद अधिनियम, 1861 की विसंगतियों के सम्बन्ध में भी उसे सुनवायी करने का अवसर मिस जॉर्डान डेंगडेह बनाम एस. एस. चोपड़ा (1985) के मामले में मिला। मिस डेंगडेह के इस मामले में सुप्रीम कोर्ट की खण्डपीठ की तरफ से न्यायमूर्ति ओ. चिनप्पा रेड्डी द्वारा की गयी टिप्पणी यूनिफॉर्म सिविल संहिता के सन्दर्भ में महत्त्वपूर्ण है। न्यायमूर्ति रेड्डी के शब्दों में–

1. अनुच्छेद 44 का प्रावधान, जो कहता है कि 'राज्य नागरिकों के लिए यूनिफॉर्म सिविल संहिता प्राप्त करने का प्रयास करेगा', में जीवन्तता प्रदान के लिए इसी न्यायालय के सांविधानिक पीठ ने बल दिया है। यह मामला भी ऐसा ही है जो एक यूनिफॉर्म सिविल संहिता की आवश्यकता को तुरन्त और बाध्यकारी करने पर ध्यान आकृष्ट कराता है। राज्य के पूर्णतया असन्तोषजनक कदम के कारण यूनिफॉर्म सिविल संहिता का अभाव इस मामले के तथ्यों से प्रकट हो जाता है।

न्यायमूर्ति ओ. चिनप्पा रेड्डी ने अपने निर्णय में भारतीय विवाह-विच्छेद अधिनियम में प्रदान की गयी विवाह-विच्छेद के आधारों की तुलना दूसरे धर्मों पर लागू होनेवाले कानूनों जैसे 'हिन्दू विवाह अधिनियम', 'पारसी विवाह एवं विवाह-विच्छेद अधिनियम', मुस्लिम कानून के साथ-साथ हनफी कानून से किया। इन सभी कानूनों के मध्य मौजूद तमाम अन्तर्विरोधों का विश्लेषण करते हुए न्यायमूर्ति रेड्डी ने अपने निष्कर्ष में कहा–

7. इस तरह ऐसा दिखता है कि न्यायिक अलगाव, विवाह-विच्छेद और विवाह-शून्यता से सम्बन्धित कानूनों में दूर-दूर तक साम्यता नहीं है। निश्चित रूप से अब समय आ गया है कि विवाह के कानून में पूरी तरह सुधार लाया जाय और धर्म एवं जाति से अलग सभी लोगों के लिए एक यूनिफॉर्म कानून बने। जब विवाह असाध्य रूप से टूट जाय या जब आपसी सहमति हो जाय, ऐसे सभी मामलों में विवाह-विच्छेद करने की अनुमति देना आवश्यक प्रतीत होता है। यह मामला जो हमारे सामने है, एक ऐसा दृष्टान्त है जहाँ पर दोनों पक्ष ऐसे वैवाहिक बन्धन में बने रहने के लिए मजबूर हैं, जो टूट चुका है। ऐसा विवाह, जो पूरी तरह टूट चुका हो, को बनाये रखने से कोई लक्ष्य या उद्देश्य पूरा नहीं होनेवाला है। हम सुझाव देते हैं कि अब ऐसे मामलों में विवाह और विवाह-विच्छेद हेतु यूनिफॉर्म संहिता बनाने और ऐसी अप्रसन्न परिस्थिति, जैसा कि इस मामले में है,

जिसमें एक युगल अपने को पाते हैं, से निजात दिलाने के लिए विधायिका द्वारा कानून बनाकर हस्तक्षेप करने का समय आ गया है। हम निर्देशित करते हैं कि इस आदेश की प्रति विधि और न्याय मन्त्रालय को यथोचित कार्यवाही करने के लिए भेजा जाये।...

सरला मुद्‌गल (1995) का मामला

मिस जॉर्डान डेंगडेह और शाहबानो बेगम के मामले में निर्णय आने के लगभग दस वर्ष पश्चात् यूनिफॉर्म सिविल संहिता से ही जुड़ा सवाल एक बार पुनः सुप्रीम कोर्ट के समक्ष सरला मुद्‌गल के मामले (1995) में आया। इस मामले में सुप्रीम कोर्ट के समक्ष चार याचिकाएँ तय होने के लिए आयी थीं और इन सभी याचिकाओं में एक ही तरह का सवाल था। यह सवाल एक ही विषय पर धर्म-आधारित अलग-अलग कानूनों के लागू होने से उपजनेवाली सामाजिक विसंगतियों के सम्बन्ध में था। इस मामले में सुप्रीम कोर्ट के समक्ष जो तथ्य प्रकाश में आया वह चौंकानेवाला था। मामले के अनुसार एक हिन्दू पुरुष द्वारा धर्म-परिवर्तन करके मुस्लिम धर्म मात्र इसलिए स्वीकार कर लिया गया था, ताकि वह भी मुस्लिम कानून के अन्तर्गत एक पुरुष को प्रदान की गयी चार पत्नियों से विवाह करने की सुविधा का लाभ प्राप्त कर सके और उसके खिलाफ आई.पी.सी. की धारा 494 के अन्तर्गत आपराधिक मुकदमा न चलाया जा सके।

सुप्रीम कोर्ट के समक्ष महत्त्वपूर्ण सवाल यह था कि क्या एक हिन्दू व्यक्ति इस्लाम धर्म स्वीकार कर दूसरा विवाह कर सकता है? और क्या इस तरह से दूसरी शादी करने के लिए पति के विरुद्ध आई.पी.सी. की धारा 494 के अन्तर्गत आपराधिक मुकदमा चलाया जा सकता है, जबकि उसने इस्लाम धर्म को स्वीकार कर लिया है? इसके पूर्व मिस जॉर्डान डेंगडेह और शाहबानो के मामलों में सुप्रीम कोर्ट के समक्ष जो विषय आया था, वह क्रमशः ईसाई कानून और इस्लाम कानून के भीतर की आन्तरिक विसंगतियों को उजागर करता था। पहली बार इस मामले में दो अलग-अलग धर्मों के लिए लागू भिन्न-भिन्न व्यक्तिगत कानूनों के कारण समाज में पैदा होनेवाली विसंगतियों की ओर सुप्रीम कोर्ट का ध्यान आकृष्ट हुआ था। सुप्रीम कोर्ट के दो न्यायाधीशों की पीठ ने निर्णय दिया कि हिन्दू-पति द्वारा, पहली पत्नी से विवाह-विच्छेद किये बिना की गयी दूसरी शादी अवैध है, भले ही उसने इस्लाम धर्म कबूल कर लिया हो और इस तरह से की गयी दूसरी शादी के लिए हिन्दू-पति के खिलाफ आई.पी.सी. की धारा 494 के अन्तर्गत आपराधिक कार्यवाही चलायी जायेगी।

एक ही देश में एक ही विषय पर अलग-अलग विरोधाभासी कानूनों के कारण पैदा होनेवाले इस विवाद ने सुप्रीम कोर्ट का ध्यान अनुच्छेद 44 की ओर भी आकृष्ट किया। सुप्रीम कोर्ट द्वारा दिये गये इस निर्णय का महत्त्व इसलिए भी ज्यादा है क्योंकि उक्त तथ्यों

के परिप्रेक्ष्य में खण्डपीठ के दोनों न्यायाधीशों द्वारा यूनिफॉर्म सिविल संहिता की आवश्यकता को महसूस किया गया और इसके लिए अलग-अलग दिशा-निर्देश जारी किया गया।

अपने निर्णय में न्यायमूर्ति कुलदीप सिंह ने इस देश के मुस्लिम समुदाय की ओर इशारा करते हुए यह भी टिप्पणी किया कि देश की एकता के लिए हिन्दू, सिक्ख, बौद्ध, जैन धर्म के अनुयायियों द्वारा अपने परम्परागत कानूनों का त्याग कर दिया गया है, ऐसी स्थिति में देश की एकता के लिए किये गये इस त्याग से सीख लेने की अपेक्षा इस समुदाय से भी है। अपने निर्णय में देश के लिए यूनिफॉर्म सिविल संहिता की आवश्यकता के कारणों का उल्लेख करते हुए न्यायमूर्ति कुलदीप सिंह ने कहा –

1. ऐसा प्रतीत होता है कि 41 वर्ष बाद भी आज के शासक अनुच्छेद 44 को उस ठण्डे बस्ते से बाहर निकालने के विचार में नहीं हैं, जहाँ वह 1949 से पड़ा हुआ है। जो भी सरकारें आयीं और गयीं, वे सभी भारतीयों के लिए एक यूनिफॉर्म व्यक्तिगत कानून बनाने का प्रयास करने में पूर्णतया विफल रही हैं। इसका कारण, जो दिखता है, वह स्पष्ट है। ज्यादातर जो किया जा चुका है वह यह है कि हिन्दू कानूनों का हिन्दू विवाह अधिनियम, 1955; हिन्दू उत्तराधिकार अधिनियम, 1956; हिन्दू अवयस्क एवं संरक्षण अधिनियम, 1956; हिन्दू गोद एवं भरण-पोषण अधिनियम, 1956 के रूप में संहिताकरण हो चुका है। इन कानूनों के माध्यम से परम्परागत हिन्दू कानून के सभी शाखाओं के विचार को एकीकृत संहिता में बदल दिया गया है। जब 80 प्रतिशत नागरिकों को पहले ही संहिताकृत व्यक्तिगत कानून के अन्तर्गत लाया जा चुका है, तो भारत क्षेत्र में रहनेवाले सभी नागरिकों के लिए एक यूनिफॉर्म 'सिविल संहिता' बनाने में कुछ भी छिपाना न्यायोचित नहीं है।...

32. यह एक आश्चर्य है कि संविधान के अनुच्छेद 44 के अन्तर्गत व्यक्त की गयी संविधान-निर्माताओं की इच्छा को पूरा करने में यह सरकार और कितना समय लेगी। उत्तराधिकार और विवाह को संचालित करनेवाले परम्परागत हिन्दू कानून को बहुत पहले ही 1955-56 में संहिताकरण करके अलविदा कर दिया गया है। देश में यूनिफॉर्म सिविल संहिता को अनिश्चित काल के लिए विलम्बित करने का कोई औचित्य नहीं है।

33. अनुच्छेद 44 इस अवधारणा पर आधारित है कि एक सभ्य समाज में धर्म और व्यक्तिगत कानून का कोई आवश्यक लगाव नहीं है। अनुच्छेद 25 धार्मिक आजादी की गारण्टी देता है जबकि अनुच्छेद 44 धर्म को सामाजिक सम्बन्धों और व्यक्तिगत कानूनों से पृथक् करने की बात करता है। विवाह एवं उत्तराधिकार और ऐसे अन्य कई धर्म-निरपेक्ष मामलों को अनुच्छेद 25, 26 और 27 के अन्तर्गत प्रदान की गयी गारण्टी की परिधि में नहीं लाया जा सकता है। हिन्दुओं के व्यक्तिगत कानून जो

विवाह और उत्तराधिकार से सम्बन्धित हैं, की भी उत्पत्ति उसी तरह धार्मिक रही है, जिस तरह मुसलमान और ईसाइयों में है। हिन्दुओं के साथ सिक्ख, बौद्ध, जैन ने भी राष्ट्रीय एकता एवं अखण्डता के लिए अपनी भावनाओं का त्याग किया है तो क्या दूसरे समुदाय के लोग ऐसा नहीं कर सकेंगे, जब कि संविधान पूरे भारत के लिए एक कॉमन सिविल संहिता बनाने की बात करता है।

35. ... जहाँ तक आपराधिक न्याय का सम्बन्ध था, ब्रिटिश शासन ने धीरे-धीरे मुस्लिम कानून को 1832 में अप्रभावी कर दिया और आपराधिक न्याय व्यवस्था इंग्लिश कॉमन लॉ से संचालित होने लगी और 1860 में अन्तिम रूप से भारतीय दण्ड संहिता पारित हो गयी। भारत के आजाद होने तक पूरे ब्रिटिश-शासन के दौरान यह वृहद् नीति जारी रही। ब्रिटिश शासकों द्वारा इस देश का धर्म के आधार पर बँटवारा कर दिया गया। बँटवारे के बाद जिन्होंने भारत में रहना स्वीकार किया, वे पूरी तरह जानते थे कि भारतीय नेता दो राष्ट्र या तीन राष्ट्र के सिद्धान्त पर विश्वास नहीं करते हैं और भारतीय गणराज्य में केवल एक राष्ट्र-भारत राष्ट्र होगा और कोई भी समुदाय अपने धर्म के आधार पर अलग समुदाय के रूप में रहने का दावा नहीं कर सकता है। यह कहना आवश्यक होगा कि ब्रिटिश शासकों द्वारा व्यक्तिगत कानूनों को उत्तराधिकार, विवाह इत्यादि मामलों को संचालित करने की अनुमति मात्र वारेन हेस्टिंग्स द्वारा बनायी गयी 1781 की नियमावली के अन्तर्गत था। यह विधायिका थी न कि कोई धर्म, जिसके अन्तर्गत व्यक्तिगत कानून को लागू करने की अनुमति थी और दिया जा रहा है, जिसे यूनिफॉर्म सिविल संहिता बनाकर निष्प्रभावी या पूर्ण किया जा सकता है। मामले को देखते हुए कोई भी समुदाय भारतीय क्षेत्र में सभी नागरिकों के लिए यूनिफॉर्म सिविल संहिता बनाने की खिलाफत नहीं कर सकता है।

36. अभी तक की सभी सरकारों ने भारतीय संविधान के अनुच्छेद 44 के सांविधानिक आदेश को लागू करने के अपने कर्त्तव्य-निर्वहन में दुर्बलता दिखायी है।

37. इसलिए हम भारतीय संविधान के अनुच्छेद 44, जो कहता है कि 'राज्य नागरिकों के लिए यूनिफॉर्म सिविल संहिता प्राप्त करने का प्रयास करेगा, के बारे में नया दृष्टिकोण अपनाने के लिए देश के प्रधानमन्त्री के माध्यम से भारत सरकार से निवेदन करते हैं।'

खण्डपीठ के दूसरे न्यायाधीश न्यायमूर्ति आर. एम. सहाय ने भी न्यायमूर्ति कुलदीप सिंह के विचार से सहमति व्यक्त करते हुए कहा कि धर्म के आधार पर होनेवाली निर्दयता से सुरक्षा प्रदान करने के लिए और राष्ट्रीय एकता एवं सौहार्द को प्रोत्साहित करने के लिए यूनिफॉइड संहिता का होना आवश्यक है। किन्तु दिशानिर्देश के बिन्दु पर अपने अलग निर्णय में न्यायमूर्ति सहाय ने कहा-

41. यूनिफॉर्म या कॉमन सिविल संहिता की आवश्यकता व इसकी सम्भावना दोनों विषय की गम्भीरता और समस्या के महत्त्व पर विचार करने के बाद सम्मानित भाई कुलदीप सिंह द्वारा प्रस्तावित स्पष्ट आदेश, जो विधान की अनिवार्यता पर केन्द्रित है, में उनके द्वारा दी गयी विचारोत्तेजक कारणों से पूर्ण रूप से सहमत रहते हुए इसमें सामाजिक अनिवार्यता से सम्बन्धित अपने कुछ शब्दों को जोड़ना आवश्यक समझता हूँ।...

45. यूनिफॉर्म सिविल संहिता की आवश्यकता शायद ही सन्देहास्पद हो। लेकिन यह तभी निर्मित होगा, जब समाज के बड़े लोग इसके लिए स्वस्थ सामाजिक माहौल बनायें। इसके लिए अच्छा यह होगा कि अग्रणी नेता अपने व्यक्तिगत हित को एक तरफ रखकर परिवर्तन को स्वीकार करने के लिए लोगों को तैयार करें।

46. इस्लाम में बहुविवाह के बारे में ज्यादा मिथ्या भ्रम फैला है। इस दुरुपयोग को रोकने के लिए बहुत-सारे मुस्लिम देशों ने व्यक्तिगत कानूनों का संहिताकरण किया है और वहाँ बहुविवाह की प्रथा को या तो समाप्त कर दिया गया है या निर्बन्धित कर दिया गया है। सीरिया, ट्यूनिशिया, मोरक्को, पाकिस्तान, ईरान इस्लामिक रिपब्लिक ऑफ सोवियत यूनियन कुछ ऐसे ही मुस्लिम देश हैं, जिनको इस सन्दर्भ में याद किया जाना चाहिए। लेकिन हम एक धर्म-निरपेक्ष, लोकतान्त्रिक गणराज्य हैं। धार्मिक आजादी हमारी संस्कृति का भाग है। छोटी-सी भूल सामाजिक संरचना को हिलानेवाला हो सकता है। किन्तु मानवाधिकार एवं गरिमा का अतिक्रमण करनेवाली एवं धर्म के नाम पर मूलभूत सिविल एवं भौतिक आजादी का गला घोटनेवाली धार्मिक प्रथाएँ स्वराज्य नहीं बल्कि निर्दयता है। इसलिए यूनिफॉइड संहिता का होना निर्दयता से सुरक्षा प्रदान करने और राष्ट्रीय एकता एवं सौहार्द को प्रोत्साहित करने दोनों के लिए अनिवार्य है। लेकिन पहला कदम धार्मिक और सांस्कृतिक मैत्रीयता का विकास करते हुए अल्पसंख्यकों के व्यक्तिगत कानूनों का विवेकयुक्त विश्लेषण किया जाना चाहिए। सरकार के लिए यह एक अच्छा सुझाव होगा कि वह विधि आयोग को जिम्मेदारी दे कि वह अल्पसंख्यक आयोग से परामर्श करके मामले का परीक्षण करे और महिलाओं के मानवाधिकार की आधुनिक अवधारणा को देखते हुए एक व्यापक कानून लेकर आये।

लिली थामस (2000) का मामला

मुस्लिम कानून में चार पत्नियों से शादी करने की सुविधा प्राप्त करने के लिए एक हिन्दू व्यक्ति द्वारा किये गये धर्म-परिवर्तन को अवैध घोषित करने और ऐसे आचरण को आई.पी.सी. की धारा 494 के अन्तर्गत दण्डनीय बतानेवाले सरला मुद्गल के आदेश के

खिलाफ सुप्रीम कोर्ट के समक्ष पुनर्विचार याचिका दाखिल की गयी। इसी सम्बन्ध में अन्य रिट याचिकाएँ भी सुप्रीम कोर्ट में दाखिल की गयी थीं। इन सभी याचिकाओं की सुनवायी सुप्रीम कोर्ट के दो न्यायाधीशों की खण्डपीठ द्वारा लिली थामस के मामले (2000) में की गयी। सुप्रीम कोर्ट ने इन याचिकाओं को खारिज करते हुए सरला मुद्गल के निर्णय को बरकरार रखा। किन्तु साथ-ही-साथ समान नागरिक संहिता के सम्बन्ध में यह टिप्पणी भी कर दिया कि नीति-निर्देशक सिद्धान्तों को लागू करने के लिए दिशा-निर्देश जारी करने का अधिकार सुप्रीम कोर्ट को नहीं है। अहमदाबाद वोमेन एक्शन ग्रूप के मामले (1997) में दिये गये निर्णय को उद्धृत करते हुए सुप्रीम कोर्ट ने अपने आदेश में कहा-

65. इस न्यायालय ने समय-समय पर तमाम मामलों में यह निर्धारित किया है कि संविधान के भाग 4 के प्रावधानों को इस न्यायालय के माध्यम से प्रवर्तित नहीं कराया जा सकता है क्योंकि यह किसी व्यक्ति को प्रवर्तनीय अधिकार नहीं प्रदान करता है। इस न्यायालय द्वारा पी. एम. अश्वथानारायण शेट्टी बनाम स्टेट आफ कर्नाटक में दिये गये निर्णय का सन्दर्भ दिया जा सकता है। ... इस मामले में भी इस न्यायालय द्वारा संविधान के अनुच्छेद 44 के अन्तर्गत यूनिफॉर्म सिविल संहिता के उद्देश्य से कोई दिशानिर्देश नहीं जारी किया है। न्यायमूर्ति कुलदीप सिंह ने अपने निर्णय में केवल सरकार से संविधान के अनुच्छेद 44 को इसमें प्रयोग किये गये शब्दों के प्रकाश में नया दृष्टिकोण लाने के लिए निवेदन किया है। ... न्यायमूर्ति सहाय ने अपनी सहमतिवाले किन्तु अलग निर्णय में केवल उन रास्तों को सुझाया है, जो उक्त निर्देशक को लागू किये जाने के लिए उचित है। केवल इस पीठ के न्यायाधीश ने ही अपनी वेदना को नहीं प्रकट किया है। इसके पहले भी शाहबानो मामले और मि. जार्डन डेंगडेह बनाम एस. एस. चोपड़ा के मामले में टिप्पणी की गयी है। जमायते उलेमा हिन्द और मुस्लिम पर्सनल लॉ बोर्ड द्वारा व्यक्त की गयी आशंका आधारहीन है किन्तु इन सभी आशंकाओं को शान्त करने के लिए हम यह स्पष्ट करना उचित समझते हैं कि इस न्यायालय ने कॉमन सिविल संहिता का संहिताकरण करने के लिए कभी भी दिशानिर्देश जारी नहीं किया था और भिन्न-भिन्न खण्डपीठों के माननीय न्यायाधीशों ने मामले के तथ्य एवं परिस्थितियों को देखते हुए सिर्फ अपना विचार व्यक्त किया है।

जॉन वलामत्तम (2003) का मामला

लिली थामस मामले में निर्णय आने के तीन वर्ष बाद ही सुप्रीम कोर्ट के समक्ष एक बार फिर यूनिफॉर्म 'सिविल संहिता' के अभाव के कारण उपजनेवाली विसंगति के सन्दर्भ में सवाल पैदा हुआ। जॉन वलामत्तम के मामले (2003) में याचिकाकर्त्ता द्वारा भारतीय

उत्तराधिकार अधिनियम की धारा 118 के प्रावधान को चुनौती दी गयी थी। धारा 118 के प्रावधान के अनुसार यदि किसी ईसाई के पास भतीजा या निकट सम्बन्धी हैं तो वह अपनी सम्पत्ति का धार्मिक एवं कल्याणकारी उद्देश्य के लिए वसीयत नहीं कर सकता है। धारा 118 को चुनौती देने के लिए एक आधार यह भी लिया गया था कि इस तरह का रोक अन्य धर्मों जैसे हिन्दू, सिक्ख, बौद्ध, जैन एवं मुसलमानों पर नहीं लागू है। यह कानून मात्र ईसाइयों पर लागू होने के कारण धर्म के आधार पर भेदभाव करता है। इसलिए ऐसा प्रावधान समानता के अधिकार का उल्लंघन है।

मुख्य न्यायाधीश न्यायमूर्ति वी.एन. खरे की अध्यक्षता में सुप्रीम कोर्ट के तीन न्यायाधीशों की पूर्णपीठ ने भारतीय उत्तराधिकार अधिनियम की धारा 118 को असंवैधानिक घोषित कर दिया। यद्यपि इस मामले में यूनिफॉर्म सिविल संहिता से सम्बन्धित कोई प्रश्न अन्तर्निहित नहीं था, किन्तु मामले के तथ्य ऐसे थे कि उसने सुप्रीम कोर्ट का ध्यान इस ओर आकृष्ट किया। लिली थामस मामले में निर्णय आने के तीन वर्ष बाद जिस तरह सुप्रीम कोर्ट की पूर्णपीठ ने आठ वर्ष पूर्व दिये गये सरला मुद्गल के निर्णय को उद्धृत किया, वह यूनिफॉर्म सिविल संहिता के सन्दर्भ में अति महत्त्वपूर्ण है। विवाह, उत्तराधिकार जैसे विषय को धर्म-निरपेक्ष चरित्रवाला विषय मानते हुए सुप्रीम कोर्ट की पूर्णपीठ ने इस विचार को खारिज कर दिया कि यूनिफॉर्म सिविल संहिता के कारण धार्मिक आजादी के अधिकार का उल्लंघन होगा। पूर्णपीठ की ओर से दिये गये अपने निर्णय में न्यायमूर्ति वी. एन. खरे ने कहा–

43. ... अनुच्छेद 44 प्रावधानित करता है कि 'राज्य नागरिकों के लिए यूनिफॉर्म सिविल संहिता प्राप्त करने का प्रयास करेगी।' उक्त प्रावधान इस मत पर आधारित है कि एक सभ्य समाज में धर्म और व्यक्तिगत कानून के बीच कोई सम्बन्ध नहीं है। संविधान का अनुच्छेद 25 अन्तःकरण और धर्म को अबाध रूप से मानने एवं प्रचार करने की आजादी प्रदान करता है। अनुच्छेद 25 और 44 के उक्त प्रावधान दर्शाते हैं कि पहला धार्मिक आजादी की गारण्टी प्रदान करता है जबकि बादवाला प्रावधान सामाजिक सम्बन्धों और व्यक्तिगत कानूनों को धर्म से अलग करता है। यह सन्देह का विषय नहीं है कि विवाह, उत्तराधिकार जैसे धर्म-निरपेक्ष चरित्रवाले विषयों को संविधान के अनुच्छेद 25 और 26 के अन्तर्गत गारण्टी किये गये अधिकार में नहीं शामिल किया जा सकता है। कोई विधायी, जो उत्तराधिकार एवं ऐसे अन्य धर्म-निरपेक्ष विषय को अनुच्छेद 25 और 26 के दायरे में लाता है, वह एक संशययुक्त विधायी निर्माण है। यद्यपि यह सन्देहास्पद है कि क्या संशययुक्त विधायी निर्माण का अमरीकन सिद्धान्त इस देश में लागू होगा? श्रीमती सरला मुद्गल, अध्यक्ष कल्याणी व अन्य बनाम भारत सरकार व अन्य के मामले में यह अभिनिर्धारित किया गया है कि विवाह, उत्तराधिकार एवं ऐसे धर्म-निरपेक्ष चरित्रवाले मामलों को संविधान के अनुच्छेद 25

> और 26 के अन्तर्गत गारण्टी किये गये अधिकारों में शामिल नहीं किया जा सकता है। यह एक दुःख की बात है कि संविधान के अनुच्छेद 44 को आज तक लागू नहीं किया जा सका है। संसद् को अभी भी देश में कॉमन सिविल संहिता का निर्माण करने के लिए कदम उठाने हैं। कॉमन सिविल संहिता वैचारिक मतभेदों को दूर कर राष्ट्रीय अखण्डता को हासिल करने में सहायक होगी।

जॉन वलामत्तम मामले में सुप्रीम कोर्ट के इस निर्णय का महत्त्व केवल इस कारण नहीं है कि इसके द्वारा भारतीय उत्तराधिकार अधिनियम की धारा 118 को असंवैधानिक घोषित किया गया, बल्कि इसलिए भी है कि इस निर्णय के माध्यम से सरला मुद्गल के उस विचार पर मुहर लगायी गयी जो यूनिफॉर्म सिविल संहिता के सन्दर्भ में व्यक्त की गयी थी। इस निर्णय के माध्यम से एक बार फिर यह स्पष्ट कर दिया गया कि विवाह एवं उत्तराधिकार जैसे विषय एक धर्म-निरपेक्ष विषय हैं और इस कारण यूनिफॉर्म 'सिविल संहिता' का मामला धार्मिक आजादी के अधिकार से बिल्कुल अलग मामला है।

शायरा बानो (2017) का मामला

संविधान लागू होने के बाद भी तीन तलाक से पीड़ित मुस्लिम महिलाओं द्वारा दाखिल मुकदमों की लम्बी श्रृंखला है। पाथाई का मामला (1968), पाथुमल बीबी का मामला (1972), अनवर बेगम का मामला (1981), रूकिया खातून का मामला (1981), शाहबानो बेगम का मामला (1985), शमीम आरा का मामला (2002), साबरा शमीम का मामला (2002), इकबाल बानो का मामला (2007), शमीमा फारूकी का मामला (2015) के मामले इसके कुछ दृष्टान्त हैं। कमोबेश इन सभी मामलों में एक ही तरह के तथ्य होते हैं। पति ने 'तलाक-तलाक-तलाक' बोला, इद्दत की अवधि बीत जाने दिया, मेहर का भुगतान किया और बेबस व असहाय पत्नी को अलग-थलग करके खुद को सभी वैवाहिक दायित्वों से आजाद कर लिया। समय-समय पर सुप्रीम कोर्ट द्वारा तीन तलाक के खिलाफ निर्णय भी दिये जाते रहे हैं। वर्ष 2002 में शमीम आरा के मामले में सुप्रीम कोर्ट द्वारा तीन तलाक का दुरुपयोग होने से रोकने के लिए तो ऐतिहासिक निर्णय दिया गया। इसके बावजूद तीन तलाक का दुरुपयोग होने की घटनाएँ रुकी नहीं और एक बार पुनः वर्ष 2016 में शायरा बानो, आफरिन रहमान, गुलशन परवीन, इसरत जहाँ, आतिया साबरी जैसी तमाम मुस्लिम महिलाओं को तीन तलाक के दुरुपयोग से पीड़ित होने के उपरान्त सुप्रीम कोर्ट की चौखट पर दस्तक देना पड़ा।

शायरा बानो का मामला देश के न्यायिक इतिहास का सम्भवतः पहला मामला है, जिसको तय करनेवाले सांविधानिक खण्डपीठ में देश के सभी प्रमुख धर्मों यथा हिन्दू, मुस्लिम, सिक्ख, ईसाई व पारसी का प्रतिनिधित्व रहा। अल्पसंख्यक समुदाय से आनेवाले

चार विद्वान् न्यायाधीशों से सुसज्जित इस खण्डपीठ द्वारा 22 अगस्त, 2017 को तीन तलाक की वैधता के मुद्दे पर निर्णय दिया गया।

तीन तलाक के इस मामले में माननीय सुप्रीम कोर्ट द्वारा तीन अलग-अलग निर्णय दिये गये हैं। प्रथम निर्णय मुख्य न्यायाधीश जगदीश सिंह खेहर एवं न्यायमूर्ति एस. अब्दुल नजीर द्वारा; द्वितीय निर्णय न्यायमूर्ति कुरियन जोसफ द्वारा और तृतीय निर्णय न्यायमूर्ति रोहिण्टन फाली नरीमन एवं न्यायमूर्ति यू. यू. ललीत द्वारा दिया गया है।

प्रथम निर्णय के माध्यम से मुख्य न्यायाधीश जगदीश सिंह खेहर एवं न्यायमूर्ति एस. अब्दुल नजीर ने तीन तलाक की प्रथा को वैध पाते हुए कहा कि इसे केवल अनुच्छेद 25(2) एवं 44 के अन्तर्गत विधायिका द्वारा कानून बनाकर ही बदला जा सकता है। किन्तु द्वितीय एवं तृतीय निर्णय के माध्यम से न्यायमूर्ति कुरियन जोसफ, न्यायमूर्ति रोहिण्टन फाली नरीमन एवं न्यायमूर्ति यू. यू. ललीत (बहुमत का निर्णय) द्वारा तीन तलाक के व्यवहार को मनमानापन और अनुच्छेद 14 के खिलाफ पाया गया।

इस मामले में न्यायाधीश जोसफ कुरियन द्वारा लिखे गये निर्णय की भूमिका बहुत ही महत्त्वपूर्ण हो जाती है। यह निर्णय जहाँ तीन तलाक को अवैध घोषित करने के बिन्दु पर न्यायमूर्ति रोहिण्टन फाली नरीमन एवं न्यायमूर्ति यू. यू. ललीत के निर्णय (तृतीय निर्णय) के साथ खड़ा है, तो कानून की आवश्यकता पर भी बल देते हुए यह निर्णय मुख्य न्यायाधीश जगदीश सिंह खेहर एवं न्यायमूर्ति एस. अब्दुल नजीर के निर्णय (प्रथम निर्णय) के साथ खड़ा नजर आता है।

माननीय मुख्य न्यायाधीश जगदीश सिंह खेहर एवं न्यायमूर्ति एस. अब्दुल नजीर के अल्पमत के निर्णय का पैराग्राफ संख्या 198 एवं 199 कहता है–

‘198. यहाँ तक कि ए.आइ.एम.पी.एल.बी. (आल इण्डिया मुस्लिम पर्सनल लॉ बोर्ड) द्वारा यह स्वीकार किया गया है कि विधायिका इस स्थिति का निस्तारण कर सकती है। यह कथन संविधान के अनुच्छेद 25 (2) और अनुच्छेद 44 सपठित संविधान की सातवीं अनुसूची की समावर्ती सूची की प्रविष्टि 5 के संयुक्त पाठन पर आधारित है। कोई सन्देह नहीं है और यह हमारा निश्चित निष्कर्ष है कि इस स्थिति का निस्तारण कानून के माध्यम से किया जा सकता है। हम समझते हैं कि विधायिका को इस बिन्दु पर कानून बनाने का परामर्श देना उचित नहीं है। फिर भी जैसी स्थिति वर्तमान मामले में है, वह कुछ अलग प्रतीत होती है। यहाँ पर दोनों पक्षों द्वारा व्यक्त विचारों में अन्तर्विरोध नहीं है। भारत संघ याचिकाकर्त्ता के पक्ष के समर्थन में हमारे समक्ष खड़ा है। भारत संघ द्वारा अपनाया गया रास्ता हमारे लिये यह अनुमान लगाने के लिए पर्याप्त है कि भारत संघ याचिकाकर्त्ता के साथ खड़ा है। दुर्भाग्य से संघ हमारा हाथ पकड़ रहा है, जो वस्तुत: उसके पास ही है।

'199. हम सन्तुष्ट हैं कि यह मामला ऐसी स्थिति पैदा करता है, जहाँ संविधान के अनुच्छेद 142 के अन्तर्गत इस न्यायालय द्वारा यथोचित दिशानिर्देश जारी करने के विवेकाधिकार का प्रयोग किया जाना चाहिए। इसलिए हम भारत सरकार को निर्देशित करते हैं कि वह उचित विधान बनाने पर विचार करे, खासतौर पर 'तलाक-ए-बिद्दत' के सन्दर्भ में। हम आशा एवं अपेक्षा करते हैं कि आनेवाला यह विधान व्यक्तिगत कानून – 'शरीयत' में हुए सुधारों, जैसा कि वैश्विक पटल पर, यहाँ तक कि इस्लामिक धर्म-आधारित देशों में भी कानूनों के माध्यम से किया गया है, पर भी विचार करेगा। जब भारत में ब्रिटिश सरकार द्वारा कानून के माध्यम से मुस्लिम के परेशानी में सहयोग किया गया है और जब मुस्लिम समुदाय द्वारा उपचारात्मक उपाय अपनाया गया है तो स्वतन्त्र भारत में पीछे रह जाने का हम कोई कारण नहीं पाते हैं। भारत में दूसरे धर्मों के सन्दर्भ में उपाय अपनाया जा चुका है (देखें रिफार्म टू पर्सनल लॉ इन इण्डिया) किन्तु मुस्लिमों के लिए नहीं। इसलिए हम विधायिका से इस अति महत्त्वपूर्ण मामले में विवेकयुक्त विचार लाने का आग्रह करते हैं। हम सभी राजनीतिक पार्टियों से भी प्रार्थना करेंगे कि वे इतने महत्त्वपूर्ण विषय पर विधान बनाने के दौरान अपने व्यक्तिगत दलगत हित को एक तरफ रखें।'

माननीय न्यायाधीशद्वय का इशारा स्पष्ट था कि शरीयत में सुधार किया जाना बिल्कुल सम्भव है। अनुच्छेद 44 के अनुपालन में सिविल संहिता बनाने के लिए विधायिका सक्षम व जवाबदेह है और इस मामले में वे गेंद को न्यायपालिका के पाले में नहीं डाल सकते हैं। वस्तुतः निर्णय का उपर्युक्त भाग यूनिफॉर्म सिविल संहिता के निर्माण के सन्दर्भ में विधायिका एवं कार्यपालिका को अपने अन्दर झाँकने के लिए मजबूर कर सकता है।

इसी तरह द्वितीय निर्णय के माध्यम से तीन तलाक को अवैध घोषित करनेवाले न्यायमूर्ति जोसफ कुरियन ने भी विधायिका को उसके दायित्व का बोध कराते हुए कानून/संहिता बनाने के लिए इन अधिकारों का प्रयोग किये जाने पर बल दिया। न्यायमूर्ति जोसफ कुरियन के शब्दों में –

'25. जब इस तरह के मामले सामने आते हैं तो अक्सर चर्चा के दौरान धर्म को अन्य सांविधानिक अधिकारों के खिलाफ घुसा दिया जाता है। मैं विश्वास करता हूँ कि इनके बीच समन्वय सम्भव है, किन्तु भिन्न-भिन्न हितों के मध्य सामंजस्य स्थापित करना विधायिका के अधिकार में है। निश्चित रूप से सांविधानिक परिधि में रहकर भारतीय संविधान द्वारा गारण्टी किये गये धार्मिक अधिकार को चोट पहुँचाये बिना इस अधिकार का प्रयोग किया जाना चाहिए। तथापि कानून निर्माण के लिए दिशानिर्देश देना न्यायालय के लिए उचित नहीं है।'

सुप्रीम कोर्ट के तीन माननीय न्यायाधीशों द्वारा कानून बनाने के सन्दर्भ में व्यक्त किये गये दिशानिर्देश/सुझाव समान नागरिक संहिता के परिप्रेक्ष्य में बहुत ही महत्त्वपूर्ण हैं। ये सुझाव भले ही आदेशात्मक शब्दों में न हों, जो कि भारतीय संविधान के अनुच्छेद 37 में स्वीकार किये गये ढाँचे के अन्तर्गत हो भी नहीं सकता है, किन्तु इनके मायने बहुत ही महत्त्वपूर्ण हैं।

उपर्युक्त निर्णय से स्पष्ट है कि मुख्य न्यायाधीश जगदीश सिंह खेहर एवं न्यायमूर्ति एस. अब्दुल नजीर तथा न्यायमूर्ति जोसफ कुरियन ने नीति-निर्माताओं को अपनी इच्छाशक्ति दिखाने के लिए पूरी जगह दे रखी है। 284 पैराग्राफों एवं 395 पृष्ठों में लिखे गये इस निर्णय के जिस पैराग्राफ को मैं पूरे निर्णय की आत्मा कहना चाहूँगा वह है पैराग्राफ संख्या 199। दुर्भाग्य से यह पैरा बहुमतवाले निर्णय का भाग नहीं बन पाया। इसके बावजूद कि यह पैरा अल्पमतवाले निर्णय का भाग है, यह इस देश का सौभाग्य है कि इसको लिखनेवाले माननीय न्यायाधीशगण देश के दो प्रमुख धर्म – सिक्ख और मुस्लिम धर्म से ताल्लुक रखते हैं। इन्होंने न केवल अपने निर्णय के पैराग्राफ संख्या 198 में अनुच्छेद 25 एवं 44 के प्रावधान को विधान बनाने के लिए केन्द्रबिन्दु माना है, बल्कि पैराग्राफ संख्या 199 के माध्यम से यह भी स्पष्ट किया है कि शरीयत (मुस्लिम कानूनों) में सुधार सम्भव है और इसके लिए वैश्विक पटल पर दूसरे मुस्लिम देशों में किये गये सुधार और इसी देश में ब्रिटिश हुकूमत के दौरान किये गये सुधार से नसीहत लेने की आवश्यकता है।

शायरा बानो मामले में मुख्य न्यायाधीश जगदीश सिंह खेहर एवं न्यायमूर्ति एस. अब्दुल नजीर द्वारा भारत में ब्रिटिश हुकूमत के दौरान किये गये सुधारों का जिक्र करते हुए टिप्पणी भी की गयी है कि स्वतन्त्र भारत में पीछे रह जाने का कोई कारण नहीं है। विदित हो कि ब्रिटिश हुकूमत ने इसी भारत में शरीयत कानून को दरकिनार कर दण्ड संहिता, दण्ड प्रक्रिया संहिता, सिविल प्रक्रिया संहिता, संविदा कानून, सम्पत्ति कानून जैसे धर्म-निरपेक्ष कानूनों को बनाया और लागू भी किया। वैश्विक पटल पर और यहाँ तक कि इस्लामिक धर्म-आधारित देशों द्वारा भी तथा साथ-साथ भारत में ब्रिटिश हुकूमत के दौरान किये गये सुधारों का उल्लेख करते हुए जब सुप्रीम कोर्ट उचित विधान बनाये जाने पर बल देता है, तो इसका सन्दर्भ बहुत व्यापक हो जाता है। और जब सुप्रीम कोर्ट इसे भारतीय संविधान के अनुच्छेद 25 (2) और अनुच्छेद 44 से जोड़ता है, तो निश्चित रूप से उचित विधान का सन्दर्भ समान नागरिक संहिता ही होता है।

जोस पॉलो कौटिन्हो (2019) का मामला

भारत में समान नागरिक संहिता न लागू होने के कारण पैदा होनेवाली कई विसंगतियों में से एक विसंगति वसीयत को लेकर भी है। मुस्लिम कानून में एक-

तिहाई से अधिक सम्पत्ति का वसीयत नहीं किया जा सकता, तो हिन्दू कानून में ऐसा कोई निर्बन्धन नहीं लागू होता है। जबकि गोवा में लागू सिविल संहिता के अन्तर्गत केवल आधी सम्पत्ति का वसीयत किया जा सकता है और बाकी सम्पत्ति निर्धारित अंश के अनुसार उत्तराधिकारियों को मिलता है। यह व्यवस्था गोवा राज्य में धर्म-निरपेक्ष रूप से यहाँ के सभी लोगों पर एक समान तरीके से लागू होता है, चाहे मुस्लिम हो या हिन्दू या ईसाई।

वसीयत की इस विसंगति को लेकर एक विवाद जोस पॉलो कौटिन्हो के मामले में सुप्रीम कोर्ट के समक्ष आयी। भारत के न्यायिक इतिहास का सम्भवतः यह पहला मामला है, जिसमें सुप्रीम कोर्ट द्वारा समान नागरिक संहिता के विषय को गोवा सिविल संहिता के नजरीये से परखने का प्रयास किया गया।

इस मामले का तथ्य यह है कि गोवा के मूल अधिवासी जोकियम मैरियानो परेरा के पास तीन पुत्रियाँ और एक पत्नी थीं। वह बाम्बे में रहता था और बाम्बे में ही एक सम्पत्ति 1955 में खरीदी थी। 1957 में उसने इस सम्पत्ति का वसीयत अपने सबसे छोटी पुत्री के पक्ष में कर दिया। बाम्बे हाईकोर्ट ने 1980 में इसका प्रोबेट भी जारी कर दिया। इसके बाद एक दूसरी पुत्री द्वारा गोवा सिविल संहिता के अन्तर्गत इन्वेण्टरी प्रक्रिया प्रारम्भ कर दी गयी। 9 मार्च, 1998 के आदेश से इन्वेण्टरी न्यायालय ने निर्णय दिया कि बाम्बे में स्थित सम्पत्ति को गोवा के इन्वेण्टरी प्रक्रिया से बाहर किया जाय। यह मामला बाम्बे हाईकोर्ट पहुँचा और हाईकोर्ट ने अपने आदेश दिनांक 8 अगस्त, 2008 द्वारा यह निर्धारित किया कि गोवा के बाहर स्थित सम्पत्ति के सम्बन्ध में गोवा सिविल संहिता नहीं लागू होगी। इस आदेश को सुप्रीम कोर्ट में चुनौती दी गयी थी। विवाद का मूल विषय यह था कि गोवा राज्य निवासी के गोवा के बाहर स्थित सम्पत्ति के सम्बन्ध में उत्तराधिकार की व्यवस्था गोवा सिविल संहिता के प्रावधान से विनियमित होगी अथवा ऐसे भारतीय उत्तराधिकार अधिनियम या व्यक्तिगत कानूनों – यथा हिन्दू उत्तराधिकार कानून या मुस्लिम शरीयत कानून इत्यादि से विनियमित होगी, जो देश के बाकी स्थानों पर लागू हैं।

सुप्रीम कोर्ट के खण्डपीठ द्वारा अपने आदेश दिनांक 13 सितम्बर, 2019 में गोवा सिविल संहिता लागू होने के पक्ष में निर्णय देते हुए समान नागरिक संहिता के बारे में जो टिप्पणी की गयी है, उसे यहाँ उल्लेखित करना प्रासंगिक है। न्यायमूर्ति दीपक गुप्ता एवं न्यायमूर्ति अनिरुद्ध घोष के निर्णय का पैराग्राफ संख्या 20, 21 एवं 28 कहता है–

'20. इसका संज्ञान लेना उचित है कि हमारे संविधान के जनक ने अनुच्छेद 44 में यह अपेक्षा की है कि राज्य नागरिकों के लिए यूनिफॉर्म सिविल संहिता प्राप्त करने का प्रयास करेगा। किन्तु आज तक इस सम्बन्ध में कोई कदम नहीं उठाया गया है। यद्यपि हिन्दू कानून 1956 में ही संहिताकृत हो गया है, किन्तु शाहबानो बेगम और सरला मुद्‌गल मामले में इस न्यायालय के प्रबोधन के बावजूद सभी

नागरिकों के लिए समान नागरिक संहिता बनाने को लेकर कोई प्रयास नहीं किया गया है।

21. तथापि भारतीय राज्यों में गोवा एक देदीप्यमान् उदाहरण है, जहाँ धर्म से असम्बन्ध होकर समान नागरिक संहिता लागू है, केवल कुछ सीमित अधिकार की सुरक्षा को छोड़कर। यह कहना अप्रासंगिक नहीं होगा कि 22.12.2016 के बाद से पुर्तगाल सिविल संहिता के कुछ भाग निरस्त कर दिये गये हैं और इसका स्थान गोवा उत्तराधिकार, विशिष्ट नोटरी एवं इन्वेण्टरी प्रक्रिया कानून, 2012 ने ले लिया है, जो कम या ज्यादा पुर्तगाल सिविल संहिता की तरह ही है। पारिवारिक सम्पत्ति के सन्दर्भ में इसकी प्रमुख विशेषता यह है कि विवाहित युगल संयुक्त रूप से सभी सम्पत्ति, चाहे वह विवाह के पूर्व अर्जित हों या विवाह के बाद अर्जित हों, के स्वामी होते हैं, इसलिए विवाह-विच्छेद के बाद प्रत्येक दम्पति बराबर का हिस्सा पाते हैं। ...मुस्लिम पुरुष, जिसने गोवा में विवाह पंजीकृत कराया है, बहुविवाह नहीं कर सकता है। यहाँ इस्लाम को माननेवालों के लिए मौखिक विवाह-विच्छेद की व्यवस्था नहीं है।

28. उत्तराधिकार के सम्बन्ध में भारतीय उत्तराधिकार अधिनियम, हिन्दू उत्तराधिकार अधिनियम, मुस्लिम व्यक्तिगत कानून (शरीयत) अनुप्रयोग अधिनियम, 1937 और पुर्तगाल सिविल संहिता के मध्य अन्तर्विरोध है, किन्तु इस अन्तर्विरोध का समाधान निकालना ही होगा।'

न्यायिक निर्णयों की समीक्षा

विवाह-विच्छेद के आधारों में विसंगति के सम्बन्ध में मिस जॉर्डान डेंगडेह का मामला हो या भरण-पोषण में विसंगति के सम्बन्ध में शाहबानो बेगम का मामला या बहुविवाह के सम्बन्ध में सरला मुद्गल का मामला या तलाक के मनमाने व्यवस्था के खिलाफ शायरा बानो का मामला या उत्तराधिकार के विसंगति को लेकर जॉन वलामत्तम का या वसीयत की विसंगति को लेकर जोस पॉलो कौटिन्हो का मामला हो, सुप्रीम कोर्ट ने अपनी टिप्पणी एवं विचारों के माध्यम से समान नागरिक संहिता के पक्ष में हमेशा सकारात्मक सन्देश देने का प्रयास किया है। जनमानस की संवेदनाओं से निकली इस न्यायिक आवाज का लोगों द्वारा स्वागत भी किया गया। किन्तु वर्ष 2000 में लिली थामस मामले में सुप्रीम कोर्ट की ही एक खण्डपीठ द्वारा जब यह स्पष्टीकरण दिया गया कि इस न्यायालय ने कॉमन सिविल संहिता का संहिताकरण करने के लिए कभी भी दिशानिर्देश जारी नहीं किये थे, तो लोगों को लगा कि सुप्रीम कोर्ट द्वारा समान नागरिक संहिता के सम्बन्ध में दिखायी गयी न्यायिक-सक्रियता अब थम गयी। किन्तु यह पूर्ण सत्य नहीं है।

वस्तुतः लिली थामस मामले में सुप्रीम कोर्ट द्वारा दिया गया स्पष्टीकरण संविधान की वास्तविक स्थिति को दर्शाता है। स्वयं संविधान के अनुच्छेद 37 के अन्तर्गत स्पष्ट शब्दों में यह नीति स्वीकार की गयी है कि नीति निर्देशक सिद्धान्त न्यायालयों द्वारा प्रवर्तनीय नहीं होंगे। समान नागरिक संहिता का विषय इस नीति का अपवाद नहीं हो सकता है। किन्तु तीन वर्ष बाद ही वसीयत अधिकार में विसंगति से सम्बन्धित जॉन वलामत्तम के मामले में सुप्रीम कोर्ट की पूर्णपीठ द्वारा जिस तरह सरला मुद्गल मामले में व्यक्त किये गये विचार को महत्त्व दिया गया एवं इसके बाद जोस पॉलो कौटिन्हो के मामले में इसे स्वीकृति दिया गया और ऐसा लिली थामस मामले के स्पष्टीकरण के बावजूद दिया गया, साबित करता है कि धर्म-निरपेक्ष समान नागरिक संहिता के निर्माण की आवश्यकता के पक्ष में न्यायालय का अभिमत स्पष्ट और सकारात्मक है।

यह सही है कि न्यायालय के आदेश मात्र से समान नागरिक संहिता का निर्माण नहीं हो सकता है। इसके लिए जन-जागरण और राजनीतिक इच्छाशक्ति का होना आवश्यक है। लेकिन ऐसा भी नहीं है कि मामले के तथ्यों के प्रकाश में सुप्रीम कोर्ट की अलग-अलग खण्डपीठों के न्यायाधीशों द्वारा व्यक्त किये गये विचार एवं टिप्पणी बिल्कुल ही महत्त्वहीन हैं। यह एक सच्चाई है कि जनमानस की संवेदनाओं से ही निकलकर समय-समय पर भिन्न-भिन्न मामले न्यायालयों के समक्ष आते रहे हैं और इन मामलों के तथ्यों के आलोक में ही सुप्रीम कोर्ट की अलग-अलग पीठों द्वारा अनुच्छेद 44 के महत्त्व को समझा गया और समान नागरिक संहिता की आवश्यकता को महसूस किया गया। तो क्या सुप्रीम कोर्ट के माननीय न्यायाधीशों के विचार मात्र इसलिए महत्त्वहीन हो जायेंगे क्योंकि इन विचारों में भय या शास्ति का तत्त्व नहीं है?

यह भी सही है कि नीति निर्देशक सिद्धान्तों के सन्दर्भ में न्यायालयों के विचार मात्र मार्गदर्शक ही होते हैं, इनमें कोई भय या शास्ति नहीं हो सकता है। संविधान में इस अवधारणा को भी स्वीकार किया गया है कि नीति निर्देशक सिद्धान्तों के सम्बन्ध में नीति-निर्माताओं पर दबाव या भय बनाने का विषय न्यायालयों का होने के बजाय देश की जनता का होता है। कमोबेश समान नागरिक संहिता के सन्दर्भ में भी यही अवधारणा लागू होती है। इस अवधारणा के बावजूद सुप्रीम कोर्ट की अलग-अलग खण्डपीठों द्वारा तमाम मामलों, चाहे शाहबानो का मामला हो या मिस जॉर्डान डेंगडेह या सरला मुद्गल या जॉन वलामत्तम या शायरा बानो या जोस पॉलो कौटिन्हो के मामले हों, में धर्म-निरपेक्ष 'समान नागरिक संहिता' के समर्थन में व्यक्त किये गये विचारों के महत्त्व को इस दृष्टिकोण से देखा जाना चाहिए कि माननीय न्यायाधीशगण पीठ में बैठकर जब कोई निर्णय या टिप्पणी या विचार व्यक्त करते हैं तो वह मात्र एक व्यक्ति की आवाज नहीं होती है, बल्कि वह उस समाज की संवेदनाओं की प्रतिनिधिक-आवाज होती है, जो इस देश के ही लोगों द्वारा अलग-अलग मामलों के माध्यम से

माननीय सुप्रीम कोर्ट के समक्ष व्यक्त किया जाता है। उपर्युक्त सभी मामले भी इस देश के लोगों द्वारा ही न्यायालयों के समक्ष लाये गये थे।

पक्षकार हों या अधिवक्तागण या न्यायाधीशगण, ये सभी लोग इस देश के नागरिक हैं और इन सभी लोगों में भी हमारे संविधान ने देश की सम्प्रभुता को सन्निहित किया हुआ है। क्या इन विवादित मामलों के पक्षकार इस तन्त्र में व्याप्त खामियों से व्यथित होकर न्यायालय की शरण में नहीं आये थे? क्या इन पीड़ितों के कदम को मात्र इसलिए उपेक्षित किया जा सकता है क्योंकि वे संसद् एवं नीति-निर्माताओं से निराश होकर सुप्रीम कोर्ट की शरण में आये थे? भूल जाया जाये कि सुप्रीम कोर्ट का कोई निर्णय है या नहीं है। यह भी भूल जाया जाये कि सुप्रीम कोर्ट द्वारा समान नागरिक संहिता के निर्माण के लिए कोई दिशानिर्देश दिया गया है या नहीं। किन्तु क्या इन पीड़ितों की संवदेनाओं को या इन पीड़ितों की तरफ से अधिवक्ताओं द्वारा रखे गये तर्कों को और इन तर्कों के सम्यक् विश्लेषण के उपरान्त न्यायाधीशों द्वारा व्यक्त किये गये विचारों को उपेक्षित किया जा सकता है?

समान नागरिक संहिता सहित अन्य नीति-निर्देशक सिद्धान्तों को न्यायालयों द्वारा अप्रवर्तनीय बनाये जाने के कारण इनकी उपयोगिता पर संविधान-सभा में भी सवाल उठाये गये थे। मि. कामथ द्वारा 'निर्देशक' शब्द के औचित्य पर प्रश्नचिह्न लगाते हुए जब संशोधन-प्रस्ताव लाया गया तो डॉ. अम्बेडकर द्वारा इन सवालों एवं संशोधन-प्रस्तावों के जवाब में व्यक्त किये गये विचार को यहाँ उल्लिखित करना प्रासंगिक है। इन सिद्धान्तों को 'न्यायालयों की शास्ति' के बजाय 'जनता की शास्ति' का विषय मानते हुए डॉ. अम्बेडकर द्वारा कहा गया–

> 'निर्देशक' शब्द के सन्दर्भ में मैं सोचता हूँ कि यह आवश्यक और महत्त्वपूर्ण है क्योंकि यह समझा जाना चाहिए कि संविधान के इस भाग को अंगीकृत करके संविधान-सभा भावी विधायिका और कार्यपालिका को कुछ निर्देश दे रही है कि उन्हें अपने विधायी और कार्यपालिकीय शक्तियों का कैसे प्रयोग करना है। यदि 'निर्देशक' शब्द को हटा दिया जाय, तो मुझे डर है कि संविधान-सभा इस भाग को लागू कराने के अपने उद्देश्य में विफल हो जायेगी। निश्चित रूप से, जैसा कि कुछ सदस्यों ने कहा, इन सिद्धान्तों को पवित्र घोषणा के रूप में रख देना ही मात्र हमारा आशय नहीं है। इस सभा की मन्शा है कि भविष्य में विधायिका और कार्यपालिका दोनों इस भाग में उल्लिखित सिद्धान्तों के प्रति केवल मौखिक सेवा न करें बल्कि ये सिद्धान्त सभी विधायी और कार्यपालिकीय कार्यों का आधार बनें और इनका प्रयोग देश का शासन चलाने में किया जाय। इसलिए मैं निवेदन करता हूँ कि दोनों शब्द 'मौलिक' और 'निर्देशक' आवश्यक हैं और इन्हें बनाये रखना चाहिए।'

प्रारूप संविधान के भाग 4 पर चर्चा के दौरान संविधान-सभा के कुछ सदस्यों द्वारा निर्देशक सिद्धान्त की अवधारणा पर भी प्रश्नचिह्न खड़ा किया गया था। मि. महबूब अली

बेग साहिब बहादुर का तर्क था कि 'देश इन निर्देशक सिद्धान्तों की देखभाल नहीं कर सकता। वह सम्बन्धित पार्टी के आदर्शों, कार्यक्रमों और सिद्धान्तों की देखभाल करेगा। यही है, जिसे संसदीय लोकतन्त्र कहा जाता है। इसलिए अनुच्छेद 30 सहित निर्देशक सिद्धान्त से सम्बन्धित सभी प्रावधानों का कोई महत्त्व नहीं है। इनको संविधान में स्थान नहीं मिलना चाहिए और चूँकि ये प्रवर्तनीय नहीं हैं, इसलिए अर्थहीन हैं। अच्छा यही है कि इन्हें निकाल दिया जाय।'

आम बहस में भाग लेते हुए मि. हुसैन इमाम ने भी कहा कि जिस तरह से निर्देशक सिद्धान्तों को प्रतिपादित किया गया है, ये लागू किये जाने योग्य नहीं हैं। यह केवल कहता है कि यदि जनता एवं सरकार अच्छे होंगे तो वे इन निर्देशकों का ध्यान करेंगे। मैं नहीं समझता हूँ कि ऐसे अप्रभावशाली निर्देशकों को रखे जाने की कोई आवश्यकता है। ... इन निर्देशक सिद्धान्तों को सरकार द्वारा उपेक्षित किया जा सकता है और इसके लिए किसी तरह के उपचार की व्यवस्था नहीं है। इसलिए ऐसे अप्रभावशाली निर्देशक सिद्धान्तों को संविधान में रखे जाने का कोई औचित्य नहीं है।

नीति निर्देशक सिद्धान्तों के सम्बन्ध में माननीय संविधान-सभा सदस्यों द्वारा व्यक्त की गयी शंकाओं एवं सवालों के जवाब में डॉ. अम्बेडकर द्वारा जो कुछ भी कहा गया, वह 'समान नागरिक संहिता' के निर्माण के सन्दर्भ में बहुत ही महत्त्वपूर्ण है। नीति-निर्देशक सिद्धान्तों को आर्थिक लोकतन्त्र की बुनियाद बताते हुए डॉ. अम्बेडकर ने कहा-

> 'उपाध्यक्ष महोदय, मैं यह समझता हूँ कि जो सदस्य निर्देशक सिद्धान्तों में रुचि रखते हैं उनके मस्तिष्क में संविधान के इस वास्तविक प्रावधान के सन्दर्भ में बड़ी भारी गलतफहमी है। यह बिलकुल सम्भव है कि गलतफहमी होने या तुलनात्मक रूप से कम समझ होने का कारण यह हो कि मैंने अपने प्रस्तुति-भाषण में इस पहलू पर चर्चा नहीं की थी। ऐसा इसलिए नहीं था क्योंकि मैं इसे इस सदन के समक्ष स्पष्ट शब्दों में रखना नहीं चाहता था, बल्कि मेरा भाषण पहले ही बहुत लम्बा हो चुका था और मैं इसे और थकानेवाला नहीं बनाना चाहता था जैसा कि पहले ही हो चुका था। लेकिन मैं समझता हूँ कि सभी की इच्छा है कि मेरे द्वारा इस सदन का कुछ समय यह स्पष्ट करने के लिए लिया जाय कि इसकी संविधान में मौलिक स्थिति क्या है? जैसा मैंने कहा है कि हमारा संविधान यान्त्रिक व्यवस्था है जो संसदीय लोकतन्त्र स्थापित करता है। संसदीय लोकतन्त्र का अर्थ हम लोग 'एक व्यक्ति-एक वोट' लगाते हैं।
>
> 'हम समझते हैं कि सभी सरकार दो स्तर पर जवाबदेह होती है एक तो रोज-रोज की कार्यवाही के सम्बन्ध में और दूसरा तब जब निश्चित अवधि के बाद मतदाताओं को सरकार के कार्यों की समीक्षा करने का अवसर आता है। हमने संविधान में राजनीतिक लोकतन्त्र क्यों स्थापित किया है? इसका कारण यह है कि

हम किसी भी रूप में लोगों के किसी भी समूह की निरन्तर तानाशाही नहीं चाहते हैं। राजनीतिक लोकतन्त्र की स्थापना करते समय हमारी यह भी इच्छा है कि आर्थिक लोकतन्त्र के आदर्शों को भी तय किया जाना चाहिए। हम मात्र ऐसी व्यवस्था तय नहीं करना चाहते जिसमें कुछ लोग आयें और सत्ता पर कब्जा कर लें। संविधान उन लोगों के समक्ष भी आदर्श रखना चाहता है जो सरकार बनायेंगे। जहाँ तक मेरी बात है यह आदर्श 'आर्थिक लोकतन्त्र' है।

'प्रश्न है कि क्या हमारे पास ऐसा कोई निश्चित तरीका है जिससे आर्थिक लोकतन्त्र को लाया जा सके? बहुत-से ऐसे रास्ते हैं, जिनके बारे में लोगों का विश्वास है कि इनके माध्यम से आर्थिक लोकतन्त्र लाया जा सकता है। कुछ लोग विश्वास करते हैं कि व्यक्तिवाद आर्थिक लोकतन्त्र का श्रेष्ठ रूप है; कुछ लोग विश्वास करते हैं कि समाजवादी राज्य आर्थिक लोकतन्त्र का श्रेष्ठ रूप है; कुछ लोग ऐसे भी हैं जो विश्वास करते हैं कि साम्यवादी तरीका आर्थिक लोकतन्त्र का सर्वश्रेष्ठ रूप है।

'इस तथ्य को देखते हुए कि ऐसे बहुत-से रास्ते हैं जिनके माध्यम से आर्थिक लोकतन्त्र लाया जा सकता है, हमने जान-बूझकर निर्देशक सिद्धान्तों में ऐसी भाषा का प्रयोग किया है, जो दृढ़ या कठोर नहीं है। आर्थिक लोकतन्त्र का आदर्श पाने के लिए अपने ढंग से प्रयत्न करने के लिए और मतदाताओं को इस बात से प्रभावित करने के लिए कि आर्थिक लोकतन्त्र को पाने के लिए उनका तरीका उत्तम तरीका है, अलग-अलग सोचवाले लोगों के लिए हमने काफी गुंजाइश छोड़ी है और सभी को पूर्ण अवसर दिया गया है कि वे जिस तरह कार्य करना चाहें, कर सकते हैं।

संविधान-निर्माताओं द्वारा धर्म-निरपेक्ष 'समान नागरिक संहिता' के विषय को जब नीति निर्देशक सिद्धान्तवाले भाग 4 में शामिल किया जा रहा था, उस समय उनके दिमाग में 'आर्थिक लोकतन्त्र' एवं 'महिलाओं के साथ प्रत्येक क्षेत्र में समान व्यवहार' का लक्ष्य प्रमुख था। अलग-अलग धर्मों से आच्छादित होकर पुरुषप्रधान प्रवृत्ति को पोषित करने का काम करनेवाले कानून एवं प्रथाओं को किसी भी स्तर पर मिली मान्यता को लोकतन्त्र-आधारित 'विधि के शासन' में समाप्त करना भी हमारे संविधान-निर्माताओं की प्राथमिकता थी और वे मानते थे कि इस लक्ष्य को हासिल करने में सबसे महत्त्वपूर्ण माध्यम 'समान नागरिक संहिता' ही होगी।

कोई भी धर्म यह दावा नहीं कर सकता है कि विवाह या विवाह-विच्छेद या उत्तराधिकार जैसे क्षेत्रों के लिए उसके द्वारा बनायी गयी व्यवस्थाएँ ऐसी नहीं हैं, जो महिलाओं के साथ असमानता का व्यवहार नहीं करती हैं। ऐसी व्यवस्था बनाये जाने के पीछे अमूमन परिवार में शान्ति बने रहने का आधार लिया जाता है। किन्तु परिवार में शान्ति के लिए केवल महिलाओं को ही संयम की परीक्षा देते रहने और त्याग-पर-त्याग करते

रहने के लिए क्यों तैयार रहना पड़े, इसका जवाब इन धर्मों के पास नहीं है। फिर भी महिलाएँ ही त्याग करती हैं। इसके लिए समाज एवं देश को आभारी होना चाहिए। लेकिन क्या तब इसी समाज एवं देश का यह दायित्व नहीं बनता है कि वह ऐसी व्यवस्था बनाये, जिसके अन्तर्गत महिला के समक्ष किसी तरह की विषम परिस्थिति पैदा होने पर वह पुरुष की अन्याय एवं असमानता के व्यवहार से पीड़ित न हो सके? खासतौर से विवाह के बाद, जब उसे इस पुरुषप्रधान व्यवस्था के अन्तर्गत अपने माता-पिता का घर छोड़कर पति के साथ जाना पड़ता है।

घर में जब एक बेटी का विवाह होता है तो मात्र बेटी का विवाह ही नहीं होता है, बल्कि इस विवाह के कारण उसे अपने माता-पिता की सम्पत्ति में मिलनेवाली विरासत के समान अधिकार से समूल वंचित होना पड़ता है। अपनी विरासत की सम्पत्ति के कब्जे से पूर्ण रूप से वंचित हो जाती है। विवाह के कारण इस तरह विरासत से वंचित होने के बाद एक महिला को पति के साथ मिलकर चलने की जिम्मेदारी होती है। यदि पति व्यवसाय या धन्धा करके धन व सम्पत्ति का अर्जन कर रहा होता है तो पत्नी के रूप में एक महिला घर के अन्दर की जिम्मेदारी सँभालकर अपने पति के लिए उचित माहौल तैयार कर रही होती है। दोनों के कार्य एक-दूसरे के बिना अधूरे हैं, दोनों एक-दूसरे के पूरक होते हैं। किन्तु दो-चार-दस वर्ष बाद यदि पति-पत्नी के मध्य किसी तरह का विवाद पैदा होता है, तो दाम्पत्य के दौरान अर्जित की गयी सम्पत्तियों से पत्नी को इस तरह वंचित कर दिया जाता है, जैसे इसमें उसकी कोई भागीदारी ही न रही हो। भारत का कानून आज भी इस मामले में पूर्णतया खामोश है और पुरुषप्रधान सोच के सम्मुख सर झुकाये खड़ा प्रतीत होता है। एक महिला, पत्नी के रूप में जब तक पति के साथ त्याग करने का दायित्व निभा रही है या निभा पा रही है, तब तक उसका वजूद है अन्यथा उसका वजूद मेहर या भरण-पोषण के भरोसे हो जाता है या फिर मायकेवालों के रहमोकरम पर निर्भर हो जाता है। शाहबानो मामले में तो पति द्वारा पत्नी के 43 वर्ष के वैवाहिक जीवन व पाँच बच्चों को पैदा करने की कुल कीमत मात्र 3,000/- रुपये लगायी गयी थी।

समान नागरिक संहिता एवं अन्य दूसरे नीति निर्देशक सिद्धान्तों के माध्यम से हमारे संविधान-निर्माताओं द्वारा आर्थिक लोकतन्त्र स्थापित करने का सपना देखा गया था। सवाल पैदा होता है कि सम्पत्ति में महिलाओं के समान अधिकार को सुनिश्चित किये बिना क्या आर्थिक लोकतन्त्र के लक्ष्य को इसके वास्तविक स्वरूप में प्राप्त किया जा सकता है? महिलाओं को सभी क्षेत्रों में समान अधिकार प्रदान करते हुए आर्थिक लोकतन्त्र के लक्ष्य को हासिल करना ही अनुच्छेद 44 एवं समान नागरिक संहिता का सबसे बड़ा उद्देश्य है।

'समान नागरिक संहिता' निर्माण के सांविधानिक महत्त्व का सन्दर्भ लोगों के अधिकार से कम और नीति-निर्माताओं के दायित्व से ज्यादा है। किन्तु दुर्भाग्य यह है कि आर्थिक लोकतन्त्र को इसके वास्तविक अर्थ में स्थापित करने के बजाय हमारी कार्यपालिका और

विधायिका को महिलाओं के प्रति कानून का तंग नजरीया ही रास आता रहा है और कमोबेश आज भी वहीं मानसिक स्थिति बनी हुई है। तो क्या हमारा तन्त्र भी उस दिन की प्रतीक्षा कर रहा है जब स्वयं महिलाएँ पुत्री होने के नाते माता-पिता की सम्पत्ति में अपनी बराबरी के हक को पाये बिना और विवाहोपरान्त पति के साथ अर्जित होनेवाली सम्पत्ति में समान अधिकार को सुनिश्चित कराये बिना विवाह करने से मना करना प्रारम्भ कर दें। क्या तब हमारा शासनतन्त्र या समाज यह कह पायेगा कि महिलाओं को इस आधार पर विवाह से इनकार करने का अधिकार नहीं है?

बहुत-से माता-पिता अपनी बेटियों को बेटों से कम नहीं चाहते हैं। कुछ तो बेटों से भी ज्यादा चाहते हैं। लेकिन विवाह की व्यवस्था के कारण माता-पिता का बेटों की तरफ झुकाव ज्यादा हो जाता है। इस झुकाव को अस्वाभाविक नहीं कहा जा सकता है क्योंकि यही समाज विवाह के समय माता-पिता को बेटियों के पराया धन होने की सान्त्वना-घुट्टी पिलाने लगता है। समाज में प्रचलित बेटियों के पराया धन होने की अवधारणा इन्हें विवाह के बाद पैतृक सम्पत्ति के कब्जे से वंचित कर देता है। विवाह के बाद बेटियों का पैतृक सम्पत्ति के कब्जे से वंचित होना सबसे बड़ा फर्क पैदा करता है। लेकिन यदि बेटियाँ इस बात के लिए हठ करना प्रारम्भ कर दें कि वे अपने माता-पिता की सम्पत्ति में अपना हिस्सा लिये बिना विवाह नहीं करेंगी, तो क्या माता-पिता के लिए पुत्री की इच्छा के विरुद्ध कानूनन विवाह करना आसान हो पायेगा? यह विवाह ही है, जिसके बाद एक महिला का गाता-पिता के विरासत में दावा कमजोर हो जाता है, इसलिए यदि एक महिला अपनी पुत्री की हैसियत को खोये बिना विवाह करने से मना कर दे, तो कल्पना किया जाय कि किस तरह इसी पुरुषप्रधान समाज की नींव दरकनी शुरू हो जायेगी। सोचें क्या स्थिति होगी जब महिलाएँ अपने इन अघोषित सांविधानिक अधिकारों के लिए असहयोग आन्दोलन करना शुरू कर दें, तब पुरुषप्रधान प्रवृत्ति से डर-सहमकर रहनेवाले हमारे नीति-निर्माताओं को मजबूर होकर समान नागरिक संहिता के लिए आगे आना पड़ेगा। तब सुप्रीम कोर्ट को भी यह स्पष्टीकरण देने का भार नहीं उठाना पड़ेगा कि उसने समान नागरिक संहिता के निर्माण के लिए कभी भी दिशानिर्देश जारी नहीं किया है।

3

नीति-निर्माताओं की निराशाजनक स्थिति

संविधान में अनुच्छेद 44 का प्रावधान शामिल कर लिये जाने के बाद हर पल, क्षण-क्षण हमारे नीति-निर्माता इस बात के लिए दायित्वाधीन रहते रहे हैं कि वे इस देश के लिए एक धर्म-निरपेक्ष समान नागरिक संहिता का निर्माण कर लागू करें। यह देश अपने नीति-निर्माताओं से अपेक्षा करता रहा है कि वे समान नागरिक संहिता के महत्त्व एवं प्रासंगिकता को समझें; इसके अभाव के कारण देश की एकता व अखण्डता को पहुँच रहे नुकसान का पूर्वानुमान लगायें; इसके अभाव के कारण देश में पैदा होने वाले अनावश्यक विवादों को लेकर हो रहे न्यायालयीय संसाधनों के नुकसान को समझने का प्रयास करें और तदनुरूप दृढ़ता के साथ अपनी उस इच्छाशक्ति का प्रयोग करें, जिसे वे समय-समय पर इस देश के करोड़ों-करोड़ जनमानस से प्राप्त करते हैं। किन्तु विगत 70 वर्षों के दौरान हमारे नीति-निर्माता इस कसौटी पर असफल ही साबित हुए हैं। इस दौरान शायद ही ऐसा कोई पल आया हो, जब कोई सरकार समान नागरिक संहिता को बनाने के लिए ईमानदारी से पहल करती दिखी हो।

केवल हिन्दू कानून का संहिताकरण क्यों?

संविधान लागू होने के बाद देश के लिए एक धर्मनिरपेक्ष समान नागरिक संहिता बनाने को लेकर विवाद की स्थिति पहली बार तब उत्पन्न हुई, जब हिन्दुओं के कानून का संहिताकरण करने की बात उठाया गया। 1951 में सिर्फ हिन्दुओं के लिए हिन्दू संहिता विधेयक लाने पर तत्कालीन राष्ट्रपाल डॉ. राजेन्द्र प्रसाद और प्रधानमन्त्री जवाहर लाल नेहरू के मध्य वैचारिक विरोध बहुत गहरा था। डॉ. राजेन्द्र प्रसाद का मानना था कि यदि मौजूदा कानून अपर्याप्त और आपत्तिजनक है तो सभी नागरिकों के लिए समान नागरिक संहिता क्यों नहीं बनाया जाता? सिर्फ एक समुदाय को ही कानूनी दखलअंदाजी के लिए क्यों चुना गया है? 14 सितम्बर, 1951 को डॉ. राजेन्द्र प्रसाद द्वारा प्रधानमन्त्री नेहरू के नाम लिखे अपने पत्र में आगे कहा गया कि जो प्रावधान बनाये जा रहे हैं, यदि वे लोगों के लिए लाभकारी हैं, तो इसे केवल एक ही समुदाय के लिए क्यों लागू किया जा रहा है। बाकी समुदाय इस लाभ से वंचित क्यों रहें?

तब प्रधानमन्त्री नेहरू द्वारा हिन्दू कानूनों का बचाव करते हुए 1954 में कहा गया कि मैं नहीं समझता हूँ कि अभी भारत देश समान नागरिक संहिता के लिए तैयार है। नेहरू के इस विचार के माध्यम से पहली बार हमारे सत्तासीन नीति-निर्माताओं ने संविधान के अनुच्छेद 44 में व्यक्त पवित्र प्रावधान को नजरअन्दाज करना सीखा। सीखा ही नहीं समय-समय पर इसका प्रयोग करके अनुच्छेद 44 के आदर्श को कुन्द भी किया। इसका राजनीतिक प्रयोग एक समुदाय के तुष्टीकरण तक पहुँचने के साथ धर्म-निरपेक्षता की मर्यादा को तार-तार करने में भी कोई संकोच नहीं दिखाया गया। स्पष्टतः यह देश धर्मनिरपेक्षता को लेकर दोराहे पर खड़ा हो गया।

जिस देश का बँटवारा धर्म के नाम पर हुआ और धर्म-आधारित बँटवारे के दंश से किसी तरह बाहर निकलने के बाद जब यह देश धर्मनिरपेक्ष घोषित हुआ, तो कोई औचित्य नहीं रह गया था कि धर्मनिरपेक्षता के आदर्श पथ से भटककर केवल एक धर्म – हिन्दू धर्म के लिए पृथक कानून बनाया जाय और दूसरे धार्मिक समुदायों को सुधार से वंचित कर दिया जाय। समान नागरिक संहिता बनाने के पीछे संविधान निर्माताओं की मन्शा देश को वास्तविक स्वरूप में धर्मनिरपेक्ष राष्ट्र बनाने की थी, ताकि किसी तरह की धर्म-आधारित भेदभाव एवं पृथक्करणीय भावना को समाप्त कर राष्ट्र की एकता और अखण्डता को अक्षुण रखा जा सके। किन्तु इस मन्शा के विपरीत देश के नागरिकों के मध्य धार्मिक भेदभाव का ऐसा खाँचा तैयार किया गया, जो समय के साथ गहरा ही होता गया। राज्य-सत्ता द्वारा कानून बनाने को लेकर धर्म-धर्म के मध्य किये जाने वाले अलग-अलग व्यवहार का समाज पर गहरा प्रभाव पड़ना स्वाभाविक है।

नेहरू के उक्त विचार ने इस देश के नीति-निर्माताओं को कितना निर्भिक बनाया है, इसे इस बात से समझा जा सकता है कि 70 वर्ष की लम्बी अवधि के बाद भी हमारे नीति-निर्माता यही मानते हैं कि अभी भारत देश समान नागरिक संहिता के लिए तैयार नहीं है। 26 अक्टूबर, 2019 को 'मिशन अनुच्छेद 44: एक राष्ट्र, एक सिविल कानून' के तत्त्वाधान में लेखक की पुस्तक 'समान नागरिक संहिता पर विधि आयोग की नकारात्मकता' के लोकार्पण कार्यक्रम में इलाहाबाद हाईकोर्ट के वरिष्ठ न्यायाधीश शशिकान्त गुप्त द्वारा जवाहर लाल नेहरू के उक्त विचार का उल्लेख किया गया और सवाल किया गया कि जब 48 घण्टे के अन्दर अनुच्छेद 370 को समाप्त किया जा सकता है, तो समान नागरिक संहिता क्यों नहीं बनाया जा सकता? इसी को आगे बढ़ाते हुए पूर्व राज्यपाल केशरी नाथ त्रिपाठी ने जवाहर लाल नेहरू के उक्त विचार पर प्रतिक्रिया देते सवाल किया गया कि आखिर कब तक 'अभी नहीं'? अभी नहीं कब तक चलेगा। संविधान लागू हुए 70 साल बीत गया और अभी हम संविधान के इस एक निर्देश का पालन नहीं कर पाये।

यह सवाल उचित है कि आखिर कब तक हमारे नीति-निर्माता यह मानते रहेंगे कि यह देश अभी समान नागरिक संहिता के लिए तैयार नहीं है। ऐसा नहीं है कि यह देश समान

नागरिक संहिता के अभाव के कारण हो रहे नुकसान का सामना नहीं करता है। इसके अभाव के कारण समय-समय पर पैदा होने वाले विवाद और इन विवादों को लेकर जिला-न्यायालयों से लेकर सुप्रीम कोर्ट तक होने वाली लम्बी लड़ाइयों के कारण न जाने देश के कितने संसाधन बरबाद होते हैं। ऐसे भी कई अवसर आये, जब सुप्रीम कोर्ट ने खुद समान नागरिक संहिता के अभाव के कारण हो रही कठिनाइयों को महसूस किया और न सिर्फ महसूस किया, बल्कि देश के नीति-निर्माताओं से समान नागरिक संहिता बनाने की प्रत्यक्ष या परोक्ष अपील भी की गयी, किन्तु दुर्भाग्य से फिर भी हमारे नीति-निर्माताओं द्वारा इन अवसरों का लाभ उठाकर अपनी इच्छाशक्ति का प्रदर्शन नहीं किया जा सका।

यहाँ पर कम-से-कम पाँच मामलों का उल्लेख किया जा सकता है, जब इस देश के जनमानस द्वारा समान नागरिक संहिता को बहुत ही गहराई से महसूस किया गया और इसके लिए उसने सत्तामोह एवं दलीय-लाभ के स्वार्थ में फँसे संसद् या कार्यपालिका पर भरोसा करना छोड़कर सुप्रीम कोर्ट से गुहार लगाना उचित समझा। पहला वर्ष 1985 में शाहबानो बेगम का मामला आया, जब भरण-पोषण को लेकर इस देश की एक महिला द्वारा उसके खिलाफ हो रहे धर्म-आधारित भेदभाव के खिलाफ आवाज उठायी गयी। दूसरा वर्ष 1995 में सरला मुद्गल का मामला आया, जिसमें मुस्लिम धर्म में मान्य किये गये बहुविवाह का नाजायज लाभ प्राप्त करने के लिए दूसरे धर्म के लोगों द्वारा किये जा रहे धर्मान्तरण का विषय उठाया गया। तीसरा वर्ष 2003 में जॉन वलामत्तम का मामला आया, जब एक ईसाई नागरिक द्वारा वसीयत करने के अधिकार को लेकर हो रहे धर्म-आधारित भेदभाव के खिलाफ आवाज उठायी गयी। चौथा वर्ष 2016 में शायरा बानो का मामला, जिसमें मुस्लिम धर्म के पुरुष समुदाय को मौखिक व एकपक्षीय तरीके से दिये गये विवाह-विच्छेद करने के अधिकार – तीन तलाक के खिलाफ आवाज उठायी गयी थी। और पाँचवाँ 2019 में वसीयत के विसंगति को लेकर आया जोस पॉलो कौटिन्हो का मामला, जिसमें सुप्रीम कोर्ट ने गोवा सिविल संहिता का उदाहरण देते हुए समान नागरिक संहिता के पक्ष में टिप्पणी किया है।

उक्त पाँचों ही मामलों में सुप्रीम कोर्ट द्वारा न केवल पीड़ित पक्षकारों को न्याय प्रदान किया गया, बल्कि देश के किसी भी नागरिक को सिविल व्यवहारों के सन्दर्भ में धर्म-आधारित भेदभाव का सामना न करना पड़े, इसके लिए समान नागरिक संहिता बनाने को लेकर देश के नीति-निर्माताओं को सकारात्मक सन्देश भी दिया गया। किन्तु 1985 में शाहबानो मामले में सुप्रीम कोर्ट की यह टिप्पणी कि 'यह दुःख का विषय है कि हमारे संविधान का अनुच्छेद 44 मृत अक्षर बनकर रह गया है; समान नागरिक संहिता को बनाने के लिए राज्य स्तर पर प्रयास किये जाने का कोई साक्ष्य नहीं है; कॉमन सिविल संहिता विरोधाभासी विचारोंवाले कानूनों के प्रति पृथक्करणीय भक्तिभाव को समाप्त कर राष्ट्रीय अखण्डता के लक्ष्य को प्राप्त करने में सहयोग करेगा; यह राज्य के लिए है कि वह देश के सभी नागरिकों के लिए एक यूनिफॉर्म सिविल संहिता का निर्माण करने के लिए अपने

कर्त्तव्य का निर्वहन करे' आज भी हमारे नीति-निर्माताओं की निद्रा को भंग नहीं कर पाया है और अभी कुछ दिन पूर्व जोस पॉलो कौटिन्हो मामले में (2019) सुप्रीम कोर्ट को पुनः इसी तरह का दुःख व्यक्त करना पड़ा है।

मिस जॉर्डान डेंगडेह (1985), सरला मुद्‌गल (1995) एवं जॉन वलामत्तम (2003) मामले में सुप्रीम कोर्ट द्वारा व्यक्त किये गये विचारों पर हमारे नीति-निर्माताओं द्वारा बिलकुल ही चुप्पी साध ली गयी। जोस पॉलो कौटिन्हो (2019) के निर्णय के बाद वर्तमान मोदी सरकार को प्रतिपल परीक्षा के दौर से गुजरना पड़ रहा है, क्योंकि इस निर्णय के बाद उसके लिए विधि आयोग के रिपोर्ट (2018) का सहारा लेना मुश्किल है। वह भी प्रचण्ड बहुमत के साथ दोबारा सत्ता में आने के बाद अब चुप्पी साधना और भी मुश्किल है।

इसके पूर्व शाहबानो बेगम (1985) एवं शायरा बानो (2017) मामले में सुप्रीम कोर्ट द्वारा दिये गये निर्णय के अनुक्रम में हमारे नीति-निर्माताओं द्वारा कानून-निर्माण की दिशा में कुछ विधायी कार्य किये गये हैं। संयोग से शाहबानो बेगम और शायरा बानो के निर्णय बिलकुल अलग-अलग राजनीतिक वातावरण में आये थे। शाहबानो बेगम के निर्णय के समय कांग्रेस की सरकार थी तो शायरा बानो के निर्णय के समय भाजपा की सरकार। अलग-अलग विचारधारा वाली पार्टियों के नेतृत्व वाली दोनों सरकार द्वारा इन निर्णयों के प्रतिक्रिया स्वरूप कानून बनाये गये। कांग्रेसनीत सरकार द्वारा भरण-पोषण कानून – 'मुस्लिम महिला (तलाक उपरान्त अधिकार का संरक्षण) अधिनियम, 1986', तो भाजपानीत सरकार द्वारा तीन तलाक कानून – 'मुस्लिम महिला (विवाह अधिकार संरक्षण) विधेयक, 2017' पारित किया गया है। इन दोनों कानूनों का समान नागरिक संहिता के परिप्रेक्ष्य में विश्लेषण करना इस अध्याय का विषय है।

शाहबानो पश्चात् भरण-पोषण कानून, 1986

शाहबानो मामले में सुप्रीम कोर्ट के निर्णय के बाद मुस्लिम-पुरुष समुदाय के एक वर्ग द्वारा जिस तरह से प्रतिक्रिया की गयी और इस प्रतिक्रिया से प्रभावित होकर तत्कालीन राजीव गाँधी के नेतृत्ववाली केन्द्र सरकार द्वारा जिस तरह से सुप्रीम कोर्ट के निर्णय को प्रभावहीन करने के आशय से कानून – 'मुस्लिम महिला (तलाक उपरान्त अधिकार का संरक्षण) अधिनियम, 1986' बनाया गया, उससे इसका अन्दाजा लगाया जा सकता है कि किस तरह कानून-निर्माण में पुरुषप्रधान प्रवृत्ति का वर्चस्व रहा है। भले ही वर्ष 1947 में यह देश गुलामी की जकड़न को तोड़कर आजाद हो गया हो; भले ही वर्ष 1950 में संविधान लागू होने के साथ इस देश की शासन-व्यवस्था का चेहरा बदलकर लोकतान्त्रिक हो गया हो, लेकिन 39 वर्ष बाद भी क्या हमारे समाज के सोच एवं शासन के चरित्र में भी इसके अनुरूप बदलाव आ पाया, इस सवाल का जवाब जानने के लिए 1986 में संसद् द्वारा पारित किये गये इस कानून को समझना आवश्यक है।

यह सही है कि एक देश या एक समाज के लिए 39 वर्ष की अवधि इतना पर्याप्त नहीं है कि वह सदियों से चली आ रही सामन्तवादी प्रवृत्ति से स्वयं को पूर्णतया मुक्त कर ले और अपने चरित्र को लोकतान्त्रिक एवं धर्म-निरपेक्ष मूल्यों के अनुरूप पूर्णतया ढाल ले। यह एक सतत सुधारात्मक परिवर्तन की प्रक्रिया से ही सम्भव होता है और इसके लिए लोकतन्त्र की सर्वोच्च संस्था होने के नाते 'संसद्' की भूमिका बहुत महत्त्वपूर्ण हो जाती है। राष्ट्रीय फलक पर देश की जनता का प्रतिनिधित्व करनेवाली संस्था 'संसद्' समाज का प्रतिबिम्ब होने के साथ मार्गदर्शक भी होती है। संसद् के एक-एक सदस्य भले ही अलग-अलग सोचवाले समाज का प्रतिनिधित्व करते हों किन्तु एक सामूहिक संस्था के रूप में संसद् समाज का मार्गदर्शन करके सुधारवादी प्रक्रिया को आगे बढ़ाती है और सभ्य समाज के निर्माण का ध्वजवाहक बनती है।

1985 में शाहबानो मामले के निर्णय के बाद संसद् के समक्ष दो रास्ते थे। पहला रास्ता यह था कि समाज की जकड़न से निकलकर सुप्रीम कोर्ट तक संघर्ष करनेवाली महिला 'शाहबानो बेगम' के साथ खड़ा होकर संसद् सुधारवादी प्रक्रिया को गति प्रदान करते हुए सभ्य समाज के निर्माण का मार्गदर्शन करती या फिर दूसरा रास्ता यह था कि वह 'शाहबानो के शौहर' के साथ खड़ा होकर देश को यथास्थितिवादी बनाते हुए उस दकियानूसी समाज का प्रतिनिधित्व करती, जिसने अपने पुरुषत्व के अहं के कारण पत्नी को सुप्रीम कोर्ट तक मुकदमा लड़ने के लिए मजबूर कर उसे लाचारगीवाली स्थिति में ला दिया था। दुर्भाग्य से तत्कालीन संसद् पहले के बजाय दूसरे रास्ते को अपनाना उचित समझी।

ऐसा नहीं है कि 'शाहबानो बेगम' इस देश के लोकतन्त्र का हिस्सा नहीं थी और संसद् के निर्माण में उसने अपना योगदान नहीं दिया था। लेकिन कानून के निर्माण के दौरान संसद् के दिल और दिमाग पर 'शाहबानो का शौहर' कैसे हावी हो जाता है; आधी आबादी होने के बावजूद संसद् में किस तरह महिलाओं की आवाज दब जाती है और पुरुषप्रधान प्रवृत्ति कैसे अपने अनुरूप संसद् से कानून बनवाने में सफल हो जाती है, इसे जानने के लिए मुस्लिम महिला (तलाक पर अधिकारों का संरक्षण) अधिनियम, 1986 का विश्लेषण करना आवश्यक है।

शाहबानो मामले में दिये गये निर्णय में सुप्रीम कोर्ट द्वारा मूलतः दो विषय पर विचार व्यक्त किया गया था। पहला विषय था– मुस्लिम पति द्वारा तीन तलाक का मनमाने तरीके से प्रयोग करने और तलाकशुदा अक्षम मुस्लिम महिलाओं द्वारा अपने भरण-पोषण के लिए पूर्व पति से खर्च पाने का विषय तथा दूसरा विषय था– अनुच्छेद 44 के अन्तर्गत यूनिफॉर्म 'सिविल संहिता' के निर्माण की आवश्यकता का विषय। पहला विषय सामाजिक रूप से जितना संवेदनशील था तो दूसरा विषय सांविधानिक रूप से उतना ही गम्भीर था। पहला विषय समाज में पैदा होनेवाली विसंगतियों की ओर इंगित करता है, तो दूसरा विषय दर्शाता है कि किस तरह यूनिफॉर्म 'सिविल संहिता' के अभाव के कारण समाज में तमाम तरह की

विसंगतियाँ पैदा होती हैं। शाहबानो मामले में सुप्रीम कोर्ट द्वारा दिया गया निर्णय इन दोनों दृष्टिकोणों से महत्त्वपूर्ण है।

भरण-पोषण विषय पर सुप्रीम कोर्ट ने अपने निर्णय में कहा था कि 'मुल्ला का मोहम्मडन लॉ' और 'तयब जी का मुस्लिम कानून' पुस्तकों में लिखे गये कथन इस अवधारणा को सिद्ध करने के लिए अपर्याप्त हैं कि मुस्लिम पति अपनी तलाकशुदा पत्नी, जो अपना भरण-पोषण करने में अक्षम है, का भरण-पोषण करने के दायित्वाधीन नहीं है। धारा 125 उन मामलों पर लागू होता है, जब पर्याप्त स्रोत रखनेवाले एक व्यक्ति द्वारा उन अक्षम लोगों, जिसमें पत्नी भी शामिल है, का भरण-पोषण करने की उपेक्षा की जाती है या भरण-पोषण करने से मना किया जाता है। चूँकि मुस्लिम व्यक्तिगत कानून, जो पति की अपने तलाकशुदा पत्नी का भरण-पोषण करने के दायित्व को इद्दत की अवधि तक सीमित करता है, धारा 125 में उल्लिखित परिस्थितियों का विचार नहीं करता है। अतः यह नहीं कहा जा सकता है कि मुस्लिम पति, अपने व्यक्तिगत कानून के अन्तर्गत, इद्दत अवधि के बाद अपनी अक्षम तलाकशुदा पत्नी का भरण-पोषण करने के दायित्वाधीन नहीं है। सही स्थिति यह है कि यदि तलाकशुदा पत्नी स्वयं का भरण-पोषण करने में सक्षम है तो उसका भरण-पोषण करने का पति का दायित्व इद्दत की अवधि बीतने के साथ ही समाप्त हो जाता है। यदि वह खुद का भरण-पोषण करने में अक्षम है, तो वह धारा 125 के रास्ते को अपनाने की अधिकारिणी है। इसलिए यह नहीं कहा जा सकता है कि अक्षम तलाकशुदा पत्नी का भरण-पोषण करने की मुस्लिम पति के दायित्व को लेकर धारा 125 के प्रावधान और मुस्लिम व्यक्तिगत कानून के मध्य कोई अन्तर्विरोध है।

एक सच्चाई यह भी है कि शाहबानो बेगम जैसी कोई महिला यदि अपनी पीड़ा को लेकर न्यायालय का दरवाजा नहीं खटखटाती, तो शायद ही सुप्रीम कोर्ट को 'तीन तलाक' या 'भरण-पोषण' या 'यूनिफॉर्म सिविल संहिता' विषय पर किसी तरह का विचार व्यक्त करने की आवश्यकता महसूस होती। किन्तु क्योंकि यह देश एक लोकतान्त्रिक देश है, जो 'संविधान' और 'विधि के शासन' से संचालित होता है, इसलिए न तो शाहबानो बेगम को न्यायालय आने से रोका जा सकता था और न ही उसकी पीड़ा के निवारण पर विचार करते समय सुप्रीम कोर्ट को सभी सांविधानिक एवं कानूनी पहलुओं पर चर्चा करने और निर्णय देने से ही रोका जा सकता था। सुप्रीम कोर्ट एक तलाकशुदा महिला की पीड़ा को महसूस करती है; किन्तु हमारा संसद् इन महिलाओं की पीड़ा और संविधान के मर्म को किस तरह समझता है और कितना समझता है, इसे जानने के लिए आवश्यक है कि हम यह समझने का प्रयास करें कि आखिर तत्कालीन संसद् को मुस्लिम महिला (तलाक पर अधिकारों का संरक्षण) अधिनियम, 1986 जैसा कानून पारित करने की जरूरत क्यों पड़ी? और यदि जरूरत पड़ी भी तो क्या संसद् द्वारा इस कानून को पारित करते समय विवेकयुक्त, सम्यक् व निष्पक्ष दृष्टिकोण अपनाया गया था?

शाहबानो मामले में सुप्रीम कोर्ट द्वारा दिये गये निर्णय के दो प्रभाव थे। पहला यह कि मुस्लिम पति द्वारा भी तलाकशुदा अक्षम पत्नी का भरण-पोषण करने के दायित्व को उसी तरह निभाया जाना था, जिस तरह दूसरे धर्म के पति द्वारा धर्म-निरपेक्ष कानून के अन्तर्गत निभाये जाने की बाध्यता है और दूसरा प्रभाव यह था कि यूनिफॉर्म 'सिविल संहिता' के निर्माण की आवश्यकता के सम्बन्ध में सुप्रीम कोर्ट द्वारा व्यक्त किये गये विचार को हमारा संसद् गम्भीरता से लेकर इस दिशा में आगे बढ़ने का प्रयास करता। देश की संसद् के लिए यह निर्णय एक बहुत बड़ा अवसर था कि वह देशहित में यूनिफॉर्म 'सिविल संहिता' का निर्माण करने पर विचार करता, लेकिन दुर्भाग्य से क्षणिक राजनीतिक लाभ के लिए वह इस अवसर को भुनाने के बजाय दकियानूसी विचारों को स्थायित्व देने की दिशा में काम करने लगा।

देश के लोकतन्त्र की सबसे बड़ी संस्था होने के कारण 'संसद्' से यह उम्मीद की जा सकती थी कि तलाकशुदा मुस्लिम महिलाओं के भरण-पोषण के अधिकार को प्रभावित करनेवाला कोई कानून बनाते समय वह इससे जुड़े अन्य सभी पहलुओं पर भी सम्यक् व निष्पक्ष दृष्टिकोण अपनाता। इस देश की महिलाओं को उम्मीद रही होगी कि उनके भरण-पोषण के अधिकार को प्रभावित करते समय संसद् इस पहलू पर भी निष्पक्षता से विचार करता कि सदियों से इस देश में महिलाओं को सम्पत्ति में बराबरी के अधिकार से वंचित रखा गया है और इस कारण उन्हें किसी-न-किसी रूप में अपने पुरुष-रिश्तेदार, चाहे पति के रूप में हो या पिता या भाई के रूप में, पर निर्भर रहना पड़ता है। इसलिए संसद्, पुरुषप्रधान तत्त्वों के दबाव में ही सही, यदि मुस्लिम महिलाओं के भरण-पोषण के अधिकार में कटौती करनेवाला कोई कानून बनाने जा रहा था, तो बेशक कानून बनाता, किन्तु कम-से-कम वह तलाकशुदा महिलाओं की सम्पत्ति में बराबरी के अधिकार, चाहे माँ-बाप की सम्पत्ति में समान उत्तराधिकार हो या विवाहोपरान्त पति के साथ अर्जित होनेवाली सम्पत्ति में बराबरी का अधिकार हो, को सुरक्षित करने के लिए प्रभावशाली कानून भी बनाता।

शाहबानो मामले में सुप्रीम कोर्ट के निर्णय का विरोध करनेवाले लोगों द्वारा यह भी दावा किया गया कि मुस्लिम कानून में विवाह एक संविदा है और ऐसे वैवाहिक संविदा के समय ही मेहर की राशि तय कर ली जाती है। इसलिए तीन तलाक, जो इद्दत की अवधि के बाद अन्तिम हो जाता है, के सन्दर्भ में विषय केवल इतना रह जाता है कि मेहर की राशि का भुगतान किया जाय और ज्यों ही पति द्वारा तलाकशुदा महिला को मेहर की राशि का भुगतान कर दिया जाता है, पत्नी का पति से भरण-पोषण पाने का हक समाप्त हो जाता है। ऐसा प्रतीत होता है कि मुस्लिम महिला (तलाक पर अधिकारों का संरक्षण) अधिनियम, 1986 पारित करते समय संसद् इन दावों से पूर्णतया सहमत थी क्योंकि इस कानून में न केवल इद्दत अवधि की सीमा को स्वीकार किया गया था, बल्कि संसदीय इतिहास में पहली बार इस कानून के माध्यम से तीन तलाक की अवधारणा पर मुहर भी लगायी गयी थी।

भरण-पोषण कानून, 1986 की विसंगतियाँ

वैवाहिक संविदा हो या तीन तलाक; भरण-पोषण का अधिकार हो या सम्पत्ति का अधिकार, ऐसे सभी विषय पर 1986 का कानून बनानेवाले संसद् से मुस्लिम महिलाएँ निम्न बिन्दुओं पर भी विचार करने की अपेक्षा करती थीं–

1. यदि यह स्वीकार कर लिया जाय कि मुस्लिम कानून में विवाह एक संविदा है, तो विवाह को भी संविदा की तरह आवश्यक रूप से लिखित एवं रजिस्टर्ड बनाने के लिए प्रावधान बनाया जाता और इस कारण ऐसे संविदा का खण्डन यानी विवाह-विच्छेद को भी लिखित रूप से आवश्यक किये जाने के सम्बन्ध में या एक पक्ष द्वारा वैवाहिक संविदा का एकपक्षीय खण्डन करने के कारण दूसरे पक्ष को होनेवाले नुकसान की भरपाई करने के सम्बन्ध में प्रावधान बनाया जाता।;
2. मुस्लिम कानून में विवाह के दौरान दो गवाहों की उपस्थिति आवश्यक है। पति द्वारा तीन तलाक का दुरुपयोग न किया जा सके, इसके लिए संसद् द्वारा तीन तलाक के लिए दो गवाहों की उपस्थिति आवश्यक करने के सम्बन्ध में भी प्रावधान बनाया जाता, क्योंकि अधिकतम मामलों में मुस्लिम महिलाएँ मौखिक तीन तलाक से ही पीड़ित होकर भरण-पोषण की माँग करती हैं।;
3. 1986 के कानून के अन्तर्गत जब संसद् तीन तलाक को विवाह-विच्छेद की परिभाषा में शामिल करके इसे मान्यता देने जा रहा था, तो यह भी प्रावधान बनाया जाता कि पति द्वारा तीन तलाक देने के लिए उसी तरह कोई तार्किक आधार होना चाहिए एवं इसके खिलाफ अपील करने का अधिकार उसी तरह होना चाहिए, जिस तरह न्यायालय के माध्यम से होनेवाले विवाह-विच्छेद के लिए होता है।;
4. 1986 के कानून के अन्तर्गत जब संसद् विवाह के समय तय किये गये मेहर को सम्पत्ति के रूप में उल्लेख करने जा रहा था, तो ऐसा भी प्रावधान बनाया जाता ताकि विवाह के बाद दाम्पत्य जीवन के दौरान अर्जित हुई सम्पत्ति में पत्नी के रूप में उसे समान अधिकार मिल सके।; और
5. 1986 के कानून के अन्तर्गत जब संसद् विवाह के समय मित्रों एवं रिश्तेदारों से मिले उपहारों का सम्पत्ति के रूप में उल्लेख करने जा रहा था, तो उसके द्वारा यह भी प्रावधान बनाया जाता ताकि विवाह के समय पुत्री होने के नाते एक महिला की माँ-बाप की सम्पत्ति में समान उत्तराधिकार को भी सुरक्षित किया जा सके।

दुर्भाग्य से तत्कालीन संसद् को तलाकशुदा महिलाओं के उपर्युक्त मूलभूत अधिकारों से कुछ भी लेना-देना नहीं था। उसे तो वस्तुतः पुरुषप्रधान प्रवृत्ति का पोषण करना था और इस पोषण के बहाने अपनी सत्ता का संरक्षण करना था। विडम्बना यह कि यह सब महिलाओं के अधिकार के नाम पर करना था। उसे तो किसी तरह शाहबानो मामले

के निर्णय के प्रभाव को समाप्त करना था और मुस्लिम धर्म के एक वर्ग को सन्तुष्ट करना था।

देश के संसदीय इतिहास में पहली बार 1986 के कानून की धारा 2 (क) के माध्यम से 'तलाकशुदा महिला' को परिभाषित करने के बहाने 'तीन तलाक' की व्यवस्था को कानूनी मान्यता प्रदान की गयी। इस धारा के अनुसार तलाकशुदा महिला वह है, जिसे मुस्लिम कानून के अन्तर्गत उसके पति द्वारा तलाक दे दिया गया हो। खुद को विश्व की सबसे बड़ी लोकतान्त्रिक संस्था होने का दावा करनेवाले इस देश की संसद् से मुस्लिम महिलाएँ यह उम्मीद कर सकती थीं कि जब वह इस कानून के माध्यम से तीन तलाक को मान्यता देने जा रहा था, तो उसे इसके साथ कुछ ऐसे सुरक्षात्मक उपायवाले प्रावधान भी बनाना चाहिए था, जिससे तीन तलाक का दुरुपयोग न किया जा सके। यथा– बिना तार्किक कारण के तीन तलाक न लिया गया हो; नशे की हालत में या दबाव में या मानसिक अस्थिरता की स्थिति में या क्रोध में या उकसावे में किये गये तलाक मान्य नहीं होंगे; निकाह की तरह तीन तलाक भी दो गवाहों की उपस्थिति में लिया गया हो; इसके खिलाफ पीड़ित पक्ष को न्यायालय में अपील करने का अधिकार हो; एकपक्षीय वैवाहिक खण्डन किये जाने की स्थिति में दूसरे पक्ष को होनेवाले नुकसान की भरपाई की व्यवस्था हो; इत्यादि-इत्यादि। इस तरह के कुछ सुरक्षात्मक उपाय को स्वीकार करके संसद् मुस्लिम महिलाओं को तीन तलाक के दुरुपयोग से कुछ हद तक बचा सकता था। किन्तु दुर्भाग्य से तीन तलाक को कानूनी मान्यता देते समय संसद् द्वारा ऐसे सुरक्षात्मक उपायों पर चुप्पी साध ली गयी। 1986 के कानून में संसद् द्वारा तीन तलाक के साथ-साथ 'बच्चों का भरण-पोषण', 'मेहर', 'उपहार' जैसे विषयों को भी छुआ गया है, किन्तु दुर्भाग्य से इन विषयों पर प्रावधान बनाते समय भी संसद् स्वयं को पुरुषप्रधान सोच से मुक्त नहीं कर सका।

तो क्या हमारा संसद् वास्तव में 1986 के कानून के माध्यम से तलाकशुदा महिलाओं की सम्पत्ति को सुरक्षित करने का आशय या इच्छा रखता था? इस सवाल का जवाब जानने के लिए इस कानून में उल्लिखित सम्पत्तियों का विश्लेषण करना आवश्यक है। 1986 के इस कानून की धारा 3(1) के प्रावधान में कुल चार तरह की व्यवस्थाओं/सम्पत्तियों का वर्णन किया गया है, जिसको एक मुस्लिम महिला तलाक के बाद पाने की अधिकारिणी होती है। ये सम्पत्तियाँ निम्न हैं–

(क) अपने पूर्व पति द्वारा इद्दत अवधि के अन्दर बनाये गये एवं भुगतान किये गये उचित व न्याययुक्त व्यवस्था और भरण-पोषण;

(ख) जहाँ विवाह-विच्छेद के पूर्व या पश्चात् जन्म लिये बच्चे का वह स्वयं पालन-पोषण कर रही हो, तो ऐसे बच्चों के जन्म की तिथि से दो वर्ष की अवधि के लिए अपने पूर्व पति द्वारा बनाये गये एवं भुगतान किये गये उचित व न्याययुक्त व्यवस्था और भरण-पोषण;

(ग) मुस्लिम कानून के अनुसार अपने विवाह के समय या उसके बाद किसी समय, भुगतान के लिए तय किये गये मेहर या डॉवर के धन के बराबर की धनराशि; और

(घ) विवाह के पहले या विवाह के समय या विवाह के बाद उसे अपने रिश्तेदारों या मित्रों या पति या पति के किन्हीं रिश्तेदारों अथवा उसके मित्रों द्वारा दी गयी सारी सम्पत्तियाँ।

एक से चार तक उल्लिखित उपर्युक्त सम्पत्तियाँ सिर्फ गिनाने भर के लिए ही हैं। इन सभी सम्पत्तियों का यदि समग्रता व निष्पक्षता के साथ विश्लेषण किया जाय, तो शायद कोई विवेकशील व्यक्ति इन्हें स्थायी और सारभूत सम्पत्ति कह पायेगा। इनकी प्रकृति व विषय-वस्तु इतनी अस्पष्ट और अस्थायी हैं कि शायद ही इन पर निर्भर होकर कोई व्यक्ति अपने जीवन का निर्वहन कर सकेगा। न केवल सैद्धान्तिक स्तर पर, बल्कि व्यावहारिक स्तर पर शायद ही इससे कमजोर कोई कानून हो, जिसे सम्पत्ति में अधिकार के नाम पर बनाया गया है। इसमें न तो विधिक आदर्श के तत्त्व हैं और न ही विधिक शास्ति के तत्त्व। इस कानून को यद्यपि तलाकशुदा मुस्लिम महिलाओं की सम्पत्ति व अधिकार के नाम पर बनाया गया है, किन्तु इनमें ऐसे कौन-से सारभूत तत्त्व हैं, जिसके आधार पर इन सम्पत्तियों में कोई व्यक्ति अपने अधिकार का प्रयोग कर सकता है, इस सवाल का जवाब देना संसद् के लिए आसान नहीं होगा, खासतौर से तब जब इन सभी सम्पत्तियों को पाने के लिए सिर्फ और सिर्फ पति के रहमोकरम पर या दूसरे लोगों की मेहरबानी पर निर्भर रहना है या फिर दो-चार-दस हजार के मूल्यवाले मेहर एवं उपहारों के लिए एक तलाकशुदा महिला को न्यायालयों के चक्कर लगाना है।

1986 के कानून की धारा 3(2) में यह भी प्रावधान है कि उक्त चारों सम्पत्तियों के सम्बन्ध में विवाद पैदा होने की स्थिति में तलाकशुदा महिला न्यायालय की शरण में जा सकती हैं। यह सही है कि प्रत्येक मामलों के तथ्य एवं परिस्थितियाँ अलग-अलग होती हैं और किसी तरह का विवाद पैदा होने पर इनका निस्तारण न्यायालय द्वारा ही किया जा सकता है। लेकिन कुछ विषय ऐसे होते हैं, जिसे यदि कानून में ही स्पष्ट कर दिया जाय तो पक्षकार को न्यायालय जाने की आवश्यकता ही नहीं रह जाती है। कानून की अस्पष्टता के कारण पक्षकार द्वारा न्याय प्राप्त करना और न्यायालय द्वारा न्याय प्रदान करना, ये दोनों ही विषय मुकदमेबाजी और एकेडमिक चर्चा का विषय बन जाता है। दुर्भाग्य से, जाने-अनजाने संसद् ने तलाकशुदा मुस्लिम महिलाओं के अधिकार के सम्बन्ध में कुछ ऐसा ही करने का प्रयास किया है, ताकि इनका अधिकार या तो पूर्वपति की नैतिकता के अधीन रहे या फिर न्यायिक तन्त्र की क्षमता एवं कौशल के अधीन।

पूर्व पति द्वारा भरण-पोषण न दिये जाने से पीड़ित महिलाओं में से कुछ ही ऐसी होती हैं, शायद 8-10 प्रतिशत से ज्यादा नहीं, जो न्यायालय का दरवाजा खटखटा पाती हैं।

बाकी तो घुटन एवं उम्मीद में ही अपना जीवन खपा देती हैं। सम्पत्ति में अधिकार के बिना ये महिलाएँ बेसहारा होती हैं और इस उम्मीद में कि एक दिन उसके पति द्वारा उसे अवश्य ही अपना लिया जायेगा, वे मुकदमेबाजी जैसी पीड़ादायक प्रक्रिया से स्वयं को अलग करके रखती हैं। जो कुछ थोड़ी-सी महिलाएँ न्यायालय तक पहुँचने की हिम्मत कर पाती हैं, उन्हें भी न्याय की उम्मीद में जीवन के एक बड़े भाग को खपाना पड़ता है।

छद्म किस्म की उक्त चारों सम्पत्तियों के स्थान पर संसद् यदि सिर्फ दो वास्तविक सम्पत्तियों– माँ-बाप की सम्पत्ति में पुत्रों के समान उत्तराधिकार से मिलनेवाली सम्पत्ति और विवाहोपरान्त दाम्पत्य जीवन के दौरान पति के साथ अर्जित की गयी सम्पत्ति में बराबर का अंश– का इस प्रावधान में उल्लेख कर दिया होता, तो शायद न तो किसी 'व्यवस्था' की आवश्यकता होती और न ही किसी 'भरण-पोषण' या 'मेहर' से सम्बन्धित प्रावधान बनाने की ही आवश्यकता होती। ऐसा भी नहीं है कि इन दोनों सम्पत्तियों में महिलाओं का अधिकार विधिशास्त्र के लिए कोई नयी बात हो। बहुत-सारे मुस्लिम देशों में पुरुषों के समान महिलाओं के इन दोनों अधिकारों को मान्यता दी गयी है। टर्की सिविल संहिता के अन्तर्गत टर्की के सभी नागरिकों, जिसमें 95-97 प्रतिशत मुस्लिम धर्म के अनुयायी हैं, को ये दोनों अधिकार बिना किसी लिंगभेद के प्राप्त हैं। मात्र 'तलाकशुदा मुस्लिम महिला' के सन्दर्भ में ही नहीं, मात्र 'मुस्लिम महिला' के सन्दर्भ में ही नहीं या मात्र किसी 'सामान्य महिला' के सन्दर्भ में ही नहीं, बल्कि किसी भी व्यक्ति के सन्दर्भ में ये सम्पत्तियाँ वास्तविक अधिकारवाली सम्पत्ति होती हैं, जिसको समानता के साथ धर्म-निरपेक्ष और लिंग-निरपेक्ष होकर लागू किया जाना चाहिए था। किन्तु इसके लिए निष्पक्षता और व्यापक सोच रखने के साथ-साथ आत्मबल की भी आवश्यकता होती, जिसे दुर्भाग्य से 1986 का कानून पारित करते समय संसद् द्वारा नहीं दिखाया जा सका।

वर्ष 1986 का कानून पारित करने के पूर्व 36 वर्ष के संविधानोत्तर काल में या इस कानून के बाद इन 32 वर्ष की अवधि के दौरान कितनी महिलाओं को तीन तलाक के कोपभाजन का शिकार बनना पड़ा है और इस कोपभाजन के बाद भरण-पोषण न मिल पाने के कारण इन महिलाओं का जीवन कितना और किस स्तर पर प्रभावित हुआ है, इन आँकड़ों को एकत्रित कर इनका विश्लेषण करना अनुसन्धान का विषय है। 1986 का कानून पारित करते समय संसद् को पिछले 36 वर्षों के आँकड़ों को एकत्रित कर विश्लेषण करना चाहिए था। किन्तु संसद् द्वारा जिस तरह से जल्दीबाजी में इस कानून को पारित किया गया, उसको देखते हुए इस तरह के विश्लेषण करने की सम्भावना बिल्कुल क्षीण नजर आती है। यदि संसद् के पास समय होता तो भी उसके द्वारा इन आँकड़ों को एकत्रित कर इनके प्रभावों की समीक्षा की जाती, इसकी भी सम्भावना नहीं के बराबर है। क्योंकि ऐसे कार्य को सम्पादित करने के लिए तत्कालीन संसद् को

पुरुषप्रधान सोच के पक्ष में पूर्वाग्रही होने से खुद को मुक्त करना पड़ता और जिस आशय से इस कानून को पारित किया गया, उसे देखते हुए तत्कालीन संसद् के लिए ऐसा किया जाना सम्भव ही नहीं था।

संसद् द्वारा 1986 का कानून पारित किये जाने के बाद एक बार फिर मुस्लिम तलाकशुदा महिलाएँ भरण-पोषण का अधिकार पाने की लड़ाई में पीछे ढकेल दी गयीं। इस कानून के माध्यम से दो खास तथ्य निकलकर आते हैं। पहला यह कि मुस्लिम व्यक्तिगत कानून में मान्य 'पति द्वारा तीन तलाक देने के अधिकार' को देश के संसदीय इतिहास में पहली बार मान्यता प्रदान की गयी और दूसरा यह कि इस कानून के माध्यम से यह सन्देश देने का प्रयास किया गया कि इद्दत की अवधि तक ही तलाकशुदा मुस्लिम महिला को भरण-पोषण पाने का अधिकार है और वह भी उतना ही जितना कि पूर्व पति द्वारा उचित व न्याययुक्त व्यवस्था और भरण-पोषण के रूप में बनाया गया व भुगतान किया गया है। तीन तलाक से पीड़ित उन मुस्लिम महिलाओं के लिए, जिन्होंने पति के साथ घर बसाने के लिए माँ-बाप की सम्पत्ति से खुद को अलग कर लिया और कभी भी अपनी स्वतन्त्र आय के स्रोत को विकसित करने की परवाह नहीं की, के लिए यह कानून पहाड़ टूटने से कम नहीं था।

शायरा बानो पश्चात् तीन तलाक विधेयक, 2017

शायरा बानो मामले में सुप्रीम कोर्ट द्वारा तत्काल तीन तलाक को अवैध घोषित किये जाने का निर्णय आने के कुछ ही दिन बाद नरेन्द्र मोदी सरकार 'मुस्लिम महिला विवाह अधिकार संरक्षण विधेयक, 2017' (तीन तलाक कानून) लेकर आ गयी। इस विधेयक के माध्यम से तत्काल तीन तलाक यानी तलाक-उल-बिद्दत को गैर जमानतीय एवं संज्ञेय अपराध घोषित करते हुए इसके खिलाफ तीन साल तक की सजा का प्रावधान बनाया गया है। इस विधेयक के उद्देश्य में लिखा गया है कि सुप्रीम कोर्ट का आदेश आने के बावजूद तलाक-उल-बिद्दत होने की कई घटनाएँ देखने को मिली हैं। इसलिए मुस्लिम महिलाओं को तलाक-उल-बिद्दत के उत्पीड़न से बचाने के लिए यह कानून लाना आवश्यक हो गया है। इस विधेयक में तीन तलाक से पीड़ित महिलाओं एवं आश्रित बच्चों को उनके जीविकोपार्जन के लिए पति द्वारा निर्वाह-भत्ता, जैसा मजिस्ट्रेट द्वारा तय किया जाय, को दिलाये जाने का भी प्रावधान है। विधेयक प्रस्तुत करते हुए विधि मन्त्री द्वारा सुप्रीम कोर्ट के निर्णय के उस भाग का भी उल्लेख किया गया, जिसमें मुख्य न्यायाधीश के अल्पमतवाले निर्णय में उचित कानून बनाने का निर्देश दिया गया है।

यद्यपि राज्यसभा के समर्थन के अभाव में उक्त विधेयक कानून का स्वरूप नहीं ले सका है, किन्तु सुप्रीम कोर्ट द्वारा तीन तलाक अवैध घोषित किये जाने के बावजूद भी इस देश में तीन तलाक की घटनाएँ देखने को मिलना ढीठ होने जैसी स्थिति है। इससे निपटने

के लिए केन्द्र सरकार द्वारा अध्यादेश लाया गया है। इसमें कोई दो राय नहीं हो सकती है कि इस तरह से ढीठ होने के खिलाफ कड़ा कानून बनना ही चाहिए। किन्तु कानून-निर्माण-प्रक्रिया में ईमानदारी भी आवश्यक है। न्यायपालिका जब कोई निर्णय दे रही होती है तो उसकी अपनी एक सीमा होती है। वह याचिका में माँगे गये प्रार्थना की सीमा को सामान्यतया लाँघ नहीं सकती है। किन्तु कानून-निर्माण में ऐसी कोई सीमा नहीं होती है। जब आप कानून बना रहे होते हैं, तो आपको समग्रता के साथ उन सभी पहलुओं पर विचार करना चाहिए, जो उस विषय से जुड़े हुए हैं। आप केवल फौरी राहत देने या श्रेय लेने के लिए कानून नहीं बना रहे होते हैं, बल्कि कानून-निर्माण के समय गुणवत्तायुक्त विधिक विकास, स्वस्थ समाज की रचना और राष्ट्रहित का लक्ष्य महत्त्वपूर्ण होते हैं। किन्तु दुर्भाग्य से तीन तलाक के खिलाफ लाये गये विधेयक में इन तीनों बातों का बिल्कुल अभाव दिखा।

तीन तलाक मामले में सुनवायी के समय याचिकाकर्त्ता एवं भारत संघ द्वारा सुप्रीम कोर्ट के समक्ष ट्यूनिशिया, संयुक्त अरब अमीरात, यमन, अल्जीरिया, मिस्र, इराक, जार्डन, कुवैत, लेबनान, लीबिया, मोरक्को, सूडान, सीरिया, इण्डोनेशिया, मलयेशिया, फिलिपीन्स, टर्की, पाकिस्तान, बाँग्लादेश जैसे उन मुस्लिम देशों का हवाला दिया गया, जहाँ पर तत्काल तीन तलाक लागू नहीं है। किन्तु प्रथम निर्णय के पैराग्राफ संख्या 142 में इस आधार का लाभ याचिकाकर्त्ता को नहीं मिल पाया क्योंकि इन सभी देशों ने तीन तलाक के सम्बन्ध में किसी-न-किसी स्वरूप में कानून बना रखे हैं। याचिकाकर्त्ताओं द्वारा हिन्दू धर्म में कभी विद्यमान रहे और बाद में समाप्त कर दिये गये सती प्रथा, देवदासिनी प्रथा और बहुविवाह की प्रथा का भी हवाला दिया गया, किन्तु प्रथम निर्णय के पैराग्राफ संख्या 125 में यह अभिनिर्धारित किया गया कि इन सभी प्रथाओं को कानून बनाकर ही समाप्त किया जा सका है, इसलिए इस आधार पर तीन तलाक के सन्दर्भ में न्यायिक हस्तक्षेप करने की माँग स्वीकरणीय नहीं है।

तीन तलाक विधेयक, 2017 की कमियाँ

शायरा बानो मामले में सुप्रीम कोर्ट के तीन माननीय न्यायाधीशों द्वारा कानून बनाने के पक्ष में व्यक्त किये गये दिशानिर्देश/सुझाव समान नागरिक संहिता के परिप्रेक्ष्य में बहुत ही महत्त्वपूर्ण हैं। ये सुझाव भले ही आदेशात्मक शब्दों में न हों, जो कि भारतीय संविधान के अनुच्छेद 37 में स्वीकार किये गये ढाँचे के अन्तर्गत हो भी नहीं सकता है, किन्तु इनके मायने बहुत ही महत्त्वपूर्ण हैं।

मुख्य न्यायाधीश जगदीश सिंह खेहर एवं न्यायमूर्ति एस. अब्दुल नजीर तथा न्यायमूर्ति जोसफ कुरियन ने नीति-निर्माताओं को अपनी इच्छाशक्ति दिखाने के लिए पूरी जगह दे रखी है। 284 पैराग्राफों एवं 395 पृष्ठों में लिखे गये इस निर्णय के जिस पैराग्राफ को मैं पूरे

निर्णय की आत्मा कहना चाहूँगा वह है पैराग्राफ संख्या 199। दुर्भाग्य से यह पैरा बहुमतवाले निर्णय का भाग नहीं बन पाया। इसके बावजूद कि यह पैरा अल्पमतवाले निर्णय का भाग है, यह इस देश का सौभाग्य है कि इसको लिखनेवाले माननीय न्यायाधीशगण देश के दो प्रमुख धर्म – सिक्ख और मुस्लिम धर्म से ताल्लुक रखते हैं। इन्होंने न केवल अपने निर्णय के पैराग्राफ संख्या 198 में अनुच्छेद 25 एवं 44 के प्रावधान को विधान बनाने के लिए केन्द्रबिन्दु माना है, बल्कि पैराग्राफ संख्या 199 के माध्यम से यह भी स्पष्ट किया है कि शरीयत (मुस्लिम कानूनों) में सुधार सम्भव है और इसके लिए वैश्विक पटल पर दूसरे मुस्लिम देशों में किये गये सुधार और इसी देश में ब्रिटिश हुकूमत के दौरान किये गये सुधार से नसीहत लेने की आवश्यकता है। न केवल दूसरे देशों में एवं ब्रिटिश हुकूमत के दौरान भारत में किये गये मुस्लिम कानूनों में सुधार का, बल्कि आजाद भारत में दूसरे धर्मों के व्यक्तिगत कानूनों में किये गये सुधार का भी जिक्र करते हुए न्यायाधीशद्वय द्वारा टिप्पणी की गयी कि 'किन्तु मुस्लिम धर्म में ऐसा नहीं किया जा सका है।'

न्यायमूर्ति जोसफ कुरियन ने अपने निर्णय के पैराग्राफ संख्या 25 में विधायिका को उसके दायित्व का बोध कराते हुए कहा है कि जब भी इस तरह के मामले सामने आते हैं तो अक्सर चर्चा के दौरान धर्म को अन्य सांविधानिक अधिकारों के खिलाफ घुसा दिया जाता है। मैं विश्वास करता हूँ कि इनके बीच समन्वय सम्भव है, किन्तु भिन्न-भिन्न हितों के मध्य सामंजस्य स्थापित करना विधायिका के अधिकार में है। निश्चित रूप से सांविधानिक परिधि में रहकर भारतीय संविधान द्वारा गारण्टी किये गये धार्मिक अधिकार को चोट पहुँचाये बिना इस अधिकार का प्रयोग किया जाना चाहिए। निष्कर्षतः समस्या का निराकरण विधायिका द्वारा कानून का निर्माण करके ही किया जा सकता है। इसकी भरपाई न्यायालय द्वारा फैसलों के माध्यम से नहीं किया जा सकता है।

सवाल पैदा होता है कि उक्त तीन तलाक विधेयक लाने के पूर्व क्या केन्द्र सरकार द्वारा उन सुधारों या बदलावों का अध्ययन किया गया, जो शरीयत कानून में तमाम इस्लामिक देशों द्वारा या ब्रिटिश हुकूमत के दौरान इसी देश में किये गये हैं? यदि निर्वाहभत्ता के प्रावधान को छोड़ दें, यद्यपि यह भी मृग-मरीचिका की तरह ही है, तो शायद इसका जवाब 'नहीं' में होगा। यदि मोदी सरकार द्वारा शायरा बानो के निर्णय को व्यापक एवं वास्तविक स्वरूप में लिया जाता तो शायद कानून बनाते समय हम यूनिफॉर्म सिविल संहिता के ज्यादा निकट होते। किन्तु दुर्भाग्य से ऐसा नहीं हो सका। फिर भी यदि मात्र तीन तलाक का ही सन्दर्भ था, तो मोदी सरकार से इस देश का प्रगतिशील वर्ग कुछ उम्मीद कर सकता था। कम-से-कम तीन तलाक विधेयक, 2017 में निम्न प्रावधानों की उम्मीद तो कर ही सकता था–

1. कुवैत, जार्डन, लेबनान, सूडान, सीरिया, यमन जैसे देशों के कानून की तरह यह व्यवस्था अवश्य ही बनायी जाती कि नशे की हालत में या घबड़ाहट में या

दबाव में या मानसिक अस्थिरता की स्थिति में या क्रोध में या उकसावे में किये गये मौखिक तलाक मान्य नहीं होंगे;

2. टर्की, ट्यूनिशिया जैसे देशों के कानून की तरह यह व्यवस्था अवश्य ही बनायी जाती कि मौखिक तलाक के लिए कोई-न-कोई तार्किक आधार अवश्य ही होना चाहिए;
3. इराक, मोरक्को, पाकिस्तान, बाँग्लादेश जैसे देशों के कानून की तरह यह व्यवस्था अवश्य ही बनायी जाती कि यदि कोई व्यक्ति मौखिक तलाक से वैवाहिक सम्बन्ध समाप्त करना चाहता है तो उसे इसको लागू कराने के लिए न्यायालय में दावा दाखिल करना होगा;
4. मोरक्को, सीरिया, ट्यूनिशिया, इण्डोनेशिया, मलयेशिया, पाकिस्तान, बाँग्लादेश जैसे देशों के कानून की तरह यह व्यवस्था अवश्य ही बनायी जाती कि मौखिक तलाक के बाद न्यायालय अपनी देख-रेख में मध्यस्थता का प्रयास सुनिश्चित करेगा;
5. मलयेशिया जैसे देश के कानून की तरह यह व्यवस्था अवश्य ही बनायी जाती ताकि मध्यस्थता के प्रयास विफल होने पर भरण-पोषण एवं सम्पत्तियों के बँटवारे के सम्बन्ध में न्यायालय उचित निर्णय कर सके; इत्यादि-इत्यादि।

यूनिफॉर्म सिविल संहिता विषय पर लिखी गयी अपनी पुस्तक – 'भारतीय सिविल संहिता के सिद्धान्त : अनुच्छेद 44 के क्रियान्वयन के अनुक्रम में' (2017 प्रथम संस्करण, पृष्ठ संख्या 189) में स्वयं लेखक द्वारा तलाक यानी मौखिक विवाह-विच्छेद के सम्बन्ध में कई महत्त्वपूर्ण सुझाव सुझाये गये हैं। इस पुस्तक की एक प्रति प्रधानमन्त्री श्री नरेन्द्र मोदी जी को भी भेजी गयी है। उम्मीद है कि यूनिफॉर्म सिविल संहिता जैसे संवेदनशील मसले पर लिखी गयी यह पुस्तक हमारे नीति-निर्माताओं का ध्यान अवश्य ही खींच पायेगी। तलाक के सन्दर्भ में पुस्तक के निम्न महत्त्वपूर्ण अंश का यहाँ उल्लेख करना प्रासंगिक है–

> '... यदि मौखिक विवाह-विच्छेद अर्थात् तलाक की व्यवस्था में कुछ भी आदर्श का तत्त्व है, तो इसे तार्किक निर्बन्धनों के साथ 'भारतीय सिविल संहिता' में स्वीकार करके लिंगनिरपेक्ष एवं धर्म-निरपेक्ष रूप से लागू किया जा सकता है। इसका लाभ केवल पति को ही नहीं, बल्कि पत्नी को भी मिलना चाहिए; केवल मुस्लिम को ही नहीं, बल्कि हिन्दू, सिक्ख, ईसाई, पारसी सभी को मिलना चाहिए। किन्तु मौखिक विवाह-विच्छेद (तलाक) की व्यवस्था को स्वीकार करने के पहले हमें इसका दुरुपयोग होने से बचाने के लिए कुछ शर्तों व निर्बन्धनों का निर्धारण करना पड़ेगा। ऐसी ही कुछ शर्त व निर्बन्धन निम्न हो सकते हैं–
>
> 1. मौखिक विवाह-विच्छेद (तलाक) के लिए भी उसी तरह किसी आधार का होना आवश्यक होगा, जिस तरह न्यायालयीय विवाह-विच्छेद के लिए आवश्यक होता है।;

2. मौखिक तलाक के पूर्व पति एवं पत्नी के एक-एक संरक्षक की उपस्थिति में सुलह-समझौते का प्रयास किया जाय।;
3. मौखिक तलाक किन्हीं दो जिम्मेदार गवाहों के समक्ष दोनों पक्षों द्वारा आपसी सहमति से या किसी एक पक्ष द्वारा एकपक्षीय तरीके से दिया जा सकता है।;
4. जो भी पक्षकार एकपक्षीय मौखिक तलाक चाहता है, उसे दूसरे पक्षकार के हक में बड़ा आर्थिक दायित्व 'तलाक-पेनाल्टी' के रूप में चुकाना होगा, जिसकी न्यूनतम धनराशि एवं इसको निर्धारित करने का मापदण्ड संहिता में ही तय किया गया होगा।;
5. मौखिक विवाह-विच्छेद की स्थिति में भी पति और पत्नी के मध्य सभी तरह की सम्पत्तियों का बँटवारा उसी तरह सुनिश्चित किया जायेगा, जैसा कि न्यायालयीय डिक्री के माध्यम से हुए विवाह-विच्छेद में आवश्यक होता है।;
6. मौखिक विवाह-विच्छेद (तलाक) के खिलाफ अपीलीय न्यायालय में अपील करने का अधिकार उसी तरह प्राप्त होगा, जिस तरह किसी सक्षम न्यायालय के विवाह-विच्छेद की डिक्री के खिलाफ पीड़ित पक्ष को प्राप्त होता है। अपीलीय न्यायालय को मौखिक तलाक के खिलाफ अपील की सुनवायी के दौरान वे सभी शक्तियाँ प्राप्त होंगी, जो विवाह-विच्छेद की डिक्री के खिलाफ अपील में प्राप्त होती हैं। अपीलीय न्यायालय मौखिक विवाह-विच्छेद में प्रथम-दृष्ट्या अनियमितता पाने पर अन्तरिम रोक भी लगा सकती है।'

सुप्रीम कोर्ट के निर्णय के आलोक में जब विधेयक बनाया जा रहा था, तो यह उम्मीद की जा सकती थी कि हमारे नीति-निर्माता उक्त सभी बिन्दुओं पर कार्य करते। भले ही इनमें यूनिफॉर्म सिविल संहिता के लिए आगे बढ़ने की इच्छाशक्ति न हो, किन्तु तीन तलाक पर ईमानदारी से एक समग्र एवं पारदर्शी कानून बनाने की दिशा में पहल की जा सकती थी। ऐसी पहल की जा सकती थी ताकि विवाह-विच्छेद के किसी भी मौखिक स्वरूप – चाहे तलाक-उल-बिद्दत हो या तलाक-ए-अहसन या तलाक-ए-हसन हो – का दुरुपयोग न होने पाये। इसके लिए उसे उसी तरह तमाम यथोचित निर्बन्धन एवं शर्त लगानी चाहिए थी, जिस तरह दूसरे मुस्लिम देशों में लगायी गयी है।

यह सही है कि तलाक-उल-बिद्दत यानी तत्काल तीन तलाक का विकल्प होने के कारण मौखिक तलाक के दूसरे स्वरूपों यानी तलाक-ए-अहसन व तलाक-ए-हसन का प्रयोग कम किया जाता रहा है। फिर भी यह नहीं सोचा जाना चाहिए कि तलाक-उल-बिद्दत समाप्त हो जाने के बाद दूसरे मौखिक तलाक अर्थात् तलाक-ए-अहसन व तलाक-ए-हसन के दुरुपयोग की सम्भावना नहीं रहेगी। यह भी नहीं कहा जा सकता कि इन दोनों स्वरूपवाले मौखिक तलाक से पीड़ित होनेवाली महिलाएँ तलाक-उल-बिद्दत से पीड़ित महिलाओं की तुलना में बेहतर स्थिति में रहती हैं या रहेंगी। सिवाय तीन महीने

अवधि की अन्तराल का इन्तजार करने के अलावा तलाक-ए-अहसन एवं तलाक-ए-हसन में वे सभी बातें समान होती हैं, जो तलाक-उल-बिद्दत में रहती हैं। मौखिक स्वरूप होने के कारण इन सभी के दुरुपयोग होने की सम्भावना हमेशा बनी रहती है। तब जबकि एक मुस्लिम मर्द के पास बहुविवाह करने की आजादी हो, दुरुपयोग करने की सम्भावना और भी बढ़ जाती है। जो मुस्लिम पति 'तलाक-उल-बिद्दत' के जरिये अपने अधिकारों का दुरुपयोग करने की सोच रखता है वह अब तलाक के इन दूसरे तरीकों – तलाक-ए-अहसन या तलाक-ए-हसन – का इस्तेमाल करके करेगा। अन्तर केवल इतना भर होगा कि अब उसे तीन महीने का इन्तजार करना पड़ेगा। वह इन्तजार भी कर लेगा और अपनी इच्छानुसार चार बीबी रखने की छूट का लाभ भी उठा लेगा।

अब तो तलाक-उल-बिद्दत को सुप्रीम कोर्ट द्वारा अवैध करार किये जाने के बाद इसकी काट के लिए कुछ मुफ्तियों द्वारा एक नये किस्म के तलाक – 'तलाक-ए-बाइन' का ईजाद कर लिया गया है। इस नये किस्म के तलाक के अन्तर्गत केवल एक या दो बार तलाक कहने की आवश्यकता होती है। दोनों में अन्तर यह बताया जाता है कि तलाक-उल-बिद्दत के बाद यदि शौहर तलाकशुदा बीबी को दोबारा अपनाना चाहता है तो उस बीबी को हलाला से गुजरना होता है। जबकि तलाक-ए-बाइन में हलाला की आवश्यकता नहीं है अर्थात् ऐसे तलाक के बाद शौहर तलाकशुदा बीबी को बिना हलाला के अपनी जिन्दगी में वापस ला सकता है। न्यूज चैनल 'आज-तक' के स्टिंग ऑपरेशन में यह बात सामने आयी है। न्यूज चैनल के अनुसार उत्तर प्रदेश के गाजियाबाद के मदरसे जीनत उल इस्लाम के मुफ्ती का दावा है कि तलाक-ए-बाइन के लिए आवश्यक नहीं है कि तलाक देनेवाली की बीबी उसके सामने हो। कोई भी आदमी कहीं भी और किसी भी समय अपनी बीबी को तलाक दे सकता है, चाहे वह बीबी सुने या न सुने। बस उस तक खबर पहुँच जानी चाहिए कि उसे उसके शौहर ने तलाक-ए-बाइन कह दिया है। सवाल पैदा होता है कि तीन तलाक विधेयक की सोच इस नये किस्म के तलाक तक क्यों नहीं पहुँच पायी, जबकि इसका ईजाद विधेयक लाये जाने के पहले ही किया जा चुका था?

यदि पुस्तक 'भारतीय सिविल संहिता के सिद्धान्त : अनुच्छेद 44 के क्रियान्वयन के अनुक्रम में' में सुझाये गये सुझाव संख्या 6 कि मौखिक विवाह-विच्छेद (तलाक) के खिलाफ अपीलीय न्यायालय में अपील करने का अधिकार उसी तरह प्राप्त होगा, जिस तरह किसी सक्षम न्यायालय के विवाह-विच्छेद की डिक्री के खिलाफ पीड़ित पक्ष को अपील करने का अधिकार होता है, को तीन तलाक कानून में स्वीकार कर लिया जाय और इस तरह तलाक की भी न्यायिक जवाबदेही तय कर दी जाय और साथ-ही-साथ बहुविवाह की व्यवस्था को संयमित बहुविवाह का कानूनी स्वरूप प्रदान कर दिया जाय, तो शायद ही किसी मुस्लिम पति द्वारा सुप्रीम कोर्ट के आदेश के बावजूद तत्काल तीन तलाक या विवाह-विच्छेद के किसी मौखिक स्वरूप का दुरुपयोग किया जा सके।

तत्काल तीन तलाक को सुप्रीम कोर्ट द्वारा अवैध घोषित किये जाने के बाद यह स्थिति निकलकर आती है कि इसका प्रभाव शून्य है और यदि पति द्वारा एक ही बार तीन तलाक कह दिया जाय, तो भी पति-पत्नी का सम्बन्ध बना रहता है। इसका प्रभाव अलगाव होने जैसा रह जाता है। अलगाव की स्थिति कई बार दूसरे धर्म में भी देखने को मिलती है। एक हिन्दू पति द्वारा पत्नी से अलग होने मात्र से यह व्यवहार अपराध की श्रेणी में नहीं आ जाता है। किन्तु फिर भी एक फर्क रहता है। फर्क यह रहता है कि जब तक पहली पत्नी से विवाह-विच्छेद न हो जाय, एक हिन्दू दूसरा विवाह नहीं कर सकता है। इसके विपरीत मुस्लिम पति के साथ ऐसा नहीं है। वह बिना विवाह-विच्छेद के ही दूसरा या तीसरा विवाह कर सकता है। ऐसी स्थिति में मुस्लिम महिलाएँ असहाय हो जाती हैं। इसलिए इससे निपटने के लिए मोदी सरकार द्वारा लाये गये तीन तलाक विधेयक में संयमित बहुविवाह की नीति भी लागू की जानी चाहिए थी। पाकिस्तान जैसे देशों में बहुविवाह को कानून बनाकर संयमित किया गया है। लोकसभा में विधेयक पर बहस के दौरान विधिमन्त्री श्री रविशंकर प्रसाद द्वारा पाकिस्तान का जिक्र किया गया कि अब इस देश में भी तीन तलाक को अपराध बनाने की चर्चा हो रही है। किन्तु वे स्वयं पाकिस्तान के मुसलमानों पर लागू संयमित बहुविवाह की तार्किक व्यवस्था को भारतीय मुसलमानों पर लागू करने की बात को आगे नहीं बढ़ा सके। मुस्लिम महिलाओं के हित को आधार बताकर लाये गये इस विधेयक में तीन तलाक एवं असंयमित बहुविवाह की कड़ी को जोड़ा नहीं जा सका और न ही मुस्लिम कानून में प्रचलित मौखिक किस्म के दूसरे विवाह-विच्छेद की न्यायिक जवाबदेही ही सुनिश्चित की जा सकी। तत्काल तीन तलाक को अपराध घोषित करने से लाख गुना ज्यादा कारगर उपाय मौखिक विवाह-विच्छेद के सभी तरीकों की न्यायिक जवाबदेही सुनिश्चित करने एवं बहुविवाह को संयमित करने की व्यवस्था होती। किन्तु समस्या यह है कि कानून निर्माण में हमें सनसनी ज्यादा सुहाने लगी है।

यह समझ के बाहर है कि तलाक के दूसरे मौखिक तरीकों यानी तलाक-ए-अहसन व तलाक-ए-हसन को तीन तलाक विधेयक के दायरे से क्यों बाहर रखा गया है? इस विधेयक में तलाक-उल-बिद्दत से पीड़ित महिलाओं को उनके जीविकोपार्जन के लिए पति द्वारा निर्वाहभत्ता दिलाया जाना प्रस्तावित है, किन्तु क्या ऐसी ही व्यवस्था उन महिलाओं के लिए नहीं सोचा जाना चाहिए था, जो तलाक-ए-अहसन या तलाक-ए-हसन से पीड़ित हैं? आखिर तलाक-ए-अहसन या तलाक-ए-हसन का भी इस्तेमाल एक मुस्लिम पति द्वारा एकपक्षीय तरीके से ही किया जाता है और अन्तिम निर्णय लेना भी उसी के हाथ में होता है। इन सारे पहलुओं की उपेक्षा करनेवाले इस विधेयक में शायद ही ऐसी कोई बात निकलकर आये, जिसके आधार पर यह कहा जा सके कि यह विधिक विकास की दिशा में या स्वस्थ समाज के निर्माण में या राष्ट्रहित का लक्ष्य प्राप्त करने की दिशा में कोई आदर्श साबित होनेवाला होगा।

यदि केन्द्र सरकार से यह पूछा जाय कि क्या उसने 'मुस्लिम महिला विवाह अधिकार संरक्षण विधेयक, 2017' (तीन तलाक कानून) का प्रारूप बनाते समय उपर्युक्त सभी पहलुओं पर ध्यान दिया था, तो सिवाय यह कहने के कि सुप्रीम कोर्ट ने जिस सन्दर्भ में निर्णय दिया था उतना किया गया, शायद और कोई सन्तोषजनक जवाब हो। सवाल पैदा होता है कि ऐसे संवेदनशील मामलों में हम कब अपनी स्वतन्त्र इच्छाशक्ति का प्रदर्शन कर पायेंगे? और कब तक हम ऐसे संवेदनशील मामलों में केवल श्रेय लेने के लिए या किसी एक समूह का – कभी मुस्लिम पुरुष का, तो कभी मुस्लिम महिला का – सहानुभूति पाने के लिए कानून-निर्माण करते रहेंगे?

समान नागरिक संहिता पर निराशाजनक स्थिति

संविधान लागू होने के 35 वर्ष बाद शाहबानो का मामला सुप्रीम कोर्ट में आया था। इसके बाद भी समय-समय पर इस तरह के मामले सुप्रीम कोर्ट में आते रहे हैं। डैनियल लतीफी (2001) का मामला हो या साबरा शमीम (2002) का मामला या इकबाल बानो (2007) का मामला या शमीमा फारुकी (2015) का मामला, सुप्रीम कोर्ट तक आनेवाले ऐसे मामलों की एक लम्बी श्रृंखला है। कमोबेश इन सभी मामलों में एक ही तरह के तथ्य होते हैं। पति ने 'तलाक-तलाक-तलाक' बोला, इद्दत की अवधि बीत जाने दिया, मेहर का भुगतान किया और बेबस व असहाय पत्नी को अलग-थलग करके खुद को सभी वैवाहिक दायित्वों से आजाद कर लिया। इस तरह पैदा होनेवाले सैकड़ों विवादों में से एकाध विवाद ही सुप्रीम कोर्ट की दहलीज तक पहुँचकर तय हो पाते हैं। इन मामलों में जिस तरह मुस्लिम महिलाएँ अपने अधिकारों के लिए सुप्रीम कोर्ट तक आकर लड़ी हैं, वह भी बदलते समाज का परिचायक है। समय-समय पर पैदा होनेवाले ये सभी मामले सिद्ध करते हैं कि इस देश के भीतर का समाज यूनिफॉर्म 'सिविल संहिता' के अभाव के कारण होनेवाले दुष्प्रभाव से कभी भी अछूता नहीं रहा है। संवेदनशीलता का दम्भ भरनेवाले हमारे राजनीतिक तन्त्र के पास शायद ही इसका कोई आँकड़ा हो कि संविधान लागू होने के बाद से शाहबानो निर्णय आने तक 35 वर्ष की अवधि के दौरान और शाहबानो निर्णय आने के बाद से आज तक 32 वर्ष की अवधि के दौरान कितनी महिलाओं को तीन तलाक के कोपभाजन का शिकार बनना पड़ा है और इस कोपभाजन के बाद भरण-पोषण न मिल पाने के कारण इन महिलाओं का जीवन कितना और किस स्तर पर प्रभावित हुआ है। कम-से-कम 1986 का कानून बनाते समय संसद् को पिछले 36 वर्षों का आँकड़ा अवश्य ही एकत्रित करना चाहिए था। किन्तु ऐसा तभी सम्भव था, जब वह पुरुषप्रधान प्रवृत्तिवाली पूर्वाग्रही सोच से बाहर निकलकर निष्पक्ष सोच के साथ कानून-निर्माण के अपने दायित्व का निर्वहन करता।

एक ही देश में एक ही विषय पर अलग-अलग धर्मों के लिए भिन्न-भिन्न कानून के दुष्प्रभाव को अनेकों बार महसूस किया गया है। इनमें से न जाने कितने दुष्प्रभाव ऐसे होते हैं, जिन्हें पैदा होने के साथ ही समाज के अन्दर दबा दिये जाते हैं और जो कुछ बच जाते हैं, उनमें से कई को समाज द्वारा कुचलकर दफना दिया जाता है। कुछ ही दुष्प्रभाव ऐसे होते हैं जो न्याय की उम्मीद में मुकदमें के रूप में न्यायालयों की दहलीज तक पहुँच पाते हैं। इसके लिए भी महिलाओं को अपने जीवन के बड़े भाग को खपाना होता है, तब कही जाकर न्याय मिल पाता है। इस तरह से न्यायालयों से मिला न्याय भी मात्र मुकदमे के पक्षकारों तक ही सीमित होता है। इसलिए संसद् की भूमिका बढ़ जाती है। संसद् एक प्रभावशाली और सक्षम कानून बनाकर सामूहिक रूप से लोगों को न्याय देने का काम करता है। इन दुष्प्रभावों के निवारण के लिए संसद् यदि ईमानदारी और निष्पक्षता के साथ कार्य करता तो उसे भी देश के लिए एक धर्म-निरपेक्ष 'सिविल संहिता' बनाने की आवश्यकता उसी तरह महसूस होती, जिस तरह सुप्रीम कोर्ट को शाहबानो मामले में या सरला मुद्गल मामले में महसूस हुआ था। लेकिन दुर्भाग्य से संसद् पुरुषप्रधान प्रवृत्तियों के प्रभाव के कारण न तो दुष्प्रभावों से पीड़ित महिलाओं की चीख को सुन पाता है और न ही धर्म-निरपेक्ष यूनिफॉर्म 'सिविल संहिता' के बारे में सम्यक् दृष्टिकोण ही रख पाता है। संसद् को सिविल संहिता के पक्ष में अपनी ही मातृ संस्था 'संविधान-सभा' का विचार क्यों महत्त्वहीन लगता है; सिविल संहिता की आवश्यकता के सम्बन्ध में सुप्रीम कोर्ट के तमाम पीठों द्वारा व्यक्त की गयी टिप्पणी संसद् को क्यों उपेक्षणीय लगती है; सिविल संहिता के अभाव के कारण समाज में पैदा होनेवाली विसंगतियाँ या आम लोगों की सिसकियाँ संसद् की संवेदना को क्यों नहीं जगा पाती हैं, ये ऐसे कुछ सवाल हैं, जो आज भी अनुत्तरित हैं।

शाहबानो निर्णय के बाद देश में इस तरह की स्थिति बनायी गयी जैसे तलाक के बाद मुस्लिम महिलाएँ इन्सान नहीं रह जाती हैं या उनकी एक इन्सान के रूप में बुनियादी आवश्यकताएँ समाप्त हो जाती हैं। आप महिलाओं को ईमानदारी से सम्पत्ति में बराबरी का अधिकार भी नहीं देना चाहते हैं और उनके विषम परिस्थिति में अपने दायित्वों का निर्वहन करने से बचने के लिए धर्म का बहाना भी ढूँढ़ते हैं। यह किसी समाज, धर्म और देश के गिरावट की न्यूनतम स्थिति है। शर्मनाक तो तब हो जाता है जब संसद् जैसी कानून का निर्माण करनेवाली देश का सबसे बड़ी संस्था पुरुषप्रधान प्रवृत्ति को न केवल प्रश्रय देने का काम करती है बल्कि स्वयं भी इसमें शामिल होकर ऐसी प्रवृत्ति का प्रदर्शन करने लगती है। बावजूद इसके कि सुप्रीम कोर्ट की व्याख्या के बाद मुस्लिम महिला (तलाक उपरान्त अधिकार का संरक्षण) अधिनियम, 1986 का अर्थ बदल जाय या स्वयं समाज एवं आम जनमानस आगे बढ़कर इस कानून को महत्त्वहीन बना दे, 1986 का यह कानून एक लोकतान्त्रिक देश को अन्तरराष्ट्रीय परिदृश्य में शर्मसार ही करता रहेगा।

तीन तलाक को अपराध घोषित करने के लिए लाये गये विधेयक को लेकर संस्था 'लोक सर्वोदय फाउण्डेशन' द्वारा 'मिशन अनुच्छेद 44 : एक राष्ट्र, एक सिविल कानून' के अन्तर्गत 31 जनवरी, 2018 के माध्यम से एक आपत्ति दाखिल की गयी। इस आपत्ति में माँग की गयी है कि तीन तलाक के साथ-साथ मुस्लिम कानून में अनुमन्य अन्य सभी मौखिक तलाक के तरीकों को समाप्त किया जाय। यदि किसी स्थिति में किसी भी मौखिक स्वरूपवाले विवाह-विच्छेद के अधिकार को मान्य किया जा रहा है, तो इस अधिकार को सभी भारतीयों, चाहे हिन्दू हो या मुसलमान या ईसाई या सिक्ख या पारसी या चाहे पुरुष हो या महिला, को समान रूप से प्रदान किया जाय तथा इसके साथ ऐसे उपाय किये जायँ, ताकि मौखिक विवाह-विच्छेद का दुरुपयोग न हो सके।

व्यक्तिगत कानून मानने के अधिकार को मूल अधिकार के रूप में स्वीकार करनेवाले विषय को यदि छोड़ दिया जाय तो शायद मैं ही नहीं, बल्कि पूरा देश मुख्य न्यायाधीश जगदीश सिंह खेहर एवं न्यायमूर्ति एस. अब्दुल नजीर के उस निर्णय को लागू कराना चाहेगा, जो संहिता/कानून बनाने के सन्दर्भ में लिखी गयी है। किन्तु दुर्भाग्य से यह महत्त्वपूर्ण दिशानिर्देश अल्पमतवाले निर्णय का भाग बनकर रह गया है और इसके प्रत्यक्ष लाभ से यह देश वंचित हो गया। यद्यपि न्यायमूर्ति जोसफ कुरियन द्वारा विधायिका को दी गयी नसीहत को इसमें जोड़ दिया जाय तो बहुमत कानून बनाने पर जोर देता प्रतीत होता है, किन्तु फिर भी यह विधायिका की नैतिकता का ही विषय बनकर रह जाता है और हमारे नीति-निर्माताओं के लिए चैन की साँस लेने का बहाना।

सवाल पैदा होता है कि क्या हमारी विधायिका सुप्रीम कोर्ट के आग्रह को स्वीकार कर अपने विवेकयुक्त विचार का प्रयोग कर पायेगी? क्या हमारे देश की राजनीतिक पार्टियाँ सुप्रीम कोर्ट की नसीहत कि विधान (संहिता) बनाने के लिए वे अपने दलगत हित को एक तरफ रखें, को ईमानदारी से स्वीकार कर पायेंगे?

समय-समय पर भारतीय न्यायालयों के समक्ष आनेवाले अनगिनत मामले सिद्ध करते हैं कि इस देश के भीतर का समाज यूनिफॉर्म 'सिविल संहिता' के अभाव के कारण होनेवाले दुष्प्रभाव से कभी भी अछूता नहीं रहा है। एक संवेदनशील शासन से यह उम्मीद की जानी चाहिए कि वह कानून बनाने के पूर्व सम्बन्धित विषय पर विस्तृत जानकारी एकत्रित करे और इनके प्रत्येक पहलू पर अनुसन्धान करे। 2017 का विधेयक लाने के पहले केन्द्र सरकार को भी तीन तलाक एवं इसके कुप्रभावों से जुड़े आँकड़े एकत्रित कर इनका अध्ययन करना चाहिए था। किन्तु संवेदनशीलता का दम्भ भरनेवाले हमारे राजनीतिक तन्त्र के पास शायद ही इसका कोई आँकड़ा हो कि संविधान लागू होने के बाद से शायरा बानो का निर्णय आने तक इस 68 वर्ष की अवधि के दौरान कितनी मुस्लिम महिलाओं को तीन तलाक का और तीन तलाक के कारण बाध्यकारी हलाला के कोपभाजन का शिकार बनना पड़ा है और उसका तलाकशुदा महिलाओं एवं इनके बच्चों के जीवन पर कितना दुष्प्रभाव पड़ा है।

केन्द्र सरकार द्वारा लाये गये तीन तलाक विधेयक के सन्दर्भ में क्या यह कहा जा सकता है कि इस कानून के लागू हो जाने के बाद बाकी तलाक – तलाक-ए-अहसन एवं तलाक-ए-हसन से जुड़े मामलों का या फिर मुफ्तियों द्वारा ईजाद किये गये नये किस्म के तलाक – तलाक-ए-बाइन का कानूनी समाधान हो जायेगा? कदापि नहीं। क्या हम उस दिन का इन्तजार कर रहे हैं कि तलाक-उल-बिद्दत के बाद तलाक-ए-अहसन व तलाक-ए-हसन का दुरुपयोग होना प्रारम्भ हो जाय या फिर मुफ्ती नये किस्म के तलाक– तलाक-ए-बाइन का ईजाद कर इसका दुरुपयोग करना प्रारम्भ कर दे और जब ऐसे दुरुपयोग की शिकायत पर सुप्रीम कोर्ट कोई निर्णय दे दे तो फिर हमारे नीति-निर्माताओं को पुनः अपनी इच्छाशक्ति, शायद मिथ्या इच्छाशक्ति, के प्रदर्शन का अवसर मिल जाय। सवाल पैदा होता है कि आखिर कब तक हम चीजों को समग्रता से देखने के बजाय खण्ड-खण्ड करके देखते रहेंगे। तीन तलाक ही नहीं, ऐसे तमाम विषय हैं, जिससे जुड़ी विसंगतियों का समग्रता के साथ समाधान करने के लिए हमारे संविधान-निर्माताओं द्वारा अनुच्छेद 44 के माध्यम से यूनिफॉर्म 'सिविल संहिता' की अवधारणा की गयी है। किन्तु यह इस देश का दुर्भाग्य है कि इन 68 वर्षों के दौरान हमारे संविधानोत्तर नीति-निर्माताओं द्वारा कभी भी इसे यथोचित महत्त्व नहीं दिया जा सका।

68 वर्ष का समय कोई कम नहीं होता है, किन्तु अनुच्छेद 44 की मन्शा के अनुरूप एक यूनिफॉर्म धर्म-निरपेक्ष 'सिविल संहिता' के निर्माण के सम्बन्ध में हमारे नीति-निर्माताओं ने इस देश को निराश ही किया है। 1986 में शाहबानो बेगम मामले और 2017 में शायरा बानो मामले का निर्णय आने के बाद हमारे नीति-निर्माताओं के पास बहुत बड़ा अवसर था कि वह देश के लिए एक यूनिफॉर्म 'सिविल संहिता' का निर्माण करने की दिशा में आगे बढ़े। किन्तु दुर्भाग्य से हम इन अवसरों को भुनाने का अवसर खोते गये हैं।

जिस समय संविधान लागू किया गया था, उस समय यूनिफॉर्म 'सिविल संहिता' के निर्माण का सवाल 'बहुत ही आसान' था। 35 वर्ष बाद शाहबानो निर्णय के दौरान भी यह सवाल 'आसान' था। किन्तु 68 वर्ष बाद आज यह 'आसान नहीं' रह गया है। अगले 35 वर्ष बाद यह सवाल 'कठिन' हो जायेगा और अगले 68 वर्ष बाद तो 'नामुमकिन जैसा' होगा। समय की गति के साथ हम ज्यों-ज्यों आगे बढ़ रहे हैं, एक धर्म-निरपेक्ष यूनिफॉर्म 'सिविल संहिता' के अभाव के कारण हम एक देश के रूप में बने रहने के अपने हक को खोते जा रहे हैं। 'सिविल संहिता' के निर्माण की दिशा में यदि आज भी हम अपनी चेतना को नहीं जगा सके और सामर्थ्यवान् होकर कार्य नहीं कर सके तो शायद ही आनेवाली पीढ़ी हमें माफ कर पायेगी।

4

विधि आयोग की नकारात्मकता

17 जून, 2016 को नरेन्द्र मोदी सरकार द्वारा समान नागरिक संहिता के सम्बन्ध में विधि आयोग से राय माँगी गयी। आजाद भारत के इतिहास में पहली बार समान नागरिक संहिता के लिए किसी सरकार द्वारा कोई पहल की गयी। यद्यपि केन्द्र सरकार से यह अपेक्षा थी कि वह समान नागरिक संहिता पर राय माँगने के बजाय इसका मसौदा तैयार करने के लिए पहल करेगी व इसके लिए अलग से एक व्यापक स्वरूपवाले 'समान नागरिक संहिता मसौदा समिति' का गठन करेगी और यदि ऐसा नहीं कर पा रही है तो कम-से-कम विधि आयोग से संहिता का मसौदा तैयार करने के लिए कहेगी। अनुच्छेद 44 का प्रावधान संविधान का भाग बन जाने के बाद यह विवाद का विषय रह ही नहीं जाता है कि समान नागरिक संहिता बनना चाहिए या नहीं। विषय केवल इतना है कि देश के लिए एक धर्म-निरपेक्ष 'समान नागरिक संहिता' किस तरह बनाया जाय? इसका सबसे मजबूत पक्ष यही होता कि एक अलग मसौदा समिति का गठन कर समान नागरिक संहिता का मसौदा तैयार करवाया जाता, जिसके लिए 'मिशन अनुच्छेद 44 : एक राष्ट्र, एक सिविल कानून' द्वारा माँग भी की गयी है। किन्तु विधि आयोग से समान नागरिक संहिता पर राय माँगना केन्द्र सरकार के आधी-अधूरी इच्छाशक्ति को दर्शाता है। इसके बावजूद मोदी सरकार द्वारा की गयी पहल ऐतिहासिक दृष्टिकोण से महत्त्वपूर्ण है।

मोदी सरकार की पहल के अनुक्रम में विधि आयोग द्वारा लोगों से सुझाव माँगा गया, जिसके बाद देशभर से विधि आयोग को लगभग 75 हजार सुझाव प्राप्त हुए। करीब दो वर्ष की अवधि के बाद 31 अगस्त, 2018 को न्यायमूर्ति डॉ. बी. एस. चौहान की अध्यक्षता में विधि आयोग द्वारा समान नागरिक संहिता पर रिपोर्ट देने के बजाय धर्म-आधारित अलग-अलग पारिवारिक कानूनों में सुधार के लिए एक परामर्श-पत्र प्रस्तुत किया गया। 182 पृष्ठ में तैयार किये गये विधि आयोग के इस परामर्श-पत्र में कुल पाँच अध्याय हैं। पहला अध्याय 'परिचय', दूसरा अध्याय 'विवाह और विवाह-विच्छेद', तीसरा अध्याय 'संरक्षकत्व', चौथा अध्याय 'गोद एवं भरण-पोषण' और पाँचवाँ अध्याय 'उत्तराधिकार' से सम्बन्धित है।

16 पृष्ठ में लिखे गये 39 पैरावाले पहले अध्याय – 'परिचय' – में विधि आयोग द्वारा यह चर्चा की गयी है कि देश के लिए यूनिफॉर्म सिविल संहिता यानी समान नागरिक संहिता का निर्माण करना आवश्यक है या नहीं। कई पहलुओं पर विचार करने के उपरान्त विधि आयोग द्वारा अपने परामर्श-पत्र के पैरा सं. 1.15 में यह निष्कर्ष निकाला गया है कि इस समय समान नागरिक संहिता न तो आवश्यक है और न ही वांछनीय। इस निष्कर्ष पर पहुँचने के लिए विधि आयोग द्वारा इस अध्याय में उन सभी बातों को एकत्रित करने का प्रयास किया गया है, जो समान नागरिक संहिता के खिलाफ हो सकती हैं।

विधि आयोग का उक्त परामर्श-पत्र न केवल अनुच्छेद 44 के प्रावधान को मृतप्राय करनेवाला खतरनाक कदम है, बल्कि 'राष्ट्रीय स्वराज परिषद्' संचालित अभियान – 'मिशन अनुच्छेद 44 : एक राष्ट्र, एक सिविल कानून' के लिए एक चुनौती जैसा है। इसलिए इस परामर्श-पत्र का समीक्षात्मक अध्ययन करना 'मिशन अनुच्छेद 44' की जिम्मेदारी है।

एक सकारात्मक बात यह भी है कि यदि विधि आयोग के उक्त परामर्श-पत्र में समान नागरिक संहिता के सन्दर्भ में वर्णित की गयी नकारात्मक बातों की वास्तविकता को समझ लें और इसका निराकरण निकाल लें, तो समान नागरिक संहिता के लिए रास्ता और सुगम हो जायेगा। इस दृष्टिकोण से परामर्श-पत्र के पहले अध्याय में विधि आयोग द्वारा दिये गये तर्कों एवं निकाले गये निष्कर्षों का समीक्षात्मक अध्ययन इस शोध-पुस्तक के माध्यम से करने का प्रयास किया गया है।

वर्तमान समय में समान नागरिक संहिता के निर्माण की आवश्यकता नहीं है, इस निष्कर्ष पर पहुँचने के लिए विधि आयोग द्वारा अपने परामर्श-पत्र दिनांक 31 अगस्त, 2018 के पहले अध्याय में मुख्यतः निम्न सात तर्क दिये गये हैं–

1. समान नागरिक संहिता विषय पर सर्वसहमति का अभाव है;
2. संविधान-सभा बहस से यह दिखता है कि संविधान-सभा में इस बात को लेकर सहमति नहीं थी कि सम्भावित समान नागरिक संहिता क्या होगी;
3. संविधान में समान नागरिक संहिता के विषय को मूल अधिकार के रूप में रखने के बजाय नीति-निर्देशक सिद्धान्त के रूप में रखा गया है;
4. सुप्रीम कोर्ट के शाहबानो मामले के निर्णय में उस इतिहास का ध्यान नहीं रखा गया है जो देश में पारिवारिक कानूनों में सुधार के लिए किये गये प्रयासों को लेकर हुए हैं;
5. कुछ अपवाद को छोड़कर धार्मिक आजादी एवं धर्म-प्रचार करने के अधिकार को धर्म-निरपेक्ष लोकतन्त्र में जहाँ मजबूती से सुरक्षित किया जाना चाहिए, वहीं समानता के अधिकार को पूर्ण अधिकार की तरह नहीं लिया जा सकता है;
6. आजादी के बाद व्यक्तिगत कानूनों को मजबूती मिली है; और

7. भारत के संविधान के छठी अनुसूची के अन्तर्गत कुछ राज्यों को सुरक्षा प्रदान किया गया है। सांस्कृतिक विविधता के साथ इस सीमा तक समझौता नहीं किया जा सकता है कि एकरूपता के प्रति हमारा आग्रह स्वयं देश की क्षेत्रीय अखण्डता के लिए खतरे का कारण बन जाय।

विधि आयोग द्वारा उपर्युक्त बिन्दुओं पर व्यक्त किये गये विचारों का तत्त्वात्मक अध्ययन और इन विचारों का समान नागरिक संहिता के सन्दर्भ में प्रासंगिकता का समालोचनात्मक शोध इस पुस्तक के माध्यम से किया जा रहा है।

1. सर्वसहमति पर संस्थागत शुचिता के खिलाफ निष्कर्ष

परामर्श-पत्र के आरम्भिक पैरा सं. 1.3 में विधि आयोग द्वारा एक वाक्य में यह निष्कर्ष निकाला गया है कि 'व्यक्तिगत कानून भारतीय संविधान के अनुच्छेद 13 के अन्तर्गत कानून हैं या नहीं; या यदि हैं, तो क्या वे अनुच्छेद 25-28 के अन्तर्गत सुरक्षित हैं या नहीं, यह विषय कई मामलों में विवादित रहा है, जिसमें नारसा अप्पु माली का मामला सबसे अधिक उल्लेखनीय है।' विधि आयोग तुरन्त आगे कहता है कि समान नागरिक संहिता पर सर्वसहमति के अभाव में आयोग सोचता है कि व्यक्तिगत कानूनों की विविधता को सुरक्षित करना सबसे उपयुक्त है, किन्तु उसी समय यह भी सुनिश्चित किया जाये कि व्यक्तिगत कानून संविधान के अन्तर्गत गारण्टी किये गये मूल अधिकार से असंगत न हो।'

बिना यह बताये कि सर्वसहमति के सम्बन्ध में कब और किस तरह का राष्ट्रीय स्तर पर सर्वेक्षण कराया गया था, डॉ. बी. एस. चौहान आयोग द्वारा समान नागरिक संहिता पर सर्वसहमति का अभाव होने का निष्कर्ष निकालना गैरजिम्मेदाराना निष्कर्ष है। मात्र तीन पंक्तियोंवाले एक वाक्य में एक मामले का हवाला देकर आप इस निष्कर्ष पर नहीं पहुँच सकते कि समान नागरिक संहिता पर सर्वसहमति का अभाव है। डॉ. चौहान आयोग सर्वसहमति पर इस तरह का निष्कर्ष देने के पूर्व यह समझने में विफल रहा है कि एक कानून को बनाने के लिए देश के सभी लोगों की सहमति का होना न तो संविधानतः आवश्यक है और न ही व्यावहारिक होता है। सर्वसहमति के ऐसे किसी तरीके को अपनाकर न तो कोई कानून बनाया जा सकता है और न ही बनाया जाता है। आवश्यक यह है कि कानून देशहित में हो और सर्वकल्याणकारी हो। बननेवाला कोई कानून देशहित में एवं जनकल्याणकारी है या नहीं, इस पर निर्णय लेने की जिम्मेदारी लोकतन्त्र के अन्तर्गत चुनी गयी सरकार एवं संसद् की होती है। किन्तु डॉ. चौहान की अध्यक्षतावाला विधि आयोग अपनी सीमाओं को भूल गया और संस्थागत शुचिता के खिलाफ जाकर उसने अपने ऊपर अनावश्यक भार ले लिया। इस तरह के अनावश्यक भार अपने ऊपर लेने से विधि आयोग बच सकता था।

केन्द्र सरकार द्वारा समान नागरिक संहिता पर राय माँगे जाने के बाद विधि आयोग को इस विषय पर शोध करने की आवश्यकता थी कि भारतीय संविधान के अनुच्छेद 44 के पवित्र प्रावधान को लागू करने की दिशा में समान नागरिक संहिता को कैसे इस तरह बनाया जाय कि अनुच्छेद 19 एवं 25 द्वारा प्रदत्त धार्मिक स्वतन्त्रता के मूल अधिकार का उल्लंघन न हो सके; भारत में लागू धर्म-आधारित भिन्न-भिन्न व्यक्तिगत कानूनों से धार्मिक क्रियाकलाप के तत्त्वों को, यदि कोई है, कैसे अलग किया जाय; इन व्यक्तिगत कानूनों में एक ही विषय पर स्वीकार किये गये अलग-अलग व्यवस्थाओं के मध्य कैसे सामंजस्य के बिन्दुओं को निकाला जाय; और यदि सामंजस्य का बिन्दु नहीं निकल पा रहा है, तो वे कौन-से तरीके हैं, जिनको अपनाकर समान नागरिक संहिता के लिए किसी सर्वमान्य बिन्दु को प्राप्त किया जाय, इत्यादि-इत्यादि। किन्तु दुर्भाग्य से दो वर्ष से अधिक की अवधि के बाद भी डॉ. चौहान आयोग इस दिशा में किसी तरह का कोई भी दायित्व निभाने के बजाय सर्वसहमति की अनावश्यक बात को लेकर नकारात्मक हो गया।

समान नागरिक संहिता विषय पर 'मिशन आर्टिकिल 44 : एक राष्ट्र, एक सिविल कानून' का प्रतिनिधिमण्डल 9 जनवरी, 2018 को विधि आयोग से मिला था। विधि आयोग के साथ हुई बैठक में अध्यक्ष न्यायमूर्ति डॉ. चौहान एवं अन्य सदस्यों का ध्यान उन इक्कीस मार्गदर्शी सिद्धान्तों की तरफ आकृष्ट कराया गया, जिनके आधार पर देश के लिए 'भारतीय सिविल संहिता' के स्वरूप में समान नागरिक संहिता बनाया जा सकता है। इस बैठक में डॉ. चौहान एवं उपस्थित सभी सदस्यों को समान नागरिक संहिता पर लिखी पुस्तक और इसका अंग्रेजी अनुवाद भी प्रदान किया गया। सभी माननीय सदस्यों द्वारा इन इक्कीस सिद्धान्तों को एक-एक करके पढ़ा गया और इन पर करीब दो घण्टे विस्तार से चर्चा की गयी। इसलिए भूलने या छूट जाने की बात सोची ही नहीं जा सकती है। मिशन को पूरा विश्वास था कि डॉ. चौहान आयोग द्वारा इस पर अवश्य ही विचार किया जायेगा। किन्तु अपने परामर्श-पत्र में इन सिद्धान्तों पर विचार ही नहीं किया जाना सिद्ध करता है कि डॉ. चौहान आयोग की मन्शा समान नागरिक संहिता को लेकर निष्पक्ष एवं सकारात्मक नहीं रही है।

2. संविधान-सभा के अस्तित्व को असंयमित चुनौती

विधि आयोग के परामर्श-पत्र का सबसे नकारात्मक पक्ष संविधान-सभा के सन्दर्भ में की गयी टिप्पणी है। पैरा सं. 1.11 में डॉ. चौहान आयोग द्वारा संविधान-सभा के अस्तित्व को ही चुनौती देने का प्रयास किया गया है। वह भी हिन्दू कोड बिल के ऐसे सन्दर्भ को लेकर चुनौती दी गयी है, जिसका संविधान-सभा से दूर-दूर तक कोई वास्ता नहीं था। संविधान-सभा का हिन्दू कोड बिल से न तो कोई सरोकार था और न ही संविधान-सभा

के समक्ष यह कभी निर्णयात्मक चर्चा का विषय रहा है। किन्तु हिन्दू कोड बिल के बारे में एक ही पैरा में मात्र चार-छह लाइन लिखने के बाद डॉ. चौहान आयोग द्वारा यह लिखा गया है कि 'हिन्दू कोड के विविध प्रारूपों को कई बार दोहराया गया और प्रत्येक बार इसे कमजोर किया जाता रहा। यह तर्क दिया गया है कि संविधान-सभा का गठन चुने गये सदस्यों से नहीं, बल्कि चयनित सदस्यों द्वारा किया गया था, इसलिए यह जनता की इच्छा का प्रतिनिधित्व नहीं करता था।'

विधि आयोग के उपर्युक्त विचार में बादवाली टिप्पणी कि 'इसलिए यह जनता की इच्छा का प्रतिनिधित्व नहीं करता था' में प्रयोग किये गये शब्द 'था' से यह भाव निकल रहा है कि यह विचार विधि अयोग का ही है। अन्यथा यदि यह तर्क के क्रम का भाग होता तो 'था' के स्थान पर 'है' का प्रयोग किया जाता। डॉ. चौहान आयोग द्वारा संविधान-सभा के अस्तित्व के बारे में इस तरह का विचार व्यक्त करने की आवश्यकता क्यों हुई, यह किसी भी एक विवेकशील व्यक्ति के समझ के बाहर की बात है। विधि आयोग को अपनी इस असंयमित टिप्पणी पर स्पष्टीकरण देने के लिए आगे आना चाहिए।

विधि आयोग ने इसके पहलेवाले दो पैरा यानी पैरा सं. 1.9 एवं 1.10 में अपना निष्कर्ष निकाला है कि 'संविधान-सभा के बहस से यह दिखता है कि संविधान-सभा में इस बात को लेकर सर्वसहमति नहीं थी कि सम्भावित समान नागरिक संहिता क्या होगी।'

वस्तुतः विधि आयोग यह समझना भूल गया कि संविधान-सभा की समान नागरिक संहिता के स्वरूप पर कार्य करने की जिम्मेदारी नहीं थी। उसे संविधान का निर्माण करना था; उसे देश के भावी शासन-व्यवस्था की संरचना करनी थी; उसे लोगों को मर्यादित मूल अधिकार के सुरक्षा की गारण्टी देनी थी और उसे भावी नीति-निर्माताओं के लिए उन नीति-निर्देशक तत्त्वों का निर्धारण करना था, जो देशहित एवं जनकल्याण के लिए आवश्यक था। भावी नीति-निर्माताओं द्वारा समान नागरिक संहिता का निर्माण किया जाय, यह ऐसा ही एक नीति-निर्देशक तत्त्व था। जहाँ तक सर्वसहमति की बात है, तो डॉ. चौहान आयोग द्वारा यदि संविधान-सभा में की गयी बहस को पूरी तरह और अच्छी तरह पढ़ लिया गया होता तो उसे यह बात पता होती कि संविधान-सभा ने अपने सभी विद्वान् सदस्यों के पक्ष या विपक्ष में दिये गये तर्कों पर विचार करने के उपरान्त अनुच्छेद 44 के प्रावधान को सर्वसहमति से पारित किया था।

विधि आयोग ने पैरा सं. 1.9 में अनुच्छेद 44 पर बहस के दौरान डॉ. अम्बेडकर द्वारा दिये गये वक्तव्य के एक अंश का जिक्र किया है, जिसमें उन्होंने कहा था कि 'यह पूरी तरह सम्भव है कि भावी संसद् शुरुआत करते समय यह प्रावधान बनाये कि संहिता उन लोगों पर लागू होगी जो इससे शासित होने की घोषणा करते हैं ताकि शुरू में कानून का लागू होना स्वयं की इच्छा पर निर्भर हो।' डॉ. अम्बेडकर द्वारा व्यक्त किया गया यह विचार समान नागरिक संहिता बनने के बाद इसके क्रियान्वयन को लेकर था। किन्तु दुर्भाग्य से

डॉ. चौहान आयोग द्वारा इसे समान नागरिक संहिता के सन्दर्भ में नकारात्मकता के साथ लिया गया।

डॉ. अम्बेडकर द्वारा समान नागरिक संहिता और व्यक्तिगत कानून के सन्दर्भ में कई महत्त्वपूर्ण बातें कही गयी हैं। अनुच्छेद 44 पर बहस के दौरान डॉ. अम्बेडकर ने इसके समर्थन में तर्क दिया कि मानवीय सम्बन्ध से जुड़े लगभग सभी क्षेत्रों के सन्दर्भ में इस देश में समान कानून संहिताएँ लागू हैं। हमारे पास 'दण्ड संहिता' और 'आपराधिक प्रक्रिया संहिता' के रूप में एक समान और पूर्ण आपराधिक संहिता है जो पूरे देश में लागू होती है। हमारे पास 'सम्पत्ति अन्तरण कानून' है जो सम्पत्ति के सम्बन्ध में पूरे देश में लागू है। ... जिस क्षेत्र में यूनिफॉर्म सिविल कानून लागू नहीं होता है, वह विवाह और उत्तराधिकार का क्षेत्र है। यह एक छोटा-सा क्षेत्र है जिस पर हम समान कानून नहीं बना सके हैं और यह इच्छा है कि अनुच्छेद 35 (प्रारूप संविधान का) को संविधान का भाग बनाकर बदलाव लाना चाहते हैं।' डॉ. अम्बेडकर ने आगे यह भी कहा कि 'इसलिए यह अनिवार्य पाया गया कि एक ऐसे सिविल संहिता का विकास किया जाय, जो धर्म से निरपेक्ष रहकर सभी नागरिकों पर समान रूप से लागू हो।'

व्यक्तिगत कानून के सन्दर्भ में अनुच्छेद 19 पर बहस के दौरान अपने जवाब में 2 दिसम्बर, 1948 को संविधान-सभा के समक्ष डॉ. अम्बेडकर द्वारा तर्क दिया गया कि 'यदि हम व्यक्तिगत कानून को बचाते हैं तो मैं इस बारे में निश्चित हूँ कि सामाजिक मामलों को लेकर हम ठहराव की स्थिति में आ जायेंगे। मैं नहीं सोचता हूँ कि यह स्थिति स्वीकार करना सम्भव है।'

किन्तु दुर्भाग्य से डॉ. चौहान आयोग ने किसी निष्कर्ष पर पहुँचने के पूर्व डॉ. अम्बेडकर के उक्त विचारों को महत्त्व नहीं दिया और उनके वक्तव्य के एक अंश को आधार बनाकर यह निष्कर्ष निकाल दिया कि 'संविधान-सभा में इस बात को लेकर सर्वसहमति नहीं थी कि सम्भावित समान नागरिक संहिता क्या होगी।'

समान नागरिक संहिता जैसे संवेदनशील विषय पर विधि आयोग जैसी संस्था द्वारा बिना किसी गम्भीरता के निष्कर्ष निकालना आश्चर्य की बात है। यदि संविधान-सभा के समक्ष मि. मोहम्मद इस्माइल साहिब, मि. नजरुद्दीन अहमद, मि. महबूब अली बेग साहिब बहादुर एवं बी. पोकर साहिब बहादुर द्वारा उठाये गये सवालों और इन सवालों पर श्री के. एम. मुन्शी, श्री अल्लादी कृष्णास्वामी अय्यर, डॉ. बी. आर. अम्बेडकर द्वारा दिये गये जवाब (जिनका विस्तार से उल्लेख पुस्तक 'भारतीय सिविल संहिता के सिद्धान्त' के पहले अध्याय में किया गया है) को सम्पूर्णता के साथ समझने का प्रयास किया गया होता, तो विधि आयोग इस तरह के गैर-गम्भीर एवं अप्रमाणित निष्कर्ष निकालने और संविधान-सभा के अस्तित्व को असंयमित चुनौती देने से बच जाता।

3. नीति-निर्देशक सिद्धान्त के बारे में गलतफहमी

विधि आयोग द्वारा अपने परामर्श-पत्र के पैरा सं. 1.10 के अन्तिम भाग में यह विचार दिया गया है कि 'ऐसे भी लोग थे, जो यह धारणा रखते थे कि समान नागरिक संहिता धर्म की आजादी को खत्म करता है। कौन-से अपवाद आजादी के रूप में स्वीकार होने योग्य हैं और कौन-से अपवाद इस आजादी को खत्म करते हैं, इस अनिश्चितता के कारण संविधान-सभा द्वारा समान नागरिक संहिता के प्रावधान को मूल अधिकार के बजाय संविधान के अनुच्छेद 44 में नीति-निर्देशक सिद्धान्त के अन्तर्गत रखा गया।' पैरा सं. 1.12 में भी डॉ. चौहान आयोग द्वारा यह विचार दिया गया है कि 'संविधान-सभा समान नागरिक संहिता को मूल अधिकार के बजाय नीति-निर्देशक सिद्धान्त के रूप में रखने के लिए सहमत हुआ।'

लगता है कि विधि आयोग यह मानकर चला है कि संविधान-सभा में इस बात को लेकर विवाद हुआ था कि समान नागरिक संहिता को मूल अधिकार के रूप में रखा जाय या नीति-निर्देशक सिद्धान्त के रूप में और अन्ततः संविधान-सभा द्वारा यह तय किया गया कि इसे नीति-निर्देशक सिद्धान्त के रूप में रखा जाना चाहिए। ऐसे स्वनिर्मित मान्यता को आधार बनाकर विधि आयोग द्वारा पैरा सं. 1.10 एवं 1.12 के अन्तर्गत उपर्युक्त निष्कर्ष निकाले गये हैं और यह सन्देश देने का प्रयास किया गया है कि समान नागरिक संहिता को मूल अधिकार के रूप में स्वीकार न किये जाने के कारण यह विषय महत्त्वपूर्ण नहीं रह गया है।

समान नागरिक संहिता को मूल अधिकारवाले भाग 3 के अन्तर्गत रखा जाय या नीति-निर्देशक सिद्धान्तवाले भाग 4 के अन्तर्गत, इस तरह का कोई सवाल न तो संविधान-सभा के समक्ष उठाया गया था और न ही कभी तय किया गया। समान नागरिक संहिता के निर्माण का विषय प्रत्यक्ष तौर पर किसी नागरिक के अधिकार से जुड़ा विषय कम और राज्य के दायित्व का विषय ज्यादा था। इसलिए इसे हर हाल में नीति-निर्देशक सिद्धान्त के रूप में ही रखा जाना था। ऐसा करने मात्र से समान नागरिक संहिता का महत्त्व कम नहीं हो जाता है। किन्तु डॉ. चौहान आयोग द्वारा अपने परामर्श-पत्र में एक काल्पनिक बात को आधार बनाकर समान नागरिक संहिता के महत्त्व को कमतर आँकने का प्रयास किया गया है।

डॉ. चौहान आयोग द्वारा नीति निर्देशक सिद्धान्तों के महत्त्व को समझे जाने की आवश्यकता थी। ये न केवल राज्य-संचालन की दृष्टि से, बल्कि सामाजिक एवं आर्थिक समानता के लक्ष्य को हासिल करने की दृष्टि से अति महत्त्वपूर्ण हैं। अनुच्छेद 38 पर संविधान-सभा में 19 नवम्बर, 1948 को हुए बहस के दौरान नीति निर्देशक सिद्धान्त को आर्थिक लोकतन्त्र के लिए आधारभूत बताते हुए डॉ. अम्बेडकर ने जो बात कही है, वह बहुत ही महत्त्वपूर्ण है। डॉ. अम्बेडकर के शब्दों में – 'मेरे निर्णय में, निर्देशक सिद्धान्तों का

बड़ा महत्त्व है। हमारा आदर्श आर्थिक लोकतन्त्र है। इसके लिए इनको रखा गया है। संविधान में प्रदत्त तरह-तरह के तन्त्रों के माध्यम से शासन की संसदीय प्रणाली स्थापित हो जाये, मात्र ऐसा ही हम नहीं चाहते। इसके भी निर्देशन के लिए कि हमारा आर्थिक आदर्श क्या होगा, हमारी सामाजिक व्यवस्था क्या होनी चाहिए, हमने जान-बूझकर संविधान में निर्देशक सिद्धान्तों को रखा है।'

समान नागरिक संहिता भी आर्थिक लोकतन्त्र एवं सामाजिक समानता, खासकर लैंगिक समानता के लक्ष्य को प्राप्त करने तथा राज-व्यवस्था एवं न्यायिक-प्रशासन के संचालन को सुगम करने की दृष्टि से बहुत महत्त्वपूर्ण है। इस कारण समान नागरिक संहिता को नीति-निर्देशक सिद्धान्तवाले भाग में रखना इसके महत्त्व को और बढ़ाता है न कि कम करता है। किन्तु डॉ. चौहान आयोग द्वारा समान नागरिक संहिता को मूल अधिकारवाले भाग में न रखे जाने को इस तरह दोहराया गया है जैसे कि इस कारण से यह बिल्कुल महत्त्वहीन हो गया हो। ऐसी काल्पनिक अवधारणा बनाने के पूर्व डॉ. चौहान आयोग न तो नीति-निर्देशक सिद्धान्तों के महत्त्व को समझ पाया और न समान नागरिक संहिता की वास्तविक मन्शा को ही समझ पाया।

4. सुप्रीम कोर्ट के निर्णय पर अनुचित टिप्पणी

शाहबानो बेगम मामले में सुप्रीम कोर्ट के पाँच न्यायाधीशों की संविधान-पीठ की तरफ से अपने निर्णय में **न्यायमूर्ति वाई. वी. चन्द्रचूड़** द्वारा कहा गया कि "यह भी दुःख का विषय है कि हमारे संविधान का अनुच्छेद 44 मृत अक्षर बनकर रह गया है। यह प्रावधानित करता है कि 'राज्य नागरिकों के लिए यूनिफॉर्म सिविल संहिता प्राप्त करने का प्रयास करेगा।' समान नागरिक संहिता को बनाने के लिए राज्यस्तर पर प्रयास किये जाने का कोई साक्ष्य नहीं है। लगता है कि ऐसा विश्वास कर लिया गया है कि यह मुस्लिम समुदाय के लिए है कि वह अपने व्यक्तिगत कानूनों में सुधार के लिए आगे बढ़े। कॉमन सिविल संहिता विरोधाभासी विचारोंवाले कानूनों के प्रति पृथक्करणीय भाव को समाप्त कर राष्ट्रीय अखण्डता के लक्ष्य को प्राप्त करने में सहयोग करेगा।..."

शाहबानो के अलावा भी कई मामलों में सुप्रीम कोर्ट द्वारा समान नागरिक संहिता की आवश्यकता को महसूस किया गया है। ये सभी मामले धर्म-आधारित अलग-अलग व्यक्तिगत कानूनों की विसंगतियों के कारण पैदा हुए थे और सुप्रीम कोर्ट की दहलीज तक आये थे। कुछ मामलों में सुप्रीम कोर्ट द्वारा कठोर टिप्पणी भी की गयी है। सरला मुद्गल मामले में न्यायमूर्ति कुलदीप सिंह द्वारा की गयी टिप्पणी अति महत्त्वपूर्ण है। **न्यायमूर्ति कुलदीप सिंह** के अनुसार 'अनुच्छेद 44 इस अवधारणा पर आधारित है कि एक सभ्य समाज में धर्म और व्यक्तिगत कानून का कोई आवश्यक लगाव नहीं है। अनुच्छेद 25 धार्मिक आजादी की गारण्टी देता है जबकि अनुच्छेद 44 धर्म को सामाजिक सम्बन्धों और

व्यक्तिगत कानूनों से पृथक् करने की बात करता है। विवाह एवं उत्तराधिकार और ऐसे अन्य कई धर्म-निरपेक्ष मामलों को अनुच्छेद 25, 26 और 27 के अन्तर्गत प्रदान की गयी गारण्टी की परिधि में नहीं लाया जा सकता है।'

शाहबानो मामले में सुप्रीम कोर्ट के उक्त विचार को पैरा सं. 1.12 में उद्धृत करने के तुरन्त पश्चात् डॉ. चौहान आयोग द्वारा पैरा सं. 1.13 में टिप्पणी की गयी है कि 'परन्तु यह निर्णय (यानी शाहबानो मामले में सुप्रीम कोर्ट का निर्णय) देश में पारिवारिक कानूनों में किये गये सुधारों के प्रयासों के इतिहास का ध्यान नहीं रखा है।' इसके आगे यह भी टिप्पणी कर दी गयी है कि 'इस स्तर पर कोई भी विश्वास के साथ यह निष्कर्ष निकाल सकता है कि आयोग की पारिवारिक कानूनों के सुधार की दिशा में की जा रही यह पहल विधायी आदेश के बजाय सिविल संस्थाओं, शिक्षण संस्थाओं और समाज के संवेदनशील वर्ग द्वारा प्रेरित है।'

सवाल पैदा होता है कि सुप्रीम कोर्ट के निर्णय के सन्दर्भ में विधि आयोग द्वारा इस तरह की नकारात्मक टिप्पणी कैसे की जा सकती है? डॉ. चौहान आयोग किन पारिवारिक कानूनों में हुए सुधारों के इतिहास की बात कर रहा है, जो कि शाहबानो मामले के तथ्यों के सन्दर्भ में प्रासंगिक रहा हो और जिसे सुप्रीम कोर्ट द्वारा निर्णय दिये जाते समय ध्यान में नहीं रखा गया। यदि मान भी लिया जाय कि सुप्रीम कोर्ट द्वारा ऐसा कुछ भूलकर भी दिया गया, तो क्या इस कारण से संविधान के अनुच्छेद 44 का महत्त्व समाप्त हो जाता है? विधि आयोग यह क्यों नहीं समझ पाया कि इस व्यवस्था, जिसका विधि आयोग भी एक अंग है, की अकर्मण्यता के कारण 1950 से लेकर 1984 तक मुस्लिम समाज में भरण-पोषण की स्थिति को लेकर असमंजस बना हुआ था। सुप्रीम कोर्ट द्वारा पहली बार इसका निराकरण निकालने का प्रयास शाहबानो बेगम मामले के माध्यम से किया गया। विधि आयोग यह कैसे भूल सकता है कि इस व्यवस्था की अकर्मण्यता के कारण ही मुस्लिम कानून में प्रचलित मौखिक तीन तलाक से भारत की मुस्लिम महिलाएँ अभिशप्त बनी रही हैं। 52 साल बाद अन्ततः सुप्रीम कोर्ट को शमीम आरा (2002) मामले में आगे आकर कहना पड़ा कि तलाक के लिए कोई-न-कोई तार्किक आधार का होना आवश्यक है। फिर भी विधि आयोग का ध्यान इस आवश्यक कानूनी सुधार की तरफ नहीं जा सका।

डॉ. चौहान आयोग द्वारा अपने परामर्श-पत्र के माध्यम से शमीम आरा के निर्णय को कानूनी जामा पहनाने की दिशा में प्रयास किया जा सकता था। ऐसा तो नहीं किया जा सका, किन्तु सुप्रीम कोर्ट के निर्णय पर अनावश्यक व निराधार टिप्पणी करने की जोखिम डॉ. चौहान आयोग ने ले लिया। इस आयोग द्वारा न केवल शाहबानो बेगम के निर्णय पर निराधार टिप्पणी करने की जोखिम उठाया गया, बल्कि अपने परामर्श-पत्र के पैरा सं. 2.82 में सुप्रीम कोर्ट के शमीम आरा के निर्णय को यह कहकर उपेक्षित कर दिया कि यह

मात्र ओबिटर डिक्टा (इतरोक्ति) है, जिसमें तलाकशुदा पत्नी को भरण-पोषण के लिए खर्च देने का मामला विचाराधीन था। इस कारण यह निर्णय बाध्यकारी नहीं है। तीन तलाक का यह व्यवहार अगस्त, 2017 तक, जब तक कि सुप्रीम कोर्ट द्वारा रद्द नहीं कर दिया गया, बना रहा।

मतलब साफ है कि परामर्श-पत्र बनाते समय विधि आयोग द्वारा अपने नीर-क्षीर विवेक का इस्तेमाल नहीं किया जा सका है। पहली बात यह कि विधि आयोग को यह क्षेत्राधिकार नहीं प्राप्त था कि वह सुप्रीम कोर्ट के निर्णय की इस तरह नकारात्मक व्याख्या कर तीन तलाक के सम्बन्ध में प्रतिपादित सिद्धान्त की उपेक्षा करे। इस मामले में मुस्लिम पति द्वारा पत्नी को भरण-पोषण देने से इस आधार पर मना कर दिया गया था, क्योंकि पति के अनुसार उसने अपनी पत्नी को तीन तलाक दिया है। इस कारण तलाक की वैधानिकता से भरण-पोषण का दायित्व प्रभावित हो रहा था। इसलिए यह कहना उचित नहीं कि शमीम आरा मामले में तीन तलाक का विषय मात्र ओबिटर डिक्टा (इतरोक्ति) था।

इसके बावजूद भी यदि यह मान लिया जाय कि शमीम आरा का निर्णय तीन तलाक के सम्बन्ध में ओबिटर डिक्टा होने के कारण बाध्यकारी नहीं हो सकता है या कुछ पल के लिए यह भी मान लिया जाय कि ऐसे किसी निर्णय का अस्तित्व ही नहीं है, तो क्या विधि आयोग से यह अपेक्षा नहीं की जा सकती है कि वह इस विषय पर अपने विवेक का प्रयोग करे और यह तय करे कि मौखिक तलाक के लिए तार्किक आधार होना चाहिए या नहीं? भले ही तलाक के लिए तार्किक आधार होने की बाध्यता बतानेवाला शमीम आरा का निर्णय ओबिटर डिक्टा हो, फिर भी विधि आयोग को अपने निष्पक्ष विवेक एवं कौशल का प्रयोग करना ही चाहिए था। किन्तु दुर्भाग्य से अपने पूरे परामर्श-पत्र में डॉ. चौहान आयोग ऐसा करने में विफल रहा और सिविल संस्थाओं, शिक्षण संस्थाओं और समाज के संवेदनशील वर्ग का शरण लेने लगा। शायद ही कोई सिविल संस्था या संवेदनशील वर्ग आयोग के समक्ष आकर यह कहा हो कि आप शमीम आरा मामले को उपेक्षित करते हुए पारिवारिक कानून में सुधार करने के लिए या सुप्रीम कोर्ट के निर्णय पर गैरजिम्मेदाराना टिप्पणी करने के लिए या अनुच्छेद 44 की पवित्र मन्शा के खिलाफ जाने के लिए आगे बढ़े।

5. धार्मिक आजादी और समानता के अधिकार को लेकर ठहराव

विधि आयोग द्वारा अपने परामर्श-पत्र के पैरा सं. 1.5 का प्रारम्भ यह कहकर किया गया है कि बहुत पहले से धर्म की स्वतन्त्रता और समानता के अधिकार के मध्य द्वन्द्व रहा है। **एक तरफ जहाँ समाज में कट्टरपन्थी तत्त्व धार्मिक स्वतन्त्रता के पूर्ण अधिकार की माँग करते हैं, जहाँ धार्मिक परम्पराओं का परीक्षण नहीं किया जा सकता है, यहाँ तक कि संवैधानिक प्रावधानों द्वारा भी परीक्षण नहीं किया जा सकता है, वहीं दूसरी तरफ समानता**

के अधिकार के पक्षधर लोगों का सुझाव है कि कानून को सांस्कृतिक भिन्नताओं की तरफ तब नहीं देखना चाहिए, जब यह मानवाधिकार का मामला हो। ये दोनों विचार एक-दूसरे से अनन्य नहीं हैं और कानून के प्रशासन के लिए धर्म की स्वतन्त्रता और समानता के अधिकार दोनों में सामंजस्य बनाना है।'

विधि आयोग द्वारा अगले ही पैरा सं. 1.6 में कहा गया है कि 'एक तरफ जहाँ धार्मिक आजादी एवं धर्म का प्रचार करने के अधिकार को धर्म-निरपेक्ष लोकतन्त्र में मजबूती से सुरक्षित किया जाना चाहिए, वहीं इसे भी ध्यान में रखना महत्त्वपूर्ण है कि सती, देवदासी, दहेज, तीन तलाक, बाल विवाह जैसी तमाम सामाजिक कुरीतियाँ धार्मिक परम्परा के रूप में संरक्षित हैं। धर्म के रूप में कानून के अन्तर्गत इनका संरक्षण माँगना बहुत बड़ी मूर्खता है। मानवाधिकार के आधारभूत मूल्यों के अनुरूप नहीं होने के कारण ये परम्पराएँ धर्म के मूल हैं या नहीं हैं (परामर्श-पत्र में इस वाक्य का मूल शब्दावली 'For these practices do not conform with basic tenets of human rights are nor are they essential to religion.' कुछ अस्पष्ट है।)। धर्म का मूल होने के बाद भी यदि ये परम्पराएँ भेदभाव कर रही हैं, तो इन्हें जारी रखने का कोई कारण नहीं है, फिर भी हमारी महिला समूहों से परामर्श के दौरान यह सुझाव आया है कि महिलाओं के लिए धार्मिक पहचान महत्त्वपूर्ण है और भाषा, संस्कृति इत्यादि के साथ-साथ व्यक्तिगत कानून इस पहचान के भाग हैं और धार्मिक आजादी की तरह हैं।'

डॉ. चौहान आयोग द्वारा यह स्पष्ट नहीं किया गया है कि वे कौन-सी महिला समूह हैं, जिन्होंने व्यक्तिगत कानून को धार्मिक आजादी की तरह होने का सुझाव दिया था। सबसे अधिक आश्चर्य की बात यह है कि विधि आयोग इस सुझाव पर बिना विवेक का प्रयोग किये स्वीकारोक्ति मुद्रा में सर झुका लेना उचित समझा है। एक बात यहाँ पर स्पष्ट कर देना उचित है कि विधि आयोग के साथ हुई दो घण्टे की बैठक के दौरान 'मिशन आर्टिकिल 44' की तरफ से हमने संविधान-सभा बहस के प्रसंगों का सन्दर्भ देते हुए सिद्ध किया था कि हमारे संविधान-निर्माताओं द्वारा व्यक्तिगत कानून को कभी भी धर्म या धार्मिक आजादी के अंग के रूप में स्वीकार नहीं किया गया है और न इसे इस तरह स्वीकार किया जाना संविधान की मन्शा के अनुरूप ही है। किन्तु दुर्भाग्य से डॉ. चौहान आयोग अपने परामर्श-पत्र में 'मिशन आर्टिकिल 44' के साथ हुए विचारों के इस आदान-प्रदान को संज्ञान में लेना उचित नहीं समझा।

पैरा सं. 1.6 में उक्त विचार व्यक्त करने के तुरन्त बाद अगले पैरा सं. 1.7 में विधि आयोग द्वारा कहा गया है कि समानता के अधिकार को पूर्ण अधिकार की तरह नहीं लिया जा सकता है। एक ऐसे देश में जहाँ सामाजिक असमानता हमारे समाज को कष्ट देती है और आर्थिक असमानता अजेय है, यह मानना गलत होगा कि सभी नागरिक समानता के अधिकार से एकरूपता के साथ लाभान्वित होंगे।

जिस तरह से विधि आयोग द्वारा समानता के अधिकार को पूर्ण अधिकार नहीं होने की और धार्मिक आजादी को धर्म-निरपेक्ष लोकतन्त्र के लिए आवश्यक होने की बात कही गयी है, इसे सन्तुलित विचार नहीं कहा जा सकता है। हमारे सांविधानिक ढाँचे में धर्म के अधिकार को भी पूर्ण या असीमित अधिकार के रूप में नहीं स्वीकार किया गया है। अनुच्छेद 25 के अन्तर्गत इस अधिकार को कई निर्बन्धनों यथा– लोक व्यवस्था, सदाचार, स्वास्थ्य, सामाजिक कल्याण एवं सामाजिक सुधार के अधीन स्वीकार किया गया है। इसलिए जितना समानता का अधिकार पूर्ण नहीं है, उतना ही धार्मिक आजादी भी पूर्ण नहीं है और साथ-ही-साथ धर्म-निरपेक्ष लोकतन्त्र को मजबूत बनाने के लिए जितना आवश्यक धार्मिक आजादी है, उतना ही आवश्यक समानता का अधिकार भी है। किन्तु इन दोनों के बीच तुलनात्मक टिप्पणी करने के दौरान डॉ. चौहान आयोग अनावश्यक रूप से धार्मिक आजादी की तरफ झुका हुआ प्रतीत होता है।

डॉ. चौहान आयोग ने देश में सामाजिक असमानता के कष्टकारी होने एवं आर्थिक असमानता के अजेय होने की बात भी कही है और इस आधार पर समान नागरिक संहिता की प्रासंगिकता पर सवाल उठाया है। किन्तु वह यह भूल गया कि समान नागरिक संहिता का बहुत बड़ा उद्देश्य सामाजिक एवं आर्थिक समानता के लक्ष्य को प्राप्त करना है। इसलिए समान नागरिक संहिता बनाने की दिशा में ईमानदारी से कदम उठाकर डॉ. चौहान आयोग द्वारा सामाजिक एवं आर्थिक समानता को प्राप्त करने की दिशा में एक सार्थक पहल की जा सकती थी। किन्तु आर्थिक असमानता को अजेय बताकर उसने पहले ही अपने हथियार डाल दिये।

सांस्कृतिक विविधता एक ऐसा विचार है, जिसको अक्षुण्ण एवं अजेय बनाये रखना हम सबकी जिम्मेदारी है। किन्तु सामाजिक असमानता एवं आर्थिक असमानता की स्थिति बिलकुल अलग है। सामाजिक असमानता को कष्टकारी बताकर इसके समाधान के लिए होनेवाले उपायों की उपेक्षा नहीं की जा सकती है और न ही आर्थिक असमानता को अजेय बताकर हम यथास्थितिवादी ही हो सकते हैं। इन दोनों को पराजित करना हमारे संविधान का लक्ष्य है। प्रस्तावना से लेकर मूल अधिकार एवं नीति निर्देशक सिद्धान्तों के अन्तर्गत सामाजिक एवं आर्थिक समानता को प्राप्त करना संविधान का पवित्र उद्देश्य है। एक आदर्श राज्य की कल्पना यही है कि वह सामाजिक एवं आर्थिक समानता को हासिल करने की दिशा में सतत रूप से कार्य करता रहे। किन्तु डॉ. चौहान आयोग कुछ ज्यादा ही निराशावादी हो गया। उसने यह विचार पालकर कि 'यह मानना गलत होगा कि सभी नागरिक (जो सामाजिक एवं आर्थिक रूप से असमान बने हुए हैं) समानता के अधिकार से एकरूपता के साथ लाभान्वित होंगे' यह निष्कर्ष निकाला है कि समान नागरिक संहिता को बनाना और लागू करना अनुचित होगा। इस तरह के विचार को प्रगतिशील विचार नहीं कहा जा सकता है। ऐसा विचार इस देश को यथास्थितिवाद का शिकार ही बनायेगा।

समान नागरिक संहिता सहित सभी नीति निर्देशक सिद्धान्त एक साधन हैं, जिसके माध्यम से हम सामाजिक एवं आर्थिक समानता के लक्ष्य को हासिल कर सकते हैं। इस दृष्टिकोण से विधि आयोग द्वारा समान नागरिक संहिता को देखने की आवश्यकता थी। यदि डॉ. चौहान आयोग की यह सोच कि ऐसे कानूनों या संहिताओं से सभी नागरिक एकरूपता के साथ लाभान्वित नहीं हो पायेंगे, सही और व्यावहारिक होता तो दूसरे क्षेत्रों के सम्बन्ध में एकसमान रूप से लागू दूसरे कानून आज अप्रासंगिक हो गये होते। किन्तु फिर भी आज संविदा कानून, सम्पत्ति अन्तरण कानून, भारतीय दण्ड संहिता जैसे कानून सभी भारतीयों पर कुछ अपवादों के साथ एकरूपता के साथ बिना कोई धर्म-आधारित भेदभाव के लागू हैं, ताकि देश की राष्ट्रीय एकता व अखण्डता अक्षुण्ण रहे और देश की राज-व्यवस्था और न्याय-प्रशासन सुगमता के साथ चलता रहे। राष्ट्रीय एकता व अखण्डता को और भी अक्षुण्ण बनाने के लिए तथा देश की राज-व्यवस्था और न्याय-प्रशासन को और भी ज्यादा सुगम बनाने के लिए आवश्यक है कि सिविल क्षेत्र के सम्बन्ध में धर्म-आधारित विसंगतियों को समाप्त कर समान नागरिक संहिता बनायी जाय और लागू किया जाय। अनुच्छेद 44 की इस पवित्र मन्शा को समझ पाने में डॉ. चौहान आयोग पूर्णतया विफल रहा है।

6. समुदाय के अन्दर समानता को लेकर अनावश्यक अभ्यास

डॉ. चौहान आयोग द्वारा अपने परामर्श-पत्र के पैरा सं. 1.4 के माध्यम से विधायिका से यह आग्रह किया गया है कि समुदायों के मध्य समानता के बजाय उसे पहले समुदाय के अन्दर ही पुरुष एवं महिला के मध्य समानता की गारण्टी देने पर विचार करना चाहिए। इस तरह से व्यक्तिगत कानूनों के मध्य कुछ अन्तरों को, जो सार्थक हैं, सुरक्षित किया जा सकता है और असमानता को अधिकतम सम्भव सीमाओं तक बिना पूर्ण एकरूपता के समाप्त किया जा सकता है।

आयोग के उपर्युक्त विचार के अनुसार व्यक्तिगत कानूनों को सुरक्षित बनाये रखना आवश्यक है, क्योंकि इनके मध्य कुछ सार्थक अन्तर हैं। शेष असमानता के व्यवहार को समुदाय के अन्दर ही समाप्त कर पुरुष और महिला के मध्य समानता लायी जानी चाहिए। "व्यक्तिगत कानूनों के मध्य सार्थक अन्तर, जो सुरक्षित किये जाने योग्य हैं' से डॉ. चौहान आयोग का क्या तात्पर्य है, इसे स्पष्ट किया जाना चाहिए था। किन्तु वह इसे स्पष्ट करना या तो भूल गया या जान-बूझकर इसकी उपेक्षा कर दिया। आयोग की नजर में यदि सार्थक अन्तर धार्मिक आस्था को लेकर है, तो इससे शायद ही कोई व्यक्ति असहमत होगा। समान नागरिक संहिता की भी यही मन्शा है कि धार्मिक आस्था के तत्त्व को अलगकर सुरक्षित किया जाय और बाकी सभी सिविल व्यवहार को तार्किकता और समानता की कसौटी पर एकरूप किया जाय। यही विचार श्री के.

एम. मुन्शी द्वारा अनुच्छेद 44 पर बहस के दौरान व्यक्त किया गया था। श्री मुन्शी के अनुसार 'हम धर्म को व्यक्तिगत कानूनों से, जिसे सामाजिक सम्बन्ध कहा जा सकता है या उत्तराधिकार या विरासत से सम्बन्धित पक्षकारों के अधिकारों से अलग करना चाहते हैं। इन सब चीजों का धर्म से क्या सम्बन्ध है। ... हम सब एक प्रगतिशील समाज हैं। हम सब इस दौर में हैं, जहाँ धार्मिक क्रियाकलापों में हस्तक्षेप किये बिना हमें देश को अवश्य ही एकीकृत करना चाहिए।'

डॉ. चौहान आयोग का मूल आग्रह कि समुदायों के मध्य समानता के बजाय पहले समुदाय के अन्दर ही पुरुष एवं महिला के मध्य समानता सुनिश्चित किया जाना चाहिए, एक अनावश्यक एवं अतार्किक-सा अभ्यास लगता है। यदि समानता का कोई आदर्श पैमाना है तो यह कैसे माना जा सकता है कि वह भिन्न-भिन्न समुदाय के लिए अलग-अलग होगा अर्थात् हिन्दू के लिए एक पैमाना होगा, मुसलमान के लिए अलग और ईसाई के लिए अलग। यदि आप समानता की आदर्श कसौटी पर कसकर किसी एक समुदाय के सन्दर्भ में कोई व्यवस्था बनाते हैं, तो यह समझ के बाहर है कि कैसे वही व्यवस्था दूसरे समुदाय के लिए अलग हो जायेगा? इस सवाल के जवाब को एक उदाहरण के माध्यम से समझा जा सकता है।

मुस्लिम व्यक्तिगत कानून के अन्तर्गत एक पुरुष एक साथ चार पत्नियों के साथ विवाह कर सकता है। यह छूट एक मुस्लिम महिला को नहीं प्राप्त है और न ही किसी दूसरे व्यक्तिगत कानून के अन्तर्गत किसी हिन्दू, ईसाई या पारसी को ही प्राप्त है, चाहे वह पुरुष हो या महिला।

एक से अधिक विवाह के सम्बन्ध में विधि आयोग यदि स्वयं द्वारा कही गयी बातों को स्वीकार करके मुस्लिम कानून में समानता और तार्किकता के सिद्धान्त को लागू करता तो उसके द्वारा सुधार की दिशा में चार गुणात्मक संस्तुति की जा सकती थी। पहली संस्तुति यह कि मुस्लिम पति द्वारा एक से अधिक विवाह करने के लिए कोई-न-कोई तार्किक कारण या विशेष परिस्थिति होनी चाहिए; दूसरी संस्तुति इस सम्बन्ध में कि वे कौन-कौन-सी विशेष परिस्थितियाँ या तार्किक कारण हो सकते हैं, जब कोई मुस्लिम पति एक से ज्यादा विवाह कर सकता है और तीसरी संस्तुति इस सम्बन्ध में कि मुस्लिम पति को इस तरह का कोई तार्किक कारण या विशेष परिस्थिति किसी सक्षम प्राधिकारी के समक्ष दिखाकर उससे दूसरा विवाह करने की अनुमति लेनी होगी, जैसा कि पाकिस्तान जैसे देशों में स्वीकार भी किया गया है। डॉ. चौहान आयोग द्वारा चौथी संस्तुति यह की जा सकती थी कि एक से अधिक विवाह करने के लिए जो सिद्धान्त मुस्लिम पुरुष के सन्दर्भ में लागू होगा, वही सिद्धान्त मुस्लिम औरत के सन्दर्भ में भी लागू होगा, क्योंकि इसने खुद भी पुरुष एवं महिला के मध्य समानता की गारण्टी दिये जाने की बात को स्वीकार किया है।

इसी तरह डॉ. चौहान आयोग हिन्दू व्यक्तिगत कानून या ईसाई व्यक्तिगत कानून या पारसी व्यक्तिगत कानून के सन्दर्भ में यह संस्तुति कर सकता था कि एक दाम्पत्य के रहते दूसरा विवाह करने की विशेष परिस्थिति या तार्किक कारण जिस तरह मुस्लिम पति या पत्नी के समक्ष आ सकता है, उसी तरह एक हिन्दू पति या हिन्दू पत्नी के समक्ष या ईसाई पति या ईसाई पत्नी के समक्ष या पारसी पति या पारसी पत्नी के समक्ष भी आ सकता है। अत: विशेष परिस्थितियों के मौजूद होने और अनुमति लेने की शर्त के अधीन एक से अधिक विवाह करने की छूटवाले प्रावधान हिन्दू व्यक्तिगत कानून या ईसाई व्यक्तिगत कानून या पारसी व्यक्तिगत कानून में भी होना चाहिए।

अब यदि मुस्लिम कानून या हिन्दू कानून या ईसाई कानून में उपर्युक्त आवश्यक सुधार का ईमानदारी से प्रयास किया जाय तो अन्तिम परिणाम में शायद ही कोई अन्तर आयेगा। सिवाय इसके कि यह कहकर कि यह हिन्दू का सिविल कानून है, यह मुस्लिम का सिविल कानून है, यह ईसाई का सिविल कानून है, कुछ लोगों की अलगाववादी जिद्द सन्तुष्ट होती रहेगी। इसके अलावा और क्या लाभ हो रहा है, इसका जवाब शायद ही कुछ दिया जा सके। यह मात्र भारतीयों के मध्य धर्म-आधारित पृथक्करणीय भाव बनाये रखने का कारक है, जिसे समाप्त करने के लिए हमारे संविधान-निर्माताओं ने समान नागरिक संहिता, जिसे मैं कानूनी भाषा में 'भारतीय सिविल संहिता' कहना चाहूँगा, की अवधारणा प्रदान किया है। किन्तु दुर्भाग्य से डॉ. चौहान आयोग द्वारा इस मूल अवधारणा को दरकिनार करने का प्रयास किया गया है और 182 पृष्ठवाले अपने परामर्श-पत्र में कई विषयों को लेकर अनावश्यक व खोखला अभ्यास किया गया है।

अब डॉ. चौहान आयोग द्वारा अपने परामर्श-पत्र में बहुविवाह के सन्दर्भ में क्या कहा गया है, उसको भी साथ-साथ जानना और समझना उचित है। अपने परामर्श-पत्र के पैरा सं. 2.91 में आयोग ने कहा है कि 'भारतीय सन्दर्भ में बहुतायत मामलों में यह स्पष्ट है कि महिलाओं ने अपने पति के दूसरे विवाह या पश्चात्वर्ती विवाह को लेकर कुछ नहीं कहा है। इसलिए बहुविवाह पर विचार करते समय पहला और सबसे महत्त्वपूर्ण बात महिला का हित है।' अगले पैरा सं. 2.92 में डॉ. चौहान आयोग कहता है कि 'यद्यपि इस्लाम में बहुविवाह अनुमन्य है, किन्तु यह भारतीय मुसलमानों में बहुत कम देखने को मिलता है। जबकि इसे दूसरे धर्म के लोगों द्वारा, जो दूसरी शादी करने के लिए मुस्लिम धर्म स्वीकार करते है, तेजी से दुरुपयोग किया जाता है।' इस तरह आयोग द्वारा मुस्लिम कानून में मान्य बहुविवाह का बचाव करने की हर सम्भव कोशिश की गयी है और इस कोशिश में उसने जिस तरह बिना कोई सर्वे कराये निष्कर्ष दिया है, उससे किसी भी जिम्मेदार संस्था को बचना चाहिए।

डॉ. चौहान आयोग द्वारा आगे कहा गया है कि तुलनात्मक कानून से स्पष्ट है कि केवल कुछ ही मुस्लिम देशों में बहुविवाह के अधिकार को सुरक्षित किया गया है और

वह भी नियन्त्रित व्यवस्था के साथ सुरक्षित किया गया है। विधि आयोग ने पैरा सं. 2.94 में पाकिस्तान के कानून का हवाला दिया है, जिसके अन्तर्गत आपवादिक परिस्थिति में समझौता परिषद् की पूर्व अनुमति और पहली पत्नी या पत्नियों की सहमति से बहुविवाह किया जा सकता है। इसके बाद अन्त में डॉ. चौहान आयोग द्वारा पैरा सं. 2.99 में यह सुझाव दिया है कि निकाहनामा में ही यह स्पष्ट कर देना चाहिए कि बहुविवाह धारा 494 के अन्तर्गत एक आपराधिक कृत्य है और यह सभी समुदाय पर लागू होगा।

यह स्थिति वैसे ही हो गयी, जैसे तोड़ा पहाड़ निकली चुहिया। तमाम मुस्लिम देशों एवं पाकिस्तान द्वारा बहुविवाह के सन्दर्भ में अपनायी गयी व्यवस्था का उल्लेख करने के बाद वह निकाहनामा पर आकर अटक गया। वह यह कहने की हिम्मत नहीं जुटा पाया कि पाकिस्तान में लागू यह व्यवस्था कि आपवादिक परिस्थिति में समझौता परिषद् की पूर्व अनुमति और पहली पत्नी या पत्नियों की सहमति से बहुविवाह किया जा सकता है, तार्किक है और इसको भारतीय मुसलमानों के सन्दर्भ में भी लागू किया जाना चाहिए। यदि विधि आयोग द्वारा यह कहने की हिम्मत जुटा ली गयी होती तो यह भारतीय मुस्लिम कानून में सुधार की दिशा में बहुत बड़ी पहल होती। किन्तु दुर्भाग्य से डॉ. चौहान आयोग द्वारा ऐसा करने की हिम्मत नहीं जुटायी जा सकी।

बिना सर्वेक्षण किये डॉ. चौहान आयोग यह टिप्पणी करके सन्तुष्ट-सा दिखता है कि बहुविवाह भारतीय मुसलमानों में बहुत कम देखने को मिलता है और मुस्लिम धर्म में लागू बहुविवाह की व्यवस्था का दुरुपयोग दूसरे धर्म के लोगों द्वारा मुस्लिम धर्म अपनाकर तेजी से किया जाता है। उसकी इस बात में कोई रुचि नहीं है कि इस तरह के तथ्यों में यदि सच्चाई है तो इसका समाधान निकाला जाय और इसकी चिन्ता की जाय कि गैर-मुस्लिम धर्म के लोगों द्वारा मुस्लिम कानून में स्वीकृत बहुविवाह व्यवस्था का दुरुपयोग न किया जा सके। यदि वह इस दिशा में थोड़ी-सी भी ईमानदारी से प्रयास करता तो उसे यह समझ में आ जाता कि ऐसा इसलिए है क्योंकि भारत के मुस्लिम कानून में आँख मूँदकर एक से अधिक विवाह करने की छूट दी गयी है और दूसरे धर्म के व्यक्तिगत कानूनों में इसे लेकर अनावश्यक रूप से कुछ ज्यादा ही कड़ाई दिखायी गयी है। ये दोनों स्थिति अतिरेक की स्थिति है, जिसका समाधान देते हुए कानूनी सुधार करने की आवश्यकता थी, ताकि मुस्लिम कानून में मान्य चतुर्पत्नी विवाह की व्यवस्था का दुरुपयोग न मुस्लिम धर्म के लोगों द्वारा किया जा सके और न ही दूसरे धर्म के लोगों को इसका इस्तेमाल करने के लिए अपना धर्म छोड़ने की आवश्यकता महसूस हो। किन्तु लगता है कि डॉ. चौहान आयोग को ऐसे कानूनी सुधार करने के बजाय गैर-मुस्लिम धर्म यानी हिन्दू, सिक्ख, ईसाई या पारसी के लोगों को नीचा दिखाना ज्यादा सुहाया है।

7. व्यक्तिगत कानून की स्थिति को लेकर सन्देह

अपने परामर्श-पत्र के पैरा सं. 1.3 में विधि आयोग ने कहा है कि 'व्यक्तिगत कानून भारतीय संविधान के अनुच्छेद 13 के अन्तर्गत कानून है या नहीं या यदि है, तो क्या वे अनुच्छेद 25-28 के अन्तर्गत सुरक्षित हैं या नहीं, यह विषय कई मामलों में विवादित रहा है, जिसमें नारसा अप्पु माली का मामला सबसे अधिक उल्लेखनीय है।' इसके तुरन्त बाद विधि आयोग आगे कहता है कि समान नागरिक संहिता पर सर्वसहमति के अभाव में आयोग का विचार है कि व्यक्तिगत कानूनों की विविधता को सुरक्षित करना सबसे उपयुक्त है, किन्तु उसी समय यह भी सुनिश्चित करे कि व्यक्तिगत कानून संविधान के अन्तर्गत गारण्टी किये गये मूल अधिकार से असंगत न हो।'

अनुच्छेद 13 के अन्तर्गत कोई विषय कानून की परिभाषा में आता है या नहीं, यह सवाल तब पैदा होता है, जब उस विषय को चुनौती दी गयी हो। विधि आयोग के समक्ष व्यक्तिगत कानून को लेकर ऐसी कोई स्थिति नहीं थी। किन्तु नरेन्द्र मोदी सरकार द्वारा समान नागरिक संहिता पर कार्य करने के लिए कहने के स्थान पर इस पर राय माँगे जाने का यह परिणाम है कि विधि आयोग को यह आजादी मिल गयी कि वह शुचिता के खिलाफ जाकर सर्वसहमति का अभाव होने की बात करे और संविधान की मन्शा के विरुद्ध यह विचार रखे कि व्यक्तिगत कानून को सुरक्षित किया जाना आवश्यक है। इसलिए यहाँ पर यह समझना आवश्यक है कि व्यक्तिगत कानून क्या हैं और क्या संविधान के अन्तर्गत व्यक्तिगत कानून को किसी तरह का संरक्षण प्राप्त है?

व्यक्तिगत कानून की अवधारणा के पीछे मूल भाव इनका धर्म-आधारित होना है। इस कारण ये कानून अलग-अलग धर्मों के लिए अलग-अलग होते हैं। ये सार्वजनिक किस्म के कानून यथा अपराध कानून या सम्पत्ति कानून हो सकते हैं या निजी किस्म के कानून यथा दायित्व कानून या परिवारिक कानून भी हो सकते हैं। चूँकि इन कानूनों का लागू होना एक व्यक्ति की धार्मिक आस्था के अनुसार तय होता है, इसलिए भी इन्हें व्यक्तिगत कानून कहा जाता रहा है। धीरे-धीरे राज्य और धर्म-निरपेक्षता की अवधारणा का प्रभाव बढ़ने के उपरान्त ये सभी क्षेत्र धर्म एवं धर्म-आधारित कानून के दायरे से बाहरे हो गये। किन्तु भारत में पारिवारिक कानून अपवाद के रूप में, वह भी केवल इस्लाम के सन्दर्भ में, बना रहा। बाकी धर्मों के लिए यद्यपि अलग-अलग कानून हैं, किन्तु वे राज्य द्वारा विनियमित किये जाते हैं। मुस्लिम व्यक्तिगत कानून के साथ यह स्थिति नहीं है। जहाँ हिन्दू व्यक्तिगत कानून या ईसाई व्यक्तिगत कानून या पारसी व्यक्तिगत कानून राज्य-तन्त्र से नियमित होते हैं, वहीं मुस्लिम व्यक्तिगत कानून अभी भी धर्म द्वारा नियमित किये जा रहे हैं।

एक देश में एक ही विषय के सम्बन्ध में अलग-अलग धर्म के लिए अलग-अलग कानून होने के कारण विसंगतियाँ एवं समस्याएँ पैदा होती रहती हैं। सिविल कानून को लेकर धर्म-आधारित इन विसंगतियों को समाप्त करना और इसे समानता एवं तार्किकता

की कसौटी पर कसकर सभी नागरिकों के सिविल व्यवहार को संचालित करने के लिए एक सर्वमान्य कानून बनाना समान नागरिक संहिता की अवधारणा है। मतलब साफ है कि धर्म-आधारित सभी व्यक्तिगत कानूनों का स्थान समान नागरिक संहिता ले लेगा और यह देश इस कलंक से मुक्त हो जायेगा कि यह सिविल कानून हिन्दुओं का है, यह मुसलमानों का, यह ईसाइयों का और यह पारसियों का।

किन्तु लगता है विधि आयोग व्यक्तिगत कानून और समान नागरिक संहिता की उक्त अवधारणा को समझने में बिलकुल नाकाम रहा है। विधि आयोग के तत्कालीन अध्यक्ष न्यायमूर्ति बी.एस. चौहान, जिनकी अध्यक्षता में यह परामर्श-पत्र बनाया गया है, द्वारा सार्वजनिक रूप से 5 दिसम्बर, 2017 को यह बयान दिया गया था कि व्यक्तिगत कानून अनुच्छेद 25 के अन्तर्गत संविधान का एक भाग है और इसे समाप्त नहीं किया जा सकता है। मेरे जैसे नागरिक के लिए विधि आयोग के अध्यक्ष का यह बयान चौंकानेवाला बयान था। जस्टिस चौहान के उक्त बयान के मीडिया में आने के तुरन्त बाद संस्था 'लोक सर्वोदय फाउण्डेशन' द्वारा चलाये जा रहे 'मिशन अनुच्छेद 44 : एक राष्ट्र, एक सिविल कानून' का एक प्रतिनिधि-मण्डल विधि आयोग से 9 जनवरी, 2018 को मिला। विधि आयोग के चेयरमैन एवं अन्य सदस्यों को यूनिफॉर्म सिविल संहिता विषय पर लिखी गयी शोध पुस्तक 'भारतीय सिविल संहिता के सिद्धान्त : अनुच्छेद 44 के क्रियान्वयन के अनुक्रम में' और इसका अंग्रेजी अनुवाद भी भेंट किया गया और उन सभी बिन्दुओं पर चर्चा की गयी, जिसकी सहायता से देश के लिए समान नागरिक संहिता बनायी जा सकती है।

विधि आयोग के साथ हुई दो घण्टे की मुलाकात के दौरान व्यक्तिगत कानून के सांविधानिक संरक्षण के बिन्दु पर भी चर्चा हुई और मैंने विधि आयोग को बताया कि भारत में व्यक्तिगत कानूनों को कभी भी संविधानिक संरक्षण नहीं प्राप्त है। विधि आयोग का ध्यान संविधान-सभा द्वारा लिये गये निर्णय की तरफ भी आकृष्ट कराया गया, जिसमें व्यक्तिगत कानून को मूल अधिकार के रूप में स्वीकार करने के लिए तीन-तीन बार लाये गये संशोधन-प्रस्ताव को संविधान-सभा द्वारा खारिज कर दिया गया था।

शायद 'मिशन आर्टिकिल 44 : एक राष्ट्र, एक सिविल कानून' के प्रतिनिधि-मण्डल के मुलाकात का प्रभाव था कि डॉ. चौहान आयोग अपने परामर्श-पत्र में कम-से-कम व्यक्तिगत कानून के अधिकार को मूल अधिकार नहीं कह सका। किन्तु इसके बावजूद जिस तरह से विधि आयोग ने पीछे से हाथ घुमाकर नाक पकड़ने की कोशिश की है और व्यक्तिगत कानून के सन्दर्भ को जिस तरह संवैधानिक धरातल प्रदान करने की कोशिश की है, वह संविधान-सभा की मन्शा के खिलाफ है। अपने परामर्श-पत्र के पैरा संख्या 1.8 में विधि आयोग ने कहा है कि 'व्यक्तिगत कानून भले ही ठीक तरीके से उपनिवेशीय भारत में जन्म ले लिया हो, किन्तु आजादी के बाद यह मजबूत, पुनर्गठित और सुदृढ़ हुआ है। ऐसा ही महत्त्वपूर्ण सामाजिक विधायन जिसे स्वतन्त्र भारत में लाया गया, वह है हिन्दू कानून में

संशोधन। इन संशोधनों को भारत के कई भागों में भारी विरोध का सामना करना पड़ा और सबसे मुखर और प्रसिद्ध विरोध हिन्दू महासभा से आया था। लगातार विरोध के बावजूद नेहरू और अम्बेडकर के दिशानिर्देश में हिन्दू कानून समिति ने सुधारों पर मनन करना जारी रखा।'

व्यक्तिगत कानून को मानने के अधिकार को मूल अधिकार के रूप में स्वीकार किये जाने के लिए लाये गये संशोधन-प्रस्ताव का जवाब देते हुए **डॉ. बी. आर. अम्बेडकर** ने जो बात कही थी, उसका यहाँ उल्लेख करना उचित है। डॉ. अम्बेडकर के अनुसार–

'यह आवश्यक नहीं है कि कानून, जैसे किरायेदारी के कानून या उत्तराधिकार के कानून, धर्म द्वारा संचालित हों। यूरोप में ईसाइयत है, लेकिन ईसाइयत का अर्थ यह नहीं होता है कि ईसाई पूरे विश्व या यूरोप में जहाँ भी रहते हैं, उत्तराधिकार के समान व्यवस्था रखेंगे। ऐसी किसी चीज का अस्तित्व नहीं होता है। मैं व्यक्तिगत रूप से नहीं समझता हूँ कि धर्म को इतना विस्तृत और व्यापक क्षेत्र क्यों दिया जाना चाहिए जो सम्पूर्ण जीवन पर कब्जा कर ले और विधायिका को इन क्षेत्रों में हस्तक्षेप करने से रोके। सबके बाद, हम इस स्वतन्त्रता को किसके लिए रख रहे हैं? हम सब इस स्वतन्त्रता का प्रयोग उस सामाजिक व्यवस्था में सुधार लाने के लिए रखते हैं, जो अन्याय, भेदभाव और ऐसी तमाम चीजों से भरे पड़े हैं, जो मूल अधिकारों से असंगत होते हैं। इसलिए किसी के लिए यह अनुमान करना बिलकुल असम्भव है कि व्यक्तिगत कानून राज्य के क्षेत्राधिकार से बाहर रखा जायेगा।'

डॉ. चौहान आयोग द्वारा यदि डॉ. अम्बेडकर के उक्त विचार को ध्यान में रखा गया होता और व्यक्तिगत कानूनों में कमियों को लेकर या व्यक्तिगत कानूनों के मध्य विसंगतियों को लेकर विभिन्न स्तर पर न्यायालयों में दाखिल हुए मुकदमों का और इन्हें तय करने में हुए नुकसान का आँकड़ा एकत्रित किया गया होता तो शायद वह यह समझ जाता कि व्यक्तिगत कानूनों को समाप्त करने और इनके स्थान पर समान नागरिक संहिता बनाकर लागू करने की आवश्यकता इस देश द्वारा हमेशा महसूस किया जाता रहा है। बेशक समान नागरिक संहिता का विरोध करना या इसका पक्ष लेना इस देश की राजनीतिक पार्टियों के लिए राजनैतिक लाभ का विषय रहा हो, किन्तु जिस ईमानदार राजनीतिक इच्छाशक्ति के अभाव के कारण समान नागरिक संहिता का निर्माण नहीं हो सका, उसकी भरपायी विधि आयोग द्वारा अपने कानूनी कौशल का प्रयोग करके किया जा सकता था। दुर्भाग्य से डॉ. चौहान आयोग द्वारा यह कौशल नहीं दिखाया जा सका और इस देश द्वारा उन पर किये गये भारी खर्च के औचित्य को सही सिद्ध करने में विफल रहा।

8. मुस्लिम कानून के संहिताकरण को लेकर दुविधा

यह सही है कि समान नागरिक संहिता के पक्ष में संविधान-सभा द्वारा सर्वसहमति से प्रस्ताव पारित करने और समय-समय पर सुप्रीम कोर्ट द्वारा कई निर्णय देने के बावजूद

हमारे राजनीतिक नेतृत्व द्वारा कभी भी समान नागरिक संहिता को लेकर मजबूत इच्छाशक्ति नहीं दिखाया जा सका। किन्तु आज भी हालात वही हों, यह आवश्यक नहीं है। केन्द्र की मोदी सरकार द्वारा समान नागरिक संहिता के सम्बन्ध में विधि आयोग से राय माँगकर, थोड़ा ठिठककर ही सही, फिर भी एक कदम आगे बढ़ाया गया। इस पहल को विधि आयोग और आगे बढ़ा सकता था। किन्तु दुर्भाग्य से ऐसा नहीं किया जा सका। इसके विपरीत डॉ. चौहान आयोग ने इस बात को लेकर दृढ़ता दिखायी है कि इस देश में धर्म-आधारित अलग-अलग व्यक्तिगत कानूनों का बने रहना उचित है और इसके अन्दर ही यथोचित सुधार किया जाना चाहिए।

डॉ. चौहान आयोग मुस्लिम कानून के संहिताकरण के बिन्दु पर 1937 के शरीयत कानून से सन्तुष्ट होता दिखता है। अपने परामर्श-पत्र के पैरा सं. 2.71 में विधि आयोग कहता है कि 1937 में मुस्लिम व्यक्तिगत कानून के भागों का कई तरह से मुस्लिम व्यक्तिगत कानून (शरीयत) अनुप्रयोग अधिनियम, 1937 और मुस्लिम विवाह-विच्छेद अधिनियम, 1939 के रूप में संहिताकृत किया गया है, जिसने धार्मिक पारिवारिक कानूनों में सुधार को आगे बढ़ाया है। मुस्लिम कानून न केवल महिलाओं की सम्पत्ति में पूर्ण अधिकार को मान्यता देता है, बल्कि महिलाओं को विवाह-विच्छेद करने का अधिकार भी देता है। विधि आयोग आगे कहता है कि 1960 में नेहरू द्वारा ए.ए.ए. फैजी, जिन्होंने एक मुस्लिम कानून समिति के विचार का प्रस्ताव दिया था, के साथ संहिताकरण करने का प्रयास किया गया था। किन्तु बाद में समुदाय के भीतर से ही विरोध होने के कारण इसे वापस ले लिया गया।

1937 के कानून के सन्दर्भ में विधि आयोग द्वारा यह कहना सच्चाई से परे है कि यह कानून मुस्लिम व्यक्तिगत कानून के किसी भाग का संहिताकरण करता है। यह कानून भारतीय मुसलमानों को शरीयत से संचालित होने की मान्यता देता है। यह सिर्फ इतना प्रावधानित करता है कि कुछ विषयों जैसे विवाह, विवाह-विच्छेद, भरण-पोषण, मेहर, दान, संरक्षकत्व, उत्तराधिकार, ट्रस्ट इत्यादि के सम्बन्ध में मुसलमानों पर शरीयत लागू होगा। यह कानून यह नहीं बताता है कि शरीयत क्या है या किसी एक विषय पर शरीयत के क्या-क्या नियम हैं, जो भारत के मुसलमानों पर लागू होते हैं।

जहाँ तक 1939 के कानून का सवाल है, यह कानून मुस्लिम महिलाओं को न्यायालय के माध्यम से नौ अन्य आधारों पर विवाह-विच्छेद की डिक्री हासिल करने का अधिकार देता है। 1939 के पहले मुस्लिम कानून के अन्तर्गत पत्नी को सिर्फ चार आधार पर विवाह-विच्छेद करने का अधिकार प्राप्त था। पहला पति के नपुंसक होने के आधार पर; दूसरा 'लिएन का आधार' अर्थात् जब पति द्वारा पत्नी पर लगाया गया व्यभिचार का आरोप झूठा साबित हो जाय; तीसरा ख्यार-उल-बुलुग अर्थात् वयस्कता का विकल्प और चौथा जिहार अर्थात् जब पति पत्नी की तुलना अपनी माँ से कर दे। इसके अलावा पत्नी दो अन्य

तरीके 'खुला' या 'मुबारत' के माध्यम से विवाह-विच्छेद कर सकती थी। 'खुला' के अन्तर्गत पत्नी पति की सहमति से उसे मुआवजा देकर विवाह-विच्छेद कर सकती है और 'मुबारत' के अन्तर्गत पति और पत्नी दोनों की आपसी सहमति से विवाह-विच्छेद किया जा सकता है। यह अंग्रेजी हुकूमत के कोड़े का ही नतीजा था कि 1939 का कानून बन सका था और इसके माध्यम से मुस्लिम महिलाओं को नौ अन्य आधारों पर विवाह-विच्छेद की डिक्री हासिल करने का अधिकार मिल सका था। अन्यथा संविधान लागू होने के बाद ऐसा कानून बनाना कितना कठिन कार्य होता, इसे तीन तलाक को समाप्त करने के लिए किये जा रहे जद्दोजहद से समझा जा सकता है। तब शायद ही डॉ. चौहान आयोग के लिए मुस्लिम कानून में सुधार को लेकर कुछ भी गर्व महसूस करने लायक बचा रह पाता।

अपने परामर्श-पत्र के पैरा सं. 2.87 में यद्यपि विधि आयोग ने यह परामर्श दिया है कि 1939 के अधिनियम में दिये गये आधारों को महिलाओं के साथ-साथ पुरुषों पर लागू कर देना चाहिए। किन्तु विधि आयोग इस बात को संज्ञान में लेना भूल गया कि 1939 का अधिनियम केवल न्यायालयों के माध्यम से महिलाओं को विवाह-विच्छेद की डिक्री लेने का अधिकार प्रदान करता है। और यदि इसे पुरुषों पर भी लागू कर दिया जाय तो यही स्थिति बनेगा कि एक मुस्लिम पति को भी न्यायालय के समक्ष ऐसे किसी एक आधार को सिद्ध करना होगा। बावजूद इसके कि विधि आयोग ऐसा परामर्श देते समय बिलकुल भी गम्भीर नहीं था क्योंकि यह आवश्यक नहीं है कि विवाह-विच्छेद के लिए जो आधार पत्नी के लिए उचित हो, वही एक पति के लिए भी उचित हो, फिर भी मुस्लिम कानून के सन्दर्भ में यह सम्पूर्ण स्थिति नहीं है।

लगता है कि विधि आयोग ने मात्र शेखी बघारने के लिए उक्त परामर्श दिया है, अन्यथा यह एक भ्रम से ज्यादा कुछ नहीं है। ईमानदारी की बात यह है कि शायद ही कोई मुस्लिम पति हो, जो अपने पत्नी से विवाह-विच्छेद करने के लिए न्यायालय की शरण लेता हो। तलाक-ए-हसन या तलाक-ए-अहसन का प्रयोग तो करता ही नहीं है, न्यायालय की शरण लेना बहुत दूर की बात होती है। ज्यादातर तलाक-उल-बिद्दत यानी तत्काल तीन तलाक का दुरुपयोग करके अपनी बीवी से छुटकारा लेने की सुविधा का प्रयोग करते रहे हैं। यह हो सकता है कि शायरा बानो निर्णय आ जाने के बाद अब मुस्लिम पति तलाक-उल-बिद्दत का दुरुपयोग न कर पाये, किन्तु कुछ मुस्लिम धर्मगुरुओं ने इसके विकल्प के रूप में तलाक-ए-बाइन का आविष्कार कर लिया है। इसके बावजूद भी मुस्लिम पति को तलाक-उल-बिद्दत के स्थान पर तलाक-ए-हसन या तलाक-ए-अहसन का दुरुपयोग करने की छूट अभी भी प्राप्त है।

विधि आयोग के अध्यक्ष न्यायमूर्ति डॉ. बी. एस. चौहान एवं अन्य सदस्यों के साथ हुई 'मिशन आर्टिकिल 44' की बैठक में तलाक के इन सभी विन्दुओं पर खुलकर चर्चा की

गयी थी। न्यायमूर्ति डॉ. चौहान द्वारा मौखिक तलाक के सम्बन्ध में इन विसंगतियों को स्वीकार भी किया गया था। उम्मीद थी कि विधि आयोग विवाह-विच्छेद के इन दोनों मौखिक तरीकों यानी तलाक-ए-हसन और तलाक-ए-अहसन को पारदर्शी बनाने की चिन्ता करेगा और इस प्रकार के मौखिक विवाह-विच्छेद के लिए कोई-न-कोई एक तार्किक आधार होने को बाध्यकारी बनाने और इनके खिलाफ भी न्यायालय में अपील करने का प्रावधान बनाने की संस्तुति करेगा। किन्तु दुर्भाग्य से इस तरह के कानून-सुधार की संस्तुति करने के बजाय डॉ. चौहान आयोग द्वारा सुप्रीम कोर्ट के शमीम आरा निर्णय में ओबिटर डिक्टा खोजा जाने लगा और इसका अबाध्यकारी होना सिद्ध करने में अपना पूरा समय लगा दिया गया। स्वयं विधि आयोग भी किसी तरह के मुस्लिम संहिता के प्रारूप को प्रस्तुत करने में विफल रहा।

9. हिन्दू अविभाजित परिवार पर अनुचित हमला

डॉ. चौहान आयोग द्वारा अपने परामर्श-पत्र के पैरा सं. 5.26 में 'हिन्दू सहदायिकी' की व्यवस्था को समाप्त करने योग्य बताया गया है और शीर्षक 'हिन्दू अविभाजित परिवार की समाप्ति' के पैरा सं. 5.31 में कर-छूट मिलने के कारण हो रहे राजस्व हानि के आधार पर यह निष्कर्ष दिया गया है कि आजादी मिलने के 72 वर्ष बाद भी हिन्दू अविभाजित परिवार (एच.यू.एफ.) की व्यवस्था का बने रहना अनुचित है।

इसके पहले वर्ष 2000 में विधि आयोग द्वारा अपने 174वें रिपोर्ट के माध्यम से हिन्दू-सहदायिकी की व्यवस्था को समाप्त करने की संस्तुति की गयी थी। किन्तु यह भी कहा था कि जब तक सहदायिकी में पुत्रियों को भी शामिल नहीं कर दिया जाता है, इसे समाप्त करना उचित नहीं है। चूँकि वर्ष 2005 में पुत्रियों को सहदायिकी में शामिल कर दिया गया है, इसी को आधार बनाकर डॉ. चौहान आयोग ने पैरा सं. 5.26 में हिन्दू सहदायिकी को समाप्त करने का सुझाव दिया है। इसी तर्क को आगे बढ़ाते हुए डॉ. चौहान आयोग द्वारा पैरा सं. 5.27 में कहा गया है कि हिन्दू अविभाजित परिवार (एच.यू.एफ.) की अवधारणा की जड़ संयुक्त हिन्दू परिवार में निहित है। इसलिए इसे एक व्यापारिक संस्था के रूप में कानूनी हैसियत और पृथक् कर-हैसियत के रूप में मान्यता दी गयी है। पैरा सं. 5.28 व 5.29 में आगे कहा गया है कि वर्तमान समय में हिन्दू अविभाजित परिवार न तो कॉर्पोरेट-शासन के और न ही कर-प्रशासन के अनुकूल है। केवल कर उद्देश्य से हिन्दू अविभाजित परिवार को विशेष हैसियत प्रदान की गयी है। अब इस हैसियत का उपयोग केवल कर से छूट पाने के लिए किया जा रहा है। पैरा सं. 5.30 व 5.31 में निष्कर्ष दिया गया है कि 'जैसे ही सहदायिकी समाप्त हो जाता है, हिन्दू अविभाजित परिवार जैसी संस्था भी अपरिहार्य रूप से समाप्त हो जायेगी। आज जब आजादी प्राप्त हुए 72 वर्ष हो गये हैं, यह उचित समय है कि यह

समझा जाय कि देश के राजस्व से समझौता करके सिर्फ गहरे भावनात्मक जुड़ाव के आधार पर इस संस्था को बचाना उचित नहीं है।'

पिछले वर्ष 'मिशन अनुच्छेद 44 : एक राष्ट्र, एक सिविल कानून' द्वारा 23 नवम्बर को मनाये गये 'समान नागरिक संहिता दिवस' के अवसर पर बोलते हुए वरिष्ठ अधिवक्ता श्री एस. एफ. ए. नकवी द्वारा ऐसा ही कुछ सवाल उठाया गया था। उनका कहना था कि समान नागरिक संहिता बनना चाहिए, किन्तु कुछ उदाहरण ऐसे हैं जिसमें धर्म के नाम पर हिन्दुओं को भेदकारी लाभ दिया जाता है। इनमें से एक हिन्दू अविभाजित परिवार को मिलनेवाला कर-छूट भी है। इसे भी समाप्त किया जाना चाहिए।

हिन्दू अविभाजित परिवार के नाम पर कर-छूट का लाभ हिन्दू धर्म तक सीमित रखना सही है या नहीं, यह उचित सवाल है। इस सवाल का निराकरण निकालना ही चाहिए। किन्तु डॉ. चौहान आयोग द्वारा जिस तरह 'हिन्दू अविभाजित परिवार' संस्था को ही समाप्त करने की संस्तुति की गयी है, वह अनावश्यक और अतिरेक जैसा है।

एक पृथक् कानूनी हैसियत के रूप में एक अविभाजित परिवार को कर-छूट का लाभ मिलना चाहिए या नहीं, यह विषय कर-सुधार से सम्बन्धित गम्भीर विषय है। यदि डॉ. चौहान आयोग के समक्ष कर-सुधार से जुड़ा सवाल होता और तब इस तरह का कोई सुझाव दिया जाता तो इसका महत्त्व होता। किन्तु पारिवारिक कानूनों में या कर-ढाँचे में सुधार करने के नाम पर हिन्दू अविभाजित परिवार को ही अनुचित बताकर इस पर हमला बोल देना कहीं से भी उचित नहीं है। यह सही है कि सिर्फ हिन्दू होने के आधार पर किसी अविभाजित परिवार को अलग कानूनी हैसियत देकर किसी तरह के कर-छूट का लाभ नहीं मिलना चाहिए। किन्तु एक सच्चाई यह भी है कि अविभाजित परिवार की अवधारणा केवल हिन्दू में ही है। यही कारण है कि हिन्दू अविभाजित परिवार (एच. यू. एफ.) को अलग विधिक-व्यक्ति के रूप में स्वीकार किया गया है। यदि इस तरह की अवधारणा दूसरे धर्मों में होती और उन्हें कर-छूट का लाभ नहीं प्राप्त हो पाता तो यह अनुचित होता।

डॉ. चौहान आयोग जब सिविल कानून के सम्बन्ध में धर्मों के अलग-अलग अस्तित्व को समाप्त करने के लिए तैयार नहीं है तो उसे यह भी समझना चाहिए था कि यह पूर्णतया सम्भव है कि हिन्दू धर्म का पारिवारिक ढाँचा अलग हो सकता है और मुस्लिम या ईसाई धर्म का अलग। इसलिए उसके द्वारा इस तरह का परामर्श देना कदापि उचित नहीं है। हाँ, यदि आप यह कह रहे होते कि सिविल कानूनों के सम्बन्ध में धर्म के आधार पर भेदभाव उचित नहीं है तो शायद डंके की चोट पर हिन्दू अविभाजित परिवार के नाम पर मिलनेवाले कर-छूट को समाप्त करने का सुझाव दिया जा सकता था। किन्तु यह सुझाव भी मात्र कर-छूट के सवाल तक ही सीमित रहता। इसके लिए भी पहले यह तय करना होता कि किसी अविभाजित परिवार को कानूनी हैसियत मिलनी चाहिए या नहीं और यदि मिलनी चाहिए तो क्या इन्हें कर-छूट का लाभ दिया जाना चाहिए या नहीं?

यदि उक्त दोनों सवालों का जवाब नकारात्मक हो, तो यह कहा जा सकता है कि किसी भी अविभाजित परिवार, चाहे वह किसी धर्म से ताल्लुक रखता हो, को किसी तरह का कर-छूट का लाभ नहीं दिया जाना चाहिए। किन्तु सिर्फ इस आधार पर यह कहना कि एक कानूनी हैसियत के रूप में अविभाजित परिवार को कर-छूट का लाभ प्राप्त हो रहा है और यह केवल हिन्दुओं के सम्बन्ध में हो रहा है, इसलिए हिन्दू अविभाजित परिवार रूपी संस्था को ही समाप्त कर देना चाहिए, बिलकुल अनुचित है। अविभाजित परिवार होने के कारण मिलनेवाले कर-छूट का लाभ कर-सुधार का विषय है। किन्तु जब विधि आयोग ने स्वयं अपने को अलग-अलग धर्मों के व्यक्तिगत कानून में सुधार तक सीमित कर लिया है, तो उसके द्वारा हिन्दू अविभाजित परिवार रूपी पारिवारिक ढाँचा पर किसी तरह का हमला करना अनुचित है।

हिन्दू अविभाजित परिवार को अनुचित ठहराने एवं इसे समाप्त करने की बात को कहीं से भी व्यक्तिगत कानून में सुधार का भाग नहीं कहा जा सकता है। किन्तु दुर्भाग्य से डॉ. चौहान आयोग द्वारा यह गलती की गयी है। खासतौर से हिन्दुओं की भावनाओं को गैरतार्किक तरीके से उपेक्षणीय बताने की टिप्पणी करके और भी बड़ी गलती कर दी गयी है। किन्तु मोदी सरकार की नाक के नीचे की गयी यह गलती इस सरकार के मौन के कारण दब-सा गया है।

10. संविधान की छठी अनुसूची पर गैरजिम्मेदाराना कार्य

9 जनवरी, 2018 को विधि आयोग के साथ हुई बैठक में अध्यक्ष न्यायमूर्ति बी. एस. चौहान द्वारा 'मिशन अनुच्छेद 44' के प्रतिनिधि-मण्डल से एक सवाल किया गया था कि संविधान के अनुच्छेद 371-ए, 371-बी, 371-सी जैसे प्रावधानों का क्या होगा, जो अलग-अलग क्षेत्रों के अनुसूचित जनजातियों के अधिकारों को सुरक्षा प्रदान करते हैं। न्यायमूर्ति चौहान द्वारा किये गये इस सवाल से उस बैठक में मौजूद विधि आयोग के दूसरे सदस्यगण भी सहमत दिख रहे थे और इसे समान नागरिक संहिता बनने की राह में बड़ी बाधा मान रहे थे। मैंने जवाब में न्यायमूर्ति चौहान से कहा कि संविधान के ये प्रावधान खुद ही इस समस्या का समाधान प्रदान करते हैं। संविधान के ये प्रावधान अपवाद के रूप में हैं। जिस तरह संविधान में अपवादों को स्वीकार किया गया है, उसी तरह समान नागरिक संहिता – भारतीय सिविल संहिता– में यथोचित अपवादों को स्वीकार किया जा सकता है। मेरे इस जवाब का विधि आयोग के अध्यक्ष और दूसरे अन्य सभी सदस्यों द्वारा कोई जवाब नहीं दिया जा सका और वे हमारे इस जवाब से पूरी तरह सन्तुष्ट दिखे।

धर्म-निरपेक्ष देश होने के बावजूद भारत में सिविल कानूनों को लेकर धर्म-आधारित भेदभाव क्यों बना रहना चाहिए और एक धर्म-निरपेक्ष स्वरूप में समान नागरिक संहिता का बनना सम्भव क्यों नहीं है, इसकी नकारात्मक पड़ताल करते विधि आयोग के परामर्श-

पत्र के पहले अध्याय के कुल 35 पैराग्राफों में से 17 पैराग्राफ सिर्फ संविधान की छठी अनुसूची को केन्द्रित करके है। यद्यपि विधि आयोग जैसी संस्था के लिए ईमानदारी की बात यह थी कि वह 'मिशन आर्टिकिल 44' के प्रतिनिधि-मण्डल द्वारा दिये गये उपर्युक्त जवाब पर सन्तोषजनक तरीके से विचार करता और बताता कि समान नागरिक संहिता में अपवाद की व्यवस्था को क्यों नहीं अपनाया जा सकता है? आखिर विधि आयोग द्वारा स्वयं आगे बढ़कर देशवासियों से राय माँगी गयी थी। इसी के ही अनुक्रम में 'मिशन अनुच्छेद 44' द्वारा विधि आयोग के समक्ष अपना विचार दिया गया। कम-से-कम यह स्थान ऐसा था, जहाँ डॉ. चौहान आयोग को अपवाद स्वीकार करनेवाले तर्क को सही या गलत बताना चाहिए था।

किन्तु डॉ. चौहान आयोग के लिए नैतिकता का मापदण्ड बिलकुल अलग है। तभी तो उसे मेघालय के कुछ आदिवासी क्षेत्रों में लागू मातृसत्तात्मक व्यवस्था नैतिकता की मुख्यधारावाले विचार से अलग दिखता है। उसे अपने परामर्श-पत्र के पैरा सं. 1.33 में केवल पितृसत्तात्मक व्यवस्था ही नैतिकता की मुख्यधारावाला विचार समझ में आता है। जो संस्था इस सोच के साथ कार्य कर रही हो, उससे यह कैसे उम्मीद की जा सकती है कि वह निरपेक्ष बने रहकर राष्ट्रहित में कोइं सुझाव देगा।

यही कारण है कि विधि आयोग यह विचार करने में विफल रहा है कि समान नागरिक संहिता की अवधारणा अलग-अलग धर्म-आधारित सिविल कानूनों को समाप्त करने को लेकर है और इस अवधारणा के अन्तर्गत आदिवासियों के हित को अपवाद के रूप में स्वीकार कर सुरक्षित किया जा सकता है और उसी तरह सुरक्षित किया जा सकता है, जिस तरह संविधान की छठी अनुसूची और अनुच्छेद 371-ए से 371-आई के अन्तर्गत किया गया है या जिस तरह सी. पी. सी. (सिविल प्रक्रिया संहिता) या सी.आर.पी.सी. (अपराध प्रक्रिया संहित) को लेकर स्वीकार किया गया है। मात्र आदिवासियों के हित के कारण हिन्दू, मुस्लिम एवं ईसाई का संविधान अलग-अलग नहीं है या हिन्दू, मुस्लिम एवं ईसाई का सी. पी. सी. अलग-अलग नहीं है। । किन्तु इन प्रावधानों में सकारात्मकता ढूँढ़ने के बजाय डॉ. चौहान आयोग द्वारा मात्र और मात्र नकारात्मकता ढूँढ़ने का प्रयास किया गया है, ताकि वह समान नागरिक संहिता के खिलाफ विचार को धार दे सके।

अपने परामर्श-पत्र के पैरा सं. 1.23 में विधि आयोग यह विचार देता है कि 'जहाँ एक तरफ बदलाव के लिए निश्चित अभिलाषा है, वही समान नागरिक संहिता लागू करने के किसी प्रयास के अवरोध को स्वीकार करने की बराबर जरूरत है। औचित्य को लेकर पहली प्रत्याशित समस्या संविधान की छठी अनुसूची के सम्बन्ध में है। भारतीय संविधान का अनुच्छेद 371-ए से 371-आई और छठी अनुसूची पारिवारिक कानूनों के सम्बन्ध में आसाम, नागालैण्ड, मिजोरम, आन्ध्र प्रदेश और गोवा राज्यों को कुछ सुरक्षा प्रदान करते हैं।'

भारतीय संविधान की छठी अनुसूची आसाम, मेघालय, त्रिपुरा और मिजोरम राज्यों के आदिवासी क्षेत्रों के प्रशासन के सम्बन्ध में है। इस अनुसूची का खण्ड (3) इन राज्यों के जिला परिषद् एवं क्षेत्रीय परिषद् को कई मामलों में कानून बनाने की शक्ति प्रदान करते हैं। जैसे उपखण्ड (ए) भूमि उपयोग के सम्बन्ध में; उपखण्ड (बी) जंगल के प्रबन्धन के सम्बन्ध में; उपखण्ड (सी) जल कैनाल के सम्बन्ध में कानून बनाने की शक्ति प्रदान करते हैं। इसी तरह उपखण्ड (एच), (आई) और (जे) के प्रावधान इन परिषदों को क्रमशः उत्तराधिकार, विवाह एवं विवाह-विच्छेद और सामाजिक व्यवहार के सम्बन्ध में कानून बनाने की शक्ति प्रदान करते हैं। खण्ड (4) क्षेत्रीय परिषद् एवं जिला परिषद् को ग्राम परिषद् या न्यायालय का गठन करने की शक्ति प्रदान करता है और राज्यपाल की सहमति से इन ग्राम परिषदों एवं न्यायालयों द्वारा अपनायी जानेवाली प्रक्रिया को निर्धारित करने की शक्ति प्रदान करता है। इसका खण्ड (5) राज्यपाल को कुछ मामलों में सी.पी.सी. एवं सी.आर.पी.सी. के प्रावधानों को लागू करने की शक्ति प्रदान करता है। इसके अलावा इन जिला परिषदों एवं क्षेत्रीय परिषदों को खण्ड (6) प्राथमिक विद्यालय स्थापित करने व संचालित करने के सम्बन्ध में; खण्ड (7) जिला एवं क्षेत्रीय फण्ड का गठन करने के सम्बन्ध में; खण्ड (8) भूमि राजस्व और कर इकट्ठा करने के सम्बन्ध में; खण्ड (9) खनिज निकासी के लिए लाइसेन्स या पट्टा प्रदान करने के सम्बन्ध में और खण्ड (10) गैर-आदिवासी द्वारा धन उधार लेने या व्यापार करने के सम्बन्ध में कानून बनाने की शक्ति प्रदान करते हैं।

तीन खण्डोंवाले संविधान का अनुच्छेद 371-ए का खण्ड (1) कहता है कि नागा के धार्मिक या सामाजिक व्यवहार के सम्बन्ध में या नागा के परम्परागत कानून एवं प्रक्रिया के सम्बन्ध में या सिविल या आपराधिक न्याय-प्रशासन के सम्बन्ध में या भूमि के अन्तरण के सम्बन्ध में संसद् का कोई कानून नागा राज्य पर तब तक नहीं लागू होगा जब तक कि नागालैण्ड की विधायिका प्रस्ताव न पारित करे।

अनुच्छेद 371-बी और 371-सी क्रमशः आसाम एवं मणिपुर राज्य के सन्दर्भ में एक विधानसभा की एक समिति, जिसमें क्रमशः आदिवासी क्षेत्र एवं पहाड़ी क्षेत्र से चुने गये सदस्य शामिल हों, के गठन के लिए राष्ट्रपाल (राष्ट्रपति) को शक्ति प्रदान करते हैं। अनुच्छेद 371-डी और 371-ई आन्ध्र प्रदेश राज्य के लिए सिविल सेवा एवं प्रशासनिक न्यायाधिकरण और विश्वविद्यालयों के सन्दर्भ में क्रमशः राष्ट्रपाल और संसद् को शक्ति प्रदान करते हैं। अनुच्छेद 371-एफ सिक्किम राज्य के विधानसभा के गठन के सम्बन्ध में है। अनुच्छेद 371-एच अरुणांचल प्रदेश राज्य में कानून और व्यवस्था के लिए राज्यपाल के पास विशेष दायित्व होने की बात करता है। अनुच्छेद 371-आई भी गोवा राज्य के विधानसभा के गठन के सम्बन्ध में है। मिजोरम राज्य से सम्बन्धित अनुच्छेद 371-जी का प्रावधान अनुच्छेद 371-ए के खण्ड (1) के प्रावधान की तरह है।

डॉ. चौहान आयोग द्वारा परामर्श-पत्र के पैरा सं. 1.26 में अनुच्छेद 371-ए के खण्ड (1) का उल्लेख इस तरह किया गया है, जैसे यह अनुच्छेद 371-ए का सम्पूर्ण प्रावधान हो। विधि आयोग जैसी संस्था से इस गलती की अपेक्षा नहीं की जा सकती है। अगले ही पैरा सं. 1.27 में बिना कोई जिम्मेदारी के आँख मूँदकर डॉ. चौहान आयोग ने कहा है कि 'इस तरह, नागालैण्ड की सामाजिक परिस्थितियों एवं देश के अन्य भागों के विकास के विभिन्न स्तर के बीच के अन्तर को दृष्टिगत रखते हुए अनुच्छेद 371-ए नागालैण्ड भाग के साथ अलग तरीके से व्यवहार करता है। अनुच्छेद 371-बी – 371-आई पूर्वोत्तर के अन्य राज्यों के लिए इसी तरह की छूट प्रदान करते हैं।'

पैरा सं. 1.27 लिखते समय न्यायमूर्ति डॉ. चौहान और उनके विद्वान् साथियों द्वारा या तो अनुच्छेद 371-बी से अनुच्छेद 371-आई के प्रावधान को ठीक से पढ़ा नहीं गया या फिर जान-बूझकर भ्रमित करने का प्रयास किया गया है। क्योंकि अनुच्छेद 371-बी से लेकर 371-आई तक के प्रावधान, अनुच्छेद 371-ए के प्रावधान से बिलकुल अलग हैं। सभी तरह की सुख-सुविधा पानेवाले इन विद्वानों से पूछा ही जाना चाहिए कि जिस देश द्वारा आप लोगों पर लाखों-करोड़ों रुपये खर्च किया जाता है, उसके प्रति आप अपना इतना भी नैतिक दायित्व क्यों नहीं समझ सके कि इतने गम्भीर विषय पर कोई निष्कर्ष देते समय संविधान के प्रावधानों को सही ढंग से पढ़ लिया जाय? भले ही सरकारी मशीनरी आपको जवाबदेही से मुक्त कर दे, किन्तु कुछ तो इस देश में जागरूक नागरिक हैं, जो चुप नहीं बैठे रह सकते हैं और सवाल पूछेंगे ही।

एक बात समझ के बाहर की है कि आखिर क्यों डॉ. चौहान आयोग इस बात को समझने में विफल रहा है कि छठी अनुसूची के अन्तर्गत क्षेत्रीय परिषद् को किसी विषय पर कानून बनाने की अलग शक्ति दे देने मात्र से राष्ट्रीय स्तर पर उस विषय पर कानून बनाये जाने की आवश्यकता समाप्त नहीं हो जाती है और न ही राष्ट्रीय स्तर पर बनाये गये कानून इन परिषदों के कानून बनाने की शक्ति पर कोई प्रभाव ही डालते हैं। इसे कुछ उदाहरणों के माध्यम से समझने का प्रयास करते हैं।

छठी अनुसूची का खण्ड (6) जिला परिषद् एवं क्षेत्रीय परिषद् को प्राथमिक विद्यालय की स्थापना एवं संचालन करने के सम्बन्ध में कानून बनाने की शक्ति प्रदान करता है, फिर भी संसद् या राज्य विधायिका को इस सम्बन्ध में कानून बनाने की शक्ति रहती है और ऐसी शक्ति का प्रयोग किया भी जाता है। इसी तरह खण्ड (8) इन परिषदों को भूमि राजस्व और कर इकट्ठा करने के सम्बन्ध में कानून बनाने की शक्ति प्रदान करता है, फिर भी संसद् या राज्य विधायिका को इस सम्बन्ध में कानून बनाने की शक्ति रहती है और ऐसी शक्ति का प्रयोग किया भी जाता है। इसी तरह यद्यपि छठी अनुसूची के खण्ड (3) के उपखण्ड (क) के अन्तर्गत इन परिषदों को भूमि उपयोग के सम्बन्ध में कानून बनाने की शक्ति दी गयी है, फिर भी संसद् या राज्य विधायिका को

इस सम्बन्ध में कानून बनाने की शक्ति रहती है और ऐसी शक्ति का प्रयोग किया भी जाता है। और इसलिए यदि उपखण्ड (एच) या (आई) या (जे) के अन्तर्गत इन परिषदों को उत्तराधिकार, विवाह, विवाह-विच्छेद एवं सामाजिक व्यवहार के सम्बन्ध में कानून बनाने की शक्ति प्रदान की गयी है, तो यह कैसे समझ लिया जाय कि संसद् या राज्य विधायिका द्वारा इन विषयों पर कानून बना देने से परिषदों की शक्ति प्रभावित हो जायेगी।

विधि आयोग अपने पैरा सं. 1.19 में कहता है कि 'ऐसे प्रावधान हैं, जो पारिवारिक मामलों में पूर्ण स्वायत्तता प्रदान करते हैं, जिसे स्थानीय पंचायतों द्वारा अपनी प्रक्रिया अपनाकर स्वयं निर्णीत किया जाता है। इसलिए कानून का निर्माण करते समय इसे ध्यान में रखना होगा और सांस्कृतिक विविधता के साथ इस सीमा तक समझौता नहीं किया जा सकता है कि एकरूपता के प्रति हमारा आग्रह स्वयं देश की क्षेत्रीय अखण्डता के लिए खतरे का कारण बन जाय।'

11. पृथक्करणीय दृष्टिकोण के खतरे को समझने में विफल

अपने परामर्श-पत्र के अन्त में डॉ. चौहान आयोग ने पैरा सं. 1.33 के अन्तर्गत यह विचार दिया है कि 'इसलिए धर्म-निरपेक्षता बहुलता से असंगत नहीं हो सकता है। यह केवल सांस्कृतिक अन्तर का शान्तिमय सह-अस्तित्व है।' और आगे पैरा सं. 1.35 में यह विचार दिया है कि 'इसलिए एक एकीकृत देश के लिए एकरूपता का होना आवश्यक नहीं है।' इस विचार के पूर्व पैरा सं. 1.34 में आयोग ने टी. एम. ए. पाई फाउण्डेशन के मामले का उल्लेख किया है, जिसमें सुप्रीम कोर्ट द्वारा विचार दिया गया है कि 'भारत में धर्म-निरपेक्षता का सारतत्त्व यह है कि विविध भाषा एवं अलग-अलग विश्वासोंवाले तरह-तरह के लोगों को मान्यता देना एवं सुरक्षित करना है और उन्हें एक साथ रखना है ताकि एकीकृत भारत का निर्माण किया जाय।'

शायद विधि आयोग उस सन्दर्भ का संज्ञान नहीं ले पाया, जिसमें सुप्रीम कोर्ट टी. एम. ए. पाई मामले में उक्त विचार को व्यक्त किया है। बावजूद इसके कि सन्दर्भ कुछ भी रहा हो, यदि डॉ. चौहान आयोग द्वारा इस विचार को समान नागरिक संहिता के साथ जोड़कर समझने का प्रयास किया गया होता तो शायद वह सुप्रीम कोर्ट के इस विचार को समान नागरिक संहिता के बहुत निकट पाता। समान नागरिक संहिता की भी यही अवधारणा है कि विविध धार्मिक आस्था एवं विश्वासों को सुरक्षित किया जाय और उन्हें एक साथ रखा जाय ताकि एकीकृत भारत का निर्माण किया जा सके। एक-साथ रखने का विचार मात्र कहने-सुनने का दर्शन नहीं है, बल्कि यह ऐसा विचार है, जिसे व्यावहारिक रूप देने की आवश्यकता होती है। इसके लिए एकीकृत कानून एवं न्याय-प्रशासन सबसे महत्त्वपूर्ण कड़ी होता है और इसी एक कड़ी का महत्त्वपूर्ण पड़ाव समान नागरिक संहिता है। धर्म-

निरपेक्षता के सारतत्त्व और समान नागरिक संहिता की अवधारणा एक-दूसरे के पूरक हैं। इनमें कहीं से कोई अन्तर्विरोध नहीं है।

डॉ. चौहान आयोग द्वारा पैरा सं. 1.33 में यह विचार कि 'धर्म-निरपेक्षता बहुलता से असंगत नहीं हो सकता है' इसलिए दिया गया है ताकि धर्म-निरपेक्ष स्वरूप में बननेवाले समान नागरिक संहिता की अवधारणा कुन्द हो सके। जिस बहुलता को आयोग द्वारा समान नागरिक संहिता के लिए बाधा माना गया है, उसे हमारे संविधान-निर्माताओं द्वारा मैत्रीयता का स्रोत माना गया है। मैत्रीयता के इसी भाव को व्यक्त करते हुए श्री अल्लादी कृष्णास्वामी अय्यर ने संविधान-सभा में कहा है–

> '... दूसरी आपत्ति थी कि यदि एक यूनिफॉर्म सिविल संहिता बन जायेगी तो धर्म खतरे में होगा और समुदाय मैत्रीयता के साथ नहीं रह सकते हैं। इस अनुच्छेद का उद्देश्य ही मैत्रीयता लाना है। यह मैत्रीयता को समाप्त नहीं करता है। विचार यह है कि उत्तराधिकार या अन्य मामलों की पृथक् व्यवस्थाएँ ऐसी कारक हैं, जो भारत के तमाम लोगों में भिन्नता पैदा करती हैं। इसका उद्देश्य है कि ऐसे मामलों में एक समान सहमति तक पहुँचने का प्रयास करना है।
>
> '...जब ब्रिटिश देश की सत्ता पर काबिज हुए तो उन्होंने कहा कि हम इस देश में सभी नागरिकों, चाहे अंग्रेज हों या हिन्दू हों या मुस्लिम हों, पर समान रूप से लागू होनेवाले एक आपराधिक कानून को लागू करने जा रहे हैं। क्या तब मुस्लिम अपवाद बने रह पाये थे और क्या वे आपराधिक कानून की एक व्यवस्था को लागू करने के लिए ब्रिटिश हुकूमत के खिलाफ विद्रोह कर सके थे? इसी तरह हमारे पास संविदा कानून है, जो मुसलमान और हिन्दू के बीच या मुसलमान और मुसलमान के बीच होनेवाले अन्तरण पर लागू होते हैं। वे कुरान के कानून द्वारा नहीं बल्कि निरपवाद रूप से ऐंग्लो-इण्डियन विधिशास्त्र द्वारा संचालित होते हैं। इसी तरह अन्तरण के कानून में तमाम सिद्धान्त ऐसे हैं, जो इंग्लिश विधिशास्त्र से लिये गये हैं।...
>
> 'यूरोपीय देशों में मुस्लिम हैं, हिन्दू हैं, कैथोलिक हैं, ईसाई हैं, पारसी हैं। मैं मि. पोकर से जानना चाहता हूँ कि क्या फ्रान्स में, जर्मनी में, इटली में या अन्य यूरोपीय देशों में भिन्न-भिन्न व्यक्तिगत कानून बने रह पाये हैं? क्या वहाँ पर उत्तराधिकार के कानून एकीकृत नहीं हैं? उन्हें मुस्लिम विधिशास्त्र पर विस्तारपूर्वक अध्ययन करना चाहिए और पता करना चाहिए कि क्या इन देशों में एकसमान कानून लागू हैं या भिन्न-भिन्न कानून।...'

पैरा 1.35 में डॉ. चौहान आयोग द्वारा यह भी विचार दिया गया है कि 'एक एकीकृत देश के लिए एकरूपता का होना आवश्यक नहीं है।' विधि आयोग द्वारा यह विचार इसलिए दिया गया है ताकि धर्म-आधारित अलग-अलग व्यक्तिगत कानूनों का बचाव किया जा

सके। जिस एकरूपता को डॉ. चौहान आयोग द्वारा अनावश्यक बताया गया, उसे संविधान-निर्माताओं ने पृथक्करणीय दृष्टिकोण को समाप्त करने के लिए सबसे आवश्यक बताया है। अनुच्छेद 44 पर बहस के दौरान **श्री के. एम. मुन्शी** द्वारा देशहित में जीवन के पृथक्करणीय दृष्टिकोण को भुलाने की और धर्म-निरपेक्ष भाग को विनियमित, एकीकृत और संशोधित करने की आवश्यकता पर बल देते हुए कहा गया–

'... इसलिए विषय यह है कि क्या हम अपने व्यक्तिगत कानूनों को इस तरह एकीकृत और एक समान करने जा रहे हैं जिससे कालक्रम में पूरे देश का जीवनपथ एक समान और धर्म-निरपेक्ष हो सके। हम धर्म को व्यक्तिगत कानूनों से, जिसे सामाजिक सम्बन्ध कहा जा सकता है या उत्तराधिकार या विरासत से सम्बन्धित पक्षकारों के अधिकारों से अलग करना चाहते हैं। इन सब चीजों का धर्म से क्या सम्बन्ध है। मैं वास्तव में नहीं समझ पाता हूँ। ... हम सब एक प्रगतिशील समाज हैं। हम सब इस दौर में हैं, जहाँ धार्मिक क्रियाकलापों में हस्तक्षेप किये बिना हमें देश को अवश्य ही एकीकृत करना चाहिए। यदि बीते दिनों में धार्मिक क्रियाकलाप ने जीवन के सभी क्षेत्रों को अपने दायरे में ले लिया है, हमें ऐसा करने से मना करने का निर्णय लेना पड़ेगा और कहना होगा कि ये मामले धार्मिक नहीं हैं, ये पूरी तरह धर्म-निरपेक्ष कानून के विषय हैं। इसी बात पर यह अनुच्छेद बल देता है।

'... एक महत्त्वपूर्ण विचार जो हमें अपने दिमाग में रखना है और मैं अपने मुस्लिम मित्रों को अहसास कराना चाहता हूँ कि जितना ही जल्दी हम जीवन के पृथक्करणीय दृष्टिकोण को भूल जायेंगे, देश के लिए उतना ही अच्छा होगा। धर्म उस परिधि तक सीमित होना चाहिए, जो नियमतः धर्म की तरह दिखता है और बाकी जीवन अवश्य ही इस तरह से विनियमित, एकीकृत और संशोधित होना चाहिए कि हम जितनी जल्दी सम्भव हो, एक मजबूत एवं एकीकृत राष्ट्र के रूप में निखर सकें। देश में राष्ट्रीय एकता को मजबूत करना हमारी पहली समस्या और सबसे महत्त्वपूर्ण समस्या है। हम सोचते हैं कि हमने राष्ट्रीय एकता पा लिया है। किन्तु बहुत-से ऐसे कारक हैं– महत्त्वपूर्ण कारक हैं, जो अभी भी हमारे राष्ट्रीय एकीकरण के लिए गम्भीर खतरा बने हुए हैं और यह बहुत आवश्यक है कि हमारे सम्पूर्ण जीवन, जो धर्म-निरपेक्षता के दायरे में आते हैं को अवश्य ही, जितना जल्दी हो सके, एकीकृत किया जाय ताकि हम पूरी क्षमता के साथ कह सकें कि हम केवल कहने के लिए एक राष्ट्र नहीं हैं बल्कि जिस तरह हम अपने एकीकृत व्यक्तिगत कानूनों द्वारा संचालित होते हैं हम एक मजबूत और एकीकृत राष्ट्र हैं।...'

सम्भवतः यदि डॉ. चौहान आयोग द्वारा श्री अल्लादी कृष्णास्वामी अय्यर एवं श्री के. एम. मुन्शी के उक्त विचारों को ध्यान में रखा गया होता और पृथक्करणीय

दृष्टिकोण के खतरे का आकलन किया गया होता, तो उसे समान नागरिक संहिता या किसी कानून के सन्दर्भ में एकरूपता का होना देशहित में आवश्यक लगता और बहुलता का होना बाधा नहीं, बल्कि मैत्रीयता का स्रोत नजर आता। किन्तु विधि आयोग इस पृथक्करणीय दृष्टिकोण के खतरे को समझने में पूर्णतया विफल रहा है।

संविधान-निर्माताओं ने गहन चर्चा के उपरान्त समान नागरिक संहिता को देश की एकता एवं अखण्डता के लिए आवश्यक बताया और इसके निर्माण को सांविधानिक महत्त्व का विषय बनाया। किन्तु इसके विपरीत विधि आयोग ने समान नागरिक संहिता को देश की क्षेत्रीय अखण्डता के लिए खतरा बता दिया। ऐसे भटकावों के कारण विधि आयोग अपने उस दायित्व को पूरा करने में विफल रहा, जिसे संविधान ने समान नागरिक संहिता का निर्माण करने के सन्दर्भ में दिया है। इस विफलता के साथ-साथ डॉ. चौहान आयोग की यह रिपोर्ट इस बात के लिए भी याद की जायेगी कि देश के इतिहास में पहली बार ऐसे किसी संस्थान ने समान नागरिक संहिता को इतने नकारात्मक स्वरूप में प्रस्तुत करने का दुर्भाग्यपूर्ण प्रयास किया है।

5

व्यक्तिगत कानून और धार्मिक आस्था

समान नागरिक संहिता की खिलाफत करनेवाले लोग इसका विरोध करने के लिए सबसे प्रमुख आधार यह लेते हैं कि व्यक्तिगत कानून उनकी धार्मिक आस्था से जुड़ा विषय है। उनके अनुसार व्यक्तिगत कानून से संचालित होनेवाले सभी व्यवहार उनके धर्म के अभिन्न अंग हैं और चूँकि धार्मिक आस्था एवं धार्मिक आजादी का अधिकार भारतीय संविधान के अन्तर्गत संरक्षित है, इसलिए इनसे छेड़छाड़ नहीं की जा सकती है।

व्यक्तिगत कानून और इसके द्वारा संचालित विषयों को जब हम धार्मिक आस्था से जोड़ते हैं, तो सबसे प्रमुख सवाल यह पैदा होता है कि धार्मिक आस्था या धार्मिक व्यवहार क्या हैं व इसकी सीमाएँ क्या हैं और किस तरह के व्यवहार को धर्म का मूलभूत अंग कहा जा सकता है?

उपर्युक्त सवाल के साथ एक और स्वाभाविक सवाल पैदा होता है कि क्या धार्मिक आस्था का पैमाना अलग-अलग धर्मों के लिए अलग-अलग हो सकता है? हिन्दू, ईसाई जैसे धर्मों के सन्दर्भ में वैवाहिक दायित्व, विवाह-विच्छेद, गोद, उत्तराधिकार, संरक्षकत्व जैसे पारिवारिक विषय राज्य संचालित व्यक्तिगत कानूनों से विनियमित हो रहे हैं। किन्तु मुस्लिम धर्म के सन्दर्भ में ऐसा नहीं है। ये पारिवारिक विषय मुसलमानों के सम्बन्ध में उनके धर्म संचालित व्यक्तिगत कानून से विनियमित हो रहे हैं, क्योंकि इनकी धारणा के अनुसार ये विषय उनकी धार्मिक आस्था से जुड़े विषय हैं। इसलिए इस सवाल का जवाब खोजा जाना भी आवश्यक है कि जो विषय हिन्दू धर्म या ईसाई धर्म के लिए धार्मिक आस्था का विषय नहीं है, वह इस्लाम धर्म के लिए कैसे धार्मिक आस्था का विषय है?

व्यक्तिगत कानून और मूल अधिकार

भारत में व्यक्तिगत कानूनों को सामान्यतया दो श्रेणी में रखा जा सकता है। पहली श्रेणी में वे व्यक्तिगत कानून आते हैं, जो भले ही किसी धर्म-विशेष के सम्बन्ध में लागू होते हैं, किन्तु वह उस धर्म द्वारा निर्मित एवं पोषित होने के बजाय राज्य द्वारा निर्मित एवं संचालित होते हैं। इस श्रेणी में हिन्दू कानून, ईसाई कानून, पारसी कानून इत्यादि व्यक्तिगत कानून आते हैं। ये कानून राज्य की कानून-निर्मातृ संस्था – संसद् द्वारा विनियमित होते हैं और

आवश्यकतानुसार समय-समय पर उसके द्वारा ही संशोधित किये जाते हैं। दूसरी श्रेणी में वे व्यक्तिगत कानून आते हैं, जो जिस धर्म पर लागू होते हैं, उसके द्वारा निर्मित व पोषित भी होते हैं। इस श्रेणी में सिर्फ एक कानून – मुस्लिम व्यक्तिगत कानून आता है। किसी एक विषय पर मुस्लिम व्यक्तिगत कानून का प्रावधान क्या है, यह अलग-अलग धार्मिक गुरुओं द्वारा दिये गये अलग-अलग व्याख्या या फतवों पर निर्भर होते हैं। इस कारण इनमें किसी तरह की साम्यता व स्पष्टता का अभाव होता है। इस तरह एक तरफ जहाँ भारत में अन्य सभी धर्मों के व्यक्तिगत कानून राज्य द्वारा विनियमित होते हैं वहीं मुस्लिम व्यक्तिगत कानून धर्मगुरुओं एवं धार्मिक संस्थाओं द्वारा संचालित होते हैं।

मुस्लिम व्यक्तिगत कानून से आच्छादित कोई विषय राज्य द्वारा विनियमित होने या संशोधित होने योग्य हैं या नहीं, इसका जवाब जानने के लिए इस सवाल की प्रासंगिकता बढ़ जाती है कि क्या भारत में व्यक्तिगत कानूनों को किसी रूप में किसी तरह का संवैधानिक संरक्षण प्राप्त है?

उपर्युक्त सवाल के सम्बन्ध में शायरा बानो मामले में सुप्रीम कोर्ट की संविधान-पीठ द्वारा हाल ही में 22 अगस्त, 2017 को तीन तलाक के खिलाफ जो निर्णय दिया गया है, वह महत्त्वपूर्ण है। इस निर्णय में मुख्य न्यायाधीश जगदीश सिंह खेहर एवं न्यायमूर्ति एस. अब्दुल नजीर द्वारा अल्पमत का निर्णय दिया गया है। किन्तु इस अल्पमत के निर्णय के पैरा 168-172 में व्यक्तिगत कानून के सन्दर्भ में यह निष्कर्ष दिया गया है कि अनुच्छेद 25 और 44 पर संविधान-सभा में हुई बहस से साबित है कि हमारे संविधान-निर्माता व्यक्तिगत कानून को मूल अधिकार के रूप में स्थापित करना चाहते थे और निःसन्देह रूप से व्यक्तिगत कानून को संविधान के अन्तर्गत मूल अधिकार का दर्जा प्राप्त हो गया है। इस कारण व्यक्तिगत कानून इस रूप में लागू किये जाने योग्य है।

तीन तलाक का बचाव करते समय अल्पमतवाले प्रथम निर्णय में व्यक्तिगत कानून मानने के अधिकार को मूल अधिकार माना गया है और व्यक्तिगत कानून का सिविल संहिता से भिन्न होने का सन्देश देने का भी प्रयास किया गया है। ऐसा करने के लिए संविधान-सभा में हुए बहस के कुछ अंश का भी सहारा लिया गया है। इस निर्णय के पैरा संख्या 169 में संविधान-सभा में अनुच्छेद 25 (प्रारूप अनुच्छेद 19) पर हुई बहस में भाग लेनेवाले दो माननीय सदस्यों मोहम्मद इस्माइल साहिब एवं पण्डित लक्ष्मीकान्त मैत्रे द्वारा व्यक्त विचारों के कुछ अंश का जिक्र किया गया है और इसी आधार पर इस निर्णय के अगले पैरा संख्या 170 में यह निष्कर्ष निकाला गया है कि हमारे संविधान-निर्माता व्यक्तिगत कानून मानने के अधिकार को मूल अधिकार का भाग बनाने के लिए दृढ़ थे। इसी तरह इस निर्णय के पैरा संख्या 171 में संविधान-सभा में अनुच्छेद 44 (प्रारूप अनुच्छेद 25) पर हुई बहस में भाग लेनेवाले चार माननीय सदस्यों मोहम्मद इस्माइल साहिब, मि. नजीरुद्दीन, मि. महबूद अली बेग साहिब बहादुर एवं मि. पोकर साहिब

बहादुर द्वारा व्यक्त विचारों के कुछ अल्पांश का जिक्र किया गया है और इस आधार पर अगले पैरा संख्या 172 में यह निष्कर्ष निकाला गया है कि कोई सन्देह नहीं रह जाता है कि संविधान में व्यक्तिगत कानून मानने के अधिकार को मूल अधिकार का दर्जा प्राप्त है और इस तरह व्यक्तिगत कानून इस रूप में लागू है।

भारतीय संविधान के अन्तर्गत क्या व्यक्तिगत कानूनों को मूल अधिकार माना गया है या किसी रूप में इन्हें संरक्षण प्राप्त है, इस सवाल को लेकर भारतीय समाज, खासकर परम्परावादी मुस्लिम समाज के मध्य गलत धारणा बनी रहती है। हमारे देश की संस्थाओं द्वारा, खासतौर से सुप्रीम कोर्ट के विद्वान् न्यायाधीश द्वारा व्यक्त किये गये विचार, भले ही यह अल्पमत के निर्णय का भाग होने के कारण प्रभावी न हो, समाज में व्याप्त ऐसे किसी गलत धारणा को और बल प्रदान करते हैं। इसलिए सुप्रीम कोर्ट के अल्पमत के निर्णय में व्यक्तिगत कानूनों को संवैधानिक संरक्षण प्राप्त होने के सम्बन्ध में व्यक्त किये गये विचार की समीक्षा संविधान-सभा की मन्शा की कसौटी पर करना समीचीन है।

व्यक्तिगत कानून के अधिकार को मूल अधिकार के रूप में स्वीकार करने के लिए संविधान-सभा के समक्ष अलग-अलग तीन बार संशोधन-प्रस्ताव लाये गये थे। पहली बार अनुच्छेद 19 (प्रारूप अनुच्छेद 13) पारित करते समय, दूसरी बार अनुच्छेद 25 (प्रारूप अनुच्छेद 19) पारित करते समय और तीसरी बार अनुच्छेद 44 (प्रारूप अनुच्छेद 35) पारित करते समय लाये गये थे।

अनुच्छेद 19 (प्रारूप अनुच्छेद 13) के सम्बन्ध में मोहम्मद इस्माइल साहिब द्वारा यह संशोधन-प्रस्ताव लाया गया था कि अन्य आजादी के अधिकार की तरह अनुच्छेद 19 में 'व्यक्तिगत कानून मानने की आजादी के अधिकार' को भी मूल अधिकार के रूप में शामिल किया जाय। मोहम्मद इस्माइल साहिब के इस संशोधन प्रस्ताव को संविधान-सभा द्वारा 3 दिसम्बर, 1948 को सर्वसम्मति से खारिज कर दिया गया था। मोहम्मद इस्माइल के इस संशोधन-प्रस्ताव पर चर्चा के दौरान श्री एम. अनथसयनम् अयंगर और डॉ. अम्बेडकर द्वारा जो विचार व्यक्त किये गये, वे बहुत ही महत्त्वपूर्ण हैं।

व्यक्तिगत कानून मानने के अधिकार को मूल अधिकार घोषित करनेवाले संशोधन प्रस्ताव का विरोध करते हुए श्री एम. अनथसयनम् अयंगर ने संविधान-सभा में कहा था–

> कुछ हमारे मित्र जिन्होंने संशोधन प्रस्तुत किये हैं, वे दो गारण्टी चाहते हैं। पहला यह कि उनके व्यक्तिगत कानून में हस्तक्षेप न हो। मेरा निवेदन है कि प्रगतिशील समाज में यह बिलकुल अव्यावहारिक है। यहाँ तक कि एक विशेष समुदाय के सदस्य यह महसूस कर सकते हैं कि उनके व्यक्तिगत कानून में बदलाव होना चाहिए। हम इस्लाम को लेते हैं। मैं दो या तीन संशोधनों का सन्दर्भ लूँगा, जो उस कानून को बनाने के लिए लाया गया था जैसा शरीयत में था। 1939 में ही केन्द्रीय विधायिका ने कुछ परिस्थितियों में मुस्लिम विवाह-विच्छेद की

अनुमति देने के लिए कानून बनाया। मुस्लिम कानून के अन्तर्गत पुरुष को एकपक्षीय अधिकार है कि वह अपने विवाह को तलाक कहकर शून्य घोषित कर ले और इसी तरह 'कुलम्प' के रूप में तलाक के दूसरे तरीके हैं। महिलाओं को सामान्यतया विवाह-विच्छेद करने का अधिकार नहीं है। उसे नपुंसकता जैसे कुछ सीमित आधार पर इसके लिए न्यायालय जाना पड़ता है। इसे अब आसान बनाया गया है। दूसरी बात यह कि एक महिला, जो अपने पति के साथ उसी घर में खुशहाल पारिवारिक जीवन नहीं व्यतीत कर सकती है, को कुछ परिस्थिति में अलग होने का अधिकार है, इस सम्बन्ध में अब तक मुस्लिम विवाह-विच्छेद कानून में प्रावधान नहीं बनाया गया है।... एक समय आ सकता है कि किसी विशेष समुदाय के लोग यह महसूस करें कि समुदाय के हित में प्रगतिशील कानून बनना ही चाहिए। लेकिन यदि हमने यह प्रावधान बना दिया कि व्यक्तिगत कानून में हस्तक्षेप नहीं किया जा सकेगा, तो समुदाय के उस सदस्य के पास कोई अधिकार नहीं रह जायेगा कि वह कानून में सुधार करा सके। इसलिए कोई आवश्यक नहीं है कि हम इसे मूल अधिकार के रूप में शामिल करें। ('निर्माण-पुरुष डॉ. अम्बेडकर की संविधान-यात्रा' 2017 संस्करण, पृष्ठ सं. 254)

व्यक्तिगत कानून मानने के अधिकार को मूल अधिकार के रूप में स्वीकार करने से पैदा होनेवाली कठिनाइयों पर प्रकाश डालते हुए डॉ. बी. आर. अम्बेडकर कहते हैं–

'अब मैं व्यक्तिगत कानून को बचाने के सवाल पर आता हूँ। मैं समझता हूँ इस विषय पर काफी और पर्याप्त बहस की जा चुकी है जब हम संविधान के निर्देशक सिद्धान्तों में से एक 'सर्वमान्य सिविल संहिता' पर चर्चा किये थे। मैं नहीं सोचता हूँ कि इस पर पुनः सन्दर्भ लिये जाने की कोई आवश्यकता है, लेकिन मुझे यह कहना चाहिए कि यदि संविधान में ऐसे कोई सुरक्षात्मक उपबन्ध जोड़े जाते हैं तो यह भारत की विधायिकाओं को सामाजिक सुधार पर कानून बनाने से अयोग्य करेगा। इस देश में धार्मिक विचार इतने विस्तृत हैं कि वह जन्म से लेकर मृत्यु तक, जीवन के सभी क्षण को प्रभावित कर लेता है। ऐसा कुछ भी नहीं है जहाँ धर्म न हो और यदि हम व्यक्तिगत कानून को बचाते हैं तो मैं इस बारे में निश्चित हूँ कि सामाजिक मामलों पर हम ठहराव की स्थिति में आ जायेंगे। मैं नहीं सोचता हूँ कि यह स्थिति स्वीकार करना सम्भव है। ऐसा कहना असाधारण नहीं है कि हमें धर्म की परिभाषा को सीमित करने का प्रयास इस तरह से करना चाहिए कि शिष्टाचार से जुड़े विश्वास और रीतियाँ जो आवश्यक रूप से धार्मिक ही हैं, से आगे नहीं बढ़ेंगे।

इसी तरह अनुच्छेद 25 (प्रारूप अनुच्छेद 19) के सन्दर्भ में भी मोहम्मद इस्माइल साहिब द्वारा संशोधन-प्रस्ताव लाया गया था। मि. मोहम्मद इस्माइल साहिब द्वारा

प्रारूप अनुच्छेद 19 के खण्ड (2) के बाद नया खण्ड (3) जोड़ने के लिए संशोधन-प्रस्ताव लाया गया। इस प्रस्ताव के अनुसार 'खण्ड (2) की कोई बात किसी नागरिक के अपने समूह या समुदाय, जिसमें वह रहता है या रहने की प्रतिज्ञा करता है, के व्यक्तिगत कानून को मानने के अधिकार को प्रभावित नहीं करेगा।' इस संशोधन-प्रस्ताव को भी संविधान-सभा द्वारा 6 दिसम्बर, 1948 को अस्वीकार कर दिया गया था।

इसी तरह अनुच्छेद 44 (प्रारूप अनुच्छेद 35) के सम्बन्ध में भी तीन संशोधन-प्रस्ताव लाये गये थे। पहला संशोधन-प्रस्ताव मि. मोहम्मद इस्माइल साहिब द्वारा परन्तुक जोड़ने के लिए लाया गया था, जिसके अनुसार 'लोगों के किसी समूह, भाग या समुदाय को अपनी व्यक्तिगत कानूनों, यदि ऐसा कानून है, को छोड़ने के लिए विवश नहीं किया जायेगा।' दूसरा संशोधन-प्रस्ताव मि. नजरुद्दीन अहमद का था। इस संशोधन द्वारा प्रस्तावित परन्तुक में उपबन्ध था कि 'किसी समुदाय के व्यक्तिगत कानून, जो किसी विधान द्वारा गारण्टी किया गया है, में बदलाव उस समुदाय की पूर्व सहमति के बिना नहीं किया जायेगा।' इसी तरह तीसरा संशोधन प्रस्ताव मि. महबूब अली बेग साहिब बहादुर द्वारा लाया गया था। इस प्रस्ताव के माध्यम से प्रस्तावित 'परन्तुक' में कहा गया था कि 'इस अनुच्छेद का कोई प्रावधान नागरिक के व्यक्तिगत कानून को प्रभावित नहीं करेगा।' उक्त संशोधन-प्रस्तावों पर संविधान-सभा में किये गये चर्चा का उल्लेख इस पुस्तक के प्रथम अध्याय 'संविधान-सभा का भरोसा' में किया गया है। विस्तृत चर्चा के उपरान्त संविधान-सभा द्वारा सर्वसम्मति से 23 नवम्बर, 1948 को इन सभी तीन संशोधन-प्रस्तावों को अस्वीकार कर प्रारूप अनुच्छेद 35 (संविधान का अनुच्छेद 44) को अंगीकृत कर लिया गया।

संविधान-सभा में व्यक्तिगत कानून के अधिकार को लेकर जो विचार व्यक्त किये गये और इन विचारों के आधार पर संविधान-सभा द्वारा इस अधिकार को मूल अधिकार के रूप में स्वीकार करने के खिलाफ सर्वसम्मति से जो निर्णय लिये गये, वे यह साबित करने के लिए पर्याप्त हैं कि भारतीय संविधान के अन्तर्गत व्यक्तिगत कानून को किसी भी स्तर पर संरक्षण नहीं प्राप्त है और इस कारण समान नागरिक संहिता की प्रासंगिकता पर सवाल नहीं उठाया जा सकता है।

धार्मिक आस्था : धर्म लक्षित कसौटी बनाम राज्य लक्षित कसौटी

किसी व्यवहार या आस्था को कब और किस स्थिति में धर्म का अंग मानकर इसमें राज्य द्वारा किसी तरह का हस्तक्षेप नहीं किया जा सकता है, इस संवेदनशील सवाल का सन्तोषजनक जवाब कई दृष्टि से महत्त्वपूर्ण है। वस्तुतः इसी जवाब में समान नागरिक संहिता का मूल भी छिपा हुआ है। इसे समझने के लिए सुप्रीम कोर्ट द्वारा दो अलग-अलग

मामलों – जावेद बनाम हरियाणा राज्य (2003) और पुलिस कमिश्नर बनाम आचार्य जगदीश्वरानन्द अवधूत (2004) में दिये गये निर्णयों एवं इनमें प्रतिपादित सिद्धान्तों का उल्लेख करना महत्त्वपूर्ण है।

जावेद के मामले में हरियाणा पंचायत राज अधिनियम, 1994 की धारा 175(1)(जी) एवं 177(2) को चुनौती दी गयी थी। इन धाराओं के प्रावधान के अनुसार जिस व्यक्ति के पास दो से अधिक सन्तान होगा, वह सरपंच या उपसरपंच या पंच का चुनाव नहीं लड़ सकता या यदि ऐसे पद के धारण के दौरान उसके दो से अधिक सन्तान हो जाते हैं, तो वह पद धारण करने के अयोग्य हो जायेगा। इन प्रावधानों को चुनौती देनेवाली याचिका में एक आधार यह भी लिया गया था कि उक्त प्रावधान संविधान के अनुच्छेद 25 द्वारा गारण्टी किये गये धार्मिक स्वतन्त्रता के अधिकार का उल्लंघन भी है। सुप्रीम कोर्ट के समक्ष यह तर्क रखा गया था कि दो से ज्यादा बच्चों को पैदा करने का अधिकार धार्मिक आस्था से जुड़ा अधिकार है। अतः इस आधार पर चुनाव लड़ने से अयोग्य नहीं घोषित किया जा सकता है। सुप्रीम कोर्ट ने अपने निर्णय में कहा कि संविधान के अनुच्छेद 25 एवं 26 के अन्तर्गत सुरक्षा केवल उन धार्मिक व्यवहारों के सन्दर्भ में है जो धर्म के आवश्यक व मूलभूत अंग होते हैं। एक व्यवहार धार्मिक व्यवहार हो सकते हैं किन्तु आवश्यक नहीं है कि वह उस धर्म का आवश्यक व मूलभूत अंग भी हो।

सुप्रीम कोर्ट ने आगे कहा कि चार महिलाओं के साथ चार विवाह करना मुस्लिमों के लिए अनुमन्य हो सकता है और किसी के लिए, चाहे वह मुस्लिम हो या किसी अन्य समुदाय या धर्म को माननेवाला हो, उतने सन्तान पैदा करना, जितना वह चाहता हो, भी अनुमन्य हो सकता है, किन्तु भारत में कोई भी धर्म द्विविवाह या बहुविवाह करने का या एक से ज्यादा सन्तान पैदा करने का निर्देश या बाध्यकारी आदेश नहीं दे सकता है। जो कुछ भी धर्म द्वारा अनुमन्य है या निषेधित नहीं है, वह धर्म का आवश्यक अंग या धार्मिक व्यवहार नहीं हो जाता है। एक व्यवहार को धार्मिक व्यवहार की स्वीकृति मात्र इसलिए नहीं प्राप्त हो जाती है क्योंकि इसे अनुमन्य किया गया है। मान लिजिये कि एक से ज्यादा पत्नी रखने या एक से ज्यादा सन्तान पैदा करने के व्यवहार को किसी समुदाय द्वारा या व्यक्तियों के समूह द्वारा माना जाता रहा है, तो भी इसे विधान द्वारा लोक व्यवस्था, नैतिकता और स्वास्थ्य के हित में या सामाजिक कल्याण एवं सुधार के लिए विनियमित या निषेधित किया जा सकता है।

धर्म का आवश्यक अंग क्या है, यह सवाल एक बार फिर सुप्रीम कोर्ट के समक्ष आचार्य जगदीश्वरानन्द अवधूत के मामले में तय करने के लिए आया। इस मामले में आनन्दमार्गियों द्वारा किये जानेवाले ताण्डवनृत्य की वैधता का प्रश्न उठाया गया था। धर्म के आवश्यक अंग की व्याख्या करते हुए सुप्रीम कोर्ट ने कहा कि धर्म के आवश्यक अंग का अर्थ वे मूल विचार हैं, जिन पर वह धर्म आधारित है। आवश्यक व्यवहार का अर्थ उन

व्यवहारों से है, जो धार्मिक विश्वास का पालन करने के लिए मौलिक होते हैं। ये मूलभूत अंग या व्यवहार वह आधारशिला है, जिस पर किसी धर्म की अधिरचना हुई रहती है और जिसके बिना एक धर्म धर्म नहीं रह जायेगा। क्या कोई अंग या व्यवहार किसी धर्म के लिए आधारभूत है या नहीं इसे निर्धारित करने की कसौटी यह है कि क्या उस अंग या व्यवहार के बिना धर्म की प्रकृति बदल जायेगी। यदि उस अंग या व्यवहार को हटा देने से धर्म की प्रकृति में या इसके विश्वास में आधारभूत बदलाव हो जाता है तो ऐसे अंग को आवश्यक या मूलभूत अंग के रूप में माना जायेगा। ऐसे अंग के साथ कुछ जोड़ा या घटाया नहीं जा सकता क्योंकि ये उस धर्म के लिए बहुत मूलभूत होते हैं और इनमें किसी तरह का बदलाव उसकी मूलभूत प्रकृति को बदल देगा। ऐसे स्थायी आधारभूत अंग को ही संविधान द्वारा सुरक्षित किया गया है। कोई भी व्यक्ति यह नहीं कह सकता है कि उसके धर्म के आवश्यक अंग या व्यवहार में किसी विशेष तिथि या घटना से बदलाव हो गया है। निश्चित रूप से ऐसे परिवर्तनीय अंग या व्यवहार धर्म के मूल तत्त्व नहीं हैं, जिन पर कि विश्वास आधारित होता है और धर्म टिका रहता है। इन्हें केवल गैर-आवश्यक अंग या व्यवहार के अलंकरण के रूप में माना जा सकता है।

यह अविवादित रूप से स्थापित हो चुका है कि अनुच्छेद 25 एवं 26 के अन्तर्गत केवल उन्हीं व्यवहारों को सुरक्षित किया गया है, जो धर्म के आवश्यक व मूलभूत अंग होते हैं न कि सभी धार्मिक व्यवहारों के। सवाल पैदा होता है कि किन व्यवहारों को धार्मिक व्यवहार कहा जा सकता है या कौन-से विषय धार्मिक आस्था के विषय हैं। इसे तय करने के लिए सुप्रीम कोर्ट के उपर्युक्त आचार्य जगदीश्वरानन्द अवधूत के निर्णय के अनुसार निम्न दो बिन्दु आवश्यक हैं–

1. उन्हीं व्यवहारों को धर्म का आवश्यक और मूलभूत अंग कहा जा सकता है, जो ऐसे होते हैं कि इनके बिना धर्म की मूल प्रकृति बदल जाती है; और
2. ऐसे व्यवहार स्थायी किस्म के हों अर्थात् परिवर्तनीय न रहे हों।

धार्मिक व्यवहार या धार्मिक आस्था को तय करने का उपर्युक्त विचार मूलतः 'धर्म-लक्षित कसौटी' पर आधारित है। इसका दायरा एक दृष्टिकोण से बहुत संकीर्ण है, तो दूसरे दृष्टिकोण से बहुत व्यापक। संकीर्ण इसलिए क्योंकि आप सब-कुछ धर्म पर छोड़ देते हैं और व्यापक इसलिए क्योंकि धर्म के मठाधीशों को अपने धर्म की प्रकृति को लेकर अडिग बने रहने की पूरी आजादी रहती है। अपनी प्रकृति को तय करने को लेकर धर्म स्वयम्भू की स्थिति में रहते हैं। ये दोनों ही दृष्टिकोण अतिरेक की स्थिति हैं। जब आप इस धर्म लक्षित कसौटी को सिद्धान्त के रूप में स्वीकार कर लेते हैं, तो एक राज्य के लिए कुछ भी तय करने के लिए कोई गुंजाइश नहीं बची रह पाती है। धर्म का स्वघोषित व्यवहार भले ही लोकहित के विरुद्ध हो, किन्तु यदि इसने प्रकृति का स्वरूप ले लिया है, तो इस सिद्धान्त के अनुसार राज्य इसमें हस्तक्षेप नहीं कर सकता है।

इसके विपरीत धार्मिक व्यवहार या धार्मिक आस्था को तय करने की एक अन्य कसौटी 'राज्य लक्षित कसौटी' है। इसमें धर्म की प्रकृति राज्य के आचरण से प्रभावित होती रहती है। कोई व्यवहार धर्म द्वारा अनुमन्य है, यह महत्त्वपूर्ण नहीं रह जाता है। लोक व्यवस्था या समाज सुधार के आधार पर राज्य कानून बनाकर किसी भी व्यवहार को विनियमित कर सकता है। इसके अलावा पारलौकिक किस्म के जो भी व्यवहार शेष बचते हैं, वे धर्म के विषय होते हैं। 'राज्य लक्षित कसौटी' की सबसे बड़ी विसंगति यह है कि इसमें एक व्यक्ति के अन्तःकरण एवं आस्था से जुड़ी बातें, जिसे धर्मों द्वारा संचालित किये जाने का दावा किया जाता है, पूर्णतया राज्य के रहमोकरम पर निर्भर हो जाते हैं।

'राज्य' की अवधारणा के उद्‌भव होने और 17वीं शताब्दी में महान् जर्मन विधिशास्त्री जॅस्टस हेनिंग बॉहमर द्वारा प्रतिपादित 'राज्याधिधर्मतन्त्र के सिद्धान्त' (Doctrine of Caesaropapism) को मान्यता मिलने के बाद धर्मों के प्रभाव-क्षेत्र संकुचित हो गये और चर्चों सहित सभी धार्मिक संस्थाओं के धार्मिक प्राधिकार 'राज्य के धर्म-निरपेक्ष प्राधिकार' के अधीन आ गये। कालान्तर में लगभग सभी प्रगतिशील देशों द्वारा इसी सिद्धान्त को अपने शासन का मूल बनाया गया और इस विचारधारा से प्रभावित होकर कानून बनाया जाने लगा कि जीवन के सभी लौकिक व्यवहारों को मानवता-आधारित व्यवस्था से संचालित होना चाहिए। इस वैचारिक स्थापना के बाद राज्य द्वारा सिविल एवं आपराधिक व्यवहार को धर्मों के प्रभाव से अलग कर राज्य निर्मित कानून से विनियमित किया जाने लगा।

भारत भी अपने को राज्याधिधर्मतन्त्र के सिद्धान्त से स्वयं को अछूता नहीं रख सका है। धर्म से अलग कर राज्य द्वारा विनियमित किये जा रहे अपराध एवं दण्ड के कानून, सम्पत्ति सम्बन्धित कानून, दायित्व सम्बन्धित कानून इसी सिद्धान्त के परिणाम हैं। हिन्दू, ईसाई जैसे धर्मों के सन्दर्भ में लागू वैवाहिक दायित्व, विवाह-विच्छेद, गोद, उत्तराधिकार, संरक्षकत्व इत्यादि पारिवारिक विषय के कानून राज्य द्वारा इस सिद्धान्त के अन्तर्गत विनियमित किये जा रहे हैं। किन्तु मुस्लिम धर्म के सन्दर्भ में ऐसा नहीं हो सका है। ऐसा इसलिए है क्योंकि इनकी धारणा के अनुसार ये विषय उनकी धार्मिक आस्था से जुड़े विषय हैं। इसी धारणा का राज्य लक्षित कसौटी से द्वन्द्व रहता है।

व्यक्ति लक्षित कसौटी ज्यादा श्रेयस्कर

'मिशन आर्टिकिल 44 : एक राष्ट्र, एक सिविल कानून' के बैनर तले संस्था लोक सर्वोदय फाउण्डेशन द्वारा 'संविधान-सभा के विचार और यूनिफॉर्म सिविल संहिता की बढ़ती प्रासंगिकता' विषय पर 24 मई, 2018 को आयोजित किये गये एक बौद्धिक सेमिनार में मुख्य अतिथि के रूप में बोलते हुए इलाहाबाद हाईकोर्ट के न्यायाधीश **न्यायमूर्ति आर. एस. मौर्य** ने धार्मिक आस्था के सन्दर्भ में एक महत्त्वपूर्ण बात कही। उन्होंने कहा कि धर्म का लौकिक व्यवहारों से कोई वास्ता नहीं होना चाहिए। उसका प्रभाव मात्र पारलौकिक

व्यवहार तक सीमित रखना होगा। वे सभी व्यवहार जो समाज व राष्ट्र को प्रभावित करते हैं, उनको धर्म के प्रभाव से अलग करके देश की एकता व अखण्डता के लिए समान नागरिक संहिता बनानी होगी।

धर्म और धार्मिक आस्था के विषय एक व्यक्ति के अन्तःकरण से जुड़े एवं पारलौकिक व्यवहार तक तो सीमित हैं ही, किन्तु वे सभी व्यवहार, जो भले ही पारलौकिक-से दिखते हों या जो भले ही यह इस तरह के हों कि इनके बिना धर्म की मूल प्रकृति बदल जाती है, यदि प्रत्यक्ष या अप्रत्यक्ष रूप से समाज को या दूसरे अन्य व्यक्तियों को प्रभावित करते हैं, तो उन्हें धर्म और धार्मिक आस्था के दायरे से बाहर रखा जाना चाहिए। धार्मिक आस्था एवं व्यवहार को तय करने की यह 'व्यक्ति लक्षित कसौटी' है। 'व्यक्ति लक्षित कसौटी' के माध्यम से 'धर्म लक्षित कसौटी' और 'राज्य लक्षित कसौटी' दोनों की कमियों को दूर कर धार्मिक व्यवहार एवं आस्था के वास्तविक स्वरूप को तय किया जा सकता है। इस कसौटी के माध्यम से राज्य और धर्म दोनों एक-दूसरे के ऊपर अंकुश बनाये रख सकते हैं। 'व्यक्ति लक्षित कसौटी' 'धर्म लक्षित कसौटी' और 'राज्य लक्षित कसौटी' दोनों की तुलना में कैसे ज्यादा श्रेयस्कर है, इसे हम कुछ दृष्टान्तों के माध्यम से समझने का प्रयास करते हैं।

एक व्यक्ति द्वारा आस्तिक होकर ईश्वर में विश्वास करना या नास्तिक होकर ईश्वर में विश्वास नहीं करना उसकी धार्मिक आजादी का विषय है। एक आस्तिक व्यक्ति ईश्वर के किस स्वरूप को स्वीकार करे या उसकी उपासना-पद्धति क्या हो या मृत्यूपरान्त उसका ईश्वर के साथ सम्बन्धों को लेकर क्या मान्यता है, ये विषय शुद्ध रूप से पारलौकिक विषय हैं। चूँकि ये पारलौकिक विषय सिर्फ उस व्यक्ति को प्रभावित करते हैं, जो इसे स्वीकार करते हैं, इसलिए इस स्तर पर धार्मिक आस्था के क्षेत्र को लेकर कोई विवाद नहीं है। अब इसे एक कदम आगे विस्तारित कर कहा जा सकता है कि चूँकि ईश्वर के जिस स्वरूप में हम विश्वास करते हैं, उसी स्वरूप में हमारी आनेवाली पीढ़ी को भी विश्वास करना है इसलिए बच्चे का जन्म भी धार्मिक आस्था का विषय है। फिर एक कदम और आगे बढ़कर यह कहा जा सकता है कि चूँकि पीढ़ियों को बढ़ाने का माध्यम विवाह होता है, इसलिए विवाह भी धार्मिक आस्था का विषय है। इसी के समानान्तर एक कदम आगे बढ़कर यह भी कहा जा सकता है कि चूँकि यह जो हमारी सम्पत्ति है वह हमारे बाद हमारी पीढ़ी को उत्तराधिकार में प्राप्त होती है या अपनी सम्पत्ति का प्रयोग वह अपने ईश्वर के प्रति आस्था को भौतिक रूप से व्यक्त करने के लिए करना चाहता है इसलिए सम्पत्ति और उत्तराधिकार का विषय भी धार्मिक आस्था का विषय है। इसके बाद अन्तिम विषय आता है मृत्यु का विषय। इस सम्बन्ध में भी कहा जा सकता है कि मृत्यु के बाद किसी व्यक्ति की आत्मा का उसके ईश्वर से जुड़ाव किस तरह बना रहे, यह वह व्यक्ति अपनी इच्छानुसार अन्तिम संस्कार के माध्यम से तय करता है, इसलिए अन्तिम संस्कार का

तरीका क्या हो, यह विषय भी धार्मिक आस्था का विषय है। इस तरह ईश्वर में विश्वास, उपासना-पद्धति एवं अन्तिम संस्कार के साथ-साथ बच्चों का जन्म, विवाह, वैवाहिक दायित्व, सम्पत्ति, उत्तराधिकार इत्यादि धर्म के दृष्टिकोण से धार्मिक आस्था का विषय हो जाता है।

अलग-अलग धर्म हैं और इन अलग-अलग धर्मों की अलग-अलग धार्मिक आस्था और मान्यताएँ भी हैं। अब इन्हीं सब विषयों को उस देश (राज्य) से जोड़कर चर्चा करते हैं, जिसमें कोई व्यक्ति एक नागरिक के रूप में रहकर अपने धर्म और धार्मिक आस्थाओं को मानने की आजादी प्राप्त करता है या उस समाज से जोड़कर चर्चा करते हैं, जिसे वह अपने इन व्यवहारों से प्रत्यक्ष या परोक्ष प्रभावित करता है।

धर्म भले ही पारलौकिक विषयों पर नियन्त्रण रखता हो, किन्तु इनका भी लक्ष्य इन्सानियत से परे नहीं होता है। बावजूद इसके यदि धर्म का कोई हिस्सा इन्सानियत के विरुद्ध है, तो उसे अमान्य करना एक सभ्य एवं प्रगतिशील समाज की मजबूरी है क्योंकि धर्म के दबाव में इन्सानियत के विरुद्ध व्यवहारों को समाज एवं राज्य द्वारा मान्यता देने का मतलब इनके द्वारा आत्महत्यावाली सोच को अपने ऊपर प्रभावी होने देना है। इन्सानियत की यही आँख, इन्सानियत का यही लक्ष्य तीन तलाक जैसे असंयमित अमानवीय व्यवहारों को विनियमित करने के लिए हमें संकल्पबद्ध करता है।

यह सिर्फ एक देश की ही बात नहीं है। इस विचार को लगभग वैश्विक मान्यता मिल चुकी है कि एक व्यक्ति किस धर्म को मानेगा, यह उसकी व्यक्तिगत इच्छा पर निर्भर करता है। इसे तलवार या बन्दूक के बल पर दूसरे के ऊपर थोपा नहीं जा सकता है। किसी देश में कोई धर्म बहुमत में है, इस कारण वहाँ के सभी लोग बहुमतवाले धर्म की मान्यताओं को मानने के लिए बाध्य हैं, यह अवधारणा इस आधुनिक काल में स्वीकरणीय नहीं रह गयी है। ईश्वर के किसी भी स्वरूप में विश्वास करने और उपासना की किसी पद्धति को तय करने की आजादी सभी लोगों को प्राप्त हो, यह धर्म एवं राज्य दोनों के नजरीये से स्वीकरणीय है। लेकिन यदि कोई एक व्यक्ति या समूह अपने ईश्वर या उपासना-पद्धति को तलवार के बल पर दूसरे के ऊपर थोपता है या थोपने का प्रयास करता है, तो इन्सानियत का सवाल पैदा हो जाता है और धार्मिक आस्था की आड़ में किसी को ऐसा करने से रोकने के लिए राज्य को उचित प्रतिबन्ध लगाना ही पड़ता है।

किसी भी व्यक्ति को अपनी धार्मिक मान्यताओं के अनुसार विवाह की पद्धति तय करने की आजादी है, लेकिन यदि कोई व्यक्ति किसी दूसरे व्यक्ति से बलपूर्वक विवाह करना चाहे या किसी नाबालिग से विवाह करना चाहे या विवाह के उपरान्त अपने दम्पति के प्रति वैवाहिक उत्तरदायित्वों को ईमानदारी से न निभाना चाहे या वैवाहिक उत्तरदायित्वों को मनमाने तरीके से निभाना चाहे या किसी भी रूप में स्वच्छन्दता की इच्छा रखे तो इन्सानियत का सवाल पैदा हो जाता है और फिर राज्य को आगे आना पड़ता है।

किसी व्यक्ति को आजादी है कि वह सन्तान पैदा करे या न करे, लेकिन यदि वह यह कहे कि उसका धर्म केवल पुत्र को ही विरासत बढ़ाने का माध्यम मानता है, इसलिए वह पुत्रियों का जन्म नहीं होने देगा और इसके लिए वह अपनी पत्नी की कोख के साथ ज्यादती करने के लिए आजाद है या यदि पुत्रियाँ जन्म लेंगी तो वह उनके साथ दोहरा व्यवहार करने के लिए आजाद है, तो इन्सानियत का सवाल पैदा हो जाता है और धार्मिक आस्था की आड़ में किसी को ऐसा करने से रोकने के लिए राज्य को उचित प्रतिबन्ध लगाना ही पड़ता है।

किसी भी व्यक्ति को यह आजादी है कि वह अपनी सम्पत्ति का उपयोग किस तरह करे, लेकिन यदि उसने विवाह कर लिया व सन्तान भी पैदा कर लिया है और उसके बाद यदि वह यह कहे कि वह अपनी धार्मिक आस्था को तुष्ट करने के लिए अपनी समस्त सम्पत्ति का दान कर देगा या अपनी समस्त सम्पत्ति को केवल पुत्रों में बाँट देगा, पुत्रियों में नहीं या यदि वह यह कहे कि विवाहोपरान्त अर्जित की गयी सम्पत्ति में उसकी पत्नी का हक नहीं है तो फिर इन्सानियत का सवाल पैदा हो जाता है और धार्मिक आस्था की आड़ में किसी को ऐसा करने से रोकने के लिए राज्य को उचित प्रतिबन्ध लगाना ही पड़ता है।

किसी व्यक्ति का यह भी अधिकार है कि वह यह तय करे कि मृत्यूपरान्त उसका अन्तिम संस्कार उसकी धार्मिक मान्यता के अनुसार हो, लेकिन यदि वह यह कहे कि उसके द्वारा अर्जित की गयी समस्त चल सम्पत्ति को उसकी कब्र के पास गाड़ दिया जाय या उसके शव के साथ जला दिया जाय या उसके द्वारा अर्जित समस्त अचल सम्पत्ति को उसका कब्र या स्मारक बना दिया जाय और उसकी सम्पत्ति का उपयोग कोई दूसरा इन्सान न करने पाये ताकि वह मृत्यु के बाद अपनी इन सम्पत्तियों को ईश्वर को सुपुर्द कर सके तो फिर इन्सानियत का सवाल पैदा हो जाता है और धार्मिक आस्था की आड़ में किसी को ऐसा करने से रोकने के लिए राज्य को उचित प्रतिबन्ध लगाना ही पड़ता है।

एक पुरुष को किस महिला से या एक महिला को किस पुरुष से विवाह करना है, यह व्यक्तिगत आजादी का मामला है। इसमें न तो धर्म बीच में आता है और न ही राज्य ही बीच में आता है। इनको इसकी भी आजादी रहती है कि वे अपने मूल धर्म द्वारा स्वीकृत किये गये रीति-रिवाज के अनुसार विवाह करें या किसी अन्य तरीके से। किन्तु एक बार विवाह-बन्धन में बँधने के बाद दोनों पक्षों यानी पति एवं पत्नी की एक-दूसरे के प्रति जिम्मेदारी एवं जवाबदेही शुरू हो जाती है। फिर विवाह-बन्धन को तोड़ने का विषय धर्म और धार्मिक आस्था का विषय न होकर समाज एवं राज्य का विषय हो जाता है। तलाक जैसे व्यवहार का, जो एक व्यक्ति के स्वयं के अन्तःकरण को प्रभावित करने से ज्यादा दूसरे के जीवन पर बुरा असर डालता है, इस देश में धर्म-आच्छादित व्यक्तिगत कानून से विनियमित होते रहना, वह भी मात्र इस आधार पर कि यह उसके धर्म एवं धार्मिक आस्था का विषय है, दुर्भाग्यपूर्ण है।

धार्मिक आस्था को तय करने हेतु 'व्यक्ति लक्षित कसौटी' के अन्तर्गत एक व्यक्ति के अन्तःकरण से जुड़े एवं पारलौकिक व्यवहार उसी सीमा तक धर्म एवं धार्मिक आस्था का विषय बना रहता है, जब तक कि वह उस व्यक्ति को ही प्रभावित करता रहता है। किन्तु ज्यों ही ये व्यवहार, भले ही कितना पारलौकिक क्यों न हों, भले ही कितना ही वह धर्म के मूल प्रकृति से जुड़ा क्यों न हो, दूसरे लोगों को या समाज को या देश को प्रभावित करने लगता है, वह धर्म एवं धार्मिक आस्था के दायरे से बाहर हो जाता है और राज्य द्वारा विनियमित किये जाने का विषय बन जाता है। यह कसौटी राज्य और धर्म दोनों को अपने नागरिकों एवं अनुयायियों के प्रति समग्र एवं सम्यक् दृष्टिकोण अपनाये रखने के दायित्वाधीन बनाये रखता है। यही समग्र एवं सम्यक् दृष्टिकोण 'समान नागरिक संहिता' का निर्माण करने में मदद करेगा।

धार्मिक आस्था पर संविधान-सभा

तीन तलाक या बाध्यकारी हलाला या असंयमित बहुविवाह जैसी प्रथाओं का बचाव धर्म-आच्छादित व्यक्तिगत कानून को ढाल बनाकर किया जाता है। सिविल व्यवहार से सम्बन्धित व्यक्तिगत कानूनों को किस सीमा तक धर्म के अधीन बनाये रखा जा सकता है और धर्म की सीमाएँ क्या हैं, इस सम्बन्ध में संविधान-सभा में अनुच्छेद 19 पर हुए बहस के दौरान डॉ. अम्बेडकर द्वारा व्यक्त किये गये विचार का यहाँ उल्लेख करना प्रासंगिक है। डॉ. अम्बेडकर के शब्दों में–

> 'इस देश में धार्मिक विचार इतने विस्तृत हैं कि वह जन्म से लेकर मृत्यु तक, जीवन के सभी क्षण को प्रभावित कर लेते हैं। ऐसा कुछ भी नहीं है जहाँ धर्म न हो और यदि हम व्यक्तिगत कानून को बचाते हैं तो मैं इस बारे में निश्चित हूँ कि सामाजिक मामलों पर हम ठहराव की स्थिति में आ जायेंगे। मैं नहीं सोचता हूँ कि यह स्थिति स्वीकार करना सम्भव है। ऐसा कहना असाधारण नहीं है कि हमें धर्म की परिभाषा को सीमित करने का प्रयास इस तरह से करना चाहिए कि शिष्टाचार से जुड़े विश्वास और रीतियाँ जो आवश्यक रूप से धार्मिक ही हैं, से आगे नहीं बढ़ेंगे।
>
> 'यह आवश्यक नहीं है कि कानून जैसे किरायेदारी के कानून या उत्तराधिकार के कानून, धर्म द्वारा संचालित हों। यूरोप में ईसाइयत है, लेकिन ईसाइयत का अर्थ यह नहीं होता है कि ईसाई पूरे विश्व या यूरोप में जहाँ भी रहते हैं, उत्तराधिकार की समान व्यवस्था रखेंगे। ऐसी किसी चीज का अस्तित्व नहीं होता है। मैं व्यक्तिगत रूप से नहीं समझता हूँ कि धर्म को इतना विस्तृत और व्यापक क्षेत्र क्यों दिया जाना चाहिए जो सम्पूर्ण जीवन पर कब्जा कर ले और विधायिका को इन क्षेत्रों में हस्तक्षेप करने से रोके। सबके बाद, हम इस

> स्वतन्त्रता को किसके लिए रख रहे हैं? हम सब इस स्वतन्त्रता का प्रयोग उस सामाजिक व्यवस्था में सुधार लाने के लिए रखते हैं, जो अन्याय, भेदभाव और ऐसी तमाम चीजों से भरे पड़े हैं, जो मूल अधिकारों से असंगत होते हैं। इसलिए किसी के लिए यह अनुमान करना बिलकुल असम्भव है कि व्यक्तिगत कानून राज्य के क्षेत्राधिकार से बाहर रखा जायेगा। ('निर्माण-पुरुष डॉ. अम्बेडकर की संविधान-यात्रा' 2017 संस्करण, पृष्ठ सं. 255)

इसी तरह धर्म को जीवन के सामाजिक सम्बन्धों एवं व्यक्तिगत कानूनों से अलग करने की आवश्यकता पर बल देते हुए श्री के. एम. मुन्शी कहते हैं–

> 'हम धर्म को व्यक्तिगत कानूनों से, जिसे सामाजिक सम्बन्ध कहा जा सकता है या उत्तराधिकार या विरासत से सम्बन्धित पक्षकारों के अधिकारों से अलग करना चाहते हैं। इन सब चीजों का धर्म से क्या सम्बन्ध है। मैं वास्तव में नहीं समझ पाता हूँ। ... हम सब एक प्रगतिशील समाज हैं। हम सब इस दौर में हैं, जहाँ धार्मिक क्रियाकलापों में हस्तक्षेप किये बिना हमें देश को अवश्य ही एकीकृत करना चाहिए। यदि बीते दिनों में धार्मिक क्रियाकलाप ने जीवन के सभी क्षेत्रों को अपने दायरे में ले लिया है, हमें ऐसा करने से मना करने का निर्णय लेना पड़ेगा और कहना होगा कि ये मामले धार्मिक नहीं हैं, ये पूरी तरह धर्म-निरपेक्ष कानून के विषय हैं। इसी बात पर यह अनुच्छेद बल देता है।

कुरान या गीता या बाइबिल जैसी अलग-अलग धर्मों की पवित्र धार्मिक पुस्तक पूजा या नमाज या प्रार्थना करने; हज या दर्शन करने; रोजा या व्रत रखने; मन्दिर या मस्जिद या चर्च या गुरुद्वारा का प्रबन्धन करने; धार्मिक शिक्षा प्राप्त करने; विवाह या निकाह की कोई पद्धति अपनाने; मृत्यूपरान्त अन्तिम संस्कार के लिए कोई तरीका अपनाने या आत्मिक शान्ति प्राप्त करने जैसे पारलौकिक और विशुद्ध धार्मिक विषयों के सन्दर्भ में महत्त्वपूर्ण हो सकते हैं। अलग-अलग धार्मिक संस्थाओं से संचालित होनेवाली इन पुरातन धार्मिक पुस्तकों में गतिशीलता का बिल्कुल अभाव होता है। बदलती परिस्थितियों के साथ इनमें परिवर्तन करना न तो सम्भव होता है और न ही उचित। स्वयं धार्मिक संस्थाओं का अपना कोई प्राधिकार नहीं होने के कारण इन धार्मिक पुस्तकों में उल्लिखित बातें स्थिर-सी बनी रहनेवाली बातें होती हैं। इन पवित्र पुस्तकों को मानव-जीवन के लौकिक क्रियाकलापों के सन्दर्भ में आदर्श नहीं बनाया जा सकता है। इसलिए एक राज्य द्वारा सिविल एवं आपराधिक व्यवहार सहित सभी लौकिक क्रियाकलापों को धार्मिक व्यवहार से अलग कर धर्म-निरपेक्ष कानून बनाकर विनियमित करना ही पड़ता है। इन धार्मिक पुस्तकों की प्रासंगिकता को लौकिक क्रियाकलापों के सन्दर्भ में नकारना एक संवेदनशील राज्य के लिए इसलिए भी आवश्यक होता है क्योंकि ज्यादातर धर्म-आधारित व्यवस्थाएँ पुरुषप्रधान विचारों से प्रेरित होकर बनायी गयी होती हैं। कमोबेश तीन तलाक की अवधारणा भी ऐसे

ही पुरुषप्रधान विचार का कुपरिणाम है। ऐसी विसंगतियुक्त अवधारणा को मानवता एवं तार्किकता की कसौटी पर परखना व आवश्यकतानुसार संशोधित कर एक समग्र धर्म-निरपेक्ष नीति बनाना संविधान के अनुच्छेद 44 का लक्ष्य है।

1937 में ब्रिटिश हुकूमत द्वारा शरीयत को आँख मूँदकर इसलिए नहीं स्वीकार किया गया था क्योंकि वे भारत में इसे लागू किये जाने से होनेवाली सामाजिक कठिनाइयों एवं लैंगिक भेदभाव से वाकिफ नहीं थे, बल्कि इसलिए स्वीकार किया गया था क्योंकि व्यक्तिगत कानूनों के माध्यम से धार्मिक आस्था को उभारना और धार्मिक मतभेद की खाई को चौड़ा करना उनकी सत्ता-प्रतिष्ठान को सहूलियत प्रदान कर रहा था। दुर्भाग्य से आजादी के बाद भी ऐसी सहूलियत को प्राप्त करते रहना हमारे नीति-निर्माताओं की नियति बन गयी है। उन्हें भी धार्मिक आस्था को सिविल-व्यवहारों के साथ घालमेल करनेवाला ब्रिटिश फार्मूला रास आने लगा।

व्यक्तिगत कानून और शरीया अदालत

7 जुलाई, 2018 को आल इण्डिया मुस्लिम पर्सनल लॉ बोर्ड (मुस्लिम बोर्ड) द्वारा देश के प्रत्येक जिलों में शरीया अदालत (दार-उल-कजा) को स्थापित करने एवं इन्हें प्रभावशाली और व्यापक बनाने के लिए तफहीम-ए-शरीयत समिति को सक्रिय करने की घोषणा की है। इसके साथ मुस्लिम बोर्ड द्वारा भारत के सभी मुसलमानों से यह अपील की गयी है कि वे अपने मामलों को इन शरीया अदालतों के माध्यम से निपटायें। बोर्ड की यह अपील उस पृथक्तावादी सोच का खतरनाक स्तर है, जिसकी शंका 70 वर्ष पूर्व अनुच्छेद 44 पर बहस के दौरान श्री के. एम. मुन्शी द्वारा संविधान-सभा के समक्ष व्यक्त की गयी थी। श्री मुन्शी ने संविधान-सभा के समक्ष कहा था-

> 'मैं अपने मुस्लिम मित्रों को अहसास कराना चाहता हूँ कि जितना ही जल्दी हम जीवन के पृथक्करणीय दृष्टिकोण को भूल जायेंगे, देश के लिए उतना ही अच्छा होगा। धर्म उस परिधि तक सीमित होना चाहिए जो नियमतः धर्म की तरह दिखता है और बाकी जीवन अवश्य ही इस तरह से विनियमित, एकीकृत और संशोधित होना चाहिए कि हम जितनी जल्दी सम्भव हो, एक मजबूत एवं एकीकृत राष्ट्र के रूप में निखर सकें।'

सवाल पैदा होता है कि भारत में मुस्लिम समाज का प्रतिनिधित्व करने का दावा करनेवाले मुस्लिम पर्सनल लॉ बोर्ड या इसके पीछे की मूल सोच को पालने-पोसनेवाले हमारे नीति-निर्माता क्या कभी यह सोचने की स्थिति में आ सकते हैं कि व्यक्तिगत कानून के प्रति इनकी दुराग्रह से बड़ा इस देश की एकता और अखण्डता है तथा इस देश के वे सभी नागरिक हैं, जो लिंगनिरपेक्ष और धर्म-निरपेक्ष मूल्यों के साथ समानता आधारित निष्पक्ष न्याय पाने के हकदार होते हैं।

मुस्लिम बोर्ड द्वारा शरीया अदालतों का बचाव यह कहकर किया गया है कि यह मात्र मध्यस्थता-केन्द्र जैसा है, जिसके माध्यम से दोनों पक्षों के मध्य आपसी सुलह कराने का प्रयास किया जाता है। यदि मात्र मध्यस्थता कराने और इस दिशा में प्रयास करने की बात है, तो इसका स्वागत किया जाना चाहिए। किन्तु एक वास्तविकता यह है कि समुदाय के मध्य इसका प्रचार-प्रसार शरीया अदालत के रूप किया जाता है। एक ऐसे अदालत के रूप में प्रचारित किया जाता है, जो लोगों के दिमाग में अरबी व्यवस्था और यहाँ लागू शरीयत कानून एवं शरई प्रक्रिया के भाव को भरता है और जिसे पैगम्बर मोहम्मद साहब एवं पवित्र कुरान-शरीफ के साथ जोड़कर धर्म का इस तरह मुलम्मा चढ़ाया जाता है ताकि लोग इसके प्रति आग्रही होने लगें। इसका सबसे खराब परिणाम यह होनेवाला है कि एक विशेष समुदाय के लोगों का धीरे-धीरे सांविधानिक न्याय व्यवस्था से विश्वास एवं शास्ति समाप्त होने लगेगा और इस तरह के धर्म-आधारित व्यवस्था के प्रति आग्रह एवं विश्वास मजबूत होगा। यदि अदालत होने की आड़ में समाज में ऐसी कोई भ्रान्ति फैलायी जाती है या कोई ऐसा कोई सन्देश जाता है, जो देश के बड़े समुदाय के मध्य शरीया अदालतों के प्रति झुकाव एवं विश्वास को दृढ़ करे तथा समानान्तर रूप से सांविधानिक अदालतों के प्रति झुकाव एवं विश्वास को कम करे, यह किसी भी सम्प्रभु देश के लिए खतरनाक और चिन्ता की बात है। किन्तु हमारे नीति-निर्माता अभी भी इस खतरनाक स्थिति से अनजान होने का भूल कर रहे हैं।

शरीया अदालत और मुस्लिम व्यक्तिगत कानून का सबसे नकारात्मक और गम्भीर पहलू इनकी पृथक्करणीय सोच है, जिसके प्रति श्री के.एम. मुन्शी ने इस देश को आगाह किया था। ब्रिटिश हुकूमत द्वारा मुस्लिम व्यक्तिगत कानून (शरीयत) अनुप्रयोग अधिनियम, 1937 का निर्माण इसी पृथक्करणीय सोच को पैदा करने के लिए किया गया था, ताकि यह देश खण्डित हो जाय। ऐसी पृथक्करणीय सोच को समाप्त करने और इस देश को एक एवं अखण्ड बनाये रखने के लिए हमारे संविधान-निर्माताओं द्वारा अनुच्छेद 44 का प्रावधान बनाया गया। किन्तु दुर्भाग्य से हमारे नीति-नियन्ताओं ने पृथक्करणीय सोच को समाप्त करने के लिए समान नागरिक संहिता बनाना तो दूर, शरीयत कानून को सुरक्षित करने के नाम पर मुस्लिम बोर्ड जैसी निजी संस्था को स्थापित करने की इजाजत देकर पृथक्करणीय सोच को पालने और विकसित करने का काम किया है।

मुस्लिम पर्सनल लॉ बोर्ड द्वारा शरीया अदालत जैसी एक निजी समानान्तर न्यायिक व्यवस्था स्थापित करना और इसे विकसित करना कोई अस्वाभाविक-सी बात नहीं है। बल्कि ऐसे कार्य करने का दुस्साहस करना 1937 के शरीयत कानून के बने रहने का एक स्वाभाविक परिणाम है। 1950 के बाद लगातार धर्म-आधारित व्यक्तिगत कानूनों को बढ़ावा देने एवं समान नागरिक संहिता की पवित्र अवधारणा को कुन्द करने का यह स्वाभाविक परिणाम है कि आज मुस्लिम बोर्ड शरीया अदालत चलाने का दुस्साहस कर

रहा है। और हमारी शासन-व्यवस्था इस पर मौन बने रहने के लिए मजबूर-सी दिखती प्रतीत होती है।

हमारे देश का जनमानस अपने शासन-तन्त्र से ऐसी मजबूत इच्छाशक्ति की अपेक्षा कर सकता है कि वे कुछ ऐसी पहल करें, ताकि अदालत के नाम पर ऐसी शरीया अदालतों का दुरुपयोग न होने पाये; ताकि ऐसे सभी मध्यस्थता केन्द्र के रूप में कार्य करनेवाली संस्थाओं के साथ अदालत या न्यायालय शब्द जोड़े जाने या प्रयोग किये जाने पर कड़ी पाबन्दी हो और इनके क्रियाकलाप मध्यस्थता केन्द्र के तौर पर ही सीमित रहें; ताकि लोग आपसी सहमति एवं स्वतन्त्र इच्छा से ही ऐसी शरीया अदालतों के समक्ष जायँ; ताकि ये तथाकथित शरीया अदालतें देश की सांविधानिक अदालतों के न्याय-प्रशासन में प्रत्यक्ष या अप्रत्यक्ष किसी भी तरीके से बाधक साबित न होने पायें; ताकि मध्यस्थता केन्द्र के रूप में ये तथाकथित शरीया अदालतें सांविधानिक अदालतों के मातहत और सिविल प्रक्रिया संहिता की धारा 89 के अधीन कार्य कर सकें, किन्तु दुर्भाग्य से केन्द्र सरकार द्वारा इस दिशा में किसी तरह का कोई सार्थक व सकारात्मक पहल करने की कोई इच्छाशक्ति नहीं दिखायी जा सकी है।

शरीया अदालत की पैरोकारी करनेवाले लोग एक धर्म-निरपेक्ष मुल्क में यदि धर्म के आधार पर चिह्नित एक समुदाय-विशेष के लिए काम करने में शर्म और संकोच महसूस नहीं करते हैं, तो इसका कारण उनकी पृथक्करणीय मानसिक सोच तो है ही, उससे बड़ा कारण हमारे देश की वह व्यवस्था भी है, जो इन धर्म-आधारित व्यक्तिगत कानूनों को मान्यता देकर पृथक्करणीय-भाव को प्रतिपल बढ़ावा देने का काम करते हैं। पृथक्करणीयता की यह सोच केवल दो अलग-अलग धर्मों के मध्य अन्तर्द्वन्द्व के कारण नहीं है, बल्कि स्वयं एक धर्म या समुदाय में पुरुष लिंग एवं महिला लिंग के मध्य अन्तर्द्वन्द्व के कारण भी है। इसका सबसे बड़ा खामियाजा महिलाओं को भुगतना पड़ता है।

पुरुषप्रधान मानसिकता के पूर्वाग्रह से ग्रस्त रहनेवाले मुस्लिम पर्सनल लॉ बोर्ड के जिन तथाकथित मुस्लिम रहनुमाओं को सुप्रीम कोर्ट के समक्ष तीन तलाक मामले में महिलाओं को कमअक्ल बताने में कोई संकोच नहीं रहता है, उनसे और उनके अधीन कार्य करनेवाली शरीया अदालतों से महिलाओं के प्रति न्यायसंगत दृष्टिकोण रखने की उम्मीद रखना बेमानी-सा लगता है। यदि समय रहते इन धर्म एवं लिंग-आधारित पृथक्करणीय सोच पर नियन्त्रण नहीं किया जा सका, तो हमें नहीं लगता कि शरीया अदालत के वीभत्स कारवाँ को और आगे बढ़ने से कोई रोक सकेगा। यह न केवल एक मुल्क की एकता एवं अखण्डता के लिए वीभत्सकारी है, बल्कि मुस्लिम समुदाय के उस वर्ग के लिए भी नुकसानदायक है, जो आधुनिक सोच के हैं और ऐसे किसी तरह के लिंग-आधारित भेदभाव के खिलाफ खड़े हैं।

शरीया अदालत की अवधारणा इस सम्प्रभु भारत देश के लिए किसी अपमान का घूँट पीने से कम नहीं है, जिसमें यह मान लिया है कि उसके सांविधानिक-न्यायालयों के मातहत कार्य करनेवाले मध्यस्थता केन्द्र अपर्याप्त और असफल हैं। यदि कानून के शासन से संचालित एक सम्प्रभु देश को अपने कानून– मुस्लिम व्यक्तिगत कानून (शरीयत) अनुप्रयोग अधिनियम, 1937 को लागू कराने के लिए एक निजी संस्था पर निर्भर होना पड़ रहा है, तो अच्छा ही होगा कि वह खुद आगे बढ़कर ऐसी शरीया अदालतों का गठन एवं संचालन करे, ताकि न्याय के किसी भी स्तर पर लैंगिक भेदभाव होने की सम्भावना न रहे। किन्तु सवाल है कि तब हमें सिर्फ मुस्लिम व्यक्तिगत कानून के सन्दर्भ में ही शरीया अदालत या मध्यस्थता केन्द्र नहीं बनाना होगा, बल्कि हिन्दू व्यक्तिगत कानून के सन्दर्भ में, ईसाई व्यक्तिगत कानून के सन्दर्भ में, पारसी व्यक्तिगत कानून के सन्दर्भ में भी इस तरह के अलग-अलग धर्म-आधारित अदालतों एवं मध्यस्थता केन्द्रों को बनाना एवं संचालित करना होगा। कल्पना करें, तब इस देश की न्यायिक व्यवस्था एवं धर्म-निरपेक्ष स्वरूप का चेहरा कैसा होगा? क्योंकि तब हमारे सामने केवल पृथक्-इस्लामिकवाद के उदय का सवाल नहीं होगा, बल्कि पृथक्-हिन्दूवाद, पृथक्-ईसाईवाद, पृथक्-सिक्खवाद के उदय के भी सवाल मुँह बाये खड़े होंगे।

ऐसी वीभत्स पृथक्करणीय सोच एवं इसके परिणाम के खिलाफ इस देश के जनमानस को जागना ही होगा और न केवल जागना होगा, बल्कि अपने नीति-निर्माताओं को 70 वर्ष की कुम्भकरणी नींद से जगाना भी होगा। इन नीति-निर्माताओं को उस कुम्भकरणी नींद से जगाना है, जिसके कारण आज तक धर्म-आधारित पृथकतावादी व्यक्तिगत कानूनों को समाप्त नहीं किया जा सका और देश के लिए धर्म-निरपेक्ष, लिंग-निरपेक्ष सर्वमान्य एवं सर्वग्राही समान नागरिक संहिता का निर्माण नहीं किया जा सका। इन नीति-निर्माताओं को इसलिए उनकी 70 वर्ष के कुम्भकरणी नींद से जगाना है, ताकि मुस्लिम पर्सनल लॉ बोर्ड जैसी धर्म-आधारित संस्थाएँ निर्मूल हो सकें; ताकि हमारे नीति-निर्माता इनके दुस्साहस के आगे समर्पण न कर सकें; ताकि मुस्लिम बोर्ड जैसी निजी गैर-सरकारी संस्थाएँ शरीया अदालत जैसी समानान्तरण निजी न्यायिक व्यवस्था का ईजाद करने और देश की सम्प्रभुता को चुनौती देने का दुस्साहस न कर सकें।

6

समान नागरिक संहिता के वैश्विक दृष्टान्त

2100-2050 ईसापूर्व के दौरान बने 'उर-नम्मु का कोड' को प्राचीन इतिहास का सबसे पुराना 'सिविल संहिता (नागरिक संहिता)' माना जाता है और बीजेण्टाइन के शासक जुस्टिनियन आई. द्वारा 529-534 ई. के दौरान रोमन कानूनों का संहिताकरण करके बनाया गया 'कार्पस जूरिस सिविलिस' को मध्यकालीन इतिहास का सबसे प्रसिद्ध 'सिविल संहिता' माना जाता है।

आधुनिक काल में कानूनों का संहिताकरण करने का विचार सर्वप्रथम यूरोप में प्रबुद्धवाद काल के उस दौर में आया, जब यह मान्यता विकसित हुई कि जीवन के सभी क्षेत्रों को मानवता पर आधारित व्यवस्था द्वारा संचालित होना चाहिए। कानूनों का संहिताकरण करने की दिशा में सार्थक प्रयास 18वीं शताब्दी के उत्तरार्द्ध के दौरान जर्मनी के राज्यों– बावारिया, पर्सिया, आस्ट्रिया व सैक्सोनी– में प्रारम्भ किया गया। पहला संहिता बावारिया राज्य में 1756 ई. में 'कोडेक्स मैक्सीमिलिएन्स बावरिकस सिविल्स' के नाम से बनाया गया। पर्सिया राज्य में फ्रेडरिक महान् द्वारा भी 1792 ई. में इस तरह का प्रयास किया गया। इसके बाद आस्ट्रिया राज्य में कई स्तर पर किये गये प्रयासों के बाद उन्नीसवीं शताब्दी के शुरुआती काल में 'आस्ट्रियन सिविल संहिता' का स्वरूप तैयार किया गया। 1811 ई0 में फ्रान्स में भी 'फ्रेन्च नेपोलियन संहिता' का निर्माण कर लागू किया गया। इसी संहिता को बाद में 'फ्रान्स सिविल संहिता' के नाम से जाना गया। 'फ्रान्स सिविल संहिता' से प्रभावित होकर इटली, स्पेन, पुर्तगाल (1867 का पहला सिविल संहिता), कनाडा, अर्जेण्टीना जैसे लैटिन अमरीकी देशों में सिविल संहिता बनाये गये।

बीसवीं शताब्दी के प्रारम्भ में पैण्डेक्टवाद के उभार के साथ जर्मनी में 'जर्मन सिविल संहिता' (1900) और स्विट्जरलैण्ड में 'स्विस सिविल संहिता' (1907) पारित कर लागू किया गया। इन दोनों ही संहिताओं में बहुत ही व्यवस्थित तरीके से सिविल से सम्बन्धित सभी क्षेत्रों के मूलभूत सिद्धान्तों को प्रतिपादित किया गया था। इनसे प्रभावित होकर जापान, टर्की, ट्यूनिशिया, पुर्तगाल (1966 का दूसरा सिविल संहिता) जैसे दूसरे देशों में सिविल संहिता का निर्माण किया गया।

विश्व के इन सभी देशों में सिविल संहिता को व्यापक स्वरूप में स्वीकार किया गया है। इन संहिताओं में सिविल क्षेत्र से सम्बन्धित सभी कानूनों जैसे पारिवारिक कानून, उत्तराधिकार के कानून, सम्पत्ति के कानून, संविदात्मक दायित्व सम्बन्धी कानून, अपकृत्यात्मक कानून शामिल किये गये हैं। 'सिविल संहिता' में शामिल किये गये आन्तरिक विषयों की प्रकृति को दृष्टिगत रखते हुए विश्व की सभी संहिताओं को दो वर्गों में बाँटा जा सकता है। पहले वर्ग में विश्व की वे संहिताएँ शामिल हैं जो 'फ्रान्स सिविल संहिता' में स्वीकार की गयी 'संस्थागत पद्धति' पर आधारित हैं और दूसरे वर्ग में विश्व की वे संहिताएँ शामिल हैं, जो 'जर्मन सिविल संहिता' एवं 'स्विस सिविल संहिता' में स्वीकार की गयी 'पैण्डेक्टवादी पद्धति' पर आधारित हैं।

प्रथम वर्ग में शामिल सिविल संहिताओं की तुलना में द्वितीय वर्ग की सिविल संहिताएँ ज्यादा व्यवस्थित तरीके से बनायी गयी हैं। यही कारण है कि विश्व के ज्यादातर देशों के आधुनिक सिविल संहिता जर्मन सिविल संहिता के आदर्शों पर आधारित हैं।

दो अलग-अलग पद्धतियों के आधार पर बनी दोनों सिविल संहिताएँ- 'फ्रान्स सिविल संहिता' और 'जर्मन सिविल संहिता' किसी भी देश में नये 'सिविल संहिता' के निर्माण के लिए आदर्श हो सकते हैं। भारत जैसी बहुलता और विविधतावाले देश के लिए 'सिविल संहिता' का निर्माण करने की दिशा में विश्व के इन दोनों सिविल संहिताओं के साथ टर्की देश में लागू 'टर्की सिविल संहिता' का अध्ययन भी उपयोगी है। 'स्विस सिविल संहिता' से प्रभावित होकर निर्मित 'टर्की सिविल संहिता' केवल उपयोगिता की दृष्टि से ही नहीं महत्त्वपूर्ण हैं, बल्कि इस दृष्टि से कि टर्की देश में 95-97 प्रतिशत लोग मुस्लिम धर्म के अनुयायी हैं और वे शरीयत कानून के परम्परागत सोच से आगे बढ़कर आधुनिक 'सिविल संहिता' को स्वीकार करते हैं, इसलिए 'टर्की सिविल संहिता' मुस्लिम व्यक्तिगत कानून के परिप्रेक्ष्य में और भी ज्यादा महत्त्वपूर्ण हो जाती है। इसके अलावा स्वयं भारत के ही एक राज्य- गोवा राज्य में सिविल संहिता पहले से लागू है। प्रथम पुर्तगाल सिविल संहिता, जो स्वयं फ्रान्स सिविल संहिता से प्रभावित होकर बनायी गयी थी, पर आधारित 'गोवा सिविल संहिता' में स्वीकृत किये गये मूलभूत सिद्धान्त भी भारत देश के लिए एक 'सिविल संहिता' के निर्माण की नजरीये से महत्त्वपूर्ण है।

इस पुस्तक में विभिन्न विषयों पर चर्चा करने के दौरान 'फ्रान्स सिविल संहिता', 'जर्मन सिविल संहिता', 'स्विस सिविल संहिता', 'टर्की सिविल संहिता' एवं 'गोवा सिविल संहिता' में स्वीकार किये गये सम्बन्धित व्यवस्थाओं/प्रावधानों का उल्लेख किया जायेगा। किन्तु यहाँ पर इस अध्याय के दृष्टिकोण से इन पाँचों सिविल संहिताओं की विशेषताओं का सारांश में उल्लेख करना आवश्यक है।

फ्रान्स सिविल संहिता

तीन पुस्तकों में बँटा 'फ्रान्स सिविल संहिता' में लगभग ढाई हजार अनुच्छेद शामिल किये गये हैं। पहली पुस्तक 'व्यक्ति' से सम्बन्धित है, तो दूसरी पुस्तक 'सम्पत्ति' के सम्बन्ध में और तीसरी पुस्तक 'स्वामित्व हासिल करने के तरीके' के सम्बन्ध में है।

तेरह शीर्षकों और पचास अध्यायों में विभाजित प्रथम पुस्तक 'व्यक्ति' में सिविल अधिकार, फ्रान्सीसी राष्ट्रीयता, सिविल हैसियत का रिकार्ड, अधिवास, अन्यत्रवासी, विवाह, विवाह-विच्छेद, जनक एवं बच्चे, गोद, जनकीय प्राधिकार, अवयस्क एवं संरक्षकत्व, वयस्क एवं उनका कानूनी संरक्षण, उपपत्नी इत्यादि विषय शामिल हैं।

चार शीर्षकों और दस अध्यायों में विभाजित द्वितीय पुस्तक 'सम्पत्ति' में सम्पत्तियों के विभिन्न प्रकार, स्वामित्व, सम्पत्तियों के प्रयोग के विभिन्न तरीके, भूमि-सेवा इत्यादि विषय शामिल किये गये हैं।

फ्रान्स सिविल कोड के सबसे बड़े भाग तृतीय पुस्तक 'स्वामित्व हासिल करने के तरीकें 23 शीर्षकों और 85 अध्यायों में विभाजित हैं, जिसमें उत्तराधिकार, दान, वसीयत, संविदा, संविदात्मक दायित्व, अपकृत्य, दोषयुक्त उत्पादों के प्रति दायित्व, विवाह पूर्व संविदा एवं वैवाहिक सम्पत्ति, बिक्री, विनिमय, किरायेदारी एवं पट्‌टा, रियल इस्टेट संविदा, फर्म और कम्पनी, लोन, प्रतिभू, एजेन्सी, समझौता, मध्यस्थता-समझौता, गिरवी, बन्धक, भार, कब्जा, चिरभोगाधिकार इत्यादि विषय शामिल हैं।

जर्मन सिविल संहिता

जर्मन सिविल संहिता पाँच पुस्तकों, 35 खण्डों, 93 भागों और 2385 धाराओं में बँटी है। पहली पुस्तक 'सामान्य भाग' है। दूसरी पुस्तक 'उत्तरदायित्व का कानून' से सम्बन्धित, तीसरी पुस्तक 'सम्पत्ति के कानून' से सम्बन्धित, चौथी पुस्तक 'पारिवारिक कानून' से सम्बन्धित और पाँचवीं पुस्तक 'उत्तराधिकार कानून' से सम्बन्धित है।

पहली पुस्तक 'सामान्य भाग्य' सात खण्डों में बँटी है। इस पुस्तक में व्यक्ति-प्राकृतिक व्यक्ति एवं विधिक व्यक्ति, वस्तु एवं जानवर, संविदा, समय-सीमा, अधिकार का प्रयोग एवं स्वरक्षा के लिए बचाव इत्यादि विषय शामिल हैं।

दूसरी पुस्तक 'उत्तरदायित्व का कानून' आठ खण्डों में बँटी है। इसके आठवें खण्ड में कुल 27 शीर्षक शामिल किये गये हैं। इस पुस्तक में दायित्व के विषय-वस्तु, संविदात्मक दायित्व, दायित्वों की समाप्ति, खरीददारी, विनिमय, लोन-संविदा, दान, पट्‌टा, पट्‌टा के विभिन्न प्रकार, किरायेदारी, ब्रोकरेज-संविदा, एजेन्सी, भागीदारी, सह-स्वामित्व, प्रतिभू, अन्यायपूर्ण समृद्धि, अपकृत्य इत्यादि विषय शामिल हैं।

तीसरी पुस्तक 'सम्पत्ति का कानून' भी आठ खण्डों में बँटी है। इस पुस्तक में कब्जा, भूमि में अधिकार से सम्बन्धित सामान्य प्रावधान, स्वामित्व, चिरभोगाधिकार, सुखाधिकार,

भूमि-फलभोगाधिकार, शुफा का अधिकार, बन्धक, भार, गिरवी इत्यादि विषय शामिल किये गये हैं।

चौथी पुस्तक 'पारिवारिक कानून' तीन खण्डों एवं अठारह शीर्षकों में बँटी है। इस पुस्तक में सिविल विवाह, विवाह के तरीके, अवैध विवाह की घोषणा, विवाह के सामान्य प्रभाव, वैवाहिक सम्पत्ति रिजाइम, विधिक सम्पत्ति रिजाइम, संविदात्मक सम्पत्ति रिजाइम, वैवाहिक सम्पत्ति का प्रबन्धन, वैवाहिक सम्पत्ति रजिस्टर, विवाह-विच्छेद, भरण-पोषण, भरण-पोषण का दायित्व, सम्बन्ध, जनक एवं बच्चों के मध्य सम्बन्ध, गोद, संरक्षकत्व इत्यादि विषय शामिल किये गये हैं।

पाँचवीं पुस्तक 'उत्तराधिकार कानून' नौ खण्डों में बँटी है। इस पुस्तक में उत्तराधिकार, उत्तराधिकारियों की विधिक स्थिति, उत्तराधिकार का दावा, वसीयत, उत्तराधिकार की संविदा इत्यादि विषय शामिल किये गये हैं।

स्विस सिविल संहिता

चार भागों और पचीस शीर्षकों में बँटी 'स्विस सिविल संहिता' में लगभग एक हजार अनुच्छेद शामिल किये गये हैं। पहला भाग 'व्यक्ति के कानून' से सम्बन्धित है, दूसरा भाग 'पारिवारिक कानून' के सम्बन्ध में, तीसरा भाग 'उत्तराधिकार' के सम्बन्ध में और चौथा भाग 'वस्तु के कानून' के सम्बन्ध में है।

पहला भाग 'व्यक्ति का कानून' दो शीर्षकों– प्राकृतिक व्यक्ति और विधिक व्यक्ति में बँटा है। इस भाग में व्यक्तियों की विधिक क्षमता, व्यक्तित्व का प्रारम्भ एवं अन्त, जन्म एवं मृत्यु-रजिस्टर, सोसाइटी, फाउण्डेशन इत्यादि विषय शामिल हैं।

दूसरे भाग 'पारिवारिक कानून' में तीन खण्ड एवं दस शीर्षक हैं, जिसमें विवाह के तरीके, विवाह पश्चात् उत्तरदायित्व, विवाह की शून्यता, विवाह-विच्छेद, विवाह-विच्छेद के परिणाम, वैवाहिक संविदा, वैवाहिक सम्पत्ति एवं इसका प्रबन्धन, वैवाहिक-सम्पत्ति का बँटवारा, धर्मज बच्चे, गोद, जनक और बच्चों का समुदाय, पैतृक सम्पत्ति का अधिकार, अधर्मज बच्चों की हैसियत, पारिवारिक समुदाय, संरक्षकत्व, संरक्षक के दायित्व इत्यादि विषय शामिल हैं।

तीसरे भाग 'उत्तराधिकार' में दो खण्ड, पाँच शीर्षक और अठारह वर्ग हैं, जिसमें विधिक उत्तराधिकारी, वसीयत, उत्तराधिकार के नियम इत्यादि विषय शामिल किये गये हैं।

स्विस सिविल संहिता के चौथे और अन्तिम भाग 'वस्तु का कानून' में तीन खण्ड, आठ शीर्षक और उन्नीस वर्ग हैं, जिसमें स्वामित्व, स्वामित्व का स्थानान्तरण, स्वामित्व की सीमाएँ, चल सम्पत्ति, भूमि सम्बन्धी अधिकार, भार, बन्धक, गिरवी, किरायेदारी, लोन, कब्जा, भूमि-रजिस्टर इत्यादि विषय शामिल किये गये हैं।

टर्की सिविल संहिता

टर्की देश, जहाँ के 95–97 प्रतिशत लोग इस्लाम धर्म के अनुयायी हैं, भी वर्ष 1926 तक दूसरे मुस्लिम देशों की तरह शरीया कानून से संचालित हुआ करता था। बाद में कुछ सुधारों के साथ मुस्लिम और गैर-मुस्लिम के लिए अलग-अलग कानून लागू किये गये। किन्तु 29 अक्टूबर, 1923 को गणराज्य घोषित होने के बाद टर्की देश भी आधुनिक कानूनों को स्वीकार करने की दिशा में आगे बढ़ गया और यहाँ की संसद् द्वारा एक समिति का गठन किया गया। इस समिति को आस्ट्रियन, फ्रान्स, स्विस, जर्मन सहित सभी आधुनिक सिविल संहिताओं का तुलनात्मक परीक्षण करके सुझाव प्रस्तुत करना था। आधुनिक विश्व की तमाम सिविल संहिताओं का अध्ययन करने के उपरान्त इस समिति ने अन्ततः 25 दिसम्बर, 1925 को 'स्विस सिविल संहिता' को आधार बनाकर 'टर्की सिविल संहिता का प्रारूप' प्रस्तुत किया, जिसे 17 फरवरी, 1926 को कानूनी मान्यता भी प्रदान कर दी गयी। इस संहिता में भी व्यापक रूप से 'व्यक्ति', 'परिवार', 'सम्पत्ति' से सम्बन्धित कानूनों को स्थान दिया गया है।

टर्की सिविल संहिता के माध्यम से टर्की देश में पहली बार महिलाओं को पुरुषों की तरह सम्पत्ति और उत्तराधिकार में बराबरी का अधिकार प्रदान किया गया। इसके पूर्व टर्की में शरीया कानून के अन्तर्गत उत्तराधिकार में महिलाओं को पुरुषों की तुलना में आधा अंश ही मिलता था। टर्की सिविल संहिता के माध्यम से पहली बार कानूनी विवाह को अनिवार्य किया गया और तीन तलाक एवं बहुविवाह को समाप्त कर दिया गया। इस संहिता के माध्यम से टर्की में विवाह के पश्चात् अर्जित होनेवाली सभी तरह की सम्पत्तियों में पत्नी को पति के बराबर आधा-आधा अंश प्राप्त करने का भी अधिकार प्रदान किया गया।

गोवा सिविल संहिता

पुर्तगाल साम्राज्य का अंग होने के कारण गोवा राज्य में पुर्तगाल के सभी कानून लागू होते थे। इन कानूनों के साथ पुर्तगाल सिविल संहिता, 1867 को भी वर्ष 1870 में गोवा राज्य में लागू किया गया, जो कुछ संशोधन के साथ लागू रहा। वर्ष 1961 में गोवा को भारत संघ में शामिल कर लिये जाने के बाद भी वहाँ पर सिविल संहिता लागू रही। यद्यपि वर्ष 1981 में भारत सरकार ने व्यक्तिगत कानून समिति का गठन यह तय करने के लिए किया था कि क्या गोवा में भी भारत के नान-यूनिफॉर्म कानूनों को लागू किया जा सकता है? किन्तु गोवा के लोगों द्वारा इस पहल का जबरदस्त विरोध किया गया, जिसके कारण भारत सरकार को अपना क़दम पीछे खींचना पड़ा।

गोवा में रहनेवाले मुसलमानों पर भी 'गोवा सिविल संहिता' का ही प्रावधान लागू होता है, न कि मुस्लिम व्यक्तिगत कानून। गोवा सिविल संहिता के अन्तर्गत गोवा में रह रहे मुस्लिम पुरुषों को बहुविवाह करने या मौखिक तीन तलाक देने की इजाजत नहीं है। 'गोवा

सिविल संहिता' के अनुसार गोवा में सभी को विवाह का पंजीकरण कराना अनिवार्य है। विवाह होते ही पति-पत्नी को विवाह के समय या विवाह के बाद हासिल की गयी सभी तरह की सम्पत्तियों में संयुक्त अधिकार प्राप्त हो जाता है और विवाह-विच्छेद की स्थिति में पत्नी को भी पति की तरह इन सभी सम्पत्तियों में आधा अंश मिलता है। 'गोवा सिविल संहिता' के अन्तर्गत उत्तराधिकार में सभी बच्चों, चाहे पुत्र हो या पुत्री, को समान अधिकार दिया गया है।

किन्तु 'गोवा सिविल संहिता' के प्रावधानों में कुछ विरोधाभास भी हैं। वहाँ के हिन्दू-पुरुषों को कुछ विशेष स्थिति में जैसे यदि पत्नी 25 वर्ष की उम्र तक बच्चा जनने में असफल हो जाती है या 30 वर्ष की उम्र तक कोई लड़का जनने में असफल हो जाती है, तो उसे दूसरा विवाह करने का अधिकार प्राप्त हो जाता है। इसी तरह रोमन कैथोलिक समुदाय के व्यक्ति को सिविल रजिस्ट्रार से अनापत्ति प्रमाण-पत्र प्राप्त करने के उपरान्त चर्च के माध्यम से विवाह करने की आजादी है, जबकि दूसरे समुदाय के लोगों के सन्दर्भ में केवल सिविल-पंजीकरण से सम्पन्न हुआ विवाह ही मान्य है। इसी तरह गोवा सिविल संहिता के अन्तर्गत दत्तक एवं अधर्मज बच्चों को समान अधिकार नहीं दिया गया है।

7

मिथ्या धारणा और समाधान के रास्ते

धार्मिक मान्यताओं एवं व्यक्तिगत कानूनों की आड़ में महिलाओं के साथ असमानता व अन्याय का व्यवहार कोई नयी बात नहीं है। विवाह का विषय हो या विवाह-विच्छेद का; उत्तराधिकार का क्षेत्र हो या सम्पत्ति के अधिकार का, प्रत्येक क्षेत्र में हर स्तर पर सामाजिक रीति-रिवाज एवं धार्मिक मान्यताएँ इस तरह विकसित की गयीं, जिससे कि महिलाओं पर पुरुषों का प्रभुत्व बना रहे। ऐसा नहीं है कि पुरुषप्रधान प्रवृत्ति से सिर्फ 'समाज' एवं 'धर्म' ही प्रभावित रहे हैं, कई बार 'राज्य' भी ऐसी प्रवृत्तियों के प्रभाव से अछूते नहीं रह पाते हैं। भारत जैसे देश के लिए, जो लोकतन्त्र की अँगड़ाई ले रहा हो और सभ्यता के पथ पर आगे बढ़ने का संकल्प ले रहा हो, किसी भी स्वरूप में राज्य प्रायोजित पुरुषप्रधान प्रवृत्ति शर्मनाक है। हमारे संविधान-निर्माता भी ऐसी सभी कानूनी व्यवस्थाओं को, चाहे राज्य द्वारा निर्मित हों या धर्म द्वारा मान्य, को समाप्त करने के पक्ष में थे, जो महिलाओं के विरुद्ध किसी तरह का भेदभाव और पुरुषप्रधान प्रवृत्ति का पोषण करते हैं। वे लैंगिक आधार पर किसी तरह की विभेदकारी नीति को पूर्णतया समाप्त करना चाहते थे। डॉ. अम्बेडकर का मानना था कि धर्म के क्षेत्र एवं अनुशासन को वास्तविक धर्म तक ही सीमित रखना चाहिए और नागरिक व्यवहार के उन तत्त्वों को, जिनका धर्म से प्रत्यक्ष या अप्रत्यक्ष कोई सम्बन्ध नहीं है, राज्य द्वारा अलग करके, इन्हें अखिल भारतीय स्तर पर समानता एवं न्याय-आधारित बनाकर उसी तरह विनियमित करना चाहिए, जिस तरह दूसरे अन्य क्षेत्रों को एक एकीकृत कानून के माध्यम से विनियमित किया गया है। पृथक्करणीय दृष्टिकोण को समाप्त करके हम सभी एक मजबूत और सामूहिक देश के रूप में निखर सकें, इस पवित्र मन्शा के साथ संविधान-निर्माताओं ने देश के नीति-निर्माताओं के समक्ष एक धर्म-निरपेक्ष समान नागरिक संहिता के निर्माण का लक्ष्य रखा है।

भारत में जब भी 'सिविल संहिता' के निर्माण की बात की जाती है, मुस्लिम या ईसाई या अन्य अल्पसंख्यक समुदाय के लोगों को लगता है कि इसके बहाने हिन्दुओं का व्यक्तिगत कानून उन पर थोप दिया जायेगा। यदि अल्पसंख्यक समुदाय, खासकर देश का दूसरा सबसे बड़ा समुदाय-मुस्लिम समुदाय के मन में ऐसी आशंका या भय पैदा होता है, तो हिन्दू समुदाय की जिम्मेदारी बढ़ जाती है कि वह परस्पर विश्वास का ऐसा माहौल बनायें जिससे ऐसी किसी

तरह की आशंका और भय के कारण समाप्त हों। मुस्लिम समुदाय में भी प्रगतिशील सोच एवं सुधारवादी विचारधारा है, जिसको प्रभावी होने तक उभरने देना चाहिए। इनके अन्दर से भी यह माँग उठने देना चाहिए कि विवाह, तलाक, उत्तराधिकार-जैसे मामलों में पुरुषों का एकतरफा, अतार्किक एवं अन्यायपूर्ण प्रभुत्व एक लोकतान्त्रिक देश में स्वीकरणीय नहीं है। इनमें ऐसी सोच को विकसित होने देना चाहिए कि एकतरफा तीन तलाक एवं बाध्यकारी हलाला-जैसी कुप्रथाओं को कुरान की आड़ में मान्यता देना गलत है। यह होने भी लगा है। अब कई इस्लामिक बुद्धिजीवी इस विचार के साथ आगे आ रहे हैं कि महिलाओं की अस्मिता की सुरक्षा करने में एवं उनके साथ समानता का व्यवहार करने में कोई भी 'धर्म' बाधा नहीं हो सकता है और इस्लाम धर्म इसका अपवाद नहीं है।

'हिन्दू संहिता बिल' की विफलता के बाद 'समान नागरिक संहिता' हाशिये पर

ऐसा नहीं है कि केवल मुस्लिम धर्म में ही महिलाओं के खिलाफ अन्याय एवं असमानता-आधारित कुप्रथाएँ प्रचलित हैं। लगभग सभी धर्मों में किसी-न-किसी रूप में ऐसी कुप्रथाएँ प्रचलित रही हैं। कोई भी धर्म इसका अपवाद नहीं है। हिन्दू धर्म भी इसका अपवाद होने का दावा नहीं कर सकता है। पति की चिता के साथ विधवाओं को जिन्दा-जलाने - जैसी सती प्रथा हो या बहुपत्नीवाद के अन्तर्गत बिना बन्दिश के ढेरों पत्नियों को रखने की छूट या फिर पत्नियों को अपमानित करके 'पंचायती तलाक' देने की प्रथा हो, ये सब कभी हिन्दू धर्म में प्रचलित हुआ करती थीं। महिलाओं के खिलाफ ऐसी बहुत-सारी अन्याय व असमानता-आधारित कुप्रथाएँ हिन्दू धर्म में आजादी के समय तक प्रचलित थीं। तब इसी समाज से डॉ. अम्बेडकर जैसे व्यक्ति को आगे आकर 'हिन्दू संहिता बिल' की रचना करनी पड़ी। इस संहिता के माध्यम से डॉ. अम्बेडकर ने आधुनिक हिन्दू इतिहास में पहली बार 'एक पति-एक पत्नी' के विचार को प्रस्तुत किया। इसके अलावा इस बिल के माध्यम से औरतों को गरिमामय स्थान देने के उद्देश्य से विवाह, विवाह-विच्छेद, गोद, उत्तराधिकार, सम्पत्ति इत्यादि क्षेत्रों में कई सुधारवादी विचारों की तरफ उन्होंने देश का ध्यान आकृष्ट किया। किन्तु यह भी एक कड़वी सच्चाई है कि 'हिन्दू संहिता बिल' जैसे सुधारवादी और प्रगतिशील कानून को संसद् में विरोध का सामना करना पड़ा। विरोध का यह स्वर बाहर से नहीं था, बल्कि हिन्दू धर्म के अन्दर से ही निकला था। इस विरोध के कारण 'हिन्दू संहिता बिल' अन्ततः संसद् से पारित नहीं हो सका। और जब डॉ. अम्बेडकर को लगा कि वे हिन्दू-नारियों के लिए एक न्यायसंगत, समानतायुक्त, शोषणमुक्त एवं उनकी गरिमा के अनुकूल सक्षम कानून दिला पाने में विफल रहे हैं, तब नैतिकता के आधार पर उन्होंने नेहरू मन्त्रिपरिषद् से इस्तीफा दे दिया। 27 सितम्बर, 1951 को तत्कालीन प्रधानमन्त्री पण्डित नेहरू को लिखे इस्तीफा-पत्र में डॉ. अम्बेडकर ने अपनी इस पीड़ा को व्यक्त करते हुए कहा था –

> 'मैं इस आशा से यहाँ तक सहमत हो गया था कि इस बिल को विवाह और तलाक तक सीमित कर दिया जाय जिससे कि कम-से-कम हमारा उतना प्रयास व्यर्थ न जाय और हिन्दू-नारियों को उस अंश तक शोषण से मुक्ति मिल जाय, किन्तु बिल के उस अंग की भी हत्या कर दी गयी। अतएव आपके मन्त्रिपरिषद् में बने रहने की मैं अब कोई आवश्यकता नहीं समझता।'

लगभग चार वर्ष बाद डॉ. अम्बेडकर द्वारा तैयार की गयी 'हिन्दू संहिता बिल' को टुकड़ों-टुकड़ों में हिन्दू विवाह अधिनियम, हिन्दू उत्तराधिकार अधिनियम, हिन्दू अवयस्क एवं संरक्षण अधिनियम, हिन्दू गोद एवं भरण-पोषण अधिनियम के रूप में संसद् द्वारा पारित करा दिया गया। लेकिन सम्पत्ति में समान अधिकार एवं इस तरह के दूसरे कई मूलभूत सवालों पर महिलाओं के साथ धोखा भी किया गया। हिन्दू उत्तराधिकार अधिनियम की धारा 6 के अन्तर्गत कोपार्सनरी सम्पत्ति में सिर्फ पुत्रों को हक दिया गया, पुत्रियों को नहीं। पुत्रियों के साथ यह विभेदकारी व्यवहार लगभग पचास वर्षों तक चलता रहा और न्यायमूर्ति बी. पी. जीवन रेड्डी कमीशन की रिपोर्ट के बाद वर्ष 2005 में कहीं जाकर इसे समाप्त किया जा सका। इसी तरह उक्त कानूनों में विवाह के दौरान पति के साथ अर्जित की गयी सम्पत्तियों में पत्नी को समान अधिकार प्रदान करने के सम्बन्ध में कोई प्रावधान नहीं बनाया गया। दुर्भाग्य से यह स्थिति आज भी बनी हुई है। इस तरह चाहे वह उत्तराधिकार में महिलाओं को बराबरी का हक देने का सवाल हो या विवाह के बाद पति के साथ अर्जित होनेवाली सम्पत्ति में बराबरी का हक देने का सवाल, तत्कालीन नेतृत्व-वर्ग, हिन्दू-फिरकापरस्त विचारधारा के आगे नतमस्तक थे।

वर्ष 1951 में हिन्दू कोड बिल का संसद् से पारित नहीं हो पाने और इस कारण डॉ. अम्बेडकर द्वारा कानूनमन्त्री पद से इस्तीफा देने की घटना यह साबित करने के लिए पर्याप्त है कि हिन्दू धर्म में भी व्यक्तिगत कानून में सुधार आसान नहीं था। इसके लिए बहुत जद्दोजहद करना पड़ा था। संविधान लागू होने के बाद भी तत्कालीन राजनीतिक नेतृत्व, हिन्दू धर्म में सुधारों को लेकर सहिष्णु नहीं रह पाये थे। डॉ. अम्बेडकर के इस्तीफा से भले ही इस देश को उनकी प्रतिभा से वंचित होना पड़ा हो, लेकिन इस इस्तीफा के बाद हिन्दू व्यक्तिगत कानून में सुधारवादी विचारों की उपेक्षा करना तत्कालीन नेतृत्व के लिए आसान नहीं रह गया था।

डॉ. अम्बेडकर द्वारा कानूनमन्त्री पद से इस्तीफा देना देश के लिए बहुत बड़ा नुकसान था। सम्भवतः डॉ. अम्बेडकर के कानूनमन्त्री बने रहने के दौरान यदि हिन्दू संहिता बिल संसद् द्वारा पारित हो गया होता, तो सम्पत्ति में अधिकार के सन्दर्भ में भी हिन्दू महिलाओं के साथ अन्याय नहीं हो पाता। डॉ. अम्बेडकर के रूप में एक योग्य एवं क्षमतावान् कानूनमन्त्री खो देने से इस देश को न जाने और कितने कानूनी एवं योजनागत सुधारों से वंचित होना पड़ा। ऐसे कानूनी सुधारों में से एक यूनिफॉर्म 'सिविल संहिता' भी हो सकती

थी। शायद यह डॉ. अम्बेडकर जैसे - क्षमतावान् एवं दूरदृष्टि रखनेवाले व्यक्ति के ही वश की बात थी, जो सर्वमान्य संविधान की तरह इस देश को एक सर्वमान्य 'सिविल संहिता' दे सकता था। सुधारवादी कानून– 'हिन्दू संहिता बिल' के दुर्भाग्यपूर्ण किन्तु सफल विरोध ने इस देश को जो नुकसान पहुँचाया है, उसकी भरपायी आज तक नहीं की जा सकी है। एक यूनिफॉर्म धर्म-निरपेक्ष 'सिविल संहिता' (समान नागरिक संहिता) का निर्माण कर इस नुकसान की भरपायी करना आज भी देश के लिए बड़ी चुनौती बनी हुई है।

सिविल संहिता के सम्बन्ध में मिथ्या धारणा

संविधान के अनुच्छेद 44 के अन्तर्गत हमारे संविधान-निर्माताओं ने भावी संसद् से एक यूनिफॉर्म 'सिविल संहिता' (जो हम सभी के मध्य 'समान नागरिक संहिता' के नाम से ज्यादा प्रचलित रहती है) का निर्माण करने की अपेक्षा की है। यूनिफॉर्म 'सिविल संहिता' का भाव यह है कि सिविल कानूनों का ऐसा आदर्श संग्रह, जो सम्पूर्ण देश के लिए सर्वमान्य हो। किन्तु अनुच्छेद 44 में प्रयोग किये गये तीनों शब्दों यानी 'यूनिफॉर्म', 'सिविल' और 'संहिता' को लेकर हमने मिथ्या धारणा बना रखी है। 'सिविल' के क्षेत्र को विवाह, विवाह-विच्छेद, गोद, उत्तराधिकार - जैसे पारिवारिक व्यवहार तक सीमित कर दिया जाता है। सिविल के सन्दर्भ को मात्र नागरिकों के पारिवारिक व्यवहारों तक सीमित रखना संविधान की मन्शा के विपरीत है। संविधान के इस प्रावधान में 'सिविल' शब्द का प्रयोग व्यापक सन्दर्भ में किया गया है। परिवार सम्बन्धित व्यवहार 'सिविल' का एक क्षेत्र मात्र ही है। इसके अलावा सिविल से सम्बन्धित जितने अन्य व्यवहार हैं वे सब अनुच्छेद 44 में प्रयोग किये गये 'सिविल' शब्द के दायरे में आते हैं।

मसौदा-समिति के सदस्य श्री अल्लादी कृष्णास्वामी अय्यर ने संविधान-सभा में स्पष्ट रूप से कहा था कि 'एक सिविल संहिता, जैसा कि कहा जा चुका है, सिविल सम्बन्धों के प्रत्येक विभाग, संविदा के कानून के, सम्पत्ति के कानून के, उत्तराधिकार के कानून के, विवाह के कानून के और समान मामलों के सम्बन्ध में है। इस सामान्य अवधारणा कि राज्य भारत-भूभाग के लिए एक यूनिफॉर्म सिविल संहिता बनाने का प्रयास करेगा, पर कैसे आपत्ति की जा सकती है?'

डॉ. अम्बेडकर ने भी 'सिविल संहिता' को व्यापक दृष्टिकोण से देखने की आवश्यकता पर बल दिया था। वे कहते हैं कि '... जिस क्षेत्र में यूनिफॉर्म सिविल कानून लागू नहीं होता है, वह विवाह और उत्तराधिकार का क्षेत्र है। यह एक छोटा-सा क्षेत्र है जिस पर हम समान कानून नहीं बना सके हैं और यह इच्छा है कि प्रारूप-अनुच्छेद 35 (अनुच्छेद 44) को संविधान का भाग बनाकर बदलाव लाना चाहते हैं। इसलिए यह तर्क कि क्या हमें इस दिशा में प्रयास करना चाहिए, हमें भूल-सा लगता है क्योंकि हम इस देश में लगभग सभी क्षेत्रों को यूनिफॉर्म सिविल संहिता के अन्तर्गत ला चुके हैं।' डॉ. अम्बेडकर द्वारा सिविल

संहिता के अन्तर्गत सभी क्षेत्रों को लाने की बात 'सिविल संहिता' के व्यापक स्वरूप को इंगित करता है। विवाह और उत्तराधिकार जैसे पारिवारिक क्षेत्र में असंगति के अवरोध को दूर कर सिविल क्षेत्र के सभी मौलिक कानूनों के लिए एक संहिता का निर्माण करने का लक्ष्य हमारे संविधान-निर्माताओं द्वारा दिया गया है। 'सिविल संहिता' को मात्र पारिवारिक कानून तक सीमित करना संविधान के अनुच्छेद 44 के सम्बन्ध में मिथ्या धारणा है।

'सिविल' शब्द के ही समानान्तर 'संहिता' शब्द का भी बहुत संकुचित अर्थ में प्रयोग किया जाता है। व्यवहार में हम इसका प्रयोग इस तरह करते हैं जैसे यह एक कानून को सन्दर्भित है। जबकि प्रावधान में कोड अर्थात् संहिता का अर्थ है उन सभी कानूनों का एकीकृत संग्रह, जो सिविल से सम्बन्धित हैं।

'सिविल' एवं 'संहिता' शब्दों की तरह हमने 'यूनिफॉर्म' शब्द को लेकर गलत धारणा बना रखी है। अक्सर 'यूनिफॉर्म' शब्द का हम इस तरह प्रयोग करते हैं जैसे यह 'सिविल कोड' की तरह संज्ञा हो। किन्तु ऐसा नहीं है। प्रावधान में 'यूनिफॉर्म' शब्द का प्रयोग संज्ञा के रूप में नहीं, बल्कि विशेषण के रूप में किया गया है। 'यूनिफॉर्म' शब्द का प्रयोग संज्ञा के रूप में करने के कारण हम अपने वास्तविक लक्ष्य से थोड़ा भटक जाते हैं। लक्ष्य सम्पूर्णता के साथ 'सिविल संहिता' बनाने का न होकर केवल वह विषय रह जाता है जो यूनिफॉर्म नहीं है अर्थात् व्यक्तिगत कानूनों से संचालित होनेवाले पारिवारिक विषय। इस कारण मुस्लिम कानून में स्वीकृत तीन तलाक या बहुविवाह - जैसे विषय तो मुद्दा बन जाते हैं। किन्तु महिलाओं की दाम्पत्य-सम्पत्ति में पति के बराबर हिस्सा पाने का अधिकार मुद्दा नहीं बन पाता है, क्योंकि तब इस अधिकार को लेकर बहुसंख्यक हिन्दू समुदाय का एक खास वर्ग नाक-भौं सिकोड़ने लगता है। तब पुरुषप्रधान प्रवृत्ति का मायने बदल जाता है। 'यूनिफॉर्म' शब्द को यदि हम इसके विशेषणवाले वास्तविक स्वरूप में ही प्रयोग करें तो 'सिविल संहिता' खुलकर व्यापकता के साथ दिखेगी।

हिन्दी में भी 'यूनिफॉर्म' के लिए जिस शब्द का आमतौर पर प्रयोग किया जाता है वह 'समान' है। किन्तु प्रावधान में यूनिफॉर्म का भाव समावेशी है, अपवर्जी नहीं। इस नजरीये से 'सर्वमान्य' शब्द, 'समान' शब्द की तुलना में यूनिफॉर्म के ज्यादा निकट है। 'समान' शब्द का प्रयोग करने से लोग मात्र इतना ही समझते हैं कि इसमें ऐसा कानून होगा, जो समान रूप से सभी धर्मों पर लागू कर दिया जायेगा। इस कारण धार्मिक रूप से बहुसंख्यक समुदाय समझने लगता है कि प्रत्येक स्थिति में उसके कानून का ही पलड़ा भारी पड़ेगा, क्योंकि वह बहुमत में है। जबकि अल्पसंख्यक समुदाय यह सोचने लगता है कि निर्णायक दौर आने पर सिविल व्यवहार के सम्बन्ध में बहुसंख्यकों के कानून उन पर थोप दिये जायेंगे। यह तस्वीर सही नहीं है। ऐसे गलत अर्थ का उलटा सन्देश जाता है। इसके कारण अल्पसंख्यक वर्ग खासकर मुस्लिम मतावलम्बियों के बीच यह सन्देश नहीं जा पाता है कि अनुच्छेद 44 के अन्तर्गत बननेवाले 'सिविल संहिता' में उनकी व्यक्तिगत

कानूनों के अच्छे एवं तार्किक व्यवहार का भी उतना ही महत्त्व है जितना कि हिन्दू कानून के अच्छे एवं तार्किक व्यवहार का है। ऐसा नहीं है कि हिन्दू कानून के अतार्किक सिद्धान्तों का विश्लेषण नहीं किया जायेगा या इसे नकारा नहीं जायेगा। किन्तु 'यूनिफॉर्म' शब्द की गलत व्याख्या और बहुसंख्यक समुदाय द्वारा अल्पसंख्यक समुदाय को सम्यक् एवं पर्याप्त भरोसा नहीं दिये जाने के कारण संविधान और संविधान-निर्माताओं की पवित्र मन्शा धरी-की-धरी रह जाती है। 'सिविल संहिता' के धर्म-निरपेक्ष विचार को धर्म के आईने से देखा जाने लगता है। इसकी व्याख्या इस तरह होने लगती है जैसे यह देशहित का मामला न होकर केवल विभिन्न धर्मों का और उनके बीच प्रतिस्पर्द्धा का मामला है। आज की राजनीति भी इस प्रतिस्पर्द्धा में घी डालने का काम करती है। जबकि ऐसा न कभी संविधान-निमार्ताओं की मन्शा थी और न ही उन्होंने देश की राजनीति से ही ऐसी अपेक्षा की थी।

'यूनिफॉर्म' के शाब्दिक अर्थ से ज्यादा महत्त्वपूर्ण इसका भाव है। संविधान-सभा में अनुच्छेद 44 के सम्बन्ध में प्रावधान बनाते समय हमारे संविधान-निर्माताओं का आशय इस देश के लिए एक धर्म-निरपेक्ष और लिंग-निरपेक्ष 'सिविल संहिता' का निर्माण करने का रहा है। इसलिए यह आवश्यक है कि 'यूनिफॉर्म सिविल संहिता' के सन्दर्भ को 'धर्म-निरपेक्ष व लिंग-निरपेक्ष सिविल संहिता' के रूप में देखा जाय।

'भारतीय सिविल संहिता' की अवधारणा

भारत में प्रक्रियात्मक कानून के रूप में अपराध क्षेत्र के लिए यूनिफॉर्म संहिता 'आपराधिक प्रक्रिया संहिता' एवं सिविल क्षेत्र के लिए यूनिफॉर्म संहिता 'सिविल प्रक्रिया संहिता' मौजूद हैं। इसी तरह अपराध क्षेत्र के लिए एक यूनिफॉर्म मौलिक संहिता 'भारतीय अपराध संहिता' भी मौजूद है किन्तु दुर्भाग्य से सिविल क्षेत्र के लिए एक यूनिफॉर्म मौलिक कानून 'सिविल संहिता' (जिसे मैं 'भारतीय सिविल संहिता' नाम देना पसन्द करूँगा) को हम नहीं बना सके हैं, जिसके लिए हमारे संविधान-निर्माताओं द्वारा अनुच्छेद 44 के माध्यम से सपना देखा गया था। अनुच्छेद 44 के अनुक्रम में बननेवाले भारतीय सिविल संहिता को हम सामान्य बोलचाल की भाषा में समान नागरिक संहिता कहते हैं।

'सिविल संहिता' के अन्तर्निहित विषय क्या होना चाहिए, इस सवाल को व्यापक परिप्रेक्ष्य में देखने की आवश्यकता है। भारत में जब भी सिविल संहिता की बात होती है, इसके क्षेत्र को विवाह, तलाक, गोद, उत्तराधिकार जैसे पारिवारिक व्यवहार तक सीमित कर दिया जाता है। यह 'सिविल संहिता' की सही तस्वीर नहीं है। एक देश की 'सिविल संहिता' के व्यापक आयाम होते हैं, जिससे न केवल नागरिकों के पारिवारिक व्यवहार बल्कि व्यक्ति सम्बन्धी, राष्ट्रीयता सम्बन्धी, सम्पत्ति सम्बन्धी, दायित्व सम्बन्धी व्यवहार

भी विनियमित होते हैं। फ्रान्स, जर्मनी, स्विट्ज़रलैण्ड–जैसे ईसाई–बाहुल्य देश हों या टर्की–जैसा इस्लाम–बाहुल्य देश या फिर जापान–जैसा बौद्ध देश हो, दुनिया के सभी प्रगतिशील देशों में व्यक्ति, राष्ट्रीयता, परिवार, सम्पत्ति, व्यवहार इत्यादि से सम्बन्धित समस्त सिविल व्यवहार को विनियमित करनेवाले 'सिविल संहिता' को व्यापक स्वरूप में स्वीकार किया गया है।

भारतीय संविधान के अनुच्छेद 44 के अन्तर्गत भी सिविल संहिता को व्यापक स्वरूप में स्वीकार किया गया है। संविधान–सभा की भी मन्शा यही थी। लेकिन चूँकि विवाद सिर्फ परिवार से सम्बन्धित विषयों को लेकर रहता है, इसलिए जब भी समान नागरिक संहिता की चर्चा की जाती है तो हम केवल पारिवारिक विषयों और इन्हें विनियमित करनेवाले व्यक्तिगत कानूनों पर आकर अटक जाते हैं। यह एक सच्चाई है और इस सच्चाई को नकारा नहीं जा सकता है कि जब तक हम पारिवारिक विषयों के सन्दर्भ में अलग–अलग धर्मों के लिए लागू होनेवाले अलग–अलग व्यक्तिगत कानूनों के मध्य मौजूद विसंगतियों का उपाय नहीं निकाल पाते हैं, तब तक 'भारतीय सिविल संहिता' की बात करना बेमानी–सा है। लेकिन इसका एक दूसरा पहलू और सकारात्मक पहलू यह भी है कि यदि हम सभी भारतीय यह मानकर आगे बढ़ते हैं कि 'भारतीय सिविल संहिता' के निर्माण के दौरान अपने क्रम में जब भी पारिवारिक कानूनों का विषय विचारार्थ आयेगा, तो हम सब किसी भी तरह के अन्तर्विरोधों का कोई–न–कोई हल निकाल ही लेंगे, तो शायद न केवल 'भारतीय सिविल संहिता' का प्रारम्भ बल्कि इसको अपने अंजाम तक पहुँचाया जाना आसान और सम्भव हो जायेगा। ऐसा इसलिए सम्भव होगा क्योंकि हम सभी भारतीय इस बात में विश्वास करते हैं कि कोई भी व्यक्ति या धर्म देश के ऊपर नहीं हो सकता है। इसलिए यह भी विश्वास है कि यह कार्य हम सब एक–दूसरे की धार्मिक आस्था एवं विश्वास को सम्मान देते हुए कर सकेंगे, क्योंकि धार्मिक आस्था का सम्मान करना भी उतना ही देशहित में है।

डॉ. अम्बेडकर द्वारा 'भारतीय सिविल संहिता' को अविवादित बनाने के लिए एक बहुत बड़ा हथियार हमारे नीति–निर्माताओं को प्रदान किया गया है। यह हथियार है– संहिता में पारिवारिक कानून से सम्बन्धित प्रावधान को वैकल्पिक बनाये रखने का हथियार अर्थात् लोगों को इसके प्रावधानों को स्वीकार करने की आजादी हो। संविधान–सभा में अनुच्छेद 44 के प्रारूप प्रावधान का बचाव करते हुए डॉ. अम्बेडकर कहते हैं –

> 'राज्य देश के नागरिकों के लिए एक सिविल संहिता बनाने का प्रयास करेगा। ऐसा नहीं कहा गया है कि संहिता के निर्माण के बाद राज्य इसे नागरिकों पर इसलिए लागू कर देगा क्योंकि वे नागरिक हैं। यह पूरी तरह सम्भव है कि भावी संसद् शुरुआत करते समय यह प्रावधान बनाये कि कानून उन लोगों पर लागू होगा जो इससे शासित होने की घोषणा करते हैं ताकि शुरू में कानून का लागू होना स्वयं की

इच्छा पर निर्भर हो। देश का संसद् ऐसे किसी तरीके से इसके आधार का पता लगा सकता है।'

अतः यह सम्भव है कि 'भारतीय सिविल संहिता' में ऐसी व्यवस्था अपनायी जाय ताकि 'परिवार' से सम्बन्धित प्रावधान लोगों पर अपने-आप ही लागू न हो। इसे स्वीकार करने का विकल्प एक नागरिक को या समुदाय को प्राप्त होगा और जब तक स्वीकार करने की घोषणा नहीं की जाती है, वे इस सम्बन्ध में अपने व्यक्तिगत कानूनों के सदृश व्यवस्थाओं से संचालित होते रहेंगे। स्वीकार करने की घोषणा करने के पश्चात् सामान्य प्रकृति के प्रावधान उस पर और उसके आनेवाली पीढ़ियों पर लागू होगा। यह भी नीति बनायी जा सकती है कि किसी धर्म या समुदाय के पचास प्रतिशत (या अन्य कोई निश्चित सीमा) लोगों द्वारा 'परिवार' से सम्बन्धित भाग को स्वीकार कर लिये जाने के बाद इसे उस धर्म पर सम्पूर्णता के साथ लागू कर दिया जायेगा। किसी विषय पर विभिन्न व्यक्तिगत कानूनों में मौजूद विसंगतियों का समाधान न निकल पाये, तो हम 'मूल्य-आधारित वैकल्पिक व्यवस्था के सिद्धान्त' (इस बारे में विस्तार से चर्चा अगले अध्याय में की जायेगी) को अपनाकर सामान्य प्रावधान और धार्मिक मान्यताओं के अनुरूप दो या तीन वैकल्पिक प्रावधान बना सकते हैं।

इस देश में सिविल क्षेत्र से सम्बन्धित सैकड़ों कानून लागू हैं। इस पुस्तक के सन्दर्भ में इन कानूनों को दो भागों में बाँटा जा सकता है। पहले भाग में वे कानून हैं, जो सर्वमान्य हैं और सभी धर्मों को माननेवाले नागरिकों पर एक समान रूप से लागू हैं। इस भाग में नागरिकता, व्यक्ति, सम्पत्ति एवं दायित्व से जुड़े कानून आते हैं। दूसरे भाग में आनेवाले वे कानून हैं, जो धर्म के आधार पर नागरिकों पर लागू होते हैं। इसमें ज्यादातर पारिवारिक विषयों को संचालित करनेवाले व्यक्तिगत कानून आते हैं। 'भारतीय सिविल संहिता' के सन्दर्भ में समस्या पारिवारिक कानून को लेकर है, जिसे अलग-अलग धर्मों ने अपनी-अपनी सुविधानुसार आच्छादित कर रखा है। विवाह, विवाह-विच्छेद, गोद, उत्तराधिकार - जैसे सिविल क्षेत्र के सम्बन्ध में प्रचलित सभी व्यक्तिगत कानूनों में कुछ-न-कुछ अच्छे-बुरे, तार्किक-अतार्किक, विवादित-अविवादित तत्त्व मौजूद हो सकते हैं। इन सभी तत्त्वों को विवेकशीलता के साथ समानता एवं तार्किकता की कसौटी पर कसकर एक सर्वमान्य आदर्श स्थिति को हम प्राप्त कर सकते हैं।

सिविल क्षेत्र से सम्बन्धित ज्यादातर कानून ऐसे हैं, जो ब्रिटिश हुकूमत के दौरान निर्मित हुए हैं। इन सभी कानूनों का वर्तमान परिस्थितियों के अनुरूप पुनर्मूल्यांकन करने और इसे आम नागरिकों के समझयोग्य भाषा में सरल बनाने की दिशा में भी कार्य करना होगा। ऐसा करना न केवल कानून की उपयोगिता को बढ़ाने की दृष्टि से आवश्यक है, बल्कि आनेवाली पीढ़ी के स्वाभिमान को गुलामी की सोच से मुक्त करने के लिए भी अनिवार्य है। व्यक्तिगत कानूनों के अच्छे-बुरे तत्त्वों को समानता एवं तार्किकता की कसौटी पर कसकर

एक सर्वमान्य आदर्श स्थिति प्राप्त करने का और ब्रिटिश हुकूमत के दौरान बने कानूनों को सरल बनाते हुए गुलामी की परछाईं से मुक्ति पाने का संकल्प 'भारतीय सिविल संहिता' का निर्माण करने में मदद करेगा।

व्यापक स्वरूप में 'भारतीय सिविल संहिता' का निर्माण करना समय की माँग है। भले ही आज हम सब के लिए ऐसी संहिता उतनी आवश्यक न समझ में आती हो, किन्तु आनेवाली पीढ़ी के लिए एक यूनिफॉर्म एवं धर्म-निरपेक्ष चरित्रवाली 'भारतीय सिविल संहिता' का निर्माण करना अति आवश्यक है। ऐसी संहिता का निर्माण राज्य एवं नागरिक दोनों नजरीये से आवश्यक है। पीढ़ीगत परिवर्तन के साथ देश में जिस तरह से सामाजिक जटिलता बढ़ती जा रही है, इस दृष्टि से यह आवश्यक है कि राज्य देश के लिए 'भारतीय सिविल संहिता' का निर्माण करे।

यदि देश के लिए भारतीय सिविल संहिता (आई. सी. सी.) का निर्माण कर लागू कर दिया जाता है–

क. देश को सैकड़ों कानूनों एवं इनकी जटिलता से मुक्ति मिल जायेगी।

ख. उक्त कानूनों में से ज्यादातर ब्रिटिश हुकूमत के दौरान बने हैं। सिविल संहिता बनने से भारत ऐसे कानूनों से दीर्घ अवधि तक विनियमित होने से उपजनेवाली हीनभावना से बच सकेगा और स्वाभिमानपूर्वक कह सकेगा कि अंग्रेजों, तुमसे आजाद होकर यह देश केवल मंगलयान ही नहीं उड़ा सकता है, बल्कि यूनिफॉर्म 'भारतीय सिविल संहिता' भी बना सकता है।

ग. व्यक्तिगत कानूनों की अस्पष्टता के कारण और विभिन्न धर्म-आधारित व्यक्तिगत कानूनों के मध्य अन्तर्विरोधों के कारण कई तरह के अनावश्यक विवाद पैदा होते हैं। इन अनावश्यक विवादों के कारण न्यायालय का कीमती समय एवं इस पर करोड़ों-अरबों रुपये खर्च होते हैं। फिर भी सभी को न्याय नहीं मिल पाता। यूनिफॉर्म सिविल संहिता बनाकर इससे देश को बचाया जा सकेगा।

घ. कुछ अपवादों को छोड़कर 'एक पति-एक पत्नी' की अवधारणा सभी भारतीयों पर एक समान रूप से लागू होगी। अपवादों का लाभ भी सभी भारतीयों, चाहे वह पुरुष हो या महिला; चाहे वह हिन्दू हो या मुसलमान या ईसाई या पारसी या सिक्ख को एक समान रूप से मिल सकेगा।

ङ. सभी भारतीयों, चाहे वह किसी लिंग का हो या किसी धर्म का माननेवाला हो, के लिए विवाह हेतु न्यूनतम उम्र एक समान '18 वर्ष' हो सकेगा।

च. न्यायालय के माध्यम से विवाह-विच्छेद कराना सामान्य नियम होगा। किन्तु कुछ विशेष परिस्थितियों में कुछ तार्किक सीमाओं के साथ मौखिक तरीके से विवाह-विच्छेद करने की आजादी सभी भारतीयों, चाहे वह किसी लिंग का हो या किसी धर्म का अनुयायी हो, को एक समान रूप से मिल सकेगा।

छ. सभी भारतीयों, चाहे वह किसी धर्म का हो, के सन्दर्भ में पैतृक सम्पत्ति में पुत्र एवं पुत्री को समान अधिकार देने की व्यवस्था लागू होगी।

ज. देश में पहली बार होगा कि विवाह-विच्छेद की स्थिति होने पर महिलाओं को, चाहे वह किसी धर्म की माननेवाली हों, को विवाह पश्चात् अर्जित दाम्पत्य सम्पत्ति में सापेक्षिक समान अधिकार मिल सकेगा।

झ. सभी भारतीयों, चाहे वह किसी धर्म को माननेवाले हों, के सन्दर्भ में वसीयत, दान, धर्मजत्व, संरक्षकत्व, बँटवारा के समान नियम लागू होंगे।

(कई मामलों में मुस्लिम कानून में बहुत अच्छे प्रावधान हैं, जो प्रस्तावित सिविल संहिता के लिए आदर्श हैं। जैसे मुस्लिम कानून में व्यवस्था है कि कोई व्यक्ति अपनी सम्पत्ति की एक-तिहाई से अधिक सम्पत्ति का वसीयत नहीं कर सकता है। जबकि हिन्दू कानून में ऐसा नहीं है। मुस्लिम कानून का यह प्रावधान तार्किक है क्योंकि सम्पत्ति में वारिसों के अधिकार की उपेक्षा नहीं की जा सकती है। इसलिए मुस्लिम कानून के ऐसे प्रावधान भारतीय सिविल संहिता के लिए आदर्श हैं।)

ञ. सभी भारतीयों, चाहे वह किसी लिंग का हो या किसी धर्म का माननेवाला हो, को गोद लेने व देने का समान अधिकार प्राप्त होगा।

ट. देश को पहली बार 'राष्ट्रीयता' एवं इससे जुड़े विषयों पर एक समग्र एवं एकीकृत कानून मिल सकेगा।

भारतीय सिविल संहिता के माध्यम से उक्त सुधारों के लागू होने से मूलभूत धार्मिक अधिकारों – जैसे पूजा /नमाज/ प्रार्थना करने या हज/दर्शन करने जाने या रोजा/व्रत रखने या मन्दिर/मस्जिद/चर्च/गुरुद्वारा का प्रबन्धन करने या संविधान प्रदत्त धार्मिक शिक्षा प्रदान करने या विवाह/निकाह के लिए कोई भी पद्धति अपनाने या मृत्यु उपरान्त अन्तिम संस्कार के लिए कोई भी तरीका अपनाने या इच्छानुसार कपड़े पहनने या खाने-पीने इत्यादि – में किसी तरह की कोई बाधा या हस्तक्षेप नहीं होनेवाला है।

'भारतीय सिविल संहिता प्रारूप समिति' के गठन की आवश्यकता

व्यापक स्वरूप में 'भारतीय सिविल संहिता' का निर्माण करना समय की माँग है। आजादी के बाद भारतीय समाज इसकी कमी से होनेवाले नुकसान को बार-बार झेलता रहा है। सुप्रीम कोर्ट भी इसकी आवश्यकता का अहसास समय-समय पर कराता रहा है। इस विश्वास के कारण कि हम सब आपस में बहुत सहिष्णु हैं और बने रह सकते हैं, आज भले ही हम इस संहिता को उतना महत्त्व न दे पा रहे हों, किन्तु यह कदापि आवश्यक नहीं है कि आनेवाली पीढ़ी भी सहिष्णु रहेगी। पीढ़ीगत परिवर्तन के साथ देश में जिस तरह से सामाजिक जटिलता बढ़ती जा रही है, उसे देखते हुए इस देश की एकता व अखण्डता को

अप्रभावित बनाये रखने के लिए यह आवश्यक है कि हम सभी यूनिफॉर्म धर्म-निरपेक्ष 'भारतीय सिविल संहिता' के निर्माण की दिशा में आगे बढ़ें।

आज जब हमारा देश शैशवकाल से निकलकर किशोरावस्था की तरफ बढ़ रहा है, यूनिफॉर्म सिविल संहिता – भारतीय सिविल संहिता का निर्माण करना न केवल देश की एकता एवं अखण्डता के लिए आवश्यक है, बल्कि देशवासियों को ब्रिटिश हुकूमत निर्मित कानूनों से संचालित होने के कारण उनके स्वाभिमान को पहुँच रहे चोट से बचाने के लिए; एक ही विषय पर तमाम धर्म-आधारित कानूनों के होने के कारण पैदा हो रही विसंगतियों एवं हानि से देशवासियों को बचाने के लिए; व्यक्ति, राष्ट्रीयता एवं सम्पत्ति से सम्बन्धित कानूनों में सुधार लाने के लिए और महिलाओं के व्यक्तिगत जीवन एवं सम्पत्ति में समान अधिकारों को सुरक्षित करने के लिए भी नितान्त आवश्यक है। इसके लिए आवश्यक है कि ऐसी 'भारतीय सिविल संहिता प्रारूप समिति' का गठन किया जाय–

1. जो पूर्णकालिक रूप से केवल यूनिफॉर्म सिविल संहिता–भारतीय सिविल संहिता के निर्माण के लिए ही कार्य करे और भारतीय सिविल संहिता के प्रारूप को सुझाये।
2. जिसमें देश में प्रचलित सभी व्यक्तिगत कानूनों के ऐसे विशेषज्ञ शामिल हों, जो इन व्यक्तिगत कानूनों के तार्किक एवं अच्छे प्रावधानों से 'भारतीय सिविल संहिता' के प्रावधानों को और सुन्दर एवं मूल्यवान् बनाने में मदद कर सकें।
3. जिसमें कानूनी विशेषज्ञों के अलावा भारत में प्रचलित सभी धर्मों के ऐसे सामाजिक विशेषज्ञ शामिल हों, जो 'भारतीय सिविल संहिता' को निर्मित करने के लिए कृतसंकल्पित हों और जो इसके प्रावधानों को और सुन्दर एवं मूल्यवान् बनाने में मदद कर सकें।
4. जिसमें ऐसी महिला प्रतिनिधि शामिल हों, जो 'भारतीय सिविल संहिता' को निर्मित करने के लिए कृतसंकल्पित हों और जो इसके निर्माण के समय महिलाओं के समान एवं तार्किक अधिकारों का ध्यान रख सके।
5. जिसमें ऐसा आदिवासी प्रतिनिधि शामिल हों, जो 'भारतीय सिविल संहिता' को निर्मित करने के लिए कृतसंकल्पित हों और जो इसके निर्माण के समय आदिवासियों, खासकर जो अनुच्छेद 371-ए, 371-बी, 371-सी जैसे संविधान के प्रावधानों से प्रभावित हैं, के अधिकारों का ध्यान रख सकें।

संविधान के अनुच्छेद 44 के क्रियान्वयन की दिशा में 'भारतीय सिविल संहिता' का निर्माण पूर्णतया सम्भव है। धर्म आधारित लागू होनेवाले पारिवारिक कानून हों या धर्म निरपेक्ष रूप से लागू होनेवाले अन्य सिविल कानून, इन सभी कानूनों के अच्छे व तार्किक व्यवस्थाओं को लेकर आगे बढ़ने की आवश्यकता है। इच्छाशक्ति दिखाते हुए स्वयं केन्द्र सरकार को एक 'भारतीय सिविल संहिता प्रारूप समिति' का गठन करना चाहिए, जिसमें

विधि के जानकार लोगों के साथ सभी धर्मों एवं सम्प्रदाय से जुड़े हुए लोगों को भी प्रतिनिधित्व दिया जाना चाहिए। न केवल सुधारवादी दृष्टिकोणवाले लोगों का बल्कि परम्परावादी दृष्टिकोणवाले लोगों का भी इस समिति में प्रतिनिधित्व हो। मामला सिर्फ सरकारी नुमाइन्दों के बीच का नहीं है, इसलिए इस प्रारूप समिति में सामाजिक नुमाइन्दगी भी होनी चाहिए।

'भारतीय सिविल संहिता प्रारूप समिति' पर दायित्व हो कि वह 'फ्रान्स सिविल संहिता', 'स्विस सिविल संहिता', 'जर्मनी सिविल संहिता', 'टर्की सिविल संहिता', 'पुर्तगाल सिविल संहिता', 'गोवा सिविल संहिता' एवं भारत में लागू सभी सिविल कानूनों का अध्ययन कर व्यापक तरीके से प्रावधानों का सरलीकरण करने और उपयोगी बनाने की दिशा में काम करे; विवाह, तलाक, उत्तराधिकार जैसे पारिवारिक व्यवहारों में उन तत्त्वों की पहचान करें जो वस्तुतः धार्मिक विषय नहीं हैं किन्तु जो धर्मों से आच्छादित हो गये हैं; उन रास्तों को खोजें जिन पर चलकर इन तत्त्वों को धर्म से अलग किया जा सकता है; इनके मूलभूत तत्त्वों का विश्लेषण करके इनको समानता और न्याय-आधारित बनाने के उपायों को ढूँढ़ें और एक धर्म-निरपेक्ष, लिंग-निरपेक्ष, सर्वमान्य, सर्वग्राह्य एवं समग्र 'भारतीय सिविल संहिता' के प्रारूप को सुझाये।

●

8

'भारतीय सिविल संहिता' के मार्गदर्शी सिद्धान्त

भारत जैसे - बहुलता व विविधतावाले देश के लिए एक धर्म-निरपेक्ष, लिंग-निरपेक्ष, सर्वमान्य, सर्वग्राह्य एवं समग्र यूनिफॉर्म सिविल संहिता- 'भारतीय सिविल संहिता' के निर्माण में किन सिद्धान्तों का सहारा लिया जाय, यह एक बड़ा सवाल है? इस सम्बन्ध में दो विचार बहुत उपयोगी हो सकते हैं। पहला विचार डॉ. अम्बेडकर द्वारा अनुच्छेद 44 पर बहस के दौरान संविधान-सभा को सम्बोधित करते समय व्यक्त किया गया है और दूसरा विचार डॉ. ताहिर महमूद द्वारा अपनी पुस्तक 'मुस्लिम पर्सनल लॉ (1977 संस्करण, पृष्ठ सं. 200-202)' में व्यक्त किया गया है।

संविधान-सभा में अनुच्छेद 44 पर बहस के दौरान 'वैकल्पिक बनाने का विचार' देते हुए **डॉ. अम्बेडकर** कहते हैं-

> 'यह पूरी तरह सम्भव है कि भावी संसद् शुरुआत करते समय यह प्रावधान बनाये कि कानून उन लोगों पर लागू होगा जो इससे शासित होने की घोषणा करते हैं ताकि शुरू में कानून का लागू होना स्वयं की इच्छा पर निर्भर हो। देश की संसद् ऐसे किसी तरीके से इसके आधार का पता लगा सकती है।'

डॉ. अम्बेडकर के उपर्युक्त विचार के समानान्तर दूसरा उपयोगी विचार डॉ. ताहिर महमूद द्वारा दिया गया है। अपनी पुस्तक में मुस्लिम समुदाय से अपील करते हुए **डॉ. ताहिर महमूद** कहते हैं-

> 'अपने परम्परागत व्यक्तिगत कानून के लिए 'छूट' पाने हेतु राज्य विधायिका के क्षेत्राधिकार से सुरक्षित किये जाने के लिए धार्मिक और राजनीतिक दबाव का प्रयास करने में ऊर्जा खर्च करने के बजाय मुसलमान इसका आविष्कार एवं प्रदर्शन करके और अच्छा कर पायेगा कि कालदोषयुक्त एवं घिसी-पिटी व्याख्या से दोषमार्जित सच्चा इस्लामिक कानून कैसे भारत में कॉमन सिविल संहिता को और ज्यादा मूल्यवान् बना सकता है।'

डॉ. ताहिर महमूद द्वारा मुस्लिम अनुयायियों से कही गयी उक्त बात इस देश के उन सभी धर्मों के लिए प्रेरणादायी है, जो अपने-अपने व्यक्तिगत कानूनों से संचालित हो रहे हैं। न केवल इस्लाम, बल्कि हिन्दू, सिक्ख, ईसाई, पारसी सभी धर्मावलम्बियों को इस

दिशा में कार्य करना होगा कि कैसे उनका व्यक्तिगत कानून 'भारतीय सिविल संहिता' के निर्माण में मूल्यवान् और अर्थपूर्ण साबित हो सकता है।

भारतीय सिविल संहिता के भाग 'पारिवारिक कानून' के सन्दर्भ में डॉ. अम्बेडकर का 'वैकल्पिक बनाने का विचार' और डॉ. ताहिर महमूद का 'मूल्यवान् बनाने का विचार' अति महत्त्वपूर्ण व उपयोगी है। इन दोनों विचारों के समेकित स्वरूप को 'मूल्य-आधारित वैकल्पिक व्यवस्था' का सिद्धान्त कहा जा सकता है। इस सिद्धान्त का प्रयोग करके पारिवारिक कानून के असंगतिवाले सभी बिन्दुओं के लिए आदर्श और सर्वमान्य स्थिति प्राप्त कर सकते हैं। समान नागरिक संहिता के सन्दर्भ में किसी भी असंगतिवाले विषय को अन्तिम स्वरूप प्रदान करने के लिए इस सिद्धान्त के निम्न तीन प्रमुख चरण होंगे–

1. धर्म-आधारित अलग-अलग व्यक्तिगत कानूनों में स्वीकार की गयी व्यवस्थाओं के मध्य कुछ ही बिन्दुओं को लेकर असंगति के तत्त्व होते हैं। असंगति के इन तत्त्वों को छाँटकर देखा जायेगा कि वह भारतीय सिविल संहिता के लिए कैसे मूल्यवान् हो सकते हैं। तुलनात्मक अध्ययन करने के पश्चात् इन तत्त्वों को साम्यता एवं तार्किकता के अनुरूप परिष्कृत कर संहिता का भाग बनाया जायेगा।
2. यदि किसी विषय पर भिन्न-भिन्न व्यक्तिगत कानूनों में स्वीकार किये गये अलग-अलग व्यवस्थाओं के मध्य सामंजस्य का सर्वमान्य बिन्दु नहीं निकल पाता है, तो ऐसी स्थिति में दो तरह के प्रावधान बनाये जायेंगे। पहला प्रावधान सामान्य रूप से लागू होनेवाला 'सामान्य प्रावधान' और दूसरा प्रावधान धर्म-आधारित व्यक्तिगत कानूनों के अनुकूल 'वैकल्पिक प्रावधान' होगा। वैकल्पिक प्रावधानों की संख्या दो या तीन या चार हो सकती है।
3. नागरिकों को यह आजादी होगी कि वे अपनी धार्मिक मान्यताओं के अनुसार वैकल्पिक प्रावधानों में से किसी एक को स्वीकार करने की घोषणा करें। यदि किसी व्यक्ति द्वारा किसी भी एक वैकल्पिक प्रावधान को स्वीकार करने की घोषणा नहीं की जाती है तो सामान्य प्रावधान अपने-आप लागू होगा। यदि किसी धर्म के पचास प्रतिशत से अधिक अनुयायी सामान्य प्रावधान को स्वीकार करते हैं या स्वीकार करने की घोषणा करते हैं, तो उस धर्म से सम्बन्धित वैकल्पिक प्रावधान स्वतः निरस्त माने जायेंगे।

उपर्युक्त 'मूल्य-आधारित वैकल्पिक व्यवस्था' के सिद्धान्त को आधार बनाकर निर्मित होनेवाले 'भारतीय सिविल संहिता' की सम्भावित रूपरेखा इस पुस्तक के अगले अध्याय 9, 10 एवं 11 के माध्यम से प्रस्तुत करने का प्रयास कर रहा हूँ। 'भारतीय सिविल संहिता' के ये तीनों अध्याय और इनमें शामिल किये गये विषय, निम्न मार्गदर्शी सिद्धान्तों पर आधारित हैं–

1. 'भारतीय सिविल संहिता' वृहद् रूप से निम्न चार भागों में बँटी होगी –
   (क) राष्ट्रीयता सम्बन्धी कानून;
   (ख) व्यक्ति सम्बन्धी कानून;
   (ग) पारिवार सम्बन्धी कानून; और
   (घ) सम्पत्ति एवं दायित्व सम्बन्धी कानून।

   उक्त चार भाग सांकेतिक मात्र ही हैं। चौथे भाग में उल्लिखित किये गये दायित्व सम्बन्धी कानूनों को अलग नया भाग बनाकर इसके अन्तर्गत इससे सम्बन्धित सिविल विषय जैसे संविदात्मक दायित्व, अपकृत्यात्मक दायित्व, उपनिधान को शामिल किया जा सकता है।

2. 'भारतीय सिविल संहिता' के प्रथम एवं तृतीय भाग में शामिल होनेवाले कानून सामान्यतः ऐसे कानून हैं, जो सर्वमान्य हैं और एक समान रूप से सभी धर्मों के अनुयायियों पर लागू हैं। किन्तु इनमें से ज्यादातर ब्रिटिश हुकूमत के दौर के बने हुए हैं। आज 67 वर्ष बाद जब हमारा लोकतन्त्र परिपक्वता हासिल करने की ओर बढ़ रहा है, इन कानूनों को आम लोगों की समझयोग्य भाषा में सरल करके एवं उनका वर्तमान परिस्थितियों के अनुरूप पुनर्मूल्यांकन करके 'भारतीय सिविल संहिता' में स्थान दिया जायेगा।

   दृष्टान्त– प्रथम एवं तृतीय भाग में आनेवाले कानूनों में भारतीय न्यास अधिनियम, 1882; सोसाइटी रजिस्ट्रेशन अधिनियम, 1860; भारतीय संविदा अधिनियम, 1872; सम्पत्ति अन्तरण अधिनियम, 1882; माल विक्रय अधिनियम, 1930; सुखाधिकार अधिनियम, 1872; साझेदारी अधिनियम, 1932; 'कल्याणकारी एवं धार्मिक न्यास अधिनियम, 1920; धार्मिक विन्यास अधिनियम, 1863; कल्याणकारी विन्यास अधिनियम, 1890 – जैसे कानून शामिल हैं।

3. 'भारतीय सिविल संहिता' के द्वितीय भाग में शामिल होनेवाले कानून सामान्यतः परिवार से जुड़े कानून हैं, जो सर्वमान्य नहीं हैं और अलग-अलग धर्मों के लिए अलग-अलग व्यक्तिगत-कानून के रूप में लागू हैं। सभी व्यक्तिगत-कानूनों में शामिल किये गये अलग-अलग विषयों के सम्बन्ध में कई तत्त्व सामान्य तरह के होते हैं। कुछ ही तत्त्व ऐसे होते हैं, जिनको लेकर असंगति या अन्तर्विरोध हैं। असंगतिवाले इन तत्त्वों को छाँटकर इन्हें साम्यता, तार्किकता एवं न्याय की कसौटी पर कसकर हम 'भारतीय सिविल संहिता' के लिए आदर्श स्थिति प्राप्त कर सकते हैं।

   दृष्टान्त– इस श्रेणी में आनेवाले कानूनों में हिन्दुओं पर लागू होनेवाले हिन्दू विवाह अधिनियम, 1955; हिन्दू उत्तराधिकार अधिनियम, 1956; हिन्दू अवयस्क

एवं संरक्षण अधिनियम, 1956; हिन्दू गोद एवं भरण-पोषण अधिनियम, 1956; हिन्दू विधवा पुनर्विवाह अधिनियम, 1956 – जैसे कानून, मुसलमानों पर लागू होनेवाले मुस्लिम व्यक्तिगत कानून (शरीयत) अनुप्रयोग अधिनियम, 1937; मुस्लिम विवाह विच्छेद अधिनियम, 1939; मुस्लिम महिला (तलाक उपरान्त अधिकार का संरक्षण) अधिनियम, 1986 जैसे कानून, ईसाइयों पर लागू होनेवाले भारतीय ईसाई विवाह अधिनियम, 1872; कोचीन ईसाई उत्तराधिकार अधिनियम, 1921; भारतीय विवाह-विच्छेद अधिनियम, 1869; पारसियों पर लागू होनेवाले पारसी विवाह एवं विवाह-विच्छेद अधिनियम, 1936 जैसे कानून और धर्मों से निरपेक्ष सभी पर लागू होनेवाले विशेष विवाह अधिनियम, 1954; भारतीय उत्तराधिकार अधिनियम, 1925; बाल-विवाह निषेध अधिनियम, 2006; संरक्षकत्व एवं पाल्य अधिनियम, 1890; किशोर न्याय अधिनियम, 2000 जैसे कानून शामिल हैं।

4. 'भारतीय सिविल संहिता' के निर्माण हेतु मौजूदा सभी कानून के प्रावधानों का पुनर्मूल्यांकन करते समय सम्बन्धित विषय पर महत्त्वपूर्ण न्यायिक निर्णयों में प्रतिपादित किये गये सिद्धान्तों को ध्यान में रखा जायेगा।

5. **धार्मिक विषयों में राज्य द्वारा हस्तक्षेप न करने की नीति–** कुछ विषय विशुद्ध रूप से धार्मिक विषय होते हैं। ऐसे धार्मिक विषयों में 'राज्य द्वारा हस्तक्षेप न करने की नीति' को 'भारतीय सिविल संहिता' में अपनाया जायेगा। **दृष्टान्त–** एक व्यक्ति द्वारा ईश्वर के किस स्वरूप को स्वीकार किया जायेगा; उसकी पूजा या इबादत या प्रार्थना करने की पद्धति क्या होगी; रोजा या नवरात्र के व्रत की पद्धति क्या होगी; देह-अन्त्येष्टि का तरीका क्या होगा; धार्मिक शिक्षा एवं धर्म विषयक कार्यों का प्रबन्धन ऐसे विषय हैं, जो विशुद्ध रूप से धार्मिक आस्था से जुड़े होते हैं। ऐसे विषय के सम्बन्ध में 'राज्य द्वारा हस्तक्षेप न करने की नीति' को अपनाया जायेगा।

(धार्मिक आस्था का विषय क्या है, इसे 'व्यक्ति लक्षित कसौटी' का प्रयोग करना श्रेयस्कर है। इसके अन्तर्गत एक व्यक्ति के अन्तःकरण से जुड़े एवं पारलौकिक व्यवहार उसी सीमा तक धर्म एवं धार्मिक आस्था का विषय बना रहता है, जब तक कि वह उस व्यक्ति को ही प्रभावित करता रहता है। किन्तु ज्यों ही ये व्यवहार, भले ही कितना पारलौकिक क्यों न हों, भले ही कितना ही वह धर्म के मूल प्रकृति से जुड़ा क्यों न हो, दूसरे लोगों को या समाज को या देश को प्रभावित करने लगता है, वह धर्म एवं धार्मिक आस्था के दायरे से बाहर हो जाता है और राज्य द्वारा विनियमित किये जाने का विषय बन जाता है। यह कसौटी राज्य और धर्म दोनों को अपने नागरिकों एवं

अनुयायियों के प्रति समग्र एवं सम्यक् दृष्टिकोण अपनाये रखने के दायित्वाधीन बनाये रखता है।

6. सिविल क्षेत्र से सम्बन्धित अलग-अलग कानूनों में कई प्रावधान ऐसे हैं, जो एक ही विषय पर सामान्य सिद्धान्तों को स्वीकार करते हैं। ऐसे सिद्धान्तों का बार-बार उल्लेख करना अनावश्यक है। 'भारतीय सिविल संहिता' में ऐसे सिद्धान्तों को सामान्य बनाकर इनके लागू होने के क्षेत्र को स्पष्ट करते हुए स्वीकार किया जायेगा।

दृष्टान्त– 'शाश्वतता के विरुद्ध नियम' भारतीय उत्तराधिकार अधिनियम की धारा 114 और सम्पत्ति अन्तरण अधिनियम की धारा 14 में समान रूप से उल्लिखित हैं। इसी तरह 'संचयन के लिए निर्देश का सिद्धान्त' या 'निर्वाचन का सिद्धान्त' भी इन दोनों कानूनों में लगभग एक जैसी भाषा में स्वीकार किया गया है। 'भारतीय सिविल संहिता' में ऐसे सिद्धान्तों को सामान्य बनाकर इनके लागू होने के क्षेत्र को स्पष्ट करते हुए स्वीकार किया जा सकता है।

7. **मूल्य-आधारित वैकल्पिक व्यवस्था का सिद्धान्त–** ऐसे विषय भी हो सकते हैं जिसके सम्बन्ध में अलग-अलग व्यक्तिगत कानूनों में स्वीकार की गयी व्यवस्थाओं के मध्य सर्वमान्य रास्ता या कोई सामंजस्य का बिन्दु नहीं निकल पा रहा है। ऐसी स्थिति से निपटने के लिए 'मूल्य-आधारित वैकल्पिक व्यवस्था' के सिद्धान्त को लागू किया जा सकता है। इस सिद्धान्त के अन्तर्गत पहले चरण में 'मूल्यवान् बनाने के विचार' का और दूसरे चरण में 'वैकल्पिक बनाने के विचार' का प्रयोग किया जायेगा।

दृष्टान्त– निर्वसीयती उत्तराधिकार के विषय पर तीन कानून भारतीय उत्तराधिकार अधिनियम, हिन्दू उत्तराधिकार अधिनियम और मुस्लिम कानून अलग-अलग धर्मों के सम्बन्ध में लागू हैं। भारतीय उत्तराधिकार अधिनियम में सामान्य नियम के साथ पारसी धर्म के लिए अलग नियम का उल्लेख किया गया है। इस अधिनियम के सामान्य नियम ईसाइयों पर लागू होते हैं। जबकि हिन्दू उत्तराधिकार अधिनियम हिन्दू, सिक्ख, बौद्ध, जैन पर और मुस्लिम कानून मुसलमानों पर लागू होता है। यदि इन सभी कानूनों अर्थात् सामान्य नियम, पारसी नियम, हिन्दू नियम और मुस्लिम नियम के मध्य कोई सर्वमान्य रास्ता या सामंजस्य का बिन्दु नहीं निकाल पा रहा है तो 'भारतीय सिविल संहिता' में निर्वसीयती उत्तराधिकार के सम्बन्ध में एक सामान्य नियम के साथ पारसी-नियम, हिन्दू-नियम एवं मुस्लिम-नियम के मूल तत्त्वों को शामिल करते हुए अलग-अलग वैकल्पिक प्रावधानों को बनाया जा सकता है।

8. **अनुकूल बनाने का सिद्धान्त–** जब एक ही विषय पर अलग-अलग कानूनों में भिन्न-भिन्न व्यवस्था अपनायी गयी हो और दोनों व्यवस्थाएँ एक-दूसरे से असंगत हैं, ऐसी स्थिति में आदर्श एवं सर्वमान्य स्थिति प्राप्त करने के लिए 'अनुकूल बनाने का सिद्धान्त' अपनाया जा सकता है। इस सिद्धान्त के अन्तर्गत तुलनात्मक रूप से कम तार्किक व्यवस्था को ज्यादा तार्किक व्यवस्था के अनुकूल बनाया जायेगा।

दृष्टान्त– मुस्लिम कानून के अन्तर्गत कोई व्यक्ति अपनी कुल सम्पत्ति की एक-तिहाई से अधिक अंश का वसीयत नहीं कर सकता है, जबकि भारतीय उत्तराधिकार अधिनियम के अन्तर्गत कोई व्यक्ति अपनी सम्पूर्ण सम्पत्ति का वसीयत कर सकता है। मुस्लिम कानून में स्वीकार की गयी व्यवस्था ज्यादा उचित व तार्किक है क्योंकि सम्पत्ति पैतृक हो या स्वार्जित, उसमें बच्चों के अधिकार को नकारा नहीं जा सकता है। दूसरे अन्य धर्मों के सम्बन्ध में भारतीय उत्तराधिकार अधिनियम में स्वीकार की गयी व्यवस्था को मुस्लिम कानून की ज्यादा उचित एवं तार्किक व्यवस्था के अनुकूल बनाकर 'भारतीय सिविल संहिता' के लिए आदर्श एवं सर्वमान्य स्थिति प्राप्त कर सकते हैं।

9. **अपवाद स्वीकारने का सिद्धान्त–** जब एक ही विषय पर अलग-अलग कानूनों में भिन्न-भिन्न व्यवस्था अपनायी गयी हो और दोनों ही व्यवस्थाएँ तार्किक एवं आवश्यक प्रतीत होती हैं किन्तु एक-दूसरे के इस तरह प्रतिकूल होती हैं कि एक के बने रहने से दूसरे का अस्तित्व में रहना सम्भव नहीं है। ऐसी स्थिति में आदर्श एवं सर्वमान्य स्थिति प्राप्त करने के लिए 'अपवाद स्वीकारने का सिद्धान्त' अपनाया जा सकता है। इस सिद्धान्त के अन्तर्गत जब दो अलग-अलग व्यक्तिगत कानूनों में अपनायी गयी व्यवस्थाएँ तार्किक एवं आवश्यक हैं, किन्तु एक-दूसरे के प्रतिकूल हैं और एक व्यवस्था के रहने से दूसरी व्यवस्था का अस्तित्व में बना रहना सम्भव नहीं है। इस स्थिति से निपटने के लिए एक व्यवस्था को सामान्य नियम बनाते हुए दूसरी व्यवस्था को इस नियम के अपवाद के रूप में स्वीकार किया जायेगा।

दृष्टान्त– सम्पत्ति अन्तरण अधिनियम की धारा 14 में 'शाश्वतता के विरुद्ध नियम' पर आधारित व्यवस्था को अपनाया गया है। इस व्यवस्था के विपरीत मुस्लिम कानून और साथ-साथ वक्फ वैधता अधिनियम, 1913 में 'वक्फ-अलाल-औलाद' की व्यवस्था मान्य की गयी है, जिसके अन्तर्गत एक व्यक्ति अपनी सम्पत्ति को अपने वंशजों के लाभार्थ शाश्वत रूप से व्यवस्थित कर सकता है, बशर्ते कि यह दान धर्मार्थ किया गया हो। ये दोनों ही नियम तार्किक एवं आवश्यक हैं किन्तु एक-दूसरे के प्रतिकूल हैं। ऐसी स्थिति से निपटने के लिए अपवाद स्वीकारने का

सिद्धान्त अपनाया जा सकता है। 'भारतीय सिविल संहिता' में 'वक्फ-अलाल-औलाद की व्यवस्था' को 'शाश्वतता के विरुद्ध नियम' के अपवाद के रूप में स्वीकार कर दोनों व्यवस्थाओं को समान स्वीकृति दी जा सकती है।

10. कुछ विषय ऐसे हैं, जिनके दो या दो से अधिक स्वरूप होते हैं। सभी स्वरूपों के सम्बन्ध में लागू होनेवाले सामान्य नियमों के लिए एक 'सामान्य प्रावधान' और अलग-अलग स्वरूपों के सम्बन्ध में लागू होनेवाले विशेष नियमों के लिए अलग-अलग 'विशिष्ट प्रावधान' को 'भारतीय सिविल संहिता' में शामिल किया जायेगा।

दृष्टान्त– पट्टा घर का हो सकता है और कृषि-भूमि का भी। इसी तरह बिक्री चल सम्पत्ति की हो सकती है और अचल सम्पत्ति की भी। बिक्री या पट्टा जैसे इन विषयों के अलग-अलग स्वरूपों की अपनी-अपनी विशिष्टताएँ होती हैं। लेकिन कुछ ऐसे नियम भी होते हैं जो सभी स्वरूपों पर सामान्य रूप से लागू होते हैं। अलग-अलग स्वरूपों के लिए इन नियमों का बार-बार उल्लेख करने के बजाय एक सामान्य प्रावधान और सभी विशिष्ट स्वरूपों के लिए अलग-अलग विशिष्ट प्रावधान 'भारतीय सिविल संहिता' में शामिल किया जायेगा।

11. व्यक्तिगत कानूनों में ऐसी कई तार्किक व्यवस्थाएँ प्रचलित हैं, जिनके सम्बन्ध में संसदीय कानून या तो मौन हैं या अस्पष्ट हैं। ऐसी स्थिति में व्यक्तिगत कानून की इन व्यवस्थाओं को 'भारतीय सिविल संहिता' के सम्बन्धित भाग में स्थान देकर सामान्य रूप से अपनाया जायेगा।

दृष्टान्त– मुस्लिम कानून में हिबा अर्थात् दान के सम्बन्ध में कुछ विषय जैसे किन स्थितियों में दान का खण्डन नहीं किया जा सकता है या कब वैध दान के लिए कब्ज़ा को सुपुर्द करना आवश्यक नहीं है, बिल्कुल स्पष्ट है। किन्तु सम्पत्ति अन्तरण अधिनियम में इस सम्बन्ध में अस्पष्टता है। दान के सम्बन्ध में मुस्लिम कानून की इन तार्किक व्यवस्थाओं को 'भारतीय सिविल संहिता' में शामिल किया जा सकता है।

12. सिविल व्यवहार से सम्बन्धित कुछ विषय ऐसे हैं, जो किसी एक व्यक्तिगत कानून में तो स्वीकार किया गया होता है किन्तु दूसरे व्यक्तिगत कानून में नहीं। जबकि ये ऐसे विषय हैं, जो तार्किक तो होते ही हैं और साथ ही ऐसे भी होते हैं कि यदि इन्हें सभी पर लागू कर दिया जाय तो ये किसी तरह से नुकसान या अन्याय करनेवाले नहीं, बल्कि उपयोगी व हितकारी ही साबित होंगे। दूसरी महत्त्वपूर्ण बात यह है कि यह व्यवस्था एक वैकल्पिक व्यवस्था की तरह लागू होती है। यह खुला होगा कि इस व्यवस्था को स्वीकार किया जाय या नहीं किया

जाय। कोई भी इसे मानने के लिए बाध्य नहीं होगा। किन्तु यदि कोई इसे स्वीकार करना चाहता है तो उसका हाथ केवल उसके धर्म के कारण बँधा नहीं होगा। इस दृष्टिकोण से ऐसे विषय को सर्वमान्य बनाकर धर्म-निरपेक्ष रूप से लागू किया जा सकता है।

दृष्टान्त– मुस्लिम कानून में 'शुफा का सिद्धान्त' लागू है, किन्तु हिन्दू कानून के अन्तर्गत यह सिद्धान्त नहीं प्रचलित है। इसी तरह हिन्दू क़ानून में सम्पत्तियों के 'बँटवारा' का विकल्प खुला रहता है, जबकि मुस्लिम कानून में बँटवारा की अवधारणा को नहीं स्वीकार किया गया है। 'शुफा का सिद्धान्त' हो या 'बँटवारा की अवधारणा', ये ऐसे विषय हैं, जो तार्किक तो होते ही हैं और साथ में ऐसे भी होते हैं कि यदि इन्हें सभी पर लागू कर दिया जाय तो ये किसी तरह से नुकसान या अन्याय करनेवाले नहीं, बल्कि उपयोगी व हितकारी ही साबित होंगे। ऐसे विषयों को व्यावहारिक एवं सर्वमान्य बनाकर धर्म-निरपेक्ष रूप से लागू किया जा सकता है।

इसी तरह मुस्लिम कानून में गोद की अवधारणा मान्य नहीं है, जबकि हिन्दू कानून में मान्य है। यदि संहिता में गोद के सम्बन्ध में प्रावधान शामिल कर लिये जाते हैं, तो मात्र प्रावधान बना देने का मतलब यह नहीं हो जायेगा कि वे सभी व्यक्ति, जिनके पास कोई सन्तान नहीं है, उन्हें गोद लेने के लिए बाध्य होना पड़ेगा। किन्तु यह भी नहीं होगा कि यदि कोई व्यक्ति गोद लेना चाहता है, तो वह मात्र इसलिए गोद लेने से वंचित होगा क्योंकि उसका धर्म या व्यक्तिगत कानून उसे ऐसा करने से रोकता है। यह ऐसी व्यवस्था है, जिसे यदि सभी पर लागू कर दिया जाय तो किसी तरह से नुकसानदायक नहीं होनेवाला है, बल्कि नहीं लागू करने से नुकसानदायक साबित होगा।

13. कई बार एक ही विषय पर अलग-अलग व्यक्तिगत कानूनों में अलग-अलग समय-सीमा या उम्र-सीमा स्वीकार की गयी होती हैं। 'भारतीय सिविल संहिता' में सम्बन्धित विषय के सम्बन्ध में तार्किक एवं सन्तुलित समय-सीमा या उम्र-सीमा स्वीकार की जायेगी।

दृष्टान्त– आपसी सहमति से तलाक की घोषणा के लिए ईसाई-दम्पति को भारतीय विवाह-विच्छेद अधिनियम, 1869 की धारा 22 के अन्तर्गत दो वर्ष प्रतीक्षा करनी पड़ती है, जबकि हिन्दू-दम्पति को हिन्दू विवाह अधिनियम, 1956 की धारा 13-बी के अन्तर्गत एक वर्ष प्रतीक्षा करनी पड़ती है और मुस्लिम-दम्पति को व्यक्तिगत कानून के अन्तर्गत मुबारत (आपसी सहमति से तलाक) के लिए ऐसी किसी समय-सीमा की प्रतीक्षा नहीं करनी पड़ती है। इस तरह की असमानता अनावश्यक, अतार्किक एवं विभेदकारी हैं। इस सन्दर्भ में

एक सन्तुलित व तार्किक समय-सीमा निर्धारित कर या समय-सीमा को समाप्त कर सभी पर एक समान रूप से लागू किया जायेगा।

14. **एकाकी वैवाहिक युग्म का सिद्धान्त–** पारिवारिक मामलों से सम्बन्धित कई विषय ऐसे होते हैं, जिसके सम्बन्ध में कानून निर्णय लेने की अपेक्षा रखता है। धर्म-घोषित व्यक्तिगत कानून हों या संसदीय व्यक्तिगत कानून, सभी में पति को पत्नी की तुलना में या पिता को माता की तुलना में प्राथमिकता दी गयी होती है। एक लोकतान्त्रिक देश में इस तरह का कानूनी प्रावधान पुरुषप्रधान सोच का अनावश्यक दोष है। ऐसे दोष को समाप्त करने के लिए आवश्यक है कि विवाह के बाद पति-पत्नी के अस्तित्व को अलग-अलग समझने के बजाय एक वैवाहिक-इकाई के रूप में देखा जाय। जहाँ भी पारिवारिक मामलों में निर्णय लेने की आवश्यकता हो, वहाँ 'एकाकी वैवाहिक युग्म का सिद्धान्त' लागू किया जायेगा। इस सिद्धान्त के अन्तर्गत पारिवारिक मामलों में कोई भी निर्णय पति-पत्नी 'एकाकी वैवाहिक युग्म' के रूप में एक-दूसरे की सहमति लेकर कर सकेंगे।

दृष्टान्त– हिन्दू गोद एवं भरण-पोषण अधिनियम, 1956 के अन्तर्गत एक महिला तभी गोद ले सकती है जब वह अविवाहित हो या तलाकशुदा हो या विधवा हो। विवाहित होने पर महिला को गोद लेने का अधिकार नहीं है। गोद लेने की प्रक्रिया में एक विवाहित महिला केवल अपने पति को सहमति दे सकती है। जबकि इस कानून में कोई पुरुष, चाहे वह विवाहित हो या अविवाहित या तलाकशुदा या विधुर हो, को गोद लेने का अधिकार है। किन्तु यदि पुरुष विवाहित है तो वह अपनी पत्नी या पत्नियों की सहमति के बिना गोद नहीं ले सकता। इस तरह गोद लेने के सन्दर्भ में महिलाओं का विवाहित होना एक अयोग्यता बना दिया गया है। यदि हम शब्दों में कुछ सुधार कर लें तो महिला के लिए इस तरह की अयोग्यता निर्धारित करने की कोई आवश्यकता नहीं होगी। इस कानून में यह रास्ता अपनाया गया है कि एक विवाहित पुरुष अपनी पत्नी की सहमति के बिना किसी सन्तान को गोद नहीं ले सकता है और विवाहित महिला को गोद लेने का अधिकार नहीं है। इस तरह का प्रावधान पुरुषप्रधान प्रवृत्ति का प्रदर्शन करता है। इसी बात को हम दूसरे तरीके से भी स्वीकार कर सकते हैं। यदि हम यह कह दें कि 'विवाहित दम्पति आपसी सहमति से गोद ले सकते हैं' तो परिणाम पर कोई अन्तर नहीं आयेगा। लेकिन एक फर्क यह पड़ेगा कि पुरुषप्रधानता का तत्त्व खत्म हो जायेगा। 'भारतीय सिविल संहिता' हेतु यह आदर्श स्थिति है कि विवाहित दम्पति को एक 'एकाकी वैवाहिक युग्म' के रूप में किसी वैवाहिक मामलो में निर्णय लेने का दायित्व दिया जाय।

इसी तरह गोद देने के सम्बन्ध में या वैवाहिक सम्पत्ति का प्रयोग करने या दाम्पत्य-सम्पत्ति का दान करने या वक्फ घोषित करने जैसे मामलों में माता-पिता या पति-पत्नी 'एकाकी वैवाहिक युग्म' के रूप में एक-दूसरे की सहमति से कोई निर्णय कर सकेंगे।

15. सिविल व्यवहार से सम्बन्धित ऐसे कई सिद्धान्त हैं, जो बहुत ही तार्किक हैं और दूसरे देशों की सिविल संहिता में स्वीकार भी किये गये हैं किन्तु भारत के किसी भी कानून में, चाहे संसदीय कानून हों या धर्म घोषित कानून, स्वीकार नहीं किया जा सका है। भारतीय सिविल संहिता में सम्बन्धित विषय पर प्रावधान बनाते समय दूसरे देशों की सिविल संहिता में स्वीकार किये गये ऐसे तार्किक सिद्धान्तों को अपनाया जा सकता है।

दृष्टान्त– भारतीय उत्तराधिकार अधिनियम के अन्तर्गत कोई व्यक्ति अपनी सम्पूर्ण सम्पत्ति का वसीयत कर सकता है। जबकि मुस्लिम कानून के अन्तर्गत कोई व्यक्ति अपनी कुल सम्पत्ति की एक-तिहाई से अधिक अंश का वसीयत नहीं कर सकता है। मुस्लिम कानून की यह उचित व तार्किक व्यवस्था स्वीकरणीय है। वसीयत के सम्बन्ध में इस व्यवस्था को 'फ्रान्स सिविल संहिता' की धारा 913 से 919 में और ज्यादा तार्किक बनाकर स्वीकार किया गया है, जिसके अन्तर्गत उक्त एक-तिहाई सम्पत्ति की सीमा को बच्चों की संख्या के आधार पर बढ़ाया-घटाया गया है। इसे 'व्युत्क्रमानुपातिक सापेक्षता-आधारित निर्बन्धन' का नियम कहा जा सकता है। वसीयत के सम्बन्ध में 'फ्रान्स सिविल संहिता' में स्वीकार किये गये इस नियम को भारतीय सिविल संहिता में भी अपनाया जा सकता है।

16. सिविल व्यवहार से सम्बन्धित कई विषय ऐसे हैं, जिनमें गुणात्मक सुधार के लिए नये सिद्धान्त को प्रतिपादित किया जाना आवश्यक है। इस दृष्टि से सम्बन्धित विषय के सम्बन्ध में नये सिद्धान्तों का सहारा लिया जा सकता है।

दृष्टान्त– 1. दाम्पत्य सम्पत्ति में पति-पत्नी के अधिकार के सम्बन्ध में 'सापेक्षिक सहभागिता-आधारित समानता का सिद्धान्त' (Doctrine of Equality based on Relative Participation),

2. मृतक व्यक्ति का स्वाभाविक उत्तराधिकारी न होने पर 'भौमिक साम्यता-आधारित उत्तराधिकार का सिद्धान्त' (Principle of Succession based on Land's equity),

3. सम्पत्ति-सुधार के सम्बन्ध में तथा आर्थिक अराजकता के खिलाफ 'गाँधीत्व-भीमत्व-भावेत्व' का सिद्धान्त (Doctrine of Gandhiship-Bhimship-Bhaveship)', इत्यादि-इत्यादि।

17. धार्मिक स्थलों के रख-रखाव एवं प्रबन्धन जैसे कुछ विषय ऐसे हैं, जो सम्बन्धित धर्म से जुड़े होते हैं। अलग-अलग धर्मों से सम्बन्धित धार्मिक स्थलों के लिए एक कानून की बात सोचना अनुचित है। इनके लिए अलग-अलग नियमों को भारतीय सिविल संहिता में मान्यता दी जा सकती है।

दृष्टान्त– मुस्लिम 'वक्फ' या हिन्दू 'धार्मिक विन्यास' या मसीही 'चर्च' या सिक्ख 'गुरुद्वारा' के सम्बन्ध में अलग-अलग नियमों को मान्यता दी जायेगी।

18. सिविल व्यवहार से सम्बन्धित कुछ विषय ऐसे हैं, जिसके सम्बन्ध में आज भी संसद् द्वारा केन्द्रीकृत कानून नहीं बनाया जा सका है। इन विषयों को भारतीय सिविल संहिता में स्थान देकर कानूनी रिक्तता को समाप्त किया जा सकता है।

दृष्टान्त– धार्मिक विन्यास, राष्ट्रीयता इत्यादि।

19. सिविल व्यवहार के कई विषय ऐसे हैं, जिसके सम्बन्ध में संविधान लागू होने के बाद संसद् द्वारा विस्तृत कानून बनाया जा चुका है। इन विषयों के मूलभूत तत्त्वों एवं सिद्धान्तों को भारतीय सिविल संहिता में स्थान देते हुए ऐसे संसदीय कानून को पूरक-कानून (Supplementary Law) के रूप में मान्यता दी जा सकती है।

दृष्टान्त– वक्फ अधिनियम, 1995; कम्पनी अधिनियम, 2013 इत्यादि।

20. सिविल व्यवहार विषय से सम्बन्धित सभी कानून, चाहे वे संविधान लागू होने के पूर्व ब्रिटिश हुकूमत के दौरान बनाये गये हों या संविधान लागू होने के बाद लोकतान्त्रिक शासन के दौरान और जिन्हें भारतीय सिविल संहिता में स्थान दिया गया है, पैरा नं0 19 में उल्लिखित नियमों के अधीन रहते हुए संहिता लागू होने के बाद निरस्त माने जायेंगे।

दृष्टान्त– संविदा अधिनियम, 1882; सम्पत्ति अन्तरण अधिनियम, 1882; मुस्लिम व्यक्तिगत कानून (शरीयत) अनुप्रयोग अधिनियम, 1937; भारतीय न्यास अधिनियम, 1882; कल्याणकारी एवं धार्मिक न्यास अधिनियम, 1920; धार्मिक विन्यास अधिनियम, 1863; कल्याणकारी विन्यास अधिनियम, 1890 इत्यादि।

21. भारतीय सिविल संहिता में शामिल किये जानेवाले कुछ विषय इतने विस्तृत प्रकृतिवाले होते हैं कि इनके पूर्ण स्वरूप को इस संहिता में स्थान देना न ही सम्भव है और न ही आवश्यक है। ऐसे विषय के मूलभूत तत्त्वों एवं सिद्धान्तों को भारतीय सिविल संहिता में अपनाकर यह व्यवस्था स्वीकार की जायेगी कि संसद् इस विषय पर अलग से पूरक कानून (Supplementary Law) या नियम या नियमावली बना सकेगा।

दृष्टान्त–न्यास, वक्फ, कम्पनी, फर्म इत्यादि।

9

भाग I : राष्ट्रीयता सम्बन्धी कानून

'राष्ट्रीचता एक ऐसा बोध है जो लोगों में अपने देश के प्रति भक्तिभाव पैदा करता है और अन्तरराष्ट्रीय जगत् में अपने देश के साथ जुड़े होने के स्वाभिमान की अनुभूति कराता है।'

राष्ट्रीयता देशवासियों को अपने देश के साथ और आपस में एक-दूसरे के साथ जोड़ने की कड़ी का काम करता है। यह अधिकार से ज्यादा दायित्व पर बल देता है। इसका बोध देशवासियों को अपने देश के हित एवं सुरक्षा के प्रति दायित्व निभाने की नितप्रेरणा देता है। एक व्यक्ति को प्राप्त कोई भी अधिकार तब तक पूर्ण नहीं हो सकता है, जब तक दूसरे अन्य लोगों में इस अधिकार का सम्मान करने का दायित्वबोध न हो। संविधान एवं अन्य कानूनों द्वारा प्रदत्त सभी अधिकारों, चाहे मूल अधिकार हों या सिविल अधिकार, के समानान्तर जितने भी दायित्व पैदा होते हैं, उसका मूल 'राष्ट्रीयता का बोध' होता है। अपने अधिकारों का प्रयोग करते समय किसी व्यक्ति में दूसरे व्यक्ति के प्रति, अपने समाज के प्रति और अपने देश के प्रति दायित्वबोध के सृजन का कारक भी राष्ट्रीयता ही होता है।

भारतीय संविधान में राष्ट्रीयता से सम्बन्धित किसी अवधारणा का कोई प्रत्यक्ष या विस्तृत उल्लेख नहीं है। ऐसा किया जाना सम्भव भी नहीं है। नागरिकता विषय पर संविधान सभा में बहस के दौरान मसौदा समिति के प्रमुख सदस्य अल्लादी कृष्णास्वामी अय्यर का यह विचार प्रासंगिक है कि नागरिकों से सम्बन्धित अनुच्छेदों का उद्देश्य राष्ट्रीयता के कानून को सदन के पटल पर रखना नहीं है। एक संविधान में ऐसा किया भी नहीं जा सकता है। संयुक्त राज्य के संविधान में कुछ सिद्धान्त अपनाये गये हैं, किन्तु विश्व में शायद कोई ऐसा संविधान हो, जिसमें राष्ट्रीयता के कानून के सम्बन्ध में विस्तृत प्रयास किये गये हों।

संविधान की उद्देश्यिका में प्रयुक्त शब्दावली 'हम भारत के लोग ... इस संविधान को अंगीकृत, अधिनियमित और आत्मार्पित करते हैं' से यह भाव स्पष्ट होता है कि इस देश की सम्प्रभुता यहाँ की जनता में निहित है। इसके साथ इसमें प्रयुक्त शब्दावली 'हम भारत के लोग' यह भी बोध कराता है कि इस देश के लोगों की राष्ट्रीयता 'भारतीय' है। संविधान की उद्देश्यिका सम्प्रभुता एवं राष्ट्रीयता दोनों भावों का स्रोत है।

सम्प्रभुता का सन्दर्भ इसका जनता में निहित होकर देश की अखण्डता को सुनिश्चित करने से है, तो राष्ट्रीयता का सन्दर्भ देश की एकता सुनिश्चित करने के लिए जनता को अपने मूल्यों और दायित्वों को लेकर सजग बने रहने से है। एक की धारा नीचे से ऊपर की ओर प्रवाहित होता है, तो दूसरे की धारा ऊपर से नीचे की ओर की ओर प्रवाहित होता है और ये इस तरह प्रवाहित होते हैं कि एक-दूसरे को प्रवाह के लिए आधार प्रदान करते हैं।

यह राष्ट्रीयता है, जिसकी धारा के माध्यम से कोई देश अपनी सम्प्रभुता को जनता में निहित करता है और जनता भी इस तरह निहित की गयी सम्प्रभुता को राष्ट्रीयता के ही माध्यम से ही चुनी हुई सरकार को सौंपती है। इसी तरह यह सम्प्रभुता है, जिसकी धारा के माध्यम से कोई नागरिक अपनी राष्ट्रीयता के भाव को व्यक्त करता है और राष्ट्र भी सम्प्रभुता का प्रयोग कर इस तरह व्यक्त भाव के बदले नागरिकों का कल्याण एवं सुरक्षा सुनिश्चित करता है। इस तरह अलग-अलग सन्दर्भ होने और अलग-अलग दिशा होने के बावजूद सम्प्रभुता एवं राष्ट्रीयता एक-दूसरे के पूरक हैं। किसी एक के बिना दूसरा अधूरा है।

देश के नागरिकों को न केवल देश के भीतर बल्कि विदेशों में भी अपनी राष्ट्रीयता घोषित करने की आवश्यकता पड़ती है। भारत में अभी भी न तो राष्ट्रीयता की कोई आधिकारिक परिभाषा है और न ही इसके सम्बन्ध में कोई एक एकीकृत और समग्र कानून ही बनाया गया है। राष्ट्रीयता से जुड़े विषय सिविल व्यवहार के विषय होते हैं। जर्मनी, फ्रान्स जैसे दूसरे देश की सिविल संहिता में राष्ट्रीयता एवं इससे सम्बन्धित विषयों को स्थान दिया गया है। गुणात्मक सुधारों के साथ 'राष्ट्रीयता एवं राष्ट्रीय प्रतीक' विषय को भारतीय सिविल संहिता में स्थान दिया जाना उचित है।

भारतीय सिविल संहिता के इस भाग का प्रारम्भ निम्न घोषणात्मक खण्ड के साथ किया जा सकता है–

"देश के प्रत्येक नागरिक की राष्ट्रीयता 'भारतीय' है और वह इसका समय-समय पर प्रयोग करने का अधिकार रखता है।"

भारतीय सिविल संहिता के प्रस्तावित प्रथम भाग 'राष्ट्रीयता सम्बन्धी कानून' में अध्ययन की दृष्टि से निम्न अध्यायों को शामिल किया जा सकता है–

अध्याय 1 : राष्ट्रगान;
अध्याय 2 : राष्ट्रभाषा;
अध्याय 3 : राष्ट्रीय पर्व व राष्ट्रीय दिवस;
अध्याय 4 : राष्ट्रीय ध्वज;
अध्याय 5 : राष्ट्रीय सम्मान;
अध्याय 6 : राष्ट्रीय कैलेण्डर;

अध्याय 7 : राज्य प्रतीक; एवं

अध्याय 8 : नागरिकों के अधिवास और राष्ट्रपरक उपक्रम

राष्ट्रीय प्रतीक

हमारी राष्ट्रीयता 'भारतीय' है। यह एक अलौकिक राष्ट्रीय प्रतीक है। इसके अलावा कुछ ऐसे लौकिक राष्ट्रीय प्रतीक भी हैं, जो हम सब भारतीयों में राष्ट्रीयता का प्रवाह करते हैं। 'भारतीय संविधान' के रूप में राष्ट्रीय पुस्तक, 'चक्रध्वज' के रूप में राष्ट्रीय झण्डा, 'अशोक चक्र' के रूप में राष्ट्रीय चिह्न, 'जन-गण-मन' के रूप में राष्ट्रगान, 'रुपया' के रूप में राष्ट्रीय मुद्रा, '15 अगस्त' जैसे राष्ट्रीय दिवस, 'भारतरत्न' जैसे राष्ट्रीय सम्मान ऐसे लौकिक राष्ट्रीय प्रतीक हैं, जो हम सब भारतीयों में राष्ट्रीयता के भाव को मजबूत बनाये रखते हैं। इन सभी राष्ट्रीय प्रतीकों से जुड़े अधिकार एवं दायित्व सिविल प्रकृति के होते हैं। तार्किक निर्बन्धनों के साथ इन राष्ट्रीय प्रतीकों का प्रयोग करना किसी नागरिक का सिविल अधिकार है और इनका सम्मान करना सिविल दायित्व है।

संविधान का अनुच्छेद 51-अ (क) घोषित करता है कि राष्ट्रध्वज एवं राष्ट्रगान का आदर करना नागरिकों का मूल कर्त्तव्य है। राष्ट्रीय प्रतीकों के सम्बन्ध में कुछ ऐसे अन्य कानून हैं, जो अपने-अपने सीमित क्षेत्रों में लागू होते हैं। जैसे 'भारत के राष्ट्रीय गौरव का अपमान रोकथाम अधिनियम, 1971' राष्ट्रीय झण्डा, भारतीय संविधान एवं राष्ट्रगान का अपमान करने पर सजा देने के सम्बन्ध में है; 'राजकीय चिह्न (अनुचित प्रयोग का निषेध) अधिनियम, 2005' राजकीय चिह्न 'अशोक चिह्न' के सन्दर्भ में है। इसके अलावा 'भारतीय झण्डा संहिता, 2002' राष्ट्रीय झण्डा 'तिरंगा' के सम्बन्ध में विस्तृत दिशा-निर्देश जारी करता है। राष्ट्रगान के सम्बन्ध में भी कुछ शासकीय आदेश जारी किये गये हैं। किन्तु राष्ट्रीयता एवं राष्ट्रीय प्रतीक के सम्बन्ध में आज भी कोई समग्र एवं एकीकृत कानून नहीं बनाया जा सका है।

'भारतीय सिविल संहिता' के इस अध्याय में इन राष्ट्रीय प्रतीकों की घोषणा, इनके स्वरूपों का वर्णन और इनके प्रयोग से सम्बन्धित नियमों को शामिल करना उचित है।

राष्ट्रीय प्रतीकों के सम्बन्ध में ज्यादातर विषय अविवादित हैं। संविधान एवं ध्वज के सम्बन्ध में जम्मू-कश्मीर राज्य को दी गयी छूट के अलावा, जो थोड़ा-बहुत विवाद का विषय रह जाता है, वह राष्ट्रगान में प्रयुक्त 'अधिनायक' या 'भारत-भाग्य-विधाता' जैसे कुछ शब्दों को लेकर एवं देश की राष्ट्रभाषा को लेकर है। राष्ट्रगान एवं राष्ट्रभाषा के अलावा राष्ट्रीय दिवस, राष्ट्रीय सम्मान, राष्ट्रीय कैलेण्डर एवं राज्य प्रतीकों में गुणात्मक सुधार करने के उद्देश्य से इन विषयों को मैं इस अध्याय में चर्चा का विषय बनाया जाना प्रासंगिक है।

अध्याय 1

राष्ट्रगान

भारत का राष्ट्रगान उस गीत का अंश है, जिसे रवीन्द्रनाथ टैगोर द्वारा 11 दिसम्बर, 1911 को बंगाली भाषा में लिखा गया था। पाँच कड़ियोंवाले इस गीत का हिन्दी रूपान्तरित पूर्ण स्वरूप निम्न है–

"जन-गण-मन अधिनायक जय हे
भारत-भाग्य-विधाता।
पंजाब सिन्धु गुजरात मराठा, द्राविड़ उत्कल बंगा,
विन्ध्य हिमाचल यमुना गंगा, उच्छल जलधि तरंगा,
तव शुभ नामे जागे, तव शुभ आशिष माँगे,
गाहे तव जय गाथा
जनगण मंगलदायक जय हे, भारत-भाग्य-विधाता।
जय हे, जय हे, जय हे, जय जय जय, जय हे ।।1।।

अहरह तव आह्वान प्रचारित, सुनि तव उदार वाणी,
हिन्दु, बौद्ध सिक्ख जैन पारसिक, मुसलमान खिस्तानी,
पूरब पश्चिम आसे, तव सिंहासन पासे,
प्रेमहार हय गाथा
जनगण ऐक्यविधायक जय हे, भारत-भाग्य-विधाता।
जय हे, जय हे, जय हे, जय जय जय, जय हे ।।2।।

पतन अभ्युदय बन्धुर पन्था, युगयुग धावित यात्री,
तुम चिर सारथि तव रथचक्रे, मुखरित पथ दिन रात्री,
दारुण विप्लव माजे, तव शंखध्वनि बाजे,
संकट दुःखत्राता
जनगण पथपरिचायक जय हे, भारत-भाग्य-विधाता।
जय हे, जय हे, जय हे, जय जय जय, जय हे ।।3।।

घोर तिमिरघन निबिड निशीथे, पीडित मूर्च्छित देशे,
जागृत छिल तव अविचल मंगल, नत नयने अनिमेषे,
दुःस्वप्ने आतंके, रक्षा करिले अंके,
स्नेहमयी तुमि माता
जनगण दुःखत्रायक जय हे, भारत-भाग्य-विधाता।
जय हे, जय हे, जय हे, जय जय जय जय हे ।।4।।

रात्र प्रभातिल उदिल रविच्छवि पुर्व उदयगिरि भाले,

गाहे विहंगम पुण्य समीरण, नवजीवन रस ढाले,
तव करुणारुण रागे, निद्रित भारत जागे,
तव चरणे नत माथा
जय हे, जय हे, जय हे,
जय जय जय जय हे, भारत-भाग्य-विधाता ।।5।।"

उक्त गीत के प्रारम्भ की कुछ पंक्तियों को राष्ट्रगान के रूप में स्वीकार किया गया है। इसके दो स्वरूप हैं– एक दीर्घ स्वरूप और दूसरा लघु स्वरूप। दीर्घ स्वरूपवाला राष्ट्रगान 52 सेकेण्ड का और लघु स्वरूपवाला राष्ट्रगान 20 सेकेण्ड का है। दीर्घ स्वरूपवाले जिस राष्ट्रगान को मान्यता दी गयी है, वह निम्न है –

"जन-गण-मन अधिनायक जय हे
भारत-भाग्य-विधाता।
पंजाब सिन्धु गुजरात मराठा, द्राविड़ उत्कल बंगा,
विन्ध्य हिमाचल यमुना गंगा, उच्छल जलधि तरंगा,
तव शुभ नामे जागे, तव शुभ आशिष माँगे,
गाहे तव जय गाथा।
जनगण मंगलदायक जय हे, भारत-भाग्य-विधाता।
जय हे, जय हे, जय हे, जय जय जय, जय हे।।"

राष्ट्रगान 'जन गण मन' उस गीत का अंश है, जिसे आजादी पूर्व के देश की चरित्र व सोच का चित्रण करते हुए लिखा गया था। इस राष्ट्रगान में प्रयोग किये गये शब्द 'अधिनायक' और 'भारत-भाग्य-विधाता' को लेकर अकसर विवाद होता रहता है। आरोप यह भी लगाया जाता है कि ये शब्दावली ब्रिटेन के सम्राट् को सम्बोधित करके उसके सम्मान में लिखा गया है और इस गीत के माध्यम से अधिनायक के प्रतीक ब्रिटेन के सम्राट् को भारत देश के भाग्य का विधाता बताकर उसका प्रशंसा-गान किया गया है। ब्रिटिश हुकूमत के सम्बोधन में प्रयोग किये गये इन शब्दों का तब महत्त्व रहा होगा, क्योंकि ये शब्द तब के सत्ता के चरित्र के अनुकूल थे। किन्तु आजादी मिलने और संविधान लागू होने के बाद परिस्थितियाँ एवं सत्ता का चरित्र बदल गया है।

कुछ धर्म के लोगों, खासकर मुस्लिम धर्म के कुछ लोगों को राष्ट्रगान इस स्वरूप में इसलिए स्वीकार नहीं होता है क्योंकि उनके अनुसार उनका धर्म अल्लाह के अलावा किसी और को विधाता मानने से रोकता है या यूँ कहें कि उनका धर्म भारत को विधाता मानने से रोकता है। इस तरह के दावों में अतिरेक की स्थिति हो सकती है, लेकिन 'अधिनायक' और 'भारत-भाग्य-विधाता' का प्रयोग जिस तरह किया गया है, उसे न तो लोकतान्त्रिक मूल्यों के अनुरूप कहा जा सकता है और न ही इन शब्दों को लोकतान्त्रिक मूल्यों को स्वीकार करनेवाले किसी देश द्वारा मान्य किया जाना उचित प्रतीत होता है।

इसके अलावा एक और गम्भीर बात इस गीत में देश के सभी राज्यों के स्थान को लेकर है। इस गीत की सुन्दरता यह है कि इसके माध्यम से तत्कालीन भारत के लगभग सभी क्षेत्रों को किसी-न-किसी रूप में स्थान देने का प्रयास किया गया था। यह गीत तब लिखा गया था, जब भारत का बँटवारा नहीं हुआ था। मूल गीत में 'सिन्ध' शब्द का महत्त्व समुदाय के प्रतिनिधित्व के कारण नहीं है, बल्कि क्षेत्र-विशेष का प्रतिनिधित्व करने के कारण है। बँटवारा के बाद देश की भौगोलिक स्थिति बदल गयी है। सिन्धु राज्य को पाकिस्तान में शामिल कर लिये जाने के बाद 'सिन्ध' शब्द का महत्त्व उस स्वरूप में लगभग अप्रासंगिक हो गया, जिस स्वरूप में इसका प्रयोग किया गया था। नये भौगोलिक क्षेत्र के साथ आजाद होनेवाले भारत के सन्दर्भ में इस गीत को राष्ट्रगान के रूप में स्वीकार करते समय 'सिन्ध' शब्द को बनाये रखना उचित नहीं है, वह भी तब जब इसमें जम्मू-कश्मीर एवं पूर्वोत्तर के राज्यों को भी स्थान दिये जाने की आवश्यकता है।

संविधानवादी राष्ट्रगान : भारत-राष्ट्र-हमारा

24 जनवरी, 1949 को संविधान सभा द्वारा जन-मन-गन गीत को राष्ट्रगान के रूप में स्वीकार तो किया गया, किन्तु इस प्रतिबन्ध के साथ स्वीकार किया गया कि सरकार जब चाहे, इसके शब्दों में बदलाव कर सकता है। किन्तु दुर्भाग्य से आज तक इस गीत में अपेक्षित बदलाव नहीं किया जा सका और तमाम विसंगतियों के साथ हम इस गीत को स्वीकार किए हुए हैं। हमें इसका निदान निकालना ही होगा। जो सम्यक् निदान निकल सकता है, वह यही है कि 'अधिनायक' और 'भारत भाग्य विधाता' को हटाकर इसके स्थान पर दूसरे प्रेरणादायी शब्द को जोड़ा जाय और 'सिन्ध' को हटाकर, इसके स्थान पर ऐसे राज्यों के प्रतीक को शामिल किया जाय, जिनका प्रतिनिधित्व राष्ट्रगान में नहीं है।

राष्ट्रगान में दो स्वरूपों में गुणात्मक सुधार किया जा सकता है – समान स्वरूप में या विस्तारित स्वरूप में। राष्ट्रगान के इन दोनों परिवर्तित स्वरूपों में से किसी एक को 'भारतीय सिविल संहिता' में स्वीकार किया जाना चाहिए।

समान स्वरूप में संविधानवादी राष्ट्रगान–

"जन-गण-मन जननायक जय हे
भारत-राष्ट्र-हमारा।
पंजाब जम्मू गुजरात मराठा, द्राविड़ उड़िया बंगा,
विन्ध्य हिमाचल गंगा ब्रह्मपुत्र, अण्डम् जलधि तरंगा,
तव शुभ नामे जागे, तव शुभ आशिष माँगे।
गाहे तव जय गाथा।
जनगण मंगलदायक जय हे, भारत-राष्ट्र-हमारा।
जय हे, जय हे, जय हे, जय जय जय, जय हे।।"

विस्तारित स्वरूप में संविधानवादी राष्ट्रगान –

'जन-गण-मन जननायक जय हे
भारत-राष्ट्र-हमारा।
पंजाब जम्मू गुजरात मराठा, त्रिपुरा उड़िया, बंगा,
थार विन्ध्य हजारी डफला, मिजो खासी नागा,
तमिल तेलुगु केरला कन्नड़, कोंकण कंचनजंगा,
गंग हिमाचल यमुना ब्रह्मपुत्र, अण्डम् जलधि तरंगा,
तव शुभ नामे जागे, तव शुभ आशिष माँगे।
गाहे तव जय गाथा।
जनगण मंगलदायक जय हे, भारत-राष्ट्र-हमारा।
जय हे, जय हे, जय हे, जय जय जय, जय हे।।"

'संविधानवादी राष्ट्रगान' के उपर्युक्त दोनों स्वरूपों में 'अधिनायक' और 'भारत-भाग्य-विधाता' के स्थान पर क्रमशः 'जननायक' और 'भारत राष्ट्र हमारा' का प्रयोग किया गया है। 'जननायक' शब्द लोकतान्त्रिक भारत देश के सम्प्रभु जनता के सर्वोच्च प्रतिनिधि 'राष्ट्रपाल' (यह 'प्रेसीडेण्ट' पद के लिए प्रयोग किया गया शब्द है, जिसके लिए अक्सर 'राष्ट्रपति' जैसे पुरुषप्रधान शब्द का प्रयोग किया जाता है) को; 'भारत' शब्द इस 'देश' को; 'राष्ट्र' शब्द इस देश के 'अखण्ड स्वरूप' को और 'हमारा' शब्द 'हम नागरिकों का इस देश के साथ अपनेपन के रिश्ते' को प्रदर्शित करता है।

समान स्वरूप में प्रस्तावित 'संविधानवादी राष्ट्रगान' में शब्दों की संख्या समान रखी गयी है। किन्तु इसके अन्तर्गत 'जननायक' एवं 'भारत राष्ट्र हमारा' के अलावा तीन अन्य बदलाव किये गये हैं। सिन्धु के स्थान पर 'जम्मू' को; यमुना के स्थान पर 'ब्रह्मपुत्र' को और उच्छल के स्थान पर 'अण्डम्' को प्रतिस्थापित किया गया है। 'जम्मू' शब्द 'जम्मू-कश्मीर' को; अण्डम् शब्द अण्डमान-निकोबार को और 'ब्रह्मपुत्र' शब्द सभी पूर्वोत्तर राज्यों को प्रदर्शित करते हैं। 'यमुना' शब्द को निकाल दिया गया है, क्योंकि कमोबेश 'यमुना' उन्हीं सब क्षेत्रों का प्रतिनिधित्व करती हैं जिनका प्रतिनिधित्व 'गंगा' करती हैं। इसलिए 'यमुना' के भाव को 'गंगा' में शामिल करते हुए यह स्थान इसलिए रिक्त किया गया है ताकि 'ब्रह्मपुत्र' को राष्ट्रगान में स्थान देकर पूर्वोत्तर के राज्यों को प्रतिनिधित्व दिया जा सके। 'ब्रह्मपुत्र' को स्थान देकर राष्ट्रगान के आँचल को और व्यापक बनाने का प्रयास किया गया है।

'संविधानवादी राष्ट्रगान' का दूसरा विकल्प विस्तारित स्वरूप में है। इस प्रस्तावित राष्ट्रगान में परिवर्तन के बाद जो शब्द प्रयोग किये गये हैं, वह निम्न राज्यों/क्षेत्रों का प्रतिनिधित्व करते हैं–

1. सिन्धु शब्द के स्थान पर 'जम्मू' शब्द को रखा गया है, जो जम्मू-कश्मीर का प्रतिनिधित्व करता है;

2. द्राविड़ के स्थान पर 'तमिल', 'तेलुगु', 'केरल' और 'कन्नड़', शब्दों का प्रयोग किया गया है, जो पाँच राज्यों तमिलनाडु, आन्ध्रप्रदेश, तेलंगाना, केरल एवं कर्नाटक का प्रतिनिधित्व करते हैं;
3. उत्कल शब्द को स्पष्ट करके 'उड़िया' शब्द का प्रयोग किया गया है, जो उड़ीसा राज्य का प्रतिनिधित्व करता है;
4. जोड़ा गया नया शब्द 'कोंकण' गोवा, दामन, दीव प्रदेशों का प्रतिनिधित्व करता है;
5. जोड़े गये नये शब्द 'थार' व 'हजारी' क्रमशः राजस्थान और झारखण्ड राज्यों का प्रतिनिधित्व करते हैं;
6. जोड़े गये नये शब्द 'त्रिपुरा, डफला, मिजो, खासी, नागा, पूर्वोत्तर राज्यों क्रमशः त्रिपुरा, अरुणांचल प्रदेश, मिजोरम, मेघालय, मणिपुर और नागालैण्ड का प्रतिनिधित्व करते हैं। नागा पर्वत दोनों राज्यों मणिपुर और नागालैण्ड को आच्छादित किये हुए हैं, इसलिए यह शब्द इन दोनों राज्यों का प्रतिनिधित्व करता है;
7. जोड़े गये नये शब्द 'ब्रह्मपुत्र' और 'कंचनजंगा' क्रमशः आसाम और सिक्किम का प्रतिनिधित्व करते हैं;
8. जोड़ा गया नया शब्द 'अण्डम्' हिन्द महासागर के तरंगित जल में स्थित 'अण्डमान-निकोबार' प्रदेश का प्रतिनिधित्व करता है;
9. 'पंजाब', 'गुजरात', 'मराठा', 'उड़िया' एवं 'बंगा' शब्द क्रमशः पंजाब, गुजरात, महाराष्ट्र, उड़ीसा व पश्चिम बंगाल राज्यों का प्रतिनिधित्व करते हैं;
10. 'विन्ध्य' शब्द मध्य प्रदेश और छत्तीसगढ़ का प्रतिनिधित्व करता है;
11. 'गंग' शब्द गंगा नदी का लघु रूप है। यह शब्द गंगा नदी से आच्छादित राज्यों उत्तराखण्ड, उत्तरप्रदेश व बिहार का प्रतिनिधित्व करता है;
12. 'हिमाचल' शब्द हिमांचल प्रदेश का प्रतिनिधित्व करता है; और
13. 'यमुना' शब्द यमुना नदी की सीमाओं पर स्थित राज्यों दिल्ली एवं हरियाणा का प्रतिनिधित्व करता है।

वर्तमान में राष्ट्रगान के जिस स्वरूप को स्वीकार किया गया है, उसे 52 सेकेण्ड में गाया जाता है। यदि हम उपर्युक्त प्रस्तावित किये गये विस्तारित स्वरूप को स्वीकार करते हैं तो इसे गाने में लगभग 70 से 75 सेकण्ड लग सकता है। राष्ट्रगान के स्वरूप में गुणात्मक सुधार के लिए यदि इसमें थोड़ा विस्तार करना आवश्यक है, तो इस समय-वृद्धि को स्वीकार किया जा सकता है।

राष्ट्रगान के समानान्तर 'वन्दे मातरम्' को भी राष्ट्रगीत के रूप में स्थापित किया जा चुका है। यद्यपि राष्ट्रगान के समानान्तर राष्ट्रगीत की अवधारणा को स्वीकार करने से देश के लिए एक 'राष्ट्रगान' होने का महत्त्व कम हो जाता है। किन्तु आजादी के आन्दोलन के दौरान हमारे शहीद महानायकों को नित प्रेरणा देते रहनेवाले गीत, चाहे 'वन्दे मातरम्' हों या

'सारे जहाँ से अच्छा, हिन्दुस्तान हमारा' या 'मेरा रंग दे बसन्ती चोला' हों, आज भी हम सभी को आजादी के इन महानायकों के साथ जोड़े रखती हैं। इन गीतों को 'प्रेरणागीत' के रूप में स्वीकार किया जाना चाहिए।

अध्याय 2
राष्ट्रभाषा

किसी देश के निर्माण में उस देश की भाषा का बहुत महत्त्व होता है। आजादी आन्दोलन के महानायकों ने भी भारत जैसे बहुलभाषी देश के लिए एक ऐसे राष्ट्रभाषा का सपना देखा था जो सम्पूर्ण राष्ट्र को एक सूत्र में पिरो सके। किन्तु आजादी प्राप्त करने के 70 वर्ष बाद भी राष्ट्रभाषा के सवाल का प्रासंगिक बने रहना दुर्भाग्यपूर्ण है। सवाल संविधानिक प्रावधानों की पर्याप्तता पर उठता है और संविधानोत्तर नीति-निर्माताओं की मन्शा पर भी।

कुछ शर्तों के साथ संविधान के भाग 17 का अनुच्छेद 343 कहता है कि संघ की आधिकारिक भाषा देवनागरी लिपि में हिन्दी होगी। इसी तरह अनुच्छेद 345 कहता है कि कोई भी राज्य कानून द्वारा अपने यहाँ प्रयुक्त होनेवाली किसी एक या अनेक भाषा या हिन्दी को आधिकारिक उद्देश्य के लिए अपना सकती है। भाषा के सम्बन्ध में संविधान के ज्यादातर प्रावधान संघ या राज्य के आधिकारिक (कार्यालयीय) भाषा की बात करते हैं। अनुच्छेद 351 ही एक ऐसा प्रावधान है जो हिन्दी के प्रचार-प्रसार और अन्य भाषाओं के शब्द ग्रहण कर इसे समृद्ध किये जाने पर बल देता है।

किन्तु हमारा संविधान किसी एक भाषा को देश के जन-जन को जोड़नेवाली राष्ट्रभाषा के रूप में विकसित किये जाने के विषय पर मौन है। संविधान में एक गम्भीर कमी यह भी है कि अनुच्छेद 345 का प्रावधान राज्य को केवल अपने यहाँ प्रयुक्त होनेवाली किसी भाषा या हिन्दी को आधिकारिक उद्देश्य के लिए अपनाने की अनुमति देता है। इसका मतलब यह है कि एक हिन्दी राज्य गैर-हिन्दी भारतीय भाषा को आधिकारिक उद्देश्य के लिए नहीं अपना सकता है। इस तरह के प्रावधान गैर-हिन्दी राज्यों में गलत सन्देश देते हैं।

किसी भाषा को इस देश की राष्ट्रभाषा होने के लिए इनमें किन विशेषताओं का होना आवश्यक है, इस सवाल का जवाब देते हुए राष्ट्रजनक महात्मा गाँधी निम्न पाँच लक्षण गिनाते हैं –

1. अमलदारों के लिए वह भाषा सरल होनी चाहिए।
2. उस भाषा के द्वारा भारतवर्ष का आपसी धार्मिक, आर्थिक और राजनीतिक व्यवहार हो सकना चाहिए।

3. यह जरूरी है कि भारतवर्ष के बहुत-से लोग उस भाषा को बोलते हों।
4. राष्ट्र के लिए वह भाषा आसान होनी चाहिए।
5. उस भाषा का विचार करते समय किसी क्षणिक या अल्पस्थायी स्थिति पर जोर नहीं देना चाहिए।

उक्त पाँच लक्षण को गिनाने के पश्चात् महात्मा गाँधी निष्कर्ष निकालते हैं कि अंग्रेजी भाषा में इनमें से एक भी लक्षण नहीं हैं। आगे सवाल-जवाब करते हुए कहते हैं – 'तो फिर किस भाषा में ये पाँच लक्षण मिलते हैं। हमें यह कबूल कर ही लेना होगा कि हिन्दी भाषा में ये सब लक्षण हैं।'

हिन्दी को देश की राष्ट्रभाषा बनाने को लेकर महात्मा गाँधी के विचार इसलिए और भी महत्त्वपूर्ण हो जाते हैं, क्योंकि उनकी अपनी मातृभाषा हिन्दी नहीं, बल्कि गुजराती थी। इसलिए राष्ट्रभाषा के सवाल पर उनके विचार को बिलकुल निष्पक्ष कहा जा सकता है। दूसरे भारतीय भाषाओं को राष्ट्रभाषा के रूप में विकसित किये जाने की क्या गुंजाइश हो सकता है, इसका भी जाँच-पड़ताल करते हुए महात्मा गाँधी कहते हैं कि ये पाँच लक्षण धारण करने में हिन्दी की होड़ करनेवाली दूसरी कोई भाषा नहीं। हिन्दी के बाद का स्थान बँगला को प्राप्त है। तिस पर भी बंगाली भाई बंगाल के बाहर तो हिन्दी का ही प्रयोग करते हैं। हिन्दी बोलनेवाला जहाँ जाता है, वहाँ हिन्दी का ही उपयोग करता है और इससे किसी को आश्चर्य नहीं होता। हिन्दी बोलनेवाले धर्म-प्रचारक और उर्दू के मौलवी सारे हिन्दुस्तान में अपने व्याख्यान हिन्दी में ही देते हैं और अनपढ़ जनता भी उसे समझ लेती है। अनपढ़ गुजराती भी उत्तर भारत में जाकर हिन्दी का थोड़ा-बहुत इस्तेमाल कर लेता है, जब कि उत्तर का भैया बम्बई के सेठ की दरबानगिरी करता हुआ भी गुजराती बोलने से इनकार करता है और सेठ भैया के साथ टूटी-फूटी हिन्दी में बोलना शुरू कर देता है। मैंने देखा है कि ठेठ द्राविड़ प्रान्तों में भी हिन्दी की ध्वनि सुनायी पड़ती है। यह कहना ठीक नहीं कि मद्रास में तो सब काम अंग्रेजी से चलता है। मैंने तो वहाँ भी अपना काम हिन्दी में किया है। सैकड़ों मद्रासी मुसाफिरों को मैंने दूसरे लोगों के साथ हिन्दी में बोलते सुना है। फिर, मद्रास के मुसलमान भाई तो ठीक-ठीक हिन्दी बोलना जानते हैं। ... इस प्रकार राष्ट्रीय भाषा के नाते हिन्दी भाषा का निर्माण हो चुका है।

हिन्दी के प्रति अपने प्रेम को जाहिर करते हुए राष्ट्रजनक महात्मा गाँधी आगे लिखते हैं कि मुझसे यह भी कहा गया था कि आज की सभा में मैं अंग्रेजी में ही बोलूँ। किन्तु इसे तो मैं मातृभूमि की दूसरी भाषाओं से द्वेष और अंग्रेजी से अनुचित प्रेम का चिह्न मानता हूँ। मैं अंग्रेजी से नफरत नहीं करता। पर मैं हिन्दी से अधिक प्रेम करता हूँ। इसलिए मैं हिन्दुस्तान के शिक्षितों से कहता हूँ कि वे हिन्दी को अपनी भाषा बना लें। हम हिन्दी के जरीये ही दूसरी प्रान्तीय भाषाओं से परिचय प्राप्त कर सकते हैं, उनकी उन्नति कर सकते हैं। अगर विदेशी भाषा सीखने में हमारे दिल और दिमाग दोनों पथरा न

गये होते तो हमारे लिये 5-6 देशी भाषाएँ न जानने का कारण ही न होता।' (हिन्दी नवजीवन, 15-12-1927)

यदि आज इस देश में आर्थिक अराजकता की स्थिति इस स्तर पर पहुँच गयी है कि मात्र एक प्रतिशत भारतीयों के पास देश की 58 प्रतिशत सम्पत्ति है और आर्थिक असमानता की खाईं लगातार चौड़ी होती गयी है, तो इसका एक महत्त्वपूर्ण कारण आम लोगों के मातृभाषा की उपेक्षा और सरकारी एवं उच्चस्तर पर अंग्रेजी का अनावश्यक महिमामण्डन किया जाना है। अंग्रेजी न जानना अयोग्यता हो गया है और मात्र इसी कारण से कई मेधावी युवा प्रतियोगिता से बाहर और विकास से वंचित रह जाते हैं। 70 वर्ष बाद भी अंग्रेजी का वर्चस्व बने रहना वर्गभेद का भी कारण है। इसीलिए न केवल देश की एकता और अखण्डता के नजरीये से, बल्कि वास्तविक स्वराज लाने और अन्तिम व्यक्ति तक विकास पहुँचाने के नजरीये से भी हिन्दी को राष्ट्रभाषा बनाये जाने पर बल देते हुए गाँधी जी कहते हैं–

> 'अगर स्वराज अंग्रेजी बोलनेवाले भारतीयों का, उन्हीं के लिए होनेवाला हो, तो निस्सन्देह अंग्रेजी ही राष्ट्रभाषा होगी। लेकिन अगर स्वराज करोड़ों भूखों से मरनेवालों, करोड़ों निरक्षरों, निरक्षर बहनों और दलितों व अन्त्यजों का हो और इन सबके लिए होनेवाला हो, तो हिन्दी ही एकमात्र राष्ट्रभाषा हो सकती है।'

गैर हिन्दी भारतीय भाषाओं की हिन्दी से किसी तरह की टकराव या अन्तर्विरोध को भी नकारते हुए गाँधी जी कहते हैं–

> 'लोग ऐसा समझते हैं कि हम प्रान्तीय भाषाओं को नष्ट करके हिन्दी को सारे भारतवर्ष की एकमात्र भाषा बनाना चाहते हैं। इस गलतफहमी से भ्रमित होकर वे हमारे प्रचार का विरोध करते हैं। मेरा खयाल है कि हमें इस बारे में अपनी नीति स्पष्ट करके ऐसी गलतफहमियाँ दूर करनी चाहिए। मैं हमेशा से यह मानता रहा हूँ कि हम किसी भी हालत में प्रान्तीय भाषाओं को मिटाना नहीं चाहते। हमारा मतलब तो सिर्फ यह है कि विभिन्न प्रान्तों के पारस्परिक सम्बन्ध के लिए हम हिन्दी भाषा सीखें। ऐसा कहने से हिन्दी के प्रति हमारा कोई पक्षपात प्रकट नहीं होता। हिन्दी को हम राष्ट्रभाषा मानते हैं। वह राष्ट्रीय होने के लायक है। वही भाषा राष्ट्रीय बन सकती है, जिसे अधिसंख्यक लोग जानते-बोलते हों और जो सीखने में सुगम हो। ऐसी भाषा हिन्दी ही है।'

अंग्रेजी के मुकाबले हिन्दी को सीखना कैसे आसान, लाभदायक और राष्ट्रहित में है, इस पर चर्चा करते हुए यंग इण्डिया में बापू जी लिखते हैं–

> 'हिन्दुस्तान की दूसरी कोई भाषा न सीखने के बारे में बंगाल का अपना पूर्वाग्रह है और द्रविड़ लोगों को हिन्दुस्तानी सीखने में जो कठिनाई मालूम होती है, उसकी वजह से हिन्दुस्तानी न जानने के कारण शेष हिन्दुस्तान से अलग पड़ जानेवाले दो

प्रान्त हैं – बंगाल और मद्रास। अगर कोई साधारण बंगाली हिन्दुस्तानी सीखने में रोज तीन घण्टे खर्च करे, तो सचमुच ही दो महीनों में वह उसे सीख लेगा और इसी रफ्तार से सीखने में द्रविड़ को छह महीने लगेंगे। कोई बंगाली या द्रविड़ जितने समय में अंग्रेजी सीख लेने की आशा नहीं कर सकता। हिन्दुस्तानी जाननेवालों के मुकाबले अंग्रेजी जाननेवाले हिन्दुस्तानियों की संख्या कम है। अंग्रेजी जानने से इन थोड़े लोगों के साथ ही विचार-विनिमय के द्वार खुलते हैं। इसके विपरीत हिन्दुस्तानी का कामचलाऊ ज्ञान अपने देश के बहुत ही ज्यादा भाई-बहनों के साथ बातचीत करने की शक्ति प्रदान करता है। मैं आशा करता हूँ कि अगली कांग्रेस में बंगाल और मद्रास के भाई हिन्दुस्तानी का कामचलाऊ ज्ञान प्राप्त करके आयेंगे। जिस भाषा को जनता के ज्यादा-से-ज्यादा लोग समझते हैं, हमारी सबसे बड़ी सभा उस भाषा में अपना काम न चलाये, तो सचमुच ही वह जनता के लिए सबक सीखने की चीज नहीं बन सकती। मैं द्रविड़ भाइयों की कठिनाई को समझता हूँ लेकिन मातृभूमि के प्रति उनके प्रेम और उद्यम के सामने कोई चीज कठिन नहीं। (यंग इण्डिया, 2-2-1921)

संविधान-सभा में राष्ट्रभाषा

आजादी आन्दोलन के दौरान महात्मा गाँधी जी के नेतृत्व में हिन्दी को राष्ट्रभाषा के रूप में स्थापित करने को लेकर लगभग आम सहमति थी। ऐसा करना न केवल देश की एकता और अखण्डता की दृष्टि से बल्कि आम लोगों के विकास की दृष्टि से महत्त्वपूर्ण था। किन्तु संविधान-निर्माण के समय नेतृत्व के स्तर पर कुछ ऐसे भी लोग थे, जो इससे अलग विचार व दृष्टि रखते थे। ये वही लोग थे, जो मैकाले के सांस्कृतिक गुलामीवाले विचार के पोषक थे। भारत देश की राजनीतिक आजादी के बदले इस देश की सांस्कृतिक गुलामी का जो सपना मैकाले ने देखा था, उसका सबसे बड़ा माध्यम कुछ और नहीं बल्कि भाषा थी और यह और कोई भाषा नहीं बल्कि अंग्रेजी भाषा थी। दुर्भाग्य से संविधान-निर्माण के दौरान संविधान सभा के बाहर या अन्दर भाषा के सवाल को लेकर जो कुछ भी विवाद पैदा हुआ था, वह इसी के इर्द-गिर्द था।

यही कारण था कि जब सांविधानिक महत्त्व के दूसरे कई गम्भीर विषयों पर संविधान-सभा को निर्णय लेना था, तो तत्कालीन प्रधानमन्त्री जवाहरलाल नेहरू द्वारा संविधान-सभा के समक्ष 8 नवम्बर, 1948 को भाषा के सवाल को उठाया गया और जब उनके द्वारा यह विचार दिया गया कि इस देश में प्रबल शक्तियाँ काम कर रही हैं, जो अंग्रेजी भाषा को भारतीय भाषा या भारतीय भाषाओं द्वारा प्रतिस्थापित करना चाहते हैं, लेकिन एक 'सर्व-भारत भाषा' होगी। प्रबल शक्तियाँ 'सर्व-भारत भाषा' बनाने के लिए भी कार्य कर रही हैं। ... मैं 'सर्व-भारत भाषा' के लिए अपनी धारणा रखता हूँ। दूसरे लोगों की धारणा मेरी तरह

नहीं हो सकती है। मैं अपनी धारणा को इस सदन या देश पर थोप नहीं सकता हूँ, जब तक कि देश स्वीकार न करे, तो इसके कई मायने निकालना अस्वाभाविक नहीं है। यह स्पष्ट हो गया था कि किसी एक भारतीय भाषा की बात करने के बजाय सर्व-भारत भाषा जैसे कल्पित भाषायी अवधारणा की बात करके नेहरू इस विषय को उलझाने का ही कार्य कर रहे थे।

नेहरू द्वारा अपने प्रतिक्रिया भाषण में भाषायी सवाल को उठाना आश्चर्यजनक नहीं था। हालाँकि इसकी प्रासंगिकता पर सवाल उठाया जा सकता है क्योंकि संविधान-सभा के समक्ष इससे भी ज्यादा महत्त्वपूर्ण विषय तय करने के लिए थे, जिसे स्वयं डॉ. अम्बेडकर द्वारा प्रस्तुति-भाषण में उठाया गया था। लेकिन एक प्रधानमन्त्री द्वारा इन महत्त्वपूर्ण विषयों की उपेक्षा करके भाषा के आधार पर प्रान्तों के गठन का सवाल उठाया गया। भाषायी आधार पर प्रान्तों के गठन के पक्ष एवं विपक्ष में अपने-अपने तर्क हो सकते हैं। यह नहीं कहा जा सकता है कि ऐसा करने से कुछ लाभ नहीं होनेवाला था। लेकिन जिस तरीके से नेहरू द्वारा इस सवाल के साथ 'सर्व-भारत भाषा' के सवाल को जोड़ा गया, वह यह सिद्ध करने के लिए पर्याप्त है कि वस्तुतः वह हिन्दी जैसे किसी भारतीय भाषा को राष्ट्रीय भाषा के रूप में स्थापित होने देने के पक्ष में नहीं थे।

यह स्पष्ट था कि एक राज्य में 'मराठी और गुजराती' या 'तमिल और तेलुगू' या 'पंजाबी और हिन्दीभाषी' या 'आसामी और मणिपुरी' साथ-साथ रहते तो हिन्दी भाषा को राष्ट्रीय भाषा के रूप में स्थापित होने की सम्भावना ज्यादा होता। सम्भवतः यह स्थिति उन लोगों के विचार के अनुकूल नहीं था, हिन्दी को राष्ट्रभाषा के रूप में प्रतिष्ठित होते नहीं देखना चाहते थे। यही कारण था कि ऐसे किसी सम्भावना को समाप्त करने के लिए भाषा-आधारित राज्यों के पुनर्गठन की बात कर भाषायी भावनाओं को उभारने तक में संकोच नहीं किया गया।

नेहरू द्वारा अपने सम्बोधन में दो बार 'प्रबल शक्तियों' का जिक्र किया गया। एक उन 'प्रबल शक्तियों' का जो भारतीय भाषा के लिए काम कर रही थीं और दूसरा उन 'प्रबल शक्तियों' का, जो 'सर्व-भारत भाषा' के लिए। यह भी अनायास नहीं था कि नेहरू ने किसी भारतीय भाषा का पक्ष लेने के बजाय यह कहा कि 'लेकिन एक आल-इण्डिया लैंग्वेज (अर्थात् सर्व-भारत भाषा) होगी', क्योंकि 'आल-इण्डिया लैंग्वेज' में अंग्रेजी के भी बने रहने का अवसर रहता जो 'भारतीय भाषा' में कदापि नहीं। इन सबको दृष्टिगत रखते हुए यह सवाल उठना स्वाभाविक-सा लगता है कि क्या नेहरू द्वारा शुरू में व्यक्त की गयी यह वेदना कि 'किसी स्वतन्त्र और आत्मनिर्भर देश को अपनी भाषा में काम करना चाहिए...', में कोई ईमानदारी या सच्चाई थी भी या केवल यह दिखावा मात्र था?

इस सम्बन्ध में श्रीमती रेणुका राय द्वारा अगले ही दिन 9 नवम्बर, 1948 को भाषायी आधार पर प्रान्तों के पुनर्गठन के विचार को राष्ट्र की एकता के लिए घातक बताया गया।

श्रीमती रेणुका राय ने विरोध करते हुए कहा कि एकता हमारी कुंजी है और इस मोड़ पर प्रान्तीय सीमाओं को भाषा के आधार पर तय करना एक गम्भीर गलती होगी। यह पहले ही कड़वाहट और कलह पैदा कर चुका है। ऐसी चीजों को होने देने के लिए देश के एक भाग को अनुमति देना और दूसरे भाग को न देना कोई न्यायसंगत या तर्कपूर्ण नहीं है। श्रीमती राय ने आगे कहा कि यदि हम चाहते हैं कि भारत को मजबूत और खुशहाल बनना चाहिए और राष्ट्रों के समूह में ठीक-ठाक स्थान प्राप्त करना चाहिए, तो सबसे आवश्यक विचार 'एकता का विचार' है।

इसी दिन मद्रास प्रान्त के श्री मोटुरी सत्यनारायण ने हिन्दुस्तानी भाषा में न केवल संविधान-सभा को सम्बोधित किया, बल्कि हिन्दुस्तानी भाषा की पैरवी करके उन उत्तर भारतीय सदस्यों को आईना दिखाया जो भाषा के मसले पर राजनीति कर रहे थे। श्री मोटुरी सत्यनारायण ने अपने सम्बोधन में कहा कि यह सामान्य धारणा है कि मद्रास का सदस्य अंग्रेजी में बोलना पसन्द करेगा। मुझे इस पर आश्चर्य नहीं है। यह मेरी धारणा है कि संविधान-सभा में भाषण हिन्दुस्तानी में दिया जाना चाहिए। यह बहुत दुर्भाग्यपूर्ण है कि यद्यपि इस प्रयोजन के लिए लोग पिछले 30 वर्षों से कार्य कर रहे हैं, हिन्दुस्तानी भाषी लोग इस सदन में दक्षिण, पूर्व और पश्चिम से नहीं चुनकर आते हैं। इसका मतलब यह नहीं है कि इन प्रान्तों में हिन्दुस्तानी भाषी लोग नहीं हैं। केवल हिन्दुस्तानी भाषी लोग इस सभा में चुने जाने योग्य नहीं हैं। मैं पाता हूँ कि उत्तर के सदस्य भी केवल अंग्रेजी में बोलते हैं। इसका कारण हो सकता है कि वे दक्षिण और दूसरे प्रान्तों के लोगों के साथ ज्यादा निकट होना चाहते हैं। जो भी कारण हो, लेकिन यह एक तथ्य है कि वे अंग्रेजी ही बोलते हैं।...

सत्यनारायण ने सुझाव देते हुए आगे कहा कि राष्ट्रीय भाषा और विभिन्न प्रान्तीय भाषाओं की स्थिति पर काफी चर्चा की गयी है।...मेरे विचार से राष्ट्रीय भाषा की तुलना में प्रान्तीय भाषा को कम महत्त्व नहीं मिलना चाहिए।... इसे स्पष्ट कर देना आवश्यक है कि किसी भी दशा में राज्य की भाषाओं का प्रान्तीय भाषा के रूप में महत्त्व को छीना नहीं जायेगा। जो भी भाषा, राष्ट्रीय भाषा बनने जा रही है और जिसका प्रयोग यहाँ होने जा रहा है, अवश्य ही मिश्रित संस्कृति को जोड़नेवाला हो, मिश्रित शब्दकोशवाला हो, मिश्रित शब्दावली और मुहावरावाला हो, सामान्य लिपि हो ताकि आनेवाले दस से पन्द्रह वर्षों में हम सब आपसी समझ को विकसित कर सकें और उसके बाद हम एक साथ आगे बढ़ने के योग्य हो सकें। तब तक हमें अपनी मिश्रित संस्कृति को छोड़ने के लिए कोई कदम नहीं उठाना चाहिए। हमारी राष्ट्रीय भाषा हिन्दुस्तानी होनी चाहिए, हमारी संस्कृति हिन्दुस्तानी होनी चाहिए।

सत्यनारायण के उक्त सम्बोधन को देखकर यह कहना कहीं से भी उचित नहीं है कि दक्षिण भारत का आम जनमानस हिन्दी के विरोध में खड़ा रहा है। किन्तु भाषा- आधारित

प्रान्तों का गठन कर भाषायी भावनाओं को हवा देना और किसी भारतीय भाषा के स्थान पर सर्व-भारत भाषा की कल्पना को सामने लाना भारत को मैकालेकरण की दिशा में ले जाने की सोची-समझी साजिश थी। और कमोबेश आजादी के बाद तत्कालीन नीति-निर्माता इसी नीति को परवान चढ़ाने में लगे रहे। संविधान-सभा के शुरुआती समय में ही 8 नवम्बर, 1948 को नेहरू द्वारा दिया गया उपर्युक्त भाषण उस पौधे का बीजारोपण था जो बाद के दिनों में तमिलनाडु-जैसे राज्यों में हिन्दी के विरोध के नाम पर फलती-फूलती हुई नजर आयी।

नेहरू का अंग्रेजी के प्रति आग्रह तब और खुल गया, जब भाषा-सम्बन्धी प्रावधान पर बहस के दौरान 13 सितम्बर, 1949 को कहा कि अंग्रेजी कितनी ही अच्छी हो, कितनी ही महत्त्वपूर्ण हो, फिर भी हम इसे बर्दाश्त न कर पाये कि यह कुलीन लोगों की भाषा है और बहुत लोगों द्वारा अंग्रेजी नहीं बोली जाती है। इसलिए हमें अपनी भाषा अवश्य ही रखनी चाहिए। लेकिन अंग्रेजी – इसे आप आधिकारिक या कोई भी नाम दें, किन्तु अंग्रेजी भारत में सबसे महत्त्वपूर्ण भाषा होने के कारण अवश्य ही जारी रहनी चाहिए। इस देश के बहुत-सारे लोग इसे सीखते हैं और शायद अनिवार्य रूप से सीखेंगे। ऐसा क्यों है, यह सवाल करते हुए नेहरू जवाब देते हैं कि ऐसा इसलिए है क्योंकि अंग्रेजी आज दुनिया में सबसे महत्त्वपूर्ण है। अब यह अन्तरराष्ट्रीय भाषा के सबसे निकट है। हम रसिया सीखेंगे, निःसन्देह स्पेनी, फ्रेन्च, जर्मन भी सीखेंगे। किन्तु इनमें से अंग्रेजी हमारे लिये सबसे महत्त्वपूर्ण भाषा है और हममें से बहुत-सारे लोग इसे जानते हैं।

साहित्य सम्मेलन का प्रस्ताव और द्वि-भारतीय-भाषा नीति

अनुच्छेद 370 के अलावा भाषा से जुड़ा यह भाग ऐसा भाग रहा है, जिसे न तो डॉ. बी. आर. अम्बेडकर ने प्रस्तुत किया और न इस पर हुए आम बहस में उन्होंने भाग लिया। इस तथ्य के अलग-अलग मायने निकाले जा सकते हैं। इसे उनकी प्रावधान से असहमति के रूप में भी देखा जा सकता है। संविधान के इन भाषायी प्रावधानों को लेकर डॉ. अम्बेडकर की सहमति या असहमति को समझने के लिए उनके भाषा विषय पर व्यक्त किये गये कुछ विचारों को जानना आवश्यक है।

भारत की एकता के लिए डॉ. अम्बेडकर हिन्दी को राष्ट्रीय भाषा के रूप में स्वीकार करने के पक्षधर थे। विभिन्न प्रान्तों में अलग-अलग आधिकारिक भाषा होने से होनेवाले प्रान्तीय राष्ट्रीयता के खतरे से सावधान करते हुए डॉ. बी. आर. अम्बेडकर कहते हैं कि 'भाषावार प्रान्तों को बनाने में कोई खतरा नहीं है। खतरा प्रत्येक प्रान्तों की भाषा को इनके आधिकारिक भाषा के साथ भाषावार प्रान्तों को बनाने में है। बादवाली स्थिति हमें प्रान्तीय राष्ट्रीयता बनने की ओर ले जाती है। प्रान्तीय भाषा को आधिकारिक भाषा के रूप में प्रयोग

करने से प्रान्तीय संस्कृति पृथक्, कठोर एवं मजबूत बनती है। इसे होने देने की अनुमति देना खतरनाक है। ऐसी अनुमति देना प्रान्तों को प्रत्येक स्वरूप में पृथक् व स्वतन्त्र देश होने देने की अनुमति देना है, जो एकीकृत भारत को बर्बाद करने के रास्ते को खोलेगा। (राइटिंग एण्ड स्पीच, वाल्यूम 1, पृष्ठ 105)

डॉ. अम्बेडकर हिन्दी की हिमायत करते हुए आगे कहते हैं कि एक भाषा लोगों को एकीकृत करती है। दो भाषा निश्चित रूप से लोगों को बाँटती है। यह एक निष्ठुर नियम है। संस्कृति भाषा से संरक्षित होती है। चूँकि भारतीय लोग एकीकृत होना चाहते हैं और एक साझी संस्कृति बनाना चाहते हैं, इसलिए यह सभी भारतीयों का दायित्व है कि वे हिन्दी को अपनी भाषा मानें। (राइटिंग एण्ड स्पीच, वाल्यूम 1, पृष्ठ 145)

भाषा एवं हिन्दी को लेकर उक्त विचार इस बात की ओर इशारा करते हैं कि डॉ. बी. आर. अम्बेडकर भाषा के राष्ट्रीय बोध के पैरोकार थे। शायद इसी कारण उनके भाषायी उपबन्धों को लेकर तत्कालीन नेतृत्व से असहमति रही होगी और उन्होंने न तो भाषा से जुड़े महत्त्वपूर्ण प्रावधान को प्रस्तुत किया और न ही इस पर हुए आम बहस में भाग लिया। यदि उन्हें प्रारूप बनाने के लिए खुला साथ दिया गया होता, तो न तो हिन्दी का दूसरी भारतीय भाषाओं के साथ किसी तरह का अन्तर्विरोध पैदा होता और न ही हिन्दी को राष्ट्रभाषा की प्रतिष्ठा पाने के लिए आज 70 वर्ष बाद भी इन्तजार करना पड़ता।

जवाहरलाल नेहरू का अंग्रेजी के प्रति आग्रह जाहिर हो चुका था। उनका यह वक्तव्य कि अंग्रेजी भारत में सबसे महत्त्वपूर्ण भाषा होने के कारण अवश्य ही जारी रहनी चाहिए ... ऐसा इसलिए है क्योंकि अंग्रेजी आज दुनिया में सबसे महत्त्वपूर्ण है। अब यह अन्तरराष्ट्रीय भाषा के सबसे निकट है। हम रसिया सीखेंगे, निःसन्देह स्पेनी, फ्रेन्च, जर्मन भी सीखेंगे। किन्तु इनमें से अंग्रेजी हमारे लिये सबसे महत्त्वपूर्ण भाषा है और हममें से बहुत सारे लोग इसे जानते हैं, एक प्रधानमन्त्री के रूप में दिया गया वक्तव्य था, जिसके बहुत मायने हैं।

अंग्रेजी के अन्तरराष्ट्रीय होने का जो झुनझुना भारतीयों को पकड़ाया गया है या एक तरह से अंग्रेजी की अज्ञानता होने पर अविकसित या गरीब हो जाने का जो खौफ भारत में दिखाया गया, यह झुनझुना या खौफ कभी चीन, जापान, कोरिया या स्पेन, फ्रान्स, इटली, पोलैण्ड जैसे देशों ने न तो पकड़ा और न महसूस किया। ये सभी देश अंग्रेजी के बिना अपनी निज भाषा में ही विकास किये हैं। शायद वे भी अपनी भाषाओं को त्यागकर अन्तरराष्ट्रीय होने जैसी बात कहकर अंग्रेजी को अपना लेते, तो न ये इतना विकास कर पाते और न ही अंग्रेजी का पिछलग्गू बने रहकर फ्रेन्च, स्पेनीश, चीनी जैसी भाषाएँ कभी संयुक्त राष्ट्र से मान्य हो पाती।

रसिया, स्पेनी, फ्रेन्च, जर्मन की तरह अंग्रेजी सीखने में कोई बुराई नहीं है, किन्तु शिक्षा के माध्यम के रूप में, न्यायालयी कार्यवाही के माध्यम के रूप में, विज्ञान-आविष्कार के माध्यम के रूप में, शासन-प्रशासन के माध्यम के रूप में, अंग्रेजी को बनाये रखना और

इसे लगातार प्रतिष्ठित एवं मजबूत करना गलत था। संविधान की मन्शा के अनुरूप अंग्रेजी को समाप्त करके हिन्दी एवं अन्य भारतीय भाषाओं को माध्यम बनाने की दिशा में ईमानदार कोशिश होनी चाहिए थी और यह कार्य प्रारम्भ के 15 वर्षों के दौरान करना बिलकुल आसान था। किन्तु दुर्भाग्य से ऐसा नहीं किया जा सका।

यही कारण था कि भले ही पुरुषोत्तमदास टण्डन या सेठ गोविन्द दास जैसे प्रखर राष्ट्रवादियों के प्रयास के कारण संविधान में हिन्दी संघ की आधिकारिक भाषा के रूप में घोषित कर दी गयी, किन्तु उस समय देश को राजनीतिक नेतृत्व दे रहे जवाहरलाल नेहरू की अंग्रेजी के प्रति आग्रह ने न तो हिन्दी को देश में उचित स्थान प्राप्त होने दिया और न ही वैश्विक परिदृश्य में संयुक्त राष्ट्र संघ-जैसे अन्तरराष्ट्रीय मंचों पर इसे यथोचित स्थान मिल पाया।

आजादी प्राप्त करने के 70 वर्ष बाद भी आज देश में राष्ट्रीय भाषा के सवाल का प्रासंगिक बने रहना दुर्भाग्यपूर्ण है। सवाल संविधानोत्तर नीति-निर्माताओं की मन्शा के साथ-साथ सांविधानिक प्रावधानों की पर्याप्तता पर भी उठता है। हिन्दी को संघ की भाषा के रूप में स्वीकार तो किया गया है, किन्तु हमारा संविधान किसी एक भाषा को देश के जन-जन को जोड़नेवाली 'राष्ट्रभाषा' के रूप में विकसित किये जाने के विषय पर मौन है। संविधान में एक गम्भीर कमी यह भी है कि अनुच्छेद 345 का प्रावधान राज्य को केवल अपने यहाँ प्रयुक्त होनेवाली किसी भाषा या हिन्दी को आधिकारिक उद्देश्य के लिए अपनाने की अनुमति देता है। इस प्रावधान के अन्तर्गत गैर-हिन्दी-भाषी-राज्य 'हिन्दी भाषा' को तो अपना सकते हैं, किन्तु एक हिन्दी-भाषी-राज्य, जहाँ कोई दूसरा गैर-हिन्दी-भारतीय-भाषा का प्रयोग नहीं किया जा रहा है, चाहते हुए भी इस प्रावधान के अन्तर्गत किसी गैर-हिन्दी-भारतीय-भाषा को अपने यहाँ द्वितीय राज्यभाषा के रूप में स्वीकार नहीं कर सकता है। यह एक सांविधानिक विसंगति है। इस तरह के प्रावधान गैर-हिन्दी राज्यों में गलत सन्देश देते हैं। इस विसंगति को संविधान-संशोधन करके ही दूर किया जा सकता है।

शायद यही कारण था कि भाषा से सम्बन्धित प्रावधान को बनानेवालों पर प्रो. शिब्बन लाल सक्सेना द्वारा देश एवं संविधान के साथ छल करने का आरोप लगाया गया। खुद कई प्रखर राष्ट्रवादी सदस्य प्रस्तावित प्रावधान के कारण ठगा-सा महसूस कर रहे थे। किन्तु मध्य मार्ग अपनाकर उन्होंने देशहित में आगे बढ़ना उचित समझा।

हिन्दी भाषा को राष्ट्रीय भाषा के रूप में स्थापित करने के लिए महात्मा गाँधी, डॉ. अम्बेडकर, राम मनोहर लोहिया जैसे महानायकों द्वारा देखे गये सपने को एक बार फिर उम्मीद की किरण आज के प्रधानमन्त्री नरेन्द्र मोदी के कृतित्व से मिली है। जिस तरह उन्होंने देश-विदेश में, जहाँ भी गये, भारतीय मंचों पर या अन्तरराष्ट्रीय मंचों पर, भारतीयों के साथ सामूहिक संवाद बनाने की बात हो या अन्तरराष्ट्रीय नेताओं के साथ आपसी संवाद

स्थापित करने की बात, हर जगह, हर स्तर पर हिन्दी को भरोसे की भाषा बनाने का सफल प्रयास किया है, वह हम सबके लिए आदर्श है। शायद उनके घनघोर राजनीतिक विरोधी भी उनके व्यक्तित्व के इस रूप की तारीफ करने से बच पाने में अपने को असहज महसूस करते हैं। बिना हिन्दी की बात कहे, बिना हिन्दी के प्रचार की बात कहे, बिना हिन्दी के महत्त्व की बखान किये एक प्रधानमन्त्री द्वारा हिन्दी को भारत के भीतर और भारत के बाहर लगातार स्थापित करते हुए देखना बहुत ही सुखद है। यह भी एक सुखद संयोग है कि हिन्दी को राष्ट्रभाषा के रूप में सैद्धान्तिक तौर पर स्थापित करनेवाले महात्मा गाँधी हों या आज देश-विदेश में अपने भाषणों एवं अपने कृतित्व से राष्ट्रभाषा हिन्दी को व्यावहारिक भाषा बनाने की दिशा में लगातार प्रयासरत रहनेवाले देश के प्रधानमन्त्री नरेन्द्र मोदी, दोनों की ही मातृभाषा गुजराती यानी गैर-हिन्दी भाषा रही है। गुजराती भाषा की यह उदारता दूसरे गैर-हिन्दी भारतीय भाषाओं के लिए आदर्श है।

नरेन्द्र मोदी द्वारा दिये जा रहे इस सन्देश कि अंग्रेजी जैसी सामन्तवादी भाषा का सहारा लिये बिना भी अन्तरराष्ट्रीय मंचों पर एक भारतीय भाषा 'हिन्दी' को आपसी संवाद और भाषण का माध्यम बनाया जा सकता है, के बहुत ही खास मायने हैं। एक तमिल भाषी या कन्नड़ भाषी या मलयालम भाषी या मराठी भाषी या उड़िया भाषी या बाँग्ला भाषी या आसामी भाषी जब अन्तरराष्ट्रीय मंचों पर अपने गुजराती भाषी प्रधानमन्त्री को हिन्दी भाषा में सहजता के साथ संवाद स्थापित करते हुए देखता है, तो उसका प्रभाव उसके दिलो-दिमाग पर पड़ता है। मोदी का यह व्यवहार अंग्रेजी न जानने के कारण हीनभावना से ग्रसित रहनेवाले आम भारतीयों के इस मिथक को तोड़ता है कि वे अन्तरराष्ट्रीय स्तर के बड़े काम करने लायक नहीं हैं। एक प्रधानमन्त्री का यह कृतित्व उन लोगों को अपनी सोच बदलने के लिए मजबूर करता है, जो अंग्रेजी को सिर्फ इसलिए पसन्द करते हैं, क्योंकि इसे बड़े लोगों की भाषा कहा जाता है और इसे सामन्तवादी भाषा होने का तमगा हासिल है। प्रधानमन्त्री नरेन्द्र मोदी के इस कृतित्व से देश के आम जनमानस की भाषा हिन्दी, अब सामन्तवादी भाषा अंग्रेजी को पटकनी देने की स्थिति में आ गयी है। अब उनके नायब अमित शाह का हिन्दी के पक्ष में दिया गया बयान और भी सुखद है।

अब आवश्यकता हिन्दी भाषी लोगों को अपने बड़े भाई होने के फर्ज निभाने की है। आवश्यकता उन सभी दूसरी भारतीय भाषाओं को सम्मान मिलने की है, जिसकी वे हिन्दी भाषियों से पाने के हकदार हैं। हिन्दी साहित्य सम्मेलन द्वारा पारित प्रस्ताव की याद दिलाते हुए **डॉ. श्यामा प्रसाद मुखर्जी** संविधान-सभा में 13 सितम्बर, 1949 को दिये गये अपने भाषण में कहते हैं कि 'मैं इस संविधान-सभा में हिन्दी भाषी प्रान्तों का प्रतिनिधित्व कर रहे लोगों को याद दिलाना चाहूँगा कि जब हम हिन्दी को स्वीकार कर रहे हैं तो इसके बदले वे अपने ऊपर बहुत बड़ी जिम्मेदारी ले रहे हैं। मैं सुनकर खुश हुआ था, जब कुछ सप्ताह पूर्व हिन्दी साहित्य सम्मेलन द्वारा एक बैठक में प्रस्ताव पारित किया गया कि इन

सभी हिन्दी भाषी प्रान्तों में एक या एक से ज्यादा दूसरी भारतीय भाषाओं के अध्ययन की बाध्यकारी व्यवस्था होगी। इसे पवित्र प्रस्ताव न बने रहने दें। यह देखना पण्डित गोविन्द वल्लभ पन्त, बाबू पुरुषोत्तम दास टण्डन, बाबू श्रीकृष्ण सिन्हा और पण्डित रविशंकर शुक्ल पर निर्भर है कि अगले कुछ महीनों में इस व्यवस्था को, यदि आवश्यक हो तो कानून बनाकर, लागू करायें।'

किन्तु यह दुर्भाग्यपूर्ण है कि 69 वर्ष पूर्व हिन्दी साहित्य सम्मेलन द्वारा पारित पवित्र प्रस्ताव और डॉ. श्यामाप्रसाद मुखर्जी की उम्मीदें आज भी अपने सही स्वरूप में लागू होने की राह देख रहे हैं।

हिन्दी साहित्य सम्मेलन के उक्त प्रस्ताव का सन्दर्भ लेते हुए संस्था लोक सर्वोदय फाउण्डेशन की कार्यकारिणी इकाई राष्ट्रीय स्वराज परिषद द्वारा 'सर्वोदय भारतीय भाषा मुहिम' के अन्तर्गत 5 नवम्बर, 2019 को एक प्रस्ताव पारित कर प्रत्येक वर्ष 5 नवम्बर को, जिस दिन 1948 में सेठ गोविन्द दास द्वारा संविधान सभा के समक्ष पहली बार हिन्दी को राष्ट्रीय भाषा एवं देवनागरी लिपि को राष्ट्रीय लिपि के रूप में घोषित किये जाने की मांग की गयी थी, 'राष्ट्रीय भाषा दिवस' के रूप में मनाने का और साथ ही केन्द्र सरकार से भारत में द्वि-भारतीय भाषा नीति लागू करने की भी माँग की गयी है।

द्वि-भारतीय भाषा नीति लागू कर जनसंख्या के समानुपात में किसी-न-किसी एक गैर-हिन्दी भारतीय भाषा को अलग-अलग हिन्दी राज्यों/राज्यक्षेत्रों की तथा हिन्दी भाषा को सभी गैर-हिन्दी-भाषी-राज्यों की द्वितीय राज्यभाषा के रूप में स्थापित किया जाना चाहिए तथा इस दिशा में यथोचित संविधान संशोधन किया जाना चाहिए। नीति के अनुसार हिन्दी भाषी राज्यों में गैर हिन्दी भाषा को निम्न तालिका के अनुसार द्वितीय राज्यभाषा के रूप में स्थापित किया जा सकता है–

हिन्दी भाषी राज्य	द्वितीय राजकीय भाषा
राजस्थान	उड़िया
उत्तर प्रदेश पूर्वी क्षेत्र	तमिल
उत्तर प्रदेश मध्य क्षेत्र	तेलुगु
उत्तर प्रदेश पश्चिमी क्षेत्र	मराठी
मध्य प्रदेश पूर्वी क्षेत्र	कश्मीरी
मध्य प्रदेश पश्चिमी क्षेत्र	पंजाबी
हरियाणा	असमिया
छत्तीसगढ़	मलयालम
बिहार	कन्नड़
झारखण्ड	गुजराती
हिमांचल प्रदेश	मणिपुरी

उत्तराखण्ड	कोंकणी
दिल्ली	बँगला

गैर हिन्दी भाषा को द्वितीय राज्यभाषा के रूप में स्वीकार करने की पहल करके हम हिन्दी भाषी लोग अपना बड़ा दिल दिखा सकते हैं और अनुच्छेद 351 की मन्शा के अनुरूप हिन्दी का विकास इस तरह किया जा सकेगा, जो इसे भारत के मिश्रित संस्कृति की अभिव्यक्ति का माध्यम बनने में समर्थ करे। निश्चित ही यह हिन्दी को देश की राष्ट्रीय भाषा के रूप में दिलाने में मदद करेगा।

अध्याय 3
राष्ट्रीय पर्व व राष्ट्रीय दिवस

किसी देश का राष्ट्रीय पर्व एवं राष्ट्रीय दिवस उस देश के निर्माण से जुड़ी महत्त्वपूर्ण घटनाओं का स्मरण कराता है। यह राष्ट्रीय गौरव की आकांक्षा, राष्ट्रीय प्रतिष्ठा का प्रतीक, राष्ट्रीय चेतना का प्रदर्शक और राष्ट्रीय महानता का दिग्दर्शक होता है। यह जनमानस को एकता के सूत्र में पिरोता है। ये ऐसी घटनाएँ हैं, जिनके माध्यम से देशवासी अपने अन्दर उल्लास की वह भावना पैदा करते हैं, जो उनके जीवनपथ को देश की एकता एवं अखण्डता अक्षुण्ण बनाये रखने के लिए, आपसी भाईचारा एवं सहिष्णुता आधारित संस्कृति अविरल बनाये रखने के लिए, राष्ट्रीय निर्माण एवं विकास की धारा को प्रवहमान् बनाये रखने के लिए निरन्तर अनुप्राणित करते हैं और जो देशहित के लिए सतत् चिन्तन-मनन करते रहने एवं कर्मशील बने रहने की प्रेरणा देते हैं। ये पर्व हम देशवासियों को उन गलतियों से सजग बने रहने का भी अवसर देते हैं, जिनके कारण इस देश को बाहरी आक्रान्ताओं के दंश को झेलने के लिए मजबूर होना पड़ा है और इस कारण इसने कई बार अपनी सम्प्रभुता को खोया है।

दुनिया के लगभग सभी देश किसी-न-किसी एक तिथि को राष्ट्रीय दिवस के रूप में मनाते हैं। नये देश स्वराज-प्राप्ति की तिथि को राष्ट्रीय दिवस के रूप में मनाते हैं तो पुराने देश किसी-न-किसी एक महत्त्वपूर्ण घटनावाले तिथि जैसे लोकतन्त्र-स्थापना की तिथि या उसके संस्थापक या किसी महान सन्त की जयन्ती को राष्ट्रीय दिवस के रूप में मनाते हैं। अमरीका से लेकर आस्ट्रेलिया, चीन से लेकर बेल्जियम, ब्राजील से लेकर कम्बोडिया, कनाडा से लेकर इण्डोनेशिया, नार्वे से लेकर इजराइल, सभी देश किसी-न-किसी एक तिथि को राष्ट्रीय दिवस मनाते हैं।

राष्ट्रीय दिवस की मूल अवधारणा का महत्त्व तभी है, जब यह एक हो और वर्ष में एक बार मनाया जाय। किन्तु भारत में तीन तिथियों को राष्ट्रीय दिवस के रूप में मनाये जाने का प्रचलन है। '26 जनवरी' को गणतन्त्र-दिवस के रूप में, '15 अगस्त' को स्वतन्त्रता-

दिवस के रूप में और '2 अक्टूबर' को गाँधी-जयन्ती के रूप में मनाया जाता है। इनमें से प्रथम दो तिथियों– 26 जनवरी एवं 15 अगस्त– को एक ही वर्ष के अन्दर दो-दो बार केन्द्र की राजधानी दिल्ली सहित सभी राज्यों की राजधानी में सेना-परेड कराकर करोड़ों-अरबों रुपये खर्च भी करते आ रहे हैं। शायद ही कोई बता सकेगा कि एक ही वर्ष में छह महीने के अन्तराल पर दोबारा इतनी बड़ी मात्रा में धन खर्च करके हम क्या अतिरिक्त चीज हासिल कर पाते हैं? सिवाय इसके कि इस देश के सत्तासीन नेताओं को सेना से दो बार तोपों की सलामी मिल जाती है, आम जनमानस को दूसरी बार इतना धन खर्च होने से क्या अतिरिक्त लाभ मिलता है, इसका शायद ही कुछ सकारात्मक जवाब दिया जा सके। यदि कोई सकारात्मक जवाब न हो तो मात्र सत्तासीन नेताओं को तोपों की सलामी देने एवं उनकी खुशमदीद के लिए इतना धन खर्च करना अनावश्यक-सा लगता है।

हाँ, यदि केवल प्रेरणा मिलते रहने की बात है, तो इसे और व्यापक सन्दर्भ में स्वीकार किया जाना चाहिए। वर्ष के एक तिथि को राष्ट्रीय पर्व के रूप में स्वीकार करने के साथ प्रत्येक महीने की किसी एक महत्त्वपूर्ण तिथि को राष्ट्रीय दिवस के रूप में स्वीकार कर सकते हैं।

'भारतीय सिविल संहिता' के इस अध्याय 'राष्ट्रीय दिवस एवं राष्ट्रीय पर्व' के सन्दर्भ में चर्चा के मुख्य विषय निम्न हैं–

(1) वर्ष के किस एक तिथि को राष्ट्रीय पर्व मनाया जाना उचित है?

(2) क्या 26 जनवरी को गणतन्त्र दिवस के रूप में मनाया जाना उचित है?

(3) प्रत्येक महीने की किसी एक तिथि को राष्ट्रीय दिवस के रूप में मनाने का सम्भावित स्वरूप क्या हो सकता है?

(1) देश का राष्ट्रीय पर्व – 'स्वराज पर्व'

भारत में वर्ष के किस एक तिथि को राष्ट्रीय दिवस के रूप में मनाया जाना चाहिए, इस सवाल का अविवादित जवाब '15 अगस्त' होगा। स्वतन्त्रता-दिवस के रूप में मनाये जानेवाले '15 अगस्त' का ऐतिहासिक महत्त्व यह है कि वर्ष 1947 में इसी तिथि को यह देश ब्रिटिश हुकूमत की गुलामी की जंजीर से मुक्त हुआ था। इस क्षण को हासिल करने के लिए हमारे हजारों-लाखों महानायकों ने जीवनपर्यन्त संघर्ष करते हुए अपने प्राणों की आहुति दी थी। यह तिथि हमें इन अमर शहीदों का स्मरण कराता है और हम सभी को देश के प्रति वफादार बने रहने की प्रेरणा देता रहता है।

'15 अगस्त' को राष्ट्रीय दिवस के रूप में अपनाये जाने के साथ यह उचित होगा कि इसके लिए एक सन्देशपरक और ऐतिहासिक महत्त्व के अनुरूप नाम तलाशा जाय। किसी भी नाम से निकलनेवाले सन्देश एवं भाव का बहुत महत्त्व होता है। इसलिए ऐसा नाम तलाशा जाना चाहिए, जो इतिहास के आईने से हमें नित प्रेरणा देता रहे। 15 अगस्त की

तिथि को 'स्वतन्त्रता' के सन्दर्भ से जोड़ना उच्छृंखलता को बढ़ावा देता है और देश के प्रति दायित्वबोध को क्षीण करता है। वस्तुतः स्वतन्त्र होने की सोच एवं मानसिकता ने ही इस देश को गुलाम बनाने में भूमिका निभायी थी। ब्रिटिश हुकूमत के जाने के बाद 'स्वतन्त्र' शब्द को हमने फिर से अपने गले लगा लिया। इस शब्द से हम जितनी जल्दी छुटकारा पा लें, उतना ही अच्छा होगा।

आजादी के महानायकों के लिए स्वराज प्राप्त करना हमेशा आदर्श लक्ष्य रहा है। लोकमान्य बाल गंगाधर तिलक ने इस देश के लिए 'स्वराज' का सपना देखा था और उन्होंने 'स्वराज हमारा जन्मसिद्ध अधिकार है' का नारा दिया। अपनी पुस्तक 'हिन्द स्वराज' के माध्यम से महात्मा गाँधी ने देशवासियों को ब्रिटिश हुकूमत का नया विकल्प तलाशने की प्रेरणा दी। 1923 में स्वराज के लक्ष्य को प्राप्त करने के लिए देशबन्धु चितरंजन दास द्वारा 'स्वराज पार्टी' की स्थापना की गयी। वर्ष 1928 में प्रस्तुत की गयी मोतीलाल नेहरू-रिपोर्ट में जब देश को 'औपनिवेशिक अधिराज्य' घोषित करने की माँग की गयी, तो इसका विरोध करते हुए नेताजी सुभाषचन्द्र बोस द्वारा 'पूर्ण स्वराज' की माँग की गयी और इसके लिए उन्होंने संशोधन-प्रस्ताव भी प्रस्तुत किया। इस संशोधन-प्रस्ताव के पक्ष में नेताजी द्वारा व्यक्त किया गया विचार देशवासियों को नित अनुप्राणित करता रहेगा। नेताजी के शब्दों में–

> "हमने राष्ट्रीय आन्दोलन की शुरुआत के समय से ही आजादी की कल्पना '**पूर्ण स्वराज**' के रूप में की है, औपनिवेशिक राज्य के रूप में नहीं। औपनिवेशिक राज्य न तो कभी हमारा लक्ष्य था और न ही यह लक्ष्य देशवासियों को स्वीकार हो सकता है। युवा पीढ़ी को तो यह बिलकुल भी स्वीकार नहीं होगा। हमें यह स्मरण रखना चाहिए कि भविष्य की उत्तराधिकारी युवा पीढ़ी ही है।
>
> 'मानवीय और भौतिक साधनों में भारत समृद्ध और सम्पन्न है। उस शैशवावस्था से भी वह बाहर निकल चुका है, जिसे विदेशी सत्ता उस पर लादती रही है। भारतीय प्राच्य हैं, प्रगतिशील हैं। भारत और ब्रिटेन में कुछ भी तात्त्विक समानता नहीं है, जिससे यह माना जाये कि ब्रिटिश साम्राज्य से जुड़े रहकर भारत को औपनिवेशिक स्वशासन मान्य हो सकता है बल्कि साम्राज्य से जुड़े रहने पर हानि की सम्भावना है। दीर्घ अवधि तक ब्रिटिश औपनिवेशिक सत्ता के अधीन रहकर भारत हीन भावना से कभी उबर नहीं पायेगा। जब तक यह देश ब्रिटिश साम्राज्य का अंश बना रहेगा, ब्रिटिश स्वार्थ का प्रतिरोध उसके लिए अत्यन्त कठिन होगा। भारत की दुर्बलताओं का अचूक उपचार केवल '**स्वराज**' है और '**स्वराज**' के योग्य बनने के लिए आजादी हासिल करने की लगन जरूरी है।
>
> 'निष्कर्ष रूप में मैं यह निवेदन करता हूँ कि **पूर्ण स्वराज** के इस संशोधन को स्वीकार करना ही हमारे पास आत्मसम्मान को सुरक्षित रखने का एकमात्र विकल्प

है। इस संशोधन को स्वीकार करने से हमारे नेताओं का अपमान कदाचित् नहीं होगा। अपने नेताओं का सम्मान करना अलग बात है और सिद्धान्तों के साथ समझौता करना बिलकुल अलग है। मेरी आप सबसे प्रार्थना है कि आप सब इस संशोधन-प्रस्ताव को स्वीकार करके युवा पीढ़ी को नवीन चेतना से अनुप्राणित करें।"

आजादी आन्दोलन के दौर से ही 'स्वराज' शब्द का ऐतिहासिक महत्त्व रहा है। इस शब्द के माध्यम से आजादी आन्दोलन के हमारे महानायक देश के लिए कुछ भी कर गुजरने की प्रेरणा लेते रहे हैं। राष्ट्रीय दिवस के रूप में '15 अगस्त' के लिए 'स्वराज पर्व' नाम नागरिकों में देश के प्रति एक दायित्व-बोध के उद्गम का काम करता रहेगा।

(2) 26 जनवरी गणतन्त्र-दिवस के रूप में क्यों

भारत में '15 अगस्त' के अलावा '26 जनवरी'को भी राष्ट्रीय दिवस के रूप में मनाया जाता है। 26 जनवरी का ऐतिहासिक महत्त्व यह है कि वर्ष 1930 में इसी तिथि को पहली बार स्वराज दिवस मनाया गया था और तिरंगा ध्वज को देश के ध्वज के रूप में फहराया गया था। उसके बाद से यह क्रम वर्ष 1947 तक चलता रहा। किन्तु चूँकि इस देश की आजादी की घोषणा 15 अगस्त, 1947 को किया गया था और अब सही मायने में यही तिथि स्वराज की तिथि हो गयी थी, इसलिए 26 नवम्बर को अंगीकृत कर लिये गये संविधान को 26 जनवरी, 1949 को लागू करके इसे गणतन्त्र दिवस का नाम दिया गया।

यह चर्चा का विषय है कि संविधान लागू होने के कारण 26 जनवरी की तिथि सही मायने में गणतन्त्र-दिवस है या लोकतन्त्र-दिवस, क्योंकि वस्तुतः संविधान के अन्तर्गत शासन की जिस व्यवस्था को स्वीकार किया गया है, वह गणतन्त्र की तुलना में लोकतन्त्र के ज्यादा निकट है और इसलिए सही मायने में यह लोकतन्त्र-दिवस होना चाहिए। किन्तु तत्कालीन नेहरू सरकार द्वारा इस तिथि को 'गणतन्त्र-दिवस' का नाम दिया गया। इस तिथि को 'लोकतन्त्र-दिवस' के स्थान पर 'गणतन्त्र-दिवस' के रूप में क्यों स्वीकार किया गया, इसे समझने के लिए तत्कालीन नीति-निर्माताओं के मध्य शासन-व्यवस्था के स्वरूप को लेकर उपजे गतिरोध को जानना आवश्यक है।

आजाद भारत की शासन-व्यवस्था का स्वरूप कैसा हो, इस विषय को लेकर संविधान-निर्माण के दौरान तत्कालीन नेतृत्व स्पष्ट रूप से दो वर्गों में बँटा हुआ था। एक वर्ग वह था, जो इस देश को गणराज्य के रूप में स्थापित करना चाहता था और दूसरा वर्ग वह था, जो इस देश की शासन-व्यवस्था को लोकतान्त्रिक व्यवस्था से संचालित होता हुआ देखना चाहता था। पहली धारा का नेतृत्व जवाहरलाल नेहरू कर रहे थे तो दूसरी धारा का नेतृत्व बाबा साहेब डॉ. अम्बेडकर कर रहे थे। इस विषय पर विस्तार से चर्चा

लेखक द्वारा लिखित पुस्तक 'भारतीय संविधान की निर्माण यात्रा' में की गयी है। इसके शीर्षकलेख 'गणराज्य के बहाने लोकतान्त्रिक राज्य का विरोध' के अंश का यहाँ उल्लेख करना प्रासंगिक है।

जवाहरलाल नेहरू द्वारा प्रस्तुत 13 दिसम्बर, 1946 के उद्देश्य-संकल्प में भारत को एक 'स्वतन्त्र, सम्प्रभु गणराज्य' बनाने की घोषणा की गयी थी। इस प्रस्ताव में प्रयोग किये गये गणराज्य के कई मायने थे। यह अप्रत्यक्ष लोकतन्त्र पर भी आधारित हो सकता है या फिर यह अलोकतान्त्रिक भी हो सकता है।

किन्तु प्रारूप-संविधान में उक्त उद्देश्य-संकल्प में प्रयोग किये गये शब्दावली 'भारत एक स्वतन्त्र, सम्प्रभु गणराज्य होगा' में सुधार करके इसके स्थान पर 'सम्प्रभु लोकतान्त्रिक गणराज्य' प्रतिस्थापित कर दिया गया था। इस बदलाव के कारण का उल्लेख करते हुए प्रारूप-संविधान के उद्देशियका के पैरा सं. 2 में कहा गया था कि 'संविधान-सभा द्वारा जनवरी, 1947 में स्वीकार किया गया उद्देश्य-संकल्प घोषित करता है कि भारत को एक स्वतन्त्र, सम्प्रभु गणराज्य होना है। मसौदा-समिति ने शब्दावली 'सम्प्रभु लोकतान्त्रिक गणराज्य' को स्वीकार किया है क्योंकि सामान्यतया स्वतन्त्रता का भाव सम्प्रभुता में शामिल होता है। इसलिए स्वतन्त्रता का प्रयोग करने से शायद ही कुछ हासिल हो।'

इस तरह गणराज्य के स्थान पर 'लोकतान्त्रिक गणराज्य' का प्रयोग करके डॉ. बी. आर. अम्बेडकर के नेतृत्व में मसौदा समिति ने उस दुविधा को समाप्त कर दिया, जिसके तहत यह आशंका व्यक्त की जा रही थी कि एक गणराज्य अप्रत्यक्ष लोकतन्त्र पर भी आधारित हो सकता है या फिर यह अलोकतान्त्रिक भी हो सकता है।

तत्कालीन नेतृत्व का एक वर्ग ग्राम गणराज्य-आधारित शासन-व्यवस्था के पक्ष में लाबिंग कर रहा था। एम. अनंथसयनम अयंगर द्वारा कही गयी बात कि 'इस संविधान को अवश्य ही स्वायत्त ग्राम गणराज्य पर आधारित होना चाहिए था। यदि एक बार लोगों को नीले चन्द्रमा पर एक सामान्य उद्देश्य से इस सभा या उस सभा हेतु किसी एक्स, वाई और जेड को चुनने मात्र के लिए एक साथ लाया जाय और फिर उसके बाद वे छितर-बितर हो जायँ, ऐसा लोकतन्त्र किसी चीज को मूल्यवान् नहीं बना देती है। आज भारत की यही स्थिति है' इसी लाबिंग का एक हिस्सा रहा है। संविधान में ग्राम गणराज्य की अवधारणा के इस अभाव को संविधान सभा में कांग्रेस की उपेक्षा के साथ भी जोड़कर देखा गया। अरुण चन्द्र गुहा ने ऐसी ही कुछ व्यथा व्यक्त करते हुए कहा था कि पूरे प्रारूप-संविधान में हम कहीं भी कांग्रेस के विचारों को, गाँधीवाद के सामाजिक और राजनीतिक दृष्टिकोण को नहीं पाते हैं। अपने लम्बे और विद्वत्तापूर्ण भाषण में माननीय डॉ. अम्बेडकर ने कहीं भी गाँधी जी को या कांग्रेस को सन्दर्भित नहीं किया है। यह आश्चर्यजनक नहीं है क्योंकि मैं अनुभव करता हूँ कि पूरे संविधान में कांग्रेस के आदर्शों एवं विचारधारा का अभाव है।

किन्तु डॉ. बी. आर. अम्बेडकर इस मामले में विपरीत दिशा में खड़े थे। वे शासन-व्यवस्था में 'ग्राम पंचायतों' के बजाय 'नागरिक' को इकाई बनाने के लिए कार्य कर रहे थे। उनका स्पष्ट मानना था कि वयस्क नागरिकों के मताधिकार के आधार पर केन्द्र और राज्य के विधायिका के सदस्यों का प्रत्यक्ष चुनाव होना चाहिए और बहुसंख्यक की शक्ति का दुरुपयोग न होने पाये, इसके लिए मूलभूत अधिकारों की गारण्टी की व्यवस्था स्वयं संविधान में की जानी चाहिए। कुल मिलाकर वैचारिक मतभेद इस बात पर था कि भारतीय शासन-व्यवस्था 'गणराज्य के विचारधारा' पर आधारित हो या 'लोकतान्त्रिक राज्य के विचारधारा' पर। इन अलग-अलग विचारधाराओं पर आधारित मतभेद इस बात को लेकर था कि भावी सरकार पर जनता का अप्रत्यक्ष नियन्त्रण रहने दिया जाय या प्रत्यक्ष नियन्त्रण। पहले का नेतृत्व नेहरू कर रहे थे तो दूसरे की वकालत डॉ. अम्बेडकर कर रहे थे।

यह मतभेद तब ज्यादा खुलकर सामने आ गया जब स्वयं जवाहरलाल नेहरू ने 8 नवम्बर, 1948 को दिये गये अपने सम्बोधन में गणराज्य के लिए पूर्व में पारित उद्देश्य-संकल्प पर जोर देने लगे। अपने प्रतिक्रिया सम्बोधन के आठवें पैरा में नेहरू कहते हैं कि इस सदन को याद होगा कि जब मैंने उद्देश्य-संकल्प को इस सदन के समक्ष प्रस्तुत किया था, जिसमें मैंने इस तथ्य को सन्दर्भित किया था और हम सब माँग किये थे या यूँ कहें कि प्रतिपादित किये थे कि हमारा संविधान एक 'स्वतन्त्र, सम्प्रभु गणराज्य' के लिए निर्मित होना चाहिए। मैंने उसी समय कहा था और बाद में भी कहता आया हूँ कि हमारे 'गणराज्य' होने का मामला वस्तुतः हमारे द्वारा तय किये जाने का मामला है। इसका इस बात से कुछ भी लेना-देना नहीं है कि हमारा दूसरे देशों, खासतौर से यूनाइटेड किंगडम या कामनवेल्थ के साथ क्या सम्बन्ध होना चाहिए। या है भी तो बहुत थोड़ा लेना-देना है। यह सवाल है, जिसे इस सभा द्वारा और किसी के द्वारा नहीं, स्वतन्त्र तरीके से पुनः तय करना है कि हमारे संविधान को कैसा बनना है।... उद्देश्य-संकल्प संविधान सभा का है। निःसन्देह यह संविधान सभा के लिए ही खुला है कि वह इस प्रस्ताव से भिन्न कुछ करे क्योंकि इन मामलों में या दूसरे सभी मामलों में यह सम्प्रभु होने के कारण ऐसा कुछ भिन्न कर सकता है। फिर भी यह (उद्देश्य-संकल्प) संविधान सभा द्वारा खुद को और मसौदा-समिति को संविधान के लिए दिया गया निर्देश है और जब तक यह है और जैसा कि यह है और आगे रहेगा, उद्देश्य-संकल्प में कही गयी बातों के अनुकूल ही संविधान बनेगा।

प्रारूप-संविधान की उद्देशियका के पैरा सं. 2 के पश्चात सदस्यों में चल रही वह दुविधा लगभग समाप्त हो गयी थी जो उद्देश्य-संकल्प में लोकतन्त्र का प्रयोग नहीं किये जाने और इसके बिना केवल 'गणराज्य' का प्रयोग करने के कारण पैदा हुआ था। इसके बाद भी गणराज्य पर जोर देते हुए नेहरू द्वारा कहा गया कि 'हमारा संविधान' एक 'स्वतन्त्र, सम्प्रभु गणराज्य' के लिए निर्मित होना चाहिए।... हमारे 'गणराज्य' होने का

मामला वस्तुतः हमारे द्वारा तय किये जाने का मामला है।... यह सवाल है, जिसे इस सदन द्वारा स्वतन्त्र तरीके से पुनः तय करना है कि हमारे संविधान को कैसा बनना है।' नेहरू के 'पुनः तय करने' की बात ने एक बार फिर उन सदस्यों की दुविधा को बढ़ा दिया, जो उद्देश्य-संकल्प में केवल 'गणराज्य' का प्रयोग करने और 'लोकतन्त्र' का प्रयोग न करने को लेकर सवाल खड़ा कर रहे थे और उन सदस्यों के हौसले को बढ़ानेवाला था जो ग्राम आधारित गणराज्य की हिमायत कर भारत में अप्रत्यक्ष लोकतन्त्र स्थापित करना चाहते थे।

गणराज्य के पहले लोकतान्त्रिक जोड़े जाने के मायने थे। इस सुधार से शंका के वे बादल छट गये थे, जिसके कारण गणराज्य में अप्रत्यक्ष लोकतन्त्र या अलोकतन्त्र की सम्भावनाओं को देखा जा रहा था। फिर भी नेहरू द्वारा पुनः तय करने की बात कहने से यह सन्देश निकलता है कि सांकेतिक रूप से वह प्रत्यक्ष निर्वाचन की उस व्यवस्था का विरोध कर रहे थे, जो प्रारूप संविधान के माध्यम से प्रस्तुत किया गया था। शायद वे इसपर मुहर लगवाना चाहते थे कि नागरिकों के बजाय ग्राम पंचायतों को विधायिका के निर्वाचन का एवं शासन की इकाई बनाया जाय और सरकार पर जनता का अप्रत्यक्ष नियंत्रण ही रहे। इसी की पैरवी करने के लिए नेहरू द्वारा 'गणराज्य' एवं 'पुनः तय करने' पर बल दिया जा रहा था। उनका इशारा स्पष्ट था कि गणराज्य आधारित शासन-व्यवस्था ही होनी चाहिए जैसा कि उद्देश्य-संकल्प में घोषित किया गया है एवं इस उद्देश्य-संकल्प को मानने के लिए मसौदा-समिति बाध्य है और यदि मसौदा-समिति इस बाध्यता को नहीं स्वीकार करता है तो संविधान सभा इसे पलटने के लिए सक्षम है।

जबकि डॉ. अम्बेडकर ग्राम गणराज्य आधारित शासन-व्यवस्था के उक्त अवधारणा के एकदम विपरीत खड़े थे। वह सत्ताकेन्द्र को अप्रत्यक्ष लोकतन्त्र आधारित गणराज्य बनाने के बजाय विशुद्ध लोकतान्त्रिक गणराज्य बनाने के लिए अड़े हुए थे। इस तरह संविधान सभा में दो मोर्चे उभरकर सामने आ गये थे। एक का नेतृत्व नेहरू कर रहे थे तो दूसरे का नेतृत्व डॉ. अम्बेडकर। एक के पास करिश्माई व्यक्तित्व ज्यादा था तो दूसरे के पास तार्किक क्षमता ज्यादा था। यह मोर्चाबन्दी भी एक बहुत बड़ा कारण था कि आम बहस के दौरान कुछ सदस्यों द्वारा डॉ. अम्बेडकर को बधाई देना गैर जरूरी समझा गया, ताकि अपनों के बीच स्पष्ट सन्देश पहुँचाया जा सके।

देश की शासन-व्यवस्था 'गणराज्य' की अवधारणा पर आधारित हो या 'लोकतान्त्रिक-राज्य' की अवधारणा पर, इस विषय पर डॉ. अम्बेडकर ने अपने तर्कों से एवं देश के प्रति अपनी ईमानदार निष्ठा के बल पर लोकतान्त्रिक राज्य के पक्ष में निर्णय करने के लिए संविधान-सभा को विश्वास में लेने में सफलता तो प्राप्त कर ली, किन्तु सरकार के स्तर पर किये जानेवाले निर्णयों में पण्डित नेहरू के विचार का प्रभावी होना स्वाभाविक-सा था। संविधान लागू होने की तिथि '26 जनवरी' का नामकरण 'लोकतन्त्र-दिवस' करने के बजाय 'गणतन्त्र-दिवस' करना इसी प्रभाव का परिणाम था।

शायद तत्कालीन नेतृत्व को उम्मीद थी कि कुछ समय बाद इस देश की शासन-व्यवस्था के स्वरूप को लोकतान्त्रिक राज्य से बदलकर गणराज्य किया जा सकेगा। किन्तु इसके लिए आवश्यक था कि इस देश की जनता के दिलो-दिमाग से गणराज्य के भाव का लोप न होने दिया जाय। यह सम्भव है कि 26 जनवरी की तिथि को 'गणतन्त्र-दिवस' का नाम देने के पीछे यही मंशा थी। जिस तरह से कुलीन संस्कृति, सामन्तवाद एवं परिवारवाद से युक्त राजनीतिक पार्टियों द्वारा भारत की राजनीति में अपना स्थान बना लिया गया है, यह मन्शा कुछ हद तक सफल भी हुई है। किन्तु समय के विकासक्रम के साथ घड़ी की पलटी हुई सूई को सीधा करना आवश्यक है। इसलिए संविधान लागू करने के सन्दर्भ में 26 जनवरी के लिए सबसे उपयुक्त नाम लोकतन्त्र दिवस हो सकता है, न कि गणतन्त्र दिवस।

वर्ष 1930 के मूल स्वरूपवाले 26 जनवरी का ऐतिहासिक महत्त्व है। यह संविधान लागू होनेवाले स्वरूप से कम महत्त्व का नहीं है, बल्कि कहीं बहुत ज्यादा है, क्योंकि इसने हमारे आजादी आन्दोलन के नायकों को नित प्रेरणा देते रहने का काम किया है। इसलिए यह उचित है कि '26 जनवरी' को इसके मूल स्वरूप में ही स्वीकार किया जाय।

(3) प्रत्येक महीने एक राष्ट्रीय दिवस की अवधारणा

15 अगस्त और 26 जनवरी के साथ महात्मा गाँधी की जयन्ती 2 अक्टूबर को भी राष्ट्रीय दिवस के रूप में मनाया जाता है। आजादी आन्दोलन के निर्णायक दौर में देश को वैचारिक आधार प्रदान कर ब्रिटिश हुकूमत के खिलाफ संघर्ष करने की प्रेरणा देनेवाले महात्मा गाँधी उन सभी महानायकों द्वारा किये गये संघर्षों एवं आदर्शों के प्रतिनिधिक-प्रतीक हैं, जिन्होंने देश की आजादी के लिए अपना सर्वस्व जीवन न्योछावर कर दिया। बापू जी के 'सत्य, अहिंसा एवं शान्ति' के सिद्धान्त पर आधारित रौलट सत्याग्रह, चम्पारण आन्दोलन, दाण्डी मार्च, नमक सत्याग्रह, सिविल अवज्ञा आन्दोलन, भारत छोड़ो आन्दोलन जैसे आन्दोलनों ने देश के आम जनमानस को ब्रिटिश हुकूमत के खिलाफ उद्वेलित करने का काम किया। किन्तु बापू जी की जयन्ती को राष्ट्रीय दिवस के रूप में मनाकर हम उनके आदर्शों के खिलाफ व्यक्तिवाद को स्वीकार करने का काम करते हैं।

एक वर्ष में तीन तिथियों को राष्ट्रीय दिवस मनाने के पीछे एक तर्क यह भी दिया जाता है कि इनके माध्यम से प्रेरणा मिलता है और हमारी राष्ट्र के प्रति प्रेम की निरन्तरता बनी रहती है। यद्यपि यह स्वीकार करना थोड़ा अजीब सा-लगता है कि मात्र एक राष्ट्रीय दिवस मनाने से हमारा राष्ट्रप्रेम कम हो जायेगा और तीन-तीन राष्ट्रीय दिवस मनाने से राष्ट्रप्रेम बढ़ जाता है या राजधानी में दो-दो बार सेना-परेड कराने से राष्ट्रप्रेम और भी ज्यादा बढ़ जाता है। किन्तु यदि देश को गुलामी की जंजीर से छुड़ाने के लिए शहीद होनेवाले

महानायकों से जुड़ी घटनाएँ हमें नित प्रेरणा देती रहें, तो ऐसी कुछ प्रमुख घटनाओं को राष्ट्रीय दिवस के रूप में स्वीकार किया जाना उचित होगा। इस दृष्टि से प्रत्येक महीने की किसी एक ऐतिहासिक घटना से जुड़ी तिथि को राष्ट्रीय दिवस के रूप में स्वीकार किया जाना चाहिए। महात्मा गाँधी के पवित्र विचार एवं सतत कर्मशीलता हम देशवासियों को सदैव अनुप्राणित करता रहे, इसके लिए आवश्यक है कि उनसे जुड़ी किसी एक महत्त्वपूर्ण घटना को भी राष्ट्रीय दिवस के रूप में स्वीकार करें।

प्रत्येक महीने की किसी एक तिथि को राष्ट्रीय दिवस के रूप में मनाकर हम आजादी-आन्दोलन के मूल्यों एवं आदर्शों के साथ निरन्तर जुड़े रह सकते हैं। इन राष्ट्रीय पर्वों के माध्यम से हम सभी देशवासी राष्ट्रप्रेम की ऐसी भावना बनाये रख सकते हैं, जो हमारे जीवनपथ को देश की एकता एवं अखण्डता को अक्षुण बनाये रखने के लिए, आपसी भाईचारा एवं सहिष्णुता आधारित संस्कृति को अविरल बनाये रखने के लिए, राष्ट्रीय निर्माण एवं विकास की धारा को प्रवाहमान् बनाये रखने के लिए निरन्तर अनुप्राणित करता रहे।

यह एक कठिन निर्णय हो सकता है कि प्रत्येक महीने की किस एक तिथि को राष्ट्रीय दिवस के रूप में स्वीकार किया जाय। इसके लिए एक आदर्श पैमाना तय करना होगा। लेखक के विचार से सबसे उत्तम पैमाना वह पैमाना होगा कि जिसके माध्यम से हम ऐसे तिथियों को छाँट सकें, जो आजादी आन्दोलन के वैचारिक आयाम को समग्रता एवं व्यापकता के साथ स्थापित करे। इस दृष्टिकोण से प्रयास करने पर जिन घटनाओं से जुड़ी प्रत्येक महीने की किसी एक तिथि को राष्ट्रीय दिवस के रूप में स्वीकार किया जा सकता है, वे निम्न हैं–

महीना	तिथि	दिवस का नाम	तिथि से जुड़ी राष्ट्रीय आन्दोलन को वैचारिक आयाम देनेवाली प्रमुख घटना
जनवरी	26	स्वराज संकल्प दिवस	वर्ष 1930 की इस तिथि को कांग्रेस द्वारा पहली बार स्वराज दिवस मनाकर एवं रावी नदी के किनारे धर्म-निरपेक्ष स्वरूपवाले तिरंगा फहराकर देशवासियों को स्वराज-प्राप्ति के लिए संकल्पित किया गया।
फरवरी	21	सत्याग्रह दिवस	असहयोग आन्दोलन, रौलट सत्याग्रह, सविनय अवज्ञा आन्दोलन, दाण्डी मार्च, नमक सत्याग्रह, भारत छोड़ो आन्दोलन-जैसे जन-आन्दोलनों के माध्यम से ब्रिटिश हुकूमत को घुटने पर टेकने के लिए मजबूर करनेवाले महात्मा गाँधी द्वारा फरवरी, 1943 में जेल में ही रहकर 21 दिवसीय उपवास

			शुरू कर दिया गया, जिसके बाद हड़ताल, प्रदर्शन एवं जुलूसों का ऐसा सिलसिला प्रारम्भ हो गया कि ब्रिटिश प्रधानमन्त्री विन्स्टन चर्चिल यह कहने के लिए मजबूर होना पड़ा कि 'जब दुनिया में हम जीत रहे हैं, ऐसे वक्त में हम एक बुड्ढे के सामने कैसे झुक सकते हैं, जो हमेशा हमारा दुश्मन रहा है।'
मार्च	23	शहादत दिवस	वर्ष 1931 की इस तिथि को अमरशहीद भगतसिंह, सुखदेव एवं राजगुरु खुशी-खुशी फाँसी के तख्त को चूमकर राष्ट्रीय आन्दोलन के लिए प्राणों की आहुति देनेवाले शहीद महानायकों के आदर्श बने।
अप्रैल	22	साम्राज्यवाद उन्मूलन दिवस	मास्टर दा के नाम से मशहूर शिक्षक सूर्य सेन के नेतृत्व में चटगाँव विद्रोह किया गया और तिरंगा फहराकर कामचलाऊ सरकार के गठन की घोषणा की गयी। 1930 की इस तिथि को ब्रिटिश सेना और क्रान्तिकारियों के मध्य जमकर संघर्ष हुआ, जिसमें ब्रिटिश सेना के 80 सैनिक मारे गये और 12 युवा क्रान्तिकारी शहीद हुए। इस संघर्ष के माध्यम से मास्टर सूर्य सेन द्वारा ब्रिटिश हुकूमत के साम्राज्यवाद के खिलाफ क्रान्ति के राष्ट्रीय नवजागरण का शंखनाद किया गया था।
मई	21	सामाजिक समानता दिवस	छूआछूत के खिलाफ महाड़ सत्याग्रह, कालाराम मन्दिर सत्याग्रह, नासिक सत्यागह-जैसे आन्दोलनों के माध्यम से दलित वर्ग को समाज की मुख्य धारा में आपस लानेवाले और गोलमेज सम्मेलन में लोकतन्त्र के साथ स्वराज की माँग को बुलन्द करनेवाले बाबा साहेब डॉ. अम्बेडकर ने वर्ष 1938 की इस तिथि को छह सौ मील की पैदल यात्रा कर ब्रिटिश हुकूमत की पोषक एवं किसानों की शोषक बन चुकी जमींदारी प्रथा के खिलाफ देश को मुखर आवाज दी।

जून	17	राष्ट्रमुक्ति दिवस	वर्ष 1858 की इस तिथि को ब्रिटिश हुकूमत के खिलाफ लड़ते हुए रानी लक्ष्मीबाई ने अपने जीवन का बलिदान देकर देशवासियों में राष्ट्रमुक्ति की आकांक्षा की बुनियाद रखी थी।
जुलाई	22	राष्ट्रीय नवजागरण दिवस	वर्ष 1922 की इस तिथि को ब्रिटिश हुकूमत द्वारा लोकमान्य बालगंगाधर तिलक को राजद्रोह के आरोप में दिये गये छह वर्ष कारावास की सजा ने देशवासियों के मध्य ब्रिटिश साम्राज्य के खिलाफ राष्ट्रीय नवजागरण की नींव तैयार की।
अगस्त	15	स्वराज पर्व (राष्ट्रीय पर्व)	वर्ष 1947 की इस तिथि को देश ने स्वराज के अधिकार को प्राप्त किया।
सितम्बर	23	सामाजिक सुधार दिवस	वर्ष 1828 के दौर में राजा राममोहन राय द्वारा अन्धविश्वास एवं जातिवाद के खिलाफ, बाल-विवाह, सतीप्रथा, बहुविवाह जैसी कुरीतियों के खिलाफ और महिलाओं की सम्पत्ति में अधिकार को लेकर सामाजिक एवं सांस्कृतिक लड़ाई लड़ी गयी और भारतीय समाज को रुढ़िवादी विचारों से बाहर निकालकर ब्रिटिश साम्राज्य के खिलाफ लड़ने के लिए वैचारिक सम्बल प्रदान किया गया।
अक्टूबर	21	सम्प्रभुता संकल्प दिवस	वर्ष 1943 की इस तिथि को नेताजी सुभाष चन्द्र बोस द्वारा आजाद हिन्द फौज के माध्यम से स्वाधीन भारत की पहली सरकार का गठन कर देश को सम्प्रभु बनाने के लिए देशवासियों को संकल्पित किया गया।
नवम्बर	26	संविधान-दिवस	वर्ष 1949 की इस तिथि को संविधान तैयार कर अपनाया गया और इस संविधान के माध्यम से महली बार लोकतन्त्र आधारित शासन-व्यवस्था को स्वीकार किया गया।
दिसम्बर	19	सुराज दिवस	आजादी आन्दोलन के दौर में स्वराजवाद के प्रणेता देशबन्धु चितरंजन दास के राजनीतिक शिष्य नेता जी सुभाष चन्द्र बोस ने राष्ट्रपति के रूप में (तत्समय कांग्रेसाध्यक्ष को राष्ट्रपति कहा

जाता था) वर्ष 1938 की इस तिथि को 'राष्ट्रीय योजना समिति' का गठन किया। समिति का पहला अध्यक्ष जवाहरलाल नेहरू को बनाया गया। इस समिति के माध्यम से पहली बार एकरूप नीति के अनुसार शिक्षा, स्वास्थ्य, भूमिसुधार, नशाबन्दी, औद्योगिक विकास-जैसी कल्याणकारी योजनाओं की संकल्पना प्रस्तुत कर देशवासियों में सुराज प्राप्त करने और इसके लिए स्वराज हासिल करने की ललक को जगाया गया।

उक्त ग्यारह तिथियों को बिना किसी तरह का सरकारी अवकाश किये विद्यालयों एवं संस्थाओं के माध्यम से 'राष्ट्रीय दिवस' मनाकर हम अपने को राष्ट्रीय आन्दोलन के मूल्यों के साथ जोड़े रखते हुए 15 अगस्त को पूरे उल्लास के साथ 'राष्ट्रीय पर्व' मनायें, इसका हम सभी देशवासियों को संकल्प लेना चाहिए।

अध्याय 4

राष्ट्रीय ध्वज

राष्ट्रीय ध्वज : तिरंगा ध्वज या चक्रध्वज/चक्रपताका

यद्यपि 22 जुलाई, 1947 को संविधान-सभा द्वारा राष्ट्रीय ध्वज को स्वीकार करने के सम्बन्ध में प्रस्ताव पारित किया गया, किन्तु इसका संविधान में कही उल्लेख नहीं है। इस प्रस्ताव में राष्ट्रीय ध्वज के स्वरूप का तो उल्लेख किया गया है, किन्तु इसके नाम का उल्लेख नहीं है। इस राष्ट्रीय ध्वज के लिए जो नाम प्रयोग किया जाता है, वह है 'तिरंगा ध्वज'।

तिरंगा नाम का शाब्दिक अर्थ है तीन रंगवाला। चूँकि अपने ध्वज में तीन अलग-अलग रंग की पट्टियाँ स्वीकार की गयी हैं, इसलिए इस आधार पर तिरंगा नाम अपने राष्ट्रीय ध्वज के लिए प्रचलित हुआ।

किन्तु जब हम अपने राष्ट्रीय ध्वज के नाम पर चर्चा कर रहे हैं, तो दो बिन्दुओं पर विचार करना आवश्यक है। पहला यह कि हमारे राष्ट्रीय ध्वज का 'मूल' क्या है- तीन रंगवाली पट्टियाँ या चक्र? और दूसरा यह कि वह आधार क्या है, जो इस राष्ट्रीय ध्वज को दूसरे ध्वजों से अलग एवं विशिष्ट पहचान दिलाता हो- तीन रंगवाली पट्टियाँ या चक्र?

पहले हम विशिष्ट पहचान के बिन्दु पर चर्चा करते हैं।

राष्ट्रध्वज में तीन रंग यानी केसरिया, सफेद एवं हरे रंग की पट्टी स्वीकार किया गया है। किन्तु तिरंगा नाम से यह स्थिति स्पष्ट नहीं हो सकता कि यह केसरिया, सफेद एवं हरा रंग को ही इंगित कर रहा है। तिरंगा ऐसा शब्द है, जिसका अर्थ काला, सफेद एवं लाल भी हो सकता है या नारंगी, पीला एवं नीला भी हो सकता है। यदि तिरंगा शब्द का भाव 'केसरिया, सफेद एवं हरा' रंग के आसपास भी आता तो कुछ गनीमत होता। किन्तु ऐसा कदापि नहीं है। यह बिलकुल सम्भव है कि किसी दूसरे देश के ध्वज में भी तीन रंग हो। ऐसे कई दृष्टान्त हैं भी। कई देशों के ध्वज तीन रंगोंवाले हैं। इन ध्वजों को तिरंगा कहा जा सकता है। इसलिए तीन रंग के नाते हमारे ध्वज का नाम वैश्विक परिदृश्य में कोई भी विशिष्टता या अलग पहचान नहीं रखता है।

इसी तरह खुद अपने देश में कई राजनीतिक पार्टियों के ध्वज तीन रंग के हैं। इस दृष्टिकोण से इन पार्टियों के ध्वज को तिरंगा कहा जा सकता है। इस सम्बन्ध में जो एक बात महत्त्वपूर्ण है, वह यह है कि देश की सबसे पुरानी राजनीतिक पार्टी – भारतीय राष्ट्रीय कांग्रेस के ध्वज में भी तीन रंगों का प्रयोग किया गया है और ये रंग वही हैं, जो अपने राष्ट्रीय ध्वज में है। हमारे तत्कालीन नीति-निर्माताओं एवं कांग्रेस के उच्च पदाधिकारियों द्वारा यह भी ईमानदारी नहीं दिखायी गयी कि राष्ट्रीय ध्वज में तीन रंगों – केसरिया, सफेद एवं हरा को स्वीकार करने के बाद भारतीय राष्ट्रीय कांग्रेस के ध्वज के रंग में कुछ बदलाव कर दिया जाय। शायद ऐसा इसलिए भी नहीं किया गया, ताकि भारतीय राष्ट्रीय कांग्रेस के इस तीन रंगवाले ध्वज को राष्ट्रीय ध्वज के साथ जोड़कर यह सन्देश दिया जाय कि यही पार्टी देश के राष्ट्रीय भावनाओं का प्रतिनिधित्व करनेवाली पार्टी है और इसका एक तरह से प्रतीकात्मक एवं सहानुभूतिक लाभ लिया जाता रहे। अब यह स्थिति है तो भारतीय राष्ट्रीय कांग्रेस दूसरी पार्टियों को इन तीन रंगों के प्रयोग पर रोक नहीं लगा सकती थी। ऐसा सत्ता में होने के बावजूद नहीं कर सकती थी। और यही कारण है कि राष्ट्रीय ध्वज के इन तीन रंगों का प्रयोग कई पार्टियों द्वारा धड़ल्ले से किया जाता है। इसके अलावा भी भारत में कई राजनीतिक पार्टियों के ध्वज तीन अलग-अलग रंगों के साथ मिलते हैं, जिनको तिरंगा कहा जा सकता है, भले ही यह क्षैतिज हों या लम्बवत्।

इस तरह विश्व के दूसरे देशों के राष्ट्रीय ध्वज और भारत में राजनीतिक पार्टियों के ध्वज के लिए प्रयोग किये जा रहे तीन रंगों के कारण कहीं से भी तीन-रंगा या तिरंगा नाम को अपने राष्ट्रीय ध्वज के लिए अलग एवं विशिष्ट पहचान दिलानेवाला नाम नहीं कहा जा सकता।

अब राष्ट्रीय ध्वज के नाम को लेकर इसके 'मूल' के दृष्टिकोण से चर्चा करते हैं। इस दृष्टि से राष्ट्रीय ध्वज के दो भाग निकलकर आते हैं, जिन्हें इसका मूल कहा जा सकता है। एक तीन रंग की क्षैतिज पट्टी और दूसरा अशोक का चक्र। यद्यपि ये दोनों भाग न केवल महत्त्वपूर्ण हैं, बल्कि ये एक-दूसरे के पूरक भी हैं। किन्तु यदि हम यदि यह मानते हैं कि

तीन रंग की पट्टी हमारे ध्वज को कोई विशिष्टता या अलग पहचान नहीं दिला पा रहा है, जैसा कि पूर्व में चर्चा किया गया है, न तो वैश्विक पटल पर और न ही घरेलू परिदृष्य में, तो निश्चित ही हमें इसके दूसरे भाग यानी चक्र पर विचार करना होगा। तीन रंग के विपरीत चक्र राष्ट्रीय ध्वज को न केवल वैश्विक पटल पर, बल्कि घरेलू परिदृष्य में भी एक अलग एवं विशिष्ट पहचान दिलाता है, क्योंकि विश्व के किसी दूसरे देश द्वारा इस चक्र को अपने राष्ट्रीय ध्वज में धारण नहीं किया गया है और न ही देश के अन्दर किसी संस्था या राजनीतिक पार्टी को इसे धारण करने की अनुमति है।

यदि हम राष्ट्रध्वज के दोनों भाग यानी चक्र और तीन रंग की पट्टी का तुलनात्मक अध्ययन इसके मूल होने के दृष्टिकोण से करें, तो पलड़ा चक्र की तरफ झुका हुआ मिलेगा। कारण स्पष्ट है और वह यह है कि राष्ट्रध्वज का चक्र तीनों रंगों के भाव को अपने अन्दर समेटे हुए है। ये तीनों रंग हमेशा अलग-अलग ही दिखेंगे और इस कारण अलग-अलग भाव का प्रतिनिधित्व करेंगे। किन्तु यह चक्र है, जो इन तीनों के भाव का मिश्रित प्रतिनिधित्व करता है। भले ही इन तीनों रंगों के भाव अलग-अलग शौर्य, शान्ति एवं समृद्धि हो, किन्तु यह चक्र है, जो इन तीनों भाव को अपने में समेटता है। भले ही इन तीनों रंगों का अलग-अलग भाव हिन्दू, इसाई एवं इस्लाम को इंगित करते हुए निकाला जाय, किन्तु यह चक्र है, जो बिलकुल धर्म-निरपेक्ष है और इसमें सभी धर्मों के भाव समाहित हैं। चक्र ही राष्ट्रीय ध्वज के समग्र दृष्टिकोण को दिग्दर्शित करता है। इसलिए यदि राष्ट्रीय ध्वज के मूल की खोज की जाय, तो निःसन्देह यह चक्र पर आकर ही ठहरता है, न कि तीन रंग की पट्टी पर।

तिरंगा नाम के बचाव में एक बात यह कहा जा सकता है कि कवि श्यामलाल गुप्त द्वारा लिखे गये गीत 'विजयी विश्व तिरंगा प्यारा' को 1938 में कांग्रेस के अधिवेशन में ध्वजगीत के रूप में अपनाया गया था। यदि यह बात है, तो मैं तो कहूँगा कि तब तो इसकी समीक्षा अवश्य ही की जानी चाहिए। क्योंकि संविधान लागू होने के बाद जब कांग्रेस के शीर्ष नीतिकारों द्वारा इसे राजनीतिक पार्टी के रूप में आगे बढ़ाने का निर्णय लिया गया, तो इसके द्वारा पूर्व में लिये गये सभी उन निर्णयों की समीक्षा की जानी चाहिए, जो संविधान लागू होने के बाद अपनायी जानी थी। इसमें से एक ध्वजगीत भी है।

जबकि चक्र न केवल हमारे राष्ट्रीय ध्वज का मूल है, बल्कि इसे एक अलग एवं विशिष्ट पहचान भी दिलाता है, तो इस ध्वज के नामकरण के दौरान चक्र को ध्यान में रखना चाहिए न कि तीन रंग की पट्टी को। इसलिए अपने राष्ट्रध्वज का नाम तिरंगा ध्वज नहीं, बल्कि 'चक्रध्वज' या 'चक्रपताका' होना चाहिए।

यदि यह तय है कि हमारे राष्ट्रीय ध्वज का मूल 'चक्र' है और यही इसकी विशिष्ट पहचान भी है, तो हमें श्यामलाल गुप्त के गीत को इसके अनुरूप संशोधित एवं परिष्कृत करके अपनाना चाहिए। इस दृष्टि से 'विजयी विश्व तिरंगा प्यारा, झण्डा ऊँचा रहे हमारा' के बजाय निम्न गीत को ध्वजगीत के रूप में अपनाया जा सकता है-

'विजयी विश्व चक्रपताका, झण्डा ऊँचा रहे हमसबका'

या

'विजयी विश्व चक्रपताका, झण्डा ऊँचा रहे भारत का'

(राष्ट्रीय ध्वज से सम्बन्धित यह लेख अनूप बरनवाल के पुस्तक 'भारतीय संविधान की निर्माण यात्रा' के अध्याय 'राष्ट्रीय ध्वज : स्वराज का प्रतीक' का अंश है।)

अध्याय 5

राष्ट्रीय सम्मान

'भारतरत्न' को भारत देश का सर्वोच्च सिविल सम्मान माना जाता है। यह सम्मान देश के लिए उत्कृष्ट योगदान देनेवाले विभूतियों को प्रदान किया जाता है। इस सम्मान के अलावा विभिन्न क्षेत्रों में विशिष्ट एवं उल्लेखनीय कार्य करनेवाले लोगों को तीन अन्य सिविल सम्मान 'पद्‌म विभूषण', 'पद्‌म भूषण' एवं 'पद्‌म श्री' से सम्मानित किया जाता है।

'भारतरत्न' सम्मान उन विभूतियों को प्रदान किये जाने की परम्परा रही है, जिन्होंने संविधानोत्तर काल में अपना जीवन जीकर राष्ट्रसेवा में उत्कृष्ट योगदान दिया है। उन सभी महानायकों को, जिन्होंने स्वराज-प्राप्ति के पूर्व देश के लिए अपना सर्वस्व न्योछावर कर दिया था और स्वराज-प्राप्ति के बाद शासन-व्यवस्था का अंग नहीं थे, को इस सम्मान से दूर रखा गया था या यूँ कहें कि उन्हें इन सम्मानों से ऊपर रखा गया था। मंगल पाण्डेय, बाल गंगाधर तिलक, गोपालकृष्ण गोखले, लाला लाजपत राय, विपिनचन्द्र पाल, सैय्यद हैदर रजा, वी.ओ. चिदम्बरम पिल्लई, अरविन्द घोष, सुरेन्द्रनाथ बनर्जी, हरिसर्वोत्तम राव, चितरंजन दास, फिरोजशाह मेहता, खुदीराम बोस, प्रफुल्ल चाकी, रोशनसिंह, भगतसिंह, सुखदेव, राजगुरु, अशफाक उल्लाह खाँ, रामप्रसाद बिस्मिल, बिरसा मुण्डा, लाला हरदयाल, बरकतुल्लाह, जतिनदास, गोपीनाथ साहा, सुभाषचन्द्र बोस, महात्मा गाँधी, चन्द्रशेखर आजाद, वीर सावरकर, सूर्यसेन, कल्पना दत्त, रासबिहारी बोस, राजेन्द्र नाथ लाहिड़ी-जैसे राजनीतिक महानायक हों या स्वामी विवेकानन्द, महामना मदन मोहन मालवीय-जैसे सांस्कृतिक महानायक हों, इन्होंने अपना पूरा जीवन देश एवं समाज के लिए समर्पित कर दिया था। ये महानायक भारतीयों के दिलो-दिमाग में राज करते हैं। यद्यपि इन महान् विभूतियों का नाम कभी किसी भौतिक सम्मान का मोहताज नहीं रहा है, इसके बावजूद 'भारतरत्न' - जैसे भौतिक सम्मानों का उद्‌भव करते समय तत्कालीन नीति-निर्माताओं द्वारा इन महानायकों की यथोचित प्रतिष्ठा को बनाये रखने के विषय में सोचा जाना चाहिए था, ताकि चार-छह पीढ़ी पश्चात् 'भारतरत्न' के आगे इन महानायकों का योगदान फीका न पड़ने पाये।

आजादी-आन्दोलन के महानायकों के लिए 'भारत शिरोमणि'

आजादी-आन्दोलन दौर के जिन महानायकों की मृत्यु स्वराज-प्राप्ति के पूर्व हो चुकी थी या जिन महानायकों ने खुद को संविधानोत्तर काल में देश की शासन-व्यवस्था से दूर रखा, को अभी तक 'भारतरत्न' या ऐसे अन्य सिविल सम्मानों से ऊपर रखा गया था। किन्तु सिविल सम्मान के सन्दर्भ में मोदी सरकार ने एक अलग प्रयोग किया है। इस सरकार द्वारा वर्ष 2014 में महामना मदन मोहन मालवीय को 'भारतरत्न' से सम्मानित किया गया। महामना मालवीय जी की मृत्यु स्वराज-प्राप्ति के पूर्व 12 नवम्बर, 1946 को हो गयी थी। महामना मद्न मोहन मालवीय भी उन महानायकों में से एक थे, जो स्वराज-प्राप्ति के बाद देश की शासन-व्यवस्था से दूर रहे। इस दृष्टिकोण से मोदी सरकार द्वारा महामना को 'भारतरत्न' से सम्मानित करने का फैसला बिलकुल अलग है। इसी समय मीडिया में यह भी चर्चा थी कि सम्भवत: नेताजी सुभाषचन्द्र बोस को भी 'भारतरत्न' सम्मान से सम्मानित किया जा सकता है। किन्तु किन्हीं कारणों से उनका नाम इस दौड़ में पीछे हो गया।

'भारतरत्न' सम्मान के उद्भव के 60 वर्ष पश्चात् महामना को 'भारतरत्न' सम्मान दिये जाने के कई मायने हैं। पहली बात यह है कि आजादी-आन्दोलन दौर के इन महानायकों को भारतरत्न - जैसे सम्मान से ऊपर रखना ही उचित है। वह भी तब जब इस सूची में दूसरी-तीसरी पीढ़ी के लोग अपना स्थान बना रहे हैं। आज यह स्थिति है कि 'भारतरत्न' की सूची में महामना मालवीय का नाम लता मंगेशकर और सचिन तेन्दुलकर के नाम के बाद आता है। मेरे जैसे व्यक्ति के लिए इसकी कल्पना करना थोड़ा ही नहीं बहुत कठिन है। किन्तु वर्तमान राजनीति में यह असम्भव नहीं है। तब सवाल यह भी पैदा होता है कि मंगल पाण्डेय, एनी बेसेण्ट, तयबजी, दादाभाई नौरोजी, बाल गंगाधर तिलक, गोपालकृष्ण गोखले, लाला लाजपत राय, विपिनचन्द्र पाल, सैय्यद हैदर रजा, वी.ओ. चिदम्बरम पिल्लई, अरविन्द घोष, सुरेन्द्रनाथ बनर्जी, हरिसर्वोत्तम राव, चितरंजन दास, फिरोजशाह मेहता, खुदीराम बोस, प्रफुल्ल चाकी, रोशनसिंह, भगतसिंह, सुखदेव, राजगुरु, अशफाक उल्लाह खाँ, रामप्रसाद बिस्मिल, बिरसा मुण्डा, लाला हरदयाल, बरकतुल्लाह, जतिनदास, गोपीनाथ साहा, सुभाषचन्द्र बोस, महात्मा गाँधी, चन्द्रशेखर आजाद, वीर सावरकर, सूर्यसेन, कल्पना दत्त, रासबिहारी बोस, राजेन्द्र नाथ लाहिड़ी या राजा राममोहन राय, ईश्वरचन्द्र विद्यासागर, स्वामी विवेकानन्द, रवीन्द्रनाथ टैगोर, बंकिम चन्द्र चटर्जी-जैसे अन्य महानायकों को 'भारतरत्न' क्यों नहीं? क्या तब इन्हें भी अलग-अलग विचारधाराओंवाली सरकार द्वारा अपनी-अपनी सुविधानुसार प्राथमिकता देकर 'भारतरत्न' दिया जायेगा।

यह भी सम्भव है कि कभी ऐसी भी स्थिति आ सकती है कि कोई ऐसी सरकार आ जाय, जो अपने सम्पूर्ण विवेक का प्रयोग करने के उपरान्त चन्द्रशेखर आजाद या राजगुरु को पद्म विभूषण से सम्मानित करने लगे। कल्पना करें, तब क्या होगा? यदि इस देश का

तन्त्र इसे स्वीकार कर सकता है कि पण्डित नेहरू या इन्दिरा गाँधी प्रधानमन्त्री रहने के दौरान स्वयं को 'भारतरत्न' से सम्मानित करवा लें या जब इस सम्मान के लिए देश के एकता-पुरुष सरदार वल्लभभाई पटेल और निर्माण-पुरुष डॉ. भीमराव अम्बेडकर की याद 36 वर्ष बाद आये या जब पूँजीवाद की चकाचौंध में हाकी के जादूगर मेजर ध्यानचन्द्र का नाम सचिन तेन्दुलकर के नाम के आगे धुँधला हो जाय, तब यह सोचना कि समय-समय पर बदलती रहनेवाली सरकारों द्वारा इन सिविल सम्मानों को लेकर व्यक्तिगत एवं वैचारिक प्रतिबद्धता का प्रदर्शन नहीं किया जायेगा और अलग-अलग सरकारों द्वारा आजादी के इन महानायकों को अपने-अपने वैचारिक खाँचे में रखने का प्रयास नहीं किया जायेगा, असम्भव-सा दिखता है इसलिए आवश्यक है कि आजादी-आन्दोलन दौर के इन महानायकों को ऐसी स्थिति से बचाया जाय और इनके लिए 'भारतरत्न' सम्मान से बड़े सम्मान का निर्माण किया जाय ताकि न केवल महामना मदन मोहन मालवीय को बल्कि आजादी-आन्दोलन दौर के दूसरे अन्य महानायकों को उनका उचित स्थान एवं सम्मान मिल सके और साथ-साथ यह भी सुनिश्चित किया जा सके कि चार-छह पीढ़ी बाद भारतरत्नों के आगे आजादी आन्दोलन के महानायकों का योगदान फीका न पड़ने पाये। इस दिशा में जब हम सोचते हैं तो एक नाम 'भारत शिरोमणि' सम्मान पर विचार किया जा सकता है।

अध्याय 6
राष्ट्रीय कैलेण्डर

विक्रम संवत् और शक संवत् भारत में आविष्कारित कैलेण्डर हैं। विक्रम संवत् का प्रारम्भ 57 ईसा पूर्व और शक संवत् का प्रारम्भ 78 ईसवी में हुआ। दोनों कैलेण्डर के अपने-अपने ऐतिहासिक महत्त्व हैं। प्रसिद्ध खगोलवैज्ञानिक मेघनाथ साहा की अगुआयीवाले कैलेण्डर सुधार-समिति द्वारा की गयी संस्तुति को 22 मार्च, 1957 को स्वीकार कर अन्तरराष्ट्रीय रूप से मान्य 'ग्रैगेरियन कैलेण्डर' और 'शक-कैलेण्डर' को राजकीय कैलेण्डर के रूप में मान्यता दी गयी। वैश्विक दृष्टिकोण से 'ग्रैगेरियन कैलेण्डर' को स्वीकार किया जाना अनुचित नहीं कहा जा सकता है। किन्तु विक्रम संवत् को राजकीय कैलेण्डर के रूप में स्वीकार नहीं किये जाने से कभी-कभी अन्तर्विरोध की स्थिति बन जाती है, क्योंकि संविधान में इसे ही मान्यता दी गयी है। हिन्दी भाषा में रूपान्तरित भारतीय संविधान में ग्रैगेरियन तिथि के साथ विक्रम संवत् के अनुसार 'माघशीर्ष शुक्ल सप्तमी संवत् 2006 विक्रमी' तिथि को संविधान को अंगीकृत, अधिनियमित और आत्मार्पित करने की तिथि मानी गयी है। गुणवत्ता के दृष्टिकोण से या लोकप्रियता के दृष्टिकोण से भी विक्रम संवत् बहुत ही व्यावहारिक कैलेण्डर है। भगवान् राम, भगवान् कृष्ण, महात्मा बुद्ध, महावीर स्वामी, गुरु नानक - जैसे महापुरुषों की जयन्ती

भी विक्रम संवत् के अनुसार मनायी जाती है। सवाल उठता है कि जब संविधान में 'विक्रम संवत्' को मान्य किया गया है, तो 'शक संवत्' को राजकीय कैलेण्डर के रूप में मान्य किया जाना क्या उचित है?

ग्रैगेरियन कैलेण्डर में कुछ महीने 30 दिन के होते हैं तो कुछ महीने 31 दिन के और फरवरी महीना तो 28/29 दिन का होता है। इस विरोधाभास से अलग फ्रान्स कैलेण्डर में सीधे-सीधे एक वर्ष में 12 महीना, एक महीना में तीन सप्ताह और एक सप्ताह में 10 दिन की अवधारणा को स्वीकार करके वर्ष के अन्त में बचे पाँच/छह दिनों को वार्षिक दिवस घोषित कर दिया जाता था। हालाँकि बाद में नेपोलियन ने पोप से सम्बन्धों को सुधारने के उद्देश्य से फ्रान्स कैलेण्डर को निरस्त करके 1806 ई. में ग्रैगेरियन कैलेण्डर को स्वीकार कर लिया। कैलेण्डर के सम्बन्ध में एक विकल्प यह भी प्रचलित रहा है कि एक सप्ताह में सात दिन और एक महीने में चार सप्ताह अर्थात् 28 दिन की अवधारणा को स्वीकार कर एक वर्ष को 13 महीनों में बाँट दिया जाय। इस तरह कुल 364 दिन के बाद शेष बचे एक या दो दिन को वार्षिक दिवस घोषित कर दिया जाय। इन विकल्पों के बावजूद वैश्विक मान्यताप्राप्त 'ग्रैगेरियन कैलेण्डर' एवं भारतीय मूल के 'विक्रम संवत्' को मान्यता दिया जाना व्यावहारिक है और ऐतिहासिक एवं सांस्कृतिक मूल्यों के अनुकूल भी।

देश के लिए आदर्श स्थिति यही है कि अन्तरराष्ट्रीय ग्रैगेरियन कैलेण्डर की मान्यता को बनाये रखा जाय। किन्तु शक-कैलेण्डर को राजकीय स्तर पर मान्यता बनाये रखने पर पुनर्विचार किया जा सकता है, जब तक कि स्वयं संविधान में संशोधन न कर दिया जाय, भारतीय सिविल संहिता के इस अध्याय के माध्यम से ग्रैगेरियन कैलेण्डर के साथ विक्रम संवत् को मान्यता दिया जाना उचित है।

अध्याय 7

राज्य प्रतीक

राष्ट्रीय पुस्तक, राष्ट्रीय झण्डा, राष्ट्रीय चिह्न, राष्ट्रगान, राष्ट्रीय मुद्रा, राष्ट्रीय दिवस, राष्ट्रीय सम्मान, राष्ट्रीय ध्वज के अलावा कई बार किसी एक पशु या किसी एक पक्षी या किसी एक पुष्प या किसी एक नदी या किसी एक वृक्ष या किसी एक फल को भी राष्ट्रीय प्रतीक के रूप में स्थापित करने का प्रयास किया जाता है। सरकारी और गैर-सरकारी स्तर पर भिन्न-भिन्न अवसरों पर 'बाघ' को राष्ट्रीय पशु के रूप में, 'मयूर' को राष्ट्रीय पक्षी के रूप में, 'कमल' को राष्ट्रीय पुष्प के रूप में, 'गंगा' को राष्ट्रीय नदी के रूप में, 'बरगद' को राष्ट्रीय वृक्ष के रूप में, 'आम' को राष्ट्रीय फल के रूप में प्रस्तुत किया जाता है। भारत जैसे सांस्कृतिक विविधतावाले देश में लोगों के अलग-अलग

भावनात्मक जुड़ाव हो सकते हैं। कोई आवश्यक नहीं है कि देश के दूसरे क्षेत्र के लोग, जो नर्मदा, गोदावरी, कृष्णा, कावेरी, साबरमती, महानदी या ब्रह्मपुत्र जैसी नदियों से भावनात्मक लगाव रखते हैं, वे इस लगाव को त्यागकर गंगा को राष्ट्रीय नदी स्वीकार करें ही। इसी तरह जब हम बाघ को राष्ट्रीय पशु बताने का प्रयास करते हैं, तो यह सवाल उठाया जा सकता है कि बाघ जैसा एक हिंसक पशु महात्मा बुद्ध एवं महात्मा गाँधी के इस देश का राष्ट्रीय पशु कैसे हो सकता है? किसी एक पशु, एक पक्षी, एक फूल, एक वृक्ष या एक फल को राष्ट्रीय प्रतीक के रूप में स्थापित करने के प्रयास से शायद ही हम कुछ हासिल कर पाते हैं किन्तु भारत जैसे सांस्कृतिक विविधतावाले एक देश के लिए मुश्किल अवश्य खड़ा कर देते हैं। अच्छा है कि इन प्रतीकों को राज्यों का विषय बनाने की नीति अपनायी जाय।

ज्यादातर राज्यों ने अपने-अपने राज्य-प्रतीक घोषित भी किये हुए हैं। 'भारतीय सिविल संहिता' के अन्तर्गत सभी राज्यों को कुछ तार्किक शर्तों के साथ राज्य-पशु, राज्य-पक्षी, राज्य-पुष्प, राज्य-वृक्ष या राज्य-फल जैसे राज्य-प्रतीक को घोषित करने की आजादी दी जानी चाहिए। इसी के साथ राज्यों पर यह निर्बन्धन भी लगाया जाना चाहिए कि उन्हें देश की राष्ट्रीयता, राष्ट्रीय पुस्तक, राष्ट्रीय झण्डा, राजकीय चिह्न, राष्ट्रगान, राष्ट्रीय ध्वज और राष्ट्रीय मुद्रा की अधीनता को स्वीकार करना होगा।

यह सन्तोष की बात है कि प्रधानमन्त्री नरेन्द्र मोदी की राजनीतिक इच्छाशक्ति और गृहमन्त्री अमित शाह की राजनीतिक कौशल के बदौलत अनुच्छेद 370 निरस्त होने से जम्मू-कश्मीर के अलग संविधान एवं अलग ध्वज के कारण राष्ट्रीय पुस्तक एवं राष्ट्रीय ध्वज को लेकर रहनेवाली विसंगति भी समाप्त हो गयी।

अध्याय 8

भारतीय नागरिक रजिस्टर और राष्ट्रपरक उपनाम

किसी देश का निर्माण एक निश्चित भूखण्ड एवं इसपर रहने वाले नागरिकों से होता है। वैश्विक स्तर पर भी यह धारणा सुस्थापित हो चुका है कि प्रत्येक व्यक्ति किसी-न-किसी एक देश का नागरिक होगा। ऐसे कई अधिकार हैं, जिसका प्रयोग केवल देश का नागरिक कर सकता है और ऐसे कई दायित्व हैं, जिसके निर्वहन की जिम्मेदारी सिर्फ देश के नागरिकों की है। इसलिए यह किसी भी देश के हित में है कि उसके नागरिक स्पष्ट हों और इस स्थिति को उस देश की राष्ट्रीय नागरिक रजिस्टर के माध्यम से सुनिश्चित किया जाता है। यह समय-समय पर परिवर्तित होते रहने वाला विषय है।

भारत में पहली बार 1951 की जनगणना के दौरान 'राष्ट्रीय नागरिक रजिस्टर' बनाया गया। किन्तु इसके बाद कभी भी इसका राष्ट्रीय फलक पर अद्यतन नहीं किया जा सका।

केवल आसाम एक ऐसा राज्य है, जहाँ राष्ट्रीय नागरिक रजिस्टर अद्यतन होता रहा है। यह भी केवल क्षेत्रीय भावना के कारण होता है। इसके पीछे कोई राष्ट्रव्यापी सोच नहीं है। राष्ट्रीय स्तर पर राष्ट्रीय नागरिक रजिस्टर का अद्यतन न हो पाने के कारण कई तरह की समस्याएँ बने रहते हैं। इसका दुष्प्रभाव यह होता है कि देश के नागरिकों के मूलभूत हक को, चाहे भूमि के सन्दर्भ में हो या भोजन एवं पर्यावरण के सन्दर्भ में, अवांछित लोग बाँटने लगते हैं और इस कारण उनका जीवनस्तर प्रभावित होता है। आसाम में मूल समस्या यही है कि बांग्लादेश से आये बांग्लाभाषी, चाहे अवांछित घुसपैठिये हों या धर्म प्रताड़ित लोग, आसाम के लोगों के मूलभूत हक छिनते हैं। आसाम की इस समस्या को कभी भी राष्ट्रव्यापी नजरीये से देखने का प्रयास नहीं किया गया। अन्यथा आसाम में रह रहे कम-से-कम धर्म-प्रताड़ित लोगों को नागरिकता प्रदान कर पूरे देश में बसाया जा सकता था।

राष्ट्रीय नागरिक रजिस्टर अद्यतन न होने का सबसे अधिक खामियाजा उन लोगों को भुगतना पड़ा है, जो बँटवारा के बाद पाकिस्तान (पूर्वी एवं पश्चिमी) के हिस्से में चले गये और जिन्हें बाद में इस इस्लाम बाहुल्य देश में धार्मिक आधार पर प्रताड़ना के बाद भागकर भारत वापस आना पड़ा। पाकिस्तान की बुनियाद ही गैर मुस्लिमों के प्रति नफरत था। यह जगजाहिर है कि ये गैर मुस्लिम लोग पाकिस्तान से कोई खुशी-खुशी अपना मूल छोड़कर नहीं आये हैं। किन्तु भारत में इन धर्म-प्रताड़ितों के प्रति अमानवीय रवैया अनुचित है। राजनीतिक इच्छाशक्ति के अभाव के कारण इन गैरमुस्लिम लोगों, खासकर हिन्दुओं एवं सिक्खों की नागरिकता का सवाल आज भी बने रहना दुर्भाग्यपूर्ण है।

2003 में अटल विहारी बाजपेयी कार्यकाल के दौरान नागरिकता (नागरिकों का पंजीकरण एवं राष्ट्रीय पहचान पत्र निर्गमन) नियम जारी किया गया। इसके नियम 3 के अन्तर्गत भारतीय नागरिकों के लिए एक 'राष्ट्रीय नागरिक रजिस्टर' बनाने और नियम 13 के अन्तर्गत 'राष्ट्रीय पहचान पत्र' निर्गत किये जाने की व्यवस्था है। इस राष्ट्रीय रजिस्टर में प्रत्येक नागरिक का नाम, पिता का नाम, माता का नाम, लिंग, जन्मतिथि, जन्मस्थान, आवासीय पता, वैवाहिक स्थिति, पहचान चिन्ह, नागरिक पंजीयन तिथि, पंजीयन क्रमांक, राष्ट्रीय पहचना संख्या शामिल होगा। किन्तु आज भी यह नियम केवल कानून के गमले की शोभा बनकर रह गया है।

राष्ट्रीय नागरिक रजिस्टर को 'भारतीय नागरिक रजिस्टर' का और राष्ट्रीय पहचान पत्र को 'भारतीय नागरिकता कार्ड' या 'भारतीयता कार्ड' का स्वरूप देकर लागू किया जाना चाहिए। भारत में राष्ट्रीय स्तर पर 'आधार कार्ड' की अवधारणा पहले से स्वीकृत है। आधार कार्ड को नागरिकता एवं राष्ट्रीयता के साथ जोड़कर व्यापक बनाया जा सकता है। इसी तरह भारतीय नागरिक रजिस्टर में 'राष्ट्रीय भूमि रजिस्टर' की अवधारणा को शामिल कर इसके महत्त्व एवं आयाम को बढ़ाया जा सकता है।

सामान्यत: एक नागरिक का किसी देश से सम्बन्ध उसके अधिवास से तय होता है। अधिवास वह स्थान है, जहाँ पर कोई नागरिक निवास करने का आशय रखता है। नागरिकता के सम्बन्ध में अधिवास एक महत्त्वपूर्ण अवधारणा है। 'भारतीय नागरिक रजिस्टर', 'राष्ट्रीय भूमि रजिस्टर', 'भारतीयता कार्ड' की घोषणा करने और इस सम्बन्ध में मौलिक प्रावधान को स्थान देने के साथ अधिवास से सम्बन्धित कुछ बुनियादी बातों– जैसे प्रत्येक नागरिक का एक समय में एक अधिवास होगा; एक बच्चे का अधिवास सामान्यत: उसके माता-पिता का अधिवास होगा; यदि माता-पिता के अधिवास अलग-अलग हैं तो बच्चा जिसके साथ रहता है, वह उस बच्चे का अधिवास माना जायेगा; यदि बच्चा किसी संरक्षक के साथ रहता है तो संरक्षक का अधिवास बच्चे का अधिवास होगा; इत्यादि – से सम्बन्धित प्रावधानों को भारतीय सिविल संहिता के स्वरूप में बनने वाले समान नागरिक संहिता में स्थान दिया जाना उचित है। फ्रान्स सिविल संहिता इसका एक महत्त्वपूर्ण पूर्व दृष्टान्त है।

राष्ट्रपरक उपनाम की अवधारणा

स्वेच्छानुसार 'नाम' और 'उपनाम' धारण करना एक व्यक्ति का महत्त्वपूर्ण सिविल अधिकार है। सामान्यत: किसी बच्चे का नाम उसके माता-पिता द्वारा निर्धारित किया जाता है। इसी के साथ पिता की जाति एवं धर्म-आधारित उपनाम भी बच्चे के नाम के साथ जुड़ जाता है और यही उपनाम उसके साथ आजीवन बँध जाता है। स्कूल में दाखिला-रजिस्टर एवं हाईस्कूल शैक्षणिक प्रमाण-पत्र के कारण यह बाध्यता और अटूट हो जाती है। वयस्क होने के बाद एक व्यक्ति को जाति व धर्म-आधारित नाम एवं उपनाम के साथ बँधना न पड़े, इसके लिए आवश्यक है कि इस तरह के नाम एवं उपनाम को बदलने एवं स्वेच्छानुसार दूसरे नाम व उपनाम धारण करने के अधिकार की स्पष्ट घोषणा भारतीय सिविल संहिता के इस अध्याय में की जाय।

आज जातीय विषमता का गहरा होते जाना और जातीय पहचान का सुदृढ़ होते जाना, राष्ट्रीय एकता के लिए बहुत बड़ी चुनौती है। जातीय पहचान के बने रहने के दो ही प्रमुख कारक हैं। पहला जाति/धर्म-आधारित विवाह का प्रचलन और दूसरा आरक्षण। आरक्षण का विषय अस्पृश्यता एवं विकास के अवसर से जुड़ा विषय है। संविधान लागू होने के बाद 67 वर्ष के इस दौर में हम एक 'चरण' को पूरा कर चुके हैं। आरक्षण एवं विवाह की व्यवस्था जातीय पहचान को और स्थायित्व न देने पाये, इसके लिए अगले 'चरण' में जहाँ एक तरफ शासन के स्तर पर आरक्षण-व्यवस्था को और प्रभावशाली बनाकर एवं भौमिक सुधार की नीति अपनाकर इसे समाप्त करने की तरफ आगे बढ़ने की आवश्यकता है, वही समाज के स्तर पर जाति-आधारित विवाह को कुन्द करने एवं इसको लेकर पनप चुकी मिथ्या धारणा को समाप्त करने की भी

आवश्यकता है। इस दृष्टि से 'नागरिकों के नाम और उपनाम' विषय पर चर्चा करना समीचीन है।

जाति-आधारित भेदभाव का सबसे गलत परिणाम भारतीय समाज को छूआछूत के रूप में भुगतान पड़ा है। छूआछूत के कारण भारतीय समाज का एक बहुत बड़ा वर्ग मुख्य धारा से अलग हो गया। इसने न केवल भारतीय समाज को अन्दर से खोखला किया, बल्कि विदेशी आक्रान्ताओं को इस देश पर आधिपत्य करने का मौका दिया।

जाति-व्यवस्था को देश की गुलामी का कारण बताते हुए महान् समाजसुधारक राजा राममोहन राय वर्ष 1828 में कहते हैं कि जातिभेद और जातीय अभिमान ने हमें अनगिनत वर्गों और उपवर्गों में बाँट दिया है, जिससे हममें देश-प्रेम की भावना समाप्त हो गयी है। सैकड़ों तरह के धार्मिक रीति-रिवाज, धार्मिक समारोह और शुद्धीकरण ने हमें इस कदर बाँध रखा है कि हम कोई जोखिम का काम हाथ में लेने लायक रह ही नहीं गये हैं। इसलिए यह आवश्यक है कि हिन्दू धर्म के स्वरूप में परिवर्तन लाये जायें।'

आजादी के बाद संविधानोत्तर काल में हम छूआछूत पर विजय पाने में काफी हद तक सफल रहे हैं। इसके समानान्तर जातीय पहचान भी समाप्त होना चाहिए। किन्तु अभी ऐसा नहीं किया जा सका है। जातीय व्यवस्था से मुक्त राष्ट्र की कल्पना करते हुए डॉ. अम्बेडकर ने 25 नवम्बर, 1949 को कहा था–

> '... भारत में जातियाँ हैं। ये जातियाँ राष्ट्रविरोधी हैं। सर्वप्रथम इसका कारण यह है कि ये सामाजिक जीवन में भेद लाती हैं। ये इस कारण भी राष्ट्रविरोधी हैं क्योंकि ये जातियों में परस्पर ईर्ष्या और द्वेष पैदा करती हैं। लेकिन यदि हम वास्तव में एक राष्ट्र होना चाहते हैं तो हमें इन सब कठिनाइयों पर विजय प्राप्त करना है। क्योंकि बन्धुत्व तभी सत्य हो सकता है जब कि एक राष्ट्र हो। ...'

किसी व्यक्ति की जाति या वर्ण के आधार पर पहचान आज भी प्रासंगिक क्यों है, यह सवाल बहुत-सारे समाजशास्त्रियों को बगलें झाँकने के लिए मजबूर करता होगा। लेकिन यह एक वास्तविकता है कि पहचान के ऐसे संकीर्ण आधार आज भी समाज में बने हुए हैं और ताज्जुब तो इस बात को लेकर है कि यह जातिगत पहचान जन्म के आधार पर रहता है। कोई डॉक्टर बन जाये, शिक्षक बन जाये, वकील बन जाये, मन्त्री, मुख्यमन्त्री, प्रधानमन्त्री बन जाये, तो भी उसकी जन्म-आधारित जातीय पहचान उसके साथ चिपका रहता है। आज भी लोग कर्म-आधारित पहचान और जन्म-आधारित जातीय-वर्णीय पहचान दोनों को साथ लेकर चलते हैं।

जन्म-आधारित जातीय/वर्णीय पहचान कैसे समाप्त हो, यह आज हमारे समाजशास्त्रियों के लिए चुनौती का विषय है। इस चुनौती से निपटने के लिए हम दो स्तर पर काम कर सकते हैं। पहला यह कि इस दिशा में प्रयास किया जाय कि लोगों के कर्म-आधारित

पहचान को अधिक-से-अधिक सामाजिक महत्त्व मिले और दूसरा यह कि जाति/वर्ण-आधारित सामाजिक संरचना ध्वस्त हो। इसके लिए निम्न सुधारों को अंगीकृत करना आवश्यक है –

1. भेदमुक्त विवाह (अन्तर्जातीय विवाह के स्थान पर 'भेदमुक्त विवाह' कहना ज्यादा उचित है, ताकि जाति के अस्तित्व को स्वीकृति न मिल सके) को शासन एवं सामाजिक स्तर पर प्रोत्साहन व संरक्षण मिले। यथा– जातीय भेदमुक्त विवाह करनेवाले दम्पतियों और इनसे पैदा होनेवाले बच्चों को विभिन्न योजनाओं में वरीयता व अतिरिक्त सहायता दी जाय।
2. जातिपरक उपनाम के स्थान पर ऐसे राष्ट्रपरक उपनाम को धारण करने की सामाजिक एवं शासन के स्तर पर स्वीकृति मिले, जो हमें आजादी आन्दोलन के आदर्शों एवं मूल्यों के साथ जोड़ सके। ऐसे कुछ प्रमुख राष्ट्रपरक उपनाम 'स्वराज', 'सर्वोदय', 'जयहिन्द', 'वन्देमातरम्', 'नवभारतम्', 'अखण्डभारतम्', 'आजाद', 'समताविद्', 'सुधारविद्', 'लोकनायक', 'देशबन्धु', 'लोकमान्य', 'अन्त्योदय', 'सत्याग्रही', 'युगान्तर', 'देशमंगलम्', 'अनुशीलन', 'गदर', 'इन्कलाब', 'स्वदेशमित्रम्', 'जननायक', 'सम्प्रभुरक्षक' इत्यादि हो सकते हैं, जिसे प्रत्येक भारतीय द्वारा स्वीकार किया जाना चाहिए।

उक्त राष्ट्रपरक उपनामों के माध्यम से हम स्वयं को कैसे आजादी आन्दोलन के मूल्यों के साथ जोड़े रख सकते हैं, इसको एक उदाहरण के माध्यम से समझने का प्रयास करते हैं। आजादी आन्दोलन के नायकों द्वारा 'इन्कलाब जिन्दाबाद' का भी नारा लगाया जाता था। इस नारे का एक पत्रिका के सम्पादक द्वारा अपने एक लेख में आलोचना की गयी। इस आलोचना के जवाब में सरदार भगतसिंह एवं बटुकेश्वर दत्त द्वारा एक संयुक्त पत्र लिखा गया। इस पत्र में जो बातें कही गयीं, वे आज आजादी के उपरान्त और भी ज्यादा प्रासंगिक हो जाती हैं।

अपने पत्र दिनांक 22 दिसम्बर, 1929 में शहीद-ए-आजम सरदार भगतसिंह एवं बटुकेश्वर दत्त द्वारा लिखा गया कि 'इन्कलाब' शब्द का अर्थ कोरे शाब्दिक रूप से नहीं लगाया जाना चाहिए। यह एक पवित्र शब्द है। हर विद्रोह को क्रान्ति नहीं कहा जा सकता, यद्यपि यह हो सकता है कि विद्रोह का अन्तिम परिणाम क्रान्ति हो। इस वाक्य में 'इन्कलाब' का अर्थ 'प्रगति के लिए परिवर्तन की भावना एवं आकांक्षा' है। लोग साधारण जीवन की परम्परागत दशाओं के साथ चिपक जाते हैं और परिवर्तन के विचार से ही काँपने लगते हैं। यह एक अकर्मण्यता की भावना है, जिसके स्थान पर क्रान्तिकारी भावना जाग्रत करने की आवश्यकता है। क्रान्ति की इस भावना से मनुष्य जाति की आत्मा स्थायी तौर पर ओत-प्रोत रहनी चाहिए,

जिससे कि रूढ़िवादी शक्तियाँ मानव समाज की प्रगति की दौड़ में बाधा डालने के लिए संगठित न हो सकें। यह आवश्यक है कि पुरानी व्यवस्था सदैव न रहे और वह नयी व्यवस्था के लिए स्थान रिक्त करती रहे, जिससे कि आदर्श व्यवस्था संसार को बिगाड़ने से रोक सके।

3. सभी सरकारी अभिलेखों में 'शूद्र' या 'वैश्य' या 'क्षत्रिय' या 'ब्राह्मण' या इनके समानार्थी शब्दों के प्रयोग पर और किसी व्यक्ति के नाम के साथ लगे उपनाम का जातिगत सन्दर्भ निकाले जाने पर रोक लगे।
4. स्कूल के रिकार्ड में नाबालिग बच्चों के नाम के आगे किसी तरह के जातीय उपनाम लिखे जाने पर रोक हो। बालिग होने के उपरान्त इन बच्चों को कोई भी उपनाम, चाहे माँ-बाप का उपनाम या फिर राष्ट्रपरक उपनाम धारण करने की आजादी हो।
5. विवाह के समय नवदम्पति द्वारा एक-दूसरे के जातिपरक उपनाम धारण करने के बजाय राष्ट्रपरक उपनाम धारण करने को प्रोत्साहन मिले।

क्या हम राजा राममोहन राय एवं डॉ. अम्बेडकर के सपनों का 'एक राष्ट्र' बनाने हेतु उस कठिनाई को समाप्त करने के लिए तैयार हो सकेंगे, जो भारतीय समाज में जातीय भावनाओं के गहरे होने का कारण है। विषमता समाप्त करने के लक्ष्य को पाने के लिए आरक्षण-व्यवस्था लागू बनी रहनी चाहिए लेकिन यह भी ध्यान देना चाहिए कि आरक्षण कारगर व उद्देश्यपरक हो। आरक्षण वास्तविक लक्ष्य हासिल करनेवाला होना चाहिए न कि खुद इसे लक्ष्य बना देना चाहिए। यह आरक्षण, विषमता दूर करने का उपाय होने के बजाय स्वयं ही जातीय भावनाओं की पोषक बनकर 'एक राष्ट्र' के लिए कब्रगाह साबित हो, इसके पूर्व हमारे नीति-निर्माताओं को ईमानदारी से सोचना होगा। समाज की जन्म-आधारित जातीय या वर्णिक संरचना, 'एक राष्ट्र' के लिए कब्रगाह साबित हो, उसके पूर्व इन्हें कब्र में दफनाना ही होगा। इस देश के नागरिक बिना ऊँच-नीच का भाव रखे, सामाजिक एवं सांस्कृतिक रूप से बराबर हैसियतवाले हों, तभी हम बाबा साहेब डॉ. अम्बेडकर के सपनों का 'आदर्श समाज' और 'एक राष्ट्र' की स्थापना कर पायेंगे।"

10

भाग II : व्यक्ति सम्बन्धी कानून

माँ के गर्भ में स्थान पाने के साथ ही एक बच्चे का दुनियावी सरोकार शुरू हो जाता है और उसके अधिकार भी सुनिश्चित होने शुरू हो जाते हैं। गर्भ को नुकसान पहुँचाना कानूनन अपराध माना जाता है; गर्भवती माँ को मृत्युदण्ड तब तक नहीं दिया जाता है जब तक गर्भ में पल रहा बच्चा जन्म न ले ले; पारिवारिक बँटवारा के समय गर्भ में पल रहे बच्चे के अधिकार को सुरक्षित रखा जाता है; इत्यादि-इत्यादि। जन्म लेने के साथ एक व्यक्ति ज्यों-ज्यों विकसित होता है, उसके अधिकार एवं दायित्व भी विस्तार लेने लगते हैं।

विधिशास्त्र में 'व्यक्ति' की बहुत व्यापक अवधारणा है। कानून की दृष्टि में व्यक्ति किसे कहा जायेगा; उसके व्यक्तिगत, सामाजिक एवं राष्ट्रीय व्यवहार के आयाम क्या-क्या हैं; व्यक्ति होने के कारण उनके सिविल अधिकार एवं सिविल दायित्व क्या हैं; इत्यादि। ये सभी विषय सिविल से जुड़े विषय हैं और सिविल कानून से विनियमित होते हैं। इसलिए व्यक्ति सम्बन्धी क़ानून सिविल संहिता के महत्त्वपूर्ण भाग हैं।

सिविल संहिता को स्वीकार करनेवाले फ्रान्स, जर्मनी, टर्की जैसे विश्व के तमाम देशों ने भी व्यक्ति से सम्बन्धित कानूनों को अपने-अपने तरीके से अपनी सिविल संहिता में सम्मिलित किये हैं।

'भारतीय सिविल संहिता' के प्रस्तावित द्वितीय भाग 'व्यक्ति सम्बन्धी कानून' में अध्ययन की दृष्टि से निम्न अध्यायों को शामिल किया जा सकता है–

अध्याय 9 : व्यक्ति;

अध्याय 10 : न्यास;

अध्याय 11 : विन्यास;

अध्याय 12 : संस्था;

अध्याय 13 : कम्पनी;

अध्याय 14 : फर्म एवं भागीदारी;

अध्याय 15 : सिविल अधिकार एवं सिविल दायित्व।

अध्याय 9

व्यक्ति

विधिशास्त्र के अन्तर्गत दो तरह के 'व्यक्ति' की अवधारणा– एक प्राकृतिक व्यक्ति और दूसरा विधिक व्यक्ति है। वे सभी मानव-प्राणी, जिन्हें किसी देश का कानून अधिकारों का प्रयोग करने की आजादी प्रदान करता है या जिनसे दायित्वों का निर्वहन करने की अपेक्षा करता है, 'प्राकृतिक व्यक्ति' होते हैं। वे सभी समूह या संस्थाएँ, जिनको किसी देश का कानून 'व्यक्तित्व का गुण' प्रदान करता है, 'विधिक व्यक्ति' होते हैं।

किन व्यक्तियों को सिविल अधिकार एवं सिविल दायित्व प्राप्त होगा और इन अधिकारों का प्रयोग करने या दायित्वों का निर्वहन करने की शर्तें क्या होंगी, इसका निर्धारण कानून द्वारा किया जाता है। भारतीय सिविल संहिता के इस अध्याय के अन्तर्गत व्यक्तियों के अधिकार व दायित्व से सम्बन्धित निम्न बिन्दुओं पर कानून की स्थिति को स्पष्ट किया जा सकता है –

1. किसी व्यक्ति को कब विधिक क्षमता रखनेवाला व्यक्ति माना जायेगा;
2. किसी व्यक्ति को कब कार्य करने की क्षमता रखनेवाला व्यक्ति माना जायेगा;
3. किसी व्यक्ति को कब निर्णय करने की योग्यता रखनेवाला व्यक्ति माना जायेगा;
4. कोई व्यक्ति कब वयस्क माना जायेगा;
5. कोई व्यक्ति कब स्वस्थ मस्तिष्कवाला व्यक्ति माना जायेगा;
6. किन परिस्थितियों में एक अवयस्क को या मानसिक रूप से अस्वस्थ एक व्यक्ति को दायित्ववाला कार्य करने की क्षमता के अयोग्य माना जायेगा और किन परिस्थितियों में अवयस्क या अस्वस्थ व्यक्ति विधिक व्यक्ति के रूप में सिविल अधिकारों का उपभोग कर सकता है, किन्तु सिविल दायित्वों का निर्वहन करने के लिए जिम्मेदार नहीं बनाया जा सकता है;
7. एक व्यक्ति, जो निर्णय करने की योग्यता रखता है, किन्तु कार्य करने की क्षमता नहीं रखता है, द्वारा किये गये कार्य का विधिक प्रभाव क्या होगा;
8. निर्णय करने की योग्यता नहीं रखनेवाला व्यक्ति अपने कार्यों से कब विधिक प्रभाव उत्पन्न कर सकता है;
9. किन परिस्थितियों में एक अजन्मे व्यक्ति के अधिकारों को सुरक्षित रखा जा सकता है;
10. एक नागरिक-विधिक व्यक्ति के अधिकार एवं दायित्व गैर-नागरिकों से कैसे अलग हैं ? इत्यादि, इत्यादि।

व्यक्ति के प्रकार

'भारतीय सिविल संहिता' में व्यक्ति से सम्बन्धित अगले अध्यायों के लिए विधिक-व्यक्ति को दो आधारों पर बाँटा जा सकता है– एक उद्देश्य के आधार पर और दूसरा विधिक-क्षमता के आधार पर। उद्देश्य को दृष्टिगत रखते हुए कोई संस्था व्यावसायिक हो सकती है या गैर-व्यावसायिक। इसी तरह ये संस्थाएँ विधिक व्यक्तित्वयुक्त संस्था हो सकती हैं या विधिक व्यक्तित्वविहिन संस्था। ये सभी संस्थाएँ अपनी-अपनी विशेषताओं के साथ कानून के अन्तर्गत मिले सिविल अधिकारों का उपभोग और सिविल दायित्वों का निर्वहन करती हैं।

गैर-व्यावसायिक संस्थान

व्यक्तियों का समूह, जिनका उद्देश्य सामाजिक, राजनीतिक, धार्मिक, शैक्षणिक, कल्याणकारी या अन्य गैर-व्यावसायिक होता है और जो कानून के अन्तर्गत निबन्धित हैं, गैर-व्यावसायिक संस्थान होते हैं। ऐसे संस्थान विधिक व्यक्तित्वयुक्त संस्थान हो सकते हैं या विधिक व्यक्तित्वविहिन संस्थान।

विधिक व्यक्तित्वयुक्त गैर-व्यावसायिक संस्थान– इस श्रेणी के अन्तर्गत न्यास, विन्यास, वक्फ एवं राजनीतिक पार्टी आते हैं।

विधिक व्यक्तित्वविहीन गैर-व्यावसायिक संस्थान– इस श्रेणी के अन्तर्गत सोसाइटी रजिस्ट्रेशन कानून के अन्तर्गत निर्मित 'संस्थान' आता है।

व्यावसायिक संस्थान

व्यक्तियों का समूह, जिसका उद्देश्य व्यावसायिक है और कानून के अन्तर्गत निबन्धित हैं, व्यावसायिक संस्थान होता है। ऐसे संस्थान भी विधिक व्यक्तित्वयुक्त संस्थान हो सकते हैं या विधिक व्यक्तित्वविहिन संस्थान।

विधिक व्यक्तित्वयुक्त व्यावसायिक संस्थान– इस श्रेणी के अन्तर्गत 'कम्पनी' आता है।

विधिक व्यक्तित्वविहीन व्यावसायिक संस्थान– इस श्रेणी के अन्तर्गत 'फर्म' आता है।

सम्भावित प्रावधान

'व्यक्ति' से सम्बन्धित इस अध्याय में निम्न महत्त्वपूर्ण प्रावधान बनाये जा सकते हैं–

1. व्यक्ति की परिभाषा एवं प्रकृति;
2. व्यक्ति के अधिकारयुक्त एवं दायित्वाधीन होने की दशाएँ;
3. विधिक व्यक्ति की प्रकृति एवं प्रकार;

4. विधिक व्यक्ति के अधिकारयुक्त होने की दशाएँ;
5. विधिक व्यक्ति के दायित्वाधीन होने की दशाएँ; इत्यादि।

('विधिशास्त्र के सिद्धान्त', स्विस सिविल संहिता, जर्मन सिविल संहिता, टर्की सिविल संहिता के प्रावधान इस अध्याय के लिए मार्गदर्शक हैं।)

अध्याय 10

न्यास

'न्यास किसी सम्पत्ति के सम्बन्ध में ऐसी दायित्वयुक्त बाध्यता है, जिसके माध्यम से न्यासधारी दूसरे व्यक्ति या व्यक्तियों के समूह के हित के लिए या किसी कल्याणकारी उद्‌देश्य की पूर्ति के लिए उस सम्पत्ति का उपयोग करता है।'

न्यास के सम्बन्ध में भारत में दो कानून लागू हैं– एक 'भारतीय न्यास अधिनियम, 1882' और दूसरा 'कल्याणकारी एवं धार्मिक न्यास अधिनियम, 1920'। पहला कानून केवल निजी न्यासों के सम्बन्ध में लागू होता है। यह सार्वजनिक न्यासों या निजी धार्मिक न्यासों के सम्बन्ध में नहीं लागू होता है। जबकि दूसरा कानून सार्वजनिक न्यास के सम्बन्ध में लागू होता है। किन्तु इन दोनों कानूनों की आन्तरिक संरचना में बहुत अन्तर है। पहला कानून 'भारतीय न्यास अधिनियम, 1882' एक विस्तृत कानून है, जिसमें निजी न्यासों के गठन, प्रबन्धन एवं कार्यप्रणाली के सन्दर्भ में विस्तार से उल्लेख किया गया है जबकि दूसरा कानून 'कल्याणकारी एवं धार्मिक न्यास अधिनियम, 1920' बहुत ही सीमित कानून है, जो मात्र किसी व्यक्ति को एक सार्वजनिक न्यास के सम्बन्ध में सूचना प्राप्त करने का और किसी न्यासधारी को न्यायालय के माध्यम से ट्रस्ट सम्पत्ति के प्रबन्धन एवं प्रशासन को प्रभावित करनेवाले सवालों के लिए सलाह या दिशानिर्देश लेने का अधिकार प्रदान करता है।

सार्वजनिक न्यासों के सन्दर्भ में विस्तृत कानून के अभाव को हमेशा महसूस किया जाता रहा है। संविधानोत्तर संसद् का गठन होने के 67 वर्ष बाद भी सार्वजनिक न्यास जैसे महत्त्वपूर्ण विषय पर कानून न बन पाना दर्शाता है कि हमारा तन्त्र किस तरह ब्रिटिश हुकूमत के दौरान बने कानूनों पर निर्भर है। कानून के अभाव को सुप्रीम कोर्ट ने भी अपने निर्णयों में जाहिर किया है, किन्तु इसके बावजूद सार्वजनिक न्यास के सम्बन्ध में प्रभावशाली कानून का न बन पाना दुर्भाग्यपूर्ण है।

सार्वजनिक न्यास के सम्बन्ध में कानून के अभाव को महसूस करते हुए स्टेट आफ यू. पी. बनाम बंशीधर के मामले (1974) में सुप्रीम कोर्ट ने अपने निर्णय में कहा है कि निश्चित रूप से कुछ ऐसे सिद्धान्त हैं जो सभी तरह के न्यास, चाहे वह निजी हो या सार्वजनिक, पर लागू होते हैं। यह नहीं कहा जा सकता है कि केवल इस कारण कि यह

सिद्धान्त न्यास अधिनियम, 1882 में स्थान पा लिया है, इस कारण सार्वजनिक न्यास के मामले इससे अस्पृश्य हो जायेंगे।

वे मूल सिद्धान्त, जो भारतीय न्यास अधिनियम में उल्लिखित होने के कारण निजी-न्यास पर लागू होते हैं, वे साम्यता के आधार पर सार्वजनिक-न्यासों पर भी लागू होंगे। इस निर्णय के बाद सैद्धान्तिक रूप से सार्वजनिक न्यासों की स्थिति के सम्बन्ध में कुछ परिवर्तन आया है। किन्तु यह सच्चाई है कि आज भी सार्वजनिक न्यास के सम्बन्ध में कानूनी रिक्तता बनी हुई है।

'भारतीय सिविल संहिता' के माध्यम से सभी तरह के न्यासों के सम्बन्ध में इनकी विशिष्टताओं को शामिल करते हुए एकरूप कानून बनाया जाना उचित है।

सम्भावित प्रावधान

'न्यास' से सम्बन्धित इस अध्याय में निम्न महत्त्वपूर्ण विषय पर प्रावधान बनाये जा सकते हैं–

1. न्यास की प्रकृति एवं आवश्यक तत्त्व;
2. न्यास के प्रकार;
3. न्यास से सम्बन्धित सामान्य सिद्धान्त;
4. न्यास के सृजन के तरीके;
5. न्यास का प्रबन्धन;
6. निजी न्यास के सम्बन्ध में विशेष;
7. सार्वजनिक न्यास के सम्बन्ध में विशेष;
8. न्यासधारी के अधिकार एवं दायित्व;
9. हितग्राही के अधिकार एवं दायित्व;
10. न्यास की समाप्ति; इत्यादि।

('भारतीय न्यास अधिनियम, 1882'; कल्याणकारी एवं धार्मिक न्यास अधिनियम, 1920 के प्रावधान; बंशीधर मामले में सुप्रीम कोर्ट द्वारा प्रतिपादित न्यायिक सिद्धान्त, स्विस सिविल संहिता, जर्मन सिविल संहिता, टर्की सिविल संहिता मार्गदर्शक हैं।)

अध्याय 11

विन्यास

'एक निश्चित धार्मिक एवं कल्याणकारी उद्देश्य की पूर्ति के लिए किया गया किसी निश्चित सम्पत्ति का पूर्ण समर्पण विन्यास होता है।'

उद्देश्य के दृष्टिकोण से विन्यास दो तरह के होते हैं। एक धार्मिक विन्यास और दूसरा कल्याणकारी विन्यास। देवी-देवताओं की मूर्ति की स्थापना के लिए या उपासना के लिए या धार्मिक शिक्षा के प्रचार-प्रसार के लिए या अन्य धार्मिक उद्देश्यों की पूर्ति के लिए किया गया किसी सम्पत्ति का समर्पण 'धार्मिक विन्यास' होता है। जबकि लोकहित या मानवहित के उद्देश्य की पूर्ति के लिए किया गया किसी सम्पत्ति का समर्पण 'कल्याणकारी विन्यास' होता है।

विन्यास के सम्बन्ध में भारत में दो केन्द्रीय कानून– 'धार्मिक विन्यास अधिनियम, 1863' और 'कल्याणकारी विन्यास अधिनियम, 1890' लागू हैं। ये दोनों कानून बहुत ही सीमित क्षेत्रवाले कानून हैं। पहले कानून के माध्यम से भारत सरकार ने सभी धार्मिक एवं कल्याणकारी विन्यासों से अपने अधिकारियों का नियन्त्रण समाप्त कर इसे सम्बन्धित प्रबन्धक एवं प्रबन्ध-समिति को वापस दे दिया। जबकि दूसरा कानून सरकार को किसी कल्याणकारी विन्यास के कोषाध्यक्ष की नियुक्ति करने की शक्ति प्रदान करता है। सीमित प्रावधानवाले इन दो केन्द्रीय कानूनों के अलावा कुछ राज्यों में विन्यास के सम्बन्ध में प्रान्तीय-कानून जैसे बाम्बे पब्लिक ट्रस्ट अधिनियम, 1950; राजस्थान पब्लिक ट्रस्ट अधिनियम, 1959; तमिलनाडु हिन्दू रिलिजस एण्ड चैरिटेबुल एण्डाऊमेण्ट अधिनियम, 1959; कर्नाटक हिन्दू रिलिजस इन्स्टीच्यूशन्स एण्ड चैरिटेबुल एण्डाऊमेण्ट अधिनियम, 1997; बिहार हिन्दू धार्मिक ट्रस्ट अधिनियम, 1950; उड़ीसा हिन्दू रिलिजस एण्डाऊमेण्ट अधिनियम, 1969; ट्रावनकोर-कोचीन हिन्दू रिलिजस इन्स्टीच्यूशन्स अधिनियम, 1950; मध्य प्रदेश पब्लिक ट्रस्ट अधिनियम, 1951; आन्ध्र प्रदेश चैरिटेबुल एण्ड हिन्दू रिलिजस इन्स्टीच्यूशन्स एण्ड एण्डाऊमेण्ट अधिनियम, 1987; उत्तर प्रदेश चैरिटेबुल एण्डाऊमेण्ट अधिनियम, 1950 भी लागू हैं।

अलग-अलग राज्यों में लागू इन प्रान्तीय कानूनों में से ज्यादातर विस्तृत कानून हैं, किन्तु इनमें एकरूपता नहीं है। इनमें से कुछ कानून और इनके प्रावधान बहुत ही प्रभावशाली हैं, किन्तु ये कानून सम्बन्धित राज्य तक ही सीमित हैं। इसको हम निम्न दो दृष्टान्तों के माध्यम से समझने का प्रयास करते हैं।

पहले दृष्टान्त के रूप में आन्ध्र प्रदेश राज्य द्वारा 1987 में पारित कल्याणकारी और हिन्दू धार्मिक संस्था एवं विन्यास अधिनियम को लेते हैं। इस कानून के माध्यम से वंशानुगत ट्रस्टीशिप की व्यवस्था को समाप्त कर दिया गया था, जिसे सुप्रीम कोर्ट के समक्ष पन्नालाल वंशीलाल पीट्टी के मामले में चुनौती भी दी गयी। इस मामले में सुप्रीम कोर्ट ने यह निर्धारित किया कि वंशानुगत ट्रस्टीशिप को समाप्त करनेवाला आन्ध्र प्रदेश कानून संवैधानिक है। सुप्रीम कोर्ट द्वारा यह सिद्धान्त भी प्रतिपादित किया गया कि धार्मिक सम्पत्तियों के प्रबन्धन का मामला धार्मिक मामला नहीं है, इसलिए यह संविधान के अनुच्छेद 25 के प्रावधान का उल्लंघन नहीं है।

सुप्रीम कोर्ट के इस निर्णय के बाद आन्ध्र प्रदेश राज्य में मठ-मन्दिरों के प्रबन्धन के सम्बन्ध में किसी तरह की वंशानुगत व्यवस्था समाप्त हो गयी। किन्तु आन्ध्र प्रदेश के अलावा देश के दूसरे कई राज्यों में ऐसा नहीं हो सका है। कई राज्यों में तो इस तरह के कानून ही नहीं हैं और जिन कुछ राज्यों में हैं, इनमें वंशानुगत ट्रस्टीशिप को समाप्त करने के सन्दर्भ में कोई प्रावधान ही नहीं हैं। इसके अलावा भी इन प्रान्तीय कानूनों में कई अन्य बुनियादी असमानताएँ हैं।

इस सम्बन्ध में दूसरा दृष्टान्त उड़ीसा हिन्दू धार्मिक विन्यास अधिनियम, 1951 बहुत महत्त्वपूर्ण है। इसके अन्तर्गत सभी प्रकार के मन्दिर को सार्वजनिक माना गया है। अर्थात् कोई व्यक्ति किसी भी मन्दिर के निजी होने का दावा नहीं कर सकता है। एक बार यह सिद्ध हो जाने पर कि कोई संस्था एक मन्दिर है, यह निजी नहीं रह जाता है। इस व्यवस्था के कारण उड़ीसा राज्य में मन्दिरों को लेकर अनुच्छेद 25 (2) के प्रावधान का उल्लंघन इस आधार पर नहीं किया जा सकता कि कोई मन्दिर निजी है या सार्वजनिक चरित्र का नहीं है। मन्दिरों के सम्बन्ध में उड़ीसा राज्य का यह कानून बहुत ही महत्त्वपूर्ण है। किन्तु दूसरे कई राज्यों में अभी भी इस तरह के कानून का अभाव है।

वक्फ के लिए एक कानून, मठ-मन्दिरों एवं चर्चों के लिए क्यों नहीं?

भारत में हिन्दू धर्म में मठ-मन्दिरों के रूप में हजारों धार्मिक विन्यास स्थापित किये गये हैं। इन धार्मिक विन्यासों के प्रबन्धन के लिए अलग-अलग राज्यों में प्रान्तीय कानून लागू हैं। किन्तु केन्द्रीय स्तर पर एक स्वरूपवाले कानून का अभी तक निर्माण नहीं किया जा सका है। आज भी मठ-मन्दिरों का प्रबन्धन एक ऐसा विषय है जो संसद् निर्मित कानून की पहुँच के बाहर है। इस मामले में मुस्लिम धर्म, हिन्दू धर्म से कई कदम आगे हैं। भारत के सभी राज्यों में स्थित वक्फ के लिए संसद् द्वारा पारित एकरूप केन्द्रीय कानून– वक्फ अधिनियम, 1995 लागू है, किन्तु मठ-मन्दिरों एवं धार्मिक विन्यास के सन्दर्भ में आज भी इस तरह के एकरूप केन्द्रीय कानून का अभाव है। इस कारण कई राज्यों में मठ-मन्दिरों के प्रबन्धन में वंशप्रथा और जातीय व लैंगिक प्रभुत्व का दोष बना हुआ है।

1995 के पूर्व मुस्लिम वक्फ-सम्पत्तियों के सम्बन्ध में भी अलग-अलग राज्यों में अलग-अलग कानून लागू थे, किन्तु संसद् द्वारा पारित किया गया कानून– वक्फ अधिनियम, 1995 के माध्यम से राज्यों में लागू सभी वक्फ-कानूनों को रद्द कर दिया गया और सभी राज्यों के लिए एकसमान चरित्रवाले 'वक्फ बोर्ड' की स्थापना करने का प्रावधान बनाया गया। वक्फ बोर्ड के गठन में सरकार की भी सहभागिता होती है और चुने हुए सदस्य इसके सदस्य होते हैं। इस कानून के अन्तर्गत राज्य के सभी वक्फों पर बोर्ड का ही नियन्त्रण होता है और उसे मुतवल्ली की नियुक्ति करने व पदच्युत करने का भी अधिकार होता है। वक्फ अधिनियम, 1995 के माध्यम से मुतवल्ली के अधिकार एवं शक्तियों पर भी काफी हद

तक अंकुश लगाया गया है। इस कानून में वक्फ का ऑडिट कराने की भी व्यवस्था बनायी गयी है। बोर्ड की सहमति के बगैर मुतवल्ली को वक्फ की सम्पत्ति के सम्बन्ध में किसी मुकदमे में सुलह करने का अधिकार नहीं है। अधिनियम के विरुद्ध कार्य करने पर मुतवल्ली को दण्डित भी किया जा सकता है।

मुस्लिम वक्फ की ही तरह हिन्दू धर्म में धार्मिक विन्यास की अवधारणा है। इन दोनों संस्थाओं के पीछे की मूल भावना भी लगभग समान हैं। किन्तु धार्मिक विन्यासों के सम्बन्ध में आज तक एक केन्द्रीय कानून नहीं बनाया जा सका है और अलग-अलग राज्यों के लिए तमाम विसंगतियों के साथ भिन्न-भिन्न कानून लागू हैं। इन सभी प्रान्तीय कानूनों को समाप्त कर देश के सभी मठ-मन्दिरों एवं अन्य हिन्दू धार्मिक विन्यासों के पारदर्शी प्रबन्धन के लिए एक अखिल भारतीय कानून बनाया जाना आवश्यक है। यदि इस देश में वक्फ को लेकर अखिल भारतीय स्तर पर एक कानून बन सकता है, तो मठ-मन्दिरों एवं अन्य हिन्दू धार्मिक विन्यासों के सम्बन्ध में भी ऐसा एक कानून बनाया जाना सम्भव है और हर हाल में ऐसा किया जाना चाहिए। मठ-मन्दिर चाहे शंकराचार्य द्वारा स्थापित हो या रामानुजाचार्य द्वारा, इनकी विचारधाराओं को सुरक्षित रखते हुए, राष्ट्रीय स्तर पर एकरूप कानून को बनाया जाना आवश्यक है, ताकि इनके प्रबन्धन को जाति-निरपेक्ष, पन्थ-निरपेक्ष, लिंग-निरपेक्ष और वंशमुक्त बनाया जा सके।

सुप्रीम कोर्ट द्वारा राजा बीरा किशोर देब (1964) सहित अन्य कई मामलों में यह अभिनिर्धारित किया जा चुका है कि धार्मिक संस्थाओं की सम्पत्तियों के प्रशासन एवं प्रबन्धन का मामला धार्मिक विषय नहीं है। इसी तरह श्री श्री श्री लक्ष्मना यतेन्द्रुलु बनाम स्टेट आफ आन्ध्र प्रदेश के मामले (1996) में सुप्रीम कोर्ट ने निर्णय दिया है कि यद्यपि महन्त का कार्य बिलकुल धर्म से जुड़ा हुआ कार्य है, बावजूद इसके मठ-मन्दिरों का प्रबन्धन एक धर्म-निरपेक्ष कार्य है और मठ या विशिष्ट-विन्यास से सम्बन्धित सम्पत्ति के प्रबन्धन का सवाल संविधान के अनुच्छेद 26 (बी) के अन्तर्गत धार्मिक मामला नहीं है।

सवाल पैदा होता है कि मठ-मन्दिरों के प्रबन्धन के सम्बन्ध में एकरूपता और पारदर्शिता लाने के लिए हमारी शासन-व्यवस्था ईमानदार क्यों नहीं है? कारण जो भी हों, किन्तु अब इस दिशा में हमें आगे बढ़ना चाहिए। 'भारतीय सिविल संहिता' के इस अध्याय में देश के समस्त मठ-मन्दिर एवं अन्य हिन्दू धार्मिक विन्यास के सम्बन्ध में उक्त प्रान्तीय-कानूनों के अच्छे तत्त्वों एवं सुप्रीम कोर्ट के निर्णय में प्रतिपादित सिद्धान्तों को शामिल करके एकरूप प्रावधान बनाया जाना उचित है।

हाल ही में सुप्रीम कोर्ट का निर्णय आ जाने के बावजूद जिस तरह से सबरीमाला मन्दिर का प्रबन्धन 10 से 50 वर्ष की आयु की महिलाओं के प्रवेश पर लगाये गये रोक को समाप्त न करने पर अड़ा हुआ है और हिंसा करने पर आमादा है; जिस तरह से भारत में

राम-रहीम, आशाराम, रामपाल, नित्यानन्द के खिलाफ मठ-मन्दिर को लेकर मामले निकलकर आये हैं और इन लोगों पर मठ-मन्दिरों के नाम पर जमीन हथियाने और इन मठ-मन्दिरों की चहारदीवारी एवं गोपनीयता का नाजायज लाभ उठाकर बहन-बेटियों के साथ दुराचार करने के अनैतिक आरोप सिद्ध हुए हैं; उसको देखते हुए अब यह आवश्यक हो गया है कि इन मठ-मन्दिरों को सार्वजनिक घोषित करने एवं इनके प्रबन्धन में किसी तरह के वंशानुगत ट्रस्टीशिप को समाप्त करने लिए राष्ट्रीय स्तर पर एक समग्र कानून बनाया जाय।

इसी तरह ईसाइयों के चर्च के प्रबन्धन के सम्बन्ध में राष्ट्रीय स्तर पर कोई एकीकृत कानून नहीं है। इस अभाव के कारण जब-तब चर्च के सम्पत्तियों को लेकर विवाद पैदा होते रहते हैं। मुस्लिम वक्फ की तरह भारत में स्थित सभी चर्चों के लिए भी एक एकीकृत कानून बनाया जाना आवश्यक है।

भारतीय सिविल संहिता में सभी धार्मिक विन्यासों के सम्बन्ध में सामान्य सिद्धान्त प्रतिपादित कर संसद् को इस निर्बन्धन के अधीन कानून बनाने की शक्ति होगा, जिसके अन्तर्गत धर्मों को इन धार्मिक विन्यास के प्रबन्धन का अधिकार सुरक्षित हो।

सम्भावित प्रावधान

'विन्यास' से सम्बन्धित इस अध्याय में निम्न महत्त्वपूर्ण विषय पर प्रावधान बनाये जा सकते हैं–

1. विन्यास की प्रकृति एवं आवश्यक तत्त्व;
2. विन्यास के प्रकार;
3. विन्यास से सम्बन्धित सामान्य सिद्धान्त;
4. विन्यास के सृजन के तरीके;
5. धार्मिक विन्यास के सम्बन्ध में विशेष;
6. कल्याणकारी विन्यास के सम्बन्ध में विशेष;
7. विन्यास का प्रबन्धन एवं न्यासधारी की नियुक्ति;
8. विन्यास के न्यासधारी के अधिकार एवं दायित्व;
9. विन्यास के हितग्राही के अधिकार एवं दायित्व;
10. विन्यास की समाप्ति; इत्यादि।

(विन्यास से सम्बन्धित केन्द्रीय कानून– भारतीय न्यास अधिनियम, कल्याणकारी एवं धार्मिक न्यास अधिनियम के प्रावधान; प्रान्तों में लागू विन्यास सम्बन्धी कानूनों के प्रावधान; राजा बीरा किशोर देब (1964), श्री श्री श्री लक्ष्मना यतेन्द्रुलु बनाम स्टेट आफ आन्ध्र प्रदेश (1996) जैसे मामलों में सुप्रीम कोर्ट द्वारा अभिनिर्धारित किये गये सिद्धान्त मार्गदर्शक हैं।)

अध्याय 12

संस्था

'लोगों का ऐसा समूह, जो सामाजिक, शैक्षणिक एवं अन्य कल्याणकारी उद्देश्यों की पूर्ति के लिए कार्य करता है, संस्था कहलाती है।'

संस्था के गठन, प्रबन्धन एवं कार्यप्रणाली के सम्बन्ध में भारत में ब्रिटिश काल में बना कानून– सोसाइटी रजिस्ट्रेशन अधिनियम, 1860 लागू है। इस कानून को लेकर विभिन्न धर्मों के मध्य किसी तरह का कोई अन्तर्विरोध नहीं है और इसके प्रावधान बिना धार्मिक मतभेद के सभी नागरिकों पर समान रूप से लागू होते हैं।

भारतीय सिविल संहिता के इस अध्याय में 'संस्था' के मूलभूत तत्त्वों एवं सिद्धान्तों का उल्लेख करते हुए यह व्यवस्था अपनायी जायेगी कि संसद् आवश्यकतानुसार 'संस्था' विषय पर पूरक कानून बना सकता है।

सम्भावित प्रावधान

'संस्था' से सम्बन्धित इस अध्याय में निम्न महत्त्वपूर्ण विषय पर प्रावधान बनाये जा सकते हैं–

1. संस्था की प्रकृति एवं इसके आवश्यक तत्त्व;
2. संस्था से सम्बन्धित सिद्धान्त;
3. संस्था की स्थापना के तरीके;
4. संस्था की सदस्यता एवं इसका प्रबन्धन;
5. साधारण-सभा के अधिकार एवं कर्त्तव्य;
6. प्रबन्ध-समिति के अधिकार एवं कर्त्तव्य;
7. संस्था का विघटन और इसका प्रभाव; इत्यादि।

('सोसाइटी रजिस्ट्रेशन अधिनियम, 1860', स्विस सिविल संहिता, जर्मन सिविल संहिता, टर्की सिविल संहिता के प्रावधान मार्गदर्शक हैं।)

अध्याय 13

कम्पनी

'वाणिज्यिक एवं औद्योगिक उद्देश्यों की पूर्ति के लिए सहकारी तरीके से कार्य करनेवाले लोगों का ऐसा समूह, जिसे कानून के अन्तर्गत स्वतन्त्र विधिक व्यक्तित्व, शाश्वत उत्तराधिकार व सामान्य मुहर हासिल होती है, 'कम्पनी' कहलाती है।'

कम्पनी की प्रकृति, गठन, प्रबन्धन एवं कार्यप्रणाली के सम्बन्ध में भारत में संसदीय कानून– कम्पनी अधिनियम, 2013 लागू है। इस कानून को लेकर विभिन्न धर्मों के मध्य किसी तरह का कोई अन्तर्विरोध नहीं है और इसके प्रावधान बिना धार्मिक मतभेद के सभी नागरिकों पर समान रूप से लागू होते हैं।

भारतीय सिविल संहिता के इस अध्याय में कम्पनी के मूलभूत तत्त्वों एवं सिद्धान्तों का उल्लेख करते हुए इस संसदीय कानून को पूरक कानून के रूप में मान्यता दिया जाना उचित है।

सम्भावित प्रावधान–

'कम्पनी' से सम्बन्धित इस अध्याय हेतु निम्न प्रावधान महत्त्वपूर्ण हैं–

1. कम्पनी की प्रकृति एवं इसके आवश्यक तत्त्व;
2. कम्पनी का पंजीकरण;
3. कम्पनी का प्रबन्धन;
4. निर्देशक के अधिकार एवं कर्त्तव्य;
5. कम्पनी लॉ बोर्ड का गठन एवं इनकी शक्तियाँ;
6. कम्पनी के अधिवेशन;
7. कम्पनियों के सामाजिक–आर्थिक दायित्व; इत्यादि।

(कम्पनी अधिनियम, 2013, स्विस सिविल संहिता, जर्मन सिविल संहिता, टर्की सिविल संहिता के प्रावधान मार्गदर्शक हैं।)

अध्याय 14
फर्म और भागीदारी

वे व्यक्ति, जो किसी कारोबार को चलाने का करार इससे प्राप्त लाभ को आपस में बाँटने के उद्देश्य से करते हैं एवं कारोबार के दौरान एक–दूसरे का प्रतिनिधित्व करते हैं, आपस में भागीदार होते हैं। इनके मध्य सम्बन्ध भागीदारी का सम्बन्ध होता है और सभी भागीदार सामूहिक रूप से 'फर्म' कहलाते हैं।

'फर्म एवं भागीदार' की प्रकृति, गठन, प्रबन्धन एवं कार्यप्रणाली के सम्बन्ध में ब्रिटिश–काल में बना कानून– भारतीय भागीदारी अधिनियम, 1932 लागू है। इस कानून को लेकर विभिन्न धर्मों के मध्य किसी तरह का कोई अन्तर्विरोध नहीं है और इसके प्रावधान बिना धार्मिक मतभेद के सभी नागरिकों पर समान रूप से लागू होते हैं।

भारतीय सिविल संहिता के इस अध्याय में फर्म एवं भागीदारी के मूलभूत तत्त्वों एवं सिद्धान्तों का उल्लेख करते हुए यह व्यवस्था अपनायी जा सकती है

कि संसद् आवश्यकतानुसार 'फर्म एवं भागीदारी' विषय पर पूरक कानून बना सकता है।

सम्भावित प्रावधान

'फर्म एवं भागीदारी' से सम्बन्धित इस अध्याय में निम्न महत्त्वपूर्ण विषय पर प्रावधान बनाये जा सकते हैं–

1. भागीदारी और फर्म की प्रकृति;
2. भागीदारी के आवश्यक तत्त्व;
3. भागीदारी के आपसी सम्बन्ध;
4. दूसरे व्यक्तियों से भागीदारों के सम्बन्ध;
5. भागीदारों का प्रवेश एवं निवृत्ति;
6. फर्म का पंजीकरण और पंजीकरण न करने के परिणाम;
7. फर्म का विघटन; इत्यादि।

('भारतीय भागीदारी अधिनियम, 1932' की धारा 1-74 के प्रावधान, स्विस सिविल संहिता, जर्मन सिविल संहिता, टर्की सिविल संहिता मार्गदर्शक हैं।)

अध्याय 15

सिविल अधिकार एवं सिविल दायित्व

विधिशास्त्र में 'अधिकार' ऐसा हित है, जिसे कानून दूसरे व्यक्ति पर परस्पर सम्बन्धी दायित्व सौंपकर सुरक्षित करता है। भारत में कुछ अधिकारों को संविधान द्वारा मूल अधिकार के रूप में मान्य किया गया है। इन मूल अधिकारों के अलावा वे सभी अधिकार, जो आपराधिक कानून से सम्बन्धित नहीं हैं और जिन्हें कानून द्वारा स्वीकार किया गया है, 'सिविल अधिकार' होते हैं। इन सिविल अधिकारों के समानान्तर उत्पन्न होनेवाले दायित्व तथा सिविल कानून में घोषित अन्य दायित्व 'सिविल दायित्व' होते हैं।

सिविल अधिकार एवं सिविल दायित्व का निर्धारण

इस संहिता के अन्तर्गत सिविल अधिकार एवं सिविल दायित्व को निर्धारित करने के सम्बन्ध में निम्न पाँच तरीकों का सहारा लिया जा सकता है–

(क). वे अधिकार एवं दायित्व, जिन्हें 'भारतीय सिविल संहिता' के किसी प्रावधान के अन्तर्गत प्रत्यक्ष रूप से घोषित किया गया है।

दृष्टान्त

1. राष्ट्रीयता का अधिकार;

2. नाम एवं उपनाम का अधिकार;
3. विवाह करने का एवं निश्चित आधार पर विवाह-विच्छेद का अधिकार;
4. उत्तराधिकार द्वारा सम्पत्ति में हिस्सा पाने का अधिकार;
5. संविदात्मक दायित्व के प्रवर्तन का अधिकार; इत्यादि।

(ख) कुछ ऐसे अधिकार एवं दायित्व हैं, जो पैरा एक में उल्लिखित सिविल अधिकारों एवं सिविल दायित्वों को पूर्णता प्रदान करने के लिए आवश्यक होते हैं। ऐसे अधिकार एवं दायित्व भी क्रमशः सिविल अधिकार एवं सिविल दायित्व के रूप में मान्य होंगे।

दृष्टान्त

1. विधि के समक्ष व्यक्ति के रूप में मान्यता हासिल करने का अधिकार;
2. विवाह के उपरान्त परिवार बसाने का अधिकार;
3. उचित सामाजिक व्यवस्था का अधिकार;
4. सिविल अधिकारों एवं सिविल दायित्वों को सिविल कोर्ट की डिक्री के माध्यम से प्रवर्तित कराने का अधिकार;
5. सिविल अधिकार के उल्लंघन के फलस्वरूप होनेवाले नुकसान के लिए प्रतिकर प्राप्त करने का अधिकार; इत्यादि।

(ग). कुछ ऐसे अधिकार एवं दायित्व हैं, जो सिविल अधिकार या सिविल दायित्व के रूप में घोषित नहीं हैं, किन्तु जो संविधान में गारण्टी किये गये मूलभूत अधिकारों को पूर्णता प्रदान करने के लिए आवश्यक होते हैं। ऐसे अधिकार एवं दायित्व भी क्रमशः सिविल अधिकार एवं सिविल दायित्व के रूप में मान्य होंगे।

दृष्टान्त

1. शारीरिक एवं मानसिक क्षमता का उपभोग करने का अधिकार;
2. आत्मनिर्धारण का अधिकार;
3. संविदात्मक दायित्व न पूरा करने के आधार पर निरुद्ध किये जाने के विरुद्ध अधिकार;
4. पासपोर्ट का अधिकार;
5. जेनेटिक प्रिण्ट की गोपनीयता का अधिकार; इत्यादि।

(घ). कुछ ऐसे अधिकार एवं दायित्व हैं, जो सिविल अधिकार या सिविल दायित्व के रूप में घोषित नहीं हैं, किन्तु वे संविधान में घोषित किये गये नीति निर्देशक सिद्धान्तों को पूर्णता प्रदान करने के लिए आवश्यक होते हैं। ऐसे अधिकार एवं दायित्व भी क्रमशः सिविल अधिकार एवं सिविल दायित्व के रूप में मान्य होंगे।

दृष्टान्त

1. समान कार्य के लिए समान वेतन का अधिकार;
2. काम के बदले न्यूनतम पारिश्रमिक पाने का अधिकार;

3. सामाजिक सुरक्षा एवं सामाजिक बीमा का अधिकार;
4. स्वतन्त्रता से चुने हुए कार्य को करने का अधिकार;
5. विकास करने का अधिकार; इत्यादि।

(ङ). कुछ ऐसे अधिकार एवं दायित्व हैं, जो सिविल अधिकार या सिविल दायित्व के रूप में घोषित नहीं हैं, किन्तु वे संविधान में घोषित किये गये मूल कर्त्तव्यों को पूर्णता प्रदान करने के लिए आवश्यक होते हैं। ऐसे अधिकार एवं दायित्व भी क्रमशः सिविल अधिकार एवं सिविल दायित्व के रूप में मान्य होंगे।

दृष्टान्त

1. राष्ट्रीय झण्डा फहराने का अधिकार व इसका सम्मान करने का दायित्व;
2. राष्ट्रगान के सम्बन्ध में अधिकार एवं दायित्व;
3. पर्यावरण रक्षा का दायित्व; इत्यादि।

11

भाग III : परिवार सम्बन्धी कानून

सामाजिक प्राणी होने के कारण मनुष्य के लिए 'परिवार', 'पारिवारिक व्यवहार' एवं 'पारिवारिक कानून' का हमेशा से महत्त्व रहा है। आरम्भिक काल में विवाह, गोद, उत्तराधिकार जैसे पारिवारिक व्यवहार एवं अन्य सिविल व्यवहारों के साथ-साथ आपराधिक व्यवहार भी धर्म-आधारित कानूनों से संचालित होते थे। धर्मों पर पुरुषप्रधान सोच एवं सामन्तवादी प्रवृत्ति का प्रभाव बढ़ने के साथ इन कानूनों में तमाम अमानवीय मान्यताओं एवं प्रथाओं ने भी स्थान बनाना प्रारम्भ कर दिया। किन्तु 'राज्य' की अवधारणा का उद्‌भव होने और 17वीं शताब्दी में महान् जर्मन विधिशास्त्री जॅस्टस हेनिंग बॉहमर द्वारा प्रतिपादित 'राज्याधिधर्मतन्त्र के सिद्धान्त (Doctrine of Caesaropapism)' को मान्यता मिलने के बाद धर्मों का प्रभाव-क्षेत्र संकुचित होता गया और राज्य का प्रभाव-क्षेत्र बढ़ता चला गया। राज्याधिधर्मतन्त्र के सिद्धान्त के माध्यम से विधिशास्त्री बॉहमर ने 'चर्च के धार्मिक प्राधिकार' को 'राज्य के धर्म-निरपेक्ष प्राधिकार' के अधीन बताया। धीरे-धीरे राज्य भी इस विचारधारा से प्रभावित होकर काम करने लगा कि जीवन के सभी क्षेत्रों को मानवता-आधारित व्यवस्था से संचालित होना चाहिए। इस वैचारिक स्थापना के साथ राज्य द्वारा धर्म-संचालित सभी कानूनों को मानवता की कसौटी पर परखा जाना आवश्यक हो गया और समयक्रम के साथ इन धर्म-संचालित-कानूनों को राज्य-निर्मित-कानून से प्रतिस्थापित किया जाने लगा।

फ्रान्स, जर्मनी जैसे ईसाई बाहुल्य देश हों या टर्की, ट्यूनिशिया जैसे मुस्लिम बाहुल्य देश या जापान जैसे बौद्ध देश, विश्व के तमाम आधुनिक एवं सभ्य कहे जानेवाले देशों में 'राज्य' द्वारा पारिवारिक व्यवहार सहित सभी सिविल एवं आपराधिक व्यवहारों को धर्म से अलग करके मानवता-आधारित कानूनों के माध्यम से विनियमित किया गया। ऐसा करना न केवल मानवीय पहलू से आवश्यक महसूस किया गया, बल्कि शासन-व्यवस्था एवं न्याय-प्रशासन को सुचारु रूप से संचालित करने और देश को एकीकृत व अखण्ड बनाये रखने की दृष्टि से भी अति आवश्यक होता है।

'भारतीय सिविल संहिता' के प्रस्तावित तृतीय भाग 'परिवार सम्बन्धी कानून' में अध्ययन की दृष्टि से निम्न अध्यायों को शामिल किया जा सकता है–

अध्याय 16 : विवाह,
अध्याय 17 : संयुक्त दाम्पत्य सम्पत्ति,
अध्याय 18 : जाति निरपेक्ष विवाह की सुरक्षा,
अध्याय 19 : विवाह पश्चात् दायित्व एवं अधिकार,
अध्याय 20 : शून्य एवं शून्यकरणीय विवाह,
अध्याय 21 : विवाह-विच्छेद एवं न्यायिक अलगाव,
अध्याय 22 : जनकता और धर्मजत्व,
अध्याय 23 : गोद,
अध्याय 24 : अवयस्कता और संरक्षकत्व,
अध्याय 25 : भरण-पोषण,
अध्याय 26 : उत्तराधिकार,
अध्याय 27 : वसीयत और वसीयती उत्तराधिकार,
अध्याय 28 : निर्वसीयती उत्तराधिकार,
अध्याय 29 : बँटवारा,
अध्याय 30 : पारिवारिक समझौता।

अध्याय 16

विवाह

'विवाह' समाज द्वारा स्वीकृत यौन-सम्बन्धों को नियमित करने एवं मानव-पीढ़ी को आगे बढ़ाने के लिए एक सामाजिक-सांस्कृतिक संस्था है। विवाह न केवल पारिवारिक-जीवन को आधार प्रदान करता है, बल्कि सामाजिक सन्तुलन को बनाये रखने में भी मदद करता है। इसके माध्यम से बँधने के बाद स्त्री-पुरुष को पत्नी-पति की हैसियत प्राप्त हो जाती है।

भारत में विवाह के सम्बन्ध में प्रमुख रूप से छह कानून लागू हैं। एक हिन्दू विवाह अधिनियम, 1955; दूसरा भारतीय ईसाई विवाह अधिनियम, 1872; तीसरा मुस्लिम व्यक्तिगत कानून; चौथा पारसी विवाह एवं विवाह-विच्छेद अधिनियम, 1936; पाँचवाँ आनन्द विवाह अधिनियम, 1909 और छठा विशेष विवाह अधिनियम, 1954। पहला कानून हिन्दू, सिक्ख, बौद्ध एवं जैन धर्म के अनुयायियों पर, दूसरा कानून ईसाई धर्म के अनुयायियों पर, तीसरा कानून इस्लाम धर्म के अनुयायियों पर और चौथा कानून पारसी धर्म के अनुयायियों पर लागू होता है, जबकि पाँचवाँ कानून सिक्ख धर्म में प्रचलित आनन्द विवाह-पद्धति को वैधानिकता प्रदान करता है। छठा कानून धर्म से निरपेक्ष होकर तब लागू होता है, जब विवाह करनेवाले दोनों पक्ष अलग-अलग धर्मों के अनुयायी होते हैं या जब

पक्षकार किसी भी व्यक्तिगत कानून से नहीं संचालित होते हैं या जब पक्षकार अपने व्यक्तिगत कानून के अनुसार विवाह नहीं करना चाहते हैं।

'भारतीय सिविल संहिता' के इस अध्याय के लिए चर्चा का विषय यह है कि उपर्युक्त पाँच कानूनों के मध्य किन-किन बिन्दुओं को लेकर असंगति है और भारतीय सिविल संहिता हेतु आदर्श स्थिति प्राप्त करने के लिए इन असंगतियों को कैसे दूर किया जाय? इन दोनों सवाल का जवाब जानने के लिए आवश्यक है कि उपर्युक्त कानूनों का परस्पर तुलनात्मक विश्लेषण किया जाय। इसके लिए किसी एक कानून में मान्य विवाह के तत्त्वों को आधार बनाया जाना आवश्यक है। सभी पहलुओं पर विचार करने के बाद मैं मुस्लिम कानून में मान्य विवाह के तत्त्वों को आधार बनाया जाना उचित एवं सुविधाजनक समझता हूँ। मुस्लिम कानून के अन्तर्गत 'विवाह' के निम्न मूलभूत तत्त्व हैं–

1. मुस्लिम कानून के अन्तर्गत विवाह सामान्यतया एक संविदा है।
2. प्रत्येक व्यक्ति, जो वयस्क है, विवाह के योग्य होता है। मुस्लिम अवधारणा के अनुसार पुरुष और महिला दोनों की स्थिति में विवाह के लिए वयस्कता की उम्र 15 वर्ष है, जब तक कि ऐसा साक्ष्य न हो कि दोनों में से कोई एक 15 वर्ष की उम्र के पूर्व वयस्कता प्राप्त कर लिया है।
3. संरक्षक की अनुमति से एक अवयस्क का भी विवाह हो सकता है। ऐसी स्थिति में वर और वधू के पास विकल्प होता है कि वह अठारह वर्ष की आयु प्राप्त करने से पहले विवाह को अस्वीकार करे, बशर्ते कि विवाह पूर्णावस्था को प्राप्त न हो गया हो।
4. विवाह के समय दोनों पक्ष अर्थात् वर एवं वधू स्वस्थ मस्तिष्क के हों।
5. दोनों पक्षों की स्वतन्त्र सहमति हो, उन्न पर किसी तरह का दबाव न हो और दोनों सामान्य स्थिति में हों अर्थात् नशे की स्थिति में न हों।
6. विवाह के दोनों पक्षकार आपस में निषिद्ध सम्बन्धों के अन्तर्गत न आते हों।
7. विवाह के समय काजी के समक्ष एक ही बैठक में दोनों पक्षकारों में से कोई एक पक्षकार विवाह का प्रस्ताव (इजाब) करे और दूसरा पक्षकार इसकी स्वीकृति (कबूल) करे।
8. विवाह की गवाही के लिए दो पुरुष या एक पुरुष और दो महिला होनी चाहिए।
9. विवाह के प्रतिफल के रूप में मेहर की राशि निश्चित हो या उसका भुगतान कर दिया गया हो।
10. एक पुरुष द्वारा एक पत्नी रखना सामान्य नियम है किन्तु विशेष आपवादिक स्थिति में वह दो या तीन या चार पत्नी रख सकता है।
11. पति की मृत्यु के बाद या तलाक के बाद स्त्री को इद्दत की अवधि के दौरान दूसरी शादी करने की इजाजत नहीं है। इद्दत की अवधि के दौरान की गयी

दूसरी शादी सुन्नी कानून के अन्तर्गत अनियमित है और शीआ कानून के अन्तर्गत शून्य है।

मुस्लिम कानून के अन्तर्गत विवाह के उपर्युक्त तत्त्वों का दूसरे व्यक्तिगत कानूनों में मान्य विवाह के तत्त्वों के साथ तुलनात्मक विश्लेषण करने पर निम्न महत्त्वपूर्ण तथ्य निकलकर आते हैं।

(क) चौथा एवं पाँचवाँ बिन्दु, जो विवाह के दोनों पक्षकारों की स्वतन्त्र सहमति के सम्बन्ध में है, को लेकर किसी भी व्यक्तिगत कानून में कोई मतभेद नहीं है।

(ख) सातवाँ बिन्दु विवाह के तरीके से जुड़ा विषय है। एक व्यक्ति को अपनी इच्छानुसार या धार्मिक मत एवं रीति-रिवाज के अनुसार अपने विवाह के तरीके और स्वरूप को तय करने की आजादी है– 'भारतीय सिविल संहिता' में इस अवधारणा को स्वीकार कर लेने के बाद इस बिन्दु के सम्बन्ध में कोई विवाद नहीं रह जाता है।

(ग). उक्त दोनों अविवादित बिन्दु के अलावा जिन सात बिन्दुओं पर दूसरे अन्य व्यक्तिगत कानूनों से असंगति दिखती है, वे निम्न हैं–

1. विवाह की प्रकृति;
2. विवाह के दोनों पक्षकारों अर्थात् वर एवं वधू की उम्र;
3. गवाहों की उपस्थिति;
4. निषिद्ध सम्बन्ध;
5. मेहर;
6. बहुविवाह और
7. इद्दत।

उपर्युक्त सभी सात असंगतिवाले बिन्दुओं के सम्बन्ध में एक सर्वमान्य आदर्श स्थिति प्राप्त करने के लिए इन पर अलग-अलग विश्लेषणात्मक चर्चा करना आवश्यक है।

1. विवाह की प्रकृति

विवाह की प्रकृति क्या है, इस सम्बन्ध में भिन्न-भिन्न धर्मों में अलग-अलग मान्यताएँ प्रचलित हैं। इन मान्यताओं के आधार पर विवाह की प्रकृति को लेकर दो दृष्टिकोण निकलकर आता है। पहला यह कि विवाह एक 'संस्कार' है और दूसरा यह कि विवाह एक 'संविदा' है। इसके अलावा एक समूह ऐसा भी है, जो विवाह जैसी किसी संस्था या व्यवस्था को स्वीकार किये बिना 'लिव-इन रिलेशनशिप' में रहकर जीवनयापन को मान्यता देता है।

इस विषय को लेकर कोई विवाद नहीं हो सकता है कि सभी व्यक्ति को अपने-अपने धार्मिक मतों एवं रीति-रिवाजों के अनुसार विवाह के तरीके एवं स्वरूप को तय करने की

आजादी मिलनी चाहिए। किन्तु विवाह के बाद पैदा होनेवाले दायित्व के नजरीये से इसकी प्रकृति का निर्धारण महत्त्वपूर्ण हो जाता है।

संख्या की दृष्टि से भारत के सबसे बड़े धर्म– हिन्दू धर्म में विवाह को 'विशुद्ध संस्कार' माना जाता है, जबकि इस्लाम धर्म में विवाह को 'पूर्ण संविदा' माना जाता है।

हिन्दू धर्म के अन्तर्गत यह धारणा रही है कि विवाह के बाद पत्नी की हैसियत पति की हैसियत के साथ विलीन हो जाती है यानी उसकी स्वतन्त्र हैसियत समाप्त हो जाती है; पति-पत्नी के मध्य सम्बन्ध अटूट होता है, जो मृत्यु के बाद भी सात जन्मों तक बना रहता है। किन्तु हिन्दू विवाह अधिनियम, 1955 लागू होने के बाद हिन्दू धर्म के 'विशुद्ध संस्कार' की अवधारणा में बदलाव हो गया। इस कानून के माध्यम से हिन्दू-विवाह में ऐसे तत्त्व शामिल किये गये हैं, जो विवाह के विशुद्ध संस्कार होने की अवधारणा को कमजोर करता है और इसे संविदा के निकट लाता है। जैसे हिन्दू विवाह अधिनियम के अन्तर्गत वैध विवाह के लिए वर और वधू की स्वतन्त्र सहमति आवश्यक है। हिन्दू धर्म की यह अवधारणा कि पति-पत्नी के मध्य सम्बन्ध जीवनभर के लिए अटूट होता है, भी हिन्दू विवाह अधिनियम के बाद कमजोर हुआ है। इस कानून के बाद विवाह के अटूट होने की अवधारणा के खिलाफ 'विवाह-विच्छेद' को सिर्फ कानूनी मान्यता ही नहीं मिली है बल्कि सामाजिक मान्यता भी मिली है। हिन्दू विवाह अधिनियम के अन्तर्गत विवाह का पंजीकरण करने की व्यवस्था को स्वीकार किया गया है। सीमा बनाम अश्वनी कुमार के मामले (2006) में सुप्रीम कोर्ट द्वारा दिये गये ऐतिहासिक न्यायिक निर्णय कि सभी भारतीय नागरिक, चाहे वे किसी भी धर्म को माननेवाले हों, के विवाह का पंजीकरण होना आवश्यक है, ने भी हिन्दू विवाह को संविदा के अति निकट ला दिया है।

हिन्दू धर्म की मान्यता के विपरीत मुस्लिम धर्म के अन्तर्गत विवाह को सामान्य तौर पर एक सिविल-संविदा माना जाता है। इस धर्म में यह अवधारणा है कि विवाह के बाद भी महिला का अपना स्वतन्त्र अस्तित्व बना रहता है। यहाँ तक कि मुस्लिम कानून के अन्तर्गत विवाह के बदले पति द्वारा पत्नी को मेहर के रूप में प्रतिफल देना पड़ता है। मेहर को ही आधार बनाकर अब्दुल कादिर मामले (1886) में न्यायमूर्ति महमूद द्वारा मुस्लिम-विवाह की तुलना एक सिविल-संविदा से किया गया। सुब्रानिसा मामले (1934) में न्यायमूर्ति मितर ने यहाँ तक कहा है कि मुस्लिम कानून के अन्तर्गत विवाह की संविदा में पत्नी एक सम्पत्ति है और मेहर उसका मूल्य। मुस्लिम विवाह को बैनामा की तरह भी देखने का प्रयास किया गया है। किन्तु इसके विपरीत प्रसिद्ध इस्लामिक विद्वान् मौलवी समीउल्लाह (डी. जे., रायबरेली) ने तमाम प्रमाणों एवं मान्य पुस्तकों के अध्ययन के बाद सिद्ध किया है कि इस्लाम में विवाह मात्र सिविल संविदा ही नहीं है, बल्कि धार्मिक संस्कार भी है। मौलवी समीउल्लाह द्वारा अध्ययनोपरान्त निकाले गये इस निष्कर्ष का पूर्व मुख्य न्यायाधीश न्यायमूर्ति शाह सुलेमान द्वारा समर्थन भी किया गया है। अनीस बेगम बनाम मोहम्मद

इस्तफा के मामले (1933) में न्यायमूर्ति शाह सुलेमान ने अपने निर्णय में मौलवी समीउल्लाह के अध्ययन का विस्तार से उल्लेख किया है। प्रमुख इस्लामिक विद्वान् डॉ. एम. यू. एस. जंग अपनी पुस्तक 'डिसर्सन आन दि डेवलपमेण्ट आफ मुस्लिम लॉ' इन ब्रिटिश इण्डिया' में लिखते हैं कि यद्यपि विवाह एक आवश्यक रूप से संविदा है, किन्तु यह एक धार्मिक कार्य भी है; इसका उद्देश्य आनन्द-प्राप्ति व बच्चों का जनन करना है और समाजहित में सामाजिक जीवन को नियमित करना है।

मुस्लिम धर्म के संस्थापक पैगम्बर मोहम्मद साहब द्वारा विवाह को इबादत की श्रेणी में रखा गया है। मोहम्मद साहब ने स्वयं अपने पवित्र शब्दों में कहा है कि 'विवाह और आस्था, जो आदम के समय से चला आ रहा है और जन्नत तक चलता रहेगा, के अलावा और कुछ भी इबादत नहीं है।' इसलिए यह अवधारणा कि मुस्लिम कानून में विवाह का संस्कार से दूर-दूर तक कोई सम्बन्ध नहीं है और यह पूर्णतया एक सिविल संविदा मात्र है, खुद इस्लाम धर्म के मूल विचार से मेल नहीं खाता है।

उक्त तथ्यात्मक निष्कर्ष के बाद इसे लेकर कोई सन्देह नहीं है कि मूलतः सभी धर्मों में विवाह को धार्मिक महत्त्व का विषय माना गया है। यह भी सामान्य रूप से देखने को मिला है कि सभी धार्मिक आचरण ज्यों-ज्यों कानून का स्वरूप लेने की ओर बढ़ते हैं, विवाह की प्रकृति भी संस्कार से संविदा की ओर बढ़ती है। जबकि सामाजिक व्यवहार में इस बात को लेकर आम स्वीकृति है कि प्रारम्भ में विवाह एक संविदा है किन्तु समय और प्रगाढ़ता बढ़ने के साथ इस 'संविदा' का परिवर्तन 'सम्बन्ध' में होकर यह संस्कार का रूप ले लेता है। पुरुष और स्त्री के मध्य वैवाहिक संविदा का आत्मीय सम्बन्ध में परिवर्तन ही विवाह जैसी संस्था का वास्तविक लक्ष्य है। इसलिए मौलवी समीउल्लाह का यह निष्कर्ष कि विवाह मात्र सिविल संविदा ही नहीं है बल्कि धार्मिक संस्कार भी है, केवल इस्लाम के सन्दर्भ में ही नहीं, बल्कि पूरे भारत के सांस्कृतिक विरासत एवं सामाजिक व्यवहार की सही तस्वीर प्रस्तुत करता है। व्यावहारिक तौर पर भारतीय समाज द्वारा भी विवाह को एक 'संस्कारयुक्त संविदा' के रूप में स्वीकार किया जा चुका है।

किन्तु विवाह की प्रकृति को 'संस्कारयुक्त संविदा' के रूप में व्यावहारिक स्वीकृति मिलने के बावजूद समाज के कुछ लोगों की सोच 'विशुद्ध संस्कार' या 'पूर्ण संविदा' के नकारात्मक प्रभाव से मुक्त नहीं हो सका है। 'विशुद्ध संस्कार' की अवधारणा के साथ चलनेवाला एक विचार यह भी है कि विवाह के बाद महिलाओं का अस्तित्व पति की हैसियत में विलीन हो जाता है और उसका स्वतन्त्र अस्तित्व नहीं रह जाता है। इसके ठीक विपरीत 'पूर्ण संविदा' की अवधारणा के अन्तर्गत सैद्धान्तिक रूप से तो विवाह के बाद पत्नी के स्वतन्त्र अस्तित्व को स्वीकार किया जाता है, लेकिन मेहर के रूप में प्रतिफल की घोषणामात्र से महिला को एक सम्पत्ति की श्रेणी में ला दिया जाता है और यह मान लिया जाता है कि औने-पौने मूल्यवाले मेहर के बदले पत्नी अपना

पूरा जीवन पति के रहमोकरम पर आश्रित कर दे। इस प्रवृत्ति का परिणाम यह होता है कि कुछ लोगों की निगाह में औरत पत्नी के रूप में मात्र उपभोग की वस्तु और बच्चा जनने की मशीन बनकर रह जाती है। मुस्लिम कानून में पति को प्राप्त तीन तलाक कहने की और चार पत्नियों से विवाह करने की स्वच्छन्द आजादी एवं बाध्यकारी हलाला जैसी अमानवीय प्रथा के कारण मुस्लिम-महिला का स्वतन्त्र अस्तित्व ही उसके गले के लिए फन्दा साबित हो जाता है।

चाहे हिन्दू धर्म का विशुद्ध संस्कारवाला विचार, जिसके कारण विवाह के बाद महिलाओं को अपनी हैसियत को पति की हैसियत में विलीन कर देना पड़ता है, हो या फिर मुस्लिम कानून का पूर्ण संविदावाला विचार, जिसके कारण एक महिला को विवाह के बाद अपने बुनियादी अधिकारों के बदले खुद के खिलाफ ही स्वतन्त्र अस्तित्व को स्वीकार करना पड़ता है, हो, ये दोनों ही विचार अतिरेक की स्थिति हैं और आधुनिक सभ्य समाज में स्वीकरणीय नहीं हैं। दोनों ही स्थिति में पुरुषप्रधान सोचवाले समाज में महिलाओं को सिर्फ एक वस्तु बनाकर रखने का प्रयास रहता है। आधुनिक सभ्य समाज में महिलाओं के खिलाफ इन दोनों अतिरेक विचार में सुधार करने की आवश्यकता है। हमें ऐसा सन्तुलित दृष्टिकोण रखने की आवश्यकता है ताकि विवाह के बाद महिला को न ही अपने अस्तित्व से वंचित होना पड़े और न ही उसे अपने बुनियादी अधिकारों के बदले अपने ही खिलाफ किसी स्वतन्त्र अस्तित्व को स्वीकार करने के लिए बाध्य होना पड़े।

विवाह के बाद पैदा होनेवाले दायित्वों को देखते हुए सन्तुलित दृष्टिकोण यही है कि विवाह को 'संस्कारयुक्त संविदा' माना जाय। विवाह की प्रकृति के 'शाब्दिक नाम' से ज्यादा महत्त्व इसके 'भाव' का है। महत्त्वपूर्ण यह है कि प्रत्येक स्थिति में विवाह के बाद धर्म-निरपेक्ष संसदीय कानून की निगाह में भी महिलाओं को सम्मानजनक स्थान मिले और कानून में किसी विसंगति के कारण महिलाओं को अपनी समानता-आधारित बुनियादी अधिकारों से वंचित न होना पड़े। इस शर्त के अधीन विवाह की प्रकृति को स्वीकार किया जाना उचित है।

2. विवाह के दोनों पक्षकारों की उम्र

विवाह के सम्बन्ध में व्यक्तिगत कानूनों में दूसरा अन्तर्विरोध वयस्कता की उम्र को लेकर है। वयस्कता की उम्र क्या हो, यह अलग-अलग देशों की भौगोलिक स्थिति और वहाँ के सामाजिक ताने-बाने के अनुसार तय होता है। वयस्कता की उम्र के सम्बन्ध में लागू कानून– 'भारतीय वयस्कता अधिनियम, 1875' के अनुसार वयस्कता की उम्र 18 वर्ष है। किन्तु इस कानून का प्रावधान चार मामलों– विवाह, डॉवर यानी मेहर, विवाह-विच्छेद एवं गोद को प्रभावित नहीं करता है। इस अपवाद के कारण मुस्लिम कानून में भी प्रचलित विवाह हेतु वयस्कता की उम्र प्रभावित नहीं होती है।

प्राचीन मुस्लिम कानून में वयस्कता की उम्र 9 वर्ष या 12 वर्ष बतायी गयी है। शीआ स्त्री के मामले में तो वयस्कता की आयु मासिक धर्म के साथ शुरू हो जाती है और प्रत्यक्ष साक्ष्य के अभाव में पूर्व धारणा यह होती है कि मासिक धर्म 9 या 10 वर्ष तक की उम्र में शुरू हो जाता है। इस तरह लड़कियों के मामले में 9 या 10 वर्ष भी वयस्कता की उम्र माना जाता रहा है। किन्तु मुस्लिम विवाह-विच्छेद अधिनियम, 1939 के बाद विवाह के लिए 15 वर्ष उम्र को वयस्कता की उम्र के रूप में मान्यता मिली है। इस अधिनियम की धारा 2 (7) के अनुसार यदि किसी मुस्लिम महिला की 15 वर्ष की आयु के पूर्व विवाह हो गया है तो उसे 18 वर्ष की आयु प्राप्त करने के पहले ऐसे विवाह को पुष्ट करने या अस्वीकृत करने का अधिकार प्राप्त रहता है। यानी 15 वर्ष के पूर्व किये गये विवाह को पूर्ण विवाह नहीं माना जाता है। मुस्लिम कानून में वयस्कता की उम्र के सम्बन्ध में यह आम धारणा है कि पुरुष और महिला दोनों की स्थिति में वयस्कता की उम्र 15 वर्ष है, जब तक कि ऐसा साक्ष्य न हो कि इस उम्र के पूर्व वे वयस्क न हो गये हों।

यद्यपि मुस्लिम कानून के अन्तर्गत वयस्कता की उम्र 15 वर्ष है, किन्तु इस सम्बन्ध में संसदीय कानून 'बाल विवाह निषेध अधिनियम, 2006' के अन्तर्गत 21 वर्ष से कम उम्र में पुरुष का और 18 वर्ष से कम उम्र में महिला का विवाह करना दण्डनीय अपराध है। किन्तु यह सिर्फ दण्डनीय होने का सवाल है। यदि इस कानून का उल्लंघन कर विवाह किया गया है तो इस उल्लंघन के कारण विवाह अवैध या शून्य नहीं हो जाता है।

विवाह से सम्बन्धित अन्य कानून– हिन्दू विवाह अधिनियम, भारतीय ईसाई विवाह अधिनियम, पारसी विवाह एवं विवाह-विच्छेद अधिनियम एवं विशेष विवाह अधिनियाग के अन्तर्गत पुरुषों के लिए यह सीमा 21 वर्ष और महिलाओं के लिए 18 वर्ष है।

मुस्लिम कानून का सबसे महत्त्वपूर्ण सकारात्मक पहलू यह है कि विवाह हेतु वयस्कता की उम्र की दृष्टि से पुरुष और महिला दोनों को बराबर माना गया है। जबकि दूसरे कानून उम्र के सवाल पर एक समान रूप से लिंग-विभेद करते हैं। विवाह हेतु पुरुष-महिला के मध्य उम्र के इस अन्तर को बनाये रखने के पीछे की मन्शा कोई महिलाओं को विशेष रियायत देने की नहीं है और न ही इसके पीछे पुरुषों को किसी हक से वंचित करने की ही मन्शा है। इसके पीछे जो कारण दिखता है, यही हो सकता है कि पुरुषप्रधान समाज के इस नकारात्मक सोच कि वैवाहिक जीवन में पुरुष मानसिक तौर पर स्त्री की तुलना में ज्यादा परिपक्व एवं प्रभावशाली बना रहे, को कानूनी मान्यता प्रदान की जाय।

अपवाद ही सही इस देश में ऐसे उदाहरण हैं जब पत्नी की उम्र पति से ज्यादा होती है। सुनील दत्त, सचिन तेन्दुलकर, ऐश्वर्य राय, फरहान अख्तर, फराह खान, प्रियंका चोपड़ा जैसे कुछ सितारे भी हैं, जो इस दृष्टि से समाज के लिए आदर्श हो सकते हैं। अँगुलियों पर गिने जा सकनेवाले इन उदाहरणों के बावजूद आज भी हमारा समाज, धर्म-जाति से ऊपर उठकर यही धारणा रखता है कि वर की आयु वधू से कम-से-

कम तीन-चार वर्ष ज्यादा होनी चाहिए। संविधान लागू होने के 68 वर्ष बाद भी यदि भारतीय समाज में यह धारणा बनी हुई है, तो हमारे संसद् को आत्ममन्थन करना चाहिए कि उसके द्वारा पारित की गयी कानूनों का इस धारणा को मजबूत बनाने में क्या और कितना योगदान है? संसद् को इसका भी मन्थन करना चाहिए कि क्या उसके द्वारा पारित विशेष विवाह अधिनियम, 1954 और हिन्दू विवाह अधिनियम, 1955 में उम्र को लेकर लिंगभेद करनेवाले प्रावधान कहीं सामाजिक सुधार की राह में रोड़ा बनने का काम तो नहीं कर रहे हैं?

ऐसा नहीं है कि यदि पुरुष और महिला दोनों की उम्र 21 वर्ष से ज्यादा है और एक समान है तो उनके मध्य सम्पन्न विवाह मात्र इस कारण अवैध हो जायेगा क्योंकि उनके मध्य तीन वर्ष की आयु का अन्तर नहीं है। लेकिन लिंग-आधारित उपर्युक्त कानूनी भेदभाव एक तरह से महिलाओं पर मानसिक बढ़त बनाये रखने के समाज की पुरुषप्रधान सोच को मान्यता प्रदान करता है, जिसे आधुनिक एवं लोकतान्त्रिक देश में स्वीकार नहीं किया जा सकता है। तमाम तथाकथित उदार हिन्दू विद्वान् भी इस विषय पर मौन रहना पसन्द करते हैं और लिंग-आधारित इस विभेदकारी व्यवस्था के बचाव में पारिवारिक शान्ति की दुहाई देते हैं। एक पक्ष को कमजोर बनाये रखो, तो शान्ति बनी ही रहेगी, किन्तु क्या ऐसी व्यवस्था एक लोकतान्त्रिक देश में स्वीकरणीय हो सकती है। ऐसी ही सोच रखनेवाले लोग कभी-कभी इतना आगे बढ़ जाते हैं कि वे महिलाओं को दास और सम्पत्ति से ज्यादा कुछ समझते ही नहीं हैं। सवाल उठता है कि पारिवारिक शान्ति के लिए हर बार महिलाएँ ही क्यों बलि का बकरा बनने के लिए तैयार हों?; पारिवारिक शान्ति के लिए महिलाओं को ही क्यों हर बार अपने अधिकार से वंचित होना पड़े?

उम्र के आधार पर इस तरह लैंगिक भेदभाव को बनाये रखकर महिलाओं को पुरुषों की तुलना में शाश्वत रूप से कमजोर बनाये रखने की यह कानूनी-निर्ममता उस देश में है, जो आधुनिक और सभ्य होने का दम्भ भरता है। ऐसे कानून न केवल समाज की बल्कि संसद् की पुरुषप्रधान सोच एवं सामन्तवादी प्रवृत्ति को उजागर करते हैं। ऐसे कानूनी प्रावधान सभ्यता के पैमाने पर शर्मनाक हैं, जिससे यह देश जितनी जल्दी मुक्ति पा लेगा, उतना अच्छा होगा।

टर्की मुस्लिम देश में लागू टर्की सिविल संहिता के अनुच्छेद 124 के अन्तर्गत विवाह हेतु वयस्कता की उम्र पुरुष और महिला दोनों के लिए एक समान रूप से 17 वर्ष निर्धारित की गयी है। बेल्जियम, जर्मनी, स्पेन, मंगोलिया, अर्जेण्टीना, भूटान, दक्षिण अफ्रीका, मोरक्को जैसे तमाम देशों में भी विवाह हेतु वयस्कता की आयु 18 वर्ष पुरुष और महिला दोनों पर समान रूप से लागू होती है।

भारत की भौगोलिक परिस्थितियों को दृष्टिगत रखते हुए पुरुष और महिला दोनों के लिए विवाह हेतु वयस्कता की आयु 18 वर्ष स्वीकार किया जाना उचित

है। सम्भवतः इस कानूनी सुधार के बाद समाज के भी दृष्टिकोण में बदलाव प्रारम्भ हो जाय।

3. विवाह के लिए गवाह

मुस्लिम कानून की सुन्नी व्यवस्था के अन्तर्गत विवाह हेतु गवाही के लिए दो पुरुष का या एक पुरुष और दो महिला का होना आवश्यक है अर्थात् सुन्नी मुस्लिम कानून में विवाह के लिए कम-से-कम एक पुरुष गवाह का होना आवश्यक है और सिर्फ महिलाओं की गवाही मान्य नहीं है। इसके अलावा सुन्नी विवाह में दो महिलाओं की गवाही का मूल्य एक पुरुष की गवाही के मूल्य के बराबर माना गया है। जबकि शीआ कानून के अन्तर्गत विवाह के लिए ऐसे किसी गवाह की आवश्यकता नहीं है। भारतीय ईसाई विवाह अधिनियम, 1872 की धारा 25 के अन्तर्गत ईसाई विवाह के लिए दो गवाहों का होना आवश्यक है। इसी तरह पारसी विवाह एवं विवाह-विच्छेद अधिनियम, 1936 की धारा 3 (2) के अन्तर्गत भी पारसी-विवाह के लिए दो पारसी-गवाहों की उपस्थिति आवश्यक होती है। किन्तु हिन्दू विवाह अधिनियम, 1955 के अन्तर्गत हिन्दू-विवाह या सिक्ख-विवाह या बौद्ध-विवाह या जैन-विवाह के लिए किसी गवाह की आवश्यकता नहीं है।

धर्म से जुड़े उक्त चार व्यक्तिगत कानूनों के अलावा सामान्य कानून के रूप में विशेष विवाह अधिनियम, 1954 भी लागू है। यह कानून तब लागू होता है, जब विवाह के पक्षकार उक्त व्यक्तिगत कानूनों के अन्तर्गत विवाह नहीं करना चाहते हैं या जब विवाह के दोनों पक्षकारों के धर्म अलग-अलग होते हैं। इस सामान्य कानून के अन्तर्गत पक्षकारों को अपनी इच्छानुसार किसी भी तरह के वैवाहिक समारोह को अपनाने की पूरी आजादी प्रदान की गयी है और विवाह के दौरान किसी गवाह की उपस्थिति को अनिवार्य नहीं बनाया गया है। किन्तु इसकी धारा 12 के अन्तर्गत विवाह-पंजीकरण के लिए तीन गवाहों की उपस्थिति को अनिवार्य बनाया गया है।

विभिन्न धर्मों पर लागू होनेवाले व्यक्तिगत कानूनों में गवाह को उपस्थिति को लेकर कुछ अन्तर्विरोध हैं, जिनको दूर कर सुधार किया जा सकता है। लेकिन सामान्य रूप से लागू होनेवाले धर्म-निरपेक्ष कानून–विशेष विवाह अधिनियम ने भी गवाहों के मामले में गलत राह पकड़ ली है।

दो व्यक्तियों के मध्य विवाह दुनिया और कानून के समक्ष एक सामाजिक घोषणा भी है। गवाह की उपस्थिति के सवाल को इस घोषणा से जोड़कर देखा जाना चाहिए। दो व्यक्तियों के मध्य वैवाहिक सम्बन्धों के दौरान ऐसी भी स्थिति हो सकती है कि कोई भी परिचित व्यक्ति भय या व्यवहार या अन्य कारणों से उनके विवाह हेतु गवाही के लिए तैयार न हों या यह भी हो सकता है कि नवविवाहित दम्पति किन्हीं कारणों से ऐसा नहीं चाहते हों कि उन्हें अपने विवाह के मामले में किसी अन्य से गवाही के लिए निवेदन करना

पड़े। इन कारणों में से एक कारण यह भी हो सकता है कि वे दोनों अपने विवाह को पूर्णतया व्यक्तिगत मामला मानते हों और वे अपने विवाह में कानून के अलावा किसी का हस्तक्षेप नहीं चाहते हैं। यदि ऐसी कोई स्थिति है तो कानून में ऐसे नवविवाहित दम्पति के विवाह को भी मान्यता देने के लिए जगह होनी चाहिए। इसलिए यदि नवविवाहित दम्पति कानून के समक्ष आकर अपने वैवाहिक सम्बन्धों की घोषणा करते हैं तो कानून द्वारा मात्र गवाह न होने के आधार पर विवाह को मान्यता देने से इन्कार नहीं किया जा सकता है। इस दृष्टि से विशेष विवाह अधिनियम, 1954 ने गलत राह पकड़ ली है। कोई नवविवाहित दम्पति जब अपने विवाह के पंजीकरण के लिए आते हैं, तो वे एक तरह से कानून के समक्ष अपने विवाह की घोषणा कर रहे होते हैं और ऐसी घोषणा के लिए गवाह का अनिवार्य किया जाना उचित नहीं है।

किन्तु जब दो व्यक्ति अपने विवाह की घोषणा को मात्र दुनिया के समक्ष ही सीमित रखना चाहते हैं और कानून के समक्ष इसकी घोषणा नहीं करते हैं तो मुस्लिम कानून की यह व्यवस्था कि विवाह की मान्यता के लिए गवाह होना आवश्यक है, एक उचित व्यवस्था है। किन्तु गवाही की मूल्यता के सन्दर्भ में पुरुष और महिला के बीच किसी तरह के भेदभाव को मान्य नहीं किया जा सकता है, जैसा सुन्नी मुस्लिम कानून में किया गया है।

'भारतीय सिविल संहिता' की दृष्टि से यह सिद्धान्त स्वीकार किया जा सकता है कि यदि कोई दम्पति अपने विवाह की घोषणा कानून के समक्ष करता है तो गवाह का होना अनिवार्य नहीं है, किन्तु यदि वे अपने विवाह की घोषणा को मात्र दुनिया के समक्ष ही सीमित रखना चाहते हैं और कानून के समक्ष घोषणा नहीं करते हैं तो ऐसे विवाह की वैधता के लिए किन्हीं दो व्यक्तियों, महिला हो या पुरुष, की गवाही आवश्यक होगी।

4. निषिद्ध सम्बन्ध

किसी भी समाज में ऐसे किसी विवाह को मान्यता नहीं दी जाती है, जिसमें वर और वधू आपस में निकट सम्बन्धी हैं। कुछ अन्तर को छोड़ दें, तो लगभग सभी व्यक्तिगत कानूनों में विवाह के लिए निषिद्ध सम्बन्धों के नियम लगभग एक जैसे ही हैं। यद्यपि निषिद्धता का सवाल कानून की बाध्यता से ज्यादा व्यक्ति की नैतिकता पर निर्भर करता है। यदि निषिद्ध सम्बन्धों में होने के बावजूद दो पक्ष आपसी सहमति से विवाह कर लें और किसी पक्ष को आपत्ति न हो, तो निषिद्धता की बात केवल कानूनी सजावट बनकर रह जाती है। निषिद्ध सम्बन्ध में विवाह होने के बावजूद किसी आपत्ति के अभाव में ऐसे विवाह कायम रहते हैं। कानून भी असहाय रहता है। इस व्यावहारिक समस्या के बावजूद तार्किक रूप से किसी कानून के अन्तर्गत ऐसे किसी विवाह को मान्यता नहीं दी जानी चाहिए, जो निषिद्ध सम्बन्ध में किया गया हो।

मुस्लिम कानून में सामान्य तौर पर पाँच तरह की निषिद्धता स्वीकार की गयी है– पहला 'कराबत' यानी रक्त सम्बन्धी निषिद्धता; दूसरा 'मुशारत' यानी विवाह सम्बन्धी निषिद्धता; तीसरा 'रिजा' यानी धात्रेय सम्बन्धी निषिद्धता अर्थात् जब दो वर्ष से कम आयु के शिशु ने माँ के अलावा किसी दूसरी महिला की छाती का दूध पिया है, तो शिशु का दूध पिलानेवाली महिला के साथ धात्रेय सम्बन्ध बन जाता है और वह महिला शिशु की धाय-माँ हो जाती है; चौथा 'अवैध सम्बन्ध की निषिद्धता' यानी एक ही समय में दो ऐसी स्त्रियों से विवाह करना, जिसमें से यदि एक पुरुष होता तो उनके मध्य विवाह अवैध हो जाता, निषिद्ध है और पाँचवाँ 'तलाक की निषिद्धता' यानी जब तीन तलाक से विवाह-विच्छेद हो जाय तो उन्हीं पक्षकारों के बीच पुनर्विवाह नहीं हो सकता, जब तक कि तलाकशुदा पत्नी द्वारा हलाला का पालन न किया जाय।

हिन्दू कानून के अन्तर्गत भी सपिण्डा सम्बन्धों एवं अन्य निषिद्ध सम्बन्धों में विवाह करना अमान्य है। इसी तरह पारसी कानून एवं ईसाई कानून में भी कुछ मामूली भिन्नताओं के साथ विवाह में निषिद्धता के सिद्धान्त को स्वीकार किया गया है।

'भारतीय सिविल संहिता' हेतु निषिद्धता के नियम को स्वीकार करने के लिए सभी व्यक्तिगत कानूनों में स्वीकृत नियमों को समग्रता के साथ स्वीकार कर सर्वमान्य आदर्श स्थिति प्राप्त की जा सकती है। ऐसा ही प्रयास विशेष विवाह अधिनियम, 1954 में किया गया है। विभिन्न धर्मों में प्रचलित निषिद्धता के नियमों को मानने की आजादी प्रदान करते हुए विशेष विवाह अधिनियम में '74' निषिद्ध सम्बन्धों को स्वीकार किया गया है। भारतीय सिविल संहिता के लिए यह सर्वमान्य आदर्श स्थिति है। इसमें मुसलमान को 'रिजा' मानने की आजादी होगी और हिन्दू को 'सपिण्डा' मानने की।

तलाक की निषिद्धता और हलाला प्रथा

निषिद्धता के सम्बन्ध में मुस्लिम कानून में स्वीकृत 'तलाक की निषिद्धता' सबसे अधिक विवादित विषयों में से एक है। तलाक की निषिद्धता के अन्तर्गत तीसरी बार तलाक से विवाह-विच्छेद होने की स्थिति में उन्हीं पक्षकारों के बीच विवाह तब तक नहीं हो सकता है जब तक कि तलाकशुदा पत्नी 'हलाला' की प्रक्रिया से न गुजरे।

इस्लाम धर्म में मान्य 'स्वैच्छिक हलाला' के विपरीत व्यवहार में इसका विकृत स्वरूप 'बाध्यकारी हलाला' प्रचलित है। दुर्भाग्य से इस्लाम धर्म के कुछ धर्मगुरुओं द्वारा 'बाध्यकारी हलाला' को ही बढ़ावा दिया जाता है। ऐसा करनेवाले इस्लाम धर्म को उसी तरह बदनाम करते हैं जिस तरह कभी सती प्रथा को बाध्यकारी बनाकर हिन्दू धर्म को अमानवीय बनाने का प्रयास किया जाता था।

इस्लाम में जिस हलाला को मान्य किया गया है, वह एकदम से आपवादिक परिस्थिति में होनेवाली स्वैच्छिक प्रक्रिया है। सभी प्रक्रियाओं का पालन कर किये गये तलाक के बाद

भी तलाकशुदा पति एवं पत्नी सभी प्रक्रियाओं को नये सिरे से अपनाकर दोबारा निकाह कर सकते हैं। दूसरी बार की गयी निकाह के बाद भी यदि दोबारा तलाक की नौबत आ जाय तो पुनः तलाक की सभी प्रक्रिया अपनानी होती है। दूसरी तलाक के बाद भी तीसरी बार निकाह किया जा सकता है। किन्तु यदि पति-पत्नी के बीच तीसरी बार तलाक हो जाय, तो चौथी बार इन दोनों के मध्य निकाह नहीं हो सकता है। इसके बाद यदि तलाकशुदा पत्नी अपनी इच्छा से किसी दूसरे मर्द के साथ परिवार बसाने की नीयत और मकसद से निकाह कर ले और संयोग से उससे भी न निभ पाये और दूसरा पति उसे सभी प्रक्रिया का पालन करते हुए तलाक दे दे तो वह पहले पति के साथ चौथी बार निकाह करने के लिए स्वतन्त्र हो जाती है। इस प्रक्रिया के दौरान किसी तरह की बाध्यता की कोई बात नहीं होती है। यह बिल्कुल ही स्वैच्छिक किस्म का हलाला होता है। 'स्वैच्छिक हलाला' का यही स्वरूप मुस्लिम कानून में मान्य है।

किन्तु समय के साथ ज्यों-ज्यों, तीन तलाक का प्रचलन बढ़ा, स्वैच्छिक हलाला ने बाध्यकारी हलाला का विकृत स्वरूप ग्रहण कर लिया। हलाला के इस विकृत स्वरूप में पति द्वारा तीन तलाक कह देने के बाद पत्नी को तलाक कहनेवाले अपने पति के साथ वापस आने के लिए किसी दूसरे मर्द के साथ सम्बन्ध बनाना पड़ता है। इसे कुछ इस तरह मान लिया जाता है जैसे कि 'तलाक-तलाक-तलाक' आसमानी शब्द हो और पति के मुख से इसके निकलते ही पत्नी 'अपवित्र वस्तु' हो जाती है। अपवित्रता के इस धब्बे को मिटाने के लिए उसे हलाला के तप से गुजरना है, जिसमें कोई दूसरा मर्द तलाकशुदा महिला के स्त्रीत्व का दहन कर उस आसमानी फितरत को समाप्त करता है। ताज्जुब तो यह है कि मर्द-पति की आँख पर धर्म की पट्टी इस तरह बँधी होती है कि उसका पुरुषत्व भी उसे ऐसा करने से मना नहीं कर पाता है। जिस पत्नी को वह अपने जीवन की इज्जत मानता रहा है और कमोबेश हलाला के बाद भी वह उसकी इज्जत ही बनी रहेगी, फिर भी वह उसकी इज्जत को खुशी-खुशी समर्पित करने के लिए राजी हो जाता है।

मुस्लिम समाज में हलाला के बाध्यकारी स्वरूप की शुरुआत कैसे हुई, इस सम्बन्ध में धारणा है कि यह उनके द्वारा बनाया गया रास्ता है जो स्वयं को शरीयत का व्याख्याकार बताते रहते हैं। जब एक मुस्लिम पति द्वारा अनभिज्ञता के कारण या आवेश या क्रोध में तीन तलाक कह दिया जाय और कुछ समय बाद जब उसका समझ वापस आता है तो उसमें उसी तरह से वैवाहिक सम्बन्ध को पुनर्स्थापित करने की व्याकुलता भी होती है। तीन तलाक कहनेवाला यह पति बस इतना भर चाहता है कि उसकी पत्नी किसी तरह वापस आ जाय। किन्तु उसमें धर्म का भय इस तरह भर दिया जाता है कि वह हलाला को अपनी पत्नी वापस पाने का एकमात्र रास्ता मानने लगता है। वह अपने तलाकशुदा पत्नी का हलाला हेतु अस्थायी निकाह कराने के लिए तैयार हो जाता है। किन्तु स्वाभाविक है कि ऐसे अस्थायी निकाह के लिए किसी मर्द का तैयार होना आसान नहीं होता है। इसी हालात

का नाजायज फायदा तथाकथित धार्मिक व्याख्याकारों द्वारा उठाया जाता है और शुरू हो जाता है धर्म के नाम पर दो पुरुषों के मध्य एक मासूम महिला के शरीर की सौदेबाजी।

तीन तलाक एवं बाध्यकारी हलाला की प्रथा महिलाओं की गरिमा और मानवीय मूल्यों के विरुद्ध है। इनका प्रचलन एक सभ्य समाज और लोकतान्त्रिक देश के लिए शर्मनाक और अस्वीकरणीय हैं। दूसरे समाज के साथ सुधार की दिशा में सभ्यता-पथ पर आगे बढ़ रहे मुस्लिम समाज के जागरूक वर्ग द्वारा इन अमानवीय प्रथाओं को ठुकराया जा रहा है। टर्की -जैसे तगाग मुस्लिम देशों में मौखिक तलाक एवं हलाला प्रथा के किसी स्वरूप को कानूनी रूप से अमान्य कर दिया गया है।

मौखिक विवाह-विच्छेद की अवधारणा को स्वीकार करने का यह स्वाभाविक परिणाम है कि एक ही दम्पति के मध्य कई बार विवाह हो। पति-पत्नी के मध्य तीन बार अलग-अलग समय में लगातार विवाह होने के बाद यदि तीसरी बार तलाक होता है, तो इनके मध्य चौथी बार विवाह को निषिद्ध किये जाने को किसी भी दृष्टि से अतार्किक नहीं कहा जा सकता है। यदि 'भारतीय सिविल संहिता' में मौखिक विवाह-विच्छेद की धारणा को स्वीकार करते हैं तो कुछ संशोधनों के साथ 'तलाक की निषिद्धता' और इसके अपवाद 'स्वैच्छिक हलाला' को वैकल्पिक स्वरूप में स्वीकार किया जा सकता है।

यद्यपि लगातार दो बार तलाक के बाद एक ही दम्पति के मध्य तीसरी बार निकाह/विवाह होना एक असम्भव आपवादिक स्थिति है। तीसरी बार निकाह/विवाह के बाद भी यदि दोनों के बीच तालमेल नहीं हो पाता है तो मुस्लिम कानून में चौथी बार निकाह तभी हो सकता है जब तलाकशुदा पत्नी स्वेच्छा से अपनी शादी दूसरे मर्द के साथ परिवार बसाने की नियत व मकसद से कर ले और संयोग से उसका दूसरे मर्द के साथ भी न निभ पाये और तलाक हो जाय, तो वह पहले पति के साथ विवाह कर सकती है। इस व्यवस्था को पति और पत्नी दोनों पर लागू करके भारतीय सिविल संहिता के लिए सर्वमान्य आदर्श स्थिति प्राप्त की जा सकती है। यानी यदि तीसरी बार तलाक के बाद तलाकशुदा पति और पत्नी अपनी-अपनी शादी किसी अन्य औरत व मर्द के साथ परिवार बसाने की नियत व मकसद से करें और संयोग से यदि दोनो का अपनी दूसरे पत्नी व पति के साथ न निभ सके और कानून के अनुसार विवाह-विच्छेद हो जाय तो चौथी बार विवाह न करने की निषिद्धता समाप्त हो जायेगी और वे पहले पति/पत्नी के साथ विवाह करने के लिए स्वतन्त्र हो जायेंगे।

5. मेहर

मुस्लिम कानून में मेहर वह सम्पत्ति है जो विवाह के समय पति द्वारा पत्नी को विवाह के बदले दी जाती है या देने का वादा किया जाता है। पहले यह अरब समाज में प्रचलित 'बाल' प्रकार के विवाह में पति द्वारा लड़की के माता-पिता को कन्या के वियोग के प्रतिकर

के रूप में दिया जाता था। बाद में मुस्लिम कानून में इसे पत्नी को देय बना दिया गया। पैगम्बर मोहम्मद साहब द्वारा मेहर की यह व्यवस्था महिलाओं की स्थिति को सुधारने के लिए बनाया गया था। मेहर सामान्यतया दो भागों में देय होता है। एक 'मेहर मुअज्जल' के रूप में तुरन्त दिया जाता है और दूसरा 'मेहर मुवज्जल' के रूप में विवाह के विघटन होने पर देय होता है। मेहर विवाह का आवश्यक अंग है। इसलिए यदि विवाह के समय इसका जिक्र न भी किया गया हो तो भी कानून द्वारा इसकी पूर्वधारणा कर ली जाती है।

मेहर विवाह रूपी संविदा का प्रतिफल है या इसके अलावा कुछ और, इस पर अलग-अलग मुस्लिम-विद्वानों के अलग-अलग विचार हैं। न्यायमूर्ति महमूद ने अब्दुल कादिर बनाम सलीमा के मामले (1886) में मेहर को विवाह रूपी संविदा का प्रतिकर बताया है। किन्तु प्रसिद्ध इस्लामिक विद्वान् अब्दुर्रहीम के अनुसार 'मेहर वैवाहिक संविदा का प्रतिफल नहीं है, बल्कि वह पति पर मुस्लिम विधि द्वारा आरोपित एक कर्त्तव्य है जिसे पत्नी के सम्मान के प्रतीक के रूप में पति पूरा करने के लिए बाध्य रहता है।'

मेहर की अवधारणा के मूलतः दो उद्देश्य हैं। पहला महिलाओं की आर्थिक स्थिति में सुधार लाना एवं विपरीत परिस्थितियों के पैदा होने पर उन्हें स्वावलम्बी बनाना और दूसरा पति द्वारा तलाक के मनमाने प्रयोग पर अंकुश रखना।

'मेहर' की अवधारणा के समानान्तर हिन्दू कानून में 'स्त्रीधन' की अवधारणा है। विवाह के समय जो भी उपहार पति द्वारा या निकट सम्बन्धियों द्वारा या अपरिचितों द्वारा दिया जाता है, वह पत्नी का स्त्रीधन होता है। मुस्लिम कानून में मेहर विवाह के बदले दिया जानेवाला प्रतिफल है, जिसके बिना विवाह वैध नहीं हो सकता है। जबकि हिन्दू कानून में पति द्वारा ऐसे किसी प्रतिफल को दिये जाने की मान्यता नहीं है और न ही प्रतिफल देने या न देने का विवाह की वैधता पर कोई प्रभाव ही पड़ता है। व्यवस्था यह है कि विवाह के समय यदि पति द्वारा कोई उपहार दिया जाता है, तो वह हिन्दू कानून के अन्तर्गत अक्षम तलाकशुदा पत्नी का स्त्रीधन होगा और इस पर उसका पूर्ण अधिकार होता है। विवाह-विच्छेद होने की स्थिति में हिन्दू कानून के अन्तर्गत पति द्वारा पत्नी को भरण-पोषण के लिए खर्च देना होता है। भरण-पोषण के लिए प्राप्त यह धन स्त्रीधन होता है। हिन्दू कानून में विवाह-विच्छेद के बाद पति द्वारा भरण-पोषण के लिए दिया जानेवाला खर्च मुस्लिम कानून में विवाह-विच्छेद के दौरान पति द्वारा दिये जानेवाले मेहर से कई मामलों में निकट है। इन दोनों में अन्तर सिर्फ इतना है कि विवाह के विघटन के बाद मेहर की राशि एकमुश्त दी जाती है, किन्तु भरण-पोषण के लिए खर्च की राशि निश्चित अन्तराल पर पत्नी को आजीवन या पुनर्विवाह करने तक दिया जाता है।

रोमन कानून में भी मेहर की अवधारणा को 'डोनासियो प्राप्टर नुप्टियस' के रूप में स्वीकार किया गया है, जिसका अर्थ विवाह के लिए उपहार है। दोनों में यह अन्तर है कि मुस्लिम कानून में मेहर देना बाध्यता है जबकि रोमन कानून में इसे स्वैच्छिक बनाया गया है।

व्यक्तिगत कानूनों की यह अवधारणा कि विवाह के समय महिला एक सम्पत्ति होती है या दया की पात्र होती है, इसलिए इसके बदले उन्हें मेहर/स्त्रीधन दिया जाता है, तभी मान्य हो सकता है जब पुरुषप्रधान प्रवृत्ति को एकपक्षीय मान्यता दिया जाय। किन्तु संयोग से भारत एक लोकतान्त्रिक देश है। इसलिए यदि उक्त अवधारणा को मान्य किया जाता है तो ऐसी भी स्थिति आ सकती है कि कोई क्षमतावान् महिला यह दावा करने लगे कि उसके विवाह के समय पुरुष को सम्पत्ति माना जाय और वह इसके बदले में पुरुष को प्रतिफल देने के लिए तैयार है। किन्तु सम्भवतः ऐसा नहीं हो पायेगा क्योंकि इस तरह का दावा करते समय महिलाओं की नैतिकता उनके आड़े आ जायेगी। किन्तु पुरुषप्रधान समाज द्वारा बनायी गयी व्यवस्था में नैतिकता मायने नहीं रखती है। बावजूद इसके, किसी भी रूप में प्रतिफल के बदले विवाह की अवधारणा को आदर्श नहीं माना जा सकता है। ऐसी स्थिति से बचने के लिए यह स्पष्ट करना आवश्यक है कि विवाह के दौरान न तो महिला को सम्पत्ति माना जाय और न ही पुरुष को सम्पत्ति माने जाने का हालात बनाया जाय। इसलिए प्रतिफल के बदले विवाह की अवधारणा को खारिज करना उचित है।

आरम्भ में विवाह एक 'संस्कारयुक्त संविदा' होता है किन्तु समय एवं प्रगाढ़ता बढ़ने के साथ यही संविदा आत्मीय सम्बन्ध में बदल जाता है। पुरुष और स्त्री के मध्य वैवाहिक संविदा का आत्मीय सम्बन्ध में परिवर्तन ही विवाह जैसी संस्था का वास्तविक लक्ष्य होता है। आत्मीय सम्बन्ध बनने के बाद न तो कुछ पति का होता है और न ही कुछ पत्नी का, बल्कि दोनों का हो जाता है। किन्तु विवाह के बाद आत्मीय सम्बन्ध बनने तक एक पत्नी की सम्पत्ति में अधिकार सुरक्षित बने रहना चाहिए। यदि आत्मीय सम्बन्ध बनने के लक्ष्य में भटकाव होता है या सम्बन्ध में किसी तरह की खटास आती है तो महिला को विवाह-पूर्व पैतृक सम्पत्ति और विवाह-पश्चात् पति के साथ अर्जित सम्पत्ति में बराबरी का अधिकार मिलना ही चाहिए। इस अधिकार के बजाय हिन्दू कानून में स्वीकृत भरण-पोषण की अवधारणा या मुस्लिम-कानून में स्वीकृत मेहर की अवधारणा महिलाओं के लिए छलावा जैसा है, छलावा के अलावा कुछ नहीं है।

मुस्लिम कानून में स्वीकृत मेहर की अवधारणा को मुस्लिम देश टर्की की सिविल संहिता में और व्यापकता प्रदान कर स्वीकार किया गया है। टर्की सिविल संहिता में 'वैवाहिक सम्पत्ति' की अवधारणा को स्वीकार किया गया है। वहाँ विवाह-पश्चात् अर्जित की गयी समस्त सम्पत्ति में पति और पत्नी दोनों को बराबर-बराबर का अधिकार मिला हुआ है। 'मेहर', 'स्त्रीधन' या 'डोनासियो प्राप्टर नुप्टियस' इन सभी धारणाओं के समग्र एवं व्यापक स्वरूप को इस पुस्तक के अगले अध्याय में 'वैवाहिक सम्पत्ति' के रूप में स्वीकार किया गया है, जो महिला को सम्पत्ति में पुरुष की तरह समान अधिकार दिये जाने की अवधारणा पर आधारित है।

6. बहुविवाह अर्थात् चार बीवी रखने की आजादी

विवाह के सन्दर्भ में जिन दो-तीन विषय को लेकर सर्वाधिक विवाद रहता है उसमें से 'बहुविवाह' भी एक है। सभ्यता के विकास के साथ हुए सामाजिक बदलाव के कारण इस अवधारणा को भी वैश्विक मान्यता मिली है कि एक व्यक्ति एक समय में एक ही विपरीत-लिंगी व्यक्ति से विवाह कर सकता है। भारत में भी 'एक पति-एक पत्नी' के सिद्धान्त को कुछ अपवादों को छोड़कर सामान्यतः स्वीकार किया जाता है। इस अपवाद के दो रूप हैं– एक जिसे मुस्लिम कानून के अन्तर्गत एक मर्द को चार महिलाओं से विवाह करने की आजादी देकर स्वीकार किया गया है और दूसरा जो हिन्दू, सिक्ख, ईसाई जैसे अन्य धर्म के अनुयायियों द्वारा खुद उनके व्यक्तिगत कानून में स्वीकार की गयी 'एक पति-एक पत्नी' के सिद्धान्त का उल्लंघन करके किया जाता है।

भारत में विवाह के सम्बन्ध में चार व्यक्तिगत कानून और एक सामान्य कानून लागू होते हैं। चार व्यक्तिगत कानून – हिन्दू विवाह अधिनियम, भारतीय ईसाई विवाह अधिनियम, पारसी विवाह एवं विवाह-विच्छेद अधिनियम और मुस्लिम व्यक्तिगत कानून हैं और एक सामान्य कानून– विशेष विवाह अधिनियम है। हिन्दू विवाह अधिनियम की धारा 5(i), भारतीय ईसाई विवाह अधिनियम की धारा 60(2), पारसी विवाह एवं विवाह-विच्छेद अधिनियम की धारा 4(1) और विशेष विवाह अधिनियम की धारा 15(ख) के अन्तर्गत 'एक पति-एक पत्नी' के सिद्धान्त का कड़ाई से पालन किया जाता है, जबकि मुस्लिम कानून में इस विषय को लेकर उदार दृष्टिकोण अपनाया गया है। मुस्लिम कानून के अन्तर्गत एक पुरुष द्वारा एक समय में एक ही महिला से विवाह करना सामान्य नियम है किन्तु विशेष आपवादिक स्थिति में वह दो या तीन या चार पत्नी रख सकता है, बशर्ते कि सभी पत्नियों के साथ समान व्यवहार किया जाय।

भारत में बहुविवाह को लेकर जब भी चर्चा होती है, तो इसके केवल एक अपवाद को लेकर हम लोग केन्द्रित हो जाते हैं और मुस्लिम कानून को सवालों के घेरे में खड़ा करने लगते हैं। इसमें कुछ हद तक सच्चाई हो सकती है कि मुस्लिम कानून के इस व्यवस्था का दुरुपयोग कुछ लोगों द्वारा किया जाता है और बहुविवाह एवं तीन तलाक का भय दिखाकर घर के अन्दर महिलाओं को दबाकर रखा जाता है। लेकिन यही एक पक्ष नहीं है। इसका एक दूसरा पक्ष यह भी है कि दूसरे गैर-इस्लामिक धर्मों के अनुयायियों द्वारा भी 'एक पति-एक पत्नी' के सिद्धान्त का उल्लंघन किया जाता है। यह उल्लंघन जान-बूझकर भी किया जाता है और मजबूरी में भी। कारण जो भी हों, लेकिन उल्लंघन करनेवालों की भी संख्या कम नहीं है। इन उल्लंघनों में से कुछ ही उल्लंघन सामने आ पाते हैं। कानूनविरोधी होने के बावजूद इनमें से बहुत-सारे उल्लंघन कानून की निगाह से बचकर समाज में अपनी पैठ बनाये रखने में कामयाब रहते हैं।

जब इस विषय पर चर्चा कर रहा हूँ तो निजी जानकारीवाले दो दृष्टान्तों का उल्लेख न करूँ, यह उचित नहीं होगा। इलाहाबाद स्थित मेरे आवास के पासवाले बाजार में शहबान अली नाम का लड़का रहता है। 30-35 वर्ष का यह नवजवान मुस्लिम धर्म का अनुयायी है और लकड़ी फर्नीचर का काम करता है। वह विवाहित है और तीन-चार बच्चों का पिता भी। किन्तु दुर्भाग्य से उसकी पत्नी, कारण जो भी हो, मायके में रहती है। इनके मध्य मुकदमें भी चल रहे हैं। इन मुकदमों के सम्बन्ध में शहबान अली अकसर परामर्श लेने के लिए मुझसे मिलता रहता है। एक दिन मैं मन:स्थिति जानने के लिए उससे पूछ बैठा कि भाई, इतना परेशान रहते हो, तुम्हें तीन तलाक व बहुविवाह की सुविधा मिली हुई है, तीन तलाक क्यों नहीं ले लेते या दूसरी शादी ही क्यों नहीं कर लेते। मुझे उसका जवाब सुनकर आश्चर्य हुआ, जब उसने ऐसा करने से साफ-साफ मना कर दिया और कहा कि अपने बच्चों के साथ अकेले रह लूँगा, किन्तु ऐसा कदापि नहीं करूँगा। इसी के साथ एक और दृष्टान्त का उल्लेख करता हूँ, जो हिन्दू समाज से जुड़ा हुआ है। आजमगढ़ स्थित मेरे गृह बाजार- ठेकमाँ के एक पड़ोसी गाँव के रहनेवाले एक महाशय (नाम लेना उचित नहीं है) हैं। ये महाशय शिक्षित भी हैं और हिन्दू धर्म के उच्च वर्ग के भी माने जाते हैं किन्तु इन्होंने अपनी पत्नी के रहते हुए बिना विवाह-विच्छेद किये दूसरा विवाह कर लिया और वह भी निषिद्ध सम्बन्ध के अन्तर्गत आनेवाली लड़की से।

यद्यपि यह नहीं कह सकता हूँ कि मुसलमानों में 'शहबान अली' जैसे कितने लोग हैं, जो तमाम मुश्किलों के बावजूद अपने आदर्शों से भटकते नहीं हैं या हिन्दुओं में उक्त 'महाशय' जैसे कितने लोग हैं, जो अपने कर्म से हिन्दू समाज का सर नीचा करने में कोई कसर नहीं छोड़ते हैं। इस आधार पर यह भी नहीं कहा जा सकता है कि तीन तलाक या बहुविवाह का व्यवहार एक अच्छा व्यवहार है या ऐसे व्यवहार का दुरुपयोग मुस्लिम पति द्वारा नहीं किया जाता है और ऐसे व्यवहार व इसके दुरुपयोग की आलोचना नहीं होनी चाहिए। किन्तु मुस्लिम कानून में स्वीकृत बहुविवाह के अपवाद की और इसके दुरुपयोग की आलोचना करने के साथ हम सभी को साम्य दृष्टिकोण अपनाना चाहिए और इसका भी आँकड़ा रखना चाहिए कि हिन्दुओं और दूसरे गैर-मुस्लिम धर्मों में 'एक पति-एक पत्नी' के सिद्धान्त का उल्लंघन करनेवालों की संख्या कितनी है और इस पर भी मन्थन करना चाहिए कि इनके द्वारा ऐसा उल्लंघन क्यों किया जाता है?

एक पति-एक पत्नी का सिद्धान्त और संयमित बहुविवाह

पारिवारिक कानून में 'एक पति-एक पत्नी' के सवाल पर मुस्लिम कानून और गैर-मुस्लिम कानून (हिन्दू-कानून, ईसाई-कानून, पारसी-कानून) के अलग-अलग दृष्टिकोण हैं। इस सवाल पर अपवाद को स्वीकार कर मुस्लिम कानून ने उदार दृष्टिकोण अपनाया है किन्तु गैर-मुस्लिम कानून में ऐसे किसी अपवाद को स्वीकार न करके कठोर दृष्टिकोण

अपनाया गया है। इसी का दूसरा पहलू यह है कि इस विषय पर इस्लाम-कानून में महिलाओं पर पुरुषों के प्रभुत्व को स्वीकार किया गया है, किन्तु गैर-मुस्लिम कानून, प्रभुत्व के ऐसे किसी विचार को स्वीकार नहीं करता है। इन दो पहलुओं के परस्पर विपरीत दृष्टिकोणों को तार्किकता की कसौटी पर परीक्षण करने का प्रयास करते हैं।

एक दृष्टान्त लेते हैं। मान लें कि एक व्यक्ति की पत्नी मानसिक रूप से विक्षिप्त हो जाती है या वह शारीरिक कमजोरी के कारण बच्चा पैदा करने में अक्षम है। भावनात्मक लगाव के कारण यह व्यक्ति अपनी पत्नी के साथ सम्बन्ध समाप्त नहीं करना चाहता है, लेकिन शारीरिक एवं घरेलू आवश्यकता के कारण वह दूसरी पत्नी का साथ भी महसूस करता है। उसकी पत्नी भी ऐसा ही चाहती है। अब पति के पास क्या विकल्प हो सकता है। हिन्दू-विचार कहता है कि वह व्यक्ति अपनी पत्नी को तलाक दिये बिना दूसरी शादी नहीं कर सकता है। इसलिए यदि उसे दूसरी शादी करनी है तो पहली पत्नी के साथ सम्बन्धों को समाप्त करना होगा। जबकि वह व्यक्ति इस पत्नी के साथ पति-पत्नी के सम्बन्ध को बनाये रखते हुए उसको अपने साथ रखना चाहता है। किन्तु हिन्दू-विचार के अनुसार उसे पत्नी के साथ अपने वैवाहिक सम्बन्ध समाप्त करना पड़ता है, ताकि दूसरी शादी अवैध न हो। इसके विपरीत इस्लाम-विचार के अनुसार उसे दूसरी शादी के लिए बीमार या अक्षम पत्नी से तलाक लेने की आवश्यकता नहीं है, क्योंकि तलाक के बाद पत्नी को एकान्त व असह्य जीवन गुजारना पड़ सकता है। इस दृष्टिकोण से हिन्दू-विचार अमानवीय और इस्लाम-विचार मानवीय साबित होता है।

'एक पति-एक पत्नी' की व्यवस्था को कठोरता से लागू करने के क्या दुष्प्रभाव होते हैं, इसको एक सत्य घटना के आधार पर स्पष्ट करने का प्रयास करता हूँ। मेरे गृह बाजार-ठेकमाँ के पड़ोसी गाँव के रहनेवाले एक राय साहब हैं। इनको कोई बच्चा नहीं पैदा हो रहा था। बहुत इलाज कराने के बाद यह निश्चित हो गया कि उनकी पत्नी बच्चा जनने में असमर्थ हैं। अपनी पीढ़ी को आगे बढ़ाने की सोच को मूर्तरूप देने के लिए दो विकल्प था। या तो वह किसी बच्चे को गोद लें या पत्नी से विवाह-विच्छेद करके दूसरी शादी कर लें। गोद द्वारा पीढ़ी-विकास हो पायेगा, इसको लेकर उन्हें सन्तुष्टि नहीं थी, क्योंकि उन्हें पता था कि उनमें कोई शारीरिक दोष नहीं है। उनकी सोच के अनुसार उनके सामने एक ही विकल्प बचा था कि वह अपनी पत्नी को अलग करके दूसरी शादी कर लें। पत्नी शायद ही आपसी सहमति से विवाह-विच्छेद के लिए राजी हो पाती और न ही न्यायालय के माध्यम से विवाह-विच्छेद की डिक्री प्राप्त करना इतना आसान था। पत्नी खुशी-खुशी इस बात के लिए राजी थी कि पति दूसरी शादी कर ले ताकि पीढ़ी का विकास हो सके। पत्नी की सहमति से दूसरा विवाह हो गया और बच्चे भी पैदा हो गये। किन्तु इन बच्चों के साथ उनके वास्तविक माँ का नाम नहीं जुड़ पाया क्योंकि इन बच्चों की माँ उनके हिन्दू-पिता की वैध पत्नी नहीं हो सकती है। इस तरह इन बच्चों की माँ के नाम के आगे पहली पत्नी का

ही नाम लिखा जाता रहा। यद्यपि वास्तविक माँ को इस बात की कभी शिकायत नहीं रही है। किन्तु इसमें न तो उसका कोई दोष है और न ही बच्चों का ही कोई दोष है। फिर भी दोनों अपने वास्तविक सम्बन्ध को सार्वजनिक करने के अधिकार से वंचित हो गये। इस पूरे प्रकरण में पिता को भी कोई सामाजिक या नैतिक रूप से दोषी नहीं ठहरा सकता है। क्योंकि पीढ़ी को आगे बढ़ाना उनका अधिकार है और इस अधिकार के लिए वह अपनी पहली पत्नी को कष्ट नहीं देना चाहते थे। इसलिए उन्होंने अपनी पत्नी की सहमति से दूसरी शादी कर ली। जीवनभर उन्होंने हमेशा अपनी दोनों पत्नियों के साथ समान व्यवहार किया। लेकिन हिन्दू कानून की निगाह में वह दोषी हैं और इसका खामियाजा उनके दूसरी पत्नी से पैदा होनेवाले बच्चों को भुगतना पड़ रहा है।

अब इस दृष्टान्त के दूसरे पहलू पर विचार करते हैं। यदि ऐसे शारीरिक रोग या शारीरिक अक्षमता की समस्या पति में पैदा हो जाय, तो पत्नी के लिए क्या विकल्प है? पत्नी सक्षम है और चाहती है कि वह अपने पति के साथ सम्बन्ध को बनाये रखते हुए उसकी देख-रेख करती रहे। पति भी ऐसा ही चाहता है। लेकिन पत्नी को दूसरी शादी की अनुमति नहीं मिल पाती है क्योंकि वह महिला है और इस्लाम-विचार के अनुसार महिलाओं को ऐसी आपवादिक स्थिति में भी एक पति के रहते दूसरे पुरुष से विवाह करने का अधिकार नहीं है। शारीरिक रूप से अक्षम हो चुके पति को अपनी पत्नी की देख-रेख से इसलिए वंचित होना पड़ता है, क्योंकि उसकी सक्षम पत्नी को बिना तलाक लिये दूसरी शादी करने की अनुमति नहीं है। अब इस दृष्टिकोण से इस्लाम-विचार अमानवीय एवं अतार्किक हो जाता है और हिन्दू-विचार इस आधार पर सही व तार्किक लगने लगता है कि भले ही वह अपवादों को लेकर उदार न हो, किन्तु कम-से-कम वह पुरुष एवं महिला के मध्य भेदभाववाला व्यवहार तो नहीं करता है।

यद्यपि मुस्लिम व्यक्तिगत कानून 'एक पति-एक पत्नी' के सिद्धान्त को लेकर उदार है और मुस्लिम मर्द को चार शादी करने की छूट प्रदान करता है। किन्तु भारत में मुस्लिम मर्द के सन्दर्भ में बहुविवाह को जिस स्वरूप में लागू किया जाता है, वह बिलकुल ही असंयमित किस्म का बहुविवाह है। एक मुस्लिम पति द्वारा दो या तीन या चार शादियाँ करने के बाद उसके द्वारा क्या अपनी बीबियों के साथ समान व्यवहार किया जा रहा है या नहीं? और यदि नहीं किया जा रहा है, तो इसका उपचार क्या है? इन सब बिन्दुओं पर आज तक मुस्लिम पति की कानून के प्रति कोई जवाबदेही नहीं तय की जा सकी है। इसके अलावा भारत में आज तक न तो यह निर्धारित किया जा सका है कि किन विशेष परिस्थितियों में एक दम्पति के रहते एक मुस्लिम पति द्वारा दूसरी या तीसरी शादी की जा सकती है और न ही दूसरी या तीसरी शादी के लिए किसी मान्यताप्राप्त कानूनी संस्थान से अनुमति लेने की व्यवस्था को ही अपनाया जा सका है। जबकि पाकिस्तान जैसे इस्लामिक देशों में दूसरी या तीसरी शादी के लिए मुस्लिम परिवार कानून, 1961 की धारा 6 के

अन्तर्गत आर्बिट्रेशन काउन्सिल से अनुमति लेना और पहली पत्नी से सहमति लेना आवश्यक बनाया गया है।

मुस्लिम कानून और हिन्दू कानून दोनों में कुछ-न-कुछ ऐसे तत्त्व हैं, जो 'भारतीय सिविल संहिता' के लिए मूल्यवान् हो सकते हैं। इन मूल्यवान् तत्त्वों के मध्य सन्तुलन बनाकर स ता के लिए सर्वमान्य आदर्श स्थिति प्राप्त कर सकते हैं। इस्लाम-विचार के इस तत्त्व को स्वीकार कर लेना उचित होगा कि दाम्पत्य जीवन में दूसरा या तीसरा विवाह करने की आपवादिक स्थिति आ सकती है, अतः इसे संहिता के अन्तर्गत उचित प्रतिबन्धों के अधीन रखकर कानूनी मान्यता दी जानी चाहिए और हिन्दू-विचार के इस तत्त्व कि किसी भी स्थिति में पुरुष एवं नारी दोनों को समान रूप से अधिकार दिया जाय, को भी भारतीय सिविल संहिता में सैद्धान्तिक मान्यता मिलनी चाहिए।

आपवादिक स्थिति क्या-क्या होंगी, इसको भी सुनिश्चित किया जा सकता है। इसके साथ पारिवारिक न्यायालय जैसी किसी स्वतन्त्र इकाई को प्रथम पति/पत्नी के रहते दूसरा शादी की अनुमति देने के लिए अधिकृत किया जा सकता है। ऐसे इकाई की अनुमति लेने और पहली पत्नी से सहमति लेने की बाध्यकारी व्यवस्था, पाकिस्तान जैसे इस्लामिक देश में भी लागू है। वहाँ के मुस्लिम परिवार कानून, 1961 की धारा 6 के अनुसार कोई भी पुरुष, पहली शादी के अस्तित्व में रहते हुए, बिना आर्बिट्रेशन काउन्सिल की अनुमति के दूसरी शादी नहीं कर सकता है। आपवादिक स्थितियों में पारिवारिक न्यायालयों से अनुमति लेकर दूसरी और तीसरी शादी करने की आजादी पुरुष एवं नारी दोनों को प्रदान किया जाना चाहिए।

'भारतीय सिविल संहिता' के अन्तर्गत निम्न लिंग-निरपेक्ष एवं धर्म-निरपेक्ष प्रावधान को अपनाया जा सकता है–

'सामान्यतः 'एक पति-एक पत्नी' का नियम लागू होगा, किन्तु निर्धारित की गयी विशेष आपवादिक परिस्थितियों में अपने दाम्पत्य-साथी की सहमति से तथा पारिवारिक न्यायालय जैसी किसी प्राधिकृत संस्था की अनुमति से समान व्यवहार रखने की शर्त के साथ दूसरी या तीसरी शादी करने की आजादी प्राप्त होगी।'

7. इद्दत या प्रतीक्षा-अवधि

पति-पत्नी के बीच अलगाव के दो कारण हो सकते हैं। पहला तब जब किसी एक पक्ष की मृत्यु हो जाय और दूसरा तब जब पति-पत्नी के मध्य विवाह-विच्छेद हो जाय। अलगाव के बाद किसी पक्ष के लिए दूसरा विवाह करने का विकल्प खुल जाता है। किन्तु पति द्वारा दूसरा विवाह करने और पत्नी द्वारा दूसरा विवाह करने के बीच एक बुनियादी फर्क होता है। यह फर्क इस कारण होता है क्योंकि इस बात की सम्भावना हो सकती है कि पति के साथ वैवाहिक सम्बन्ध के दौरान पत्नी गर्भवती हो गयी हो। इस गर्भ से पैदा

होनेवाले सन्तान की पैतृकता को लेकर किसी तरह की दुविधा की स्थिति न रहे, इसके लिए पत्नी को विवाह-विच्छेद के बाद या पति की मृत्यु के बाद दूसरी शादी करने के पूर्व कुछ दिन तक प्रतीक्षा करना आवश्यक होता है। इसी कारण विवाह से सम्बन्धित कानूनों में अलगाव के बाद किसी महिला को दूसरी शादी करने के पूर्व कुछ समय प्रतीक्षा करने के सम्बन्ध में प्रावधान होते हैं। मुस्लिम-कानून में इस अवधि को इद्दत की अवधि कहा जाता है।

मुस्लिम कानून में भिन्न-भिन्न स्थितियों में इद्दत (प्रतीक्षा) की अलग-अलग अवधि को स्वीकार किया गया है। इद्दत की यह अवधि विधवा के लिए चार महीना दस दिन और तलाकशुदा औरत के लिए तीन मासिक धर्म या तीन महीना है। यदि पति की मृत्यु के समय पत्नी गर्भवती है तो प्रसव तक और यदि प्रसव चार महीने दस दिन पूर्व हो जाय तो बाकी की अवधि तक वह दूसरी शादी नहीं कर सकती है। इद्दत की अवधि के दौरान की गयी दूसरी शादी सुन्नी कानून के अन्तर्गत अनियमित है और शीआ कानून के अन्तर्गत शून्य होता है।

हिन्दू कानून में इद्दत जैसी किसी अवधारणा को स्वीकार नहीं किया गया है। न ही इस तरह की कोई रोक ही है। यदि तलाकशुदा स्त्री गर्भवती है और इस बात की जानकारी होने के बावजूद कोई पुरुष गर्भवती महिला से विवाह करना चाहता है, तो विवाह करने पर रोक नहीं है।

भारतीय ईसाई विवाह अधिनियम, 1872 में भी ऐसी किसी अवधि का उल्लेख नहीं है। किन्तु कुछ ईसाई बाहुल्य देशों के कानून में इसको मान्य किया गया है। फ्रान्स सिविल संहिता के अनुच्छेद 228 के अन्तर्गत यह अवधि तीन सौ दिन है अर्थात् विवाह-विच्छेद के तीन सौ दिन बाद ही पत्नी दूसरी शादी कर सकती है। किन्तु पति की मृत्यु के बाद प्रसव हो जाने पर यह अवधि अपने-आप समाप्त हो जाती है या यदि पत्नी गर्भवती न होने का मेडिकल प्रमाण-पत्र प्रस्तुत कर देती है तो भी प्रतीक्षा-अवधि सम्बन्धी यह निर्बन्धन समाप्त हो जाता है। जर्मन सिविल संहिता या स्विस सिविल संहिता में भी पैतृकता सिद्ध करने के लिए अवधि का उल्लेख तो है, लेकिन प्रतीक्षा-अवधि या इद्दत जैसी किसी अवधि का उल्लेख नहीं है।

वैज्ञानिक रूप से यह निर्विवादित तथ्य है कि महिला को एक बार मासिक धर्म होने का मतलब है कि वह गर्भवती नहीं है। इस वैज्ञानिक निष्कर्ष के अधीन रहते हुए प्रतीक्षा-अवधि या इद्दत के सवाल पर 'भारतीय सिविल संहिता' में निम्न सिद्धान्त को अपनाया जा सकता है –

'विवाह-विच्छेद उपरान्त या पति की मृत्यु उपरान्त कोई महिला मासिक धर्म पश्चात् या गर्भ से न होने का मेडिकल प्रमाण-पत्र देने के बाद या गर्भधारण होने की स्थिति में दूसरे पक्ष की सहमति से ही दूसरा विवाह कर सकती है। किन्तु महिला को उसके धर्म में मान्य इद्दत या प्रतीक्षा-अवधि सम्बन्धी नियम का पालन करने की आजादी होगी।'

अध्याय 17

संयुक्त दाम्पत्य सम्पत्ति

महिलाओं पर पुरुषों का प्रभुत्व बनाये रखने में सबसे बड़ी भूमिका उन व्यवस्थाओं की है, जिनके माध्यम से महिलाओं को सम्पत्ति के अधिकार से वंचित रखा जाता रहा है। और महिलाओं को उनकी सम्पत्ति के अधिकार से वंचित रखने में यदि यह समाज सफल हुआ है, तो इसमें सबसे बड़ी भूमिका विवाह जैसी संस्था की है। विवाह हेतु रिश्ता तय करने से लेकर वैवाहिक विदाई तक ऐसा समाँ बना दिया जाता है कि एक लड़की को पता ही नहीं चल पाता है कि माता-पिता के घर से उसके शरीर की ही विदाई नहीं हो रही है, बल्कि उसके शरीर से उसके वजूद की भी विदाई की जा रही है। एक महिला के जीवन के साथ घटित होनेवाले इस बदलाव को शहनाई और बैण्ड-बाजे की आवाजों में दबा दिया जाता है और वजूद से उखड़ने के बाद स्त्री अपना शरीर लेकर उस जगह पहुँच जाती है, जहाँ सब-कुछ दूसरों के रहमोकरम पर निर्भर रहता है। विवाह में रस्म-रिवाज, शान-शौकत, शोर-शराबे, बैण्ड-बाजे, खाने-खिलाने, पीने-पिलाने और दहेज के नाम पर जो भी खर्च किये जाते हैं, वह कुछ और नहीं महिला की माँ-बाप की सम्पत्ति में उसके हक के एवज में किया जाता है। विवाह के उत्साह में बेटी की समझ यहाँ तक नहीं पहुँच पाती है कि विवाह के नाम पर जो ढोल-तासे बज रहे हैं, खाना-पीना हो रहा है, झालर-फूल सजाये जा रहे हैं, वह उसके अधिकार के एवज में किया जा रहा है। विवाह के उत्साह में उसे पता भी नहीं चल पाता है कि सात फेरों के साथ उसके हक की भी आहुति दी जा रही है। पतिव्रता की जिम्मेदारी के साथ उसे अपने पैतृक-अस्तित्व को खत्म करना पड़ता है और ससुराल में सपनों की हवाईमहल के तले उसे अपनी महात्त्वाकांक्षाओं को दबा देने के लिए तैयार होना पड़ता है। इन सब त्याग के बाद बच्चे पैदा करना और यदि लड़का न पैदा हो सका, तो इसकी जिम्मेदारी खुद पर लेने के लिए तैयार रहना और इन सबके बीच यदि पति और ससुराल पक्ष से तालमेल नहीं हो पाया तो औने-पौने मूल्य के मेहर या भरण-पोषण के खर्च के भरोसे जीवन को खपा देने की चुनौती का सामना करने के लिए तैयार रहना पड़ता है।

एक महिला को कुछ मामूली उपहार के रूप में मिले स्त्रीधन या मामूली मेहर के भरोसे रहना पड़ता है और इसके लिए भी उसे अपने पति की नैतिकता पर निर्भर बना दिया गया है। यह कहा जाता है कि इस तरह की व्यवस्था शान्तिमय परिवार के लिए उचित है। इस तर्क में दम हो सकता है कि जब आप पत्नी को अधिकारों से विहीन कर देते हैं, तो वह खुलकर सामने नहीं आ पायेगी और जब ऐसा नहीं हो पायेगा तो परिवार में शान्ति बनी रहेगी। किन्तु क्या ऐसी अवधारणा को आधुनिक समय में स्वीकार किया जा सकता है? और यदि स्वीकार भी किया जाय तो प्रत्येक स्थिति में महिला को ही

क्यों त्याग करना पड़े? किसी तरह का वैवाहिक विवाद पैदा होने पर महिला की स्थिति बहुत ही नाजुक हो जाती है क्योंकि समाज में यह मान्यता प्रभावी रहती है कि विवाह के बाद बहन-बेटी के लिए मायके में कुछ नहीं रह जाता है। मायकेवालों में यह सोच बनी रहती है कि बहन, बेटी का जो भी हिस्सा रहा है, उसे उसकी शादी के समय दहेज में दे दिया गया है।

इस बात के लिए भारतीय समाज गर्व कर सकता है कि अधिकांश परिवारों में यदि शान्तिमय माहौल बना रहता है तो उसमें सबसे अधिक भूमिका बहन-बेटियों द्वारा किये गये त्याग का होता है। वे अपने माता-पिता की सम्पत्ति में अपने अधिकारों को छोड़ देती हैं और पति के साथ हर स्तर पर तालमेल बैठाने के लिए तैयार रहती हैं। किन्तु समस्या तब खड़ी होती है जब पति-पत्नी के मध्य तालमेल नहीं हो पाता है और नौबत विवाह-विच्छेद की आ जाती है। तब मायके में उसे पति के मेहर या भरण-पोषण के खर्च के भरोसे पूरी जिन्दगी गुजारनी पड़ती है। पैतृक सम्पत्ति के लिए भाई-भाई या पिता-पुत्र आपस में लड़ते हैं और इसे समाज सहज रूप से स्वीकार कर लेता है। लेकिन ऐसी स्थिति भाई-बहन या पिता-पुत्री के बीच पैदा होना इसी समाज के लिए असहज होता है।

सवाल यह नहीं है कि पति-पत्नी के बीच तालमेल न हो पाने में किसका कितना दोष है। हो सकता है और यह सम्भव भी है कि पति के साथ रिश्ते खराब होने में सम्पूर्ण गलती पत्नी की हो, तो भी इस स्थिति में उसे अपने सभी हक एवं संसाधन के साथ जीवनयापन करने का अधिकार प्राप्त होना ही चाहिए। ऐसे किसी कारण से हम स्त्रियों के हक को समाप्त नहीं कर सकते। हमें उनके सम्पत्ति में बराबर के अधिकार को स्वीकारना और लागू करना ही होगा। इस दिशा में पहला कदम यह है कि एक स्वाभाविक वारिस होने के नाते पुत्रियों को भी पैतृक सम्पत्ति में पुत्रों के बराबर का अधिकार मिले और इस अधिकार को विवाह के बाद भी उसके लिए सुरक्षित रखा जाय तथा दूसरा कदम यह है कि विवाह के बाद पति के साथ जो सम्पत्ति अर्जित की गयी है, उसमें उसकी बराबर की हिस्सेदारी को कानूनी मान्यता दी जाय।

इस देश में कुछ कानूनों में थोड़ा-बहुत बदलाव करके बेटियों को भी बेटों की तरह अपनी माँ-बाप की सम्पत्ति में अधिकार दिये गये हैं। लेकिन कानून के ये प्रावधान कानूनी सुन्दरता के अलावा और कुछ नहीं रहता है। ऐसा इसलिए है क्योंकि महिलाओं के हक के लिए जो भी थोड़े-बहुत कानूनी प्रावधान हैं, इन्हें प्रभावशाली तरीके से लागू होने में विवाह जैसी व्यवस्था बीच में आड़े आ जाती है। लड़कियों के विवाह का तुरन्त परिणाम यह होता है कि वह अपनी पैतृक सम्पत्ति के कब्जे से वंचित हो जाती हैं। महिलाओं को कानून द्वारा प्रदान की गयी सम्पत्ति का अधिकार लागू नहीं हो पाती है और यदि महिलाएँ लागू कराना भी चाहें, तो इसके लिए उसे न्यायपालिका की चौखट

पर सर पटकना पड़ता है और तब तक जीवन के कई हिस्से तबाह हो चुके होते हैं। इसी दौरान मायके से यह भी तर्क निकलने लगता है कि विवाह के समय दहेज के रूप में उसके हिस्से को उसके ससुरालवालों को दे दिया गया है। इस तर्क के कारण महिलाएँ नैतिक रूप से खुद को कमजोर समझने लगती हैं। कानून की आड़ में ही यह भी कुतर्क दिया जाने लगता है कि विवाह के बाद बहन-बेटी द्वारा एक निश्चित समय के अन्दर दावा न करके उसने अपने हक का त्याग कर दिया है। यह भी तर्क दिया जाने लगता है कि विवाह के बाद जब एक महिला को ससुराल की सम्पत्ति में अधिकार एवं भरण-पोषण का अधिकार मिला हुआ है, तो मायके की सम्पत्ति में भी अधिकार देकर उन्हें दोहरा लाभ नहीं दिया जा सकता है। इन सभी तर्क-कुतर्क के कारण महिलाओं की सम्पत्ति में अधिकार को लेकर इस समाज में जो भेदभाव होते हैं, उससे कोई कानून – खासतौर से जो सभ्य, आधुनिक एवं लोकतान्त्रिक होने का दावा करनेवाले देश का कानून – अपनी आँखों को नहीं मूँद सकता है।

पुत्र हो या पुत्री, उम्र बढ़ने के साथ दोनों को अपनी क्षमता विकसित करने के लिए माँ-बाप पर निर्भर होना पड़ता है। दोनों का सबसे बड़ा सम्बल उनके माँ-बाप का नैतिक संरक्षण और उत्तराधिकार में मिलनेवाली सम्पत्ति होती है। किन्तु विवाह के बाद बेटियों को सामान्यतः इन दोनों बुनियादी सुविधाओं से वंचित होना पड़ता है। सवाल पैदा होता है कि बेटियों को क्यों ऐसी स्थिति में लाने के लिए विवश किया जाय कि उन्हें अपने माँ-बाप की सम्पत्ति में हिस्सा पाने के लिए लड़ाई लड़नी पड़े। यह हो सकता है कि वैवाहिक विवाद के कारण परेशान होनेवाली महिलाएँ गिनी-चुनी हों या यह भी हो सकता है कि इन विवादों के लिए सबसे अधिक जिम्मेदार महिलाएँ ही हों, तो भी एक बेटी के रूप में उसकी अपनी पैतृक सम्पत्ति में और विवाह पश्चात् पति के साथ अर्जित की गयी सम्पत्ति में उसके हक को सुरक्षित रखना कानून की जिम्मेदारी है। 'विधि के शासन' के अन्तर्गत कानून की यह जिम्मेदारी है कि वह महिलाओं की अपनी सम्पत्ति के अधिकार को हासिल करने में विवाह के कारण पैदा होनेवाली अड़चनों को दूर करे। इसका एकमात्र रास्ता यही है कि विवाह के समय ही एक महिला को बेटी और पत्नी के रूप में सम्पत्ति के अधिकार को लिखित रूप से घोषित करने की व्यवस्था अपनायी जाय।

हिन्दू धर्म में जन्म लेने के साथ ही कोई बच्चा कोपार्सनरी सम्पत्ति में अधिकार प्राप्त कर लेता है, जबकि इस्लाम धर्म में व्यक्ति की मृत्यु के बाद ही उसके वारिस को सम्पत्ति में अधिकार मिल पाता है। यह दोनों स्थिति अतिरेक की स्थिति है। ये दोनों ही व्यवस्था पुत्रों को ध्यान में रखकर बनायी गयी हैं। तार्किकता इस बात में है कि विवाह के साथ सम्पत्ति में अधिकार तय हो जाना चाहिए ताकि एक महिला की बेटी और पत्नी के रूप में सम्पत्ति के अधिकारों की स्थिति बिलकुल स्पष्ट रहे।

सापेक्षिक सहभागिता-आधारित समानता का सिद्धान्त

सभ्य व आधुनिक सोच रखनेवाले विश्व के तमाम देशों में महिलाओं को हर स्तर पर बराबरी का दर्जा दिया गया है। न केवल माता-पिता की सम्पत्ति में बल्कि पति के साथ अर्जित होनेवाली सम्पत्ति में समान एवं पूर्ण अधिकार प्रदान किया गया है। भारतीय सिविल संहिता हेतु इस विषय पर सर्वमान्य आदर्श स्थिति प्राप्त करने के लिए हम दो अलग-अलग अवधारणा पर आधारित 'पुर्तगाल सिविल संहिता' एवं 'जर्मन सिविल संहिता' में स्वीकार की गयी व्यवस्थाओं (क्रमशः पुर्तगाल मॉडल एवं जर्मनी मॉडल) का विश्लेषण करने का प्रयास करते हैं। इन दोनों मॉडलों के साथ मुस्लिम बाहुल्य देश टर्की की सिविल संहिता में स्वीकार की गयी व्यवस्था का भी विश्लेषण किया जाना उचित है।

पुर्तगाल मॉडल में वैवाहिक सम्पत्ति के सम्बन्ध में पूर्ण समानता पर आधारित व्यवस्था– 'लॉ आफ कम्युनिटी प्रापर्टी' को स्वीकार किया गया है। इस मॉडल में 'लॉ आफ कम्युनिटी प्रापर्टी' के अलावा वैवाहिक सम्पत्ति के सम्बन्ध में तीन अन्य विकल्प दिये गये हैं। यदि विवाह के समय दोनों पक्षकार किसी एक विकल्प को नहीं स्वीकार करते हैं, तो 'लॉ आफ कम्युनिटी' का नियम अपने-आप लागू हो जाता है। 'लॉ आफ कम्युनिटी प्रापर्टी' के अन्तर्गत पति एवं पत्नी दोनों की वे सभी सम्पत्तियाँ, चाहे उत्तराधिकार के माध्यम से मिली हों या स्व-अर्जन से प्राप्त की गयी हों और जो उनके कब्जे में हैं, विवाह होने के साथ ही संयुक्त सम्पत्ति का स्वरूप ले लेती हैं और पति व पत्नी दोनों इस संयुक्त सम्पत्ति के संयुक्त मालिक हो जाते हैं। इस संयुक्त सम्पत्ति के सम्बन्ध में एक पक्ष द्वारा बिना दूसरे पक्ष की स्पष्ट सहमति लिये कोई निर्णय नहीं लिया जा सकता है।

पुर्तगाल मॉडल को ही आधार बनाकर भारत के गोवा प्रदेश में सिविल संहिता निर्मित व लागू है। 'गोवा सिविल संहिता' में भी पुरुष एवं महिला के अधिकार पूर्ण समानता के नियम से संचालित होते हैं। गोवा सिविल संहिता के अन्तर्गत विवाह का पंजीकरण कराना अनिवार्य होने के कारण वहाँ की महिलाओं का अधिकार शुरू से ही स्पष्ट हो जाता है और विवाह-विच्छेद की स्थिति बनने पर पति एवं पत्नी दोनों इस संयुक्त सम्पत्ति तथा विवाह पश्चात् अर्जित की गयी सम्पत्ति में बराबर-बराबर हिस्सा पाने के लिए अधिकारयुक्त होते हैं। इस अधिकार के लिए महिला को पति की कृपा पर निर्भर नहीं रहना पड़ता है। 'गोवा सिविल संहिता' के अन्तर्गत माँ-बाप की सम्पत्ति में पुत्र और पुत्री को समान अधिकार मिला हुआ है। इसके अन्तर्गत जन्म एवं मृत्यु का पंजीकरण कराना आवश्यक होता है। मृतक व्यक्ति के बच्चे पुत्र हों या पुत्री, अनिवार्य उत्तराधिकारी होते हैं और उनका उत्तराधिकार में एक समान अधिकार होता है। यदि कोई व्यक्ति वसीयत करता है तो वह

अपनी इच्छानुसार पचास प्रतिशत की सीमा में अपनी सम्पत्ति का वसीयत कर सकता है। बचे हुए सम्पत्ति को अनिवार्य-उत्तराधिकारियों चाहे पुत्र हों या पुत्री, में समान रूप से बाँटे जाने की व्यवस्था है।

'पुर्तगाल सिविल संहिता' के विपरीत 'जर्मन सिविल संहिता' की धारा 1363 के अन्तर्गत विवाह के समय पति और पत्नी की सम्पत्ति विवाह के बाद दम्पति की संयुक्त सम्पत्ति का भाग नहीं बनता है। दोनों अपनी-अपनी सम्पत्तियों का प्रबन्धन कुछ निर्बन्धन के साथ अलग-अलग करने के लिए स्वतन्त्र रहते हैं। इन निर्बन्धनों में से एक निर्बन्धन यह है कि पति या पत्नी में से कोई भी अपनी सम्पूर्ण सम्पत्ति का निस्तारण दूसरे की सहमति के बिना नहीं कर सकता/सकती है। किन्तु विवाह के बाद जो भी सम्पत्ति हासिल की जाती है, उसमें पति और पत्नी दोनों का समान हक होता है।

'टर्की सिविल संहिता' में वैवाहिक सम्पत्ति के सम्बन्ध में चार तरह के कोडल रिजाइम को स्वीकृति प्रदान की गयी है। अनुच्छेद 202 के अन्तर्गत पहला 'कानूनी कोडल रिजाइम- पार्टिसिपेशन इन एक्वीजीशन्स अर्थात् अर्जित सम्पत्तियों में सहभागिता' है और बाकी तीन रिजाइम क्रमशः 'सम्पत्ति का बँटवारा', सामुदायिक सम्पत्ति (यह दो स्वरूपों- लिमिटेड कम्युनिटी और कम्युनिटी आफ एक्वीजीशन्स' में है) और 'शेयर्ड पार्टिशन यानी भागीदारी बँटवारा' है। अन्तिम तीन रिजाइम में से किसी एक को विवाह के समय संविदा द्वारा स्वीकार किया जा सकता है। यदि तीनों में से किसी एक रिजाइम को नहीं स्वीकार किया गया है तो पहला रिजाइम अर्थात् 'अर्जित सम्पत्तियों में सहभागिता' का नियम अपने-आप लागू हो जाता है। अनुच्छेद 219 के अनुसार कानूनी कोडल रिजाइम के अन्तर्गत दोनों पक्षों की व्यक्तिगत सम्पत्ति और विवाह के दौरान अर्जित सम्पत्ति शामिल होंगी और इस पर पति और पत्नी का समान अधिकार है।

पुर्तगाल सिविल संहिता, जर्मन सिविल संहिता और टर्की सिविल संहिता के उक्त प्रावधानों को दृष्टिगत रखने के उपरान्त सम्पत्ति में अधिकार के सम्बन्ध में निम्न तीन सवाल प्रमुख रूप से निकलकर आते हैं-

1. माँ-बाप की सम्पत्ति एवं उनके पैतृक व्यवसाय की क्रेडिट में क्या पुत्र एवं पुत्री को समान अधिकार मिलना चाहिए?
2. विवाह के बाद दाम्पत्य के दौरान अर्जित की गयी सम्पत्ति में क्या पति एवं पत्नी को समान अधिकार मिलना चाहिए?
3. विवाह के समय तक पति एवं पत्नी द्वारा प्राप्त की गयी अलग-अलग सम्पत्तियाँ विवाह के बाद किस तरह व्यवस्थित होनी चाहिए?

पहले दो सवाल ऐसे हैं, जिस पर अविवादित रूप से सभी सभ्य एवं आधुनिक देशों ने 'हाँ' में जवाब को स्वीकार किया है। जहाँ तक तीसरे सवाल की बात है, इस सम्बन्ध में

मोटे तौर पर दो मॉडल प्रचलित हैं, जिसका विश्लेषण 'भारतीय सिविल संहिता' के सन्दर्भ में किया जाना आवश्यक है। एक मॉडल वह है, जो जर्मन सिविल संहिता (जर्मनी मॉडल) में स्वीकार किया गया है, जिसके अन्तर्गत विवाह के समय पति एवं पत्नी द्वारा अर्जित की गयी अलग-अलग सम्पत्ति विवाह के बाद भी अलग-अलग बनी रहेगी। इसी के समानान्तर पुर्तगाल सिविल संहिता (पुर्तगाल मॉडल) के अन्तर्गत पति एवं पत्नी द्वारा अर्जित की गयी अलग-अलग सम्पत्ति विवाह के बाद 'दाम्पत्य की संयुक्त सम्पत्ति' के रूप में समाहित हो जाती हैं। पहला मॉडल 'पृथक्करणीयता -आधारित समानता के सिद्धान्त' को स्वीकार करता है तो दूसरा मॉडल 'संयुक्तता - आधारित समानता के सिद्धान्त' को स्वीकार करता है।

जर्मनी माडॅल और पुर्तगाल मॉडल दोनों ही पूर्ण समानता के नियम को स्वीकार करते हैं। दोनों ही मॉडल, माँ-बाप की सम्पत्ति में पुत्र एवं पुत्री को और विवाह के बाद दाम्पत्य के दौरान अर्जित सम्पत्ति में पति एवं पत्नी को समान अधिकार प्रदान करते हैं। जिस एक सवाल पर दोनों मॉडल अलग राह पकड़ लेते हैं, वह यह है कि विवाह के समय पति एवं पत्नी की अलग-अलग सम्पत्तियाँ विवाह के बाद कैसे व्यवस्थित हों? इस सवाल पर जर्मनी मॉडल और पुर्तगाल मॉडल 'समानता के नियम' को अलग-अलग सोच के साथ स्वीकार करते हैं। जर्मनी मॉडल कहता है कि विवाह के बाद भी दोनों की अपनी-अपनी सम्पत्तियों पर अपना-अपना अधिकार बना रहेगा और प्रबन्धन करते रहेंगे किन्तु कोई भी एक पक्ष अपनी सम्पूर्ण सम्पत्ति का निस्तारण दूसरे पक्ष की सहमति के बिना नहीं कर सकता है। जर्मनी मॉडल में स्वीकार की गयी व्यवस्था में संयुक्तता के भाव का लोप है। जबकि पुर्तगाल मॉडल में संयुक्तता को पूर्णता के साथ स्वीकार कर यह व्यवस्था अपनायी गयी है कि विवाह के समय पति एवं पत्नी की समस्त अलग-अलग सम्पत्तियाँ विवाह के बाद दम्पति की 'संयुक्त सम्पत्ति' में परिवर्तित हो जायेगी।

जर्मनी मॉडल में संयुक्तता के अभाव के कारण पति-पत्नी के बीच पृथक्करणीय स्थिति बनी रहती है। इन सम्पत्तियों में पति एवं पत्नी की एक-दूसरे के प्रति सहभागिता नहीं के बराबर रहती है। इसके विपरीत पुर्तगाल मॉडल में पति-पत्नी को एक-दूसरे की सम्पत्ति में पूर्ण सहभागी बनाया गया है। यह इस मान्यता पर आधारित है कि विवाह के बाद पति एवं पत्नी दोनों की सम्पत्ति एक-दूसरे में समाहित हो जाती है। किन्तु इसका एक नकारात्मक प्रभाव यह है कि विवाह-विच्छेद की स्थिति पैदा हो जाने पर वह पक्षकार, जो विवाह के समय कुछ नहीं लेकर आता/आती है, अतार्किक रूप से धनी हो जाता है और इसके कारण दूसरे पक्षकार को अतार्किक रूप से ज्यादा नुकसान उठाना पड़ता है। इस तरह जर्मनी और पुर्तगाल दोनों मॉडल में स्वीकार की गयी व्यवस्थाएँ अलग-अलग स्वरूपों में अतिरेक की स्थिति प्रतीत होती हैं।

भारतीय सिविल संहिता के लिए भी यह स्वीकरणीय आदर्श स्थिति है कि एक महिला को पुत्री के रूप में माँ-बाप से उत्तराधिकार में मिलनेवाली सम्पत्ति में पुत्रों के समान और पत्नी के रूप में दाम्पत्य जीवन के दौरान अर्जित सम्पत्ति में पति के समान बराबर-बराबर का अधिकार दिया जाय। चर्चा का विषय जो रह जाता है, वह यह है कि विवाह के समय पति और पत्नी की अलग-अलग सम्पत्तियों की विवाह के बाद क्या स्थिति होगी? इस सम्बन्ध में दो मॉडल अलग-अलग सिद्धान्तों पर आधारित होकर लागू होते हैं। पहला 'पृथक्करणीयता-आधारित समानता के सिद्धान्त' पर आधारित पुर्तगाल मॉडल और दूसरा 'संयुक्तता-आधारित समानता के सिद्धान्त' पर आधारित जर्मनी मॉडल।

भारतीय सिविल संहिता के सन्दर्भ में सवाल पैदा होता है कि उक्त दोनों सिद्धान्तों में से ही किसी एक सिद्धान्त को स्वीकार किया जाय या फिर समानता के तत्त्व को बनाये रखते हुए कोई दूसरा बेहतर सिद्धान्त विकसित किया जाय? विवाह-पूर्व हासिल अलग-अलग सम्पत्तियों का विवाह-पश्चात् 'संयुक्त दाम्पत्य सम्पत्ति' में रूपान्तरण के सन्दर्भ में उक्त दोनों मॉडलों से अलग किस मॉडल को भारतीय सिविल संहिता में स्वीकार किया जाना चाहिए, इस सवाल का जवाब ऐसा मॉडल होगा, जो न केवल धर्म-निरपेक्ष एवं लिंग-निरपेक्ष के पैमाने पर तार्किक हो, बल्कि पति-पत्नी की हैसियत के सन्दर्भ में भी तार्किक हो और जिसके माध्यम से विवाह के समय ही महिला को पुत्री के रूप में उत्तराधिकार में मिलनेवाले समान हक को सुरक्षित किया जा सके तथा यह भी सुनिश्चित किया जाना चाहिए कि विवाह के बाद महिला की सम्पत्ति पति के अनुचित प्रभाव से सुरक्षित हो तथा साथ में उसकी सम्पत्ति पति की सम्पत्ति के साथ मिलकर वैवाहिक जीवन के हित में अर्थपूर्ण बने। इस दृष्टि से 'पृथक्करणीयता - आधारित समानता के सिद्धान्त' और 'संयुक्तता - आधारित समानता के सिद्धान्त' से अलग 'सापेक्षिक सहभागिता - आधारित समानता के सिद्धान्त' को अपनाया जाना ज्यादा उचित व श्रेयस्कर है।

'सापेक्षिक सहभागिता - आधारित समानता के सिद्धान्त' के अन्तर्गत विवाह के बाद पति और पत्नी दोनों की सभी तरह की सम्पत्तियाँ 'सम्पूर्ण दाम्पत्य सम्पत्ति' के रूप में परिवर्तित हो जायेगी। यह 'सम्पूर्ण दाम्पत्य सम्पत्ति' तीन भागों- 'संयुक्त दाम्पत्य सम्पत्ति', 'पति की व्यक्तिगत सम्पत्ति' और 'पत्नी की व्यक्तिगत सम्पत्ति'- में सुषुप्त रूप से बँटी होगी। इस बँटवारे के अन्तर्गत 'सम्पूर्ण दाम्पत्य सम्पत्ति' का पचास प्रतिशत (या साठ या सत्तर प्रतिशत) भाग 'संयुक्त दाम्पत्य सम्पत्ति' में परिवर्तित हो जायेगी और बाकी पचास प्रतिशत भाग का वह अंश जो पति के माध्यम से आया है, वह 'पति की व्यक्तिगत सम्पत्ति' के रूप में और इसी तरह वह अंश जो पत्नी के माध्यम से आया है, वह 'पत्नी की व्यक्तिगत सम्पत्ति' के रूप में बनी रहेगी। विवाह

के बाद दाम्पत्य जीवन के दौरान पति या पत्नी या दोनों द्वारा अर्जित की गयी सम्पत्ति 'संयुक्त दाम्पत्य सम्पत्ति' में जुड़ती चली जायेगी।

इस नियम को दो दृष्टान्तों के माध्यम से स्पष्ट करने का प्रयास करते हैं–

दृष्टान्त 1- मान लिया जाय कि विवाह के समय पत्नी '70' यूनिट की सम्पत्ति लेकर आती है और पति '30' यूनिट की सम्पत्ति। इन दोनों को जोड़ने के बाद 'सम्पूर्ण दाम्पत्य सम्पत्ति' '100' यूनिट हो जाती है। '100' यूनिट के इस 'सम्पूर्ण दाम्पत्य सम्पत्ति' का पचास प्रतिशत अर्थात् '50' यूनिट की सम्पत्ति 'संयुक्त दाम्पत्य सम्पत्ति' में चली जायेगी। शेष '50' यूनिट का वह अंश जो पति के माध्यम से आया है, अर्थात् '5' यूनिट 'पति की व्यक्तिगत सम्पत्ति' के रूप में और वह अंश जो पत्नी के माध्यम से आया है अर्थात् '45' यूनिट 'पत्नी की व्यक्तिगत सम्पत्ति' के रूप में बनी रहेगी।

दृष्टान्त 2- अब मान लिया जाय कि विवाह के समय पति '80' यूनिट की सम्पत्ति लेकर आता है और पत्नी '20' यूनिट की सम्पत्ति। इन दोनों को जोड़ने के बाद 'सम्पूर्ण दाम्पत्य सम्पत्ति' '100' यूनिट हो जाती है। '100' यूनिट के इस 'सम्पूर्ण दाम्पत्य सम्पत्ति' का पचास प्रतिशत अर्थात् '50' यूनिट की सम्पत्ति 'संयुक्त दाम्पत्य सम्पत्ति' में चली जायेगी। इसके बाद पति का अपना अंश अर्थात् '50' यूनिट उसकी व्यक्तिगत सम्पत्ति' के रूप में बनी रहेगी और पत्नी को व्यक्तिगत सम्पत्ति के रूप में कुछ भी नहीं मिलेगा।

सापेक्षिक सहभागिता – आधारित समानता के सिद्धान्त के अन्तर्गत उक्त बँटवारा सुषुप्त अवस्था में बना रहेगा अर्थात् इसका क्रियान्वयन विवाह के टूटने या किसी एक पक्ष की मृत्यु हो जाने जैसी विशेष परिस्थिति होने पर किया जा सकेगा। इसके अन्तर्गत दोनों पक्षकार अपनी-अपनी व्यक्तिगत सम्पत्ति के साथ 'संयुक्त दाम्पत्य सम्पत्ति' में बराबर-बराबर का अंश प्राप्त करने के अधिकारी होंगे।

भारतीय सिविल संहिता में 'सापेक्षिक सहभागिता – आधारित समानता के सिद्धान्त' को व्यापक एवं व्यावहारिक स्वरूप प्रदान करने के लिए निम्न बिन्दुओं पर भी निर्णय लिया जाना उचित है–

1. किस तरह की सम्पत्ति आवश्यक रूप से 'संयुक्त दाम्पत्य सम्पत्ति' का भाग बनेगी?;
2. किस तरह की सम्पत्ति 'संयुक्त दाम्पत्य सम्पत्ति' का भाग बने बिना 'व्यक्तिगत सम्पत्ति' बनी रहेगी?;
3. विवाहोपरान्त दाम्पत्य जीवन के दौरान कौन-सी सम्पत्ति 'संयुक्त दाम्पत्य सम्पत्ति' में जुड़ेंगी और कौन-सी सम्पत्ति पति या पत्नी की 'व्यक्तिगत सम्पत्ति' के साथ जुड़ेंगी?;

4. तीनों तरह की सम्पत्तियों अर्थात् संयुक्त दाम्पत्य सम्पत्ति, पति की व्यक्तिगत सम्पत्ति एवं पत्नी की व्यक्तिगत सम्पत्ति के सम्बन्ध में पति एवं पत्नी के क्या-क्या अधिकार और क्या-क्या दायित्व होंगे?;
5. मृत्यु के कारण होनेवाले वैवाहिक विघटन की स्थिति में 'संयुक्त दाम्पत्य सम्पत्ति' और 'व्यक्तिगत सम्पत्ति' में जीवित पक्ष एवं उनके बच्चों के उत्तराधिकार के क्या नियम होंगे?;
6. विवाह-विच्छेद के कारण होनेवाले वैवाहिक विघटन की स्थिति में 'संयुक्त दाम्पत्य सम्पत्ति' और 'व्यक्तिगत सम्पत्ति' में दोनों पक्षकार एवं उनके बच्चों के उत्तराधिकार के क्या नियम होंगे?; इत्यादि-इत्यादि।

उपर्युक्त विषय पर निर्णय लेकर 'भारतीय सिविल संहिता' के इस अध्याय में 'आदर्श व्यवस्था' के अलावा तीन-चार अन्य वैकल्पिक व्यवस्थाओं के सम्बन्ध में प्रावधान बनाये जा सकते हैं। इन वैकल्पिक व्यवस्थाओं के अन्तर्गत पक्षकारद्वय आपसी सहमति से 'संयुक्त दाम्पत्य सम्पत्ति' के पचास प्रतिशत भाग को कुछ कम या ज्यादा स्वीकार कर सकते हैं या समस्त 'सम्पूर्ण दाम्पत्य सम्पत्ति' को 'संयुक्त दाम्पत्य सम्पत्ति' घोषित कर सकते हैं या पति और पत्नी को उत्तराधिकार में मिले अपनी-अपनी अलग-अलग सम्पत्तियों को 'संयुक्त दाम्पत्य सम्पत्ति' से अप्रभावित घोषित कर सकते हैं या अपनी-अपनी सम्पत्ति को कुछ निर्बन्धनों के साथ पृथक्-पृथक् बनाये रख सकते हैं, इत्यादि-इत्यादि। इसके साथ विवाह के पंजीकरण के समय ही इस बात की घोषणा करने की व्यवस्था बनाना उचित होगा कि दोनों पक्षकार वैकल्पिक व्यवस्था में से किसे स्वीकार करना चाहते हैं। ऐसी कोई घोषणा नहीं किये जाने की स्थिति में 'आदर्श व्यवस्था' अपने-आप लागू मान ली जायेगी।

सम्भावित प्रावधान

'संयुक्त दाम्पत्य सम्पत्ति' से सम्बन्धित इस अध्याय में निम्न महत्त्वपूर्ण विषय पर प्रावधान बनाये जा सकते हैं–

1. 'सापेक्षिक सहभागिता - आधारित समानता के सिद्धान्त' के सामान्य नियम;
2. दाम्पत्य सम्पत्ति के सम्बन्ध में आदर्श व्यवस्था एवं अन्य वैकल्पिक व्यवस्थाएँ;
3. दाम्पत्य सम्पत्ति संविदा के आवश्यक तत्त्व और इसके प्रभाव;
4. दाम्पत्य सम्पत्ति संविदा में संशोधन के सम्बन्ध में नियम;
5. संयुक्त दाम्पत्य सम्पत्ति के सम्बन्ध में अधिकार एवं दायित्व;
6. व्यक्तिगत सम्पत्तियों के सम्बन्ध में अधिकार एवं दायित्व;
7. विवाह विघटन का दाम्पत्य सम्पत्तियों पर प्रभाव; इत्यादि।

('टर्की सिविल संहिता', 'स्विस सिविल संहिता', 'फ्रान्स सिविल संहिता', 'गोवा सिविल संहिता' के सम्बन्धित प्रावधान और इस अध्याय में सुझाये गये 'सापेक्षिक सहभागिता - आधारित समानता के सिद्धान्त' मार्गदर्शक हैं।)

अध्याय 18

जाति-निरपेक्ष विवाह की सुरक्षा

आजादी के 69 वर्ष बाद आज भी अकसर ऐसी घटनाएँ सुनने को मिलती रहती हैं जब युवाओं द्वारा जातीय या धार्मिक संकीर्णताओं व बान्दिशों को तोड़कर किये गये विवाह को उनके माँ-बाप द्वारा अपने विरुद्ध बगावत माना जाने लगता है और इस कारण इन युवाओं को न केवल अपने शरीर पर जोखिम उठाना पड़ता है बल्कि उन्हें पैतृक सम्पत्ति में उत्तराधिकार से भी वंचित होना पड़ता है। ऐसे मामलों में भले ही इन युवाओं को उनके परिवार या नात-रिश्तेदार या समाज से सुरक्षा व प्रोत्साहन न मिल पाये, लेकिन कानून एवं राज्य द्वारा न केवल सुरक्षा मिलनी चाहिए, बल्कि प्रोत्साहन भी मिलना चाहिए।

आधुनिक समाज बनने की तरफ आगे बढ़ने का दावा किये जाने के बावजूद आज भी जाति एवं धर्म-आधारित दकियानूसी विचार किस कदर हावी है, इसको निजी जानकारी के एक उदाहरण के माध्यम से स्पष्ट करना उचित है। मेरे गृह-बाजार ठेकमाँ के रहनेवाले एक सेठ जी के लड़के को गैर-जाति की लड़की से प्यार हो गया और दोनों बाद में आपसी रजामन्दी से विवाह कर लिये। सेठ जी ने इसे अपने खिलाफ विद्रोह माना और मात्र लड़की की जाति के कारण इतना बुरा महसूस किया कि उन्होंने अपनी समस्त सम्पत्ति को दूसरे लड़के के नाम कर दिया ताकि गैर-जाति (जिसे छोटी जाति कहा जाता है) की लड़की से शादी करनेवाला लड़का उनकी सम्पत्ति से वंचित हो जाय और वह लड़की उनके घर में प्रवेश न कर सके।

यह सही है कि धीरे-धीरे हम जातीयता की संकीर्णता से छुटकारा पाने की दिशा में आगे बढ़ रहे हैं और एक जातिविहीन आदर्श समाज का निर्माण कर रहे हैं। लोग इस परिवर्तन को स्वीकार भी कर रहे हैं। लेकिन इसके बावजूद मन-मस्तिष्क को विचलित करनेवाली उक्त घटनाएँ अकसर देखने-सुनने को मिलती रहती हैं। कानून ऐसी घटनाओं से अपनी आँख नहीं मूँद सकता है। उसे विवाह से जुड़ी ऐसी घटनाओं से निपटने के लिए रास्ता निकालना ही होगा। यदि सेठ द्वारा उठाये गये कदम को कानून अस्वीकार एवं अमान्य करता है तो मात्र अस्वीकार करना या अमान्य करना ही पर्याप्त नहीं है। इसके खिलाफ कुछ कठोर एवं प्रभावशाली कानून भी बनाने होंगे। राज्य को आगे बढ़कर जाति-धर्म - आधारित भेदभाव से मुक्त होकर विवाह (जातिमुक्त विवाह) करनेवाले युवा दम्पतियों के शरीर की तो सुरक्षा करनी ही चाहिए, इसके साथ उनके उत्तराधिकार में हक को सुरक्षित करने के लिए विशेष कानूनी प्रावधान बनाया जाना चाहिए।

सम्भावित प्रावधान

'जातिमुक्त विवाह की सुरक्षा' से सम्बन्धित इस अध्याय में निम्न महत्त्वपूर्ण विषय पर प्रावधान बनाये जा सकते हैं–

1. निरपेक्ष विवाह करनेवाले दम्पति की उत्तराधिकार के सम्बन्ध में विशेष उपबन्ध;
2. जातिमुक्त विवाह करनेवाले युवा दम्पति की शरीर एवं सम्पत्ति को नुकसान पहुँचने पर उनके परिवार के विरुद्ध पूर्वानुमान करने से सम्बन्धित सिद्धान्त; इत्यादि।

अध्याय 19

विवाह पश्चात् दायित्व एवं अधिकार

विवाह के बाद पति–पत्नी के जीवन में कई मूलभूत बदलाव आते हैं। कई तरह के नये अधिकार एवं दायित्व पैदा होते हैं। इन दायित्वों में कुछ एक–दूसरे के प्रति होते हैं, कुछ माँ–बाप के प्रति, कुछ अपने बच्चों के प्रति और कुछ समाज व देश के प्रति होते हैं। विवाह के बाद परिवार का स्वरूप और उपनाम क्या होगा; विवाह के समय हुए समझौते का पालन कैसे किया जायेगा; विवाह के बाद वैवाहिक सम्पत्ति के सम्बन्ध में पति एवं पत्नी के क्या–क्या अधिकार एवं दायित्व होंगे, ऐसे विषय हैं, जिसके सम्बन्ध में कानूनी उपबन्ध होना आवश्यक है।

'विवाह–पश्चात् दायित्व एवं अधिकार' से सम्बन्धित इस अध्याय में निम्न महत्त्वपूर्ण विषय पर प्रावधान बनाये जा सकते हैं –

1. परिवार का उपनाम;
2. पति–पत्नी का एक–दूसरे के प्रति अधिकार एवं दायित्व;
3. दम्पति का माता–पिता एवं सास–ससुर के प्रति दायित्व;
4. दम्पति और बच्चों का एक–दूसरे के प्रति दायित्व;
5. वैवाहिक सम्पत्ति के प्रबन्धन के सम्बन्ध में अधिकार एवं दायित्व;
6. जीवन की मूलभूत आवश्यकताओं के सम्बन्ध में विशेष दायित्व;
7. ऋण के सम्बन्ध में विशेष दायित्व; इत्यादि।

(विशेष विवाह अधिनियम, 1954; मुस्लिम कानून; फ्रान्स सिविल संहिता के सम्बन्धित प्रावधान मार्गदर्शक हैं।)

अध्याय 20

शून्य एवं शून्यकरणीय विवाह

कानून का उल्लंघन करके किये गये विवाह को यायालय के माध्यम से अवैध वोषित कराया जा सकता है। किन्तु विवाह को अवैध घोषित कराने के लिए कोई–न–कोई तार्किक

आधार होना आवश्यक है। इनमें से कुछ आधार ऐसे होते हैं, जो विवाह को प्रारम्भ से ही शून्य बनाते हैं। प्रारम्भ से शून्य ऐसे विवाह के कारण पक्षकारों की हैसियत नहीं बदलती है। जबकि कुछ आधार ऐसे होते हैं, जो अपने-आप विवाह को शून्य नहीं बनाते हैं, बल्कि विवाह तब तक वैध बना रहता है, जब तक कि किसी सक्षम न्यायालय द्वारा इसे शून्य न घोषित किया जाय।

हिन्दू कानून, मुस्लिम कानून, ईसाई कानून या पारसी कानून जैसे व्यक्तिगत कानून हों या 'विण्ेष विवाह अधिनियम' जैसे धर्म-निरपेक्ष कानून, इन सभी में किसी विवाह को शून्य य। शून्यकरणीय होने के लिए उल्लिखित आधार कुछ सामान्य भिन्नताओं के साथ लगभग एक ही तरह के हैं। इन कानूनों में उल्लिखित सभी आधारों को भारतीय सिविल संहिता में समग्रता के साथ स्वीकार किया जा सकता है।

'शून्य एवं शून्यकरणीय विवाह' से सम्बन्धित इस अध्याय में निम्न महत्त्वपूर्ण विषय पर प्रावधान बनाये जा सकते हैं–

1. वे आधार जिनके आधार पर विवाह शून्य होगा;
2. वे आधार जिनके आधार पर विवाह शून्यकरणीय होगा;
3. पक्षकारों के पहल पर विवाह को शून्य घोषित कराने के सम्बन्ध में सामान्य नियम; इत्यादि।

(विशेष विवाह अधिनियम, 1954; हिन्दू विवाह अधिनियम, 1955; भारतीय ईसाई विवाह अधिनियम, 1872; मुस्लिम कानून; एवं पारसी विवाह एवं विवाह-विच्छेद अधिनियम, 1936 के सम्बन्धित प्रावधान मार्गदर्शक हैं।)

अध्याय 21

विवाह-विच्छेद एवं न्यायिक अलगाव

दाम्पत्य जीवन में पति-पत्नी के मध्य पैदा मनमुटाव कभी-कभी विवाह-विच्छेद की स्थिति तक पहुँच जाता है। किसी समाज में विवाह-विच्छेद की स्वीकार्यता इस पर निर्भर करता है कि वह विवाह को किस रूप में लेता है। जब हम विवाह को 'विशुद्ध संस्कार' मानते हैं तो यह धारणा बनती है कि पति-पत्नी के मध्य सम्बन्ध अटूट है और विवाह-विच्छेद नहीं हो सकता है। इसके विपरीत जब हम विवाह को 'पूर्ण संविदा' मानते हैं तो धारणा यह बनती है कि पति-पत्नी के मध्य सम्बन्ध आसानी से टूट सकता है। किन्तु बदलते समय के साथ आधुनिक कानून में 'विवाह' को एक 'संस्कारयुक्त संविदा' के रूप में स्वीकार किया गया है। इस विषय पर हम पूर्व अध्याय में चर्चा कर चुके हैं। विवाह की आधुनिक प्रकृति को स्वीकारने के बाद न तो विवाह को वायुरोधक घुटनयुक्त बैरेल की तरह बनाया जा सकता है और न ही

चलती-फिरती सवारी। इस कारण विवाह खण्डनीय तो है, किन्तु एक तार्किक आधार होने पर ही खण्डित किया जा सकता है।

भारत में विवाह-विच्छेद के सम्बन्ध में प्रमुख रूप से सात कानून लागू हैं। इनमें से छह कानून– (1) हिन्दू विवाह अधिनियम, 1955; (2) भारतीय विवाह-विच्छेद अधिनियम, 1869; (3) पारसी विवाह एवं विवाह-विच्छेद अधिनियम, 1936; (4) मुस्लिम व्यक्तिगत कानून; (5) मुस्लिम पत्नी विवाह-विच्छेद अधिनियम, 1939 एवं (6) मुस्लिम महिला (तलाक अधिकार संरक्षण) अधिनियम, 1986 – व्यक्तिगत कानून के रूप में लागू हैं। पहला कानून हिन्दू, सिक्ख, बौद्ध व जैन धर्म; दूसरा कानून ईसाई धर्म; तीसरा कानून पारसी धर्म और चौथा, पाँचवाँ एवं छठा कानून मुस्लिम धर्म के अनुयायियों पर लागू होता है। इनके अलावा सातवाँ कानून– विशेष विवाह अधिनियम, 1954 एक धर्म-निरपेक्ष कानून है और तब लागू होता है, जब विवाह करनेवाले दोनों पक्ष अलग-अलग धर्मों के अनुयायी होते हैं या जब पक्षकार किसी भी व्यक्तिगत कानून से नहीं संचालित होते हैं या जब पक्षकार अपने व्यक्तिगत कानून के अनुसार विवाह नहीं करना चाहते हैं।

विवाह-विच्छेद के सम्बन्ध में निम्नांकित चार तथ्यात्मक विषय निकलकर आते हैं–

(क) विवाह-विच्छेद लिखित हो सकता है या मौखिक।

(ख) विवाह-विच्छेद आपसी सहमति से हो सकता है या एक पक्ष द्वारा कुछ आधारों पर विवाह-विच्छेद का दावा करके।

(ग) दोनो पक्षों में से कोई एक पक्ष विवाह-विच्छेद के पूर्व न्यायिक-अलगाव के लिए आवेदन कर सकता है।

(घ) विवाह-विच्छेद के बाद दोनों पक्ष की स्थिति पर आया प्रभाव।

उपर्युक्त विषय के परिप्रेक्ष्य में सभी व्यक्तिगत कानूनों के मध्य विश्लेषण करने के उपरान्त जिन पाँच बिन्दुओं पर असंगति निकलकर आती है, वे निम्न हैं –

1. न्यायालय के माध्यम से विवाह-विच्छेद की डिक्री प्राप्त करने की व्यवस्था को सभी व्यक्तिगत कानून स्वीकार करते हैं। इस सम्बन्ध में असंगति का बिन्दु यह निकलकर आता है चूँकि मुस्लिम पति को तलाक के माध्यम से एकपक्षीय विवाह-विच्छेद करने का अधिकार मिला हुआ है, इसलिए उन्हें विवाह-विच्छेद के लिए न्यायालय में आवदेन करने की बाध्यता नहीं रहती है।
2. मुस्लिम कानून में तलाक अर्थात् पति द्वारा एकपक्षीय मौखिक विवाह-विच्छेद को मान्य किया गया है, जबकि दूसरे अन्य व्यक्तिगत कानूनों में मौखिक विवाह-विच्छेद को मान्य नहीं किया गया है।
3. न्यायालय के माध्यम से विवाह-विच्छेद की डिक्री को प्राप्त करने के लिए मान्य किये गये तार्किक आधारों में से किसी-न-किसी एक आधार का होना आवश्यक है। कुछ मामूली भिन्नताओं को छोड़कर इस स्थिति को सभी व्यक्तिगत

कानूनों में स्वीकार किया गया है। इस सम्बन्ध में असंगति का बिन्दु यह है कि मुस्लिम कानून में पति द्वारा तलाक के माध्यम से विवाह तोड़ने के लिए किसी आधार को बताने की आवश्यकता नहीं है।

4. सभी व्यक्तिगत कानूनों में आपसी-सहमति के आधार पर विवाह-विच्छेद की डिक्री प्राप्त करने की व्यवस्था को स्वीकार किया गया है। इस सम्बन्ध में असंगति मात्र प्रतीक्षा-अवधि को लेकर है। अलग-अलग व्यक्तिगत कानूनों में प्रतीक्षा-अवधि अलग-अलग निर्धारित की गयी है।
5. सभी व्यवितगत कानून में विवाह-विच्छेद के पूर्व न्यायिक-अलगाव की अवधारणा को स्वीकार किया गया है। किन्तु मुस्लिम कानून में ऐसी अवधारणा प्रचलित नहीं है।

'भारतीय सिविल संहिता' के इस अध्याय के लिए असंगतिवाले उक्त पाँच बिन्दुओं पर सर्वमान्य आदर्श स्थिति प्राप्त करने के लिए व्यक्तिगत कानूनों का विश्लेषण आवश्यक है।

1. न्यायालय के माध्यम से विवाह-विच्छेद और इसके आधार

लिखित रूप से विवाह-विच्छेद हमेशा न्यायालय के माध्यम से डिक्री हासिल करके किया जाता है। न्यायालय की इस भूमिका के सम्बन्ध में व्यक्तिगत कानूनों में कोई मतभेद नहीं है। विवाह-विच्छेद की डिक्री पक्षकारों के मध्य आपसी सहमति के आधार पर प्राप्त की जा सकती है या किसी एक पक्षकार की पहल पर कोई विशेष तार्किक आधार पर सिद्ध करके पर प्राप्त की जा सकती है। एक पक्षकार की पहल पर विवाह-विच्छेद की डिक्री प्राप्त करने के लिए सामान्यतः दो तरह के आधार हैं। कुछ आधार ऐसे हैं जो पति और पत्नी दोनों को प्राप्त होते हैं। इसके अलावा कुछ विशिष्ट आधार पति एवं पत्नी के लिए अलग-अलग होते हैं।

1939 के पूर्व मुस्लिम कानून में पत्नी को सिर्फ चार आधार पर विवाह-विच्छेद करने का अधिकार प्राप्त था। ये आधार थे– पहला पति के नपुंसक होने के आधार पर; दूसरा 'लिएन का आधार' अर्थात् जब पति द्वारा पत्नी पर लगाया गया व्यभिचार का आरोप झूठा साबित हो जाय; तीसरा ख्यार-उल-बुलुग अर्थात् वयस्कता का विकल्प और चौथा जिहार अर्थात् जब पति पत्नी की तुलना अपनी माँ से कर दे। 'मुस्लिम पत्नी विवाह-विच्छेद अधिनियम, 1939' के बाद मुस्लिम महिलाओं को नौ आधारों पर विवाह-विच्छेद की डिक्री हासिल करने का अधिकार मिल गया। जबकि मुस्लिम पुरुषों को मौखिक विवाह-विच्छेद यानी तलाक के माध्यम से विवाह-विच्छेद करने के लिए किसी आधार को बताने की आवश्यकता नहीं है।

सभी व्यक्तिगत कानूनों में सामान्य आधारों के साथ पति एवं पत्नी के लिए अलग-अलग विशिष्ट आधारों का उल्लेख किया गया है। चाहे हिन्दू कानून हों या मुस्लिम कानून या ईसाई कानून या पारसी कानून, इन आधारों को थोड़ी-बहुत भिन्नताओं के साथ सामान्य

तौर पर स्वीकार करते हैं। कुछ ही आधार ऐसे हैं, जिन्हें एक व्यक्तिगत कानून में स्वीकार किया गया है, किन्तु दूसरे में नहीं। विवाह-विच्छेद के इन सभी आधारों को समग्रता के साथ भारतीय सिविल संहिता में स्वीकारा जा सकता है।

जिस एक विषय को लेकर इन कानूनों के मध्य अन्तर्विरोध है, वह यह है कि मुस्लिम कानून में पति को तलाक (मौखिक विवाह-विच्छेद) लेने के लिए किसी आधार को बताने की आवश्यकता नहीं है। तलाक की प्रक्रिया सही है या गलत, यह अलग विषय है, जिस पर हम आगे चर्चा करेंगे, किन्तु 'विधि के शासन' के सिद्धान्त को माननेवाले भारत-जैसे लोकतान्त्रिक देश में कम-से-कम इस व्यवस्था को अमान्य किया ही जाना चाहिए कि एक पति को तलाक देने के लिए कोई तार्किक आधार बताने की आवश्यकता नहीं है। यह स्थिति स्वयं मुस्लिम महिलाओं के साथ ज्यादती है। टर्की-जैसे मुस्लिम बाहुल्य देश के सिविल संहिता में भी वहाँ के मुस्लिम पुरुषों को इस तरह की छूट नहीं प्रदान की गयी है। टर्की में पति या पत्नी दोनों ही संहिता में उल्लिखित विशेष आधारों पर सिविल कोर्ट के माध्यम से विवाह-विच्छेद की डिक्री हासिल करके विवाह को तोड़ सकते हैं। यही स्थिति ट्यूनिशिया जैसे मुस्लिम देश में लागू संहिता की धारा 30 में स्वीकार किया गया है।

शमीम आरा (2002) मामले में सुप्रीम कोर्ट द्वारा गोवाहाटी हाईकोर्ट के न्यायाधीश बहारूल इस्लाम (बाद में भारत के सुप्रीम कोर्ट के न्यायाधीश) द्वारा दो मामलों–जियाउद्दीन अहमद बनाम अनवर बेगम (1981) और रूकिया खातून बनाम अब्दुल खालिक लश्कर (1981) में दिये गये निर्णय से सहमति व्यक्त की गयी, जिसमें कहा गया था कि तलाक का सही नियम, जैसा कि पवित्र कुरान में है, यह है कि (क) तलाक के लिए तार्किक आधार होना चाहिए; और (ख) इसके पूर्व पति व पत्नी के मध्य दो मध्यस्थों, एक पत्नी द्वारा अपने परिवार से और दूसरा पति द्वारा अपने परिवार से चुना गया हो, की उपस्थिति में समझौते का प्रयास किया गया होना चाहिए। यदि प्रयास असफल हो जाय तो तलाक लागू किया जा सकता है।

भारतीय सिविल संहिता में यदि मौखिक विवाह-विच्छेद को मान्यता दी जा रही है तो इसके लिए भी उसी तरह से तार्किक आधार होना चाहिए जैसा लिखित विवाह-विच्छेद के लिए आवश्यक होता है।

2. आपसी सहमति से विवाह-विच्छेद

सभी व्यक्तिगत कानून दोनों पक्षों की आपसी सहमति से न्यायालय के माध्यम से डिक्री हासिल करके विवाह-विच्छेद करने का अधिकार प्रदान करते हैं। इस सम्बन्ध में सवाल पैदा होता है कि यदि दोनों पक्ष विवाह-विच्छेद के लिए सहमत हैं तो क्या विवाह के बाद दूसरे दिन ही वे ऐसा करने के लिए स्वतन्त्र हो जायेंगे? क्या विवाह के अगले दिन

ही विवाह तोड़ने के लिए न्यायालय में याचिका दायर की जा सकती है या फिर इसके लिए पक्षकारों को कुछ दिन प्रतीक्षा करने का अवसर दिया जाना चाहिए? इस सवाल का जवाब जानने के लिए 'विवाह की प्रवृत्ति' का विषय महत्त्वपूर्ण हो जाता है। जब हम विवाह को 'विशुद्ध संस्कार' मानते हैं तो यह धारणा बनती है कि पति-पत्नी के मध्य सम्बन्ध अटूट है और विवाह-विच्छेद नहीं हो सकता है। इसके विपरीत जब हम विवाह को 'पूर्ण संविदा' मानते हैं तो धारणा यह बनती है कि पति-पत्नी के मध्य सम्बन्ध आसानी से टूट सकता है। किन्तु बदलते समय के साथ आधुनिक कानून में 'विवाह' को एक 'संस्कारयुक्त संविदा' के रूप में स्वीकार किया गया है। विवाह की आधुनिक प्रकृति को स्वीकारने के बाद न तो विवाह को वायुरोधक घुटनयुक्त बैरेल की तरह बनाया जा सकता है और न ही चलती-फिरती सवारी। इस कारण विवाह खण्डनीय तो है, किन्तु तार्किक अवधि बीत जाने के बाद ही खण्डित किया जा सकता है, ताकि विवाह के दोनों पक्षकारों को अपने निर्णय पर पुनर्विचार करने का अवसर मिल सके।

विवाहोपरान्त कितने दिन के बाद दोनों पक्ष आपसी सहमति से विवाह-विच्छेद के लिए दावा कर सकते हैं, इसको लेकर व्यक्तिगत कानूनों में अलग-अलग अवधि निर्धारित की गयी है।

आपसी सहमति से विवाह-विच्छेद की घोषणा के लिए ईसाई दम्पति को भारतीय विवाह-विच्छेद अधिनियम, 1869 की धारा 22 के अन्तर्गत दो वर्ष प्रतीक्षा करनी पड़ती है, जबकि हिन्दू दम्पति, सिक्ख दम्पति, बौद्ध दम्पति या जैन दम्पति को हिन्दू विवाह अधिनियम, 1956 की धारा 13-बी के अन्तर्गत एक वर्ष प्रतीक्षा करनी पड़ती है और मुस्लिम कानून के अन्तर्गत मुस्लिम दम्पति को मुबारत (आपसी सहमति से तलाक) के लिए किसी अवधि की प्रतीक्षा करने की आवश्यकता नहीं होती है।

टर्की सिविल संहिता में भी आपसी सहमति से विवाह-विच्छेद की डिक्री प्राप्त करने के लिए विवाहोपरान्त एक वर्ष की प्रतीक्षा-अवधि निर्धारित की गयी है। टर्की सिविल संहिता के अन्तर्गत विवाह-विच्छेद के लिए ऐसी याचिका दाखिल होने के बाद सिविल कोर्ट दोनों पक्षों को मेल-मिलाप एवं समाधान के लिए एक से तीन वर्ष का समय दे सकता है। इस अवधि के दौरान दोनों पक्ष न केवल मेल-मिलाप के लिए प्रयास कर सकते हैं, बल्कि विवाह का विघटन होने की स्थिति में दोनों पक्ष सम्पत्तियों के बँटवारे एवं अपने-अपने उत्तरदायित्वों को लेकर आपसी सहमति से रास्ता निकालकर न्यायालय के समक्ष प्रस्तुत करते हैं।

भारत में आपसी-सहमति के आधार पर विवाह-विच्छेद की डिक्री प्राप्त करने के लिए प्रतीक्षा-अवधि को लेकर विभिन्न व्यक्तिगत कानूनों में असमानता, अनुचित और विभेदकारी है। प्रतीक्षा-अवधि निर्धारित करने के पीछे पवित्र मन्शा यह है कि विवाह एक व्यक्ति के जीवन का सबसे महत्त्वपूर्ण भाग है। यह संस्कार है, यह इबादत है, जिसे एक क्षणभर के

उत्साह में या किसी भावावेश के कारण खत्म नहीं किया जा सकता है। इसलिए यह राज्य का कर्त्तव्य है कि वह विवाह को बचाने हेतु दोनों पक्षों को पुनर्विचार करने के लिए एक सन्तुलित व तार्किक प्रतीक्षा-अवधि को निर्धारित करे। किन्तु इसके साथ इस पहलू की भी उपेक्षा नहीं की जा सकती है कि यदि दोनों पक्षों के मध्य आपसी सहमति है तो प्रतीक्षा-अवधि के आधार पर मामले को लम्बा खीचना भी अनुचित है।

उक्त दोनों पहलुओं पर विचार करके एक सन्तुलित प्रतीक्षा-अवधि को स्वीकार किया जाना चाहिए। यह अवधि दोनों स्तर पर अर्थात् विवाह के बाद याचिका दाखिल करने के पूर्व और याचिका दाखिल होने के बाद डिक्री पारित करने के पूर्व के लिए तय किया जा सकता है। याचिका दाखिल करने के पूर्व इसके लिए छह महीना या एक वर्ष की अवधि सन्तुलित अवधि मानी जा सकती है। इसी के साथ डिक्री पारित करने के पूर्व ऐसी प्रतीक्षा-अवधि को तय करने के लिए सिविल कोर्ट को मामले की परिस्थितियों में निर्णय लेने का अधिकार दिया जाना चाहिए। भारतीय सिविल संहिता में इस तरह का प्रावधान भी बनाया जाना चाहिए, जिसके अन्तर्गत दोनों पक्षों के बीच मेल-मिलाप हेतु सभी सम्भावनाओं की तलाश की जानी न्यायालय के लिए आवश्यक हो और न्यायालय पक्षकारों को उन रास्तों को सुझाये, जिन पर चलकर वे आम सहमति बना सकते हैं। इसके बाद भी यदि पक्षकारों द्वारा अलगाव के लिए निर्णय लिया जाता है तो संहिता में इस सम्बन्ध में भी प्रावधान होना चाहिए, ताकि न्यायालय स्वयं इस बात के लिए सन्तुष्ट हो कि सम्पत्तियों का बँटवारा कानून एवं पूर्व-निर्धारित वैवाहिक समझौता के अनुसार किया गया है और पत्नी की इसमें स्वतन्त्र सहमति है।

3. तीन तलाक अर्थात् मौखिक विवाह-विच्छेद

विवाह-विच्छेद के सन्दर्भ में सबसे विवादित विषय मुस्लिम व्यक्तिगत कानून के अन्तर्गत पति को मिला तलाक का अधिकार है। तलाक के इस अधिकार का प्रयोग कर एक मुस्लिम पति मौखिक एवं एकपक्षीय तरीके से बिना कोई आधार बताये पत्नी के साथ अपने वैवाहिक सम्बन्ध समाप्त कर सकता है। भारत में मुस्लिम पति को मिली मौखिक स्वरूपवाले तीन तलाक की एकपक्षीय आजादी संविधान लागू होने के बाद भी निर्विघ्न होकर चलती चली आ रही है। जिस प्रथा को संविधान में अनुच्छेद 13 और 44 का प्रावधान बनने के बाद एक झटके में समाप्त हो जाना चाहिए था, उसका बदस्तूर बने रहने के लिए कौन-से कारक जिम्मेदार हैं, यह विश्लेषण का विषय है।

कुरान के अन्तर्गत मान्य तलाक

तलाक एक अरबी शब्द है, जिसका अर्थ है मुक्त करना या मुक्त होना। मुस्लिम कानून के अन्तर्गत तलाक के माध्यम से वैवाहिक सम्बन्ध को समाप्त किया जाता है यानी

विवाह-विच्छेद किया जाता है। यह एक ऐसा तरीका है, जिसे एक मुस्लिम पति अपने मुँह से बोलकर अपने वैवाहिक सम्बन्ध को तुरन्त या कुछ अवधि के बाद समाप्त कर सकता है।

कुरान के दूसरे सुरा–सूरेह बक्राह और चौथे सुरा–सुरेह निसा के अन्तर्गत तलाक के सम्बन्ध में व्यवस्था प्रदान की गयी है। इस सम्बन्ध में सुरेह निसा की आयत संख्या 34 एवं 35 तथा सूरेह बक्राह की आयत संख्या 223, 226, 227, 228, 229, 230, 231 एवं 232 का यहाँ उल्लेख करना महत्त्वपूर्ण है।

कुरान के सुरेह निसा के आयत संख्या 34 एवं 35 कहते हैं–

'पति पत्नियों के संरक्षक और निगराँ हैं क्योंकि अल्लाह ने उनमें से कुछ को कुछ के मुकाबले में आगे रखा है और इसलिए भी कि पतियों ने अपने माल खर्च किये हैं, तो नेक पत्नियाँ तो आज्ञा पालन करनेवाली होती हैं और गुप्त बातों की रक्षा करती हैं, क्योंकि अल्लाह ने उनकी रक्षा की है और जो पत्नियाँ ऐसी हों, जिनकी सरकशी का तुम्हें भय हो, उन्हें समझाओ और बिस्तरों में उन्हें अकेली छोड़ दो और अति आवश्यक हो तो उन्हें मारो भी। फिर यदि वे तुम्हारी बात मानने लगें, तो उनके विरुद्ध कोई रास्ता न ढूँढ़ो। अल्लाह सबसे उच्च, सबसे बड़ा है। (सूरेह निसा - 34)

'और यदि तुम्हें पति-पत्नी के बीच बिगाड़ का भय हो, तो एक फैसला करनेवाला पुरुष के लोगों में से और एक फैसला करनेवाला स्त्री के लोगों में से नियुक्त करो, यदि वे दोनों सुधार चाहेंगे, तो अल्लाह उनके बीच अनुकूलता पैदा कर देगा। निस्सन्देह, अल्लाह सब कुछ जाननेवाला, खबर रखनेवाला है। (सूरेह निसा - 35)

कुरान के सूरेह बक्राह के आयत संख्या 223, 226, 227, 228, 229, 230, 231 एवं 232 के अनुसार–

'तुम्हारी स्त्रियाँ तुम्हारी खेती हैं। अतः जब और जिस प्रकार चाहो तुम अपनी खेती में आओ, पर अपनी आत्मा के लिए हाथ लगाने के पहले कुछ नेक काम करो। अल्लाह से डरते रहो, भली-भाँति जान लो कि तुम्हें उससे मिलना है और ईमान लानेवालों को शुभ सूचना दे दो।' (सूरेह बक्राह- 223)

'जो लोग अपनी स्त्रियों से अलग रहने की कसम खा बैठें, उनके लिए चार महीने की प्रतीक्षा है। फिर यदि वे पलट जायें, तो अल्लाह अत्यन्त क्षमाशील, दयावान् है।' (सूरेह बक्राह- 226)

'और यदि वे तलाक ही की ठान लें, तो अल्लाह भी सुननेवाला है, भली-भाँति जाननेवाला है।' (सूरेह बक्राह- 227)

'और तलाक पायी हुई स्त्रियाँ तीन हैज (मासिक धर्म) गुजरने तक अपने-अपने को रोके रखें और यदि वे अल्लाह और अन्तिम दीन पर ईमान रखती हैं तो उनके लिए वैध न होगा कि अल्लाह ने उनके गर्भाशयों में जो कुछ पैदा किया हो उसे छिपायें। इस बीच उनके

पति यदि सम्बन्धों को ठीक कर लेने का इरादा रखते हों, तो वे उन्हें लौटा लेने के ज्यादा हकदार हैं। और उन पत्नियों के भी सामान्य नियम के अनुसार वैसे ही अधिकार हैं, जैसी उन पर जिम्मेदारियाँ डाली गयी हैं। और पतियों को उन पर एक दर्जा प्राप्त है। अल्लाह अत्यन्त प्रभुत्वशाली, तत्त्वदर्शी है।' (सूरेह बक्राह- 228)

'तलाक दो बार मान्य है। उसके बाद या तो दोनों पक्ष समान शर्तों के साथ एक-दूसरे के साथ रहें या भले तरीके से विदा कर दो। और तुम्हारे लिये वैध नहीं है कि जो कुछ तुम उन्हें दे चुके हो, उनमें से कुछ ले लो, सिवाय इस स्थिति के कि दोनों को डर हो कि अल्लाह की निर्धारित सीमाओं पर कायम न रह सकेंगे तो यदि तुमको यह डर हो कि वे अल्लाह की सीमाओं पर कायम न रहेंगे तो स्त्री जो कुछ देकर छुटकारा प्राप्त करना चाहे उसमें दोनों के लिए कोई गुनाह नहीं। ये अल्लाह की सीमाएँ हैं। अतः इनका उल्लंघन न करो। और जो कोई अल्लाह की सीमाओं का उल्लंघन करे तो ऐसे लोग अत्याचारी हैं।' (सूरेह बक्राह- 229)

'फिर यदि वह उसे तलाक (दो तलाकों के बाद) दे दे, तो इसके बाद वह उसके लिए वैध न होगी, जब तक कि वह उसके अतिरिक्त किसी दूसरे पति से निकाह न कर ले। अतः यदि वह उसे तलाक दे दे तो फिर उन दोनों के लिए पुनः एक-दूसरे के साथ आने में कोई गुनाह न होगा, यदि वे समझते हों कि अल्लाह की सीमाओं पर कायम रह सकते हैं। और ये अल्लाह की निर्धारित की हुई सीमाएँ हैं, जिन्हें वह उन लोगों के लिए बयान कर रहा है जो जानना चाहते हों।' (सूरेह बक्राह- 230)

'और यदि जब तुम स्त्रियों को तलाक दे दो और वे अपनी निश्चित अवधि (इद्दत) को पहुँच जायें, तो समान शर्तों के साथ उन्हें रोक लो या समान शर्तों के साथ उन्हें विदा कर दो। और तुम उन्हें नुकसान पहुँचाने के ध्येय से न रोको कि ज्यादती करो। और जो ऐसा करेगा तो उसने स्वयं अपने ही ऊपर जुल्म किया। और अल्लाह की आयतों को परिहास का विषय न बनाओ और अल्लाह की कृपा जो तुम पर हुई है, उसे याद रखो और उस किताब और तत्त्वदर्शिता को याद रखो जो उसने तुम पर उतारी है, जिसके द्वारा वह तुम्हें नसीहत करता है। और अल्लाह का डर रखो और भली-भाँति जान लो कि अल्लाह हर चीज को जाननेवाला है। (सूरेह बक्राह- 231)

'और जब तुम स्त्रियों को तलाक दे दो और वे अपनी निर्धारित अवधि (इद्दत) को पहुँच जायें, तो उन्हें अपने होनेवाले दूसरे पतियों से विवाह करने से न रोको, जबकि वे सामान्य नियम के अनुसार परस्पर रजामन्दी से मामला तय करें। यह नसीहत तुममें से उसको दी जा रही है जो अल्लाह और अन्तिम दीन पर ईमान रखता है। यही तुम्हारे लिये ज्यादा बरकतवाला और सुथरा तरीका है और अल्लाह जानता है, तुम नहीं जानते। (सूरेह बक्राह- 232)

अरब प्रायद्वीप में सातवीं शताब्दी के दौरान बनायी गयी तलाक की उक्त व्यवस्था का सबसे महत्त्वपूर्ण पक्ष यह है कि उस समय पुरुष-पति के पास एक साथ अनगिनत

महिलाओं से शादी करने की आजादी थी। इन पत्नियों में से जिनको भी पति नहीं पसन्द करता था, उन्हें वह बन्धक की तरह बनाये रखता था। इस कारण ये महिलाएँ सेक्स सहित कई अधिकारों से पूरी तरह वंचित हो जाती थीं। ऐसी महिलाओं की दुखद स्थिति में सुधार लाने के लिए नयी व्यवस्था बनायी गयी, जिसमें यह तय किया गया कि एक पति एक बार अधिकतम चार पत्नियों से ही विवाह कर सकता है और किन्हीं परिस्थिति में यदि किसी पत्नी से निभ नहीं पा रहा है और उसे पत्नी होने का अधिकार नहीं दे पा रहा है, तो वह उसे बजाय बन्धक बनाये रखने के, तलाक देकर सम्मानजनक तरीके से उसे मुक्त कर दे ताकि वह महिला भी सेक्स सहित अन्य अधिकारों को प्राप्त कर सके। उस समय के हालात में अरबी प्रायद्वीप में यह बहुत बड़ा सुधार था।

कुरान के अन्तर्गत बहुत विषम परिस्थिति में ही तलाक देना उचित माना गया है। यदि पत्नी और पति में किसी तरह का विवाद होने का भय हो तो उन्हें पहले सुलह का प्रयास करना होगा और इसके लिए पति और पत्नी दोनों की तरफ के एक-एक लोगों की नियुक्ति की जायेगी। उसके बाद भी यदि रजामन्दी न हो पाये, तो दो जिम्मेदार गवाहों की उपस्थिति में पति पत्नी को तलाक कह सकेगा। इस तरह दिये गये तलाक के बाद तीन महीने तक पत्नी पति के साथ रहेगी। एक साथ होने का लाभ यह होता है कि दोनों के मध्य निकटता की एवं सुलह की सम्भावना बढ़ जाती है। और यदि दोनों के बीच सुलह हो जाय तो उन्हें गवाहों को बता देना होगा कि उन्होंने तलाक का अपना फैसला बदल लिया है। इस प्रक्रिया को 'रुजू' कहते हैं। सूरेह बक्राह की आयत 229 के अनुसार 'रुजू' दो बार की जा सकती है। किन्तु यदि तीन महीने या तीन इद्दत की अवधि बीत जाय और 'रुजू' न हो पाये तो पति और पत्नी को अलग होना पड़ेगा।

पहली तलाक के बाद भी पति और पत्नी दोबारा निकाह कर सकते हैं। दूसरी बार की गयी निकाह के बाद यदि दोबारा तलाक की नौबत आ जाय तो पुनः तलाक की सभी प्रक्रिया अपनानी होती है। दूसरे तलाक के बाद भी तीसरी बार निकाह किया जा सकता है। किन्तु इसके बाद यदि पति-पत्नी के बीच तीसरी बार तलाक हो जाय, तो चौथी बार इन दोनों के बीच निकाह नहीं हो सकता है। इसके बाद यदि तलाकशुदा पत्नी अपनी इच्छा से किसी दूसरे मर्द के साथ परिवार बसाने की नीयत व मकसद से निकाह कर ले और संयोग से उससे भी न निभ सके और दूसरा पति उसे सभी प्रक्रिया का पालन करते हुए तलाक दे दे तो वह पहले पति से विवाह करने के लिए स्वतन्त्र हो जाती है।

तीन तलाक का उद्भव

मुहम्मद साहब द्वारा मान्य तलाक-प्रक्रिया सुधार की दिशा में अपनायी गयी व्यवस्था थी। किन्तु समय के साथ इस प्रक्रिया में और सुधार होने के बजाय गिरावट होती गयी। कुछ ही समय बाद तलाक के मूल स्वरूप के साथ एक स्वरूप और जुड़ गया। इस दूसरे

स्वरूप में अब पति द्वारा एक-एक महीने के अन्तराल पर तीन बार 'तलाक' कहा जाने लगा। इस तरह अब दो स्वरूपों – 'तलाक-ए-अहसन' और 'तलाक-ए-हसन' – में तलाक करना मान्य हो गया। कालान्तर में इसके साथ एक और ज्यादा वीभत्स स्वरूपवाला तलाक – 'तलाक-उल-बिद्दत' भी जुड़ गया। इस तलाक का ईजाद होने के बाद पहले दो किस्म के तलाक अब 'तलाक-उल-सुन्नत' की श्रेणी में आ गये। ये तीनों तरीके के तलाक विवाह-विच्छेद के मौखिक तरीके हैं। तलाक के इन तीनों स्वरूपों के क्या नियम एवं शर्त हैं, इसको अलग-अलग समझने की आवश्यकता है।

तलाक के पहले स्वरूप **'तलाक-ए-अहसन'** के लिए तीन शर्त पूरी करनी होती है। पहला यह कि पति द्वारा तलाक का उच्चारण एक बार में किया गया हो। दूसरा यह कि उच्चारण पत्नी की तुहर अवस्था यानी जब वह मासिक धर्म में न हो, में रहने के दौरान किया गया हो। तीसरा यह कि तलाक के बाद इद्दत की अवधि यानी तीन महीने या तीन मासिक धर्म आने तक पत्नी के साथ शारीरिक सम्बन्ध न बनाया गया हो। इस तरह के तलाक का खण्डन स्वयं पति द्वारा इद्दत के पहले किया जा सकता है। किन्तु इद्दत के बाद यह तलाक अखण्डनीय हो जाता है। 'तलाक-ए-अहसन' को मुस्लिम कानून में तलाक का सबसे अच्छा तरीका माना गया है।

तलाक के दूसरे स्वरूप **'तलाक-ए-हसन'** के लिए दो शर्त पूरी करनी होती है। पहला यह कि पत्नी के क्रमशः पहले, दूसरे और तीसरे तुहर के दौरान अलग-अलग तीन बार पति द्वारा तलाक बोला गया हो और दूसरा यह कि इस दौरान पत्नी के साथ शारीरिक सम्बन्ध न बनाया गया हो। तीसरे तुहर के दौरान तलाक बोलने के बाद यह तलाक अखण्डनीय हो जाता है।

तलाक का तीसरा स्वरूप **'तलाक-उल-बिद्दत'** है, जिसमें पति द्वारा एक साथ तीन बार तलाक यानी 'तलाक-तलाक-तलाक' बोलने पर विवाह-विच्छेद हो जाता है।

मुस्लिम कानून के अन्तर्गत पति तलाक कहने के अपने अधिकार का प्रयोग स्वयं न करके किसी तीसरे व्यक्ति को प्रतिनिहित भी कर सकता है। अर्थात् एक मुस्लिम पति चाहे तो तलाक खुद न देकर किसी अन्य व्यक्ति को उसकी पत्नी से तलाक लेने का अधिकार सौंप सकता है। इस अधिकार के तहत किसी अन्य व्यक्ति द्वारा दिया गया तलाक **'तलाक-ए-तफवीज'** कहलाता है।

तलाक-उल-बिद्दत को सुप्रीम कोर्ट द्वारा अवैध करार किये जाने के बाद इसकी काट के लिए कुछ मुफ्तियों द्वारा एक नये किस्म के तलाक – **'तलाक-ए-बाइन'** का ईजाद कर लिया गया है। इस नये किस्म के तलाक के अन्तर्गत केवल एक या दो बार तलाक कहने की आवश्यकता होती है। दोनों में अन्तर यह बताया जाता है कि तीन तलाक के बाद यदि शौहर तलाकशुदा पत्नी को दोबारा अपनाना चाहता है तो उस पत्नी को हलाला से गुजरना होता है। जबकि तलाक-ए-बाइन में हलाला की आवश्यकता नहीं है अर्थात् ऐसे

तलाक के बाद शौहर तलाकशुदा पत्नी को बिना हलाला के अपनी जिन्दगी में वापस ला सकता है। न्यूज चैनल 'आज-तक' के स्टिंग ऑपरेशन में यह बात सामने आयी है। न्यूज चैनल के अनुसार उत्तर प्रदेश के गाजियाबाद के मदरसे जीनत उल इस्लाम के मुफ्ती का दावा है कि तलाक-ए-बाइन के लिए आवश्यक नहीं है कि तलाक देनेवाले की पत्नी उसके सामने हो। कोई भी आदमी कहीं भी और किसी भी समय अपनी पत्नी को तलाक दे सकता है, चाहे वह पत्नी सुने या न सुने। बस उस तक खबर पहुँच जानी चाहिए कि उसे उसके पति ने तलाक-ए-बाइन कह दिया है।

मुस्लिम कानून में तलाक के तीसरे तरीके यानी तलाक-उल-बिद्दत को विवाह-विच्छेद का सबसे निम्न तरीका माना गया है। इस किस्म के तलाक को मुस्लिम धर्म के कुछ ही मतों जैसे हनफी मत एवं सुन्नी मत द्वारा मान्य किया गया है। शीआ या मलिकी जैसे अन्य मतों में तीन तलाक की यह व्यवस्था पूरी तरह अमान्य है।

तीन तलाक के तीसरे स्वरूप यानी 'तलाक-उल-बिद्दत' की उत्पत्ति के सम्बन्ध में इस्लामिक विद्वान् अकील अहमद लिखते हैं–

> 'तीन तलाक यद्यपि मान्य है किन्तु विवाह-विच्छेद का यह अस्वीकृत तरीका है। इस्लामिक विधिशास्त्रियों द्वारा शरीयत की आड़ में इस नयी पद्धति को पैदा कर लिया गया है। इसे न तो पवित्र कुरान में और न ही पैगम्बर द्वारा प्रमाणित किया गया है। प्रथम खलीफा अबु बकर के जीवनकाल में और द्वितीय खलीफा ऊमर के जीवनकाल के दौरान दो वर्ष तक तीन तलाक प्रचलन में नहीं था। बाद में एक विशेष परिस्थिति में हजरत ऊमर द्वारा इसकी इजाजत दी गयी थी। जब अरबियों द्वारा सीरिया, मिस्र, परसिया जैसे देशों को जीत लिया गया, तो उन्होंने वहाँ पर अरबियन महिलाओं की तुलना में ज्यादा सुन्दर महिलाओं को पाया और इसलिए वे उनसे विवाह के लिए आकृष्ट होने लगे। किन्तु मिस्र और सीरियन महिलाओं द्वारा यह कहा गया कि उनसे विवाह करने के लिए सर्वप्रथम उन्हें अपनी वर्तमान पत्नियों को एक ही बैठक में तीन बार तलाक बोलकर विवाह-विच्छेद करना होगा। इस शर्त को अरबियों द्वारा तुरन्त स्वीकार कर लिया गया क्योंकि उन्हें पता था कि इस्लाम में तलाक केवल तीन अलग-अलग अवधि में किया जाना स्वीकार है और एक बैठक में तलाक बोलना गैर-इस्लामिक है और अप्रभावशाली है। इस तरह वे न केवल सुन्दर महिलाओं से विवाह कर लिये, बल्कि अपनी पत्नियों को भी बनाये रखे। जब यह बात द्वितीय खलीफा हजरत ऊमर को बतायी गयी तो उन्होंने अनैतिक शौहरों से धर्म का दुरुपयोग होने से बचाने के लिए यह कह दिया कि एक बैठक में लगातार तीन बार तलाक-तलाक-तलाक कह देने से विवाह अखण्डित रूप से विघटित हो जायेगा। यह खलीफा ऊमर द्वारा एक आपातकालीन स्थिति से निपटने के लिए अस्थायी

प्रशासनिक आदेश मात्र था न कि कोई स्थायी कानून बनाने के लिए किया गया था। लेकिन दुर्भाग्य से हनफी विधिशास्त्रियों द्वारा बाद में खलीफा ऊमर के उक्त प्रशासनिक आदेश के बल पर यह घोषित कर दिया गया कि विवाह-विच्छेद का यह तरीका वैध है और इसे धार्मिक आवरण भी पहना दिया गया।'

इस तरह तलाक-उल-बिद्दत की बुनियाद ही सुन्दर महिलाओं के प्रति पुरुषों के आकर्षण-भाव को सन्तुष्ट करना रहा है। धीरे-धीरे इस प्रथा का दुरुपयोग करने के नये-नये तरीके पैदा होते गये और जुड़ते गये। यदि एक पति की किसी दूसरी महिला से सम्बन्ध बनाने की इच्छा हो जाय और वह महिला पहली पत्नी/पत्नियों के साथ दूसरी पत्नी या तीसरी पत्नी या चौथी पत्नी के रूप में रहने से इनकार कर दे तो तीन तलाक; यदि पत्नी की कोख से बेटा न पैदा हो पाये, तो तीन तलाक; यदि पत्नी ठीक से खाना न पका पाये, तो तीन तलाक; यदि पत्नी के मायके से दहेज न मिल पाये, तो तीन तलाक; यदि पत्नी गुलाम की तरह न रहने को तैयार हो, तो तीन तलाक। शरीयत की आड़ में महिलाओं के विरुद्ध तीन तलाक के दुरुपयोग के अनगिनत हल्के आचरण देखने-सुनने को मिलते हैं। तीन तलाक को लेकर इस तरह के हलके किस्म के आचरण करने में लोग इसलिए भी सफल रहते हैं क्योंकि इनका राज्य निर्मित कानून और न्यायालय के प्रति कोई जवाबदेही नहीं है।

भारत में तीन तलाक

भारत में प्रचलित मुस्लिम व्यक्तिगत कानून के अन्तर्गत तलाक क्या है, इसका उल्लेख करते हुए डॉ. ताहिर महमूद अपनी पुस्तक 'द मुस्लिम लॉ ऑफ इण्डिया' में लिखते हैं कि मुस्लिम कानून के सभी मतों के अन्तर्गत एक मुस्लिम पति एकपक्षीय तरीके से और बिना न्यायालय के हस्तक्षेप के अपनी पत्नी को तलाक दे सकता है। डॉ. महमूद द्वारा ऐसे भी उदाहरण दिये गये हैं, जिसमें न्यायालयों द्वारा भरण-पोषण जैसे मुकदमों के दौरान पति द्वारा दिये गये बयान या प्लीडिंग में पति द्वारा कही गयी विवाह-विच्छेद की बात को तलाक मान लिया गया है। प्रसिद्ध इस्लामिक विद्वान् मुल्ला अपनी पुस्तक 'प्रिन्सिपल ऑफ मोहम्मडन लॉ' (1990 संस्करण) के पैरा 310 में लिखते हैं कि तलाक लागू होने के लिए शब्दों का कोई विशेष तरीका नहीं है। यदि शब्द स्पष्ट है तो आशय को सिद्ध करने की कोई आवश्यकता नहीं है। किन्तु यदि शब्द अस्पष्ट है तो आशय का सिद्ध होना आवश्यक है। यह आवश्यक नहीं है कि तलाक पत्नी की उपस्थिति में कहा जाय या उसको सम्बोधित करते हुए कहा जाय।

तीन तलाक को सामान्यतः तीसरे तरीके के तलाक यानी 'तलाक-उल-बिद्दत' से ही जोड़कर देखा जाता है। सम्भवतः ऐसा इसलिए है क्योंकि ज्यादातर मामलों में, जब भी विवाद की कोई स्थिति पैदा होती है, तो पति पहले उसे चुनता है जो ज्यादा सुविधाजनक

और त्वरित हो। चूँकि तीसरे तरीके के तलाक यानी 'तलाक-उल-बिद्दत' में पति को ज्यादा सहूलियत रहती है, इसलिए वह इसे ही प्राथमिकता देता है। यही कारण है कि ज्यादातर मामलों में तलाक के पहले दोनों तरीके अर्थात् 'तलाक-ए-अहसन' और 'तलाक-ए-हसन' कभी विवाद के विषय नहीं होते हैं।

वस्तुतः तलाक के ये तीनों ही तरीके तीन तलाक के अलग-अलग स्वरूप हैं। अन्तर सिर्फ इतना रहता है कि पहले दो तरीकों में तीन महीने या तीन मासिक धर्म की अवधि का इन्तजार करना होता है, जबकि तीसरे तरीके में तीन महीने का इन्तजार नहीं करना होता है, बल्कि विवाह का खण्डन तुरन्त हो जाता है और दूसरा अन्तर यह होता है कि पहले दो तलाकों में समझौता करने की स्थिति रहती है जबकि तीसरे में नहीं। जहाँ तक वैवाहिक सम्बन्ध खत्म करने में पति की स्वेच्छाचारिता से सम्बन्धित मूलभूत सवाल है वह तीनों ही तरह के तीन तलाक में एक समान होते हैं। इसे हम निम्न छह विशेषताओं के माध्यम से समझ सकते हैं, जो तलाक के तीनों तरीकों यानी 'तलाक-ए-अहसन', 'तलाक-ए-हसन' एवं 'तलाक-उल-बिद्दत' में सामान्य होते हैं।

1. इन तीनों तरह के तलाक के लिए पहल केवल पति द्वारा की जाती है;
2. इन्हें पति द्वारा मौखिक तरीके से दिया जाता है;
3. इन्हें पति द्वारा एकपक्षीय तरीके से दिया जाता है;
4. इनको पत्नी की अनुपस्थिति में भी दिया जा सकता है;
5. इनको देने के लिए पति को कोई आधार बताने की आवश्यकता नहीं होती है;
6. इन सभी तरह के तलाक के लिए न्यायालय के प्रति कोई जवाबदेही नहीं होती है।

तलाक के माध्यम से मुस्लिम पति को इस तरह प्राप्त मौखिक विवाह-विच्छेद करने के एकपक्षीय अधिकार को भारत-जैसे देश में लागू किये जाने का जागरूक मुस्लिम महिलाओं एवं सुधारवादी दृष्टिकोण रखनेवाले मुस्लिम पुरुषों द्वारा हमेशा विरोध किया जाता रहा है। समय-समय पर इसे समाप्त करने की माँग भी की जाती रही है। किन्तु दो-चार प्रतिशत लोगों की दकियानूसी विचार के कारण महिला-हितों के खिलाफ तलाक की विभेदकारी व्यवस्था, खासकर तत्काल तीन तलाक की अमानवीय व्यवस्था आज भी इस देश में मान्य है। तीन तलाक का समर्थन करनेवाले लोगों द्वारा इसके बचाव के लिए मुख्यतः निम्न पाँच आधार लिया जाता है –

1. भारत में मुस्लिम पति से तीन तलाक का हक छीनना उनके शरीयत में दखल है, जिसे 1937 के कानून द्वारा सुरक्षित किया गया है;
2. मुस्लिम कानून में विवाह एक संविदा है और कोई भी संविदा किसी एक पक्ष द्वारा ही तोड़ा जाता है, इसलिए एकपक्षीय तीन तलाक को भी मान्यता दिया जाना अनुचित नहीं है;

3. तलाक के लिए पति को आधार बताने की आवश्यकता इसलिए नहीं होती है, क्योंकि मुस्लिम कानून में विवाह एक संविदा है, इसको तोड़ने के बदले पति को मेहर का भुगतान करना पड़ता है, इसलिए उसका निर्णय लेना ही पर्याप्त होता है;
4. तलाक के आसान तरीके के कारण पक्षकारों को न्यायालयीय प्रक्रिया की परेशानियों से मुक्ति मिल जाती है; और
5. तलाक का आसान तरीका होने से घर में महिलाएँ पीड़ित होने से एवं जलाकर मारे जाने से बच जाती हैं।

शरीयत की वास्तविकता

जहाँ तक पहले बचाव का सवाल है कि तीन तलाक की मौखिक विवाह-विच्छेदवाली व्यवस्था को समाप्त कर देने से शरीयत खतरे में पड़ जायेगा, ऐसे किसी विचार की सच्चाई को जानने के लिए हमें कुरान के अन्तर्गत तलाक के सम्बन्ध में प्रदान की गयी व्यवस्था को समझने की आवश्यकता है और उसके उपरान्त यह सवाल पूछने की जरूरत है कि तलाक-उल-बिद्दत की प्रथा को विकसित एवं व्यवहार में स्वीकार करके क्या कुछ मुसलमानों द्वारा पवित्र कुरान द्वारा स्वीकृत किये गये व्यवस्था के खिलाफ जाने का कार्य नहीं किया गया है?

कुरान में सूरेह बक्राह की आयत संख्या 223, 226, 227, 228, 229, 230, 231 एवं 232 तथा सुरेह निसा की आयत संख्या 34 एवं 35, जिसका विस्तार से उल्लेख इसके पूर्व किया गया है, के अन्तर्गत केवल तलाक के पहले स्वरूप यानी 'तलाक-ए-अहसन' को मान्यता दिया गया है।

यदि कुरान में तीन महीने के अन्तराल के बाद ही तलाक होने की व्यवस्था का वर्णन है तो इसके विरुद्ध तलाक-ए-हसन या तत्काल तीन तलाक यानी तलाक-उल-बिद्दत जैसी प्रथा का जन्म नहीं होना चाहिए था। किन्तु ऐसा नहीं हो सका और कुरान में दी गयी व्यवस्था के विरुद्ध तलाक से सम्बन्धित इन दोनों प्रथाओं ने जन्म लिया। ब्रिटिश हुकूमत द्वारा कानून बनाकर मुस्लिम पत्नी द्वारा विवाह-विच्छेद लेने के सन्दर्भ में सुधार किये गये और ऐसे अन्य तार्किक आधार को निर्धारित किया गया, जिसके आधार पर मुस्लिम महिलाएँ विवाह-विच्छेद की डिक्री प्राप्त कर सकती हैं। समय की आवश्यकताओं के अनुरूप प्रथाएँ एवं नियम-कानून बदलते रहे हैं, इसमें सुधार होते रहते हैं। आजाद भारत की कानूनी व्यवस्था इसका अपवाद नहीं हो सकती है।

किन्तु समस्या यह है कि इस देश के रूढ़िवादी मुस्लिम लोग या तो सिर्फ अरबी संस्कृति के सन्दर्भ में हुए बदलावों को स्वीकार करते हैं या ब्रिटिश हुकूमत के कोड़ों से किये गये बदलावों को स्वीकार कर पाते हैं, भले ही ये बदलाव समाज में विकृति या बिखराव पैदा करनेवाले हों। यदि आजाद लोकतान्त्रिक भारत में यहाँ की परिस्थितियों के

अनुकूल मानवता एवं तार्किकता पर आधारित सुधारात्मक बदलाव की बात की जाय तो यह इन्हें स्वीकार नहीं होता है और शरीयत के नाम पर हायतौबा मचाने लगते हैं। जिस तरह 'तीन तलाक' और 'बाध्यकारी हलाला' – जैसी कुप्रथाएँ कुरान द्वारा मान्य 'तलाक' और 'स्वैच्छिक हलाला' का स्थान ले लिये हैं और इनका दुरुपयोग महिलाओं के हित के खिलाफ किया जाता रहा है, उसे देखते हुए भारत में तीन तलाक की हिमायत के लिए शरीयत की आड़ लेनेवालों को सोचना चाहिए कि वे पवित्र कुरान और पैगम्बर मोहम्मद साहब का कितना सम्मान करते हैं।

भारत में महिलाओं के हक के विरुद्ध पुरुषों द्वारा तीन तलाक का दुरुपयोग करने के अनगिनत मामले सामने आ चुके हैं। इन मामलों में सुप्रीम कोर्ट और राज्यों के हाईकोर्ट द्वारा समय-समय पर कड़ी प्रतिक्रिया भी व्यक्त की जाती रही है। अब तो तीन तलाक इस स्थिति में पहुँच गया है कि महिलाओं पर भी इसका दुरुपयोग करने का आरोप लगने लगा है। अभी कुछ दिन पहले ऐसा ही एक मामला प्रकाश में आया। इस मामले में उमर बी नाम की मुस्लिम महिला द्वारा यह दावा किया गया था कि उसके पति ने दुबई में रहते हुए फोन पर ही उसको तीन तलाक दे दिया है और इसके बाद उसने अपना दूसरा विवाह कर लिया। जब दुबई से पति वापस आया तो पत्नी द्वारा दूसरी शादी की बात सुनकर आश्चर्य हुआ। पति का दावा था कि उसने कभी भी फोन के माध्यम से या किसी भी माध्यम से तीन तलाक नहीं दिया है। सच्चाई जो भी हो, किन्तु यह मामला एक विवाद का विषय बनकर इलाहाबाद हाईकोर्ट तक पहुँच गया। इस मामले गें न्यायाधीश न्यायमूर्ति सुनीत कुमार को यहाँ तक कहना पड़ा कि "यह उद्वेलित करनेवाला है कि एक स्त्री अपनी दूसरी शादी को सही ठहराने के लिए 'टेलीफोन पर तीन तलाक' का सहारा ले रही है।" किसी भी संवेदनशील समाज के लिए यह स्थिति चिन्ता की बात हो सकती है। किन्तु यह एक स्वाभाविक परिणाम है। इसमें कुछ भी आश्चर्य करने की बात नहीं है। तीन तलाक का दुरुपयोग पति करे या पत्नी, इससे ज्यादा विचारणीय विषय यह है कि क्या शरीयत की आड़ में तीन तलाक के विकृत स्वरूप को भारत मैं मान्य किया जाना चाहिए?

संस्था 'लोक सर्वोदय फाउण्डेशन' द्वारा चलाये जा रहे अभियान – 'मिशन अनुच्छेद 44 : एक राष्ट्र, एक सिविल कानून' के बैनर तले 23 नवम्बर, 2017 को जब 'यूनिफॉर्म सिविल संहिता दिवस' आयोजित किया जा रहा था, उसी दौरान एक टी.वी. चैनल के जर्नलिस्ट और इस्लामिक मामलों के अच्छे जानकार जनाब मुश्ताक अमीर से मुलाकात हुई। जनाब अमीर ने एक बहुत ही महत्त्वपूर्ण बात कही, जो मौखिक स्वरूपवाले तीन तलाक के सभी तरीकों के सन्दर्भ में प्रासंगिक है। जनाब मुश्ताक अमीर ने कहा कि विवाह-विच्छेद की मौखिक व्यवस्था उस समय की है, जब लिखना-पढ़ना बहुत कम प्रचलन में था। तब के लोग जुबान की कीमत भी समझते थे। लेकिन आज हालात बदल गये हैं और नैतिक मूल्यों में गिरावट आयी है। अपने निजी स्वार्थ के लिए लोग हर तरीके

से नैतिक मूल्यों से समझौता करने को तैयार हो जाते हैं। अब जबकि सब-कुछ लिखा-पढ़ी में हो रहा है, ऐसे बदले हालात में विवाह जैसे विषय को ऐसी व्यवस्था के अधीन रखना, जिसकी कानून के प्रति कोई जवाबदेही न हो, समझ के बाहर है।

ऐसा नहीं है कि शरीयत में बदलाव नहीं होता रहा है और इन बदलावों को मुस्लिम समुदाय द्वारा स्वीकार नहीं किया गया है। दुनिया के तमाम मुल्कों ने परिवर्तन को स्वीकार किया है और लागू भी किया है। सभ्यता के विकासक्रम में टर्की, इण्डोनेशिया, ट्यूनिशिया जैसे कई मुस्लिम देशों ने शरीयत के पुराने नियमों को एकदम से खारिज कर दिया है। स्वयं भारत देश में मुस्लिम शासकों द्वारा शरीयत व्यवस्था में समय-समय पर बदलाव किया जाता रहा है। भारत में मुस्लिम सल्तनत की स्थापना करनेवाले शासक **अलाउद्दीन खिलजी** ने राज्य के हित में बहुत-सारे ऐसे बदलाव किये, जो शरीयत के खिलाफ थे। जब खिलजी द्वारा किये गये सुधार का दिल्ली के काजियों द्वारा विरोध किया गया तो इसके जवाब में खिलजी द्वारा जो बात कही गयी, उसका यहाँ पर उल्लेख करना प्रासंगिक है। खिलजी ने अपने जवाब में कहा–

> 'मैं एक अज्ञानी आदमी हूँ और मैं इस देश में इसकी भलाई के लिए शासन कर रहा हूँ। मैं निश्चिन्त हूँ कि मेरी अज्ञानता और अच्छे आशय को देखते हुए अल्लाह मुझे माफ करेगा, जब वह पायेगा कि मैंने शरीयत के अनुसार कार्य नहीं किया है।" (संविधान-सभा बहस के दौरान श्री के. एम. मुन्शी के भाषण का भाग)

इसलिए यह धारणा कि मुस्लिम कानून परिवर्तनीय नहीं है, निराधार व भ्रामक है। शरीयत के अन्तर्गत एक मुस्लिम पत्नी को सिर्फ चार आधार पर विवाह-विच्छेद करने का अधिकार प्राप्त है। पहला पति के नपुंसक होने के आधार पर; दूसरा 'लिएन के आधार' पर अर्थात् जब पति द्वारा पत्नी पर लगाया गया व्यभिचार का आरोप झूठा साबित हो जाय; तीसरा ख्यार-उल-बुलुग अर्थात् वयस्कता का विकल्प और चौथा जिहार अर्थात् जब पति अपने पत्नी की तुलना अपनी माँ से कर दे। किन्तु जब 1939 में ब्रिटिश हुकूमत द्वारा शरीयत के इस व्यवस्था से अलग 'मुस्लिम पत्नी विवाह-विच्छेद अधिनियम' नाम से कानून लाया गया और मुस्लिम महिलाओं को नौ अन्य अलग-अलग आधारों पर विवाह-विच्छेद की डिक्री हासिल करने का अधिकार दिया गया, तो क्या उस समय शरीयत की बात करनेवाले लोग इस कानून का विरोध कर पाये थे?

किन्तु जब आजाद लोकतान्त्रिक भारत में मुस्लिम कानून के सन्दर्भ में सुधार की बात की जाती हे, खासतौर से संविधान की मन्शा के अनुरूप देश के लिए एक यूनिफॉर्म सिविल संहिता – 'भारतीय सिविल संहिता' – के निर्माण की बात की जाती है, तो कुछ लोगों द्वारा शरीयत में दखल होने का रोना रोया जाता है। जबकि खुद शरीयत के सभी अंगों–चाहे वे पवित्र कुरान के रूप में हों या हदीस या इज्मा या कियास के रूप में–का उद्‌भव भी परिवर्तन के कारण ही सम्भव हुआ है। ये सभी अपने साथ कोई-

न-कोई नयी व्यवस्था लेकर आयें और पुरानी व्यवस्था में सुधार किये हैं। शरीयत में कई बातें ऐसी हो सकती हैं, जो तब की परिस्थितियों मैं उचित रहा होगा। किन्तु समय के साथ इसमें परिवर्तन व सुधार भी होते रहे हैं और इन परिवर्तनों को स्वीकार भी किया जाता रहा है।

शरीयत में उल्लिखित विवाह-विच्छेद की मौखिक व्यवस्था (तलाक) के कई अच्छे पहलू हैं। इस प्रक्रिया में कई तत्त्व हैं, जैसे– पति एवं पत्नी के मध्य मतभेद होने पर दोनों तरफ के एक-एक संरक्षक की उपस्थिति में सुलह का प्रयास करना; मौखिक विवाह-विच्छेद (तलाक) के दौरान दो जिम्मेदार गवाहों के उपस्थिति की बाध्यता होना; तलाक कहने के बाद तीन महीने की प्रतीक्षा-अवधि तक सोचने-समझने का मौका देना; हिंसा के खिलाफ सख्त नैतिक हिदायत देना इत्यादि-इत्यादि, जो आधुनिक कानून के लिए आदर्श हो सकते हैं। इसी तरह विश्व के दूसरे देशों में भी ऐसी आदर्श व्यवस्थाएँ हो सकती हैं, जो मौखिक विवाह-विच्छेद से सम्बन्धित कानून बनाने के लिए अनुकरणीय हों। ये सभी व्यवस्थाएँ भारतीय परिप्रेक्ष्य में कानून या सिविल संहिता के निर्माण में बहुत मूल्यवान् हो सकती हैं। इनका अध्ययन कर मौखिक विवाह-विच्छेद के सन्दर्भ में एक आदर्श व्यवस्था बनाकर धर्म-निरपेक्ष रूप से लागू किया जा सकता है। यही भारतीय संविधान के अनुच्छेद 44 की भी मन्शा है। इसमें कहीं भी शरीयत के विरोध का भाव नहीं है। भाव सिर्फ यह है कि ऐसी सभी तरह की व्यवस्थाओं को मानवीय एवं तार्किकता की कसौटी पर कसकर एवं भारतीय परिस्थितियों के अनुरूप बनाकर धर्म-निरपेक्ष रूप से लागू किया जाय।

तीन तलाक के अन्य बचावों की वास्तविकता

भारत में तीन तलाक का बचाव करने के लिए दूसरा आधार यह लिया जाता है कि मुस्लिम कानून में विवाह एक संविदा है, इसलिए विवाह विच्छेद के आसान तरीके को मान्यता मिलना सही है। यह विचार कि मुस्लिम कानून में विवाह एक पूर्ण संविदा है और इसमैं किसी तरह का कोई धार्मिक भाव नहीं है, बिल्कुल गलत धारणा पर आधारित विचार है। किन्तु यदि यह मान भी लिया जाय कि मुस्लिम कानून के अन्तर्गत विवाह एक संविदा है, तो फिर यह दलील तीन तलाक का बचाव करनेवालों के दोहरे चरित्र को दर्शाता है। क्योंकि यही लोग हैं जो यूनिफॉर्म सिविल संहिता का विरोध करने के लिए तीन तलाक और बहुविवाह जैसे विषय को धार्मिक आस्था का विषय बताते हैं। किन्तु जब तीन तलाक का बचाव करने की बात आती है, तो यही लोग तुरन्त पलट जाते हैं और कहने लगते हैं कि मुस्लिम कानून में विवाह मात्र एक संविदा है, इसलिए पति को एकपक्षीय तलाक देने का हक मिल जाता है। इन लोगों से पूछा जाना चाहिए कि क्या मुस्लिम कानून के अन्तर्गत विवाह के दौरान किसी काजी की उपस्थिति आवश्यक नहीं है? क्या ये काजी धार्मिक गुरु नहीं होते हैं? निकाह के दौरान धार्मिक गुरु की उपस्थिति की अनिवार्यता सिद्ध करता है कि

मुस्लिम कानून में भी विवाह 'पूर्ण संविदा' नहीं है। वह भी तब जब स्वयं पैगम्बर मोहम्मद साहब ने विवाह को एक इबादत माना है।

विवाह एक संविदा है और कोई भी संविदा किसी एक ही पक्ष द्वारा तोड़ा जाता है, इस तर्क के साथ तीन तलाक का बचाव करनेवालों को यह बात जाननी चाहिए कि एक पक्ष द्वारा किसी संविदा को तोड़ने के लिए की गयी पहल को अन्तिम नहीं माना जाता है, जब तक संविदा की समस्त शर्तों का पालन न कर दिया जाय और संविदा को एकपक्षीय व मनमाने तरीके से तोड़ने के कारण हुई नुकसान की भरपायी न कर दी जाय। इस तरह का कुतर्क देनेवालों से यह भी पूछा जाना चाहिए कि क्या निकाह के समय काजी एवं गवाह की उपस्थिति आवश्यक नहीं होती है? यदि निकाह के लिए दो गवाह एवं काजी की उपस्थिति आवश्यक है तो बिना कोई तर्कयुक्त आधार बताये एकपक्षीय तलाक क्यों और कैसे मान्य है? इन लोगों से यह भी सवाल पूछा जाना चाहिए कि क्या वास्तव में मुस्लिम धर्म में यह मान्यता है कि निकाह के बाद पति और पत्नी के मध्य विश्वास का कोई रिश्ता नहीं रहता है। इसका जवाब यदि नहीं ही है तो क्या इस तरह की व्याख्या मुस्लिम धर्म के बारे में बहुत हल्का सन्देश देने का प्रयास नहीं है? इस तरह का कुतर्क देनेवाले मुस्लिम धर्म-गुरुओं को सोचना पड़ेगा कि उनके ऐसे कुतर्कों के कारण उन लोगों को प्रोत्साहन मिलता है, जो तरह-तरह के अनर्गल आरोप लगाकर अपनी पत्नियों को तलाक दे देते हैं। कभी बेटा नहीं पैदा कर सकने का आरोप लगाकर तलाक दिया जाता है तो कभी दहेज की माँग पूरा न होने के कारण।

यदि यह तर्क मान भी लिया जाय कि किसी संविदा को किसी एक ही पक्ष द्वारा तोड़ा जाता है, तो ऐसा करने का अधिकार पत्नियों को भी क्यों नहीं? यदि निकाह दोनों पक्ष की सहमति से पूर्ण होता है, तो इसे तोड़ने का अधिकार केवल एक पक्ष यानी पति को ही क्यों, पत्नी को क्यों नहीं? बिना तार्किक आधार बताये पति को विवाह खण्डित करने का अधिकार दिये जाने से कुछ लोगों को इसका दुरुपयोग कर पत्नी को डराने-धमकाने में सहूलियत मिल जाती है और फिर यही तीन तलाक मुस्लिम महिलाओं के हलाला का माध्यम बनता है और कुछ मठाधीशों द्वारा अपवित्र तरीके से शारीरिक सुख प्राप्त करने के लिए रास्ते का निर्माण करता है। क्या इन कुप्रथाओं को पैगम्बर मोहम्मद साहब के उसूलों के अनुरूप कहा जा सकता है?

तीन तलाक के पक्ष में तीसरा तर्क यह दिया जाता है कि विवाह-विच्छेद का तरीका आसान होने से घर में महिलाएँ पीड़ित होने से और जलाकर मारे जाने से बच जाती हैं। यानी मुस्लिम कानून के इन व्याख्याकारों के अनुसार किसी तरह की असहमति होने पर दो ही रास्ते हैं या तो पत्नियों के विरुद्ध मार-पीट व हिंसा करना या फिर तलाक दे देना। किसी व्यवस्था के बचाव के लिए इतना हल्का और निम्न कुतर्क तीन तलाक के सन्दर्भ में ही दिया जा सकता है। ऐसा कुतर्क देनेवाले लोगों द्वारा अपनी बहन-बेटियों

को इन तलाकशुदा महिलाओं के स्थान पर खड़ा करके इनकी पीड़ा को महसूस किया जाना चाहिए। सवाल पैदा होता है कि मनमाने तरीके से दिया गया तीन तलाक क्या पत्नी के विरुद्ध हिंसा नहीं है? क्या हिंसा करने लायक स्थिति बनी थी कि पति द्वारा तलाक दिये जाने को जायज कहा जा सके? हिंसा करने लायक स्थिति बनी थी या नहीं, इसका पैमाना क्या है और यह कैसे तय किया जायेगा? इन सब बुनियादी सवालों पर मुस्लिम व्यक्तिगत कानून मौन है और इसके मुस्लिम व्याख्याकार भी मौन हो जाना उचित समझते हैं।

चौथा तर्क यह दिया जाता है कि एकपक्षीय मौखिक तलाक के कारण दोनों पक्षकार न्यायालयीय प्रक्रिया की परेशानियों से मुक्त हो जाते हैं। यह तर्क बहुत खतरनाक है। इस तरह के कई मामले होते हैं, जिसमें पक्षकार न्यायालयीय प्रक्रिया नहीं चाहते हैं। तो क्या इसके लिए नैसर्गिक न्याय के सिद्धान्त को ठुकरा दिया जाय? यदि तीन तलाक के बचाव में ऐसे कुतर्क को स्वीकार कर लिया जाय और इसे थोड़ा और आगे बढ़ाया जाय तो इसकी भी स्वीकृति मिलनी चाहिए कि यदि कोई आँख फोड़ दे तो अदालती प्रक्रिया से मुक्त होने के लिए अभियुक्त की भी आँख फोड़ देनी चाहिए या यदि कोई किसी की हत्या कर दे तो अदालती प्रक्रिया से बचने के लिए अभियुक्त की भी तुरन्त हत्या कर देनी चाहिए। आखिर शरीयत की दण्ड-व्यवस्था भी तो यही कहता है। किन्तु तीन तलाक का बचाव करनेवाले लोग यहाँ पर खामोश हो जाते हैं। तब उनका शरीयत खतरे में नहीं पड़ता है।

सवाल पैदा होता है कि जब पाकिस्तान, बाँग्लादेश, टर्की, ट्यूनिशिया, सीरिया जैसे अन्य तमाम मुस्लिम देशों में तीन तलाक जैसी अमानवीय व्यवस्था की तिलांजलि कर दिया गया है, तो भारत जैसे लोकतान्त्रिक और धर्म-निरपेक्ष देश में तीन तलाक को मान्यता मिलना और इसके बचाव में शरीयतवाली दलील को महत्त्व मिलना समझ के बाहर है। आखिर हमारा देश इस अमानवीय व्यवस्था को ढोते रहने के लिए क्यों मजबूर है? सवाल यह भी पैदा होता है कि भारत - जैसे देश में मुस्लिम महिलाओं को इस काली प्रथा का खामियाजा क्या सिर्फ इसलिए भुगतना पड़ रहा है क्योंकि यह एक धर्म-निरपेक्ष और लोकतान्त्रिक देश है। धर्म-निरपेक्ष होने के कारण कुछ लोगों को धर्म का सहारा लेने की आजादी मिल जाती है तो लोकतान्त्रिक होने के कारण हमारे राजनेताओं को वोटबैंक का उल्लू सीधा करने का मौका मिलता है।

किसी देश के धर्म-निरपेक्ष और लोकतान्त्रिक होने का शायद ही इससे ज्यादा कोई दुरुपयोग हो, जैसा व जितना भारत में तीन तलाक और शरीयत का बचाव करते समय कुछ लोगों द्वारा धर्म के नाम पर हाय-तौबा मचाकर किया जाता है। हाय-तौबा मचानेवाले ये लोग बमुश्किल 2-4 प्रतिशत ही हैं। किन्तु अल्पसंख्यक की नुमाइन्दगी करने का दावा करनेवाले ये लोग अल्पसंख्यक महिलाओं के हित के खिलाफ काम करने में शर्मिन्दगी

नहीं महसूस करते और जब-तब इसी आधार पर राजनीतिक दबाव बनाने में सफल रहते हैं। कभी ब्रिटिश हुकूमत के दौरान शरीयत अनुप्रयोग अधिनियम 1937 बनवाकर, तो कभी लोकतान्त्रिक शासन के दौरान 'मुस्लिम महिला (तलाक उपरान्त अधिकार का संरक्षण) अधिनियम, 1986' पारित करवाकर। 1937 का कानून 'तोड़ो और राज करो' की नीति पर आधारित था तो 1986 का कानून 'तुष्ट करो और राज करो' की नीति पर। इन नकारात्मक नीतियों के दुष्प्रभाव को अन्ततः देश को ही भुगतना पड़ता है। 1937 का कानून पारित करने जैसी छोटी-छोटी हरकत करके ब्रिटिश हुकूमत जहाँ 'तोड़ो और राज करो' की नीति को परवान चढ़ाकर देश को तोड़ने और पाकिस्तान बनाने में सफल रहे तो 1986 का कानून बनाकर हमारे संविधानोत्तर नीति-निर्माताओं ने भी 'तुष्ट करो और राज करो' की नीति को परवान चढ़ाकर संविधान के अनुच्छेद 44 को कमजोर करने से पीछे नहीं रहे हैं। हमारे संविधानोत्तर नीति-निर्माता भले ही इसके परिणाम को लेकर निश्चिन्त हों, किन्तु इसके दुष्परिणाम का आकलन किसी भी संवेदनशील नागरिक के रोंगटे खड़ा कर देता है। उम्मीद है कि हमारे नीति-निर्माता इतिहास के कटु अनुभव से सबक लेने की अपनी जिम्मेदारी को समझ पायेंगे।

तीन तलाक का समाधान

सवाल यदि सिर्फ विवाह-विच्छेद को आसान बनाने का है तो न्यायालयीय प्रक्रिया की परेशानियों से बचानेवाले तर्क को कुछ हद तक स्वीकार किया जा सकता है। लेकिन इसके साथ यह नहीं भूल जाना चाहिए कि यह परिवार को बचाने का भी मामला है। इसलिए कप में खौलने की हद तक गर्म चाय को पीने के लिए प्लेट का भी महत्त्व है। यह प्लेट मुख को छाला से बचाता है। बावजूद इसके यदि यह तय हो जाय कि चाय को पीना ही नहीं है तो प्लेट की बात करना भी बेकार है। इसलिए यदि ऐसी स्थिति बन जाय कि किसी भी तरीके से विवाह को नहीं बचाया जा सकता है तो जटिल न्यायालयीय प्रक्रिया का विकल्प ढूँढ़ा जा सकता है। इस दृष्टि से विवाह-विच्छेद के मौखिक स्वरूप को निष्पक्ष एवं जवाबदेहयुक्त बनाकर धर्म-निरपेक्ष स्वरूप में स्वीकार किया जा सकता है।

तीन तलाक के बचाव में कही जा रही यह बात कुछ हद तक उचित हो सकती है कि दो व्यक्तियों द्वारा जब आपस में विवाह करने का निर्णय लिया जाता है, उस समय ऐसा करना केवल उनकी इच्छा पर निर्भर रहता है, इसलिए विवाह-विच्छेद के सम्बन्ध में कानून का पूर्ण हस्तक्षेप स्वीकरणीय नहीं होना चाहिए और चूँकि पति-पत्नी के मध्य आपसी विवाद उपजने के बाद इसे न्यायालयीय प्रक्रिया में फँसाना नुकसानदायक साबित होता है, इसलिए मौखिक विवाह-विच्छेद के विकल्प को स्वीकार करना चाहिए। यदि मौखिक विवाह-विच्छेद अर्थात् तलाक की व्यवस्था में कुछ भी आदर्श का तत्त्व है, तो इसे तार्किक निर्बन्धनों के साथ 'भारतीय सिविल संहिता' में स्वीकार करके लिंग-निरपेक्ष

एवं धर्म-निरपेक्ष रूप से लागू किया जा सकता है। इसका लाभ केवल पति को ही नहीं, बल्कि पत्नी को भी मिलना चाहिए; केवल मुस्लिम को ही नहीं, बल्कि हिन्दू, सिक्ख, ईसाई, पारसी सभी को मिलना चाहिए। किन्तु मौखिक विवाह-विच्छेद (तलाक) की व्यवस्था को स्वीकार करने के पहले हमें इसका दुरुपयोग होने से बचाने के लिए कुछ शर्तों व निर्बन्धनों का निर्धारण करना पड़ेगा। ऐसी ही कुछ शर्त व निर्बन्धन निम्न हो सकते हैं-

1. मौखिक विवाह-विच्छेद (तलाक) के लिए भी उसी तरह किसी आधार का होना आवश्यक होगा, जिस तरह न्यायालयीय विवाह-विच्छेद के लिए आवश्यक होता है।;
2. मौखिक तलाक के पूर्व पति एवं पत्नी के एक-एक संरक्षक की उपस्थिति में सुलह-समझौते का प्रयास किया जाय।;
3. मौखिक तलाक किन्हीं दो जिम्मेदार गवाहों के समक्ष दोनों पक्षों द्वारा आपसी सहमति से या किसी एक पक्ष द्वारा एकपक्षीय तरीके से दिया जा सकता है।;
4. जो भी पक्षकार एकपक्षीय मौखिक तलाक चाहता है, उसे दूसरे पक्षकार के हक में बड़ा आर्थिक दायित्व 'तलाक-पेनाल्टी' के रूप में चुकाना होगा, जिसकी न्यूनतम धनराशि एवं इसको निर्धारित करने का मापदण्ड संहिता में ही उल्लिखित होगा।;
5. मौखिक विवाह-विच्छेद की स्थिति में भी पति और पत्नी के मध्य सभी तरह की सम्पत्तियों का बँटवारा उसी तरह सुनिश्चित किया जायेगा, जैसा कि न्यायालयीय डिक्री के माध्यम से हुए विवाह-विच्छेद में आवश्यक होता है।;
6. मौखिक विवाह-विच्छेद (तलाक) के खिलाफ अपीलीय न्यायालय में अपील करने का अधिकार उसी तरह प्राप्त होगा, जिस तरह किसी सक्षम न्यायालय के विवाह-विच्छेद की डिक्री के खिलाफ पीड़ित पक्ष को प्राप्त होता है। अपीलीय न्यायालय को मौखिक तलाक के खिलाफ अपील की सुनवायी के दौरान वे सभी शक्तियाँ प्राप्त होंगी, जो विवाह-विच्छेद की डिक्री के खिलाफ अपील में प्राप्त होती हैं। अपीलीय न्यायालय मौखिक विवाह-विच्छेद में प्रथम-दृष्ट्या अनियमितता पाने पर अन्तरिम रोक भी लगा सकती है।'

4. न्यायिक अलगाव

न्यायिक अलगाव, विवाह-विच्छेद का पूर्वकदम है। न्यायिक अलगाव की डिक्री के बाद पक्षकारों के मध्य विवाह निलम्बित हो जाता है और दोनों का एक-दूसरे के प्रति शारीरिक-सम्बन्ध बनाने का दायित्व नहीं रह जाता है। किन्तु इनके मध्य पति-पत्नी का सम्बन्ध बना रहता है। जबकि विवाह-विच्छेद के बाद दोनों पक्षकारों के मध्य पति एवं पत्नी का सम्बन्ध समाप्त हो जाता है और सिवाय भरण-पोषण के, दोनों की एक-दूसरे के प्रति अन्य सभी तरह के दायित्व भी समाप्त हो जाते हैं।

न्यायिक अलगाव की डिक्री प्राप्त करने के लिए सामान्यतः वही आधार होते हैं, जो विवाह-विच्छेद के लिए मान्य हैं। विवाह-विच्छेद की डिक्री के लिए एक पक्षकार द्वारा दाखिल किये गये दावा में दूसरा पक्षकार न्यायिक-अलगाव की डिक्री के लिए प्रतिदावा कर सकता/सकती है या न्यायिक-अलगाव की डिक्री के लिए एक पक्षकार द्वारा दाखिल किये गये दावा में दूसरा पक्षकार विवाह-विच्छेद की डिक्री के लिए प्रतिदावा कर सकता/सकती है। न्यायिक अलगाव की डिक्री के बाद भी दोनों पक्षकार आपसी सहमति से वैवाहिक सम्बन्ध को कायम कर सकते हैं या इसे विवाह-विच्छेद में परिवर्तित करा सकते हैं।

लगभग सभी व्यक्तिगत कानूनों में न्यायिक अलगाव की व्यवस्था को स्वीकार किया गया है। किन्तु मुस्लिम कानून में न्यायिक अलगाव जैसी कोई अवधारणा सुनने को नहीं मिलती है। किन्तु यह ऐसी व्यवस्था है, जिसे यदि सभी पर लागू कर दिया जाय तो यह किसी तरह से नुकसान या अन्याय करनेवाला नहीं है, बल्कि उपयोगी व हितकारी ही साबित होगा। दूसरी महत्त्वपूर्ण बात यह है कि न्यायिक अलगाव की व्यवस्था एक वैकल्पिक व्यवस्था की तरह लागू होती है। यह खुला होगा कि न्यायिक अलगाव की व्यवस्था को स्वीकार किया जाय या नहीं किया जाय। कोई भी इसे मानने के लिए बाध्य नहीं होगा। किन्तु यदि कोई इसे स्वीकार करना चाहता है तो उसका हाथ केवल उसके धर्म के कारण बँधा नहीं होगा। इस दृष्टिकोण से न्यायिक अलगाव की व्यवस्था को सर्वमान्य बनाकर धर्म-निरपेक्ष रूप से लागू किया जाना उचित है।

भारत में न्यायिक अलगाव के सम्बन्ध में एक कानूनी कमी यह है कि न्यायिक अलगाव की डिक्री को लागू बने रहने के लिए कोई समय-सीमा का निर्धारण नहीं किया गया है। टर्की सिविल संहिता में यह प्रावधान है कि न्यायिक अलगाव की डिक्री की अवधि एक वर्ष से तीन वर्ष के लिए हो सकती है। यदि इस दौरान दोनों पक्षकार वैवाहिक जीवन को कायम करने के लिए राजी नहीं हो पाते हैं तो निर्धारित अवधि बीतने के साथ न्यायिक अलगाव की डिक्री भी अपने-आप समाप्त हो जाती है। 'भारतीय सिविल संहिता' में न्यायिक अलगाव की डिक्री को लागू बने रहने के लिए एक तार्किक समय-सीमा का निर्धारण किया जाना चाहिए।

5. विवाह-विच्छेद का प्रभाव

विवाह-विच्छेद की डिक्री के बाद दोनों पक्षकारों के मध्य वैवाहिक सम्बन्ध समाप्त हो जाता है। किन्तु इसके कई प्रभाव ऐसे हैं, जो बहुत ही महत्त्वपूर्ण हैं। जैसे यदि विवाह-विच्छेद लेनेवाले दम्पतियों के मध्य कोई बच्चा है, तो इस बच्चे के प्रति दोनों पक्षकारों के क्या-क्या दायित्व होंगे? विवाह-विच्छेद के समय सम्पत्तियों के बँटवारे की प्रक्रिया क्या होगी? दोनों पक्षकारों की सम्पत्तियों में बच्चों का अंश कितना होगा? इत्यादि-इत्यादि।

उपर्युक्त सभी ऐसे महत्त्वपूर्ण सवाल हैं, जिनका निराकरण विवाह-विच्छेद के समय हो जाना चाहिए। इसके लिए 'भारतीय सिविल संहिता' में ऐसा प्रावधान किया जाना चाहिए, जिसके अन्तर्गत सिविल कोर्ट का दायित्व हो कि वह विवाह-विच्छेद की डिक्री पारित करने के साथ उक्त सवालों पर उचित एवं न्यायसंगत व्यवस्था बनाना सुनिश्चित करे।

अध्याय 22
जनकता और धर्मजत्व

'जनकता' माता-पिता का उनके बच्चों के साथ सम्बन्ध को दर्शाता है। इसके दो स्वरूप हैं– एक मातृत्व और दूसरा पितृत्व। 'मातृत्व' माँ का बच्चे के साथ विधिक सम्बन्ध को और 'पितृत्व' पिता का बच्चे के साथ विधिक सम्बन्ध को दर्शाता है। कानूनी रूप से विवाहित दम्पति के संयोग से पैदा होनेवाला व्यक्ति उस दम्पति का 'धर्मज सन्तान' कहलाता है। ये विधिक सम्बन्ध उत्तराधिकार, संरक्षकत्व, भरण-पोषण जैसे मामलों से जुड़े अधिकारों एवं दायित्वों को तय करने के लिए महत्त्वपूर्ण होते हैं।

जनकता और धर्मजत्व के सम्बन्ध में भारत में धर्म-निरपेक्ष कानून– साक्ष्य अधिनियम, 1872 की धारा 112 का प्रावधान लागू होता है। साक्ष्य कानून के अलावा मुस्लिम व्यक्तिगत कानून में भी धर्मजत्व के सम्बन्ध में कुछ व्यवस्था स्वीकार की गयी है। मुस्लिम धर्म के अनुयायियों के मामले में इन दोनों में से कौन कानून लागू होगा, इस विषय पर कानूनी स्थिति स्पष्ट है। डी. एफ. मुल्ला और तैयबजी जैसे इस्लामिक विद्वानों का मत है कि साक्ष्य अधिनियम का प्रावधान मुस्लिम कानून पर प्रभावी होता है। मद्रास हाईकोर्ट ने भी ए. जी. रामचन्द्रन बनाम शमसुन्निसा बीवी के मामले (1977) में निर्णय दिया है कि साक्ष्य कानून के प्रावधान सामान्य कानून हैं और यह मुसलमान सहित सभी व्यक्तियों पर समान रूप से लागू होता है। शरीयत अनुप्रयोग अधिनियम, 1937 के अन्तर्गत मुस्लिम व्यक्तिगत कानून के जिन दस विषय को छूट प्रदान की गयी है, उनमें यह विषय शामिल नहीं है। उक्त कानूनी स्थिति स्पष्ट होने के बावजूद इन दोनों कानूनों में किस कानून का प्रावधान ज्यादा स्पष्ट और तार्किक है, इसको समझने के लिए इनका उल्लेख एवं विश्लेषण करना आवश्यक है। इसके अलावा मुस्लिम कानून में 'अधर्मज सन्तान की अभिस्वीकृति' की अवधारणा को स्वीकार किया गया है। उपयोगिता की दृष्टि से महत्त्वपूर्ण अभिस्वीकृति की विशिष्ट अवधारणा के बारे में साक्ष्य कानून में कोई स्पष्ट प्रावधान नहीं है। इस दृष्टिकोण से भी मुस्लिम कानून के सम्बन्धित व्यवस्थाओं का उल्लेख करना आवश्यक है। मुस्लिम कानून के अन्तर्गत धर्मजत्व के सम्बन्ध में प्रमुख रूप से निम्न तीन नियम लागू होते हैं–

1. विवाह के बाद छह महीने के अन्दर पैदा होनेवाली सन्तान अधर्मज सन्तान होगी, जब तक कि उसके पिता द्वारा इसकी अभिस्वीकृति न कर दी जाय।
2. विवाह के छह महीने बाद पैदा होनेवाली सन्तान धर्मज सन्तान होगी, जब तक कि ख्यात-पिता द्वारा इसको नकारा न जाय।
3. विवाह के विघटन के बाद एक निश्चित अवधि के अन्दर पैदा होनेवाली सन्तान धर्मज सन्तान होती है। मुस्लिम धर्म के अलग-अलग मतों के अनुसार यह अवधि अलग-अलग निर्धारित है। शीआ मत के अनुसार यह अवधि 10 चन्द्र-महीना, हनफी मत के अनुसार 2 चन्द्र वर्ष, शेफई मत के अनुसार 4 चन्द्र-वर्ष निर्धारित है।

धर्मजत्व के सम्बन्ध में साक्ष्य अधिनियम की धारा 112 के अन्तर्गत निम्न दो नियम लागू होते हैं–

1. यदि वैध विवाह के बने रहने के दौरान कोई सन्तान जन्म लेती है तो वह सन्तान धर्मज सन्तान मानी जाती है, जब तक कि यह सिद्ध न हो जाय कि विवाह के दोनों पक्षों के मध्य उस समय कोई शारीरिक सम्बन्ध नहीं स्थापित हुआ था, जब सन्तान की कोख में उत्पत्ति हुई थी।
2. विवाह-विघटन के बाद और माता के अविवाहित रहने के दौरान यदि सन्तान 280 दिनों के अन्दर जन्म लेती है, तो वह बच्चा धर्मज सन्तान माना जाता है, जब तक कि यह सिद्ध न हो जाय कि विवाह के दोनों पक्षों के मध्य उस समय कोई शारीरिक सम्बन्ध नहीं स्थापित हुआ था, जब सन्तान की कोख में उत्पत्ति हुई थी।

साक्ष्य कानून और मुस्लिम कानून की उक्त दोनों व्यवस्थाएँ एक ही विषय के सम्बन्ध में हैं और तभी लागू होते हैं, जब सन्तान के धर्मजत्व को लेकर विवाद पैदा हो। यदि विवाद नहीं है, तो पिता या ख्यात-पिता द्वारा अभिस्वीकृति करने या नकारने की कोई स्थिति ही नहीं बनती है। यद्यपि दोनों व्यवस्थाओं के अन्तिम परिणाम को लेकर कोई मूलभूत अन्तर नहीं पैदा होता है, लेकिन मुस्लिम कानून में तय की गयी समयावधि में कोई एकरूपता और वैज्ञानिक तार्किकता नहीं है। इसके विपरीत साक्ष्य कानून के प्रावधान ज्यादा सन्तुलित, व्यावहारिक और वैज्ञानिक रूप से तार्किक हैं।

अधर्मजत्व की स्थिति में बच्चे की अभिस्वीकृति : मुस्लिम कानून बनाम साक्ष्य कानून

जब किसी सन्तान का वैध विवाह से पैदा होना साबित न हो सके तो मुस्लिम कानून ऐसे सन्तान के पितृत्व को स्वीकार करने का विकल्प देता है, ताकि वह सन्तान पुत्रत्व का स्थान और उत्तराधिकार का आधार पा सके। इस्लामिक विद्वान् अकील अहमद के अनुसार मुस्लिम कानून में अभिस्वीकृति का दो प्रभाव होता है। पहला यह

कि अभिस्वीकृति, किसी सन्तान को वैधता प्रदान करता है और उत्तराधिकार में दावा करने का अधिकार देता है। दूसरा प्रभाव यह होता है कि अभिस्वीकृत किये गये सन्तान की माता को वैध पत्नी की हैसियत और फलस्वरूप उत्तराधिकार में दावा करने का अधिकार प्राप्त हो जाता है।

अभिस्वीकृति के सिद्धान्त का सबसे महत्त्वपूर्ण सकारात्मक पहलू यह है कि यह सिद्धान्त ऐसे सन्तान को पितृत्व प्रदान करता है, जिसका वैध विवाह से उत्पन्न होना सिद्ध नहीं हो पा रहा हो। यह आपवादिक प्रकृति का सिद्धान्त है, जो मात्र मुस्लिम कानून में मान्य है। दूसरे व्यक्तिगत कानूनों में अभिस्वीकृति के सिद्धान्त की मान्यता नहीं है।

समाज में पैदा होनेवाले प्रत्येक व्यवहार पर कानूनी स्थिति स्पष्ट होना उस समाज के व्यापक दृष्टिकोण को दर्शाता है। मुस्लिम कानून में अभिस्वीकृति की अवधारणा इसका एक उदाहरण है। यदि किसी परिस्थिति में कोई विवाह वैध सिद्ध नहीं हो पाता है और शारीरिक सम्बन्ध बनने के कारण सन्तान पैदा हो गया हो, तो पैदा होनेवाले सन्तान की पैतृकता को स्पष्ट करना और उसे धर्मजत्व प्रदान करना किसी राज्य की जिम्मेदारी है। इस दृष्टि से सबसे अच्छी बात यही है कि स्वयं पिता आगे आकर बच्चे का पिता होने की अभिस्वीकृति करे ताकि उस बच्चे को समाज की मुख्यधारा में लाया जा सके। किसी सन्तान की पैतृकता की स्थिति स्पष्ट होने में न केवल उत्तराधिकार का पहलू है, बल्कि इसका सामाजिक पहलू भी है।

अभी हाल ही में वर्ष 2014 में रोहित शेखर का मामला प्रकाश में आया। इस मामले में रोहित शेखर द्वारा पूर्व मुख्यमन्त्री नारायण दत्त तिवारी का पुत्र होने का दावा किया गया था। अभिस्वीकृति का प्रावधान ऐसे मामलों में बहुत ही उपयोगी हो सकता है। यह किसी सन्तान को अधर्मज होने से बचाता है। विवाह किये बिना विकसित हुए आपसी सम्बन्ध (लिव-इन-रिलेशनशिप) के कारण महिलाओं एवं सन्तानों को तमाम तरह की सामाजिक असुरक्षा का भी सामना करना पड़ता है। यदि पिता के समक्ष अभिस्वीकृति करने का विकल्प मौजूद हो तो उत्तरदायित्व को लेकर उत्पन्न होनेवाली बहुत-सारी समस्याओं का समाधान अपने-आप हो जाता है। यद्यपि इससे इनकार नहीं किया जा सकता है कि इस व्यवस्था का दुरुपयोग नहीं होगा, लेकिन इस सम्भावित दुरुपयोग के आधार पर सन्तान के धर्मजत्व को सन्देह के घेरे में नहीं रखा जा सकता है। इसलिए इस तरह की व्यवस्था को कानूनी स्वीकृति मिलनी चाहिए, जिसके अन्तर्गत ऐसे व्यक्ति को, जिसका वैध विवाह से पैदा होना स्पष्ट न हो, उसके पिता द्वारा अभिस्वीकृति किया जा सके। इस सम्बन्ध में प्रक्रिया को भी सरल बनाया जाना चाहिए। यदि पिता द्वारा अभिस्वीकृति नहीं किया जा रहा है तो डी. एन. ए. परीक्षण की प्रक्रिया के सम्बन्ध में प्रभावशाली प्रावधान बनाया जाना चाहिए। इस दृष्टिकोण से साक्ष्य अधिनियम की धारा 112 का प्रावधान अपर्याप्त व अप्रभावशाली है। क्योंकि यह मात्र वैध-विवाह की दशा में धर्मजत्व की अवधारणा को

प्रतिपादित करता है। वैध विवाह सिद्ध न होने पर धर्मजत्व को लेकर साक्ष्य अधिनियम में कानूनी स्थिति स्पष्ट नहीं है। इस दृष्टि से मुस्लिम कानून ज्यादा व्यावहारिक है।

यदि कोई सन्तान है, तो निःसन्देह उसका कोई-न-कोई पिता होगा। किसी विषम परिस्थिति में समाज में सन्तानत्व एवं मातृत्व का तत्त्व तो खुला रहता है, किन्तु दायित्वों से बचने के लिए पितृत्व के तत्त्व को आसानी से छिपा दिया जाता है। इस कारण समाज में सन्तान को शक की निगाह से देखा जाता है। जबकि समाज में अधर्मज की स्थिति पैदा होने के लिए सबसे बड़ा कारण पिता होता है, फिर भी इसके लिए अधर्मज यानी हरामी जैसे अपशब्दों का प्रयोग सन्तान के लिए किया जाता है। समाज और कानून की निगाह में अधर्मजत्व का नकारात्मक प्रभाव माता-पिता की हैसियत पर पड़ना चाहिए न कि किसी सन्तान पर। इस दृष्टि से कानून के प्रावधानों में एक सन्तान के साथ धर्मज या अधर्मज शब्द का प्रयोग करना अनुचित है, जिस पर स्पष्ट शब्दों में रोक लगाया जाना चाहिए।

अधर्मज पिता द्वारा अभिस्वीकृति करने के दायित्व के सम्बन्ध में, अधर्मज पिता द्वारा अभिस्वीकृति न किये जाने पर डी. एन. ए. परीक्षण को प्रभावशाली बनाये जाने के सम्बन्ध में और परीक्षण सफल होने के बाद पिता पर अभिस्वीकृति न करने के लिए 'आर्थिक पेनाल्टी' लगाने और राज्य द्वारा इसे गम्भीर अपराध मानते हुए आपराधिक कार्रवाई चलाये जाने के सम्बन्ध में 'भारतीय सिविल संहिता' में प्रभावशाली प्रावधान बनाया जाना आवश्यक है।

'जनकता और धर्मजत्व' से सम्बन्धित इस अध्याय में निम्न महत्त्वपूर्ण विषय पर प्रावधान बनाये जा सकते हैं –

1. मातृत्व एवं पितृत्व के सामान्य नियम;
2. धर्मजत्व और अधर्मजत्व;
3. अधर्मजत्व का बच्चों के अधिकार पर प्रभाव;
4. अधर्मजत्व की स्थिति में बच्चे की अभिस्वीकृति करने का अधर्मज पिता का दायित्व;
5. डी. एन. ए. परीक्षण, पीड़ित पक्ष के पक्ष में आर्थिक पेनाल्टी एवं आपराधिक कार्रवाई; इत्यादि।

अध्याय 23:

गोद

प्राचीन काल में हिन्दू धर्म में 'गोद' की अवधारणा पुरुषप्रधान सोच की दोष से ग्रस्त था। पुत्र के माध्यम से किसी व्यक्ति की पीढ़ी आगे बढ़ती है, इसलिए एक पुत्र को जन्म

देना पूर्वजों के प्रति ऋण पूरा करने जैसा है, इस तरह की मान्यताओं के कारण हिन्दू धर्म में एक पुत्र होना आवश्यक माना जाता था। मनुस्मृति में तो यह घोषित किया गया है कि एक पुत्र के माध्यम से विश्व को जीता जाता है, एक पौत्र के माध्यम से अमरत्व को प्राप्त किया जाता है और एक परपौत्र के माध्यम से स्वर्ग पहुँचा जाता है। इस तरह हिन्दू धर्म में पुत्र होना आध्यात्मिक लाभ का विषय माना जाता था। यदि किसी दम्पति को मात्र पुत्री ही पैदा हुई है, पुत्र नहीं, तो भी पुत्र प्राप्त करना आवश्यक है। इस आवश्यकता की पूर्ति के लिए गोद के विचार को जन्म दिया गया। इस तरह हिन्दू धर्म में गोद की मूल अवधारणा पुत्र-प्राप्ति तक सीमित थी। इस अवधारणा के अन्तर्गत गोद लेने का अधिकार केवल पुरुषों को प्राप्त था, महिलाओं को नहीं।

सभ्यता और आधुनिकता के विकासक्रम के साथ गोद की अवधारणा में भी परिवर्तन हुआ और पुत्र का स्थान सन्तान ने ले लिया। आज गोद की व्यवस्था न केवल निःसन्तानी लोगों को सन्तान प्राप्त करने का अवसर देता है, बल्कि उन बच्चों को भी सहारा प्रदान करता है, जो बेघर और अनाथ होते हैं।

गोद के सम्बन्ध में भारत में प्रमुख रूप से 'हिन्दू गोद एवं भरण-पोषण अधिनियम, 1956' लागू है। यह कानून हिन्दू, सिक्ख, बौद्ध एवं जैन धर्म के अनुयायियों पर लागू होता है। जबकि इस्लाम, ईसाई एवं पारसी धर्म के व्यक्तिगत कानूनों में गोद के सम्बन्ध में कोई व्यवस्था स्वीकार नहीं की गयी है। इस्लाम, ईसाई एवं पारसी धर्म के अनुयायी 'संरक्षक एवं पाल्य अधिनियम, 1890' के अन्तर्गत 'पाल्य-सन्तान' के लिए न्यायालय की शरण में जा सकते हैं।

उक्त दो कानूनों के अलावा केन्द्र सरकार की महिला और शिशु कल्याण मन्त्रालय द्वारा शासकीय गाइडलाइन– 'बच्चों के गोद को संचालित करने से सम्बन्धित गाइडलाइन्स, 2015' भी जारी किया गया है। यह गाइडलाइन अनाथ एवं त्यज्य बच्चों को गोद लेने के सम्बन्ध में धर्म-निरपेक्ष रूप से लागू होता है।

हिन्दू कानून में पुरुष-प्रधानता के तत्त्व

पहले हिन्दू धर्म में केवल पुत्र को गोद लेने की व्यवस्था प्रचलित थी। पुत्री को गोद लेना मान्य नहीं था। इसी तरह गोद लेने का या गोद देने का अधिकार केवल पुरुषों को दिया गया था, महिलाओं को नहीं। किन्तु हिन्दू गोद एवं भरण-पोषण अधिनियम, 1956 के बाद स्थिति में थोड़ा परिवर्तन आया है। इस कानून के बाद अब किसी लड़की को भी पुत्री के रूप में भी गोद लिया जा सकता है। इस कानून के अन्तर्गत अब कोई महिला भी गोद ले सकती है। किन्तु महिला तभी गोद ले सकती है जब वह अविवाहित हो या तलाकशुदा हो या विधवा हो। विवाहित होने पर महिला को गोद लेने का अधिकार नहीं है। गोद लेने की प्रक्रिया में एक विवाहित महिला केवल अपने पति को सहमति दे सकती है।

जबकि इस कानून में कोई पुरुष, चाहे वह विवाहित हो या अविवाहित या तलाकशुदा या विधुर, को गोद लेने का अधिकार है। किन्तु यदि पुरुष विवाहित है तो वह अपनी पत्नी या पत्नियों की सहमति के बिना गोद नहीं ले सकता और यदि पत्नी की सहमति के बिना गोद लिया गया है, तो ऐसा गोद शून्य माना जायेगा।

इस तरह हिन्दू गोद एवं भरण-पोषण अधिनियम, 1956 के अन्तर्गत गोद लेने के सन्दर्भ में महिलाओं के विवाहित होने को एक अयोग्यता बना दिया गया है। किन्तु यदि हम शब्दों में कुछ सुधार कर लें तो महिला को इस तरह अतार्किक तरीके से अयोग्य बनाने की कोई आवश्यकता ही नहीं होगी। इस कानून में यह रास्ता अपनाया गया है कि एक विवाहित पुरुष अपनी पत्नी की सहमति के बिना किसी सन्तान को गोद नहीं ले सकता है और विवाहित महिला को गोद लेने का अधिकार नहीं है। इस तरह का प्रावधान पुरुषप्रधान प्रवृत्ति का प्रदर्शन करता है। इसी बात को हम दूसरे तरीके से भी स्वीकार कर सकते हैं। यदि हम यह कह दें कि 'कोई भी विवाहित दम्पति आपसी सहमति से गोद ले सकता है' तो परिणाम पर कोई अन्तर नहीं आयेगा। हाँ, पुरुषप्रधानता का तत्त्व अवश्य ही खत्म हो जायेगा।

उक्त प्रावधान के बचाव में यह कहा जा सकता है कि गोद कोई एक व्यक्ति ही ले सकता है। इसलिए विवाहित होने पर पति को पत्नी की सहमति से गोद लेने का अधिकार दिया गया है। यह लिंग-निरपेक्ष स्थिति नहीं है। यद्यपि यह बात कि गोद कोई व्यक्ति ही ले सकता है, उचित नहीं है। फिर भी यदि इसे कुछ समय के लिए मान भी लिया जाय तो ऐसी व्यवस्था क्यों नहीं अपनायी जा सकती है, जिसमें पत्नी को पति की सहमति से गोद लेने का अधिकार प्राप्त हो। पुरुषों की तुलना में महिलाओं को गोद लेने का अधिकार देना ज्यादा स्वाभाविक एवं प्राकृतिक है क्योंकि एक माँ के रूप में पत्नी ही बच्चों के ज्यादा निकट रहती है।

अन्तर्विरोध की इस स्थिति का एक निरपेक्ष रास्ता यह भी निकाला जा सकता है कि पति या पत्नी में से जो भी उम्र में बड़ा हो, उसे अपने जीवनसाथी की सहमति से किसी सन्तान को गोद लेने का अधिकार दिया जाय। और न केवल गोद के ही मामलों में बल्कि सभी वैवाहिक मामलों में इस व्यवस्था को अपनाया जा सकता है। किन्तु यह सब बातें तब हैं जब हम इस सिद्धान्त पर अडिग रहें कि कोई एक व्यक्ति ही गोद ले सकता है, जिसे आधुनिक दौर में स्वीकार करना अनुचित व अव्यावहारिक लगता है।

लगभग सभी कानूनों में पति को पत्नी की तुलना में या पिता को माता की तुलना में ज्यादा महत्त्व दिया गया है। यह पुरुषप्रधान सोच और इसके दोष को कानूनी स्वीकृति देने जैसा है। ऐसी सोच एवं स्वीकृति को समाप्त करना ही होगा। विवाह के बाद पति-पत्नी के अस्तित्व को अलग-अलग समझने के बजाय एक वैवाहिक इकाई के रूप में देखने की जरूरत है और जहाँ भी पारिवारिक मामलों में निर्णय लेने की कानून अपेक्षा रखता है, वहाँ कानून किसी भी रूप में किसी एक की उपेक्षा नहीं कर सकता है और न ही किसी एक को

प्राथमिकता दे सकता है। इसका सर्वमान्य उपाय यही है कि गोद के सम्बन्ध में कोई भी निर्णय पति और पत्नी दोनों संयुक्त रूप से एक-दूसरे की सहमति से लें। 'भारतीय सिविल संहिता' हेतु यह आदर्श स्थिति है कि विवाहित दम्पति को एक 'एकाकी वैवाहिक युग्म' के रूप में किसी भी वैवाहिक मामले में निर्णय लेने का अधिकार हो।

आधुनिक दौर में गोद की अवधारणा का सन्दर्भ बहुत व्यापक हो गया है। एक व्यक्ति या युग्म ही नहीं, एक संस्था, एक ट्रस्ट, एक विन्यास, एक वक्फ या एक कम्पनी अपने सामाजिक दायित्वों के अनुक्रम में किसी बेसहारा या अनाथ बच्चें को गोद ले सकता है। गोद की अवधारणा को केवल इस नजरीये से नहीं देखा जाना चाहिए कि इसके माध्यम से एक व्यक्ति सन्तान प्राप्त करे। बल्कि इसे इस मानवीय नजरीये से भी देखा जाना चाहिए कि गोद के माध्यम से किसी बेसहारा, त्याज्य व अनाथ बच्चे को सहारा और छत मिले। गोद का यह लिंग-निरपेक्ष, धर्म-निरपेक्ष एवं मानवीय पहलू 'भारतीय सिविल संहिता' के सन्दर्भ में महत्त्वपूर्ण होगा।

हिन्दू गोद एवं भरण-पोषण अधिनियम, 1956' की धारा 9 के अन्तर्गत किसी सन्तान को गोद देने का अधिकार केवल पिता को प्रदान किया गया है, माता को नहीं। यद्यपि पिता सन्तान की माता की सहमति के बिना गोद नहीं दे सकता है। लेकिन यह भी पुरुषप्रधान सोच को कानूनी स्वीकृति प्रदान करने जैसा है। इस स्थिति से बचा जा सकता है। गोद देने के सन्दर्भ में भी 'एकाकी वैवाहिक युग्म' के रूप में दम्पति को अधिकार दिया जाना चाहिए। इस व्यवस्था को अपनाने में न ही किसी तरह की पुरुषप्रधानता का तत्त्व होगा और न किसी तरह की व्यावहारिक समस्या ही आयेगी।

हिन्दू गोद एवं भरण-पोषण अधिनियम, 1956 की धारा 11 (क) के अन्तर्गत एक निर्बन्धन यह लगाया गया है कि यदि गोद लेनेवाले व्यक्ति के पास पुत्र या पौत्र या प्रपौत्र है, तो वह किसी लड़के को गोद नहीं ले सकता है। यहाँ तक कि यदि कोई दत्तक पुत्र या दत्तक पौत्र या दत्तक प्रपौत्र है, तो भी वह किसी दूसरे लड़के को गोद नहीं ले सकता है। इसी तरह धारा 11 (ख) के अन्तर्गत यह भी निर्बन्धन लगाया गया है कि यदि गोद लेनेवाले व्यक्ति के पास पुत्री या पुत्र की पुत्री है, तो वह किसी लड़की को गोद नहीं ले सकता है। यहाँ तक कि यदि कोई दत्तक पुत्री या पुत्र की दत्तक पुत्री है, तो भी वह किसी दूसरी लड़की को गोद नहीं ले सकता है। आधुनिक काल में इस तरह का निर्बन्धन अनावश्यक और समाज-सुधार-प्रक्रिया में अवरोधक है।

यह निर्बन्धन कि इच्छा होने के बावजूद एक व्यक्ति पुत्र के रहते दूसरे लड़के को गोद नहीं ले सकता या एक पुत्री के रहते दूसरी लड़की को गोद नहीं ले सकता, अनावश्यक-सा दिखता है। सिवाय यह कहने के कि एक पुत्र के रहते दत्तक पुत्र के साथ समानता का व्यवहार असम्भव है या एक पुत्री के रहते दत्तक पुत्री के साथ समानता का व्यवहार असम्भव है, और कोई दूसरा सन्तोषजनक उत्तर देना मुश्किल है। असमान व्यवहार की

इस आशंका को दूर करने के लिए कानून में यह व्यवस्था बनायी जा सकती है कि गोद लिये जानेवाले बच्चे के साथ भी पहलेवाले बच्चों की तरह समान व्यवहार करना होगा और सभी को, चाहे दत्तक हो या प्राकृतिक, पुत्र हो या पुत्री, एक हो या कई, सबको समान अधिकार प्राप्त होगा। लेकिन किसी कपोलकल्पित सम्भावना के आधार पर गोद लेने पर ही रोक लगा देना उचित नहीं है। जो व्यक्ति गोद लेगा, वह स्थिति का आकलन करके ही गोद लेगा। इसलिए यदि कोई गोद लेना चाहता है और समानता का व्यवहार करने की शर्त को पूरा करने के लिए तैयार है, तो कोई तार्किक कारण नहीं है कि गोद लेने से इस आधार पर रोक लगायी जाय कि उसके पास पहले से ही पुत्र या पुत्री या दत्तक पुत्र या दत्तक पुत्री है।

धारा 11 (क) के अन्तर्गत लगाये गये उक्त निर्बन्धन को बाम्बे हाईकोर्ट के समक्ष सन्ध्या सुप्रिया कुलकर्णी के मामले (1998) में चुनौती दी गयी थी। बाम्बे हाईकोर्ट ने यद्यपि हस्तक्षेप करने से मना कर दिया था किन्तु अपने निर्णय में बाम्बे हाईकोर्ट ने संसद् को सलाह दी है कि वह इस विषय पर पुनर्विचार करे। 1998 के बाद से यह विषय ज्यों-का-त्यों बना हुआ है।

हिन्दू गोद एवं भरण-पोषण अधिनियम, 1956 में दो और कमियाँ हैं। पहला यह कि गोद को वैध होने के लिए इसका पंजीकरण होना बाध्यकारी नहीं है और दूसरा यह कि इस कानून में गोद लिये जानेवाले बच्चे की अधिकतम आयु के सम्बन्ध में प्रावधान तो है, किन्तु न्यूनतम आयु के सम्बन्ध में कोई प्रावधान नहीं है। इस अधिनियम की धारा 10 के अन्तर्गत उसी व्यक्ति को गोद लिया जा सकता है, जिसने 15 वर्ष का उम्र पूरा नहीं किया है। इसका अर्थ है कि माँ की कोख से जन्म लेते ही बच्चे का गोद लिया जा सकता है। ऐसा अकसर देखने को भी मिलता है कि बच्चे ने जन्म लिया और जन्म लेते ही उसे गोद के कारण अपनी प्राकृतिक माँ की छाती से अलग कर दिया जाता है। यह उस दुधमुँहे बच्चे के साथ अन्याय ही नहीं है, बल्कि उसके खिलाफ अपराध भी है। गोद के सम्बन्ध में प्रावधान बनाते समय इन दोनों बिन्दुओं पर ध्यान देना होगा।

मुस्लिम कानून में गोद की व्यवस्था को स्वीकार नहीं किया गया है। कुछ मुस्लिम व्याख्याकारों का तर्क है कि किसी बच्चे के असली माँ-बाप की पहचान को छिपाना अनुचित है। जबकि सुधारवादी दृष्टिकोण रखनेवाले मुस्लिम अनुयायी ऐसे किसी तर्क से सहमत नहीं हैं। आखिर गोद प्रक्रिया असली माँ-बाप की सहमति से ही होती है और यदि बच्चा अनाथ है तो गोद लेने से बड़ा पुण्य का काम शायद ही कुछ हो। एक टी.वी. कार्यक्रम 'फतह का फतवा' में चर्चा के दौरान अम्बर जैदी, शबनम खान, आसिफ इकबाल-जैसे कई सुधारवादी मुस्लिम अनुयायियों द्वारा मुस्लिम धर्म में भी गोद-व्यवस्था को अपनाये जाने की वकालत की गयी है। बिहार अल्पसंख्यक आयोग के अध्यक्ष मो. शमशाद आलम भी मुस्लिम धर्म में गोद-व्यवस्था शुरू करने के हिमायती हैं। कार्यक्रम के

संचालक मि. तारिक फतह साहब ने बाँग्लादेश के लाखों यतीम बच्चों का मुद्दा उठाते हुए मुस्लिम कानून की उस व्यवस्था पर सवाल किया, जो इन यतीम बच्चों को गोद लेने से रोकती है।

शरीयत में भले ही गोद का उल्लेख न हो, किन्तु मानवीय कार्यों को करने की कोई पाबन्दी भी नहीं है। टर्की-जैसे मुस्लिम देश ने गोद की व्यवस्था को स्वीकार किया है। टर्की सिविल संहिता के अनुच्छेद 305-320 में गोद से सम्बन्धित विस्तृत प्रावधान है। इसलिए यदि संहिता में गोद के सम्बन्ध में प्रावधान शामिल कर लिये जाते हैं, तो मात्र प्रावधान बना देने का मतलब यह नहीं हो जायेगा कि उन सभी व्यक्तियों को, जिनके पास कोई सन्तान नहीं है, गोद लेने के लिए बाध्य होना पड़ेगा। किन्तु यह भी नहीं होगा कि यदि कोई व्यक्ति गोद लेना चाहता है, तो वह मात्र इसलिए गोद लेने से वंचित होगा क्योंकि उसका धर्म या व्यक्तिगत कानून उसे ऐसा करने से रोकता है। यह ऐसी व्यवस्था है, जिसे यदि धर्म-निरपेक्ष रूप से सभी पर लागू कर दिया जाय तो किसी तरह से नुकसानदायक नहीं होनेवाला है। बल्कि ऐसा नहीं लागू किये जाने के कारण नुकसान ज्यादा होगा। इसको दृष्टिगत रखते हुए गोद की व्यवस्था को सर्वमान्य बनाकर धर्म-निरपेक्ष रूप से लागू किया जाना उचित है।

वर्ष 1972 में भारत के सभी नागरिकों के लिए गोद के सम्बन्ध में एकरूप और धर्म-निरपेक्ष कानून बनाने का प्रयास किया गया था। संसद् के पटल पर 'सन्तान दत्तक विधेयक, 1972' प्रस्तुत किया गया था। लेकिन छह वर्ष बाद वर्ष 1978 में इस विधेयक को वापस ले लिया गया और इस तरह यह विधेयक पारित नहीं हो सका।

सुप्रीम कोर्ट द्वारा लक्ष्मीकान्त पाण्डेय मामले (1987) और स्टेफनी जॉन बेकर मामले (2013) में दिये गये निर्णय के अनुपालन में केन्द्र सरकार की महिला और शिशु कल्याण मन्त्रालय द्वारा एक विस्तृत शासकीय गाइडलाइन- 'बच्चों के गोद को संचालित करने से सम्बन्धित गाइडलाइन्स, 2015' जारी की गयी है। अनाथ एवं त्याज्य बच्चों को गोद लेने के सम्बन्ध में जारी यह गाइडलाइन धर्म-निरपेक्ष रूप से लागू होता है। इसके माध्यम से गोद से सम्बन्धित तमाम कमियों को दूर करने का प्रयास किया गया है। किन्तु इस गाइडलाइन में किसी संस्था, ट्रस्ट, विन्यास, वक्फ या कम्पनी द्वारा अपने सामाजिक दायित्वों के अनुक्रम में बेसहारा, त्याज्य या अनाथ बच्चों को गोद लेने की अवधारणावाले प्रावधान का अभाव है। दूसरी महत्त्वपूर्ण बात यह है कि यद्यपि उक्त गाइडलाइन, 'किशोर न्याय अधिनियम, 2000' की धारा 41 (3) द्वारा प्रदत्त शक्ति का प्रयोग करके जारी किया गया है, किन्तु यह गाइडलाइन संसद् द्वारा पारित कानून- हिन्दू गोद एवं भरण-पोषण अधिनियम, 1956 पर प्रभावी नहीं हो सकता है। इसलिए यह आवश्यक है कि इस धर्म-निरपेक्ष गाइडलाइन के मूलभूत तत्त्वों को शामिल करते हुए गोद की अवधारणा को व्यापक, मानवीय, लिंग-

निरपेक्ष और धर्म-निरपेक्ष व्यवहार बनाकर 'भारतीय सिविल संहिता' में स्थान दिया जाय।

अध्याय 24
अवयस्कता और संरक्षकत्व

एक अवयस्क व्यक्ति को शारीरिक एवं मानसिक रूप से अपूर्ण व अपरिपक्व माना जाता है। कानून की निगाह में उसे ऐसा कार्य करने की क्षमता रखनेवाला व्यक्ति नहीं माना जाता, जो विधिक प्रभाव रखे। इसलिए ऐसे किसी अवयस्क के शरीर और सम्पत्ति की सुरक्षा का ध्यान रखने की जिम्मेदारी उसके संरक्षक पर होती है।

अवयस्क एवं उसके संरक्षकत्व के सम्बन्ध में भारत में प्रमुख रूप से तीन कानून लागू हैं। एक 'संरक्षक एवं पाल्य अधिनियम, 1890'; दूसरा 'हिन्दू अवयस्क एवं संरक्षण अधिनियम, 1956' और तीसरा 'मुस्लिम कानून'। हिन्दू, सिक्ख, बौद्ध, जैन धर्म के अनुयायी हिन्दू अवयस्क एवं संरक्षण अधिनियम के प्रावधान से और इस्लाम धर्म के अनुयायी मुस्लिम कानून से संचालित होते हैं। जबकि संरक्षक एवं पाल्य अधिनियम एक सामान्य कानून है और न्यायालयों के माध्यम से किसी अवयस्क की शरीर और सम्पत्ति हेतु संरक्षक की नियुक्ति के सम्बन्ध में प्रक्रिया निर्धारित करता है। संरक्षक एवं पाल्य अधिनियम, 1890 का यह प्रावधान सभी धर्म को माननेवाले लोगों पर एक समान रूप से लागू होता है। 'भारतीय सिविल संहिता' के सन्दर्भ में विचार करने का विषय यह है कि उपर्युक्त दोनों व्यक्तिगत कानूनों के मध्य किन-किन बिन्दुओं को लेकर असंगति है और इन असंगतियों को दूर करने के क्या उपाय हैं?

मुस्लिम कानून के अन्तर्गत तीन तरह के संरक्षकत्व की अवधारणा को स्वीकार किया गया है। एक अवयस्क की शरीर के लिए संरक्षक, दूसरा अवयस्क की सम्पत्ति के लिए संरक्षक और तीसरा अवयस्क की विवाह के लिए संरक्षक। अवयस्क की सम्पत्ति के लिए तीन तरह के संरक्षक- 'डी ज्यूरे या कानूनी संरक्षक', 'न्यायालय द्वारा नियुक्त संरक्षक' और डी फैक्टो या वस्तुतः संरक्षक' के नियुक्ति की व्यवस्था है।

मुस्लिम कानून में विवाह हेतु संरक्षक के लिए पहली वरीयता पिता को दी गयी है। पिता की अनुपस्थिति में वरीयतानुसार क्रमशः दादा, भाई, माता, ममेरा रिश्तेदार, काजी या न्यायालय द्वारा नियुक्त कोई व्यक्ति संरक्षक हो सकेगा। शरीर के लिए संरक्षकत्व बच्चे की उम्र के अनुसार तय होती है। शैशव-काल में एक निश्चित उम्र तक बच्चे की संरक्षक उसकी माँ होती है। यदि अवयस्क शिशु लड़का है तो यह उम्र सात वर्ष (किन्तु शीआ कानून में दो वर्ष) और यदि अवयस्क शिशु लड़की है तो यह उम्र वयस्कता

प्राप्त करने तक (किन्तु शीआ कानून में सात वर्ष) निर्धारित है। इस उम्र के दौरान एक संरक्षक के रूप में माता की हैसियत मात्र 'वस्तुतः संरक्षक' की रहती है। उसे कानूनी संरक्षक की हैसियत नहीं प्राप्त होती है और इस कारण वह अवयस्क की सम्पत्ति का किसी भी उद्देश्य के लिए अन्तरण नहीं कर सकती है। माता के न होने पर नानी, दादी, सगी बहन इत्यादि अवयस्क की 'वस्तुतः संरक्षक' हो सकेंगी। इस निर्धारित उम्र के बाद पिता अपने-आप संरक्षक हो जाता है। यदि पिता जीवित नहीं है तो क्रमशः दादा, सगा भाई इत्यादि संरक्षक हो सकेंगे।

अवयस्क के पास सम्पत्ति होने की स्थिति में मुस्लिम कानून के अन्तर्गत इस सम्पत्ति की देख-रेख के लिए अवयस्क का प्राकृतिक संरक्षक अवयस्क का कानूनी संरक्षक होगा। प्राकृतिक संरक्षक के रूप में पिता; यदि पिता जीवित नहीं हैं, तो उसके वसीयत द्वारा नियुक्त निष्पादक; यदि ऐसा वसीयत नहीं है तो अवयस्क का दादा या दादा के वसीयत द्वारा नियुक्त निष्पादक कानूनी संरक्षक होंगे। ऐसे किसी प्राकृतिक संरक्षक के जीवित न होने पर अवयस्क के सम्पत्ति की सुरक्षा एवं देखभाल के लिए संरक्षक की नियुक्ति करने का दायित्व न्यायालय पर होता है। यदि न्यायालय द्वारा कोई संरक्षक नियुक्त नहीं किया जा सका है तो जो भी व्यक्ति अवयस्क के शरीर और सम्पत्ति की देख-भाल कर रहा होता है, वह सम्पत्ति का वस्तुतः संरक्षक बना रहेगा। किन्तु उसे अवयस्क की सम्पत्ति का किसी भी उद्देश्य के लिए अन्तरण करने का तब तक अधिकार नहीं होगा, जब तक कि ऐसा व्यक्ति पिता की वसीयत द्वारा या न्यायालय द्वारा सम्पत्ति के संरक्षक के रूप में नियुक्त न किया गया हो।

मुस्लिम कानून की तुलना में हिन्दू कानून में 'माता' को संरक्षकत्व के मामले में थोड़ा ज्यादा महत्त्व दिया गया है। हिन्दू अवयस्क एवं संरक्षण अधिनियम, 1956 के अन्तर्गत पिता के जीवित न होने पर अवयस्क की माता को प्राकृतिक संरक्षक के रूप में मान्यता दी गयी है। धारा 6 के अनुसार पुत्र और अविवाहित पुत्री का प्राकृतिक संरक्षक पिता होगा और उसके जीवित न रहने पर माता प्राकृतिक संरक्षक होगी। यदि अवयस्क की उम्र पाँच वर्ष से ऊपर नहीं है, तो वे सामान्यतया माता के संरक्षण में रहेंगे। किन्तु अधर्मज पुत्र और अधर्मज अविवाहित पुत्री की प्राकृतिक संरक्षक माता होती है। पाँच वर्ष की उम्र के बाद अवयस्क का संरक्षक पिता होगा और विवाहित अवयस्क पत्नी का संरक्षक उसका पति होगा।

हिन्दू कानून में कोई भी पिता वसीयत के माध्यम से संरक्षक की नियुक्ति कर सकता है। लेकिन यदि माता जीवित है और पिता की वसीयत में किसी दूसरे व्यक्ति को संरक्षक नियुक्त किया गया है तो माता ही प्राकृतिक संरक्षक मानी जायेगी और यदि माता वसीयत के माध्यम से संरक्षक की नियुक्ति किये बिना मर जाती है, तो पिता का वसीयत प्रभावी हो जायेगा। किन्तु यदि माता द्वारा अवयस्क के संरक्षक की नियुक्ति की जाती है तो पिता द्वारा इस सम्बन्ध में की गयी वसीयत अप्रभावी बनी रहेगी।

संरक्षकत्व : हिन्दू कानून बनाम मुस्लिम कानून

हिन्दू कानून और मुस्लिम कानून दोनों के अन्तर्गत न्यायालय द्वारा संरक्षक की नियुक्ति को मान्यता दी गयी है और इस सम्बन्ध में संरक्षक एवं पाल्य अधिनियम, 1890 के प्रावधानों को स्वीकार करते हैं। दोनों कानून वसीयत के माध्यम से प्राकृतिक संरक्षक द्वारा संरक्षक की नियुक्ति को भी मान्यता देते हैं।

किन्तु संरक्षकत्व के सम्बन्ध में मुस्लिम कानून और हिन्दू कानून के प्रावधानों में असंगति के निम्न तीन बिन्दु निकलकर आते हैं–

1. मुस्लिम कानून में माता को प्राकृतिक संरक्षक के रूप में मान्यता नहीं दी गयी है, जबकि हिन्दू कानून में पिता के बाद माता को अवयस्क का प्राकृतिक संरक्षक माना गया है।
2. मुस्लिम कानून में 'विवाह के लिए संरक्षक' की अलग अवधारणा को मान्यता दी गयी है, जबकि हिन्दू कानून में ऐसी किसी अवधारणा को मान्य नहीं किया गया है।
3. मुस्लिम कानून में माँ की संरक्षकत्व के लिए बच्चों की शैशवावस्था की उम्र को लेकर पुत्र एवं पुत्री में अन्तर किया गया है, जबकि हिन्दू कानून में पुत्र एवं पुत्री की उम्र समान है।

मुस्लिम कानून में अवयस्क के विवाह के लिए संरक्षक की अवधारणा को समझने के लिए वयस्कता की उम्र को जानना आवश्यक है। भारतीय वयस्कता अधिनियम, 1875 (वयस्कता कानून) के अन्तर्गत वयस्कता की उम्र 18 वर्ष निर्धारित है। किन्तु वयस्कता की उम्र से सम्बन्धित यह प्रावधान चार मामलों– विवाह, डॉवर यानी मेहर, विवाह-विच्छेद एवं गोद को प्रभावित नहीं करता है। इस अपवाद के कारण विवाह के लिए वयस्कता की उम्र वही लागू होती है, जो व्यक्तिगत कानूनों में स्वीकार की गयी है। मुस्लिम कानून में भी प्रचलित विवाह हेतु वयस्कता की उम्र वयस्कता कानून से प्रभावित नहीं होती है। मुस्लिम कानून के अनुसार विवाह हेतु वयस्कता की आयु 15 वर्ष है। इस तरह मुस्लिम कानून के अन्तर्गत 15–18 वर्ष की आयु में विवाह मान्य होने के कारण अवयस्क के विवाह के लिए संरक्षक की नियुक्ति की अवधारणा प्रचलित है। अब जबकि बाल विवाह निषेध अधिनियम, 2006 के प्रावधान सभी धर्मों पर लागू हैं और भारत की भौगोलिक परिस्थिति को दृष्टिगत रखते हुए भारतीय सिविल संहिता में विवाह के लिए वयस्कता की आयु 18 वर्ष स्वीकार की गयी है, इसलिए विवाह के लिए संरक्षक की नियुक्ति की अवधारणा का कोई महत्त्व नहीं रह जाता है।

यद्यपि विवाह के लिए पक्षकारों का वयस्क होना आवश्यक है, फिर भी हिन्दू अवयस्क एवं संरक्षण अधिनियम, 1956 की धारा 6 के प्रावधान में विवाहित अवयस्क पत्नी की स्थिति को स्वीकार करते हुए इसका संरक्षक उसके पति को बताया गया है। ऐसे

प्रावधान से यह सन्देश जा रहा है कि अवयस्क कन्या का विवाह हो सकता है। कानूनों के मध्य ऐसी असंगति अतार्किक व अस्वीकरणीय है। इसको दृष्टिगत रखने के बाद हिन्दू कानून में स्वीकार की गयी यह व्यवस्था कि किसी विवाहित अवयस्क पत्नी का संरक्षक उसका पति होगा, का कोई औचित्य नहीं रह जाता है।

संरक्षक के सन्दर्भ में हिन्दू कानून और मुस्लिम कानून में दूसरी महत्त्वपूर्ण असंगति एक अवयस्क के संरक्षक के रूप में माता की स्थिति को लेकर है। अन्तर केवल कुछ कम या ज्यादा का है, किन्तु दोनों ही व्यक्तिगत कानून इस मामले में अनावश्यक रूप से पुरुषप्रधान सोच से प्रभावित हैं। 'भारतीय सिविल संहिता' में स्वीकृत पति और पत्नी की 'एकाकी वैवाहिक युग्म' के सिद्धान्त, जिसकी चर्चा हम गोदवाले अध्याय में कर चुके हैं, को संरक्षक के मामले में भी यदि हम स्वीकार कर लें, तो इस सम्बन्ध में कोई समस्या नहीं रह जायेगी।

शैशवावस्था में एक निश्चित उम्र तक माँ को संरक्षक मानने की अवधारणा दोनों धर्मों के कानून यानी मुस्लिम कानून एवं हिन्दू कानून ने कुछ अन्तर के साथ स्वीकार किया है। मुस्लिम कानून ने पुत्र एवं पुत्री की उम्र क्रमशः सात वर्ष और वयस्कता तक निर्धारित किया है और हिन्दू कानून में दोनों के लिए पाँच वर्ष निर्धारित किया गया है। यदि माता और पिता दोनों जीवित हैं और कोई वैवाहिक विवाद नहीं है तो सिवाय इसके कि माँ होने के नाते एक महिला अपनी सन्तान को स्तनपान कराती है, और कोई अन्तर नहीं रहता है। यह अवधारणा कि कुछ उम्र तक माता ही संरक्षक होगी और उसके बाद पिता संरक्षक होगा, अनावश्यक प्रतीत होता है। 'एकाकी वैवाहिक युग्म' के सिद्धान्त के अन्तर्गत माता एवं पिता दोनों को संरक्षक की भूमिका का निर्वहन सामूहिक रूप से करने का दायित्व मिलना चाहिए। व्यवहार में भी ऐसा ही होता है। किन्तु कानूनों में ऐसी नीति को स्वीकार करने के पीछे केवल एक ही कारण जो नजर आता है– वह है पुरुषप्रधान सोच। इस सोच को एक सिरे से खारिज करके लिंग-निरपेक्ष नीति अपनाना उचित है। हाँ, यदि माता और पिता अलग-अलग रह रहे हैं और उनके मध्य सन्तान के संरक्षकत्व को लेकर कोई विवाद है, तो ऐसी स्थिति में अवयस्क के कल्याण को ध्यान में रखकर उसके संरक्षक की नियुक्ति करने के सम्बन्ध में निर्णय न्यायालय द्वारा लिये जाने की व्यवस्था अपनाया जाना उचित है।

संरक्षक की नियुक्ति के लिए हम एक तार्किक, लिंग-निरपेक्ष एवं साम्यता पर आधारित निम्न व्यवस्था को स्वीकार कर सकते हैं–

1. विवाह में विवाद न होने पर एक अवयस्क का पहला संरक्षक माता और पिता का 'एकाकी वैवाहिक युग्म' होगा।
2. माता एवं पिता में से किसी एक की मृत्यु हो जाने पर दूसरा व्यक्ति प्राकृतिक संरक्षक के रूप में बना रहेगा, जब तक कि वह दूसरा विवाह न कर ले।

3. यदि माता और पिता दोनों की मृत्यु हो जाती है और बाद में मरनेवाले व्यक्ति ने वसीयत के माध्यम से किसी संरक्षक की नियुक्ति की है तो ऐसे वसीयत के माध्यम से नियुक्त व्यक्ति संरक्षक माना जायेगा। किन्तु ऐसे संरक्षक को अवयस्क की सम्पत्ति का अन्तरण करने के मामले में सीमित अधिकार होंगे।
4. यदि माता-पिता में से किसी एक की मृत्यु हो जाती है और दूसरा व्यक्ति भी अपना पुनर्विवाह कर लेता है या यदि माता-पिता दोनों की मृत्यु संरक्षक की नियुक्ति के लिए वसीयत किये बिना हो जाती है, तो संरक्षण का दायित्व उस व्यक्ति पर होगा, जिसकी नियुक्ति दादा-दादी और नाना-नानी द्वारा संयुक्त रूप से की गयी हो।
5. दादा-दादी या नाना-नानी में से किसी एक पक्ष के दोनों व्यक्ति के जीवित न होने पर या माता-पिता के अलगाव होने के कारण संरक्षकत्व को लेकर विवाद पैदा हो जाने पर न्यायालय द्वारा 'संरक्षक एवं पाल्य अधिनियम, 1890' के अन्तर्गत संरक्षक की नियुक्ति की जायेगी।

अध्याय 25
भरण-पोषण

'भरण-पोषण' की अवधारणा का सामान्यतः तीन सन्दर्भों में प्रयोग किया जाता है –

1. माँ-बाप द्वारा अपने सन्तान का भरण-पोषण;
2. सन्तान द्वारा अपने वृद्ध माँ-बाप का भरण-पोषण; और
3. पूर्व पति द्वारा तलाकशुदा पत्नी का भरण-पोषण।

प्रथम दो विषय यानी माँ-बाप द्वारा अपने अबोध सन्तान का और सन्तान द्वारा अपने वृद्ध माँ-बाप का अपनी क्षमतानुसार भरण-पोषण करने के दायित्व के सम्बन्ध में व्यक्तिगत कानूनों के मध्य किसी तरह का कोई सैद्धान्तिक मतभेद नहीं है।

भरण-पोषण के सम्बन्ध में विवाद का विषय और इस कारण इस अध्याय के लिए चर्चा का विषय पूर्व-पति द्वारा अक्षम तलाकशुदा पत्नी का भरण-पोषण करने का दायित्व है। अक्षम तलाकशुदा पत्नी के भरण-पोषण के सम्बन्ध में दो कानून लागू हैं। पहला 'आपराधिक प्रक्रिया संहिता (सी.आर.पी.सी.) की धारा 125 का प्रावधान' और दूसरा 'मुस्लिम महिला (तलाक उपरान्त अधिकार का संरक्षण) अधिनियम, 1986' का प्रावधान। पहला कानून एक धर्म-निरपेक्ष कानून है, जो समान रूप से सभी धर्म के अनुयायियों पर लागू होता है। जबकि शाहबानो मामले में निर्णय आने के बाद अस्तित्व में आया दूसरा कानून मुस्लिम धर्म के अनुयायियों पर लागू होता है।

अक्षम तलाकशुदा महिलाओं की भरण-पोषण करने के प्रति पूर्व-पति के दायित्व के सम्बन्ध में आपराधिक प्रक्रिया संहिता की धारा 125 का प्रावधान धर्म-निरपेक्ष रूप से

सभी धर्मों को माननेवाले भारतीयों पर लागू होता है। किन्तु इस कानून को मुस्लिम धर्म के एक वर्ग द्वारा स्वीकार नहीं किया जाता था। इसके पीछे इनका तर्क है कि मुस्लिम कानून के अन्तर्गत विवाह (निकाह) एक संविदा है और इसके लिए मेहर पहले से ही तय हो जाता है। इस कारण पति द्वारा तलाकोपरान्त इद्दत की अवधि तक मेहर का भुगतान कर देने के बाद उसका तलाकशुदा पत्नी का भरण-पोषण करने का दायित्व समाप्त हो जाता है। चूँकि मुस्लिम धर्म में विवाह और विवाह-विच्छेद (खासतौर से तीन तलाक) के विषय व्यक्तिगत कानून से संचालित होते रहे हैं, इसलिए मुस्लिम-पति इसकी आड़ में धारा 125 में उल्लिखित भरण-पोषण के दायित्व से स्वयं को अलग कर लेने में सफल हो जाते थे।

मुस्लिम कानून के अन्तर्गत विवाह के सम्बन्ध में दावा किये जानेवाले 'संविदा' एवं 'मेहर' की अवधारणा के सकारात्मक पहलू भी हैं। अन्य संविदाओं की तरह वैवाहिक-संविदा को भी लिखित एवं रजिस्टर्ड होना आवश्यक बनाया जा सकता है। ऐसी लिखित वैवाहिक-संविदा में मेहर के व्यापक स्वरूप को स्वीकार कर इसमें यह प्रावधान बनाया जा सकता है कि दाम्पत्य-अवधि के दौरान अर्जित की गयी सम्पत्ति में पति और पत्नी दोनों का समान अधिकार होगा। ऐसे अधिकार को टर्की जैसे दूसरे मुस्लिम देशों में भी स्वीकार किया गया है। इस संविदा के माध्यम से महिला को पुत्री के रूप में माँ-बाप की सम्पत्ति में पुत्रों के समान उत्तराधिकार में मिलनेवाले अंश को भी सुरक्षित किया जा सकता है। यदि हम महिलाओं के इन दोनों अधिकारों को सुरक्षित कर लेते हैं, तो शायद तलाकशुदा पत्नी के सन्दर्भ में भरण-पोषण की कोई आवश्यकता नहीं रह जायेगी। इस दृष्टि से मुस्लिम कानून की यह अवधारणा कि विवाह एक संविदा है और विवाह के समय ही मेहर की राशि एवं सम्पत्ति से सम्बन्धित सभी शर्तें तय कर ली जाती हैं, को व्यापक स्वरूप में स्वीकार कर इसे धर्म-निरपेक्ष स्वरूप प्रदान किया जा सकता है। इस विषय पर विस्तार से चर्चा पिछले अध्याय 'संयुक्त दाम्पत्य सम्पत्ति' में की गयी है। यहाँ पर इतना ही कहना उचित होगा कि जब तक महिलाओं को प्रत्येक स्तर पर सम्पत्ति में बराबरी का अधिकार नहीं दे दिया जाता है, तलाकशुदा महिलाओं के भरण-पोषण पाने के अधिकार को नकारना किसी समाज की निम्नतम वैचारिक स्थिति कहा जा सकता है।

संविधान लागू होने के बाद 1985 तक मुस्लिम तलाकशुदा महिलाओं के भरण-पोषण के सम्बन्ध में कानूनी अस्पष्टता का बना रहना दुर्भाग्यपूर्ण और किसी लोकतान्त्रिक देश के लिए शर्मसार होनेवाली बात है। यह शाहबानो बेगम नामक महिला थी, जिसने इस समाज की जड़ता को तोड़ते हुए कोर्ट का दरवाजा खटखटाया; मुस्लिम पुरुषों द्वारा तीन तलाक के अधिकार का किये जा रहे दुरुपयोग की तरफ इस देश का ध्यान आकृष्ट कराया और मुस्लिम तलाकशुदा महिलाओं द्वारा अपने पूर्व-पति से उसी तरह भरण-पोषण पाने के अधिकार पर न्यायालयीय मुहर लगवाने में सफलता प्राप्त की, जिस तरह दूसरे धर्म की

तलाकशुदा महिलाओं को धारा 125 के अन्तर्गत प्राप्त होता है। शाहबानो मामले में सुप्रीम कोर्ट ने अपने निर्णय में अभिनिर्धारित किया था–

> "मुल्ला का मोहम्मडन लॉ" और 'तैयब जी का मुस्लिम कानून' पुस्तकों में लिखे गये कथन इस अवधारणा को सिद्ध करने के लिए अपर्याप्त हैं कि मुस्लिम पति अपनी तलाकशुदा पत्नी, जो अपना भरण-पोषण करने में अक्षम है, का भरण-पोषण करने के दायित्वाधीन नहीं है। धारा 125 उन मामलों पर लागू होती है, जब पर्याप्त स्रोत रखनेवाले एक व्यक्ति द्वारा उन अक्षम लोगों, जिसमें पत्नी भी शामिल है, का भरण-पोषण करने की उपेक्षा की जाती है या भरण-पोषण करने से मना किया जाता है। चूँकि मुस्लिम व्यक्तिगत कानून, जो पति की अपने तलाकशुदा पत्नी का भरण-पोषण करने के दायित्व को इद्दत की अवधि तक सीमित करता है, धारा 125 में उल्लिखित परिस्थितियों का विचार नहीं करता है। अतः यह नहीं कहा जा सकता है कि अपने व्यक्तिगत कानून के अन्तर्गत मुस्लिम पति इद्दत अवधि के बाद अपनी अक्षम तलाकशुदा पत्नी का भरण-पोषण करने के दायित्वाधीन नहीं है। सही स्थिति यह है कि यदि तलाकशुदा पत्नी स्वयं की भरण-पोषण करने में सक्षम है तो उसका भरण-पोषण करने का पति का दायित्व इद्दत की अवधि बीतने के साथ ही समाप्त हो जाती है। यदि वह खुद का भरण-पोषण करने में अक्षम है, तो वह धारा 125 के रास्ते को अपनाने की अधिकारिणी है। इसलिए यह नहीं कहा जा सकता है कि अक्षम तलाकशुदा पत्नी का भरण-पोषण करने की मुस्लिम पति के दायित्व को लेकर धारा 125 के प्रावधान और मुस्लिम व्यक्तिगत कानून के मध्य कोई अन्तर्विरोध है।"

मुस्लिम धर्म के एक वर्ग द्वारा शाहबानो निर्णय का किये गये विरोध के दबाव में आकर तत्कालीन नीति-निर्माता एवं संसद् ने इस निर्णय के प्रभाव को समाप्त करने और विरोध करनेवाले लोगों की पुरुषप्रधान सोच को सन्तुष्ट करने के लिए 'मुस्लिम महिला (तलाक पर अधिकारों का संरक्षण) अधिनियम, 1986' बनाया। 1986 के इस कानून की धारा 3(1) के प्रावधान में कुल चार तरह की व्यवस्थाओं/सम्पत्तियों का वर्णन किया गया है, जिसको एक मुस्लिम महिला तलाक के बाद पाने की अधिकारिणी होती है। ये सम्पत्तियाँ निम्न हैं –

(क) अपने पूर्व पति द्वारा इद्दत अवधि के अन्दर बनाये गये एवं भुगतान किये गये उचित व न्याययुक्त व्यवस्था और भरण-पोषण;

(ख) जहाँ विवाह-विच्छेद के पूर्व या पश्चात् जन्म लिये बच्चे का वह स्वयं पालन-पोषण कर रही हो, तो ऐसे बच्चों के जन्म की तिथि से दो वर्ष की अवधि के लिए अपने पूर्व पति द्वारा बनाये गये एवं भुगतान किये गये उचित व न्याययुक्त व्यवस्था और भरण-पोषण;

(ग) मुस्लिम कानून के अनुसार अपने विवाह के समय या उसके बाद किसी समय, भुगतान के लिए तय किये गये मेहर या डॉवर के धन के बराबर की धनराशि; और

(घ) विवाह के पहले या विवाह के समय या विवाह के बाद उसे अपने रिश्तेदारों या मित्रों या पति या पति के किन्हीं रिश्तेदारों अथवा उसके मित्रों द्वारा दी गयी सारी सम्पत्तियाँ।

एक से चार तक उल्लिखित उपर्युक्त सम्पत्तियाँ सिर्फ गिनाने भर के लिए ही हैं। इन सभी सम्पत्तियों का यदि समग्रता व निष्पक्षता के साथ विश्लेषण किया जाय, तो शायद कोई विवेकशील व्यक्ति इन्हें स्थायी और सारभूत सम्पत्ति कह पायेगा। इनकी प्रकृति व विषय-वस्तु इतने अस्पष्ट और अस्थायी हैं कि शायद ही इन पर निर्भर होकर कोई व्यक्ति अपने जीवन का निर्वहन कर सकेगा। न केवल सैद्धान्तिक स्तर पर, बल्कि व्यावहारिक स्तर पर शायद ही इससे कमजोर कोई कानून हो, जिसे सम्पत्ति में अधिकार के नाम पर बनाया गया है। इसमें न तो विधिक आदर्श के तत्त्व हैं और न ही विधिक शास्ति के तत्त्व। इस कानून को यद्यपि तलाकशुदा मुस्लिम महिलाओं की सम्पत्ति व अधिकार के नाम पर बनाया गया है, किन्तु इनमें ऐसे कौन-से सारभूत तत्त्व हैं, जिसके आधार पर इन सम्पत्तियों में कोई व्यक्ति अपने अधिकार का प्रयोग कर सकता है, इस सवाल का जवाब देना संसद् के लिए आसान नहीं होगा, खासतौर से तब जब इन सभी सम्पत्तियों को पाने के लिए सिर्फ और सिर्फ पति के रहमोकरम पर या दूसरे लोगों की मेहरबानी पर निर्भर रहना है या फिर दो-चार-दस हजार के मूल्यवाले मेहर और उपहारों के लिए तलाकशुदा महिला न्यायालयों के चक्कर लगाना है।

धारा 3(1) के प्रावधान में उक्त चारों सम्पत्तियाँ भरण-पोषण से सम्बन्धित विषय के स्वरूप में उल्लिखित हैं। महिलाओं के भरण-पोषण के अधिकार के सन्दर्भ में तत्कालीन राजीव गाँधी सरकार एवं तत्कालीन संसद् की मन्शा को जानने के नजरीये से इन चारों सम्पत्तियों का और इनके प्रभाव का अलग-अलग विश्लेषण किया जाना समीचीन है।

सम्पत्ति सं. 1– उपखण्ड (क) में तलाकशुदा मुस्लिम महिला के लिए जिस सम्पत्ति का उल्लेख किया गया है वह पूर्व पति द्वारा इद्दत अवधि के अन्दर बनाये गये एवं भुगतान किये गये उचित व न्याययुक्त व्यवस्था और भरण-पोषण है। इस कानून को बनाने के पीछे तत्कालीन नीति-निर्माताओं एवं संसद् का मुख्य आशय यह था कि तलाकशुदा मुस्लिम महिला को मिलनेवाले भरण-पोषण को इद्दत की अवधि तक सीमित करके शाहबानो-निर्णय को निष्प्रभावी कर दिया जाय और निर्णय का विरोध कर रहे मुस्लिम धर्म के एक वर्ग को सन्तुष्ट किया जाय। इस कानून के लिए जिस विधेयक को तत्कालीन संसद् के समक्ष प्रस्तुत किया गया था, उसके उद्देश्य के प्रारम्भ में ही लिखा गया है कि 'मुस्लिम पति का तलाकशुदा पत्नी को भरण-पोषण देने के दायित्व के सम्बन्ध में

शाहबानो मामले के निर्णय ने विवाद पैदा कर दिया है।' इसके बाद इस उद्देश्य के पहले पैराग्राफ में लिखा गया है कि मुस्लिम तलाकशुदा महिला अपने पूर्व-पति से इद्दत की अवधि में उचित व न्याययुक्त व्यवस्था और भरण-पोषण की अधिकारिणी होगी।

इसी के साथ दूसरे पैराग्राफ में लिखा गया है कि जहाँ मुस्लिम तलाकशुदा महिला इद्दत की अवधि के बाद स्वयं का भरण-पोषण करने में अक्षम होती है, वहाँ मजिस्ट्रेट को शक्ति है कि वह ऐसे रिश्तेदार को उसका भरण-पोषण करने का आदेश करे जो मुस्लिम कानून के अनुसार उसकी सम्पत्ति का उत्तराधिकारी होता है और इस तरह की कोई अनुकूल स्थिति न होने पर मजिस्ट्रेट राज्य वक्फ बोर्ड को उसका भरण-पोषण करने का आदेश कर सकता है। इसी के अनुरूप 1986 के कानून में धारा 4 का प्रावधान भी बनाया गया है। संसद् के आशय और कानून के उद्देश्य से स्पष्ट है कि मुस्लिम पति द्वारा तलाकशुदा पत्नी को भरण-पोषण देने का दायित्व मात्र इद्दत की अवधि तक ही सीमित है। इस अवधि के बाद तलाकशुदा महिला के भरण-पोषण का दायित्व उस व्यक्ति पर होता है, जो उसकी सम्पत्ति का उत्तराधिकारी होता है और ऐसा न होने पर वक्फ बोर्ड पर होता है।

इस कानून की दूसरी महत्त्वपूर्ण बात यह है कि तलाकशुदा पत्नी के लिए जो भी उचित व न्याययुक्त व्यवस्था और भरण-पोषण होगा, वह पूर्व-पति द्वारा बनाया गया एवं भुगतान किया गया होगा। इस पैरा में 'बनाया गया' व 'भुगतान किया गया' शब्दों का जिस तरह प्रयोग किया गया है वह सब-कुछ पूर्व-पति की इच्छा पर निर्भर कर देता है। किन्तु इसमें 'व्यवस्था' शब्द का प्रयोग करके संसद् ने भ्रम की स्थिति भी बनी रहने दी। तत्कालीन संसद् द्वारा जान-बूझकर इस शब्द का प्रयोग किया जाना प्रतीत होता है। शायद संसद् को पता था कि वह इस कानून के माध्यम से तलाकशुदा मुस्लिम महिलाओं के साथ न्याय नहीं करने जा रहा है। इसलिए उसने 'व्यवस्था' जैसे शब्द का प्रयोग करके महिलाओं के हक को समय के हवाले कर दिया। 15 वर्ष बाद कहीं जाकर डैनियल लतीफी मामले में सुप्रीम कोर्ट द्वारा इस शब्द की व्याख्या की जा सकी। लेकिन संसद् के नजरीये से देखें तो इस कानून के माध्यम से उसका व्यवहार तो तलाकशुदा मुस्लिम महिलाओं के साथ लुका-छिपी का खेल खेलने जैसा ही था। ऐसा लुका-छिपी का खेल, जिसमें साँप भी मर जाय और लाठी भी न टूटने पाये। मुस्लिम पुरुष समुदाय यह सोचकर खुश हो जाय कि उनका भरण-पोषण करने के दायित्व को इद्दत अवधि तक सीमित कर दिया गया है और 'व्यवस्था' के आधार पर मुस्लिम महिलाओं की न्याय पाने की उम्मीद भी बुझने न पाये।

तत्कालीन संसद् का यह दोहरा चरित्र उसकी गरिमा के अनुकूल कतई नहीं है। लेकिन यह एक सच्चाई है कि मुस्लिम महिला के अधिकार के सम्बन्ध में संसद् द्वारा ऐसा दिखाया गया है। संसद् भले ही महिलाओं की वास्तविक सम्पत्तियों को घोषित करने में असहाय रही हो, किन्तु वह इस तरह की लुका-छिपी का खेल खेलने से बच सकती थी।

1986 के कानून के माध्यम से संसद् स्पष्ट कर सकती थी कि इस धारा में प्रयोग किये गये 'व्यवस्था' शब्द से उसका आशय क्या है; 'भरण-पोषण' तय करने का मापदण्ड क्या होगा; उचित एवं न्याययुक्त व्यवस्था के लिए मुस्लिम महिला को पूर्व-पति की विवेक एवं नैतिकता पर किस हद तक निर्भर रहना पड़ेगा? संसद् 'व्यवस्था' को स्पष्ट करके यह भी कह सकता था कि विवाह के बाद तलाक के समय तक पति के साथ अर्जित की गयी सम्पत्ति में पत्नी का आधा हिस्सा भी इसमें शामिल होगा। लेकिन ऐसा करने के बजाय सब-कुछ पति की नैतिकता पर छोड़ना और सन्तुष्ट न होने पर इसे मुकदमेबाजी के भरोसे छोड़ना संसद् की महिला अधिकारों के प्रति संवेदनशीलता और विधि शासन के प्रति उसकी कटिबद्धता को सन्देह के घेरे में खड़ा कर देता है।

सम्पत्ति सं. 2– 1986 के कानून की धारा 3(1)(ख) के अन्तर्गत बच्चों की व्यवस्था और भरण-पोषण के नाम पर मिलनेवाली धनराशि को भी तलाकशुदा मुस्लिम महिला की सम्पत्ति या हक के साथ जोड़ दिया गया है। बच्चों के भरण-पोषण के नाम पर मिलनेवाली धनराशि को उसकी माँ की सम्पत्ति या हक में शामिल करना आँख में धूल झोंकने जैसा है। एक बच्चा, जिसमें माता और पिता दोनों का अंश है, के प्रति पिता द्वारा निभाये जा रहे दायित्व को माता की सम्पत्ति में शामिल करना कहीं से भी उचित नहीं है। जिस तरह दो वर्ष की समय-सीमा का जिक्र किया गया है, वह भी एक सभ्य एवं संवेदनशील समाज में शायद ही स्वीकरणीय हो। किन्तु तत्कालीन संसद् की संवेदना यह तय करते समय जरा-सी भी विचलित नहीं होती है कि एक तलाकशुदा मुस्लिम महिला की कोख से जन्मनेवाले बच्चे का भरण-पोषण करने के लिए उसके पिता का दायित्व मात्र दो वर्ष की अवधि के लिए होगा। एक अबोध बच्चे को धर्म के खाँचे में इस तरह बाँटना शायद हमारे संसद् के ही बस की बात है। संसद् की संवेदना मुस्लिम महिला की कोख से पैदा होनेवाले बच्चे का भरण-पोषण करने के लिए 'अधिकतम दो वर्ष' की अवधि तो तय कर सकता है, किन्तु न्यूनतम धनराशि तय कर पाने में यही संसद् स्वयं को अक्षम व बेबस पाता है। मात्र उचित व न्याययुक्त कहकर अपने दायित्वों से इतिश्री कर लेता है और बाकी बातें बच्चे की माँ के पूर्व पति (इस कानून के अनुसार) के रहमोकरम पर या मुकदमेबाजी के भरोसे छोड़ देता है।

जन्म देने के बाद अपने बच्चे को स्तन का दूध पिलाकर इन्हें पालने, पोसने और बड़ा करनेवाली महिला को यदि सम्पत्ति में उसका वास्तविक अधिकार मिल जाय तो शायद ही उसे अपने पूर्व पति की या संसद् द्वारा पारित किसी कानून की ऐसी मेहरबानी की आवश्यकता पड़े। कम-से-कम अपने बच्चे के सन्दर्भ में तो बिल्कुल ही नहीं पड़ेगा। यह उस पुरुषप्रधान प्रवृत्ति से प्रभावित रहनेवाले समाज और कानून की समस्या है कि वह एक पुरुष को दो वर्ष की अवधि तक उसके पिता होने का बोध कराये। वह तो माँ है और इसके

लिए उसे ऐसे किसी समय का बन्धन स्वीकार नहीं हो सकता है। यह संसद् ही है, जो एक दुधमुँहे बच्चे की भरण-पोषण के प्रति पिता के दायित्व को एक समय-सीमा में बाँध सकता है। कल्पना करें कि संसद् द्वारा पारित इस कानून को आदर्श स्थिति मानकर यदि एक महिला भी माँ होने के दायित्व को दो वर्ष तक के लिए सीमित कर दे तो उस बच्चे का क्या होगा? एक लोकतान्त्रिक देश के संसद् द्वारा पारित किये गये कानून का इससे अधिक निर्दयी चेहरा शायद ही कुछ हो।

1986 में कानून पारित करने के दौरान परिस्थितियाँ जो भी रही हों, किन्तु तत्कालीन संसद् को दो वर्ष की अवधि तय करने के दौरान इसके सामाजिक प्रभाव का आकलन अवश्य ही करना चाहिए था। उसे इस स्थिति का भी आकलन करना चाहिए था कि यह कानून तलाक की स्थिति में लागू होता है अर्थात् जब दाम्पत्य के दोनों पक्षों के बीच विवाद की स्थिति रहती है। इस कानून में 'दो वर्ष के लिए' शब्दावली का प्रयोग किया गया है। वह भी जन्म की तिथि से दो वर्ष के लिए ही बच्चों के भरण-पोषण व व्यवस्था के लिए तलाकशुदा महिला अपने पूर्व पति से कुछ पाने की अधिकारिणी होगी। अर्थात् यदि बच्चे की उम्र तलाक के समय एक वर्ष हो गया रहा हो, तो तलाक के बाद केवल एक वर्ष तक इस बच्चे का भरण-पोषण करने का दायित्व पिता पर होगा और यदि बच्चे की उम्र तलाक के समय दो वर्ष पूरा हो गया रहा हो, तो इस बच्चे का भरण-पोषण करने का कोई दायित्व पिता पर नहीं होगा। यानी तीन तलाक के बाद मुस्लिम महिला के समक्ष पैदा होनेवाली विपरीत परिस्थिति संसद् के लिए विचारणीय विषय नहीं है। तलाक के समय यदि बच्चा दो वर्ष का हो गया है, तो बच्चे की माँ के समक्ष कितनी ही कठिन परिस्थिति हो, इस कानून के अनुसार पिता का अपने बच्चे का भरण-पोषण करने का दायित्व नहीं रहता है।

इस तरह के कानून का पूर्व-पति द्वारा अपने हक में भी व्याख्या की जा सकती है। मुस्लिम कानून में यदि अपने सन्तान की दो वर्ष की उम्र के बाद भी पिता द्वारा भरण-पोषण करने के दायित्व से सम्बन्धित कोई व्यवस्था है तो कोई पिता 1986 के कानून के आधार पर इस व्यवस्था को मानने से इनकार कर सकता है। न्यायालय में भले ही दूसरी स्थिति हो, किन्तु सामाजिक स्तर पर तो कम-से-कम वह डंके की चोट पर कह सकता है कि संसद् द्वारा तय की गयी दो वर्ष की अवधि के बाद उसका बच्चे के प्रति कोई दायित्व नहीं रह जाता है। तलाकशुदा महिला भी यही समझेगी कि जब संसद्-निर्मित कानून ही ऐसा है, तो मुकदमे का क्या मतलब? किसी लोकतान्त्रिक देश के संसद् द्वारा बनाये गये कानून के कारण लोगों में इस तरह की सोच का जन्म लेना उस देश के लिए शर्मिन्दगी की बात हो सकती है। यह एक शोध का विषय हो सकता है कि इस कानून, खासतौर से दो वर्ष की सीमा-बन्धनवाले इस प्रावधान के कारण तलाकशुदा मुस्लिम महिला की कोख से जन्मनेवाले बच्चों के जीवन पर अभी तक कितना नकारात्मक प्रभाव पड़ा है। किन्तु शायद संसद् यदि स्वयं के द्वारा बनाये जा रहे या बनाये गये या बनाये जानेवाले कानूनों के सामाजिक

प्रभाव का आकलन कर पाती तो ऐसे कानूनों के कारण हमारा देश शर्मिन्दा होने से बच सकता है। किन्तु इसके लिए आवश्यक है कि हमारे नीति-निर्माताओं में संवेदनशीलता भी हो।

सम्पत्ति सं. 3– उपखण्ड (ग) में तलाकशुदा मुस्लिम महिला के लिए तीसरी सम्पत्ति के रूप में जिसका उल्लेख है, वह पति द्वारा दी जानेवाली 'मेहर' की धनराशि है। कुछ मुस्लिम पति 'मेहर' को अपनी पत्नी के प्रति अन्तिम और एकमात्र दायित्व समझते हैं। किन्तु क्या मेहर का मूल्य इस स्तर का होता है कि कोई व्यक्ति इस पर आश्रित होकर अपना जीवन-निर्वहन कर सके? इस दृष्टि से निष्पक्षता के साथ विश्लेषण किया जाय तो इसका जवाब प्रत्येक बार 'नहीं' ही होगा। मेहर किस तरह ऐसा हो कि वह एक तलाकशुदा पत्नी के बाकी जीवन के गुजारे के लिए पर्याप्त होगा, इसकी कोई स्पष्ट अवधारणा मुस्लिम कानून में भी नहीं है। विवाह के समय मेहर क्या होगा या यह कितने मूल्य का होगा, इसको तय करने में पत्नी की शायद ही कोई भूमिका या नियन्त्रण रहता है। मेहर के मामले में थोड़ी-सी भी जानकारी रखनेवाले लोगों को यह हकीकत अच्छी तरह पता होता है कि विवाह के समय शायद ही कोई लड़की मेहर के मूल्य को लेकर अपनी स्वतन्त्र सहमति देती है। उसे तो मेहर के इस तरह के प्रभाव के बारे में पता भी नहीं रहता है। वह तो ससुराल और पति के सम्बन्ध में दिखाये गये सपने में डूबी रहती है। उसे मेहर वगैरह पर शायद ही ध्यान रहता है। माँ-बाप एवं रिश्तेदारों ने जो तय कर दिया, वह हमेशा के लिए अन्तिम हो जाता है। इस सम्बन्ध में कोई लिखा-पढ़ी भी नहीं की जाती है और न ही इसका मूल्य या राशि तय करते समय कोई तार्किक पैमाना ही अपनाया जाता है। संसद् इस कानून के माध्यम से कम-से-कम मेहर की राशि को तय करने के तार्किक पैमाने से और इसे लिखित में होने से सम्बन्धित प्रावधान बना सकता था। लेकिन इन सब पहलुओं पर सोचने के लिए तत्कालीन संसद् के पास न ही समय था और न ही संवेदनशीलता। क्योंकि उसके द्वारा इन सब पहलुओं पर विचार करके कानून बनाना पुरुषप्रधान सोच के खिलाफ साबित होता।

सम्पत्ति सं. 4– उपखण्ड (घ) के अन्तर्गत तलाकशुदा मुस्लिम महिला की सम्पत्ति के नाम पर जिस चौथी सम्पत्ति को संसद् ने महत्त्व दिया है, वह वे सम्पत्तियाँ हैं, जो उसे विवाह के पूर्व या विवाह के समय या विवाह के बाद उसके रिश्तेदारों या मित्रों या पति द्वारा या पति के मित्र या रिश्तेदारों द्वारा दिया गया है। विवाह के निमित्त एक नात-रिश्तेदार या मित्र द्वारा फोटो-फ्रेम, दीवाल-घड़ी जैसी वस्तुएँ ही उपहार के रूप में दिये जाते हैं। ज्यादा कुछ हुआ तो चाँदी की पायल या बिछिया जैसे कुछ जेवर मिल जाते हैं। इनमें से ज्यादातर उपहार कुछ दिन बाद बेकार व मूल्यहीन हो जाते हैं। किसी नात-रिश्तेदार या मित्र द्वारा दिये गये इन उपहारों के भरोसे क्या किसी व्यक्ति का गुजारा हो सकता है। एक

साधारण सोच रखनेवाले व्यक्ति से भी यदि यह सवाल पूछा जाय तो उसका जवाब हमेशा 'नहीं' में ही होगा। किन्तु इस देश की संसद् को तलाकशुदा महिलाओं के सन्दर्भ में यह सम्पत्ति बहुत महत्त्वपूर्ण समझ में आयी। विवाह के समय प्राप्त होनेवाले इन उपहारों का लिखित में कोई हिसाब-किताब भी नहीं होता है। मुस्लिम महिलाएँ संसद् से यह अपेक्षा कर सकती थीं कि वह इस कानून में ऐसा प्रावधान भी बनाती ताकि विवाह के निमित्त मिलनेवाले समस्त उपहारों का लिखित दस्तावेज विवाह के समय ही बनाया जा सके। मुस्लिम महिलाएँ तत्कालीन संसद् से यह भी अपेक्षा कर सकती थीं कि इस पैरा में उल्लिखित की गयी सम्पत्तियों के साथ माता-पिता से उत्तराधिकार में मिलनेवाली सम्पत्ति का भी जिक्र किया जाता। लेकिन ऐसा करने के लिए संसद् को निष्पक्ष होना पड़ता और स्वयं को पुरुषप्रधान प्रवृत्तिवाली पूर्वाग्रही सोच से बाहर निकालना पड़ता। किन्तु सवाल यह भी पैदा होता है कि यदि तत्कालीन संसद् इतनी ही निष्पक्ष और स्वतन्त्र रहती, तो 1986 के कानून को बनाने की नौबत ही क्यों आती?

1986 के कानून की धारा 3(2) में यह भी प्रावधान है कि उक्त चारों सम्पत्तियों के सम्बन्ध में विवाद पैदा होने की स्थिति में तलाकशुदा महिला न्यायालय की शरण में जा सकती हैं। यह सही है कि प्रत्येक मामलों के तथ्य एवं परिस्थितियाँ अलग-अलग होती हैं और किसी तरह का विवाद पैदा होने पर इनका निस्तारण न्यायालय द्वारा ही किया जाता है। लेकिन कुछ विषय ऐसे होते हैं, जिसे यदि कानून में ही स्पष्ट कर दिया जाय तो पक्षकार को न्यायालय जाने की आवश्यकता ही नहीं रह जायेगी। कानून की अस्पष्टता के कारण पक्षकार द्वारा न्याय प्राप्त करना और न्यायालय को न्याय प्रदान करना दोनों विषय मुकदमेबाजी का विषय बन जाता है। दुर्भाग्य से, जाने-अनजाने संसद् ने तलाकशुदा मुस्लिम महिलाओं के अधिकार के सम्बन्ध में कुछ ऐसा ही करने का प्रयास किया है, ताकि इनका अधिकार या तो पूर्व-पति की नैतिकता के अधीन रहे या फिर न्यायिक तन्त्र की क्षमता एवं कौशल के अधीन। पूर्व पति द्वारा भरण-पोषण न दिये जाने से पीड़ित महिलाओं में से कुछ ही, शायद 8-10 प्रतिशत से ज्यादा नहीं, न्यायालय का दरवाजा खटखटा पाती हैं। बाकी तो घुटन एवं उम्मीद में ही अपना जीवन खपा देती हैं। सम्पत्ति में अधिकार के बिना ये महिलाएँ बेसहारा होती हैं और इस उम्मीद में कि एक दिन उसके पति द्वारा उसे अवश्य ही अपना लिया जायेगा, वे मुकदमेबाजी जैसी पीड़ादायक प्रक्रिया से स्वयं को अलग करके रखती हैं। जो कुछ थोड़ी-सी महिलाएँ न्यायालय तक पहुँचने की हिम्मत कर पाती हैं, उन्हें भी न्याय की उम्मीद में जीवन के एक बड़े भाग को खपाना पड़ता है।

छद्म किस्म की उक्त चारों सम्पत्तियों के स्थान पर संसद् यदि सिर्फ दो वास्तविक सम्पत्तियों- माँ-बाप की सम्पत्ति में पुत्रों के समान उत्तराधिकार से मिलनेवाली सम्पत्ति और विवाहोपरान्त दाम्पत्य जीवन के दौरान पति के साथ अर्जित की गयी सम्पत्ति में बराबर

का अंश– का इस प्रावधान में उल्लेख कर दिया होता, तो शायद न तो किसी 'व्यवस्था' की आवश्यकता होती और न ही किसी 'भरण-पोषण' या 'मेहर' से सम्बन्धित प्रावधान बनाने की ही आवश्यकता होती। ऐसा भी नहीं है कि इन दोनों सम्पत्तियों में महिलाओं का अधिकार विधिशास्त्र के लिए कोई नयी बात हो। बहुत-सारे मुस्लिम देशों में पुरुषों के समान महिलाओं के इन दोनों अधिकारों को मान्यता दी गयी है। टर्की सिविल संहिता के अन्तर्गत वहाँ के सभी नागरिकों, जिसमें 95-97 प्रतिशत मुस्लिम धर्म के अनुयायी हैं, को ये दोनों अधिकार बिना किसी लिंगभेद के प्राप्त हैं। मात्र 'तलाकशुदा मुस्लिम महिला' के सन्दर्भ में ही नहीं, मात्र 'मुस्लिम महिला' के सन्दर्भ में ही नहीं या मात्र किसी 'सामान्य महिला' के सन्दर्भ में ही नहीं, बल्कि किसी भी व्यक्ति के सन्दर्भ में ये सम्पत्तियाँ वास्तविक अधिकारवाली सम्पत्ति होती हैं, जिसको समानता के साथ धर्म-निरपेक्ष और लिंग-निरपेक्ष होकर लागू किया जाना चाहिए था। किन्तु इसके लिए निष्पक्षता और व्यापक सोच रखने के साथ-साथ आत्मबल की भी आवश्यकता होती, जिसे दुर्भाग्य से 1986 का कानून पारित करते समय तत्कालिन संसद् द्वारा नहीं दिखाया जा सका।

वर्ष 1986 का कानून पारित करने के पूर्व 36 वर्ष के संविधानोत्तर काल में या इस कानून के बाद इन 32 वर्ष की अवधि के दौरान कितनी महिलाओं को तीन तलाक के कोपभाजन का शिकार बनना पड़ा है और इस कोपभाजन के बाद भरण-पोषण न मिल पाने के कारण इन महिलाओं का जीवन कितना और किस स्तर पर प्रभावित हुआ है, इन आँकड़ों को एकत्रित कर इनका विश्लेषण करना अनुसन्धान का विषय है। 1986 का कानून पारित करते समय संसद् को पिछले 36 वर्षों के आँकड़ों को एकत्रित कर विश्लेषण करना चाहिए था। किन्तु संसद् द्वारा जिस तरह से जल्दीबाजी में इस कानून को पारित किया गया, उसको देखते हुए इस तरह के विश्लेषण करने की सम्भावना बिल्कुल क्षीण नजर आती है। यदि संसद् के पास समय होता तो भी उसके द्वारा इन आँकड़ों को एकत्रित कर इनके प्रभावों की समीक्षा की जाती, इसकी भी सम्भावना नहीं के बराबर है। क्योंकि ऐसे कार्य को सम्पादित करने के लिए तत्कालीन संसद् को पुरुषप्रधान सोच के पक्ष में पूर्वाग्रही होने से खुद को मुक्त करना पड़ता और जिस आशय से इस कानून को पारित किया गया, उसे देखते हुए तत्कालीन संसद् द्वारा ऐसा किया जाना सम्भव ही नहीं था।

संसद् द्वारा 1986 का कानून पारित किये जाने के बाद एक बार फिर मुस्लिम तलाकशुदा महिलाएँ भरण-पोषण का अधिकार पाने की लड़ाई में पीछे ढकेल दी गयीं। इस कानून के माध्यम से दो खास तथ्य निकलकर आते हैं। पहला यह कि मुस्लिम व्यक्तिगत कानून में मान्य 'पति द्वारा तीन तलाक देने के अधिकार' को देश के संसदीय इतिहास में पहली बार मान्यता प्रदान की गयी और दूसरा यह कि इस कानून के माध्यम से यह सन्देश देने का प्रयास किया गया कि इद्दत की अवधि तक ही तलाकशुदा मुस्लिम महिला को भरण-पोषण पाने का अधिकार है और वह भी उतना ही जितना कि पूर्व पति

द्वारा उचित व न्याययुक्त बनाया गया व भुगतान किया गया है। तीन तलाक से पीड़ित उन मुस्लिम महिलाओं के लिए, जिन्होंने पति के साथ घर बसाने के लिए माँ-बाप की सम्पत्ति से खुद को अलग कर लिया और कभी भी अपनी स्वतन्त्र आय के स्रोत को विकसित करने की परवाह नहीं की, के लिए यह कानून पहाड़ टूटने से कम नहीं था।

किन्तु 15 वर्ष बाद एक बार फिर इन पीड़ित एवं अक्षम महिलाओं को उम्मीद की किरण दिखायी दी, जब सुप्रीम कोर्ट द्वारा डैनियल लतीफी मामले (2001) में दिये गये निर्णय में 1986 के कानून की धारा 3 के प्रावधान की व्याख्या तलाकशुदा मुस्लिम महिलाओं के पक्ष में कर दी गयी। सुप्रीम कोर्ट के पाँच न्यायाधीशों की सांविधानिक पीठ ने अपने निर्णय के पैरा 29 में धारा 3 के प्रावधान को स्पष्ट करते हुए अभिनिर्धारित किया–

> "... अधिनियम की धारा 3 के शब्द प्रकट करते हैं कि पति के दो अलग-अलग दायित्व हैं : (1) अपनी तलाकशुदा पत्नी के लिए उचित व न्याययुक्त व्यवस्था बनाना और (2) उसके लिए भरण-पोषण प्रदान करना। इस धारा की विशिष्टता ऐसी व्यवस्था या भरण-पोषण की प्रकृति एवं अवधि पर जोर देना नहीं है, बल्कि उस समय पर है, जिसके अन्दर पति को व्यवस्था और भरण-पोषण के भुगतान का प्रबन्ध पूरा कर लेना चाहिए और यह समय है इद्दत की अवधि। यदि प्रावधान को इस रूप में पढ़े, तो यह अधिनियम ऐसे पुरुष को इद्दतोपरान्त भरण-पोषण के दायित्व से मुक्त कर देता है, जिसने पहले ही मेहर व दहेज के अलावा 'उचित व न्याययुक्त व्यवस्था' और 'भरण-पोषण' की जिम्मेदारी को पत्नी को एकमुश्त रकम देकर निभा लिया है। संक्षेप में जो विषय शाहबानो के मामले में विचार के लिए आया था कि तब भी जब उसने आधी शताब्दी पूर्व तय किये गये मेहर और इद्दत अवधि के दौरान भरण-पोषण की धनराशि का भुगतान कर दिया है किन्तु चूँकि पति ने तलाकशुदा पत्नी के लिए 'उचित व न्याययुक्त व्यवस्था' नहीं बनाया है इसलिए उसे सी.आर.पी.सी. की धारा 125 के अन्तर्गत अपनी पत्नी को प्रत्येक महीने एक निश्चित धनराशि का भुगतान करने का आदेश दिया गया। कानून बनाते समय संसद् के समक्ष यह स्थिति स्पष्ट थी किन्तु फिर भी अधिनियम की धारा 3 (1) (क) के अन्तर्गत 'उचित व न्याययुक्त व्यवस्था और भरण-पोषण को बनाने एवं भुगतान करने' के सम्बन्ध में प्रावधान बनाया गया और यह विचार बिल्कुल अलग विषय है।"

इसी मामले में सुप्रीम कोर्ट ने अपने निर्णय के पैराग्राफ सं. 30 और 31 में यह भी अभिनिर्धारित किया कि भरण-पोषण अधिनियम की धारा 3 और 4 का अपराध प्रक्रिया संहिता की धारा 125 से तुलना करने पर यह स्पष्ट हो जाता है कि धारा 125 की आवश्यकता, उद्देश्य और क्षेत्र यह है कि एक व्यक्ति की आवारागर्दी को रोककर उसे उन

लोगों का सहयोग करने के लिए बाध्य करना है जो अपना सहयोग करने में अक्षम हैं और जो सामान्य व न्यायोचित परिस्थितियों में सहयोग पाने का अधिकार रखते हैं। यदि ऐसा है, तो याचिकाकर्त्ता का यह बहस कि इस अधिनियम के अन्तर्गत एक दूसरी व्यवस्था बनायी गयी है जो अपराध प्रक्रिया संहिता में दी गयी व्यवस्था के समान एवं ज्यादा लाभकारी है और इसलिए ऐसा करना उनके अधिकार को समाप्त करता है, महत्त्वहीन हो जाता है। ... यहाँ तक कि पक्षकार सहमत हैं कि अधिनियम के अन्तर्गत अपराध प्रक्रिया संहिता की धारा 125 का प्रावधान आकर्षित होगा और इसके बावजूद मजिस्ट्रेट को उचित व्यवस्था बनाने के सम्बन्ध में शक्ति प्रदान की गयी है और इसलिए जिसे एक मजिस्ट्रेट धारा 125 के अन्तर्गत कर सकता था, उसे अब वह इस अधिनियम के अन्तर्गत करेगा।

वर्ष 2001 में डैनियल लतीफी का निर्णय आ जाने के बाद भी सुप्रीम कोर्ट के समक्ष भरण-पोषण को लेकर तमाम दूसरे मामले आते रहे हैं। वर्ष 2002 में साबरा शमीम, वर्ष 2007 में इकबाल बानो, वर्ष 2015 में शमीमा फारूकी जैसे कुछ मामलों का यहाँ दृष्टान्त दिया जा सकता है। साबरा शमीम का मामला वर्ष 1982 से 2002 तक अर्थात् 20 वर्षों तक, इकबाल बानो का मामला भी 1992 से 2007 तक अर्थात् 15 वर्षों तक और शमीमा फारूकी का मामला वर्ष 1992 से 2015 तक अर्थात् 23 वर्षों तक पीड़ित महिलाओं द्वारा लड़ा गया था। यहाँ यह भी जानना रोचक है कि इन तीनों ही मामलों में सुप्रीम कोर्ट द्वारा हाईकोर्ट के आदेश को रद्द किया गया था अर्थात् इन मामलों में पारित हाईकोर्ट का निर्णय पीड़ित महिलाओं के खिलाफ था, जिसे सुप्रीम कोर्ट द्वारा न्यायोचित नहीं पाया गया। ये मामले यह सिद्ध करने के लिए पर्याप्त है कि अस्पष्ट कानून के कारण लोगों को किस तरह न्यायालयों में आकर अलग-अलग मुकदमें लड़ने पड़ते हैं और न्यायालयों को भी तमाम तरह की समस्या का सामना करना पड़ता है। संसद् द्वारा पारित 1986 का कानून इसी का एक उदाहरण है।

साबरा शमीम के मामले में हाईकोर्ट ने यह अभिनिर्धारित किया था कि 1986 के अधिनियम के अन्तर्गत तलाकशुदा महिलाओं को मात्र इद्दत-अवधि तक ही भरण-पोषण पाने का अधिकार है। हाईकोर्ट के इस आदेश को सुप्रीम कोर्ट द्वारा डैनियल लतीफी के निर्णय के आधार पर निरस्त कर दिया गया। इस मामले में साबरा शमीम को अपने भरण-पोषण के अधिकार के लिए 20 वर्षों तक लड़ना पड़ा, तब जाकर कहीं उसे न्याय मिल पाया। यदि वह हाईकोर्ट के आदेश के खिलाफ सुप्रीम कोर्ट का दरवाजा नहीं खटखटा पाती तो हाईकोर्ट का आदेश अन्तिम हो जाता और तब इसी तन्त्र में न्याय का मतलब बिलकुल अलग होता। देशभर में ऐसी न जाने कितनी महिलाएँ होंगी, जो हाईकोर्ट तक बमुश्किल पहुँच पाती हैं, सुप्रीम कोर्ट तक पहुँचना तो बहुत दूर की बात होती है। शायद ही हमारे तन्त्र के पास इसका कोई आँकड़ा हो कि भारत में कितनी

तलाकशुदा महिलाओं को मात्र सुप्रीम कोर्ट में अपील न कर पाने के कारण भरण-पोषण से वंचित होना पड़ा है।

1986 के कानून की अस्पष्टता के कारण जब हाईकोर्ट स्तर की न्यायिक संस्था तलाकशुदा महिलाओं को इद्दत के बाद पति से भरण-पोषण पाने के अधिकार को अस्वीकार कर सकता है तो न जाने ऐसे कितने मामले होंगे जिसमें पूर्व-पतियों द्वारा इस संसदीय कानून का हवाला देकर इद्दत के बाद अक्षम तलाकशुदा महिलाओं को भरण-पोषण देने से मना किया गया होगा और न जाने कितनी मजबूर महिलाएँ इस कानून के कारण न्यायालय की शरण में जाने की हिम्मत नहीं जुटा पायी होंगी। शायद ही हमारे तन्त्र के पास ऐसी महिलाओं के बारे में कोई आँकड़ा हो, जिन्हें इस कानून के कारण उपजे निराशा के कारण भरण-पोषण पाने के अधिकार से वंचित होना पड़ा है।

डैनियल लतीफी (2001) का मामला हो या साबरा शमीम (2002) का मामला या इकबाल बानो (2007) का मामला या शमीमा फारूकी (2015) का मामला, सुप्रीम कोर्ट तक पहुँचनेवाले ऐसे मामलों की एक श्रृंखला है। मुस्लिम महिलाओं द्वारा दाखिल इन सभी मामलों में कमोबेश एक ही तरह के तथ्य होते हैं– पति ने 'तलाक-तलाक-तलाक' बोला, इद्दत की अवधि बीत जाने दिया, मेहर का भुगतान किया और बेबस व असहाय पत्नी को अलग-थलग करके खुद को सभी वैवाहिक दायित्वों से आजाद कर लिया। इस तरह के हजारों विवाद पैदा होते रहे हैं। इन हजारों विवादों में से एकाध विवाद ही सुप्रीम कोर्ट से तय होकर पीड़िताओं को न्याय दिला पाते हैं।

वर्ष 1986 में कानून पारित होने के बाद इन 32 वर्षों के अन्तराल में न जाने कितने मामले जिला अदालतों में दाखिल और तय किये गये होंगे। इसी अन्तराल में न जाने कितने मामले ऐसे होंगे जो सुप्रीम कोर्ट की दहलीज तक पहुँच ही नहीं पाये होंगे और इन्हें जिला न्यायालयों एवं हाईकोर्ट में ही न्याय पाने का इन्तजार करना पड़ा होगा और न जाने कितने ऐसे मामले होंगे जिसमें महिलाएँ 1986 के कानून के कारण न्यायालय तक आने की हिम्मत ही नहीं जुटा पायी होंगी और समाज के अन्दर ही उनके न्याय पाने की उम्मीदों को दबा दिया गया रहा होगा। लेकिन जिस तरह कुछ मामलों में मुस्लिम महिलाएँ अपने अधिकारों के लिए सुप्रीम कोर्ट तक आकर लड़ी हैं, वह भी बदलते समाज का द्योतक है। समय-समय पर पैदा होनेवाले ये सभी मामले यह भी सिद्ध करते हैं कि इस देश के भीतर का समाज़ समान नागरिक संहिता के अभाव के कारण होनेवाले दुष्प्रभाव से कभी भी अछूता नहीं रहा है।

'भरण-पोषण का अधिकार' बनाम 'सम्पत्ति का अधिकार'

डैनियल लतीफी मामले में सुप्रीम कोर्ट के पाँच न्यायाधीशों की सांविधानिक पीठ द्वारा निर्णय दिये जाने के बाद अब यह स्पष्ट हो गया है कि कोई तलाकशुदा महिला इद्दत

अवधि के बाद भी पूर्व-पति द्वारा भरण-पोषण पाने के अधिकार से मात्र इसलिए वंचित नहीं होगी क्योंकि वह मुस्लिम धर्म की अनुयायी है। इस मामले में निर्णय आने के उपरान्त तलाकशुदा महिलाओं द्वारा पूर्व पति से भरण-पोषण पाने के अधिकार के मामले में सभी धर्मों की स्थिति एक समान हो गयी है।

भरण-पोषण की अवधारणा के पीछे सोच यह है कि महिलाओं को किसी-न-किसी रूप में पुरुष-रिश्तेदारों, चाहे वह पति हो या पिता या भाई, पर निर्भर बनाये रखा जाय। वैवाहिक सम्बन्ध टूटने के बाद महिलाओं को कानूनन भरण-पोषण हेतु खर्च पाने का अधिकार मिले, इससे ज्यादा महत्त्वपूर्ण यह है कि उन्हें ईमानदारी से पैतृक सम्पत्ति एवं पैतृक व्यवसाय की क्रेडिट में पुत्रों के बराबर उत्तराधिकार मिले और विवाहोपरान्त दाम्पत्य जीवन के दौरान पति के साथ अर्जित की गयी सम्पत्ति में बराबरी का हक मिले। सम्पत्ति में महिलाओं के अधिकार के सन्दर्भ में पिछले अध्याय 'संयुक्त दाम्पत्य सम्पत्ति' में चर्चा की गयी है। सापेक्षिक सहभागिता के सिद्धान्त को स्वीकार करते हुए यदि हम महिलाओं की सम्पत्ति में उक्त दोनों अधिकारों को सम्पूर्णता के साथ स्वीकार कर लें और इसे कानूनी स्तर के साथ-साथ सामाजिक स्तर पर यदि हम सफलतापूर्वक लागू कर देते हैं, तो शायद ही महिलाओं को तलाक या विवाह-विच्छेद के बाद किसी तरह की भरण-पोषण की आवश्यकता होगी।

अध्याय 26
उत्तराधिकार

मृत्यूपरान्त किसी व्यक्ति की सम्पत्ति का उत्तराधिकारी कौन होगा और इन उत्तराधिकारियों को सम्पत्ति में कितना अंश प्राप्त होगा, इन दोनों विषयों को वह व्यक्ति वसीयत अर्थात् इच्छापत्र के माध्यम से तय कर सकता है। किन्तु जब मृतक व्यक्ति द्वारा ऐसी कोई वसीयत नहीं लिखी गयी हो तो ये दोनों विषय विरासत के कानून से तय होते हैं।

यद्यपि वसीयत और विरासत (निर्वसीयती उत्तराधिकार) भी सम्पत्ति अन्तरण के तरीके की तरह ही होते हैं, किन्तु ये ऐसे अन्तरण हैं, जो 'व्यक्ति के कार्य' के बजाय 'विधि के प्रवर्तन' से संचालित होते हैं। एक खास विशेषता यह भी है कि दान की तरह ये दोनों अन्तरण भी अन्तरणकर्त्ता के सामाजिक और पारिवारिक भावनाओं से जुड़े हुए विषय होते हैं। किन्तु दान में सम्पत्ति के हक व कब्जा का अन्तरण तुरन्त हो जाता है, जबकि वसीयत या विरासत के मामले में हक व कब्जा का अन्तरण व्यक्ति की मृत्यु के बाद ही होता है। यही कारण है कि दान या हिबा विषय की चर्चा कानूनों की सूची में 'सम्पत्ति' से सम्बन्धित भाग में और वसीयत एवं विरासत जैसे विषयों की चर्चा 'परिवार' से सम्बन्धित भाग में की जाती है।

उत्तराधिकार, वसीयत के माध्यम से तय हो या विरासत के माध्यम से, दोनों ही स्थिति में किसी व्यक्ति की मृत्यु के बाद उसके द्वारा छोड़ी गयी सम्पत्ति के लिए निष्पादक या प्रशासक की नियुक्ति करने का विषय भी उत्तराधिकार से सम्बन्धित एक महत्त्वपूर्ण विषय है।

इस तरह उत्तराधिकार क्षेत्र के सम्बन्ध में निम्न तीन प्रमुख विषय हैं–

1. वसीयती उत्तराधिकार;
2. निर्वसीयती उत्तराधिकार (विरासत); और
3. निष्पादक या प्रशासक की नियुक्ति।

भारत में उत्तराधिकार के सम्बन्ध में मुख्यत: तीन कानून– हिन्दू उत्तराधिकार अधिनियम, 1956 (हिन्दू कानून); मुस्लिम कानून और भारतीय उत्तराधिकार अधिनियम, 1925 (सामान्य कानून) लागू हैं। उत्तराधिकार के इन तीन कानूनों के लागू होने के सम्बन्ध में निम्न तीन प्रमुख बातें निकलकर आती हैं–

1. मृतक व्यक्ति, चाहे वह किसी भी धर्म को माननेवाला हो, उसकी सम्पत्ति हेतु प्रशासक या निष्पादक की नियुक्ति का विषय भारतीय उत्तराधिकार अधिनियम से संचालित होता है और इस सम्बन्ध में विभिन्न धर्मों के मध्य कोई अन्तर्विरोध नहीं है।
2. वसीयती उत्तराधिकार के सम्बन्ध में मुस्लिम धर्म के अनुयायियों पर मुस्लिम कानून लागू होता है जबकि दूसरे अन्य धर्म, चाहे हिन्दू हों या सिक्ख या बौद्ध या जैन या ईसाई या फिर पारसी के अनुयायियों पर भारतीय उत्तराधिकार अधिनियम के प्रावधान लागू होते हैं।
3. निर्वसीयती उत्तराधिकार के सम्बन्ध में हिन्दू, सिक्ख, बौद्ध एवं जैन धर्म के अनुयायी हिन्दू उत्तराधिकार अधिनियम से, मुस्लिम धर्म के अनुयायी मुस्लिम कानून से और ईसाई, पारसी एवं अन्य धर्म के अनुयायी भारतीय उत्तराधिकार अधिनियम के प्रावधान से संचालित होते हैं।

मृतक व्यक्ति द्वारा छोड़ी गयी सम्पत्ति के लिए निष्पादक या प्रशासक की नियुक्ति का विषय भारतीय उत्तराधिकार अधिनियम, 1925 के भाग 8 एवं 9 के प्रावधान से संचालित होता है। ये प्रावधान सभी धर्मों चाहे हिन्दू हों या मुस्लिम या ईसाई या फिर पारसी, के अनुयायियों पर समान रूप से लागू होते हैं। इन प्रावधानों का पुनर्मूल्यांकन एवं सरलीकरण करके 'भारतीय सिविल संहिता' में स्थान देने के सम्बन्ध में कोई विवाद नहीं है।

शेष दो विषय 'वसीयत' और 'विरासत' के सम्बन्ध में विभिन्न कानूनों के मध्य किन-किन बिन्दुओं को लेकर असंगतियाँ हैं और इन असंगतियों का समाधान निकालकर कैसे भारतीय सिविल संहिता के लिए आदर्श स्थिति प्राप्त की जा सकती है, पर अगले अलग-अलग अध्यायों में हम चर्चा करेंगे।

अध्याय 27

वसीयत और वसीयती उत्तराधिकार

वसीयती उत्तराधिकार के सन्दर्भ में दो कानून– भारतीय उत्तराधिकार अधिनियम, 1925 (सामान्य कानून) एवं मुस्लिम कानून लागू हैं। मुस्लिम कानून इस्लाम धर्म के अनुयायियों पर और भारतीय उत्तराधिकार अधिनियम के प्रावधान अन्य सभी धर्म, चाहे हिन्दू हों या सिक्ख, बौद्ध, जैन, ईसाई या पारसी धर्म के अनुयायी, सभी पर लागू होते हैं।

'भारतीय सिविल संहिता' के इस अध्याय के लिए चर्चा का विषय यह है कि उपर्युक्त दोनों कानूनों के मध्य किन-किन बिन्दुओं को लेकर असंगति है और इन असंगतियों को दूर कर भारतीय सिविल संहिता के लिए कैसे सर्वमान्य आदर्श स्थिति प्राप्त की जा सकती है? इस दिशा में प्रयास करने के लिए आवश्यक है कि उपर्युक्त दोनों कानूनों का परस्पर तुलनात्मक विश्लेषण किया जाय। इसके लिए किसी एक कानून में मान्य 'वसीयत' के तत्त्वों को आधार बनाया जाना जरूरी है। सभी पहलुओं पर विचार करने के बाद मैं मुस्लिम कानून के तत्त्वों को आधार बनाया जाना उचित एवं सुविधाजनक समझता हूँ। मुस्लिम कानून के अन्तर्गत मान्य 'वसीयती उत्तराधिकार' के निम्न मूलभूत तत्त्व हैं –

1. वसीयत करनेवाला व्यक्ति स्वस्थचित्त एवं वयस्क होना चाहिए।;
2. वसीयतदार ऐसा व्यक्ति होना चाहिए, जो सम्पत्ति धारण करने की योग्यता रखता हो। वसीयत करने के लिए लिंग, उम्र, पन्थ या धर्म के आधार पर कोई रोक नहीं है अर्थात् एक मुस्लिम गैर-मुस्लिम के पक्ष में या किसी संस्था के पक्ष में भी वसीयत कर सकता है।;
3. वसीयत की विषय-वस्तु अन्तरित होने योग्य सम्पत्ति हो और वसीयत के समय वसीयतकर्त्ता इस सम्पत्ति का स्वामी हो और वसीयतकर्त्ता की मृत्यु के समय वह सम्पत्ति अस्तित्व में हो।;
4. यदि वसीयत किसी एक वारिस के पक्ष में की गयी है तो ऐसी वसीयत तब तक वैध नहीं होगी जब तक कि दूसरे वारिस वसीयतकर्त्ता की मृत्यु के बाद अपनी सहमति न दे दे। किन्तु शीआ कानून में ऐसी किसी सहमति की आवश्यकता तब तक नहीं है जब तक कि वसीयत एक-तिहाई से अधिक सम्पत्ति का न किया गया हो।;
5. वसीयतकर्त्ता अपनी कुल सम्पत्ति की एक-तिहाई से ज्यादा अंश का वसीयत नहीं कर सकता है। किन्तु इस सीमा के दो अपवाद हैं। पहला यह कि प्रभावित

होनेवाले दूसरे वारिसों ने मृत्यु पश्चात् अपनी सहमति दे दिये हों और दूसरा यह कि वसीयतकर्त्ता के पास कोई वारिस न हो।;

6. वसीयतकर्त्ता कभी भी अपने जीवन के दौरान वसीयत को बदल सकता है या वापस ले सकता है।;
7. कपटपूर्वक या प्रपीड़न करके हासिल का गयी वसीयत शून्य होती है।;
8. ऐसी वसीयत, जो ऐसी शर्त को पूरा करने की बात करती है, जिसका पूरा किया जाना असम्भव है या विधि या नैतिकता के विरुद्ध है, शून्य होती है।;
9. वसीयत मौखिक या लिखित दोनों तरीके से की जा सकती है।; और
10. लिखित वसीयत की स्थिति में वसीयत का पंजीकृत होना आवश्यक है।

उपर्युक्त तत्त्वों के दृष्टिगत मुस्लिम कानून और भारतीय उत्तराधिकार अधिनियम (सामान्य कानून) के मध्य किन-किन बिन्दुओं को लेकर असंगति है, इस पर चर्चा करने के पूर्व उन बिन्दुओं का उल्लेख करना उचित है, जिनको लेकर मुस्लिम धर्म के अलग-अलग मतों के मध्य अन्तर्विरोध हैं। ऐसे कुछ अन्तर्विरोध के तत्त्व निम्न हैं–

(क) वसीयतकर्त्ता की मृत्यु के लिए उत्तरदायी व्यक्ति के पक्ष में की गयी वसीयत के वैधता की स्थिति क्या होगी, इस विषय पर शीआ, सुन्नी एवं हनफी मतों की अलग-अलग धारणा है। शीआ मत कहता है कि ऐसी वसीयत तभी अवैध होगी जब वसीयतदार द्वारा वसीयतकर्त्ता को जान-बूझकर मारा गया हो। जबकि सुन्नी मत कहता है कि वसीयतदार द्वारा वसीयतकर्त्ता को जान-बूझकर मारा गया हो या अनजाने में या दुर्घटनावश, सभी स्थिति में वसीयत अवैध होगी। इन सबसे अलग हनफी मत कहता है कि यदि वसीयतकर्त्ता के वारिसों ने अपनी सहमति दे दिया है तो वसीयत प्रत्येक स्थिति में वैध मानी जायेगी, चाहे वसीयतदार द्वारा वसीयतकर्त्ता को जान-बूझकर मारा गया हो या अनजाने में या दुर्घटनावश।

(ख) अजन्मे बच्चे के पक्ष में की गयी वसीयत के सन्दर्भ में भी मुस्लिम धर्म के शीआ एवं सुन्नी मतों में अलग-अलग धारणाएँ प्रचलित हैं। सुन्नी कानून के अन्तर्गत गर्भ में आया बच्चा यदि वसीयत करने की तिथि से छह महीने के अन्दर जन्म ले लेता है, तो उसके पक्ष में की गयी वसीयत वैध होगी, जबकि शीआ कानून के अन्तर्गत यह समय-सीमा दस चन्द्रमास निर्धारित की गयी है अर्थात् गर्भ में आया बच्चा यदि वसीयत करने की तिथि से दस चन्द्रमास के अन्दर जन्म ले लेता है, तो उसके पक्ष में की गयी वसीयत वैध होगी।

(ग) सुन्नी मत के अनुसार यदि वसीयत किसी एक वारिस के पक्ष में की गयी है तो ऐसी वसीयत तब तक वैध नहीं होगी जब तक कि दूसरे वारिस वसीयतकर्त्ता की

मृत्यु के बाद अपनी सहमति न दे दें। किन्तु शीआ मत के अनुसार ऐसी किसी सहमति की आवश्यकता तब तक नहीं है जब तक कि वसीयत एक-तिहाई से अधिक सम्पत्ति की न की गयी हो।

(घ) सुन्नी मत के अन्तर्गत वसीयतकर्त्ता द्वारा अपनी कुल सम्पत्ति की एक-तिहाई भाग से अधिक सम्पत्ति की की गयी वसीयत तभी वैध मानी जायेगी जब ऐसी वसीयत पर वसीयतकर्त्ता के वारिसों ने मृत्यु के बाद अपनी सहमति दे दी हो। किन्तु शीआ मत के अन्तर्गत वारिस की सहमति होना ही पर्याप्त है और इस बात से कोई फर्क नहीं पड़ता है कि सहमति वसीयतकर्त्ता की मृत्यु के बाद दी गयी है या मृत्यु के पहले।

उपर्युक्त दृष्टान्तों से सिद्ध है कि एक ही विषय पर इस्लाम धर्म के अलग-अलग मतों के मध्य भिन्न-भिन्न धारणाएँ प्रचलित हैं। इसलिए यह कहना कि भारत में मुसलमानों का व्यक्तिगत कानून अपरिवर्तनीय रहा है और बहुत पहले से समान रूप से लागू है, सही नहीं है। मुस्लिम कानून में एकरूपता का अभाव सिद्ध करता है कि मुस्लिम कानून में ऐसा कोई केन्द्र नहीं रहा है और यही कारण है कि शरीयत जैसे कानून की स्वयं मुस्लिम धर्म के अनुयायियों द्वारा समय-समय पर अपनी-अपनी सुविधानुसार व्याख्या की जाती रही है।

वसीयत : 'भारतीय उत्तराधिकार कानून' बनाम 'मुस्लिम कानून'

मुस्लिम कानून में वसीयत के सम्बन्ध में उपर्युक्त दस आवश्यक तत्त्वों में से सात तत्त्वों को भारतीय उत्तराधिकार कानून में भी स्वीकार किया गया है। जिन तीन तत्त्वों को लेकर मुस्लिम कानून और भारतीय उत्तराधिकार अधिनियम (सामान्य कानून) के मध्य असंगति है, वे निम्न हैं–

1. मुस्लिम कानून के अन्तर्गत मौखिक वसीयत भी मान्य होती है। जबकि सामान्य कानून के अन्तर्गत वसीयत का लिखित एवं पंजीकृत होना आवश्यक है और सेना जैसी कुछ आपवादिक परिस्थितियों को छोड़कर सामान्य तौर पर मौखिक वसीयत मान्य नहीं है।
2. मुस्लिम कानून के अन्तर्गत वसीयतकर्त्ता अपनी कुल सम्पत्ति की एक-तिहाई से अधिक अंश का वसीयत नहीं कर सकता है, जबकि सामान्य कानून के अन्तर्गत कोई व्यक्ति अपनी समस्त सम्पत्ति की वसीयत कर सकता है।
3. मुस्लिम कानून के अन्तर्गत यदि वसीयत किसी एक वारिस के पक्ष में है तो ऐसी वसीयत को वैध होने के लिए दूसरे वारिसों की सहमति आवश्यक है, जबकि सामान्य कानून के अन्तर्गत यदि वसीयत किसी वारिस के पक्ष में की गयी है, तो ऐसी वसीयत को वैध होने के लिए दूसरे वारिसों की सहमति आवश्यक नहीं है।

'भारतीय सिविल संहिता' के लिए सर्वमान्य आदर्श स्थिति प्राप्त करने के लिए उपर्युक्त तीनों विषय पर दोनों कानूनों का तार्किक विश्लेषण करना आवश्यक है।

मुस्लिम कानून के अन्तर्गत वसीयत को दो विशेष निर्बन्धनों के साथ स्वीकार किया गया है। पहला निर्बन्धन यह है कि वसीयतकर्त्ता अपनी कुल सम्पत्ति की एक-तिहाई से अधिक अंश का वसीयत नहीं कर सकता है और दूसरा यह है कि यदि वसीयत किसी एक वारिस के पक्ष में की गयी है तो ऐसी वसीयत तब तक वैध नहीं होगी जब तक कि दूसरे वारिस इस वसीयत के पक्ष में अपनी सहमति न दे दें। मुस्लिम कानून के इस निर्बन्धन को गोवा सिविल संहिता में भी स्वीकार किया गया है। गोवा सिविल संहिता के अन्तर्गत कोई भी व्यक्ति आधी से अधिक सम्पत्ति की वसीयत नहीं कर सकता है। कोई व्यक्ति अपनी सम्पत्ति की एक-तिहाई या आधी से अधिक अंश की वसीयत नहीं कर सकता है, मुस्लिम कानून या गोवा सिविल संहिता की यह व्यवस्था बिल्कुल उचित व तार्किक है। क्योंकि सम्पत्ति पैतृक हो या स्वार्जित, इसमें बच्चों के अधिकार को नकारा नहीं जा सकता है। इस दृष्टि से ये निर्बन्धन कहीं से भी अनुचित नहीं हैं।

निर्बन्धन की इस व्यवस्था को और भी तार्किक एवं साम्यता पर आधारित बनाया जा सकता है। मुस्लिम कानून में एक-तिहाई सम्पत्ति की सीमा को और गोवा सिविल संहिता में आधी सम्पत्ति की सीमा को तय करते समय सन्तान की संख्या का ध्यान नहीं रखा गया है। एक सन्तान हो या दो सन्तान या तीन सन्तान, प्रत्येक स्थिति में एक-तिहाई या आधे भाग की सीमा के निर्बन्धन को एक समान रूप से लागू कर देना उचित नहीं है। यदि तीन से ज्यादा सन्तान हैं तो एक-तिहाई की सीमा ज्यादा हो सकती है, जिसे कम किया जाना चाहिए और यदि एक ही सन्तान है तो एक-तिहाई की सीमा कम हो सकती है, जिसे अधिक किया जाना चाहिए। इसलिए इस निर्बन्धन को और तार्किक बनाने के लिए हम 'व्युत्क्रमानुपातिक सापेक्षता-आधारित निर्बन्धन के नियम' को अपना सकते हैं, जिसके अन्तर्गत वसीयतकर्त्ता के सन्तानों की संख्या में वृद्धि के व्युत्क्रम अनुपात में सम्पत्ति-निर्बन्धन की सीमा को कम किया जाना चाहिए। वसीयत के सम्बन्ध में व्युत्क्रमानुपातिक सापेक्षता के इस नियम को 'फ्रान्स सिविल संहिता' की धारा 913 से 919 के प्रावधान में भी अपनाया गया है। इस नियम के निम्न तीन आयाम हैं–

(क) यदि वसीयतकर्त्ता अपने पीछे तीन या तीन से अधिक बच्चों को छोड़कर मरता है तो उसे एक-चौथाई से अधिक सम्पत्ति का वसीयत करने का अधिकार नहीं होगा;

(ख) यदि वसीयतकर्त्ता अपने पीछे दो बच्चों को छोड़कर मरता है तो उसे एक-तिहाई से अधिक सम्पत्ति का वसीयत करने का अधिकार नहीं होगा; और

(ग) यदि वसीयतकर्त्ता अपने पीछे मात्र एक ही बच्चे को छोड़कर मरता है तो उसे आधी सम्पत्ति तक का वसीयत करने का अधिकार प्राप्त होगा।

'व्युत्क्रमानुपातिक सापेक्षता-आधारित निर्बन्धन के नियम' को अपनाकर भारतीय सिविल संहिता के लिए हम आदर्श स्थिति प्राप्त कर सकते हैं।

मुस्लिम कानून और भारतीय उत्तराधिकार कानून के मध्य दूसरा अन्तर्विरोध किसी एक वारिस के पक्ष में की गयी वसीयत के सन्दर्भ में है। मुस्लिम कानून में यह व्यवस्था है कि वसीयतकर्त्ता यदि वसीयत अपने वारिसों में से किसी एक के पक्ष में करता है तो ऐसी वसीयत तब तक वैध नहीं होगी जब तक कि दूसरे वारिस इस वसीयत के पक्ष में अपनी सहमति न दे दें। दूसरे वारिसों की सहमति की बाध्यता अतार्किक-सी लगती है। इसे किसी व्यक्ति का मूलभूत अधिकार कहा जा सकता है कि वह अपनी सम्पत्ति के कुछ भाग की वसीयत उस वारिस के पक्ष में कर सके, जिसने उसकी सेवा और देख-रेख की हो। ऐसी परिस्थिति में की गयी वसीयत की वैधता को दूसरे वारिसों की सहमति पर निर्भर करना उचित नहीं है। किन्तु इस सन्दर्भ में शीआ मत में प्रचलित मुस्लिम कानून का दृष्टिकोण ज्यादा सन्तुलित एवं साम्यता पर आधारित है। शीआ मत के अनुसार वारिसों की सहमति उस स्थिति में आवश्यक नहीं है जब वसीयत एक-तिहाई से कम सम्पत्ति की की गयी है, किन्तु जब वसीयत एक-तिहाई से अधिक सम्पत्ति की की गयी हो, तब इसे वैध होने के लिए दूसरे वारिसों की सहमति आवश्यक हो जायेगी। शीआ मत की इस व्यवस्था को भारतीय सिविल संहिता में वसीयत के सन्दर्भ में स्वीकार की जानी चाहिए। तब हमें इस व्यवस्था को भी स्वीकार करना होगा कि कोई व्यक्ति अपने किसी वारिस के पक्ष में एक-तिहाई या आधा या एक-चौथाई से अधिक सम्पत्ति का वसीयत कर सकता है किन्तु शर्त यह है कि अन्य वारिसों की सहमति हो।

मुस्लिम कानून और भारतीय उत्तराधिकार अधिनियम (सामान्य कानून) में तीसरा सबसे प्रमुख अन्तर्विरोध यह है कि जहाँ भारतीय उत्तराधिकार अधिनियम के अन्तर्गत वसीयत का लिखित होना आवश्यक है, वहीं मुस्लिम कानून के अन्तर्गत मौखिक वसीयत को भी मान्यता दी गयी है। किन्तु मुस्लिम कानून के अन्तर्गत वसीयत के लिखित होने की स्थिति में पंजीकरण कानून व स्टैम्प कानून का पालन करना ही होगा। इस तरह लिखित वसीयत को लेकर उक्त दोनों कानूनों में कोई अन्तर नहीं है। जो थोड़ा-सा मतभेद है वह मौखिक वसीयत के सन्दर्भ में है। मुस्लिम कानून के अन्तर्गत मौखिक वसीयत भले ही मान्य हो, लेकिन न्यायिक निर्णयों द्वारा यह स्थापित हो चुका है कि मौखिक वसीयत को कड़ाई से और सभी तरह के सन्देहों से परे सिद्ध होना होगा, तभी यह मान्य मानी जायेगी।

ऐसी विशेष स्थिति आ सकती है, जब वसीयतकर्त्ता अपनी सम्पत्ति के सन्दर्भ में वसीयत के माध्यम से उत्तराधिकार को व्यक्त करना चाहे किन्तु लिखित व पंजीकरण के

लिए अनुकूल हालात के अभाव के कारण उसने मौखिक रूप से अपनी इच्छा जाहिर कर दी हो। मृतक व्यक्ति द्वारा व्यक्त की गयी ऐसी इच्छा, यदि यह अविवादित है या सभी तरह के सन्देहों से परे सिद्ध है, को नकारा जाना उचित नहीं है। भारतीय उत्तराधिकार अधिनियम के अध्याय चार के प्रावधान में भी विशेष परिस्थितियों में सेना के सम्बन्ध में मौखिक वसीयत को मान्य किया गया है। विशेष परिस्थिति में यदि मौखिक वसीयत के अलावा कोई विकल्प नहीं है, तो ऐसी वसीयत को सामान्य तौर पर मान्य किया जा सकता है, बशर्ते कि यह सभी तरह के सन्देहों से परे साबित हो। ऐसी विशेष परिस्थितियों का उल्लेख करते हुए मौखिक वसीयत करने की व्यवस्था को धर्म-निरपेक्ष स्वरूप में स्वीकार कर 'भारतीय सिविल संहिता' के लिए सर्वमान्य आदर्श स्थिति प्राप्त की जा सकती है।

वसीयत के सम्बन्ध में मुस्लिम कानून के साम्यता - आधारित सिद्धान्तों को निम्न गुणात्मक सुधार के साथ 'भारतीय सिविल संहिता' में स्थान दिया जा सकता है–

1. सामान्यतः लिखित वसीयत ही मान्य होगी। किन्तु लिखित एवं पंजीकरण के अनुकूल हालात न होने पर विशेष परिस्थिति में कोई व्यक्ति अपनी सम्पत्ति के सम्बन्ध में मौखिक वसीयत भी कर सकता है।
2. वसीयतकर्त्ता के पास यदि तीन या तीन से अधिक सन्तान हैं तो उसे एक-चौथाई से अधिक सम्पत्ति का; यदि दो सन्तान हैं तो उसे एक-तिहाई से अधिक सम्पत्ति का और यदि मात्र एक सन्तान है तो उसे आधी सम्पत्ति से अधिक सम्पत्ति का वसीयत करने का अधिकार नहीं होगा।
3. यदि वसीयत किसी एक वारिस के पक्ष में की गयी है तो पैरा 2 में उल्लिखित सीमा से अधिक सम्पत्ति की वसीयत तभी वैध होगी, जब दूसरे वारिसों द्वारा ऐसी वसीयत पर अपनी सहमति दी गयी हो।

अध्याय 28

निर्वसीयती उत्तराधिकार

किसी व्यक्ति की मृत्यु के बाद उसके द्वारा छोड़ी गयी सम्पत्ति का उपयोग करने के सम्बन्ध में सामान्यतः निम्न तीन चरण पूरा किया जाता है–

1. उत्तराधिकार खुलने के पूर्व मृतक व्यक्ति के इलाज, अन्त्येष्टि इत्यादि पर आये खर्चों का एवं उसके समस्त ऋणों का भुगतान करना।
2. सम्पत्ति के निर्बन्धनों के अधीन रहकर मृतक व्यक्ति द्वारा की गयी वसीयत के अनुसार सम्पत्ति का बँटवारा किया जाना।

3. वसीयत का क्रियान्वयन करने के बाद शेष बची सम्पत्ति का या वसीयत न होने पर समस्त सम्पत्ति का उत्तराधिकार के नियमों के अनुसार वारिसों में बाँटा जाना।

पहले चरण के बिन्दु पर किसी तरह का कोई विवाद नहीं है। किसी व्यक्ति की मृत्यु के बाद अन्त्येष्टि-व्यय या मृत्युशय्या-व्यय या एक महीने पूर्व का चिकित्सा खर्च, भोजन खर्च, आवास खर्च (धारा 321 के अन्तर्गत); मृत्यु के तीन महीने पूर्व मृतक की सेवा में आया खर्च (धारा 322 के अन्तर्गत); मृतक के सभी ऋणों (धारा 323 एवं 325 के अन्तर्गत) को मृतक द्वारा छोड़ी गयी सम्पत्ति से चुकाये जाने के सम्बन्ध में भारतीय उत्तराधिकार अधिनियम के प्रावधान लागू होते हैं। भारतीय उत्तराधिकार अधिनियम के ये प्रावधान सभी धर्मों, चाहे हिन्दू धर्म के अनुयायी हों या इस्लाम या ईसाई या पारसी धर्म के अनुयायी, सभी पर समान रूप से लागू होते हैं।

दूसरा चरण वसीयत के क्रियान्वयन के सम्बन्ध में है। वसीयत के सम्बन्ध में पिछले अध्याय में चर्चा की जा चुकी है। मुस्लिम कानून पर आधारित 'व्युत्क्रमानुपातिक सापेक्षता - आधारित निर्बन्धन' के सिद्धान्त को यदि हम 'भारतीय सिविल संहिता' में स्वीकार कर लेते हैं तो वसीयत के लागू किये जाने के बाद भी वारिसों के लिए सम्पत्ति बचेगी ही। तीसरे चरण में मृतक व्यक्ति के वारिसों के मध्य उत्तराधिकार (निर्वसीयती उत्तराधिकार) के आधार पर सम्पत्ति का वितरण इस अध्याय का विषय है।

निर्वसीयती उत्तराधिकार के सन्दर्भ में भारत में तीन कानून– 'भारतीय उत्तराधिकार अधिनियम, 1925' (सामान्य कानून), 'हिन्दू उत्तराधिकार अधिनियम, 1956' (हिन्दू कानून) एवं 'मुस्लिम कानून' लागू हैं। ये कानून अलग-अलग धर्मों के सन्दर्भ में लागू होते हैं। मुस्लिम कानून मुस्लिम धर्म के अनुयायियों पर, हिन्दू कानून के प्रावधान हिन्दू, सिक्ख, बौद्ध और जैन धर्म के अनुयायियों पर और सामान्य कानून के प्रावधान ईसाई, पारसी एवं अन्य धर्म के अनुयायियों पर लागू होते हैं। सामान्य परिस्थिति में या यदि माता-पिता अलग-अलग धर्मों को माननेवाले रहे हैं तो भी सामान्य कानून के प्रावधान लागू होते हैं।

'भारतीय सिविल संहिता' के इस अध्याय के लिए चर्चा का विषय यह है कि उपर्युक्त तीन कानूनों के मध्य किन-किन बिन्दुओं को लेकर असंगति है और इन असंगतियों को दूर करने के क्या उपाय हैं? वसीयती उत्तराधिकार की तुलना में निर्वसीयती उत्तराधिकार से सम्बन्धित कानूनों के मध्य सामंजस्य के बिन्दुओं को खोजना पहली नजर में कठिन प्रतीत होता है क्योंकि वसीयती उत्तराधिकार के सम्बन्ध में मात्र दो कानून हैं, जबकि निर्वसीयती उत्तराधिकार के सम्बन्ध में तीन कानून लागू हैं। किन्तु 'मूल्य आधारित वैकल्पिक व्यवस्था' के सिद्धान्त को लागू करके ज्यादा कठिन लगनेवाली इस समस्या का समाधान निकाला जा सकता है और भारतीय सिविल संहिता के लिए सर्वमान्य आदर्श स्थिति प्राप्त की जा सकती है।

'सामान्य कानून' बनाम 'हिन्दू कानून' बनाम 'मुस्लिम कानून'

यह बहुत सीधी-सी बात है कि एक व्यक्ति की मृत्यु के बाद उसके सभी सन्तान, चाहे पुत्र हो या पुत्री, 'स्वाभाविक वारिस' होते हैं और इस रूप में ये सभी बराबर-बराबर का अंश प्राप्त करने के अधिकारी हैं। किन्तु अलग-अलग धर्मों के लिए लागू होनेवाले लगभग सभी कानूनों, चाहे धर्म पोषित कानून हों या ब्रिटिश हुकूमत निर्मित कानून या संसद् निर्मित कानून, में उत्तराधिकार के विषय को इतना जटिल बना दिया गया है कि इन्हें समझना एक साधारण व्यक्ति के वश की बात नहीं है। इसका एक मुख्य कारण यह है कि ये सभी कानून पुरुषप्रधान सोच से प्रभावित होकर बनाये गये होते हैं। इन कानूनों के माध्यम से ऐसा प्रबन्ध करने का प्रयास किया गया होता है कि पुत्री को सन्तान के रूप में उसका वास्तविक अधिकार न मिल सके।

यद्यपि धीरे-धीरे स्थिति में सुधार हुआ है और पुत्रियों को पैतृक सम्पत्ति में समान अधिकार देने के लिए कानूनों में संशोधन भी किये जा रहे हैं। किन्तु लोकतान्त्रिक संसद् द्वारा निर्मित कानूनों में सम्पत्ति के अधिकार के सम्बन्ध में पुत्रियों की क्या स्थिति रही है, इसको एक दृष्टान्त के माध्यम से समझने का प्रयास करते हैं। संसद् द्वारा वर्ष 1956 में पारित की गयी हिन्दू उत्तराधिकार अधिनियम की धारा 6 के अन्तर्गत कोपार्सनरी सम्पत्ति में सिर्फ पुत्रों को हक दिया गया था, पुत्रियों को नहीं। पुत्रियों के साथ यह विभेदकारी व्यवहार लगभग 50 वर्षों तक चलता रहा और वर्ष 2005 में न्यायमूर्ति बी. पी. जीवन रेड्डी कमीशन की रिपोर्ट आने के बाद कहीं जाकर इस विभेदकारी नीति को समाप्त किया जा सका।

मुस्लिम कानून में पुत्रों को मिलनेवाली सम्पत्ति का आधा अंश ही पुत्रियों को उत्तराधिकार में दिये जाने का प्रावधान है। पुत्रों की मौजूदगी में पुत्रियाँ अवशिष्टग्राही हो जाती हैं। वह हिस्सेदार के रूप में नहीं, बल्कि अवशिष्टग्राही के रूप में सम्पदा प्राप्त करती हैं। उदाहरण के लिए यदि कोई व्यक्ति अपने पीछे एक पुत्र और एक पुत्री छोड़कर मरता है तो पुत्र को दो-तिहाई और पुत्री को एक-तिहाई हिस्सा मिलता है। यदि वह दो पुत्र और तीन पुत्री छोड़कर मरता है, तो पुत्रों को सम्पत्ति में 2/7-2/7 हिस्सा, जबकि पुत्रियों को मात्र 1/7-1/7 हिस्सा मिलेगा।

ससुराल पक्ष में एक महिला को वरासत में हक तभी प्राप्त होता है, जब पति की मृत्यु के समय वह उसकी पत्नी बनी रहे। यदि पति के जीवित रहते कोई विवाद हो गया तो दाम्पत्य जीवन के दौरान अर्जित सम्पत्ति में उसे कोई हक नहीं मिलता है। इस सम्बन्ध में लगभग सभी व्यक्तिगत कानूनों, चाहे हिन्दू कानून हो या मुस्लिम कानून, की स्थिति एकसमान है।

वसीयती उत्तराधिकार के सम्बन्ध में केवल दो कानूनों के मध्य सामंजस्य बैठाने की चुनौती रहती है, किन्तु निर्वसीयती उत्तराधिकार के मामले में चुनौती थोड़ा ज्यादा दिखती है

क्योंकि इस सम्बन्ध में तीन कानून लागू हैं। निर्वसीयती उत्तराधिकार के सम्बन्ध में ज्यादा कानून होने के कारण भले ही चुनौती कुछ ज्यादा दिखती हो, लेकिन इसके समाधान का रास्ता भारतीय उत्तराधिकार अधिनियम में ही सुझाया गया है। भारतीय उत्तराधिकार अधिनियम के अन्तर्गत निर्वसीयती उत्तराधिकार के सम्बन्ध में सामान्य नियमों का उल्लेख करने के साथ पारसियों पर लागू होनेवाली व्यवस्था को अलग से स्वीकार किया गया है। सामान्य नियम ईसाई धर्म के अनुयायियों सहित अन्य लोगों पर, जो हिन्दू, सिक्ख, बौद्ध, जैन या मुस्लिम नहीं हैं, पर सामान्य रूप से लागू होता है।

किसी भी स्थिति में सामान्य नियम, हिन्दू कानून, मुस्लिम कानून और पारसी कानून के मध्य सामंजस्य नहीं हो पाने पर 'भारतीय सिविल संहिता' में निर्वसीयती उत्तराधिकार के सम्बन्ध में 'मूल्य आधारित वैकल्पिक व्यवस्था' के सिद्धान्त को लागू किया जा सकता है। इस सिद्धान्त के अन्तर्गत दो तरह का प्रावधान होगा। एक 'सामान्य प्रावधान' और दूसरा 'वैकल्पिक प्रावधान'। वैकल्पिक प्रावधान हिन्दुओं, मुस्लिमों और पारसियों के सम्बन्ध में अलग-अलग बनाये जा सकते हैं। एक मुसलमान के लिए विकल्प खुला रहेगा कि वह उत्तराधिकार के सम्बन्ध में सामान्य प्रावधान से संचालित होना चाहता है या मुस्लिम-प्रावधान से। इसी तरह एक हिन्दू या पारसी के लिए भी विकल्प खुले रहेंगे।

दाम्पत्य जीवन में पति और पत्नी का सम्पत्ति में अधिकार निर्धारित है। इस विषय पर अध्याय 'संयुक्त दाम्पत्य सम्पत्ति' के अन्तर्गत चर्चा किया गया है। यदि दम्पति में से किसी एक की मृत्यु हो जाती है और इनकी सम्पत्ति में उसके स्वाभाविक वारिस के रूप में पुत्र एवं पुत्री के समान अधिकार को स्वीकार करते हैं, तो निर्वसीयती उत्तराधिकार हेतु 'सामान्य प्रावधान' के लिए सर्वमान्य आदर्श स्थिति प्राप्त की जा सकती है और शायद सभी तरह की जटिलताओं से निजात पा जायेंगे। गोवा सिविल संहिता तथा दूसरे कई विकसित एवं आधुनिक देशों की संहिता में इस व्यवस्था को स्वीकार किया गया है। मुस्लिम देश टर्की की सिविल संहिता में भी सभी सन्तान चाहे पुत्र हो या पुत्री, उत्तराधिकार में बराबर-बराबर अंश पाने के अधिकारी होते हैं।

यदि मृतक व्यक्ति का कोई स्वाभाविक वारिस नहीं है और उसने कोई वसीयत भी नहीं किया है, तो ऐसी स्थिति में सामान्य प्रावधान के लिए उत्तराधिकार के क्या नियम होंगे? इस सवाल का जवाब हम 'भौमिक साम्यता आधारित उत्तराधिकार के सिद्धान्त' के माध्यम से प्राप्त कर सकते हैं।

भौमिक साम्यता - आधारित उत्तराधिकार का सिद्धान्त

किसी व्यक्ति की मृत्यु के पश्चात् उसकी सम्पत्ति वसीयत के अधीन रहकर उत्तराधिकार के नियमों के अनुसार वारिसों में वितरित होती है। उत्तराधिकार के इस नियम के अनुसार सबसे निकट सम्बन्ध रखनेवाले प्रथम स्तर के वारिस को प्राथमिकता

मिलती है, इसके बाद दूसरे स्तर के निकट रिश्तेदार को, फिर तीसरे स्तर के रिश्तेदार को वारिस माना जाता है। और यदि कोई वारिस नहीं है तो मृतक व्यक्ति की सम्पत्ति सरकार में समाहित हो जाती है।

'भौमिक साम्यता - आधारित उत्तराधिकार' के सिद्धान्त के अन्तर्गत किसी व्यक्ति के पुत्र और पुत्री उसके स्वाभाविक उत्तराधिकारी होते हैं। यही स्वाभाविक उत्तराधिकारी ही सम्पत्ति में बराबर-बराबर का अंश प्राप्त करते हैं। यदि ऐसा कोई स्वाभाविक उत्तराधिकारी नहीं है, तो उत्तराधिकार के सम्बन्ध में बाकी सभी नात-रिश्तेदार की हैसियत समान होगी और इनमें से उस व्यक्ति को सम्पत्ति प्राप्त होगी, जिसके पास सम्पत्ति का अभाव रहा हो। इस सिद्धान्त के अन्तर्गत स्वाभाविक उत्तराधिकारी न होने पर मृतक व्यक्ति की सम्पत्ति 'राष्ट्रीय भूमि बैंक' के माध्यम से मृतक व्यक्ति के उस नातेदार को मिलेगी, जिसके पास पिछले तीन पीढ़ी के दौरान 'राष्ट्रीय औसत भूमि' से कम भौमिक सम्पत्ति रही हो। यदि 'राष्ट्रीय औसत भूमि' से कम भौमिक सम्पत्ति रखनेवाले नातेदारों की संख्या एक से अधिक हो तो इन सब में समान रूप से बाँटी जायेगी। यदि ऐसा कोई नातेदार नहीं है, जिसके पास 'राष्ट्रीय औसत भूमि' से कम भौमिक सम्पत्ति हो, तो मृतक व्यक्ति द्वारा छोड़ी गयी समस्त सम्पत्ति राष्ट्रीय भूमि बैंक का अंग हो जायेगी और इसे दूसरे अन्य भूमिहीन, वंचित लोगों को दिया जायेगा।

इस तरह उत्तराधिकार का उद्‌देश्य यह होना चाहिए कि मृतक व्यक्ति के पास यदि कोई स्वाभाविक उत्तराधिकारी है तो उनमें बिना कोई लैंगिक भेदभाव किये बराबर-बराबर बाँटा जाय। यदि ऐसा कोई स्वाभाविक उत्तराधिकारी नहीं है और मृतक व्यक्ति ने कोई वसीयत नहीं लिखा है, तो उसके द्वारा छोड़ी गयी सम्पत्ति उसके दूसरे नातेदारों को मात्र इसलिए नहीं मिल जानी चाहिए क्योंकि वे सबसे निकट के रिश्तेदार हैं। बल्कि इसका आधार यह होना चाहिए कि मृतक व्यक्ति के बाकी सभी नातेदारों में कौन सबसे ज्यादा समय से कम भौमिक शक्तिवाला रहा है। इस उद्‌देश्य की पूर्ति के लिए 'राष्ट्रीय भूमि बैंक' और 'राष्ट्रीय औसत भूमि' की अवधारणा का विकास किया जाना आवश्यक होगा।

अध्याय 29

बँटवारा

'बँटवारा' एक ऐसी प्रक्रिया है, जिसके माध्यम से संयुक्त सम्पत्ति में सहस्वामियों की संयुक्त सत्त्व एवं कब्जे को प्रत्येक सह-स्वामियों के लिए पृथक्-पृथक् सत्त्व एवं कब्जे में परिवर्तित किया जाता है।

एक परिवार में ऐसी परिस्थिति आ सकती है, जब परिवार के सदस्यों का संयुक्त बने रहना सम्भव नहीं हो। ऐसी स्थिति में सम्पत्ति का बँटवारा आवश्यक हो जाता है। बँटवारा

के माध्यम से संयुक्त सम्पत्ति को इसके सह-स्वामियों के मध्य उनके हिस्सानुसार बाँट दिया जाता है। यह बँटवारा सभी सह-स्वामियों के मध्य या तो आपसी समझौता द्वारा किया जा सकता है या किसी एक सह-स्वामी द्वारा न्यायालय में बँटवारा के वाद के माध्यम से डिक्री हासिल करके किया जा सकता है।

पारिवारिक समझौता के अलावा सभी तरह के बँटवारे का, चाहे संयुक्त परिवार की सम्पत्ति का हो या अन्य तरीके से हासिल संयुक्त सम्पत्ति का, लिखित एवं पंजीकृत होना आवश्यक है।

बँटवारा के न्यायालयी प्रक्रिया के सम्बन्ध में बँटवारा अधिनियम, 1893 लागू होता है। इस कानून के अन्तर्गत बँटवारा के मामलों की सुनवायी के दौरान न्यायालय को कुछ विशिष्ट अधिकार प्रदान किया गया है। जैसे इस अधिनियम की धारा 2 का प्रावधान कहता है कि जब सम्पत्ति की प्रकृति इस तरह की हो कि उसका बँटवारा किया जाना असम्भव है, तो न्यायालय किसी सम्बन्धित पक्षकार के प्रार्थना-पत्र पर ऐसी संयुक्त सम्पत्ति को बेचने का आदेश दे सकता है। किन्तु इस कानून में कई खामियाँ भी हैं। जैसे धारा 2 के अन्तर्गत न्यायालय अपनी शक्ति का प्रयोग तभी कर सकता है, जब किसी सम्बन्धित पक्षकार द्वारा इस सम्बन्ध में प्रार्थना-पत्र दिया गया हो। इस शर्त के कारण न्यायालयों के समक्ष कई व्यावहारिक समस्याएँ भी पैदा होती हैं। अलग-अलग हाईकोर्ट द्वारा इसकी व्याख्या करके रास्ता भी निकाला गया है। ऐसी कमियों को दूर कर सुधार करने के लिए विधि आयोग द्वारा वर्ष 1980 में अपनी 86वें रिपोर्ट के माध्यम से संस्तुति भी की गयी है। रिपोर्ट के मूल तत्त्वों को आधार बनाकर 'भारतीय सिविल संहिता' के इस अध्याय के लिए सर्वमान्य आदर्श स्थिति प्राप्त की जा सकती है।

बँटवारा के सम्बन्ध में मौलिक कानून

भारत में बँटवारा के सम्बन्ध में कानून के रूप में एकमात्र कानून 'बँटवारा अधिनियम, 1893' है। यह कानून भी मौलिक कम, प्रक्रियात्मक ज्यादा है। इसके अलावा हिन्दू व्यक्तिगत कानून है, जो हिन्दू संयुक्त परिवार में बँटवारा को नियमित करता है। किन्तु हिन्दू धर्म के अलग-अलग मतों में भी बँटवारा के कुछ विषयों को लेकर मतभेद है। हिन्दू धर्म के दो मत- मिताक्षरा मत एवं दायभाग मत के अन्तर्गत बँटवारा के कुछ बिन्दुओं को लेकर अलग-अलग मान्यताएँ प्रचलित हैं। दायभाग मत के अन्तर्गत बँटवारा का मतलब सम्पत्तियों का सभी सहदायिकों (कोपार्सनर्स) के मध्य इनके हिस्से के अनुसार विभाजन है जबकि मिताक्षरा मत के अनुसार बँटवारा का मतलब मात्र सम्पत्तियों का सभी सहदायिकों के मध्य विभाजन ही नहीं है, बल्कि इन सभी सहदायिकों के मध्य हैसियत एवं हितों का विभाजन भी है।

मुस्लिम कानून में बँटवारा की अवधारणा का प्रचलन नहीं है।

'बँटवारा ऐसी प्रक्रिया है, जिसे किसी भी रूप में अतार्किक नहीं कहा जा सकता है। ज्यादातर मामलों में यह स्वैच्छिक होता है। इस सम्बन्ध में प्रावधान बनाने से यह किसी

तरह से नुकसानदायक नहीं होनेवाला है, बल्कि उपयोगी व हितकारी ही साबित होगा। इसको दृष्टिगत रखते हुए बँटवारा की व्यवस्था को सर्वमान्य बनाकर धर्म-निरपेक्ष रूप से लागू किया जाना उचित है।

बँटवारा के सम्बन्ध में हिन्दू कानून में मौजूद अन्तर्विरोधों को दूर कर और मौखिक पारिवारिक समझौता का दुरुपयोग होने से बचाने के लिए प्रभावशाली प्रावधान बनाकर 'भारतीय सिविल संहिता' के इस अध्याय के लिए सर्वमान्य आदर्श स्थिति प्राप्त की जा सकती है।

हिन्दू व्यक्तिगत कानून के सम्बन्धित प्रावधान, फ्रान्स सिविल संहिता के चैप्टर 6 के अनुच्छेद 815 से 892 (पुस्तक 3, टाइटिल 1) के प्रावधान इस अध्याय के लिए मार्गदर्शक हैं।

अध्याय 30:
पारिवारिक समझौता

'पारिवारिक समझौता' ऐसा समझौता है, जिसके माध्यम से एक ही परिवार के सदस्य संयुक्त सम्पत्ति से जुड़े अपने आपसी अधिकारों के सम्बन्ध में विवादों का समाधान करते हैं, ताकि मुकदमेबाजी से बचा जा सके और परिवार में शान्ति व सौहार्द बना रह सके।

पारिवारिक समझौता का भी प्रभाव वही होता है, जो बँटवारा का होता है यानी किसी सम्पत्ति का बँटवारा करना। किन्तु पारिवारिक समझौता केवल परिवार के 'संयुक्त सम्पत्ति' के सम्बन्ध में ही होता है, जबकि बँटवारा न केवल परिवार के संयुक्त सम्पत्ति के सम्बन्ध में बल्कि किसी भी संयुक्त सम्पत्ति के सम्बन्ध में हो सकता है। बँटवारा हमेशा लिखित होता है जबकि पारिवारिक समझौता लिखित एवं मौखिक दोनों स्वरूप में हो सकता है। लिखित होने पर इसका पंजीकरण होना उसी तरह आवश्यक है, जिस तरह बँटवारा का पंजीकरण होना आवश्यक है।

मौखिक पारिवारिक समझौता के सम्बन्ध में कानूनी रूप से स्वीकृत एक स्थिति यह भी है कि ऐसा समझौता हो जाने के बाद इसे याददाश्त के रूप में सुरक्षित रखने के लिए या दाखिल खारिज हेतु न्यायालय को सूचित करने के लिए इसे दस्तावेज के रूप में परिवर्तित किया जा सकता है। ऐसे दस्तावेज का पंजीकरण कराना आवश्यक नहीं होता है।

महिला अधिकारों के खिलाफ मौखिक पारिवारिक समझौता

मौखिक पारिवारिक समझौता के माध्यम से बँटवारा को विधिक हैसियत दिये जाने का सबसे अधिक दुरुपयोग महिलाओं के अधिकार के खिलाफ किया जाता है। ज्यादातर मामलों में देखा गया है कि परिवार की पुत्री या बहन या बुआ के रूप में महिलाओं का

संयुक्त सम्पत्ति में अधिकार रहता है लेकिन विवाह के बाद ये महिला-सदस्य अपनी पैतृक संयुक्त सम्पत्ति के कब्जे से अलग हो जाती हैं, जिसका नाजायज लाभ पुरुष-सदस्य इन मौखिक पारिवारिक समझौता के माध्यम से उठाते हैं।

पारिवारिक समझौता खासकर मौखिक पारिवारिक समझौता से महिलाओं के हक को सुरक्षित करने के लिए आवश्यक निर्बन्धन लगाया जाना आवश्यक है। इस दिशा में पहला कदम यह हो सकता है कि पारिवारिक समझौता या पारिवारिक बँटवारा का लिखित एवं पंजीकृत होना आवश्यक कर दिया जाय। दूसरा यह कि ऐसे दस्तावेज का पंजीकरण करने के पूर्व 'नियत प्राधिकारी' का यह दायित्व होना चाहिए कि वह यह देखे कि पारिवारिक समझौता या पारिवारिक बँटवारा के दस्तावेज में सभी वारिसों का स्पष्ट उल्लेख है या नहीं तथा साथ-साथ सभी वारिसों की सहमति के सम्बन्ध में स्पष्ट प्रावधान है या नहीं। इस सम्बन्ध में 'नियत अधिकारी' का यह भी दायित्व होना चाहिए कि किसी तरह की शंका पैदा होने पर वह मामले को सिविल न्यायालय को सन्दर्भित करे।

●

12

भाग IV : सम्पत्ति एवं दायित्व सम्बन्धी कानून

मानव विकास में 'सम्पत्ति' हमेशा ही महत्त्व का विषय रहा है। भारतीय संविधान में सम्पत्ति के अधिकार को पहले मूल अधिकार के रूप में मान्यता दी गयी थी। किन्तु 1978 में संशोधन करके सम्पत्ति के अधिकार को मूल अधिकारवाले भाग 'तीन' से निकालकर इसे अनुच्छेद 300-क के अन्तर्गत सांविधानिक अधिकार के रूप में मान्यता दे दी गयी। अनुच्छेद 300-क का प्रावधान कहता है कि "कोई भी व्यक्ति कानून के प्राधिकार के बिना अपनी सम्पत्ति से वंचित नहीं किया जायेगा।" इस तरह सम्पत्ति और एक व्यक्ति द्वारा इसे धारित करने की अवधारणा को स्वीकार किया गया है। इसी के साथ यह भी स्वीकृत है कि सम्पत्ति से सम्बन्धित सभी विषय राज्य निर्मित कानून द्वारा ही विनियमित होंगे।

सम्पत्ति एवं दायित्व से सम्बन्धित इस भाग के ज्यादातर विषयों के सम्बन्ध में कानूनी प्रावधान धर्म-निरपेक्ष रूप से लागू होते हैं। केवल दो विषय हैं, जिनको लेकर सामान्य कानून एवं मुस्लिम कानून के मध्य कुछ बिन्दुओं पर असंगति है। पहला है 'सम्पत्ति अन्तरण अधिनियम की धारा 2 में स्वीकार किया गया अपवाद' और दूसरा 'दान'। इन दोनों विषयों पर इस भाग में विस्तार से विश्लेषणात्मक चर्चा की जायेगी ताकि भारतीय सिविल संहिता के लिए एक सर्वमान्य आदर्श स्थिति प्राप्त की जा सके और शेष अन्य विषय, जिसके सम्बन्ध में विभिन्न धर्मों के मध्य कोई अन्तर्विरोध नहीं है, को सामान्य रूप से परिभाषित कर इनके आवश्यक तत्त्वों का अलग-अलग अध्यायों में मात्र उल्लेख करना उचित है।

'भारतीय सिविल संहिता' के प्रस्तावित चतुर्थ भाग 'सम्पत्ति एवं दायित्व सम्बन्धी कानून' में अध्ययन की दृष्टि से निम्न अध्यायों को शामिल किया जा सकता है-

अध्याय 31 : सम्पत्ति, स्वामित्व एवं कब्जा,

अध्याय 32 : संत्रिदा एवं संविदात्मक दायित्व,

अध्याय 33 : अपकृत्यात्मक दायित्व,

अध्याय 34 : सम्पत्ति अन्तरण के सामान्य सिद्धान्त,

अध्याय 35 : बिक्री,

अध्याय 36 : विनिमय,
अध्याय 37 : बन्धक,
अध्याय 38 : भार,
अध्याय 39 : पट्टा,
अध्याय 40 : दान या हिबा,
अध्याय 41 : अनुयोज्य दावा का अन्तरण,
अध्याय 42 : प्रत्याभूति,
अध्याय 43 : उपनिधान,
अध्याय 44 : गिरवी,
अध्याय 45 : अभिकरण,
अध्याय 46 : बौद्धिक सम्पदा और बौद्धिक सम्पदा अधिकार,
अध्याय 47 : सुखाधिकार,
अध्याय 48 : अनुज्ञप्ति,
अध्याय 49 : बेनामी अन्तरण और 'गाँधीत्व-भीमत्व-भावेत्व' का सिद्धान्त।

अध्याय 31

सम्पत्ति, स्वामित्व एवं कब्जा

(Of Property, Ownership and Possession)

"जिस वस्तु या अधिकार पर कोई व्यक्ति अपना स्वामित्व रखता है, वह उस व्यक्ति की 'सम्पत्ति' होती है। 'स्वामित्व' किसी व्यक्ति को किसी निश्चित सम्पत्ति पर असीमित अवधि के लिए उपयोग एवं व्ययन करने का अधिकार प्रदान करता है। जब कोई व्यक्ति, किसी निश्चित वस्तु पर प्रत्यक्ष नियन्त्रण रखता है और उस वस्तु का इस तरह उपयोग करता है कि वह दूसरों को उस वस्तु से वंचित करने की शक्ति एवं आशय रखे, तो यह माना जाता है कि व्यक्ति का उस वस्तु पर 'कब्जा' है।"

'सम्पत्ति, स्वामित्व एवं कब्जा' के सम्बन्ध में कानून को लेकर किसी तरह का कोई अन्तर्विरोध नहीं है। इस सम्बन्ध में प्रावधान बिना किसी धार्मिक मतभेद के सभी नागरिकों पर समान रूप से लागू होते हैं। इस अध्याय में निम्न महत्त्वपूर्ण विषय पर प्रावधान बनाये जा सकते हैं–

1. सम्पत्ति की प्रकृति एवं प्रकार;
2. चल एवं अचल सम्पत्ति;
3. सम्पत्ति के अर्जन के तरीके;
4. स्वामित्व की अवधारणा एवं इसकी प्रकृति;

5. कब्जा की अवधारणा एवं इससे सम्बन्धित सिद्धान्त; इत्यादि।

(इस अध्याय के लिए भारतीय विधिशास्त्र के सिद्धान्त एवं सम्पत्ति अन्तरण अधिनियम के सम्बन्धित प्रावधान मार्गदर्शक हैं।)

अध्याय 32

संविदा एवं संविदात्मक दायित्व

(Of Contract and Contractual Liability)

"कानून द्वारा प्रवर्तनीय सभी करार, जिसे सक्षम पक्षकार द्वारा स्वतन्त्र सहमति से किसी विधिपूर्ण प्रतिफल के लिए और विधिपूर्ण उद्देश्य से किया जाता है, संविदा कहलाता है।"

'संविदा एवं संविदात्मक दायित्व' के सम्बन्ध में कानून को लेकर किसी तरह का कोई अन्तर्विरोध नहीं है। इस सम्बन्ध में प्रावधान बिना किसी धार्मिक मतभेद के सभी नागरिकों पर समान रूप से लागू होते हैं। इस अध्याय में निम्न महत्त्वपूर्ण विषय पर प्रावधान बनाये जा सकते हैं–

1. संविदा की प्रकृति एवं इसके आवश्यक तत्त्व;
2. पक्षकारों की क्षमता एवं स्वतन्त्र सहमति;
3. संविदात्मक दायित्व के सिद्धान्त;
4. ई–कामर्स संविदा के सामान्य सिद्धान्त और व्यापारी के दायित्व;
5. संविदा कल्पित दायित्व के सिद्धान्त;
6. संविदा के उन्मोचन के तरीके;
7. संविदा भंग और प्रतिकर के सिद्धान्त; इत्यादि।

(इस अध्याय के लिए 'संविदा अधिनियम, 1882' के चैप्टर 1 से 6 के प्रावधान मार्गदर्शक हैं।)

अध्याय 33

अपकृत्यात्मक दायित्व

(Of Tortious Liability)

"कोई व्यक्ति जब किसी दूसरे व्यक्ति के जीवन, शरीर, स्वतन्त्रता एवं सम्पत्ति को आशयपूर्वक या लापरवाही से अवैध तरीके से नुकसान पहुँचाता है, तो उस व्यक्ति द्वारा इस तरह पहुँचाये गये नुकसान की भरपायी के लिए पीड़ित व्यक्ति को प्रतिकर देने का दायित्व अपकृत्यात्मक दायित्व कहलाता है।"

भारत में अपकृत्य कानून की स्थिति बहुत ही दयनीय है। संविधान लागू होने के 67 वर्ष बाद भी भारत – जैसे लोकतान्त्रिक देश में अपकृत्य के सम्बन्ध में एक समग्र एवं प्रभावशाली कानून का अभाव है। अभी भी इस देश में अपकृत्य से सम्बन्धित ज्यादातर मामले कामन लॉ एवं न्यायिक निर्णयों के भरोसे चल रहे हैं। इस कानूनी अभाव का खामियाजा देशवासियों को, खासतौर से गरीब एवं मध्यम वर्ग को, भुगतते रहना पड़ता है। इस सम्बन्ध में दो दुर्घटनाओं– भोपाल गैस काण्ड और श्रीराम गैस रिसाव दुर्घटना का यहाँ उल्लेख करना उचित है।

औद्योगिक हिरोशिमा कहे जानेवाले 'भोपाल गैस काण्ड' के दौरान करीब 25 से 30 हजार लोग मौत के गाल में समा गये थे और करीब साढ़े पाँच लाख लोग मौत से भी बदतर जीवन जीने के लिए मजबूर हुए। इनकी पीढ़ियाँ आज भी इसके दुष्प्रभाव से प्रभावित रहती हैं। इसके कुप्रभाव के कारण आज भी कोई अपंग और कोई दमे जैसी घातक रोगों के साथ पैदा होता है। दुर्घटना से पीड़ित लोगों की तरफ से अलग-अलग मामले दाखिल किये गये थे। किन्तु बाद में भारत सरकार ने कानून बनाकर इन सभी मामलों की सामूहिक पैरवी करने का अधिकार अपने हाथ में ले लिया और वर्ष 1989 में प्रत्यक्ष रूप से प्रभावित करीब छह लाख पीड़ित व्यक्तियों के लिए प्रतिकर के रूप में मात्र 613 करोड़ रुपये में सौदा कर लिया गया। यद्यपि छह लाख संख्या केवल उन लोगों की है, जो प्रत्यक्ष रूप से पीड़ित थे। यदि इसमें अप्रत्यक्ष रूप से प्रभावित पीड़ितों की संख्या को भी जोड़ दिया जाय तो यह संख्या बढ़कर बीस से पचीस लाख हो जायेगी। अप्रत्यक्ष रूप से प्रभावित होनेवाले लोगों की संख्या को छोड़ भी दिया जाय तो छह लाख पीड़ितों के लिए मात्र 613 करोड़ रुपये का प्रतिकर अर्थात् प्रति व्यक्ति लगभग 10 हजार रुपये प्रतिकर पर समझौता होना समझ के परे है।

तत्कालीन भारत सरकार द्वारा ऐसा तब किया गया था, जब भोपाल गैस काण्ड के लिए जिम्मेदार कम्पनी– यूनियन कार्बाइड कम्पनी अमरीकी न्यायालय के निर्णय से बँधा हुआ था और वह भारतीय न्यायालय द्वारा पारित किसी भी निर्णय को मानने के लिए बाध्य था। किन्तु न्यायालय का कोई निर्णय आने के पूर्व ही यूनियन कार्बाइड कम्पनी एवं भारत सरकार के मध्य समझौता हो गया। इस समझौता द्वारा एक भारतीय की कीमत कितनी कम लगायी गयी थी, इसको उसी समय पारित कुछ निर्णयों के माध्यम से समझा जा सकता है। एस्बेस्टस इन्जरी के मामले में अमरीकी न्यायालय द्वारा 5.4 लाख रुपये प्रति व्यक्ति, कण्ट्रासेप्टीव मामले में 8.25 लाख रुपये प्रति व्यक्ति, कनिष्क क्रैस के मामले में 10 लाख रुपये प्रति व्यक्ति प्रतिकर का आदेश बहुराष्ट्रीय कम्पनियों के खिलाफ दिया गया था। भारत में यूनियन कार्बाइड कम्पनी के खिलाफ एक भारतीय नागरिक के जीवन की इतनी सस्ती कीमत यदि लगायी जा सकी तो इसका सबसे प्रमुख कारण इस देश में अपकृत्यात्मक दायित्व के सम्बन्ध में स्पष्ट व प्रभावशाली कानून का न होना भी था।

भीषण दुर्घटना के लिए जिम्मेदार बहुराष्ट्रीय कम्पनी के साथ तत्कालीन भारत सरकार द्वारा जिस तरह औने-पौने मूल्य पर सौदेबाजी की जा सकी, वह भारत में अपकृत्यात्मक दायित्वों की कमजोर स्थिति को साबित करने के लिए पर्याप्त है। दुर्घटना होने के समय अर्थात् वर्ष 1989 में हम 39 वर्ष की संसदीय परिपक्वता हासिल कर चुके थे। किन्तु संवेदनशीलता के अभाव के कारण अपकृत्यात्मक दायित्व के सम्बन्ध में प्रभावशाली कानून बनाने में हमारा संसद् विफल रहा है। शायद एक कारण यह भी हो सकता है कि अपकृत्य से प्रभावित होनेवाले ज्यादातर लोग निम्न एवं मध्यम वर्ग के लोग होते हैं। और यह सब तब था, जब कुछ ही समय पूर्व स्वयं सुप्रीम कोर्ट द्वारा अपना विधिशास्त्र विकसित करने पर जोर दिया गया था, किन्तु उसके बाद भी हमारे नीतिकारों का मौन बने रहना दुर्भाग्यपूर्ण है।

भोपाल गैस काण्ड घटित होने के कुछ ही समय पूर्व 'श्रीराम गैस रिसाव दुर्घटना' घटित हुआ था। श्रीराम गैस रिसाव दुर्घटना के खिलाफ दाखिल एम. सी. मेहता के मामले में सुप्रीम कोर्ट द्वारा वर्ष 1986 में ही 'कठोर एवं पूर्ण दायित्व का सिद्धान्त' प्रतिपादित किया जा चुका था। तत्कालीन मुख्य न्यायाधीश और भारत में पी.आई.एल. के जनक न्यायमूर्ति पी. एन. भगवती द्वारा 'कठोर एवं पूर्ण दायित्व' का सिद्धान्त प्रतिपादित करते हुए जो विचार दिया गया, उसका उल्लेख किया जाना बहुत ही महत्त्वपूर्ण है। अपने निर्णय में न्यायमूर्ति पी. एन. भगवती ने कहा–

> 'यदि कोई उद्योग या उपक्रम किसी खतरनाक, संकटपूर्ण या जहरीली वस्तु का निर्माण करता है, जिससे वहाँ काम कर रहे लोगों और आस-पास के रहनेवाले लोगों को स्वास्थ्य या सुरक्षा सम्बन्धी किसी खतरे की सम्भावना है तो उस उद्योग या उपक्रम का पूर्ण दायित्व है कि वह सुरक्षा के उच्चतम साधन अपनाये। खतरनाक वस्तुओं का निर्माण करनेवाले ऐसे किसी उपक्रम से यदि कोई क्षति पहुँचती है तो उपक्रम ऐसी क्षति की पूर्ति करने के लिए पूर्ण रूप से दायित्वाधीन होगा। वह किसी अपवाद का सहारा नहीं ले सकता।'

अपने ऐतिहासिक निर्णय में न्यायमूर्ति भगवती ने यह भी टिप्पणी की कि हमें ब्रिटेन या किसी बाहरी देशों के कानूनों से बँधने के बजाय अपना विधिशास्त्र विकसित करने की आवश्यकता है।

सुप्रीम कोर्ट के उक्त निर्णय में प्रतिपादित किये गये सिद्धान्त और की गयी टिप्पणी के बाद संसद् के पास बहुत बड़ा अवसर था कि वह देश के लिए एक समग्र एवं प्रभावशाली अपकृत्य कानून बनाता। किन्तु दुर्भाग्य से इन 30 वर्षों के दौरान किसी तरह का सकारात्मक प्रयास नहीं किया जा सका। यह सही है कि संसद् की ऐसी निष्क्रियता के खिलाफ उसकी जवाबदेही तय करने के लिए सिविल-सोसाइटी एवं नागरिकों को भी लगातार सक्रिय बने रहना पड़ता है। इस दिशा में सुप्रीम कोर्ट के

वरिष्ठ अधिवक्ता एम. सी. मेहता द्वारा किये गये प्रयास हम सबके लिए प्रेरणास्रोत हैं। एम. सी. मेहता मामले में पारित किये गये निर्णय के बाद यदि हमारे संसद् द्वारा प्रभावशाली कानून बना लिया जाता तो शायद भोपाल गैस काण्ड जैसी त्रासदी से यह देश बच सकता था और कम-से-कम भारत सरकार को औने-पौने कीमत पर भारतीयों के जीवन की सौदेबाजी करने से बाज आना ही पड़ता।

भोपाल गैस काण्ड मामले के बाद संसद् द्वारा 'लोक दायित्व बीमा अधिनियम, 1991' पारित कर दिया गया। इस कानून के अन्तर्गत खतरनाक प्रकृति के उद्यम शुरू करनेवाले व्यक्तियों को आवश्यक रूप से बीमा योजना लेना होता है। लेकिन इस कानून को अपकृत्यात्मक दायित्व के सन्दर्भ में पूर्ण कानून नहीं कहा जा सकता है। इसके अलावा कुछ अन्य कानून जैसे नियोजक दायित्व अधिनियम, 1938; मोटर दुर्घटना अधिनियम, 1988; घातक दुर्घटना अधिनियम, 1855; विशिष्ट उपचार अधिनियम, 1963 भी हैं। किन्तु ये सीमित प्रभाववाले कानून हैं और अपकृत्यात्मक दायित्व के मूल भाव से अछूते हैं। 'भारतीय सिविल संहिता' के इस अध्याय के माध्यम से अपकृत्य सम्बन्धित दायित्वों को कानूनी मान्यता देकर एकरूप एवं प्रभावशाली कानून बनाया जाना उचित है।

'अपकृत्यात्मक दायित्व' के सम्बन्ध में कानून को लेकर किसी तरह का कोई अन्तर्विरोध नहीं है। इस सम्बन्ध में लागू व्यवस्था बिना किसी धार्मिक मतभेद के सभी नागरिकों पर समान रूप से लागू होते हैं। इस अध्याय में निम्न महत्त्वपूर्ण विषय पर प्रावधान बनाये जा सकते हैं–

1. अपकृत्य की प्रकृति एवं इसके आवश्यक तत्त्व;
2. अपकृत्यात्मक दायित्व के विभिन्न सिद्धान्त;
3. अपकृत्यात्मक दायित्व के सामान्य बचाव;
4. अपकृत्य के विभिन्न स्वरूप;
5. अपकृत्य के उपचार; इत्यादि।

अध्याय 34

सम्पत्ति अन्तरण के सामान्य सिद्धान्त

(General Principles of Transfer of Property)

किसी भी तरह की सम्पत्ति का अन्तरण दो तरह से हो सकता है। एक 'विधि के प्रवर्तन' द्वारा और दूसरा 'व्यक्ति के कार्य' द्वारा। विक्रय, बन्धक, पट्टा, विनिमय, दान या गिरवी के माध्यम से किया गया अन्तरण ऐसा अन्तरण है, जो 'व्यक्ति के कार्य' द्वारा सम्पादित होता है, जबकि वसीयत, उत्तराधिकार, जब्ती से होनेवाला अन्तरण या न्यायालय द्वारा दिवालिया घोषित होने के उपरान्त रिसीवर की नियुक्ति से होनेवाला अन्तरण 'विधि के

प्रवर्तन' द्वारा सम्पादित होता है। एक और महत्त्वपूर्ण बात यह है कि 'वसीयत' और 'निर्वसीयती उत्तराधिकार' के माध्यम से होनेवाला अन्तरण सामान्यत: एक व्यक्ति के सामाजिक एवं पारिवारिक भावनाओं से जुड़ा हुआ अन्तरण होता है। इसी तरह प्यार और स्नेह के कारण किया जानेवाला 'दान' भी परिवार और व्यक्ति के भावनात्मक लगाव से जुड़ा हुआ अन्तरण होता है।

किसी 'व्यक्ति के कार्य' द्वारा सम्पादित होनेवाला अन्तरण मूलत: दो कानूनों 'सम्पत्ति अन्तरण अधिनियम, 1882' एवं 'माल विक्रय अधिनियम, 1930' से विनियमित होता है। चल सम्पत्ति की बिक्री के माध्यम से होनेवाला अन्तरण 'माल विक्रय अधिनियम' से और अचल सम्पत्ति की बिक्री एवं सभी तरह की सम्पत्तियों का अन्य तरीके से किया गया अन्तरण 'सम्पत्ति अन्तरण अधिनियम' से विनियमित होता है। इसके अलावा वसीयत के सम्बन्ध में दो कानून– 'भारतीय उत्तराधिकार अधिनियम' और 'मुस्लिम कानून'; निर्वसीयती उत्तराधिकार के सम्बन्ध में तीन कानून– 'भारतीय उत्तराधिकार अधिनियम', 'हिन्दू उत्तराधिकार अधिनियम' और 'मुस्लिम कानून' तथा 'दान' के सम्बन्ध में दो कानून– 'सम्पत्ति अन्तरण अधिनियम' और 'मुस्लिम कानून' लागू होते हैं।

सभी तरह की सम्पत्तियों के अन्तरण के तत्त्वों एवं उन पर लागू होनेवाले सिद्धान्तों को चार बिन्दुओं में बाँटकर चर्चा करना उचित है, ताकि इनसे सम्बन्धित धर्म-आधारित कानूनी असंगतियों को समझा जा सके और इन असंगतियों को दूर कर 'भारतीय सिविल संहिता' के लिए एक सर्वमान्य आदर्श स्थिति प्राप्त की जा सके। ये चार बिन्दु निम्न हैं–

1. अन्तरणकर्त्ता के 'वयस्क' व 'स्वस्थचित्त' होने से सम्बन्धित विधिक क्षमता;
2. अन्तरण करने के दौरान अन्तरणकर्त्ता की 'स्वतन्त्र सहमति';
3. सम्पत्ति अन्तरण अधिनियम के अध्याय 2 में उल्लिखित सिद्धान्त एवं धारा 2 में उल्लिखित अपवाद; और
4. मुस्लिम कानून में प्रचलित 'शुफा का सिद्धान्त'।

प्रथम दो बिन्दुओं के सम्बन्ध में व्यक्तिगत कानूनों में किसी तरह का कोई अन्तर्विरोध नहीं है। सभी तरह के अन्तरण चाहे वह 'सम्पत्ति अन्तरण अधिनियम' के अन्तर्गत किया गया हो या फिर 'माल विक्रय अधिनियम' या 'भारतीय उत्तराधिकार अधिनियम' या 'मुस्लिम व्यक्तिगत कानून' या 'हिन्दू उत्तराधिकार अधिनियम' के अन्तर्गत हो, प्रथम बिन्दु के सम्बन्ध में 'भारतीय संविदा अधिनियम' का प्रावधान और द्वितीय बिन्दु के सम्बन्ध में 'भारतीय वयस्कता अधिनियम' का प्रावधान सामान्य रूप से लागू होता है।

अन्तरण के सम्बन्ध में सामान्य सिद्धान्तों का उल्लेख सम्पत्ति अन्तरण अधिनियम के अध्याय 2 में किया गया है। ये सिद्धान्त भी सामान्य रूप से सभी तरह के अन्तरण पर लागू होते हैं। किन्तु इसका एक अपवाद मुस्लिम कानून के सम्बन्ध में है, जिसका उल्लेख धारा 2 में किया गया है।

धारा 2 में घोषित अपवाद से सम्बन्धित इस असंगति के अलावा दूसरा अन्तर्विरोध 'शुफा का सिद्धान्त' को लेकर है, जिसे मुस्लिम कानून में तो स्वीकार किया गया है किन्तु सम्पत्ति अन्तरण अधिनियम में नहीं स्वीकार किया गया है।

'अध्याय 2 की धारा 2 में उल्लिखित अपवाद' और 'शुफा के सिद्धान्त' को लेकर मौजूद अन्तर्विरोधों के निराकरण के लिए इनका विश्लेषण करना आवश्यक है।

(1) 'अध्याय 2' बनाम 'मुस्लिम कानून' बनाम 'हिन्दू कानून'

सम्पत्ति अन्तरण अधिनियम के चैप्टर 2 में सम्पत्ति अन्तरण से सम्बन्धित कुछ मूलभूत सिद्धान्तों का उल्लेख किया गया है। ये ऐसे सिद्धान्त हैं, जो एक अपवाद के अलावा बाकी सभी तरह के अन्तरण पर सामान्य रूप से लागू होते हैं। धारा 2 के अन्तर्गत यह अपवाद मुस्लिम कानून के सन्दर्भ में लागू होता है। 1929 के पूर्व अध्याय 2 में उल्लिखित सिद्धान्त मुस्लिम कानूनों के साथ-साथ हिन्दू एवं बौद्ध कानूनों को प्रभावित नहीं करता था। किन्तु 1929 में संशोधन करके हिन्दू एवं बौद्ध कानून को इस अपवाद से बाहर कर दिया गया। इस तरह यह अपवाद अब केवल मुस्लिम कानून के सन्दर्भ में लागू होता है। यह अपवाद बहुत ही सीमित क्षेत्र को प्रभावित करता है। इसे एक दृष्टान्त के माध्यम से समझने का प्रयास करते हैं।

सम्पत्ति अन्तरण अधिनियम की धारा 14 में 'शाश्वतता के विरुद्ध नियम' पर आधारित व्यवस्था को अपनाया गया है। इस व्यवस्था के विपरीत मुस्लिम कानून और साथ-साथ वक्फ वैधता अधिनियम, 1913 में 'वक्फ-अलाल-औलाद' की व्यवस्था मान्य की गयी है, जिसके अन्तर्गत एक व्यक्ति अपनी सम्पत्ति को अपने वंशजों के लाभार्थ शाश्वत रूप से व्यवस्थित कर सकता है, बशर्ते कि यह दान धर्मार्थ किया गया हो। ये दोनों ही नियम तार्किक एवं आवश्यक हैं किन्तु एक-दूसरे के प्रतिकूल हैं।

'भारतीय सिविल संहिता' हेतु सर्वमान्य आदर्श स्थिति प्राप्त करने के लिए हम सम्पत्ति अन्तरण अधिनियम के चैप्टर 2 में उल्लिखित सिद्धान्तों और मुस्लिम कानून के मध्य विद्यमान असंगतियों को दो नीतियों के माध्यम से दूर कर सकते हैं। एक 'अनुकूल बनाने की नीति' अर्थात् या तो मुस्लिम कानून को चैप्टर 2 के प्रावधान के अनुकूल बना दिया जाय या चैप्टर 2 के प्रावधान को मुस्लिम कानून के अनुकूल बना दिया जाय और दूसरा रास्ता है 'अपवाद स्वीकारने की नीति' अर्थात् एक नियम को सामान्य नियम बनाते हुए दूसरे नियम को इसके अपवाद के रूप में स्वीकार किया जाय।

1929 में जब संशोधन करके हिन्दू एवं बौद्ध कानून को अध्याय 2 के अपवाद से बाहर किया गया था, तो इसका महत्त्वपूर्ण कारण यह था कि इन कानूनों को सम्पत्ति अन्तरण अधिनियम के अध्याय 2 के अनुकूल बना दिया गया था। इसको एक दृष्टान्त के माध्यम से समझने का प्रयास करते हैं।

पहले हिन्दू कानून के अनुसार अजन्मे बच्चों के पक्ष में किया गया अन्तरण या वसीयत शून्य होता था। किन्तु सम्पत्ति अन्तरण अधिनियम की धारा 13, 14 एवं 20 के प्रावधान के अन्तर्गत अजन्मे बच्चों के हित को भी सुरक्षित किया गया था। टैगोर बनाम टैगोर के मामले में प्रिवी कौन्सिल का निर्णय आने के बाद 'हिन्दू सम्पत्ति का व्ययन अधिनियम, 1916', जिसके प्रावधान हिन्दू धर्म के साथ मुस्लिम धर्म के खोजा समुदाय पर भी लागू होता है, बनाया गया। इस अधिनियम के माध्यम से हिन्दू कानूनों को सम्पत्ति अन्तरण अधिनियम की धारा 13, 14 एवं 20 के अनुकूल बना दिया गया। इस तरह सम्पत्ति अन्तरण अधिनियम के अध्याय 2 और हिन्दू कानूनों में जो भी असंगतियाँ थीं उनको समाप्त कर दिया गया। इस तरह हिन्दू कानून का अध्याय 2 के प्रावधान का अपवाद बने रहने का कारण ही समाप्त हो गया।

इसी तरह अध्याय 2 के प्रावधान और मुस्लिम कानून के बीच जो कुछ असंगतियाँ हैं, उसको 'अनुकूल बनाने की नीति' या 'अपवाद स्वीकारने की नीति' अपनाकर दूर किया जा सकता है। धारा 14 के अन्तर्गत स्वीकृत 'शाश्वतता के विरुद्ध नियम' और मुस्लिम कानून के अन्तर्गत स्वीकृत 'वक्फ-अलाल-औलाद' के बीच असंगति को 'अपवाद स्वीकारने की नीति' लागू करके कैसे दूर किया जा सकता है, इसको हम समझने का प्रयास करते हैं।

'अपवाद स्वीकारने की नीति' के अन्तर्गत, जब दो तार्किक नियम एक-दूसरे के इस तरह प्रतिकूल होते हैं कि एक के बने रहने से दूसरे का अस्तित्व में रहना सम्भव नहीं है, किन्तु दोनों ही नियम आवश्यक होते हैं, ऐसी स्थिति में एक नियम को सामान्य नियम बनाते हुए दूसरे नियम को इसके अपवाद के रूप में स्वीकार किया जायेगा। यह नीति न तो नयी है और न कहीं से अस्वाभाविक ही है, क्योंकि कोई भी सिद्धान्त स्वयं अपने-आप में पूर्ण सिद्धान्त नहीं हो सकता है। यदि सम्पत्ति अन्तरण अधिनियम के अध्याय 2 की धारा 14 के अन्तर्गत शाश्वतता के विरुद्ध नियम का सिद्धान्त प्रतिपादित किया गया है तो यह सिद्धान्त स्वयं अपने-आप में पूर्ण सिद्धान्त नहीं हो सकता है। इस सिद्धान्त के अपवाद भी हो सकते हैं। मुस्लिम कानून में स्वीकृत 'वक्फ-अलाल-औलाद' की व्यवस्था उचित व तार्किक व्यवस्था है। 'वक्फ-अलाल-औलाद' को 'शाश्वतता के विरुद्ध नियम' के अपवाद के रूप में स्वीकार कर हम 'भारतीय सिविल संहिता' के लिए सर्वमान्य आदर्श स्थिति प्राप्त कर सकते हैं।

(2) शुफा का सिद्धान्त

शुफा सिद्धान्त के अन्तर्गत अचल सम्पत्ति का कोई स्वामी, दूसरे की अचल सम्पत्ति को उस मूल्य पर पाने का हकदार होता है, जिस मूल्य पर यह अचल सम्पत्ति किसी तीसरे व्यक्ति को बेचा गया होता है, ताकि वह अपनी अचल सम्पत्ति का शान्तिपूर्वक उपभोग कर सके।

यह सिद्धान्त मूलतः मुस्लिम कानून में मान्य है, जो अंशधारी या पड़ोसी के हित को ध्यान में रखकर बनाया गया है। यद्यपि यह बहुत ही कमजोर किस्म के अधिकार को मान्यता देता है। लेकिन किसी अचल सम्पत्ति के अंशधारियों के सन्दर्भ में, जब किसी घर का बँटवारा नहीं हो पाया हो या जब एक परिवार के लिए घर इस तरह बना है कि इसमें किसी अपरिचित व्यक्ति को घुसने का अवसर देना उचित नहीं है, ऐसी कुछ परिस्थितियों में शुफा का सिद्धान्त महत्त्वपूर्ण हो जाता है।

हिन्दू कानून में 'शुफा का सिद्धान्त' जैसी कोई अवधारणा प्रचलित नहीं है। जर्मन सिविल संहिता के खण्ड 5 की धारा 1094 से 1104 के प्रावधान में शुफा के सिद्धान्त को स्वीकार किया गया है।

यद्यपि मुस्लिम व्यक्तिगत कानून (शरीयत) अनुप्रयोग अधिनियम, 1937 के अन्तर्गत शुफा के सिद्धान्त पर शरीयत कानून लागू नहीं होता है। किन्तु यह ऐसा सिद्धान्त है, जो तार्किक तो है ही, साथ में ऐसा भी है कि यदि इसे सभी पर लागू कर दिया जाय तो वह किसी तरह से नुकसानदायक नहीं होगा, बल्कि उपयोगी व हितकारी ही साबित होगा। इस विषय को सर्वमान्य बनाकर धर्म-निरपेक्ष रूप से लागू किया जा सकता है। इसलिए यह सम्भव है कि अचल सम्पत्ति का शान्तिपूर्वक उपभोग करने की आवश्यकता के सम्बन्ध में विशेष परिस्थितियों का उल्लेख करते हुए शुफा का सिद्धान्त स्वीकार किया जाय। ऐसा करके हम 'भारतीय सिविल संहिता' के लिए सर्वमान्य आदर्श स्थिति प्राप्त कर सकते हैं।

अध्याय 35

बिक्री (Of Sales)

"किसी कीमत के बदले किया जानेवाला सम्पत्ति के स्वामित्व का अन्तरण 'विक्रय' कहलाता है।"

विक्रय में कीमत या इसके कुछ भाग की अदायगी की जा चुकी होती है या किये जाने का वचन किया गया होता है। बिक्री करनेवाले व्यक्ति को विक्रेता (Seller) और खरीदनेवाले व्यक्ति को क्रेता (Buyer) कहा जाता है।

'बिक्री' के सम्बन्ध में कानून को लेकर किसी तरह का कोई अन्तर्विरोध नहीं है। इस सम्बन्ध में प्रावधान बिना किसी धार्मिक मतभेद के सभी नागरिकों पर समान रूप से लागू होते हैं। इस अध्याय में निम्न महत्त्वपूर्ण विषय पर प्रावधान बनाये जा सकते हैं–

1. बिक्री की प्रकृति एवं इसके आवश्यक तत्त्व;
2. विक्रय-विलेख;
3. विक्रेता और क्रेता के अधिकार एवं दायित्व;
4. विक्रय-संविदा;

5. अचल सम्पत्ति की बिक्री के बारे में विशेष;
6. चल सम्पत्ति की बिक्री के बारे में विशेष; इत्यादि।

(इस अध्याय के लिए 'सम्पत्ति अन्तरण अधिनियम, 1882' की धारा 54-57 एवं 'माल विक्रय अधिनियम, 1930' के प्रावधान मार्गदर्शक हैं।)

अध्याय 36

विनिमय (Of Exchanges)

"जब दो पक्षकार आपस में एक वस्तु के स्वामित्व का अन्तरण दूसरे वस्तु के स्वामित्व के बदले में करते हैं, तो ऐसा अन्तरण 'विनिमय' कहलाता है।"

विनिमय होनेवाली दोनों वस्तुएँ या तो 'धन' नहीं होनी चाहिए या फिर दोनों वस्तुएँ केवल धन होनी चाहिए।

'विनिमय' के सम्बन्ध में कानून को लेकर किसी तरह का कोई अन्तर्विरोध नहीं है। इस सम्बन्ध में प्रावधान बिना किसी धार्मिक मतभेद के सभी नागरिकों पर समान रूप से लागू होते हैं। इस अध्याय में निम्न महत्त्वपूर्ण विषय पर प्रावधान बनाये जा सकते हैं–

1. विनिमय की प्रकृति एवं इसके आवश्यक तत्त्व;
2. विनिमय-विलेख;
3. पक्षकारों के अधिकार एवं दायित्व;
4. विनिमय से सम्बन्धित सिद्धान्त; इत्यादि।

(इस अध्याय के लिए 'सम्पत्ति अन्तरण अधिनियम, 1882' की धारा 118-121 के प्रावधान मार्गदर्शक हैं।)

अध्याय 37:

बन्धक (Of Mortgages)

"किसी निश्चित अचल सम्पत्ति के किसी हित का ऐसा अन्तरण, ताकि उधार या ऋण के रूप में दिये गये या दिये जानेवाले धन को या वचन-बन्ध से होनेवाले धन-सम्बन्धी दायित्वों को सुरक्षित किया जा सके, 'बन्धक' कहलाता है।"

सम्पत्ति का बन्धक करनेवाला व्यक्ति बन्धककर्त्ता (Mortgagor) और जिस व्यक्ति के पक्ष में बन्धक का सृजन किया गया है, उसे बन्धकदार (Mortgagee) कहा जाता है।

'बन्धक' के सम्बन्ध में कानून को लेकर किसी तरह का कोई अन्तर्विरोध नहीं है। इस सम्बन्ध में प्रावधान बिना किसी धार्मिक मतभेद के सभी नागरिकों पर समान रूप से लागू होते हैं। इस अध्याय में निम्न महत्त्वपूर्ण विषय पर प्रावधान बनाये जा सकते हैं–

1. बन्धक की प्रकृति एवं इसके आवश्यक तत्त्व;
2. बन्धक-विलेख;
3. बन्धक के प्रकार एवं विभिन्न बन्धकों की विशेषताएँ;
4. बन्धककर्त्ता और बन्धकदार के अधिकार एवं दायित्व;
5. बन्धक से पैदा होनेवाले दायित्व; इत्यादि।

(इस अध्याय के लिए 'सम्पत्ति अन्तरण अधिनियम, 1882' की धारा 58-98, 101-103 के प्रावधान मार्गदर्शक हैं।)

अध्याय 38

भार (Of Charges)

"जब पक्षकारों के कार्य द्वारा या विधि की क्रिया द्वारा किसी व्यक्ति की अचल सम्पत्ति दूसरे व्यक्ति के धन के भुगतान के लिए प्रतिभूति बन जाती है, तो बादवाले व्यक्ति का उस सम्पत्ति पर 'भार' होना कहा जाता है।"

भार के लिए आवश्यक है कि ऐसा संव्यवहार बन्धक नहीं होना चाहिए।

'भार' के सम्बन्ध में कानून को लेकर किसी तरह का कोई अन्तर्विरोध नहीं है। इस सम्बन्ध में प्रावधान बिना किसी धार्मिक मतभेद के सभी नागरिकों पर समान रूप से लागू होते हैं। इस अध्याय में निम्न महत्त्वपूर्ण विषय पर प्रावधान बनाये जा सकते हैं–

1. भार की प्रकृति एवं इसके आवश्यक तत्त्व;
2. पक्षकारों के कार्य द्वारा उत्पन्न भार;
3. विधि की क्रिया द्वारा उत्पन्न भार;
4. भार के अपवाद;
5. भार से सम्बन्धित सिद्धान्त; इत्यादि।

(इस अध्याय के लिए 'सम्पत्ति अन्तरण अधिनियम, 1882' की धारा 101-103 के प्रावधान मार्गदर्शक हैं।)

अध्याय 39

पट्टा (Of Leases)

"प्रतिफल के बदले किसी अचल सम्पत्ति का उपभोग करने के अधिकार का अन्तरण 'पट्टा' कहलाता है।"

प्रतिफल कीमत के रूप में या धन या फसलों के अंश के रूप में या सेवा के रूप में या बहुमूल्य वस्तु के रूप में हो सकता है। पट्टा एक निश्चित समय के लिए या शाश्वत काल के लिए हो सकता है।

अन्तरण करनेवाले व्यक्ति को पट्टाकर्त्ता (Lesor) और जिस व्यक्ति को उपभोग करने का अधिकार मिला है, उसे पट्टेदार (Lessee) कहा जाता है।

'पट्टा' के सम्बन्ध में कानून को लेकर किसी तरह का कोई अन्तर्विरोध नहीं है। इस सम्बन्ध में प्रावधान बिना किसी धार्मिक मतभेद के सभी नागरिकों पर समान रूप से लागू होते हैं। इस अध्याय में निम्न महत्त्वपूर्ण विषय पर प्रावधान बनाये जा सकते हैं–

1. पट्टा की प्रकृति एवं इसके आवश्यक तत्त्व;
2. पट्टा-विलेख;
3. पट्टाकर्त्ता और पट्टेदार के अधिकार एवं दायित्व;
4. पट्टे की समाप्ति;
5. पट्टे से सम्बन्धित सिद्धान्त;
6. घर के पट्टे के सम्बन्ध में विशेष;
7. कृषि भूमि के पट्टे के सम्बन्ध में विशेष;
8. कार्य या सेवा के अवक्रय (किराया) के सम्बन्ध में विशेष; इत्यादि।

(इस अध्याय के लिए 'सम्पत्ति अन्तरण अधिनियम, 1882' की धारा 105-117 एवं किराया नियन्त्रण अधिनियम, 1972 के प्रावधान मार्गदर्शक हैं।)

अध्याय 40

दान या हिबा (Of Gifts)

"बिना किसी प्रतिफल के एक व्यक्ति द्वारा दूसरे व्यक्ति के पक्ष में स्वेच्छा से किया गया सम्पत्ति का अन्तरण 'दान' या 'हिबा' कहलाता है।"

दान करनेवाले व्यक्ति को 'दानदाता' (Donor) और दान पानेवाले व्यक्ति को 'दानग्राही' (Donee) कहा जाता है।

'दान' के सम्बन्ध में भारत में तीन कानून लागू हैं। एक सम्पत्ति अन्तरण अधिनियम; दूसरा भारतीय उत्तराधिकार अधिनियम की धारा 191 का प्रावधान और तीसरा मुस्लिम कानून। मुस्लिम कानून 'दान' और 'मृत्युशय्या-दान या मर्ज-उल-मौत हिबा' दोनों के सम्बन्ध में इस्लाम धर्म के अनुयायियों पर लागू होता है, जबकि अन्य सभी धर्मों के अनुयायियों पर सम्पत्ति अन्तरण अधिनियम की धारा 122-128 के प्रावधान 'दान' के सम्बन्ध में और भारतीय उत्तराधिकार अधिनियम की धारा 191 का प्रावधान 'मृत्युशय्या-दान या मर्ज-उल-मौत हिबा' के सम्बन्ध में लागू होता है।

'भारतीय सिविल संहिता' के निर्माण के सन्दर्भ में चर्चा का विषय यह है कि 'दान' और 'मृत्युशय्या-दान' के सम्बन्ध में उपर्युक्त तीन कानूनों के मध्य किन-किन बिन्दुओं को लेकर असंगति है और इन असंगतियों को दूर कर भारतीय सिविल संहिता के लिए कैसे सर्वमान्य आदर्श स्थिति प्राप्त की जा सकती है? इस दिशा में प्रयास करने के लिए आवश्यक है कि उपर्युक्त कानूनों का परस्पर तुलनात्मक विश्लेषण किया जाय। इसके लिए किसी एक कानून में मान्य 'दान' के तत्त्वों को आधार बनाया जाना जरूरी है। सभी पहलुओं पर विचार करने के बाद मैं मुस्लिम कानून के तत्त्वों को आधार बनाया जाना उचित एवं सुविधाजनक समझता हूँ। मुस्लिम-कानून के अन्तर्गत मान्य 'दान' के मूलभूत तत्त्व निम्न हैं–

1. हिबा करनेवाला व्यक्ति भारतीय वयस्कता कानून के अन्तर्गत वयस्क यानी 18 वर्ष से अधिक आयु का और स्वस्थचित्त होना चाहिए।
2. हिबा किसी तरह के कपट या अनुचित प्रभाव से मुक्त हो।
3. हिबा की जानेवाली विषय-वस्तु अन्तरण-योग्य सम्पत्ति हो और ऐसी सम्पत्ति हिबा करते समय अस्तित्व में हो और दानदाता के कब्जे में हो।
4. दानदाता द्वारा हिबा की घोषणा की जाय और इसे दानग्राही द्वारा या दानग्राही की तरफ से किसी व्यक्ति द्वारा स्वीकार किया जाय।
5. वैध हिबा के लिए कब्जा को सुपुर्द किया जाना आवश्यक है। किन्तु कुछ विशेष परिस्थिति में जैसे जब पिता द्वारा नाबालिग या मन्दबुद्धिवाले बच्चे के पक्ष में या संरक्षक द्वारा पाल्य के पक्ष में दान किया गया हो या जब दानदाता और दानग्राही दोनों दान दिये जानेवाले घर में रहते हैं या जब पति द्वारा पत्नी के पक्ष में या पत्नी द्वारा पति के पक्ष में या एक अंशधारी द्वारा दूसरे अंशधारी के पक्ष में दान किया गया हो, तो कब्जा को सुपुर्द करना आवश्यक नहीं होता है।
6. हिबा लिखित और मौखिक दोनों तरीके से हो सकता है। किन्तु यदि हिबा लिखित में किया गया है और अचल सम्पत्ति का मूल्य 100/- रुपये या इससे अधिक है तो हिबानामा का पंजीकृत होना आवश्यक है।
7. अजन्मे व्यक्ति के पक्ष में किया गया हिबा वैध होता है, बशर्ते कि उत्तराधिकारियों के हित का अन्तरण होने के समय वह अस्तित्व में आ गया हो।
8. भावी सम्पत्ति या भावी अनिश्चित घटनाओं के घटित होने या न होने के प्रतिबन्धों के साथ किया गया हिबा शून्य होता है।
9. 'हिबा-बिल-इवाज' अर्थात् पहले ही लिये जा चुके प्रतिफल के बदले दान और 'हिबा-बा-शर्तुल-इवाज' अर्थात् भविष्य में प्रतिफल चुकाये जाने के बदले दान भी मान्य है। यदि दान की जानेवाली विषय-वस्तु का मूल्य 100/- रुपये या इससे अधिक है तो 'हिबा-बिल-इवाज' के विलेख का पंजीकरण आवश्यक है

और इसी तरह प्रतिफल का भुगतान किये जाने के बाद 'हिबा-बा-शर्तुल-इवाज', बैनामा का रूप ले लेता है।

10. हिबा का खण्डन– शीआ कानून में हिबा को मात्र घोषणा करके खण्डित किया जा सकता है और न्यायालय की डिक्री या दानग्राही की सहमति की कोई आवश्यकता नहीं होती है, जबकि सुन्नी कानून में हिबा को मात्र घोषणा करके खण्डित नहीं किया जा सकता है, इसके लिए न्यायालय की डिक्री या दानग्राही की सहमति आवश्यक होती है। किन्तु जब दानदाता या दानग्राही की मृत्यु हो जाती है या जब दानदाता और दानग्राही एक-दूसरे से वैवाहिक सम्बन्ध में होते हैं या जब दानग्राही ने दान की विषय-वस्तु को अन्तरित कर दिया हो या जब विषय-वस्तु समाप्त हो गयी हो या उसमें इस तरह की अभिवृद्धि हो गयी हो कि उसे अलग नहीं किया जा सकता है या 'सदकाह' अर्थात् धार्मिक उद्देश्य से किया गया दान हो, ऐसे मामलों में कब्जा सुपुर्दगी के बाद दान किसी तरह से भी खण्डित नहीं किया जा सकता है।

11. मर्ज-उल-मौत की स्थिति में कोई व्यक्ति अपनी सम्पत्ति की एक-तिहाई से अधिक हिस्से का हिबा नहीं कर सकता है और यदि हिबा किसी एक वारिस के पक्ष में किया गया है तो ऐसा हिबा तब तक मान्य नहीं होगा, जब तक कि दूसरे वारिस इसके लिए अपनी सहमति न दे दें।

मुस्लिम कानून में हिबा के सम्बन्ध में उपर्युक्त ग्यारह तत्त्वों में से सिर्फ दो विषय ऐसे हैं, जिसको लेकर सामान्य कानून (सम्पत्ति अन्तरण अधिनियम/भारतीय उत्तराधिकार अधिनियम) के प्रावधानों से असंगति हैं। असंगतिवाले ये विषय निम्न हैं–

1. मुस्लिम कानून के अन्तर्गत 'मौखिक दान' मान्य है किन्तु सामान्य कानून (सम्पत्ति अन्तरण अधिनियम) के अन्तर्गत मौखिक दान मान्य नहीं है।

2. मृत्युशय्या-दान अर्थात् मर्ज-उल-मौत हिबा के सम्बन्ध में मुस्लिम कानून के अन्तर्गत दो निर्बन्धन– 'सम्पत्ति का निर्बन्धन' और 'सहमति का निर्बन्धन' लगाये गये हैं, जबकि सामान्य कानून (भारतीय उत्तराधिकार अधिनियम की धारा 191) के अन्तर्गत ऐसा निर्बन्धन मान्य नहीं है।

उपर्युक्त दो अन्तर्विरोधों के अलावा मुस्लिम कानून में कुछ ऐसी विशेषताएँ हैं, जिसके सम्बन्ध में सम्पत्ति अन्तरण अधिनियम में स्पष्ट प्रावधान नहीं है। जैसे–

(क) मुस्लिम कानून में उन परिस्थितियों का वर्णन किया गया है, जिसमें हिबा को वैध होने के लिए कब्जा की सुपुर्दगी आवश्यक नहीं है (तत्त्व सं. 5), और

(ख) मुस्लिम कानून में उन स्थितियों का वर्णन किया गया है, जिसमें हिबा का खण्डन नहीं किया जा सकता है (तत्त्व सं. 10)।

हिबा अर्थात् दान सम्बन्धी इस अध्याय में मुस्लिम कानून के उपर्युक्त दोनों विशेषताओं को अंगीकार करने से संहिता के इस अध्याय को ज्यादा व्यापक एवं प्रभावशाली बनाया जा सकेगा। भारतीय सिविल संहिता हेतु सर्वमान्य आदर्श स्थिति प्राप्त करने के लिए मौखिक दान और मृत्युशय्या-दान का अलग-अलग विश्लेषण किया जाना आवश्यक है।

मर्ज-उल-मौत हिबा : मुस्लिम कानून बनाम सामान्य कानून

सम्पत्ति अन्तरण अधिनियम की तरह मुस्लिम कानून के अन्तर्गत भी एक व्यक्ति अपनी सम्पूर्ण सम्पत्ति का या इसके किसी भी हिस्से का दान कर सकता है। किन्तु मुस्लिम कानून में इसका एक अपवाद स्वीकार किया गया है। यह अपवाद है– मर्ज-उल-मौत हिबा अर्थात् मृत्यु की बीमारी के दौरान एक व्यक्ति द्वारा किया गया दान।

मृत्युशय्या-दान के सम्बन्ध में मुस्लिम कानून और भारतीय उत्तराधिकार अधिनियम की धारा 191 का प्रावधान (सामान्य कानून) लागू होता है। मर्ज-उल-मौत हिबा के सम्बन्ध में इन दोनों कानूनों के मध्य निम्न चार मूलभूत असंगतियाँ हैं–

1. मुस्लिम कानून के अन्तर्गत मर्ज-उल-मौत की स्थिति में कोई व्यक्ति अपनी सम्पत्ति की एक-तिहाई से अधिक हिस्से का हिबा नहीं कर सकता है, जबकि सामान्य कानून के अन्तर्गत ऐसे किसी निर्बन्धन को नहीं स्वीकार किया गया है।
2. मुस्लिम कानून में दानकर्त्ता किसी एक वारिस के पक्ष में तब तक हिबा नहीं कर सकता है, जब तक कि दूसरे वारिस ने इसके लिए अपनी सहमति न दे दी हो जबकि सामान्य कानून के अन्तर्गत ऐसे किसी निर्बन्धन को नहीं स्वीकार किया गया है।
3. मुस्लिम कानून के अन्तर्गत मृत्युशय्या पर लेटा व्यक्ति चल और अचल दोनों तरह की सम्पत्ति का दान कर सकता है, जबकि सामान्य कानून के अन्तर्गत मृत्युशय्या पर लेटा व्यक्ति केवल चल सम्पत्ति का ही दान कर सकता है, अचल सम्पत्ति का नहीं।
4. मुस्लिम कानून में दानकर्त्ता के स्वस्थ हो जाने से दान की वैधता पर कोई प्रभाव नहीं होता है, जबकि सामान्य कानून के अन्तर्गत दानकर्त्ता के स्वस्थ हो जाने पर दान असफल हो जाता है।

मुस्लिम कानून में स्वीकार की गयी यह व्यवस्था कि मर्ज-उल-मौत की स्थिति में कोई व्यक्ति अपनी सम्पत्ति की एक-तिहाई से अधिक हिस्से का 'हिबा' नहीं कर सकता है, एक तार्किक व्यवस्था है। खासतौर से एक ऐसे व्यक्ति के सन्दर्भ में, जो मृत-शय्या पर लेटा है। वारिसों के अधिकार को पूरी तरह उपेक्षित नहीं किया जा सकता हैं। मुस्लिम कानून में वसीयत के सन्दर्भ में भी सम्पत्ति की एक-तिहाई सीमा का निर्बन्धन लगाया गया

है। इसलिए ऐसा निर्बन्धन न केवल मृत-शय्या पर लेटे व्यक्ति द्वारा अपितु सभी व्यक्तियों द्वारा किये जा रहे हिबा के सम्बन्ध में लागू किया जाना चाहिए। आखिर वसीयत और दान में अन्तर मात्र यही रहता है कि पहला मृत्यु के बाद लागू होता है जबकि दूसरा जीवित रहते ही तुरन्त लागू हो जाता है। प्रतिफल दोनों स्थिति में नहीं प्राप्त होता है। सम्पूर्ण सम्पत्ति का दान करने की व्यवस्था से वारिसों की सम्पत्ति में अधिकार पूरी तरह प्रभावित होता है। इसलिए वसीयत से सम्बन्धित मुस्लिम कानून की ही तरह सम्पत्ति के तार्किक निर्बन्धन को न केवल मर्ज-उल-मौत हिबा के सम्बन्ध में बल्कि सभी तरह के 'दान' के सम्बन्ध में स्वीकार किया जाना उचित है।

मर्ज-उल-मौत हिबा की स्थिति में एक-तिहाई सीमा को तय करते समय सन्तान की संख्या का ध्यान नहीं रखा गया है। एक सन्तान हो या दो सन्तान या तीन सन्तान, प्रत्येक स्थिति में एक-तिहाई भाग की सीमा के निर्बन्धन को लागू कर देना उचित नहीं है। यदि तीन से ज्यादा सन्तान हैं तो एक-तिहाई की सीमा ज्यादा हो सकती है, जिसे कम किया जाना चाहिए और यदि एक ही सन्तान है तो एक-तिहाई की सीमा कम हो सकती है, जिसे अधिक किया जाना चाहिए। इसलिए इस निर्बन्धन को और तार्किक बनाने के लिए हम **'व्युत्क्रमानुपातिक सापेक्षता - आधारित निर्बन्धन के नियम'** का पालन कर सकते हैं, जिसके अन्तर्गत दानकर्त्ता के सन्तानों की संख्या में वृद्धि के व्युत्क्रम अनुपात में सम्पत्ति-निर्बन्धन की सीमा को कम किया जाना चाहिए। दान के सम्बन्ध में व्युत्क्रमानुपातिक सापेक्षता के उपर्युक्त नियम को 'फ्रान्स सिविल संहिता' की धारा 913 से 919 के प्रावधानों में भी अपनाया गया है। इस नियम के निम्न तीन आयाम हैं–

(क) यदि दानकर्त्ता के पास तीन या तीन से अधिक बच्चे हैं तो उसे एक-चौथाई से अधिक सम्पत्ति का दान करने का अधिकार नहीं होगा;

(ख). यदि दानकर्त्ता के पास दो बच्चे हैं तो उसे एक-तिहाई से अधिक सम्पत्ति का दान करने का अधिकार नहीं होगा; और

(ग) यदि दानकर्त्ता के पास मात्र एक बच्चा है तो उसे आधी सम्पत्ति तक का दान करने का अधिकार प्राप्त होगा।

'व्युत्क्रमानुपातिक सापेक्षता-आधारित निर्बन्धन के नियम' को अपनाकर भारतीय सिविल संहिता के लिए हम आदर्श स्थिति प्राप्त कर सकते हैं।

किन्तु मुस्लिम कानून की यह व्यवस्था कि मृत्युशय्या पर लेटा व्यक्ति अपनी सम्पत्ति का दान किसी एक वारिस के पक्ष में तब तक नहीं कर सकता जब तक इसके लिए दूसरे अन्य वारिस अपनी सहमति न दे दें, अतार्किक-सा है। इसे किसी व्यक्ति का मूलभूत अधिकार कहा जा सकता है कि वह अपनी सम्पत्ति के कुछ भाग का दान उस वारिस के पक्ष में करे, जिससे वह ज्यादा खुश हो। यह स्नेह और प्यार की अभिव्यक्ति का तरीका है।

ऐसी स्थिति में किये गये दान को दूसरे वारिसों की सहमति पर निर्भर करना उचित नहीं है। किन्तु इस सन्दर्भ में वसीयत से सम्बन्धित शीआ मत में प्रचलित मुस्लिम कानून का दृष्टिकोण सन्तुलित एवं साम्या पर आधारित है। शीआ मत के अनुसार वारिसों की सहमति उस स्थिति में आवश्यक नहीं है जब वसीयत एक-तिहाई से कम सम्पत्ति की की गयी है, किन्तु जब वसीयत एक-तिहाई से अधिक सम्पत्ति की की गयी हो, तब इसे वैध होने के लिए दूसरे वारिसों की सहमति आवश्यक हो जायेगी। शीआ मत की इस व्यवस्था को भारतीय सिविल संहिता में 'मर्ज-उल-मौत हिबा' के सन्दर्भ में भी स्वीकार किया जाना चाहिए। तब हमें इस व्यवस्था को भी स्वीकार करना होगा कि कोई व्यक्ति अपने किसी वारिस के पक्ष में एक-तिहाई या आधा या एक-चौथाई से अधिक सम्पत्ति का दान कर सकता है किन्तु शर्त यह है कि अन्य वारिसों की सहमति हो।

भारतीय उत्तराधिकार अधिनियम की धारा 191 के प्रावधान में मृत्युशय्या-दान के सम्बन्ध में दो निर्बन्धन स्वीकार किया गया है। पहला यह कि मृत्युशय्या पर लेटा व्यक्ति केवल चल सम्पत्ति का दान कर सकता है, अचल सम्पत्ति का नहीं और दूसरा यह कि दानकर्त्ता के ठीक हो जाने के बाद दान असफल हो जायेगा। ये दोनों निर्बन्धन अव्यावहारिक एवं अतार्किक प्रतीत होते हैं। खासतौर से तब जब कि इसके समानान्तर एक तार्किक व्यवस्था मुस्लिम कानून में है और वह लागू है। मुस्लिम कानून में स्वीकार की गयी व्यवस्था के तार्किक होने के कारण है। पहला कारण यह है कि यह एक असम्भव स्थिति है कि मृत्युशय्या पर लेटे किसी व्यक्ति के पास ऐसी चल सम्पत्ति होगी, जिस पर वह प्रभावशाली नियन्त्रण रखता हो। बावजूद इसके यदि ऐसा व्यक्ति अपनी समस्त चल सम्पत्ति का 'दान' कर सकता है, तो इस निर्बन्धन की कोई तार्किकता नहीं है कि मृत्यु-शय्या पर लेटा व्यक्ति इच्छा रखते हुए भी अपनी अचल सम्पत्ति के कुछ अंश का दान न कर पाये। यह भी स्थिति हो सकती है कि मृत्युशय्या पर लेटे व्यक्ति के पास मात्र अचल सम्पत्ति ही हो, कोई चल सम्पत्ति न हो। ऐसी स्थिति में निर्बन्धन बिलकुल अतार्किक है।

भारतीय उत्तराधिकार अधिनियम की धारा 191 में स्वीकार की गयी व्यवस्था कि मृत्युशय्या पर लेटे किसी व्यक्ति द्वारा किया गया दान उसके स्वस्थ होने के बाद असफल हो जायेगा, भी तार्किक नहीं है। मात्र स्वस्थ हो जाने से दान को असफल करना उचित नहीं है। यह तभी उचित हो सकता है जब यह मानकर चला जाय कि मृत्युशय्या-दानदाता मानसिक रूप से स्वस्थ नहीं होता है। हाँ, यदि दानदाता स्वयं दान का खण्डन कर देता है, तो उसे दूसरे दान की तरह ऐसा करने का अधिकार दिया जाना चाहिए। किन्तु मात्र दानदाता के स्वस्थ हो जाने के कारण दान को असफल करार कर देना गलत एवं अतार्किक है। खासतौर से तब जब कि इसके समानान्तर एक तार्किक व्यवस्था मुस्लिम कानून में है और लागू भी है।

मौखिक दान : मुस्लिम कानून बनाम सामान्य कानून

दान के सम्बन्ध में मुस्लिम कानून और सामान्य कानून (सम्पत्ति अन्तरण अधिनियम) के मध्य सबसे प्रमुख अन्तर्विरोध यह है कि जहाँ सामान्य कानून के अन्तर्गत दान का लिखित होना आवश्यक है और मौखिक दान मान्य नहीं है, वहीं मुस्लिम कानून के अन्तर्गत मौखिक दान को भी मान्यता दी गयी है। किन्तु मुस्लिम कानून के अन्तर्गत यदि दान लिखित में किया जा रहा है, तो पंजीकरण कानून व स्टैम्प कानून का पालन करना ही होगा। इस तरह लिखित दान को लेकर उक्त दोनों कानूनों में कोई अन्तर्विरोध नहीं है। जो थोड़ी-सी असंगति है वह मौखिक दान के सन्दर्भ में है। मुस्लिम कानून के अन्तर्गत मौखिक दान भले ही मान्य हो, लेकिन किसी मौखिक अन्तरण के सम्बन्ध में स्थापित न्यायिक निर्णयों के सिद्धान्त कि ऐसे अन्तरण को मान्य होने के लिए इसका कड़ाई से और सभी तरह के सन्देहों से परे सिद्ध होना आवश्यक है, मौखिक दान के सम्बन्ध में भी लागू होता है।

ऐसी विशेष स्थिति आ सकती है, जब दानकर्त्ता अपनी सम्पत्ति का दान करना चाहे किन्तु लिखित व पंजीकरण के अनुकूल हालात के अभाव के कारण वह ऐसा न कर पा रहा हो। ऐसी स्थिति में यह उचित नहीं है कि उस व्यक्ति को मौखिक रूप से दान करने से मना कर दिया जाय। यदि मौखिक दान अविवादित है या सभी तरह के सन्देहों से परे सिद्ध है तो विशेष परिस्थितियों में किये गये मौखिक दान को स्वीकार किया जाना चाहिए। ऐसी विशेष परिस्थितियों का उल्लेख करते हुए मौखिक दान करने की व्यवस्था को धर्म-निरपेक्ष स्वरूप में लागू कर 'भारतीय सिविल संहिता' के लिए सर्वमान्य आदर्श स्थिति प्राप्त की जा सकती है।

दान के सम्बन्ध में मुस्लिम कानून के साम्या-आधारित सिद्धान्तों को निम्न गुणात्मक सुधार के साथ 'भारतीय सिविल संहिता' में स्थान दिया जा सकता है-

1. सामान्यतः लिखित दान ही मान्य होगा। लिखित एवं पंजीकरण के अनुकूल हालात न होने पर विशेष परिस्थिति में कोई व्यक्ति अपनी सम्पत्ति के सम्बन्ध में मौखिक दान भी कर सकता है।
2. दानदाता के पास यदि तीन या तीन से अधिक सन्तान हैं तो उसे एक-चौथाई से अधिक सम्पत्ति का दान करने का अधिकार नहीं होगा; यदि दो सन्तान हैं तो उसे एक-तिहाई से अधिक सम्पत्ति का और यदि मात्र एक सन्तान है तो उसे आधी सम्पत्ति से अधिक सम्पत्ति का दान करने का अधिकार नहीं होगा।
3. यदि दान किसी एक वारिस के पक्ष में किया गया है तो पैरा दो में उल्लिखित सीमा से अधिक सम्पत्ति का दान तभी वैध होगा, जब दूसरे वारिसों द्वारा ऐसे दान पर सहमति दी गयी हो।
4. भारतीय उत्तराधिकार अधिनियम की धारा 191 में स्वीकार किया गया निर्बन्धन कि मृत्युशय्या पर लेटा व्यक्ति केवल चल सम्पत्ति का दान कर सकता है,

अचल सम्पत्ति का नहीं, भारतीय सिविल संहिता में अमान्य होगा और इस सम्बन्ध में मुस्लिम कानून की व्यवस्था को स्वीकार किया जायेगा।

5. भारतीय उत्तराधिकार अधिनियम की धारा 191 में स्वीकार की गयी यह व्यवस्था कि मृत्युशय्या-दानदाता के स्वस्थ हो जाने के बाद दान असफल हो जायेगा, भारतीय सिविल संहिता में अमान्य होगा और इस सम्बन्ध में मुस्लिम कानून की व्यवस्था को स्वीकार किया जायेगा।

अध्याय 41

अनुयोज्य दावा का अन्तरण

(Of transfer of Actionable Claim)

"अप्रतिभूत ऋण या किसी विशिष्ट चल सम्पत्ति में लाभप्रद हित 'अनुयोज्य दावा' होता है और ऐसा दावा भी कानून के अन्तर्गत अन्तरण योग्य होता है।"

'अनुयोज्य दावा का अन्तरण' के सम्बन्ध में कानून को लेकर किसी तरह का कोई अन्तर्विरोध नहीं है। इस सम्बन्ध में प्रावधान बिना किसी धार्मिक मतभेद के सभी नागरिकों पर समान रूप से लागू होते हैं। इस अध्याय में निम्न महत्त्वपूर्ण विषय पर प्रावधान बनाये जा सकते हैं–

1. अनुयोज्य दावा की प्रकृति एवं इसके आवश्यक तत्त्व;
2. अनुयोज्य दावा के विभिन्न स्वरूप;
3. अनुयोज्य दावा से सम्बन्धित सिद्धान्त;
4. अनुयोज्य दावा के अन्तरण के तरीके; इत्यादि।

(इस अध्याय के लिए 'सम्पत्ति अन्तरण अधिनियम, 1882' की धारा 130-137 के प्रावधान मार्गदर्शक हैं।)

अध्याय 42

प्रत्याभूति (Of Guarantee)

"जब कोई व्यक्ति किसी दूसरे व्यक्ति से, किसी तीसरे व्यक्ति द्वारा की गयी वचन की अवहेलना करने पर या उसके द्वारा दायित्व का निर्वहन न करने पर, उस वचन का पालन करने या दायित्व का निर्वहन करने का संविदा करता है तो ऐसी संविदा 'प्रत्याभूति' की संविदा कहलाती है।"

पहले व्यक्ति को प्रतिभू (Surety), दूसरे व्यक्ति को लेनदार (Principal Debtor) और तीसरे व्यक्ति को मूलऋणी (Creditor) कहा जाता है।

'प्रत्याभूति' के सम्बन्ध में कानून को लेकर किसी तरह का कोई अन्तर्विरोध नहीं है। इस सम्बन्ध में प्रावधान बिना किसी धार्मिक मतभेद के सभी नागरिकों पर समान रूप से लागू होते हैं। इस अध्याय में निम्न महत्त्वपूर्ण विषय पर प्रावधान बनाये जा सकते हैं–

1. प्रत्याभूति की प्रकृति एवं इसके आवश्यक तत्त्व;
2. प्रत्याभूति से सम्बन्धित सिद्धान्त;
3. प्रतिभू के दायित्व एवं दायित्व का उन्मोचन;
4. प्रतिभू के अधिकार;
5. लेनदार के अधिकार एवं दायित्व;
6. मूलऋणी के अधिकार एवं दायित्व; इत्यादि।

(इस अध्याय के लिए 'संविदा अधिनियम, 1872' की धारा 126-147 के प्रावधान मार्गदर्शक हैं।)

अध्याय 43

उपनिधान
(Of Bailment)

"एक व्यक्ति जब अपने माल को किसी दूसरे व्यक्ति को कोई उद्देश्य पूरा करने के लिए इस संविदा के साथ सुपुर्द करता है कि उद्देश्य पूरा होने के बाद माल वापस कर दिया जायेगा या सुपुर्द करनेवाले व्यक्ति के निर्देशानुसार अन्यथा व्यनित कर दिया जायेगा, ऐसा संव्यवहार 'उपनिधान' कहलाता है।"

माल सुपुर्द करनेवाले व्यक्ति को उपनिधाता (Bailor) और जिसको माल सुपुर्द किया जाता है, उसे उपनिहिती (Bailee) कहा जाता है। उपनिधाता में माल का स्वामित्व बना रहता है, लेकिन कब्जा उपनिहिती में होता है।

'उपनिधान' के सम्बन्ध में कानून को लेकर किसी तरह का कोई अन्तर्विरोध नहीं है। इस सम्बन्ध में प्रावधान बिना किसी धार्मिक मतभेद के सभी नागरिकों पर समान रूप से लागू होते हैं। इस अध्याय में निम्न महत्त्वपूर्ण विषय पर प्रावधान बनाये जा सकते हैं–

1. उपनिधान की प्रकृति एवं इसके आवश्यक तत्त्व;
2. उपनिधान से सम्बन्धित सिद्धान्त;
3. उपनिधाता के अधिकार एवं दायित्व;
4. उपनिहिती के अधिकार एवं दायित्व; इत्यादि।

(इस अध्याय के लिए 'संविदा अधिनियम, 1872' की धारा 148-171 के प्रावधान मार्गदर्शक हैं।)

अध्याय 44

गिरवी

(Of Pledge)

"जब माल का उपनिधान किसी ऋण को चुकता करने के लिए या किसी वचन को पूरा करने के लिए किया जाता है, तो ऐसा उपनिधान 'गिरवी' कहलाता है।"

गिरवी रखनेवाले व्यक्ति को गिरवीकर्त्ता (Pawner) और जिसके पास गिरवी रखा जाता है, उसे गिरवीदार (Pawnee) कहा जाता है।

'गिरवी' के सम्बन्ध में कानून को लेकर किसी तरह का कोई अन्तर्विरोध नहीं है। इस सम्बन्ध में प्रावधान बिना किसी धार्मिक मतभेद के सभी नागरिकों पर समान रूप से लागू होते हैं। इस अध्याय में निम्न महत्त्वपूर्ण विषय पर प्रावधान बनाये जा सकते हैं–

1. गिरवी की प्रकृति एवं इसके आवश्यक तत्त्व;
2. गिरवी से सम्बन्धित सिद्धान्त;
3. गिरवीदार के अधिकार एवं दायित्व;
4. गिरवीकर्त्ता के अधिकार एवं दायित्व; इत्यादि।

(इस अध्याय के लिए 'संविदा अधिनियम, 1872' की धारा 172-181 के प्रावधान मार्गदर्शक हैं।)

अध्याय 45

अभिकरण

(Of Agency)

"जब किसी व्यक्ति का नियोजन इस बात के लिए किया जाता है कि वह नियोजनकर्त्ता की तरफ से दूसरे व्यक्तियों के साथ व्यापारिक समझौता करे, संविदा स्थापित करे, संविदा की शर्तों को बदले या संविदा को समाप्त करे। तो ऐसा सम्बन्ध 'अभिकरण' कहलाता है।"

नियोजनकर्त्ता को 'मालिक' (Principal) और नियोजित होनेवाले व्यक्ति को 'अभिकर्त्ता' (Agent) कहा जाता है।

'अभिकरण' के सम्बन्ध में कानून को लेकर किसी तरह का कोई अन्तर्विरोध नहीं है। इस सम्बन्ध में प्रावधान बिना किसी धार्मिक मतभेद के सभी नागरिकों पर समान रूप से लागू होते हैं। इस अध्याय में निम्न महत्त्वपूर्ण विषय पर प्रावधान बनाये जा सकते हैं–

1. अभिकरण की प्रकृति एवं इसके आवश्यक तत्त्व;
2. अभिकरण से सम्बन्धित सिद्धान्त;
3. अभिकरण के प्रकार;
4. अभिकरण का सृजन;
5. मालिक एवं अभिकर्त्ता के मध्य सम्बन्ध;
6. मालिक का तृतीय पक्ष से सम्बन्ध;
7. अभिकर्त्ता के अधिकार एवं कर्त्तव्य;
8. मालिक के अधिकार एवं कर्त्तव्य;
9. अभिकरण की समाप्ति; इत्यादि।

(इस अध्याय के लिए 'संविदा अधिनियम, 1872' की धारा 182-189 के प्रावधान मार्गदर्शक हैं।)

अध्याय 46

बौद्धिक सम्पदा एवं बौद्धिक सम्पदा अधिकार

(Of Intellectual Property and IP Rights)

"किसी व्यक्ति के मूल विचार और इसकी अभिव्यक्ति के तरीके उसकी अपनी 'बौद्धिक सम्पदा' होती है और रचनाकार द्वारा अपने मूल विचार को सुरक्षित रखने का अधिकार 'बौद्धिक सम्पदा अधिकार' कहलाता है।"

बौद्धिक सम्पदा अधिकार के अन्तर्गत कापीराइट, औद्योगिक डिजाइन अधिकार, पेटेण्ट, ट्रेडमार्क आते हैं।

'बौद्धिक सम्पदा और बौद्धिक सम्पदा अधिकार' के सम्बन्ध में कानून को लेकर किसी तरह का कोई अन्तर्विरोध नहीं है। इस सम्बन्ध में प्रावधान बिना किसी धार्मिक मतभेद के सभी नागरिकों पर समान रूप से लागू होते हैं। इस अध्याय में निम्न महत्त्वपूर्ण विषय पर प्रावधान बनाये जा सकते हैं–

1. बौद्धिक सम्पदा के अर्थ एवं इसके आवश्यक तत्त्व;
2. बौद्धिक सम्पदा के क्षेत्र;
3. बौद्धिक सम्पदा के प्रकार;
4. बौद्धिक सम्पदा अधिकार से सम्बन्धित सिद्धान्त;
5. बौद्धिक सम्पदा अधिकार का संरक्षण;
6. बौद्धिक सम्पदा के सम्बन्ध में कानूनी कार्रवाई; इत्यादि।

(इस अध्याय के लिए 'कापीराइट अधिनियम, 1957; ट्रेडमार्क अधिनियम, 1999 के प्रावधान मार्गदर्शक हैं।)

अध्याय 47

सुखाधिकार

(Of Easmentary Right)

"किसी भूमि के लाभदायी उपयोग के लिए इस भूमि के स्वामी या अधिभोगी को दूसरे व्यक्ति की भूमि में/पर कुछ करने का अधिकार 'सुखाधिकार' कहलाता है।"

'सुखाधिकार' के सम्बन्ध में कानून को लेकर किसी तरह का कोई अन्तर्विरोध नहीं है। इस सम्बन्ध में प्रावधान बिना किसी धार्मिक मतभेद के सभी नागरिकों पर समान रूप से लागू होते हैं। इस अध्याय में निम्न महत्त्वपूर्ण विषय पर प्रावधान बनाये जा सकते हैं–

1. सुखाधिकार की प्रकृति एवं इसके आवश्यक तत्त्व;
2. सुखाधिकार के प्रकार;
3. सुखाधिकार के अर्जन के तरीके;
4. सुखाधिकार से सम्बन्धित सिद्धान्त;
5. चिरभोग का सिद्धान्त;
6. सुखाधिकार की प्रसंगतियाँ;
7. सुखाधिकार के निर्वापन के तरीके; इत्यादि।

(इस अध्याय के लिए 'सुखाधिकार अधिनियम, 1882' के प्रावधान मार्गदर्शक हैं।)

अध्याय 48

अनुज्ञप्ति

(Of Licence)

"किसी व्यक्ति द्वारा अपनी अचल सम्पत्ति में/पर किसी दूसरे व्यक्ति को कोई कार्य करने का अधिकार दिया जाना 'अनुज्ञप्ति' कहलाता है।"

अनुज्ञप्ति का अधिकार देनेवाले व्यक्ति को अनुज्ञप्तिदाता (Licensor) और जिस व्यक्ति को अधिकार मिलता है, उसे अनुज्ञप्तिधारी (Licensee) कहा जाता है।

'अनुज्ञप्ति' के सम्बन्ध में कानून को लेकर किसी तरह का कोई अन्तर्विरोध नहीं है। इस सम्बन्ध में प्रावधान बिना किसी धार्मिक मतभेद के सभी नागरिकों पर समान रूप से लागू होते हैं। इस अध्याय में निम्न महत्त्वपूर्ण विषय पर प्रावधान बनाये जा सकते हैं–

1. अनुज्ञप्ति की प्रकृति एवं इसके आवश्यक तत्त्व;
2. अनुज्ञप्ति से सम्बन्धित सिद्धान्त;
3. अनुज्ञप्ति का तरीका;

4. पक्षकारों के अधिकार एवं दायित्व;
5. अनुज्ञप्ति का खण्डन; इत्यादि।

(इस अध्याय के लिए 'सुखाधिकार अधिनियम, 1882' की धारा 52-64 के प्रावधान मार्गदर्शक हैं।)

अध्याय 49

बेनामी अन्तरण और 'गाँधीत्व-भीमत्व-भावेत्व' का सिद्धान्त (Of Benami Transaction)

"बेनामी अन्तरण, बिक्री का ऐसा छद्म स्वरूप है, जिसमें प्रतिफल का लेन-देन स्वयं क्रेता या विक्रेता द्वारा नहीं किया जाता है, बल्कि किसी तीसरे व्यक्ति द्वारा इस आशय से किया जाता है, ताकि वह अपने नाम को छिपाते हुए स्वार्जित अघोषित सम्पत्ति को बाजार का हिस्सा बना सके।"

आम तौर पर भ्रष्ट तरीके से अर्जित की गयी काले-धन का निवेश सम्पत्तियों के खरीद-फरोख्त में किया जाता है। इस तरह का खरीद-फरोख्त अपने नाम को छिपाकर पत्नी, बच्चों, नौकर, मित्र एवं रिश्तेदार के नाम से किया जाता है। जिस व्यक्ति के नाम से ऐसी सम्पत्ति खरीदी या बेची जाती है, वह 'बेनामीदार' (Benamidar) कहलाती है और जो व्यक्ति ऐसे बेनामी लेन-देन के लिए प्रतिफल का भुगतान करता है या प्रतिफल ग्रहण करता है, वह 'छद्म स्वामी' (Pseudo Owner) कहलाती है (यद्यपि बेनामी-कानून में 'लाभग्राही स्वामी' नाम का प्रयोग किया गया है, किन्तु इस नाम के स्थान पर 'छद्म स्वामी' नाम का प्रयोग करना ज्यादा उचित है)।

भारत में बेनामी अन्तरण के सम्बन्ध में 28 वर्ष पूर्व कानून- 'बेनामी लेन-देन (निषेध) अधिनियम, 1988' बनाया गया। किन्तु दुर्भाग्य से इस कानून को लागू करने के लिए कोई नोटिफिकेशन या अधिसूचना नहीं जारी की जा सकी और पिछले 28 वर्षों से यह अधिनियम मात्र सजावटी-कानून की तरह देश के कानूनी-गमले की शोभा बढ़ाता रहा। संसद् द्वारा पारित किसी कानून का 28 वर्षों तक लागू न हो पाना राजनीतिक इच्छाशक्ति के अभाव का सवाल कम राजनीतिक बेईमानी की पराकाष्ठा का सवाल ज्यादा है। इस समयावधि के दौरान इस देश को न जाने कितनी बेनामी-सम्पत्तियों का हलाहल पीना पड़ा होगा। इस हलाहल के कारण हमारे देश की धरती कितनी दूषित हुई है, इसका शायद ही कोई आँकड़ा हमारे तन्त्र के पास हो। किन्तु देर से ही सही मोदी सरकार द्वारा 'बेनामी लेन-देन (निषेध) संशोधन अधिनियम, 2016' पारित कर उक्त कानून को न केवल ज्यादा कठोर और प्रभावशाली बनाने का प्रयास किया गया है, बल्कि 25 अक्टूबर, 2016 को अधिसूचना जारी करके इसे लागू भी किया गया। संशोधन के बाद अब इस कानून में

बेनामी सम्पत्तियों को जब्त एवं सील करने का, बेनामी-सम्पत्ति बनाने के लिए अर्थदण्ड लगाने का और बेनामी अन्तरण के खिलाफ सजा की अवधि को बढ़ाकर सात वर्ष तक करने का भी प्रावधान बनाया गया है। इसके साथ बेनामी सम्पत्तियों का पता लगाने और इससे जुड़े विवादों के त्वरित निस्तारण के लिए भी प्रावधान बनाये गये हैं।

सीलिंग-कानून की विफलता से सबक लेने की आवश्यकता

2016 के संशोधन-अधिनियम के बाद भी बेनामी लेन-देन (निषेध) कानून इस विषय पर मौन हैं कि बेनामी सम्पत्तियों का और इस निमित्त वसूल किये गये अर्थदण्ड का उपयोग किस तरह से और किसके हित में किया जायेगा? उपयोग के सम्बन्ध में किसी तरह के स्पष्ट प्रावधान के अभाव में यह कानून अपूर्ण है। बेनामी-कानून में ऐसा भी प्रावधान बनाया जाना चाहिए था, जिसके अन्तर्गत भ्रष्ट तरीके से हासिल की गयी बेनामी सम्पत्ति का प्रयोग गरीब एवं बेघर लोगों के प्रत्यक्ष कल्याणार्थ प्रभावशाली तरीके से किया जा सके। बेनामी-कानून की यह अपूर्णता शहरी-भूमि (सीलिंग एण्ड रेगुलेशन) कानून, 1976 के विफलता की याद दिलाती है। 1976 के इस कानून द्वारा शहरी भूमि के स्वामित्व को हासिल करने के सन्दर्भ में सीलिंग अर्थात् अधिकतम सीमा लागू करने की व्यवस्था अपनायी गयी थी, ताकि भूमि-स्वामित्व के सम्बन्ध में असमानता को समाप्त किया जा सके। भूमि-सुधार की दिशा में यह बहुत ही क्रान्तिकारी कदम था। सामाजिक-न्याय और आर्थिक-समानता का लक्ष्य हासिल करने की दिशा में यह कानून मील का पत्थर साबित होनेवाला था। किन्तु बिना लक्ष्य को हासिल किये 23 वर्ष बाद 1999 में स्वयं संसद् द्वारा सीलिंग कानून को रद्द कर दिया गया। जिस तरह इस कानून को विफल होने दिया गया, उसे आज भी भुलाया नहीं जा सकता है। सीलिंग-कानून की विफलता हमारे लिये एक सबक है।

सीलिंग-कानून की विफलता के कई कारण थे। इनमें से दो प्रमुख कारणों का यहाँ पर उल्लेख करना आवश्यक है। पहला कारण धारा 20 के प्रावधान का मनमाना प्रयोग किया जाना और दूसरा कारण बचत-सम्पत्तियों का गरीब व बेघर लोगों के हित में उपयोग न किया जा सकना था।

धारा 20 के अनुसार कोई राज्य, जनहित व असम्यक् कठिनाई के आधार पर सीलिंग से अधिक सम्पत्ति रखनेवाले व्यक्ति को सीलिंग-कानून के दायरे से बाहर रहने की छूट प्रदान कर सकता था। 'प्रेस सूचना ब्यूरो' द्वारा जनवरी, 1999 में जारी की गयी एक रिपोर्ट के अनुसार इस कानून की धारा 20 के अन्तर्गत 56,640 हेक्टेयर खाली जमीनों को और धारा 21 के अन्तर्गत 5,327 हेक्टेयर जमीनों को इस कानून से छूट प्रदान कर दी गयी।

सीलिंग-कानून की विफलता का दूसरा प्रमुख कारण इस कानून में ऐसे किसी प्रभावशाली प्रावधान का न हो पाना था, जिसके अन्तर्गत सीलिंग लगाने के बाद प्राप्त की

गयी बचत-भूमि का उपयोग गरीब एवं बेघर लोगों के लिए घर बनवाने में किया जा सके। 'प्रेस सूचना ब्यूरो' की रिपोर्ट के अनुसार सीलिंग सीमा से अधिक कुल खाली जमीन 2,20,674 हेक्टेयर था। इस जमीन पर गरीबों के लिए लगभग 4 करोड़ घर बनाये जा सकते थे। किन्तु सरकार द्वारा इसके क्रियान्वयन में जिस तरह लचीला रुख अपनाया गया, वह बहुत ही निराशाजनक और दुःखदायी था। मात्र 0.4 प्रतिशत बचत की जमीनों का ही उपयोग गरीबों के लिए घर बनाने में किया जा सका। इस तरह एक तो प्रभावशाली लोगों द्वारा अपने प्रभाव का प्रयोग कर छूट का लाभ ले लिया गया और सीलिंग सीमा से निकल रही बचत की जमीनों को अपने हित में बचा लिया गया और दूसरा यह कि वर्ष 1976 से 1999 के दौरान जो थोड़ी-बहुत भूमि इस कानून के अन्तर्गत प्राप्त भी की गयी, उसका प्रयोग गरीब और बेघर लोगों के हित में नहीं किया जा सका। यदि सीलिंग-कानून को ईमानदारी से लागू करने के बाद निकल रही बचत-भूमि का गरीब एवं बेघर लोगों के हित में प्रयोग कर लिया गया होता, तो आज इस देश की तस्वीर कुछ अलग होती।

सीलिंग-कानून की विफलता के उपर्युक्त कारणों को जब हम बेनामी कानून के सन्दर्भ में देखते हैं, तो यह सवाल महत्त्वपूर्ण हो जाता है कि इस कानून के माध्यम से यदि हम कोई बेनामी-सम्पत्ति हासिल भी कर लें, तो इसका उपयोग किस उद्देश्य की पूर्ति के लिए किया जायेगा और कैसे किया जायेगा। क्या ये बेनामी-सम्पत्तियाँ, सार्वजनिक सम्पत्ति के नाम पर नौकरशाहों एवं राजनेताओं के शान-शौकत का हिस्सा बनकर रह जायेंगी या इसका कोई प्रत्यक्ष सरोकार आम लोगों से भी हो सकेगा। बेनामी-सम्पत्तियों के उपयोग के विषय पर जब हम चर्चा कर रहे हैं तो बिहार राज्य में किये गये एक प्रयोग का जिक्र करना आवश्यक और समीचीन है। वर्ष 2010 के दौरान नीतीश कुमार के नेतृत्व में तत्कालीन जद(यू)-भाजपा सरकार द्वारा एक बहुत शानदार निर्णय लिया गया था। इस निर्णय के अन्तर्गत एक व्यक्ति द्वारा घोषित आय से अधिक अर्जित की गयी सम्पत्तियों को जब्त कर इसका उपयोग आम लोगों से जुड़े सार्वजनिक कार्यों जैसे पिछड़े वर्ग की बालिकाओं के लिए आवासीय स्कूल चलाने; महादलित बच्चों के लिए प्राथमिक स्कूल चलाने; अस्पताल खोलने इत्यादि के लिए करना शुरू कर दिया गया। ऐसे साहसिक फैसले मानवीय संवेदना, नैतिक दृढ़ता और राजनीतिक इच्छाशक्ति के बिना नहीं लिये जा सकते हैं। मन्शा साफ है कि गरीबों के हक को मारकर भ्रष्ट तरीके से जो सम्पत्तियाँ अर्जित की गयी हैं, उनको जब्त करके उन्हीं गरीबों के हित में प्रयोग किया जाय। इससे इतर यदि ये सम्पत्तियाँ मात्र सरकारी शान-शौकत का हिस्सा बनकर रह जाती हैं, तो आम लोगों को इससे कोई फर्क नहीं पड़नेवाला है कि बेनामी सम्पत्ति जब्त होती है या नहीं।

बेनामी कानून में भी इस तरह का प्रावधान बनाया जाना चाहिए, ताकि जब्त की गयी बेनामी सम्पत्तियों का उपयोग आम लोगों के हित में किया जा सके। यहाँ तक कि जब्ती के

सम्बन्ध में चल रहे मुकदमों के विचाराधीन रहने के दौरान भी इन बेनामी सम्पत्तियों का उपयोग आम लोगों के कल्याणार्थ करने के सम्बन्ध में प्रावधान बनाया जा सकता है। क्योंकि जिन लोगों से बेनामी-सम्पत्तियों को जब्त कर छीना जाता है, उनके जीवन में ऐसी जब्ती के कारण शायद ही किसी तरह का कोई ठहराव आये, लेकिन इन सम्पत्तियों का जब हम गरीबों एवं हाशिये पर रहनेवाले लोगों के हित में प्रयोग करते हैं, तो कई लोगों की ठहरी हुई जिन्दगी चलना प्रारम्भ हो जाती है। एक कल्याणकारी राज्य का यही अन्तिम लक्ष्य होता है। बेनामी सम्पत्ति के छिन जाने से एक भ्रष्ट व्यक्ति के जीवन पर पड़नेवाले दुष्परिणाम की तुलना में ऐसी सम्पत्तियों का हाशिये के लोगों के हित में प्रयोग करने से होनेवाला सद्परिणाम हजारों गुना अधिक प्रभावशाली और राष्ट्रहित में होता है। लेकिन दुष्परिणाम और सद्परिणाम के तुलनात्मक प्रभाव को जानने-समझने के लिए आवश्यक है कि हमारे नेतृत्व और नीति-निर्माताओं में मानवीय-संवेदना हो, नैतिक-दृढ़ता हो और साथ-साथ राजनीतिक-इच्छाशक्ति हो। इस सम्बन्ध में नीतीश कुमार सरकार द्वारा लिया गया निर्णय देश के नीति-निर्माताओं के लिए प्रेरणास्रोत है।

बेनामी-कानून की अन्य कमियाँ

बेनामी सम्पत्ति के सम्बन्ध में मूल धारणा यह है कि जो व्यक्ति ऐसी सम्पत्ति को धारण करता है, उसके आय का स्रोत सम्पत्ति के मूल्य के अनुकूल नहीं होता है। इसलिए कानून यह अनुमान करता है कि ऐसी सम्पत्ति के लिए प्रतिफल का भुगतान किसी दूसरे व्यबित द्वारा अपनी अघोषित सम्पत्ति को छिपाने के लिए किया गया होगा। यदि ये दोनों बातें साबित हो जायँ, तो सम्पत्ति को बेनामी मानते हुए इसे जब्त किया जायेगा। इस तरह से बेनामी-सम्पत्ति बनाने के लिए अर्थदण्ड लगाया जायेगा और इसके विरुद्ध आपराधिक कार्रवाही भी की जायेगी। इस सम्बन्ध में एक स्थिति यह बन सकती है कि यदि कोई व्यक्ति अपने वास्तविक आय से अधिक सम्पत्ति को अपने किसी मित्र या रिश्तेदार के नाम पर खरीद ले और इसके साथ यदि वह ऐसे मित्र या रिश्तेदार के आय के स्रोत को कागज पर साबित करने में सफल हो जाय तो बेनामी-सम्पत्ति की अवधारणा बेअसर हो जायेगा।

संशोधन कानून, 2016 के बाद बेनामी कानून में बुनियादी स्तर पर जिन तीन प्राधिकारियों की भूमिका महत्त्वपूर्ण है, वे 'आरम्भन प्राधिकारी', 'अनुमोदन प्राधिकारी' और 'निर्णयन प्राधिकारी हैं। इस कानून के अनुसार आयकर अधिनियम के अन्तर्गत नियुक्त सहायक-कमिश्नर या उप-कमिश्नर 'आरम्भन प्राधिकारी' होता है और अतिरिक्त-कमिश्नर या संयुक्त-कमिश्नर 'अनुमोदन प्राधिकारी' होता है। 'निर्णयन प्राधिकारी' के स्वरूप को तो स्वतन्त्र, निष्पक्ष एवं स्थायी बनाने के लिए कुछ प्रावधान हैं, किन्तु प्रथम दो प्राधिकारियों अर्थात् 'आरम्भन प्राधिकारी' एवं 'अनुमोदन प्राधिकारी' की स्वतन्त्रता, निष्पक्षता एवं

स्थायित्व के सम्बन्ध में इस कानून में किसी तरह का कोई प्रावधान नहीं है, जबकि इन्हीं दोनों प्राधिकारियों पर बेनामी-सम्पत्ति के विरुद्ध कार्रवाई प्रारम्भ करने की जिम्मेदारी होती है।

संशोधित बेनामी-कानून की सबसे बड़ी कमजोरी यह है कि बेनामी लेन-देन के विरुद्ध होनेवाली सभी कार्रवाई 'आरम्भन प्राधिकारी' और 'अनुमोदन प्राधिकारी' की सक्रियता पर निर्भर होगा अर्थात् यदि ये दोनों प्राधिकारी ईमानदारी से आगे नहीं बढ़ते हैं, तो बेनामी-सम्पत्ति रखनेवाले लोगों के विरुद्ध इस कानून के अन्तर्गत कोई कार्रवाई नहीं हो सकती है। प्राधिकारियों द्वारा निष्क्रियता बरते जाने के कई कारण हो सकते हैं। कारण जो भी हों, किन्तु यदि ये दोनों प्राधिकारी ईमानदारी से सक्रिय नहीं हैं, तो 2016 संशोधन के बाद भी 'बेनामी-कानून' सिर्फ सजावट का कानून बनकर रह जानेवाला है।

बेनामी-कानून के अन्तर्गत अपनायी गयी जाँच प्रक्रिया के सन्दर्भ में बदलती सरकारों के बदलते चरित्र से पैदा होनेवाले अन्तर और इसके परिणाम को नजरअन्दाज नहीं किया जा सकता है। इसलिए यह आवश्यक है कि ऐसे मामलों में जनभागीदारी को भी उचित एवं सक्रिय स्थान दिया जाय। जनभागीदारी की दृष्टि से लोकपाल एवं उपलोकायुक्त कानून, 2013 की भूमिका महत्त्वपूर्ण हो जाती है, जिसके अन्तर्गत एक स्वतन्त्र, निष्पक्ष एवं प्रभावशाली संस्था के रूप में 'लोकपाल' की कल्पना की गयी है। किन्तु यह इस देश का दुर्भाग्य है कि देश के लिए लोकपाल का गठन करने का विषय राजनीतिक पैंतरेबाजी का शिकार हो गया है। लोकपाल जैसे तन्त्र का ईमानदारी से गठन कर भ्रष्टाचार के खिलाफ जनसहभागिता को सुनिश्चित किया जाना देशहित में है।

सी.बी.आई. जैसी जाँच एजेन्सी को समय-समय पर बदलते रहनेवाले सरकारों का तोता होने के ठप्पे से बाहर निकालने की भी सख्त आवश्यकता है। समय की माँग है कि देश की सभी जाँच एजेन्सियों के स्वरूप में आमूल परिवर्तन किया जाय। सी.बी.आई. सहित देश के सभी केन्द्रीय एवं राज्यस्तरीय जाँच एजेन्सियों को चुनाव आयोग की तर्ज पर एकरूपता प्रदान कर इनके स्थान पर एक राष्ट्रीय जाँच एजेन्सी (नेशनल ब्यूरो ऑफ इन्वेस्टिगेशन) का गठन किया जाना चाहिए और जाँच प्रक्रिया को न्यायिक प्रक्रिया का हिस्सा घोषित कर इसे लोकपाल या सुप्रीम कोर्ट के अधीन कर दिया जाय।

आर्थिक-अराजकता की चिन्ताजनक स्थिति

ऑक्सफैम द्वारा जून, 2017 में जारी की गयी एक रिपोर्ट के मुताबिक मात्र एक प्रतिशत भारतीयों के पास ही देश की 58 प्रतिशत सम्पत्ति है। इसका अर्थ है कि बाकी 99 प्रतिशत लोगों के पास मात्र देश की 42 प्रतिशत सम्पत्ति रह जाती है। अभी हाल ही में 21 जनवरी, 2019 को जारी किये गये इसी संस्था की रिपोर्ट के अनुसार भारत के शीर्ष नौ अमीरों की

सम्पत्ति देश की 50 प्रतिशत गरीब जनसंख्या की कुल सम्पत्ति के बराबर है। 1950 में संविधान लागू कर आर्थिक समानता का लक्ष्य हासिल करने का संकल्प लेकर आगे बढ़नेवाले भारत देश के लिए 68 वर्ष बाद यह स्थिति चिन्तन एवं चिन्ता का विषय है। यह मात्र आर्थिक असमानता की बात नहीं रह जाती है। आर्थिक असमानता से बहुत आगे यह आर्थिक-अराजकता की स्थिति है।

संविधान लागू करने के साथ भारत देश की सम्प्रभुता इस देश के नागरिकों में निहित कर दी गयी। भारतीय नागरिकों में निहित इसी सम्प्रुभता की बुनियाद पर आर्थिक एवं राजनीतिक लोकतन्त्र के मन्दिर को स्थापित करने का स्वप्न हमारे संविधान-निर्माताओं द्वारा देखा गया था। किन्तु 68 वर्ष बाद आज हम किस स्थान पर हैं, इसे उक्त रिपोर्ट के माध्यम से समझा जा सकता है।

संविधान के अनुच्छेद 38 और 39 के अन्तर्गत 'समान वितरण न्याय पर आधारित सामाजिक अर्थवाद' का सिद्धान्त स्वीकार किया गया है। अनुच्छेद 38 के अन्तर्गत शासन के आदर्श लक्ष्यों को निर्धारित करते हुए कहा गया है कि 'राज्य ऐसी सामाजिक व्यवस्था की, जिसमें सामाजिक, आर्थिक एवं राजनीतिक न्याय राष्ट्रीय जीवन की सभी संस्थाओं को अनुप्राणित करे, हर सम्भव प्रभावी रूप में स्थापना और संरक्षण करके लोक-कल्याण की अभिवृद्धि का प्रयास करेगा।'

अनुच्छेद 38 का प्रावधान जहाँ देश की सभी संस्थाओं को 'सामाजिक, आर्थिक एवं राजनीतिक न्याय' से अनुप्राणित होने और 'लोक-कल्याण' के आदर्श लक्ष्य को हासिल करने की बात करता है, वहीं अनुच्छेद 39 उन सिद्धान्तों को प्रतिपादित करता है, जिनको अंगीकृत कर इन लक्ष्यों को हासिल किया जा सकता है। अनुच्छेद 39 के अन्तर्गत 'सामाजिक अर्थवाद' के निम्न तीन मूल सिद्धान्तों को स्वीकार किया गया है–

1. भौतिक संसाधनों के स्वामित्व एवं नियन्त्रण का बँटवारा सामूहिक हित को ध्यान में रखकर हो;
2. धन और उत्पादन के साधन के साधनों का सर्वसाधारण के लिए अहितकारी केन्द्रीकरण न हो; और
3. स्त्रियों को प्रत्येक क्षेत्र में, प्रत्येक स्तर पर पुरुषों के बराबर अधिकार मिले।

संविधान के उक्त प्रावधानों को आर्थिक लोकतन्त्र का मूल बताते हुए डॉ. अम्बेडकर ने कहा था कि हम किसी भी रूप में लोगों के किसी भी समूह की निरन्तर तानाशाही नहीं चाहते हैं। राजनीतिक लोकतन्त्र की स्थापना करते समय हमारी यह भी इच्छा है कि आर्थिक लोकतन्त्र के आदर्शों को भी तय किया जाना चाहिए। हम मात्र ऐसी व्यवस्था तय नहीं करना चाहते जिसमें कुछ लोग आयें और सत्ता पर कब्जा कर लें। संविधान उन लोगों के समक्ष भी आदर्श रखना चाहता है जो सरकार बनायेंगे। जहाँ तक मेरी बात है यह आदर्श 'आर्थिक लोकतन्त्र' है।

संविधान-सभा में बोलते हुए प्रो. शिब्बन लाल सक्सेना ने उक्त प्रावधानों को आर्थिक लोकतन्त्र का ऐसा चार्टर बताया, जिसमें हम समाजवाद और अन्य वाद के बीज पा सकते हैं। श्री जादूबन्स सहाय ने प्रावधान के सम्बन्ध में बोलते हुए कहा कि आनेवाले वर्षों में समुदाय के प्राकृतिक संसाधन कुछ विशिष्ट लोगों के हाथ में सिमटकर न रह जाये, अपितु सबकी भलाई के लिए देश के गरीबों में भी फैले। श्री एस. नागप्पा ने इस खण्ड के प्रावधान को एकमात्र ऐसा प्रावधान बताया जिसमें गरीब आदमी और आम आदमी अपने भविष्य की उम्मीदों को तलाश सकता है। उन्होंने मसौदा-समिति को दिल से धन्यवाद देते हुए आगे कहा कि यहाँ पर एकत्रित सभी सम्मानित सदस्यों का उद्देश्य जल्द-से-जल्द समाजवाद लाने का है। जब तक यह खण्ड है, भारत में पूँजीवाद की उन्नति सम्भव नहीं है।

वर्ष 1950 में व्यक्त किये गये उक्त पवित्र विचारों के विरुद्ध आज भी इस देश में लाखों लोग बेघर और अस्थायी रूप से फुटपाथों एवं रेलवे की पटरियों पर रहने के लिए मजबूर हैं। इनके पास कोई स्थायी घर नहीं होता है। ये घुमन्तू की तरह अपना जीवन बसर करने के लिए विवश रहते हैं। सोचिये जरा, यदि इन लोगों से कोई यह कहे कि आपमें इस देश की सम्प्रभुता निहित है और उन्हें सम्प्रभुता का वास्तविक अर्थ सही-सही समझ में आ जाय तो इनकी क्या प्रतिक्रिया होगी? सड़क के किनारे भव्यता के साथ खड़े बड़ी-बड़ी अट्टालिकाओं और सड़क के मध्य बने फुटपाथ के बिस्तर पर जिनकी रात गुजरती है; रेलवे के बन्द पड़ी पटरियों पर खुले आसमान के चादर के नीचे जिनका अस्थायी आसियाना बसता है, उनके लिए देश की सम्प्रभुता स्वयं में निहित होने की बात एक भद्दा मजाक से ज्यादा कुछ नहीं लगेगा।

फुटपाथों और रेलवे की पटरियों पर ही इन परिवार की औरतों की कोख से बच्चे जन्म लेते हैं। ये बच्चे भी उतने ही अबोध होते हैं, जितने की अट्टालिकाओं में जन्म लेनेवाले बच्चे। लेकिन इन बच्चों को शायद ही इसका आभास हो पाता है कि उनके जीवन में उन्हें सम्प्रभुता का अपने में निहित होने का वास्तविक गौरव कभी प्राप्त हो सकेगा। फिर भी हमारा तन्त्र गर्व से कहता है कि इनमें देश की सम्प्रभुता निहित है।

संविधान लागू होने के 68 वर्ष बाद भी देश की यह स्थिति किसी भी तन्त्र के माथे पर शिकन पैदा करनेवाली हो सकती है, बशर्ते कि तन्त्र में मानवीय संवेदना हो। किन्तु जिस देश की राजनीति चकाचौंध की संस्कृति के साथ आगे बढ़ रही हो और अस्थायी पण्डाल, मंच और माला के लिए लाखों-करोड़ों रुपये खर्च कर दिये जाते हैं, वहाँ यह अपेक्षा करना कि हमारे राजनेताओं एवं नौकरशाहों में हाशिये के इन मासूम लोगों एवं अबोध बच्चों के अस्थायी रहन-सहन पर आह आयेगी और संवेदना पैदा होगी, एक झूठी सान्त्वना मात्र ही है।

ऐसे कई उदाहरण हैं, जब काली कमायी करनेवाले प्रभावशाली लोग कानूनों में सुराख खोजकर इसमें से निकलने का रास्ता खोज लेते हैं। 41 वर्ष पहले जब सीलिंग-कानून

लाया गया था, लगभग उसी समय वाँछू समिति ने काले धन के खिलाफ नोटबन्दी योजना को लागू करने का सुझाव दिया था। 40 वर्ष बाद मोदी सरकार द्वारा वाँछू समिति के सुझाव को लागू किया गया। लेकिन लागू करने के दिन से ही इसके परिणाम को लेकर अलग-अलग दावे-प्रतिदावे किये जाने लगे। एक तरफ जहाँ काला धन रखनेवाले लोग पूरी व्यवस्था को अपने हाथ से बाहर नहीं जाने देने की चुनौती को बड़े ही सहज भाव से स्वीकार कर रहे थे तो बैंक अधिकारियों द्वारा नोटबन्दी में ही भ्रष्टाचार का अवसर तलाशा जाने लग गया। देश की चिन्ता कम, सत्ता-संघर्ष और अर्थ-संघर्ष की चिन्ता ज्यादा देखने को मिला।

जिस देश का राजनीतिक एवं नैतिक चरित्र इस स्तर पर आ गया हो, वहाँ पर यह सोचना कि 'बेनामी-कानून' जैसा कानून इस देश से आर्थिक अराजकता एवं आर्थिक असमानता को समाप्त कर देगा, आँख में धूल झोंकने से ज्यादा कुछ नहीं है। यदि देश से आर्थिक अराजकता एवं आर्थिक असमानता को समाप्त करना है तो सवाल इतना ही भर नहीं होना चाहिए कि एक व्यक्ति द्वारा सम्पत्ति को किस तरीके से अर्जित किया गया है, बल्कि अब यह भी सवाल उठाया जाना चाहिए कि किस सीमा तक एक व्यक्ति को सम्पत्ति का व्यक्तिगत स्वामित्व हासिल करने की अनुमति दी जाय?

भले ही इस तन्त्र के लिए सीलिंग-कानून या बेनामी-कानून या लोकपाल कानून बनाना राजनीतिक लाभ का विषय हो, किन्तु जब तक इन कानूनों से बेघरों को घर न मिल सके, फुटपाथों एवं रेल-पटरियों पर अस्थायी जीवन गुजारने के लिए मजबूर लोगों को स्वामित्व न मिल सके, इनके बच्चे भी समान शिक्षा-दीक्षा प्राप्त कर समाज की मुख्य धारा में न आ सकें और बुनियादी मानवीय आवश्यकताओं को पूरा करने में सक्षम न हो सकें, तब तक ये सभी कानून व्यर्थ व सजावटी कानून की तरह ही साबित होंगे।

स्वामित्व के सन्दर्भ में 'गाँधीत्व-भीमत्व-भावेत्व' का सिद्धान्त

सीलिंग-कानून और बेनामी-कानून की सफलता-विफलता के दावों के बीच हमें दूसरे रास्ते भी तलाशने होंगे। सभी लोगों को अपनी क्षमता के अनुसार विकास करने की पूर्ण आजादी होनी चाहिए, किन्तु विकास और आजादी का अर्थ यह भी नहीं होना चाहिए कि कुछ सक्षम लोग दूसरे अक्षम लोगों के हक पर कुण्डली मारकर बैठ जायें। निश्चित ही कुछ लोगों में ऐसी क्षमता होगी कि वे इसका येन-केन-प्रकारेण प्रयोग करके धरती के अधिक-से-अधिक अंश का स्वामी बन जायें। सवाल उठता है कि क्या एक लोकतान्त्रिक एवं कल्याणकारी राज्य में इस बात की पूर्ण स्वतन्त्रता और स्वच्छन्दता दी जानी चाहिए और यदि हाँ, तो किस सीमा तक दी जानी चाहिए?

महात्मा गाँधी ने कहा था कि इस पृथ्वी के पास सभी लोगों की आवश्यकताओं की पूर्ति करने की क्षमता है, लेकिन एक व्यक्ति के लालच के आगे यह पृथ्वी भी छोटी हो

जायेगी। पृथ्वी की इस क्षमता पर कुछ लोगों के लालच का ग्रहण न लगने पाये और यह सभी लोगों की आवश्यकताओं की पूर्ति करने में सक्षम बनी रहे, इसके लिए आवश्यक है कि 'राज्य' इस विषय पर भी सोचना शुरू करे कि एक व्यक्ति किस सीमा तक भौमिक सम्पत्ति का स्वामित्व हासिल कर सकता है।

भ्रष्टाचार से निपटने के लिए कठोर-से-कठोर कानून बनना चाहिए और इसे लागू किया जाना चाहिए। किन्तु अब यह समय आ गया है कि 'विधि के शासन' एवं 'समानता के सिद्धान्त' से संचालित होनेवाले एक लोकतान्त्रिक देश में इस सवाल को भी उठाया जाय और इसका जवाब तलाशा जाय कि एक नागरिक ईमानदारी से भी अपना जीवन-निर्वहन करते हुए किस सीमा तक भौमिक-सम्पत्ति का व्यक्तिगत-स्वामित्व हासिल कर सकता है?

ऐसी आर्थिक-अराजकता की समस्या का समाधान हम राष्ट्र-जनक महात्मा गाँधी के 'ट्रस्टीशिप का सिद्धान्त'; डॉ. अम्बेडकर के समान भूमि वितरण पर आधारित 'भौमिक सीमा का सिद्धान्त' और सन्त विनोबा भावे के 'आधिक्य भूमि के दान (भूदान) का विचार' के माध्यम से खोज सकते हैं।

महात्मा गाँधी की ट्रस्टीशिप के सिद्धान्त के अनुसार प्रकृति सभी व्यक्तियों को गुण और क्षमता में समान रूप से नहीं बाँटती है। कुछ लोग अधिक क्षमतावान् और कर्मशील होंगे तो कुछ कम होंगे। यदि कोई व्यक्ति अपनी क्षमता, गुण, कर्म, विद्वत्ता, कौशल, शरीरबल के आधार पर सम्पदा अर्जित करता है, तो वह अर्जित की गयी ऐसी सम्पदा का न्यासी (ट्रस्टी) मात्र होता है। समाज और राज्य का स्वामित्व समाप्त नहीं हो जाता है। ट्रस्टी के रूप में उसका दायित्व होता है कि अर्जित की गयी सम्पदा का उपयोग समाज और लोगों के हित में करे।

भूमि के समान वितरण का समर्थन करते हुए डॉ. भीमराव अम्बेडकर 1917 में अपने प्रसिद्ध लेख 'भारतीयों में छोटी जोत और इसका निवारण' में लिखते हैं कि कुछ लोगों द्वारा भूमि को अपने तक सीमित रखना भारत की बहुत बड़ी समस्या है। उन्होंने सिद्ध किया कि यदि पूँजी और श्रम पर्याप्त मात्रा में उपलब्ध न हो तो बड़े आकार की भूमि भी अनुत्पादक साबित होती हैं और यदि ये सुविधाएँ प्रचुरता में उपलब्ध हों तो छोटी जोत भी उत्पादक हो सकती है। किसी भी स्थिति में बड़ी जोत आर्थिक-लोकतन्त्र और समतावाद के खिलाफ होती है, इसलिए एक व्यक्ति द्वारा भौमिक सम्पदा को हासिल करने की एक सीमा तय होनी चाहिए। डॉ. अम्बेडकर ने कृषि एवं भूमि का राष्ट्रीयकरण करने का समर्थन किया और साथ-ही-साथ सामूहिकता-आधारित भूमि के पट्टे का एवं सहकारिता-आधारित कृषि का भी विचार दिया।

महात्मा गाँधी और डॉ. भीमराव अम्बेडकर के उपर्युक्त दोनों विचार भौमिक सम्पदा का स्वामित्व अर्जित करने के सम्बन्ध में महत्त्वपूर्ण हैं। इन विचारों के मूल-तत्त्वों को

शामिल करते हुए एक 'राष्ट्रीय भौमिक नीति' बनायी जानी चाहिए। इस देश के पास कितनी भूमि है, यह लगभग निश्चित है। यह बढ़ने-घटनेवाला नहीं है। देश की इस भौमिक क्षमता को ध्यान में रखकर 'राष्ट्रीय भौमिक नीति' बनायी जानी चाहिए। इस नीति के अन्तर्गत वन-भूमि, जल-भूमि, कृषि-भूमि, औद्योगिक-भूमि एवं सार्वजनिक-भूमि के बाद शेष बचे आवासीय भूमि के सम्बन्ध में 'प्रति-नागरिक आवासीय भू-सम्पदा सीमा' तय करके यह व्यवस्था बनायी जानी चाहिए कि कोई भी नागरिक इस सीमा तक ही भूमि का व्यक्तिगत-स्वामित्व (जिसे मैं डॉ. अम्बेडकर के सम्मान में उनके नाम पर '**भीमत्व**' कहना पसन्द करूँगा) हासिल कर सकता है। इस व्यक्ति में यदि इस सीमा से अधिक भूमि हासिल करने की क्षमता है, तो उसे ऐसा करने की छूट हो, किन्तु इस सीमा के बाद अर्जित की गयी भौमिक-सम्पदा का वह न्यास-स्वामित्व (जिसे मैं महात्मा गाँधी के सम्मान में उनके नाम पर '**गाँधीत्व**' कहना पसन्द करूँगा) धारण कर सकता है।

भौमिक समानता पर किसी तरह की चर्चा सन्त विनोबा भावे के भूदान आन्दोलन के बिना अधूरा है। चौदह वर्ष निरन्तर पैदल यात्रा करके इस सन्त ने धनी लोगों से लगभग 50 लाख एकड़ भूमि प्राप्त किया और इस तरह प्राप्त भूमि को भूमिहीन लोगों के बीच बाँट दिया गया। यह स्वेच्छा से सक्षम लोगों द्वारा अपनी-अपनी भूमि-अंश के स्वामित्व का किया गया त्याग है, ताकि उनके पास भी भूमि हो, जो इससे वंचित रह गये हैं।

यह सम्भव है कि कोई व्यक्ति स्वार्जित सम्पत्ति को या उसके किसी भाग को उक्त दोनों ही स्वरूपों में यानी 'भीमत्व' व 'गाँधीत्व' में नहीं रखना चाहे और वह इसे राज्य के माध्यम से दान कर देना चाहता है। यह स्वामित्व-अर्जन के बाद स्वामित्व-दान की पवित्र स्थिति है। यह किसी भी मानव के जीवन में सुख-प्राप्ति एवं सुख-वितरण की चरम स्थिति है। आप जो कुछ भी अर्जित करते हैं, उसे आप अपनी क्षमता का प्रयोग कर इसी समाज से प्राप्त करते हैं। इसे अपने और अपनी पीढ़ी तक सीमित करना उचित नहीं है। सन्त विनोबा भावे जी लोगों से कहते थे कि आपके पास यदि दो बच्चे हैं तो अपनी सम्पत्ति को बच्चों में बाँटते समय तीन हिस्सा लगाइये और इसमें से एक हिस्सा समाज को दे दीजिये।

14 वर्ष निरन्तर पैदल यात्रा करके सन्त विनोबा ने धनी लोगों से भूमि प्राप्त कर भूमिहीन लोगों के बीच बाँटने का आन्दोलन चलाया। इस तरह लगभग 50 लाख एकड़ भूमि प्राप्तकर भूमिहीन लोगों को बाँटा गया। यह स्वेच्छा से सक्षम लोगों द्वारा अपनी भूमि के स्वामित्व का किया गया त्याग है, ताकि उनके पास भी भूमि हो, जो इससे वंचित हैं।

एक भूमिहीन व्यक्ति को दान में मिलनेवाली इस भूमि का वह सामाजिक स्वामित्व (जिसे मैं सन्त विनोबा भावे के सम्मान में उनके नाम पर '**भावेत्व**' कहना पसन्द करूँगा) प्राप्त करेगा। भावेत्व की यह अवधारणा किसी समाज में सन्तुलन बनाने के लिए आवश्यक है। आप अपने जीवन की यात्रा में समाज एवं देश को ऐसा कुछ देते हैं, जिसे आपकी पीढ़ी के अलावा पूरा समाज याद रखना चाहेगा।

एक व्यवस्था यह भी अपनायी जा सकती है कि कृषि-भूमि एवं औद्योगिक-भूमि के रूप में अर्जित की गयी सम्पत्ति का केवल न्यास-स्वामित्व ('गाँधीत्व') ही हासिल किया जा सकेगा। 'गाँधीत्व-भीमत्व-भावेत्व' के सिद्धान्त को न केवल भौमिक सम्पदा के सम्बन्ध में, बल्कि अन्य सम्पत्तियों के सम्बन्ध में लागू किया जा सकता है। इस सिद्धान्त को 'भारतीय सिविल संहिता' में स्वीकार कर आर्थिक अराजकता और आर्थिक असमानता को समाप्त किया जा सकता है।

स्वामित्व (Ownership) के इन तीन स्वरूपों– 'गाँधीत्व' (Gandhiship), 'भीमत्व' (Bhimship) एवं 'भावेत्व' (Bhaveship) की व्यापक अवधारणा है। 'गाँधीत्व-भीमत्व-भावेत्व' के सिद्धान्त को लागू करने के लिए एक भारतीय समाज को किसी कानून की प्रतीक्षा नहीं करनी है।

किसी कानून पर निर्भर हुए बिना कोई भी एक व्यक्ति बजाय यह कहने के कि ये सभी सम्पत्तियाँ मेरे 'स्वामित्व' की सम्पत्ति हैं, घोषणा कर सकता है कि इतनी सम्पत्ति मेरे **'भीमत्व'** की सम्पत्ति है, क्योंकि इससे ज्यादा सम्पत्ति की मुझे आवश्यकता नहीं है और ऐसा करना मेरा उन लोगों के प्रति दायित्व है, जिनके पास कम क्षमता है और कम क्षमता के कारण वे सम्पत्ति का अर्जन नहीं कर पाते हैं और जीवन की बुनियादी आवश्यकताओं से वंचित रहते हैं। 'भीमत्व' के अलावा शेष सम्पत्ति मेरे **'गाँधीत्व'** की सम्पत्ति है, जिसको भले ही मैंने अर्जित किया है, जो भले ही मेरे नाम से है, जिसका प्रबन्धन भले ही मैं करता हूँ और करता रहूँगा, किन्तु इस सम्पत्ति का लाभ दूसरे लोगों को, समाज को एवं देश को मिलना चाहिए। और अर्जित व धारण किये जा रहे इन दोनों स्वरूपवाले सम्पत्तियों का एक हिस्सा मैं अपने जीवन की यात्रा में समाज को समर्पित कर रहा हूँ, जो उस व्यक्ति को प्राप्त हो सकेगा, जिसके पास कभी भूमि नहीं रही है। यह भूमि उस व्यक्ति की **'भावेत्व'** की सम्पत्ति होगी।

कृषि का राष्ट्रीयकरण

आज देश में सबसे अधिक विकट एवं दुःखदायी स्थिति में जीवन बसर करनेवाले छोटे एवं मध्यम वर्ग के किसान हैं। अन्नदाता कहा जानेवाला किसान आज जहाँ कर्ज के कारण आत्महत्या करने के लिए मजबूर है, तो उसके आश्रित बच्चे अन्न के बिना कुपोषण एवं भूखमरी का शिकार होते रहने के लिए अभिशापित है।

कर्ज के कारण किसानों द्वारा की जानेवाली आत्महत्या और कुपोषण एवं भूख के कारण इनके बच्चों की होनेवाली मौत किसी भी सभ्य समाज एवं देश के लिए शर्मसार होनेवाली बात है।

कृषि पर ही सम्पूर्ण राष्ट्र की गति एवं प्रगति निर्भर रहता है। कृषियोग्य भू-सम्पत्ति का अधिक-से-अधिक सदुपयोग व कृषि-उत्पादन राष्ट्रहित से जुड़ा विषय है। इसे हम

किसानों की निजी क्षमता, कौशल या स्वेच्छाचार के भरोसे नहीं छोड़ सकते हैं। हम यह नहीं कह सकते हैं कि किसान अपनी इच्छानुसार या क्षमतानुसार या तो भूमि को जोते-बोये या परती छोड़ दे। खेत को अच्छे से जोतने-बोने या किसी कारण इसे परती छोड़ देने का सीधा प्रभाव देश की प्रगति पर पड़ता है।

किन्तु आजादी के बाद हमने कृषि को किसान की निजी क्षमता का विषय बनाने की नीति अपनायी। सबसे बड़ी विडम्बना यह है कि उत्पादन के पूर्व होनेवाले सभी कृषि कार्य को तो हम किसानों का निजी विषय बनाये हुए हैं, जबकि कृषि उत्पादन यानी अनाज को राष्ट्रहित का विषय मानते हैं। कृषि कार्य के सन्दर्भ में किसानों को निजी रूप से उत्तरदायी बनाने के कारण ही उसे कर्ज की दलदल में फँसना पड़ता है। कभी स्थानीय साहूकारों से कर्ज लेकर, तो कभी सहकारी संस्थाओं एवं बैंक से कर्ज लेकर।

समय-समय पर कर्जमाफी देकर हमारे नीति-निर्माता चुनावी लालीपाप देते रहते हैं। किन्तु इसका स्थायी समाधान कर्जमाफी नहीं, बल्कि 'कृषि का राष्ट्रीयकरण है। हमने बैंक के राष्ट्रीयकरण को तो वरीयता दी, किन्तु कृषि का राष्ट्रीयकरण न करके हमने देश के किसानों को उनकी स्थिति पर छोड़ दिया। कृषि को किसानों की निजी क्षमता का विषय नहीं बनाया जा सकता। आत्महत्या और भुखमरी की स्थिति को नियन्त्रित करने और कृषि भूमि का सम्पूर्ण उपयोग करने का एक ही रास्ता है—कृषि का राष्ट्रीयकरण। इसके अन्तर्गत–

1. 'राष्ट्रीय कृषि नियामक आयोग' का गठन कर इसके माध्यम से किसानों को कृषि कार्य प्रशिक्षण प्रदान किया जाय;
2. प्रशिक्षित किसान को रोजगारपरक बनाकर और प्रति महीने वेतन भुगतान करके कृषि-वैज्ञानिकों की देख-रेख में कृषि-कार्य हो;
3. आयोग कृषि भूस्वामियों से उनकी भूमि का पट्टा लेकर इस भूमि पर कृषिकार्य करायेगा और कृषि पट्टा के बदले भूमि के क्षेत्रफल के सापेक्ष भूस्वामी को प्रति महीने वृत्तिका का भुगतान किया जाये;
4. प्रतिकूल मौसम के कारण होनेवाला जोखिम आयोग द्वारा उठाया जाये;
5. अनाज एवं अन्य उत्पादों के रख-रखाव और विक्रय की जिम्मेदारी आयोग की हो।

●

उपसंहार

यह संयोग ही है कि जब मैं पुस्तक 'भारतीय सिविल संहिता के सिद्धान्त : अनुच्छेद 44' के अनुक्रम में (2017) का उपसंहार लिख रहा था, उस समय सुप्रीम कोर्ट द्वारा शायरा बानो मामले में तीन तलाक की वैधानिकता पर सुनवायी की जा रही थी और आज जब लगभग दो वर्ष बाद इस पुस्तक का उपसंहार लिख रहा हूँ, तो न केवल सुप्रीम कोर्ट द्वारा तीन तलाक की प्रथा को असंवैधानिक घोषित कर दिया गया है, बल्कि इसे आपराधिक घोषित करने के लिए केन्द्र की नरेन्द्र मोदी सरकार द्वारा विधेयक भी ला दिया गया है। इसी के साथ समान नागरिक संहिता को लेकर दो महत्त्वपूर्ण कानूनी विकास भी हुआ है। पहला विधि आयोग द्वारा केन्द्र सरकार को यह परामर्श दिया गया है कि समान नागरिक संहिता न तो आवश्यक है और न ही वांछनीय और दूसरा सुप्रीम कोर्ट द्वारा जोस पॉलो कोटिन्हो के मामले में दिया गया समान नागरिक संहिता के पक्ष में निर्णय।

हमारे दूरदर्शी संविधान-निर्माताओं द्वारा तो 26 नवम्बर, 1950 को ही अनुच्छेद 13 के माध्यम से मूल अधिकार से असंगत सभी रूढ़ियों एवं प्रथाओं को शून्य घोषित कर दिया गया था, किन्तु हमारे नीति-निर्माताओं को तीन तलाक जैसी कुप्रथा के खिलाफ कानूनी कार्रवाई करने में 68 वर्ष लग गये। 68 वर्ष की राजनीतिक शून्यता के बाद अन्ततः देश की सबसे बड़ी अदालत को आगे आना पड़ा। उसके बाद हमारे नीति-निर्माताओं द्वारा इच्छाशक्ति दिखाया तथा और तलाक-इल-विद्दत को अपराध घोषित किया गया।

शाहबानो बेगम के निर्णय पर तत्कालीन राजीव गाँधी सरकार की प्रतिक्रिया के विपरीत इस बार नरेन्द्र मोदी सरकार तीन तलाक विषय पर पुरुषप्रधान मानसिकता के खिलाफ झुकी नहीं है। केन्द्र सरकार के व्यवहार में बदलाव देखना सुखद एवं सन्तोष की बात है। इसके बावजूद भी सुखद है कि मेरे जैसे देश के कई नागरिक मोदी सरकार से विषय को व्यापकता के साथ लिये जाने की अपेक्षा कर रहे थे। अपेक्षा यह की जा रही थी कि केन्द्र सरकार विषय को व्यापक स्वरूप में लेगी और समान नागरिक संहिता पर अपनी गम्भीरता दिखायेगी, जिसके अभाव के कारण तीन तलाक जैसे तमाम विवादों से इस देश को अनावश्यक रूप से दो-चार होना पड़ता रहता है। किन्तु मोदी सरकार के ही कार्यकाल में विधि आयोग द्वारा समान नागरिक संहिता को लेकर जिस तरह से नकारात्मक भाव व्यक्त किया गया और विधि आयोग के इस नकारात्मक भाव पर मोदी सरकार द्वारा जिस तरह से कोई प्रतिक्रिया दिये बिना चुप्पी साध ली गयी है, वह आश्चर्य करनेवाला है।

शायरा बानो का निर्णय आने के बावजूद जिस तरह से तीन तलाक की घटना देखने-सुनने को मिली है उसका कारण यही है कि हम मात्र तत्कालीन परिस्थितियों को देखकर कानून निर्माण में विश्वास करने लगे हैं। कानून-निर्माण करते समय भविष्य में पैदा होनेवाली समस्याओं पर और इसका प्रभावशाली निदान निकालने पर सोचना बन्द कर दिया गया है। नीति-निर्माताओं में दूरदृष्टि के इस अभाव को कम-से-कम तीन तलाक के सन्दर्भ में तो स्पष्ट देखा जा सकता है।

यदि हमारे नीति-निर्माता दूरदृष्टि रखते तो वे यह भी सोचने की स्थिति में होते कि तत्काल तीन तलाक के अलावा इस देश में प्रचलित मौखिक विवाह-विच्छेद के दूसरे तरीकों जैसे तलाक-ए-अहसन और तलाक-ए-हसन का भी दुरुपयोग किया जा सकता है, इसलिए वे यह भी सोचने की स्थिति में रहते कि मौखिक तरीके के विवाह-विच्छेद पर एक समग्र नीति बनायी जाय, जिसके अन्तर्गत सभी प्रकार के मौखिक विवाह-विच्छेद के लिए तार्किक आधार का होना आवश्यक बनाया जाता; सभी तरह के मौखिक विवाह-विच्छेद को न्यायालय के दायरे में लाकर इनके खिलाफ अपील करने का अधिकार पीड़ित पक्षकार को उसी तरह दिया जाता, जिस तरह विवाह-विच्छेद डिक्री के खिलाफ प्राप्त होता है; मौखिक विवाह-विच्छेद के अधिकार को एक धर्म या एक लिंग तक सीमित करने के बजाय इसे धर्म-निरपेक्ष एवं लिंग-निरपेक्ष स्वरूप दिया जाता; इत्यादि-इत्यादि।

शायद हमारे नीति-निर्माता ऐसी दूरदृष्टि रख पाते तो वे भी अपने आपको समान नागरिक संहिता के लक्ष्य के काफी निकट पाते। किन्तु वे विधि आयोग के नकारात्मक भाव से ही सन्तुष्ट हो जाना उचित समझने लगते हैं। यहाँ तक कि शरीया अदालत का विस्तार किये जाने की मुस्लिम बोर्ड की घोषणा पर भी चुप्पी साध लेते हैं, जैसे कि इसका देशहित से कोई सन्दर्भ ही न हो।

अंग्रेजों के जाने और पाकिस्तान बँटवारे के पश्चात्, जो भी लोग इस देश का नागरिक बने रहने के लिए तैयार रहे, उन्हें यह बात अच्छी तरह पता था कि इस देश का कानून एवं शासन धर्म-आधारित नहीं होनेवाला है। कानून का आधार न तो शरीयत होगा और न ही स्मृति होगा। इस परिप्रेक्ष्य में इस देश के हिन्दुओं द्वारा किये गये त्याग को नहीं भुलाया जाना चाहिए। तत्कालीन परिस्थितियों में प्रचण्ड-बहुसंख्यक होते हुए भी इस देश को सभी धर्मों का मान-सम्मान रखनेवाले देश के रूप में विकसित करने लायक बनाने में उनके द्वारा किया गया त्याग सम्पूर्ण विश्व के लिए आदर्श है। इसलिए इस देश में रहनेवाले दूसरे धर्म के अनुयायियों खासकर मुस्लिम धर्म के अनुयायियों को स्वयं आगे बढ़कर धर्म-निरपेक्ष स्वरूपवाले समान नागरिक संहिता के निर्माण के लिए योगदान देना चाहिए और अपनी शरीयत-आधारित संकुचित सोच को बन्द कर देनी चाहिए।

सिविल व्यवहारों का धर्म-आधारित अलग-अलग व्यक्तिगत कानूनों के बजाय राज्य-आधारित धर्म-निरपेक्ष कानूनों से संचालित होना किसी देश की एकता एवं अखण्डता के

लिए आवश्यक है। अनुच्छेद 44 के पीछे हमारे संविधान-निर्माताओं की भी यही मन्शा रही है। किन्तु जो लोग सिविल संहिता को लेकर अपने धर्म-आधारित व्यक्तिगत कानून को लेकर दुराग्रही बने रहना चाहते हैं, उन्हें इस देश की स्थिति को भी समझना होगा।

'भारतीय सिविल संहिता' के निर्माण का सवाल न तो किसी धर्म का पक्ष लेने का सवाल है और न किसी धर्म का विरोध करने का। बल्कि यह देश की एकता व अखण्डता का और अपनी भावी पीढ़ी को बिखरने से बचाने का सवाल है।

आशंका कुछ रूढ़िवादी लोगों को लेकर है, जो कमोबेश सभी धर्मों में मौजूद हैं। हिन्दू में भी हैं, मुस्लिम में भी हैं, ईसाई में भी हैं और सिक्ख में भी। इनके विचारों के पीछे कुछ-न-कुछ तर्क हैं। किसी तरह की गतिरोध की स्थिति बनने पर इस पुस्तक में सुझाये गये 21 मार्गदर्शी सिद्धान्तों का सहारा लेकर रास्ता निकाला जा सकता है। सभी विचारों एवं तर्कों को यथोचित सम्मान देते हुए 'भारतीय सिविल संहिता' का निर्माण किया जा सकता है।

यदि हम 'भारतीय सिविल संहिता' के रूप में देश के लिए समान नागरिक संहिता का निर्माण करने में सफल हो जाते हैं, तो इस देश को सैकड़ों कानूनों के उलझन से मुक्ति मिल जायेगी। इनमें से ज्यादातर कानून ऐसे हैं, जो ब्रिटिश हुकूमत के समय के बने हुए हैं, जिन्हें आज भी यह देश ढोते रहने के लिए मजबूर है। एक स्वाभिमानी देश के लिए इन ब्रिटिश कानूनों से मुक्ति मिलना आवश्यक है। दीर्घ अवधि तक ब्रिटिश हुकूमत के दौरान निर्मित कानूनों से विनियमित होकर भारत हीनभावना से कभी उबर नहीं पायेगा। इसलिए भारतीय सिविल संहिता के निर्माण का सवाल गुलामी के प्रतीक ब्रिटिश हुकूमत के दौरान निर्मित इन सैकड़ों कानूनों से मुक्ति पाने का भी सवाल है और यह सिद्ध करने का भी सवाल है कि हम सभी भारतीय अपने-अपने धार्मिक दुराग्रहों से ऊपर उठकर देश की एकता और अखण्डता के लिए कटिबद्ध हैं।

इसलिए भले ही भरण-पोषण में विसंगति के खिलाफ या विवाह-विच्छेद हेतु आधार के सन्दर्भ में विसंगति के खिलाफ या बहुविवाह का नाजायज लाभ लेने के उद्देश्य से किये गये धर्म-परिवर्तन के खिलाफ या वसीयत के सन्दर्भ में ईसाइयों के साथ असमानता के खिलाफ सुप्रीम कोर्ट के निर्णय आ गये हों और भले ही अब इस कड़ी में तीन तलाक के खिलाफ सुप्रीम कोर्ट का निर्णय जुड़ गया हो, तो भी देश के लिए एक धर्म-निरपेक्ष 'समान नागरिक संहिता' बनाकर लागू करने का सवाल समाप्त नहीं हो जाता है। भारतीय विधिशास्त्र के अन्तर्गत ये निर्णय कानून का विकल्प नहीं हो सकते हैं और न ही समान नागरिक संहिता के अभाव के कारण होनेवाले अनावश्यक मुकदमेबाजी के कारण खर्च हो रहे न्यायालयों के अमूल्य समय और नुकसान की भरपायी ही किसी स्तर से की जा सकती है। न्यायपालिका (सुप्रीम कोर्ट) के इन निर्णयों की आड़ में कार्यपालिका (मन्त्रिमण्डल)

और विधायिका (संसद्) की अनुच्छेद 44 के प्रति संवैधानिक जवाबदेही समाप्त नहीं हो जाती है।

आजादी के बाद इस देश की तीसरी पीढ़ी ने जन्म ले लिया है और चौथी पीढ़ी दस्तक देने जा रही है, किन्तु देश के लिए एक धर्म-निरपेक्ष 'समान नागरिक संहिता' के निर्माण की दिशा में किसी तरह का कोई सकारात्मक कदम नहीं उठाया जा सका है। विधि आयोग का परामर्श-पत्र दिनांक 31 अगस्त, 2018 तो कोढ़ में खाज की तरह है।

क्या आनेवाली पीढ़ी से यह उम्मीद करना बुद्धिमानी होगी कि समान नागरिक संहिता' का निर्माण करने के लिए वे अपने-अपने धार्मिक दुराग्रह एवं धार्मिक जड़ता को पीछे छोड़कर हम सब की तुलना में ज्यादा सहिष्णु व धैर्यशील बनेंगे और संविधान-निर्माताओं के सपने को पूरा करके देश की एकता व अखण्डता के स्वच्छ चेहरे से धार्मिक विसंगतिवाले व्यक्तिगत कानूनों के काले धब्बों को मिटायेंगे? भावी पीढ़ी से ऐसी उम्मीद करना क्या अपने नकारेपन को छिपाने के लिए बहाना खोजने जैसा नहीं है?

भारत में विद्यमान धर्म-आधारित अलग-अलग व्यक्तिगत कानून, इस देश के धर्म-आधारित विभाजन के बुझ चुके आग में सुलगते धुआँ की तरह हैं, जो कभी भी विस्फोटक होकर देश की एकता को खण्डित कर सकते हैं। व्यक्तिगत कानून के नाम पर ऑल इण्डिया मुस्लिम पर्सनल लॉ बोर्ड का जन्म और इसके द्वारा शरीयत अदालत की अवधारणा पर कार्य किया जाना कुछ उसी तरह है जैसे कभी मुस्लिम लीग की हुआ करती थी। इसलिए इन्हें समाप्त कर समान नागरिक संहिता बनाना न केवल देश की धर्म-निरपेक्षता को बनाये रखने के लिए, बल्कि इसकी एकता व अखण्डता के लिए अति-आवश्यक है।

समय बीतने के साथ जिस तरह समान नागरिक संहिता के निर्माण का रास्ता कठिन होता जा रहा है, उसको देखते हुए भावी पीढ़ी के समक्ष दो रास्ते होंगे। एक यह कि वे राज्य मामलों में धर्म-आधारित दुराग्रहों के बढ़ते प्रभाव को स्वीकार करते रहें या दूसरा यह कि असहनीय पीड़ा तक बढ़ चुके होने के बाद इन धार्मिक दुराग्रहों को समाप्त कर 'भारतीय सिविल संहिता' के रूप में समान नागरिक संहिता बनाने के लिए वे अन्ध-लड़ाई लड़ें। सफलता और असफलता दोनों स्थिति में इस लड़ाई से होनेवाले नुकसान का अनुमान हमें अवश्य लगाना चाहिए। कदाचित् असफल होने पर हमारे बच्चों को इसी समझौते के लिए बाध्य होना पड़ेगा कि न केवल सिविल क्षेत्र में बल्कि अन्य दूसरे क्षेत्रों में भी शरीयत और स्मृति-जैसे व्यक्तिगत कानून को मानने की आजादी होगी। जरा सोचें तब इस देश का चेहरा कैसा होगा?

विधि आयोग के अध्यक्ष न्यायमूर्ति बी. एस. चौहान द्वारा आदिवासी समाज के हित और समान नागरिक संहिता के मध्य टकराव होने को लेकर पूछे गये सवाल का जब जवाब दे रहा था, तो मेरे दिमाग में एक विचार यह पैदा हुआ कि समान नागरिक संहिता जैसे संवेदनशील विषय पर कार्य करनेवाले संस्थान में आदिवासियों का भी प्रतिनिधित्व

होना चाहिए और इसके साथ महिलाओं एवं प्रभावित होनेवाले सभी धर्मों का प्रतिनिधित्व होना चाहिए। विधि आयोग में ऐसे प्रतिनिधित्व के नितान्त अभाव को दृष्टिगत रखते हुए एक 'भारतीय सिविल संहिता प्रारूप-समिति' के गठन की प्रासंगिकता बढ़ जाती है। ऐसी प्रारूप-समिति का गठन करने के लिए 'राष्ट्रीय स्वराज परिषद्' द्वारा नरेन्द्र मोदी सरकार से माँग भी की गयी है।

यद्यपि 69 वर्ष की अवधि कोई छोटी अवधि नहीं है। किन्तु अभी भी देर नहीं हुई है। यदि आज भी हम सब अपनी मजबूत राजनीतिक इच्छाशक्ति एवं राष्ट्रहितकारिणी आत्मबल का प्रदर्शन कर देश के लिए एक यूनिफॉर्म धर्म-निरपेक्ष, लिंग-निरपेक्ष, सर्वमान्य एवं सर्वग्राह्य 'भारतीय सिविल संहिता' का निर्माण करने में सफल हो जाते हैं तो हम देशवासी गर्व से सीना चौड़ा करके कह सकते हैं कि अंग्रेजो, तुमसे आजाद होकर यह देश केवल मंगलयान ही नहीं उड़ा सकता है, बल्कि एक धर्म-निरपेक्ष 'भारतीय सिविल संहिता' भी निर्मित कर सकता है।

अलग-अलग धर्म के लिए अलग-अलग सिविल कानून नागरिकों के मध्य पृथक्करणीय दृष्टिकोण को बढ़ाता है। किसी भी देश के लिए यह स्थिति अस्वीकरणीय है। भारत में भी समान नागरिक संहिता के माध्यम से ऐसे दृष्टिकोण को समाप्त कर राष्ट्रीयता के भाव को मजबूत करना आवश्यक है। फ्रान्स सिविल संहिता का निर्माण कर नेपोलियन बोनापार्ट ने फ्रान्स देश में राष्ट्रीयता के भाव को मजबूत किया था। आशा है कि भारतीय सिविल संहिता के रूप में समान नागरिक संहिता का निर्माण करने को लेकर भारत के नेपोलियन बोनापार्ट की खोज नरेन्द्र मोदी पर आकर समाप्त होगी।

02 अक्टूबर, 2019 **अनूप बरनवाल**

●●●